主力行为盘口解密
（五）

翁 富 著

地震出版社

Seismological Press

图书在版编目（CIP）数据

主力行为盘口解密.5/ 翁富著.－北京：地震出版社，2017.1
ISBN 978-7-5028-4770-8

Ⅰ．①主… Ⅱ．①翁… Ⅲ．①股票投资－基本知识 Ⅳ．①F830.91

中国版本图书馆 CIP 数据核字（2016）第 160646 号

地震版 XM3820

主力行为盘口解密（五）

翁 富 著

责任编辑： 薛广盈 吴桂洪

责任校对： 孔景宽

出版发行：地震出版社

北京市海淀区民族大学南路 9 号   邮编：100081
发行部：68423031   68467993   传真：88421706
门市部：68467991   传真：68467991
总编室：68462709   68423029   传真：68455221
证券图书事业部：68426052   68470332
http://www.dzpress.com.cn
E-mail:zqbj68426052@163.com

经销：全国各地新华书店
印刷：三河市嵩川印刷有限公司

版（印）次：2017 年 1 月第一版   2017 年 1 月第一次印刷
开本：787×1092   1/16
字数：514 千字
印张：27
书号：ISBN 978-7-5028-4770-8/F（5466）
定价：68.00 元

前　言

欢迎阅读本书，这是笔者多年追踪记录股市主力做盘纪实的第五部作品！前四部著作《主力行为盘口解密（一至四）》出版后，各地读者给予极高的评价。全新而独特的视野，剖析股市主力坐庄过程中盘面活动细节、操纵手法和思路。从微观角度分析描述主力坐庄原形，开创股市另类分析之先河！

股票市场有自身波动规律，实际上是以N年时间为期的中长期规律。而中短期运行规律中除自然规律外，人为因素的影响占重要地位，特别是个股在短期运行中主力的干预操纵，会明显影响个股短期走势，大家常用的盘口语言就是来揭示中短期运行中人为因素对股价造成的影响的。

大资金的力量直接影响个股的价格波动方向与涨跌幅度，大资金以操纵价格为目的在个股中运作时，包括有限干预和严重操纵两种操盘模式。有限干预是以维护和引导为主的做盘；严重操纵则是通过消息、庞大资金优势、技术优势直接参与交易，完成有计划、有目的的做盘。当严重操纵这种行为出现时，个股的涨跌方向与涨跌幅度等基本在主力掌控的范围。操纵行为时间短的盘中只维持数分钟，长者维持数十个交易日。个股在被主力严重操纵期间，传统技术分析所依据的自然规律是无效的。

研究主力行为的根本目的是：分析了解个股有没有以坐庄为目的的主力入驻；分析主力在个股中活动之前做了什么，现在正在做什么，后面准备做什么？了解认知目标股中主力活动处于何种状态，后市将如何表现，出现风险是积极回避还是属于机会及时跟进？认清主力行为，让主力行为为我所用！

本书内容精彩之处在于：从主力吸筹盘口细节开始，介绍主力出货操纵中的大量做盘技巧；讲述主力割肉砍仓出逃过程；深究主力被套后拉高自救经历；跟踪主力多次反复炒作过程；坐壁上观主力与主力间的争斗等。希望这些精彩内容能给读者带来一种全新的投资感悟！

目　　录

第一章　主力吸筹盘口

典型吸筹几大盘口特征

主力吸筹为了顺利拿到筹码和避免其他大资金发现跟庄，入庄吸筹保密性一般做得相当好。尽管如此，大资金在一只股票中运作，无论主力操盘手的运作技术手法有多么的高明，在K线上、分时图上、盘口中，操盘手总会在有意或无意中露出一些操盘马脚。短线庄、波段庄的进场吸筹手法和技巧没有本质上的区别，盘口上所运用的吸筹手法大都雷同。部分短线庄因拿货量小，拿货所用时间短，所以在拿货时动作会比较激进。下面介绍一种目前市场上机构操盘手常用，而且较容易发现的主力吸筹盘口"大单往上扫货式吸筹盘口"。

大单往上扫货吸筹盘口的主要特征：

第一，个股中出现大单往上扫货式吸筹，出现单笔大买单高于现价数个价格往上扫去。

第二，大买单的出现在盘中是断续出现的，而出现的频率一般10～20分钟出现一次。

第三，盘中出现不少单笔成交数量相同或非常接近的买单。

第四，吸筹时盘中股价重心上移、分时走势震荡上行，当日收盘收出中阳或大阳线。

盘中发现这类个股时，一定要注意看目标股票出现上述扫货走势时股价当时所处的位置，股价的位置不同，主力操作行为意义也不一样。一般上述主力吸筹行为，都是个股在下跌后的低位或短线调整后的低位发生。在个股连续上升或波段高位出现频繁的大单扫货行为，则要小心是主力在制造陷阱诱多！

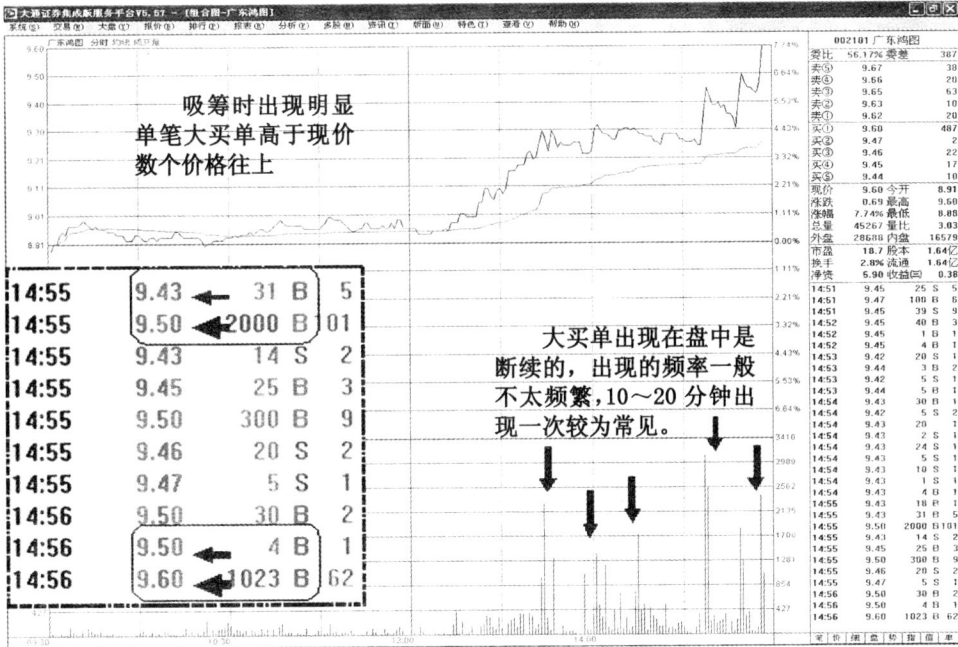

吸筹时出现明显
单笔大买单高于现价
数个价格往上

14:55	9.43	←	31	B	5
14:55	9.50	←	2000	B	01
14:55	9.43		14	S	2
14:55	9.45		25	B	2
14:55	9.50		300	B	9
14:55	9.46		20	S	2
14:55	9.47		5	S	1
14:56	9.50		30	B	2
14:56	9.50	←	4	B	1
14:56	9.60	←	1023	B	62

大买单出现在盘中是
断续的,出现的频率一般
不太频繁,10~20分钟出
现一次较为常见。

13:42	9.23	200 B
13:42	9.24	200 B
13:42	9.25	156 B
13:42	9.26	132 B
13:43	9.27	200 B
13:43	9.27	312 B
13:43	9.27	200 B
13:43	9.28	203 B
13:43	9.28	200 B
13:43	9.28	200 B
13:43	9.28	200 B

盘中出现不少单笔200手的成交
买单,这些买单数量相同或非常接近。
其他个股上常出现如100手、200手、
500手、2000手……

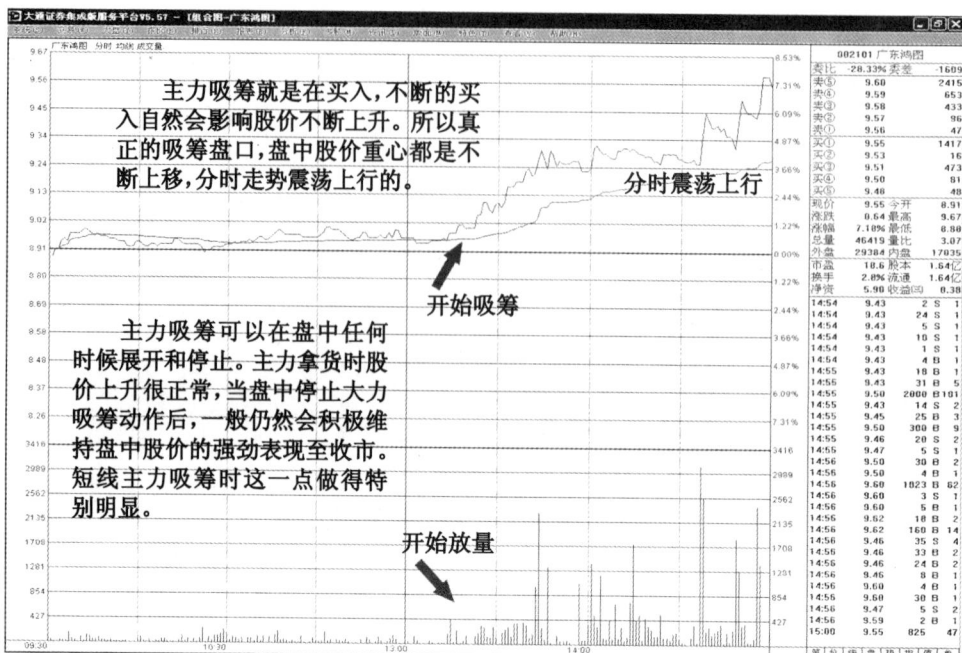

主力吸筹就是在买入,不断的买入自然会影响股价不断上升。所以真正的吸筹盘口,盘中股价重心都是不断上移,分时走势震荡上行的。

分时震荡上行

开始吸筹

主力吸筹可以在盘中任何时候展开和停止。主力拿货时股价上升很正常,当盘中停止大力吸筹动作后,一般仍然会积极维持盘中股价的强劲表现至收市。短线主力吸筹时这一点做得特别明显。

开始放量

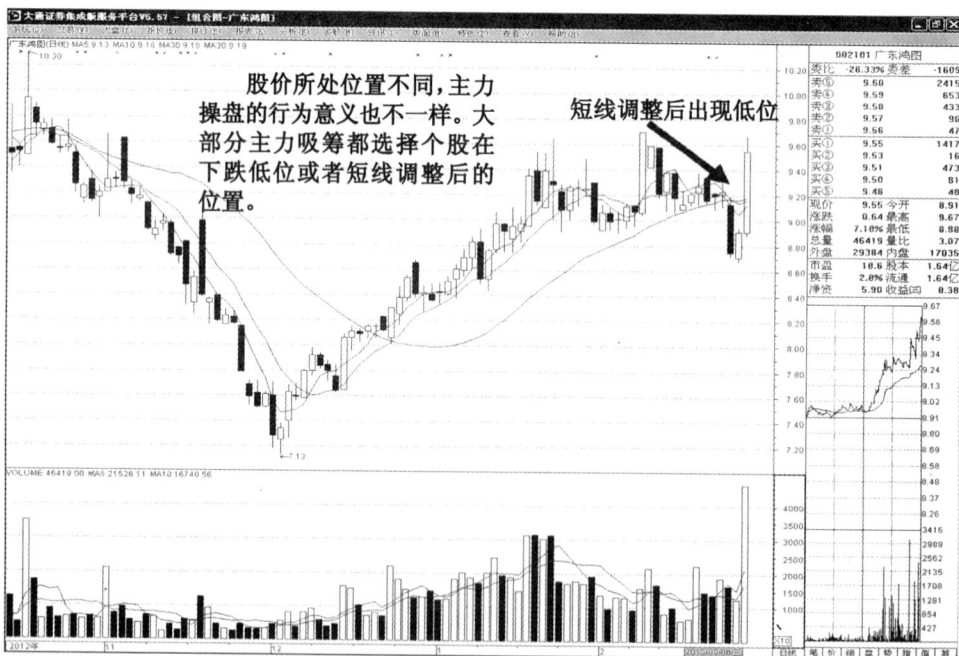

股价所处位置不同,主力操盘的行为意义也不一样。大部分主力吸筹都选择个股在下跌低位或者短线调整后的位置。

短线调整后出现低位

分析主力建仓盘口特征的步骤

股票市场上大大小小的主力机构很多，因为是各自独立主体所以他们的进出并没有什么统一的步骤与协调，各自看法与仓位也不同。每日都有主力根据自己的操盘情况出货撤退，或者入场建仓，所以不存在股价高了或者低了就没有机构入场吸筹的情况出现。寻找主力入场吸筹的股票作为操作目标是获利的关键，如何入手寻找主力入场吸筹个股？下面给大家介绍几个基本步骤：

第一，以大买单成交的个股作为切入点。

第二，看目标股票目前股价日K线所在位置。

第三，看目标股票盘中分时走势形态。

第四，看盘中大买单单笔成交情况。

大部分行情软件都具有大单成交提示这个功能。通过大单成交提示功能寻找盘中出现大买单的个股，然后进入盘口看是否有资金明显在流入该股。

选股位置是很重要的，无论什么位置都有机构在进入这是事实。但对于一般投资者而言，选择股价在调整低位或下跌底部区域，有机构明显收集筹码的个股最安全。选股时如果发现目标股票不断有大买单买进，但如果该股已经连续拉出多根大阳线或者在波段高位，这些品种就要谨慎对待。有机构入场收集筹码成交量就会放大，看当日成交量时要注意看成交金额的大小。个股当日的成交金额如果只有千万元左右的话，这么小的成交金额机构是拿不到什么货的。

看完目标股票股价所在位置后，就去看目标股票盘中分时走势形态。主力无论进场、出货，还是其他操作行为，大部分都在分时走势形态上表现出明显活动痕迹。真正属于主力进场的个股，其分时走势一般表现比较强劲，盘中股价整体表现重心明显不断上移，盘口明显随着股价盘中上升，分时成交量也明显放大。

必要时还应该看盘中买单的成交情况，一般以看大买单的成交为主。另外看有没有出来大量有规律的买单，如100手、200手、1000手……这样的整数买单。部分机构吸筹时经常用这些整数买单有规律的拿货。

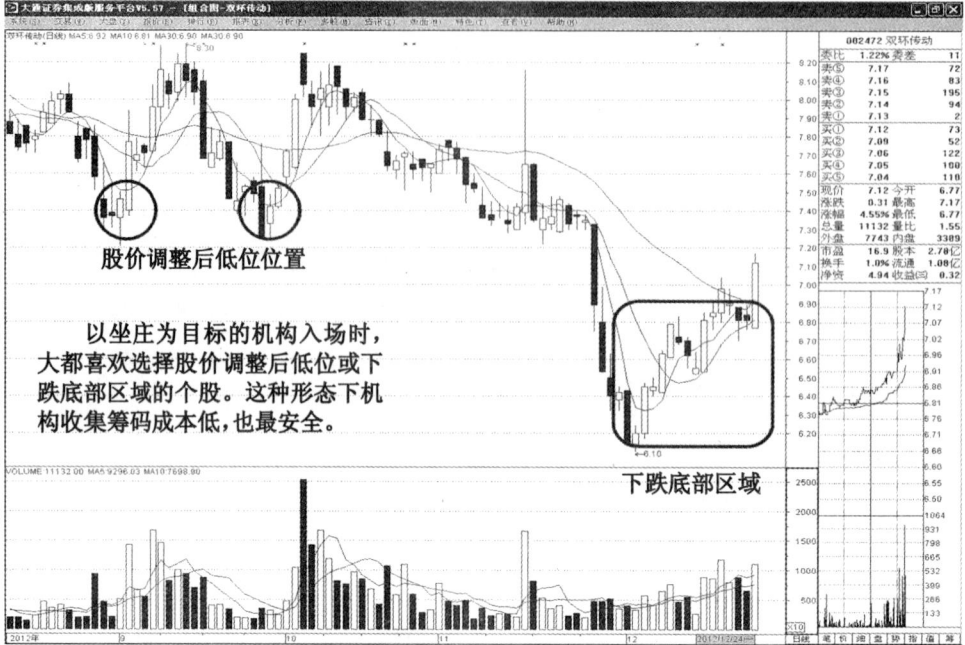

股价调整后低位位置

以坐庄为目标的机构入场时,
大都喜欢选择股价调整后低位或下
跌底部区域的个股。这种形态下机
构收集筹码成本低,也最安全。

下跌底部区域

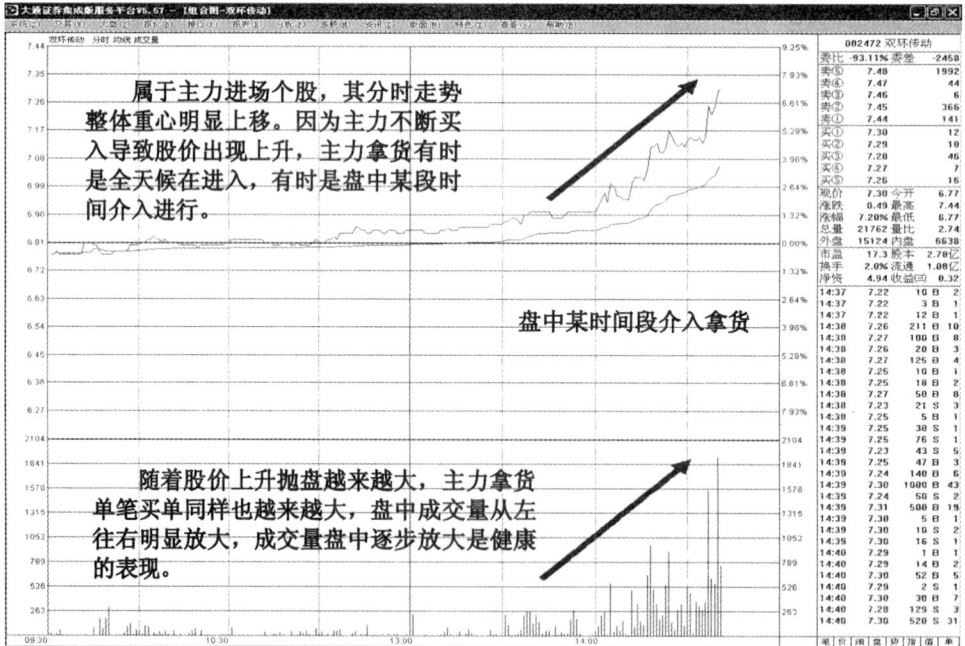

属于主力进场个股,其分时走势
整体重心明显上移。因为主力不断买
入导致股价出现上升,主力拿货有时
是全天候在进入,有时是盘中某段时
间介入进行。

盘中某时间段介入拿货

随着股价上升抛盘越来越大,主力拿货
单笔买单同样也越来越大,盘中成交量从左
往右明显放大,成交量盘中逐步放大是健康
的表现。

规律性整数买单

13:38	6.91	100 B		14:02	6.98	100 B
13:39	6.90	2 B	1	14:02	6.94	5 S
13:39	6.91	100 B	5	14:02	6.97	100 B

发现有主力建仓痕迹，可以去看盘中买单成交情况，一般以看大买单成交为主，越多往上扫高数个价格成交的买单越好。另外看有没有较多有规律的买单，如100手、200手、1000手等整数买单，部分机构吸筹时常用200、300、500这些不同数字组合的买单交替使用。如果出现大量这种特别买单就更进一步确认是有机构在拿货。

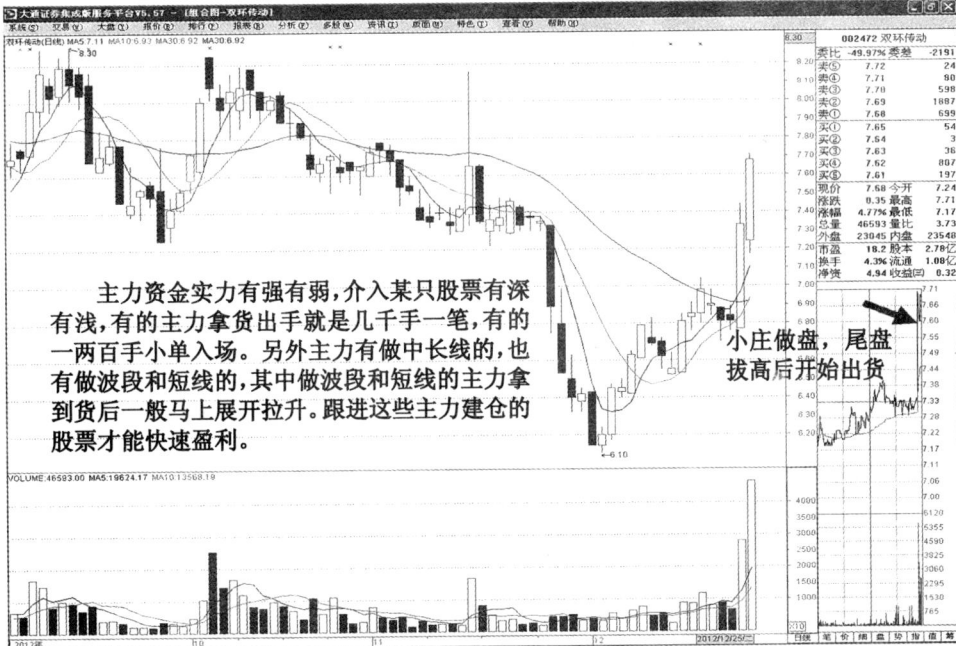

主力资金实力有强有弱，介入某只股票有深有浅，有的主力拿货出手就是几千手一笔，有的一两百手小单入场。另外主力有做中长线的，也有做波段和短线的，其中做波段和短线的主力拿到货后一般马上展开拉升。跟进这些主力建仓的股票才能快速盈利。

小庄做盘，尾盘拔高后开始出货

教你识别主力尾盘打压吸筹行为

主力吸筹建仓是有计划分步骤循序渐进的。大部分主力在吸筹建仓阶段操盘十分隐蔽，大资金建仓前的第一个动作是试探着先介入部分资金收货，通过盘口观察是否有其他主力在同自己抢筹码，同时也观察是否有重仓者借机抛售。如发现有大资金同在抢筹，主力则可能会放弃入庄。部分主力吸筹时会借助大盘低迷气氛，散布利空消息打压股价。有的则通过先拿到小量筹码，然后找准时机刻意砸低股价后才大量进场。

主力打压吸筹行为动作中，有一种是利用尾盘最后几分钟快速将股价打低。一般用几笔大卖单将股价打低2%～3%左右。建仓时主力尾盘打低股价的目的是为了在次日吸筹有更便宜的价格以降低筹码平均成本。股价被砸低后使得当日该股日K线留下较长上影线或十字星，制造难看的K线图表，这起到震仓和减少技术派大量跟进作用。

判断个股尾盘几分钟明显打压是否属于主力打压吸筹行为，可从以下几方面入手：

第一，个股在尾盘几分钟出现明显打压痕迹，属于主力打压吸筹，但一般很少只利用一张巨大卖单将股价大幅度砸低。因为过于明显的动作会引起大量投资者和其他机构的注意，主力在吸筹时当然不想引来大量资金跟风。

第二，个股如果有主力入场吸筹，当日盘中成交量也会明显放大。目标个股出现尾盘最后几分钟打压股价痕迹时，当日该股的成交必须活跃才说明是主力入场吸筹后刻意的打压。

第三，如果目标股票是在高位出现尾盘跳水，这就可能是主力出货行为。看盘应结合当时目标股票股价所处位置去分析判断，如果股票是在低位或者调整后出现，属于主力故意打压股价吓唬散户，趁机在第二天逢低吸货的可能性大。

第四，主力入场后目标股票股价一般表现比较强劲或者比较独立。经常出现大盘跌时它表现较强势；大盘走好它偏偏走弱。主力入场后目标股票股价后市走势震荡上行或者横向震荡，一般不会出现下破主力入场时的低位。

第五，主力入场分大庄和一般私募，也分短线庄和波段庄、中长线庄。不同的资金规模和坐庄时间长短，在吸筹和拉升时都有不同识别方法。

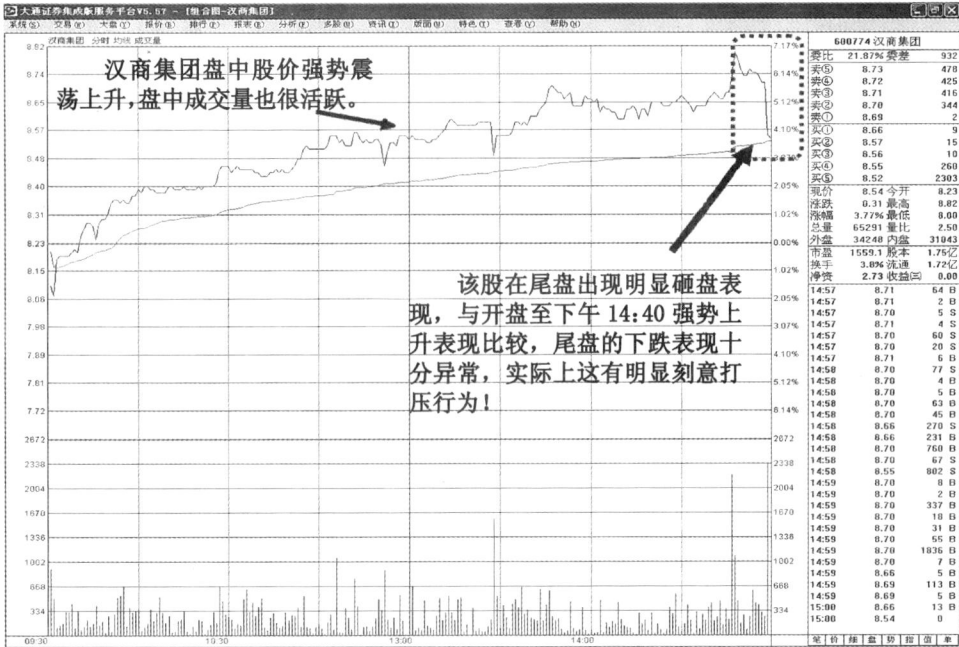

汉商集团盘中股价强势震荡上升,盘中成交量也很活跃。

该股在尾盘出现明显砸盘表现,与开盘至下午 14:40 强势上升表现比较,尾盘的下跌表现十分异常,实际上这有明显刻意打压行为!

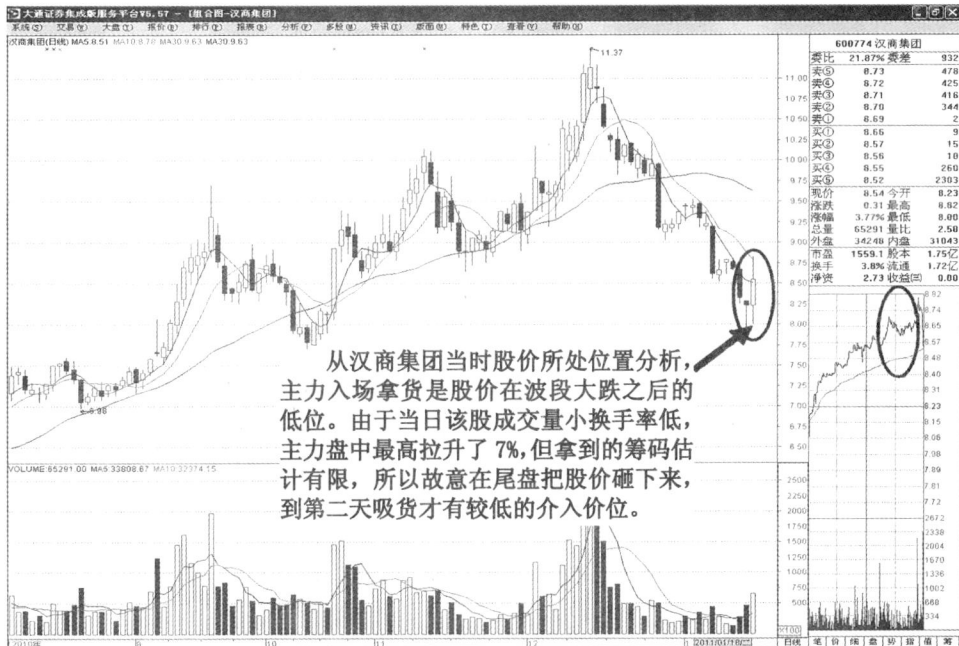

从汉商集团当时股价所处位置分析,主力入场拿货是股价在波段大跌之后的低位。由于当日该股成交量小换手率低,主力盘中最高拉升了 7%,但拿到的筹码估计有限,所以故意在尾盘把股价砸下来,到第二天吸货才有较低的介入价位。

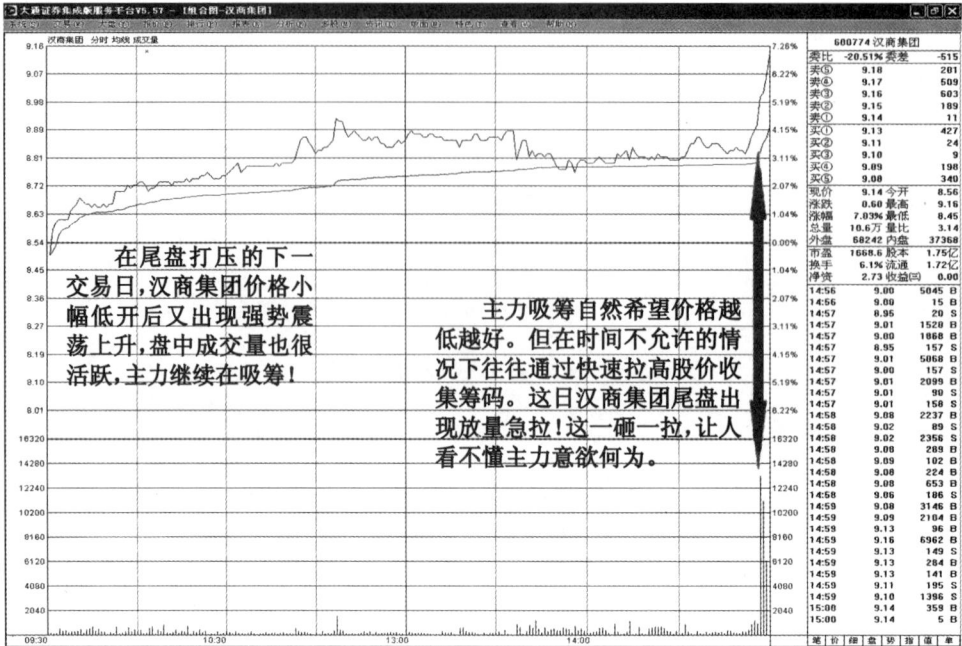

在尾盘打压的下一交易日,汉商集团价格小幅低开后又出现强势震荡上升,盘中成交量也很活跃,主力继续在吸筹!

主力吸筹自然希望价格越低越好。但在时间不允许的情况下往往通过快速拉高股价收集筹码。这日汉商集团尾盘出现放量急拉!这一砸一拉,让人看不懂主力意欲何为。

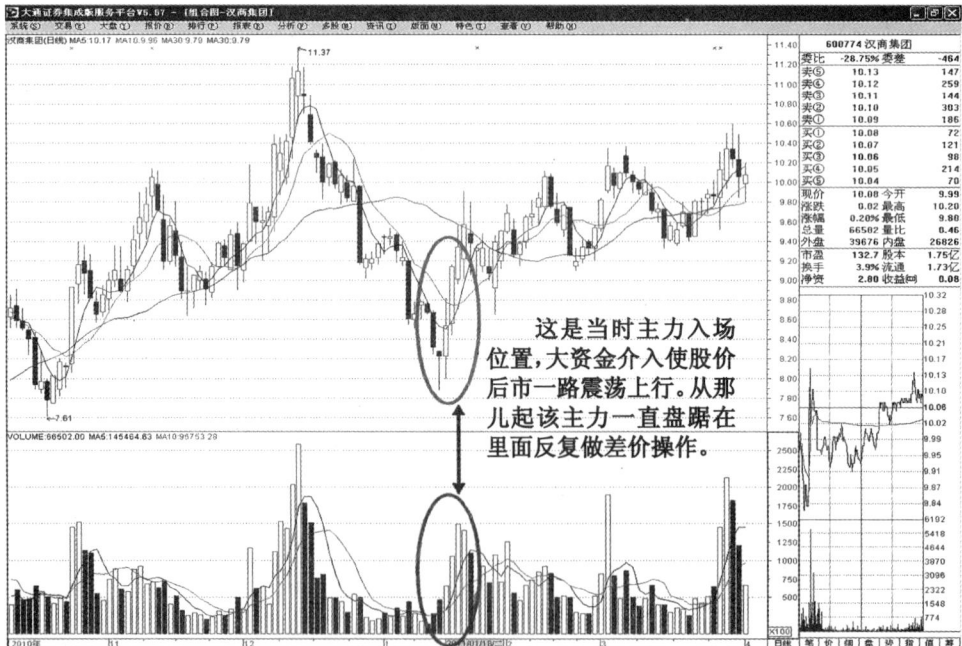

这是当时主力入场位置,大资金介入使股价后市一路震荡上行。从那儿起该主力一直盘踞在里面反复做差价操作。

10

盘口分析大资金入场重要依据

内幕消息、机构一手研发资料广大投资者肯定难以第一时间得到，就算搞到了也是传阅了N人次，经过N手后的东西。实际上炒股并不需要去打听什么消息，紧跟机构炒作的第一步是在主力吸筹建仓时跟进就行。现时中机构的建仓渠道有两条：一是通过大宗交易大手笔拿货；二是通过二级市场吸筹。大宗交易可以一次一笔拿筹几千万至几个亿，但大宗交易并不是想拿什么股票马上就有现成的，大宗交易首先需要有出让方计划愿意卖出，买家才有筹可拿。机构通过二级市场吸筹，仍然是现时坐庄机构拿货最重要、最常见的渠道。只要我们能在主力炒作第一步，即建仓吸筹时能及时发现并跟进，我们不需要内幕、不需要消息，同样也能跟着主力分享牛股盛宴！

发现主力入场吸筹可以从个股盘口观察得知，这是每一个投资者都有能力、有条件可以做到的。笔者就讲讲自己日常发现大资金入场的一些技巧供各位参考！

现时大部分券商免费提供的行情软件都有设置大单成交预警功能，笔者一般把大单成交参数设置为3000手以上。要找大资金进场的股票，就要设置大单成交，设置数值太小则没有意义。开盘期间经常分析这些单笔大单成交的品种，从中寻找有大资金进场的个股。下面以600770综艺股份为例讲讲看盘时的一些分析技巧。

第一步通过软件预警功能或者手工翻看方式发现单笔大买单成交的个股。

第二步要做的就是分析这些大买单的具体成交情况。看盘时可以先从个股盘面挂单入手，然后再看大买单成交明细，分析大买单成交情况。发现买盘挂单处有大买单挂着，就先要分析大买单的情况。

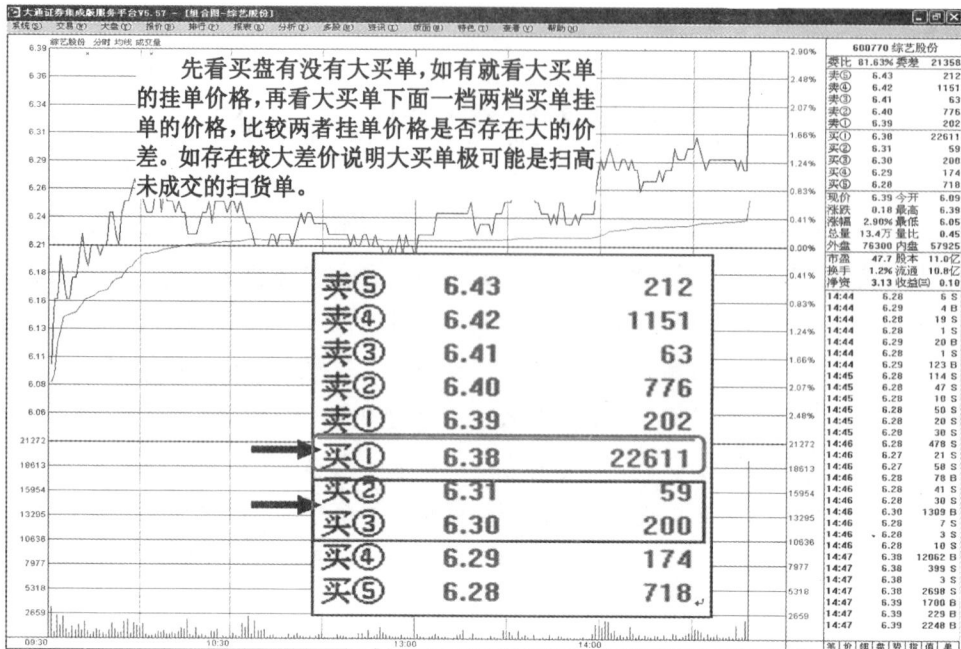

先看买盘有没有大买单,如有就看大买单
的挂单价格,再看大买单下面一档两档买单挂
单的价格,比较两者挂单价格是否存在大的价
差。如存在较大差价说明大买单极可能是扫高
未成交的扫货单。

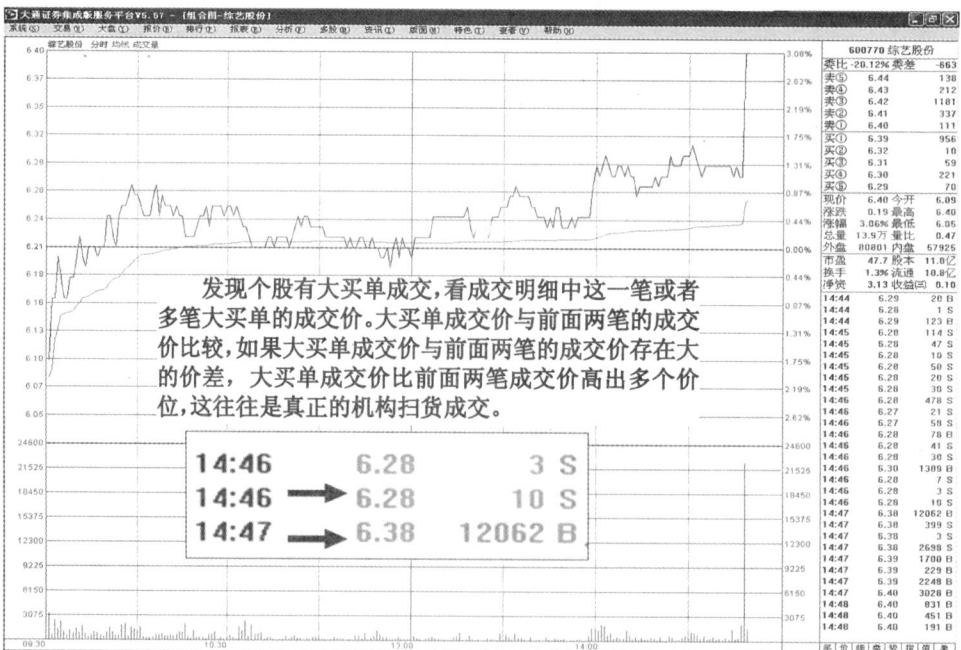

发现个股有大买单成交,看成交明细中这一笔或者
多笔大买单的成交价。大买单成交价与前面两笔的成交
价比较,如果大买单成交价与前面两笔的成交价存在大
的价差,大买单成交价比前面两笔成交价高出多个价
位,这往往是真正的机构扫货成交。

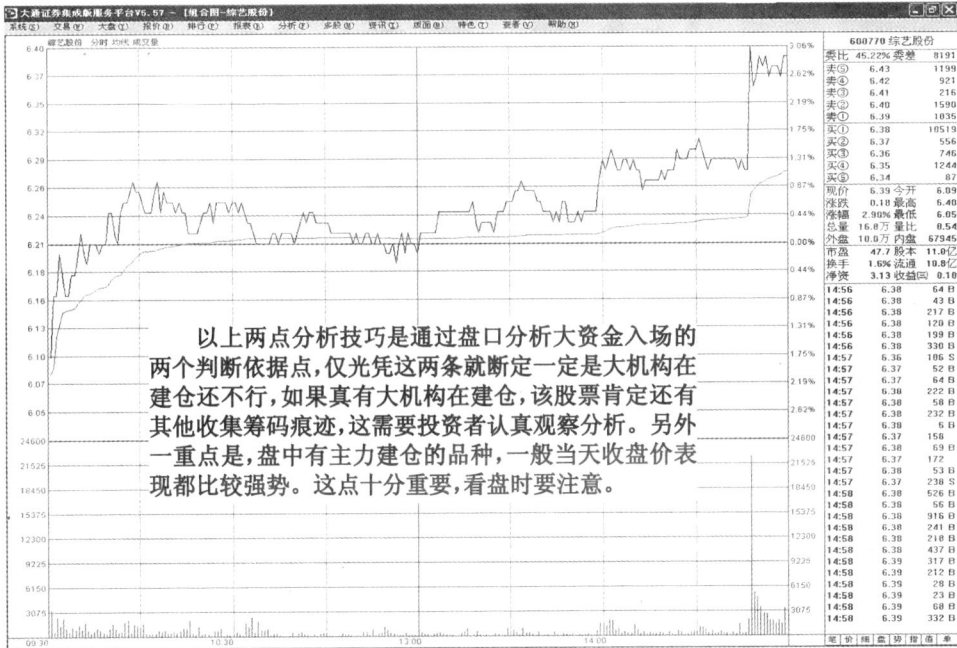

以上两点分析技巧是通过盘口分析大资金入场的两个判断依据点,仅光凭这两条就断定一定是大机构在建仓还不行,如果真有大机构在建仓,该股票肯定还有其他收集筹码痕迹,这需要投资者认真观察分析。另外一重点是,盘中有主力建仓的品种,一般当天收盘价表现都比较强势。这点十分重要,看盘时要注意。

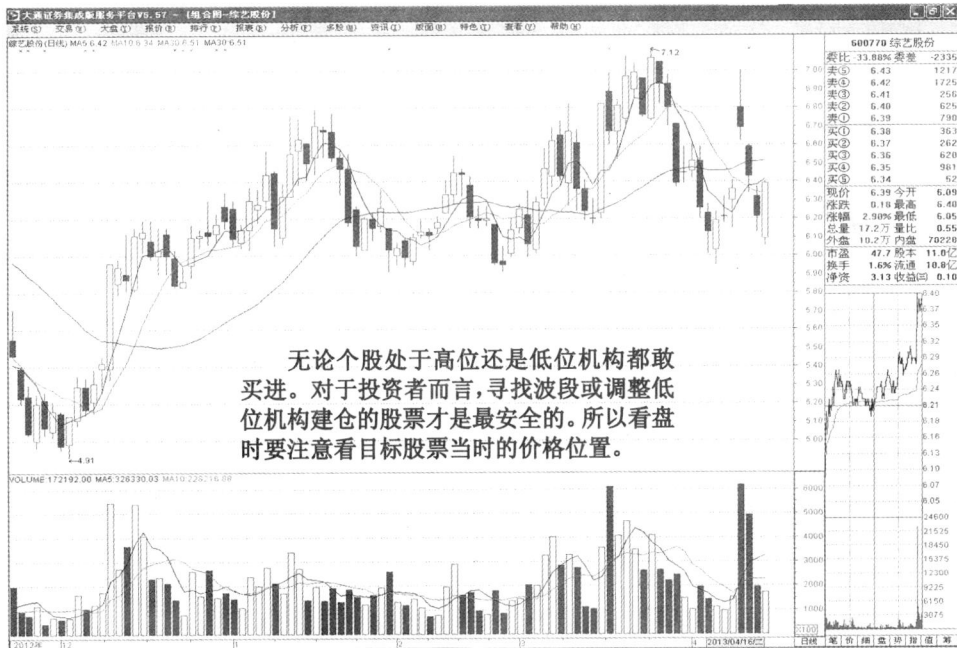

无论个股处于高位还是低位机构都敢买进。对于投资者而言,寻找波段或调整低位机构建仓的股票才是最安全的。所以看盘时要注意看目标股票当时的价格位置。

判断个股属新主力入场还是老主力操盘的技巧

看盘时经常看到个股盘中放量上升，分清是新主力入场还是该股老主力在运作很重要。从理论角度上看，如一只股票有新主力入市，在资金不断流入之下股价就会有所表现。表现体现在两方面：一是新主力入市建仓不断买入就会推高股价；二是新主力入市建仓后可能主动拉抬股价拉出利润空间。跟庄操作跟在新主力入市建仓初期，是比较安全和盈利最有保障的。

老主力操盘的股票较难预测和把握。老主力操盘的品种主力什么时间进去的，平均成本在哪儿都较难估计，大部分老主力日常交易中都进行高抛低吸，要计算其平均成本比较难。老主力操盘的股票运作久了，或账面利润较高后，什么时间出货撤退全由老主力操盘手决定，这些都不是看基本面、看技术面分析可以预测的。跟主力操作跟进新主力入市建仓初期的品种，比跟老主力操盘的股票更安全。这好比看人料事，面对一个刚入行的年轻人和一个在行内混了数十载的老江湖，前者阅历简单、资历浅更容易看清其真面貌！

个股盘中放量上升资金流入明显，分清是新主力入场还是老主力在运作，较简单的办法就是看该股盘中放量上升时，以放量的具体成交细节去分析判断。如果个股属于新主力入场，股价放量上升时单笔大买单，一般都是高于前一笔多个价位往上扫高成交的。如果是老主力在运作，盘中放量上升时老主力先对敲制造出大量买单，然后再拉起，大买单的成交价多是在同一个价格！当然，该盘口只是在部分个股拉升中出现。

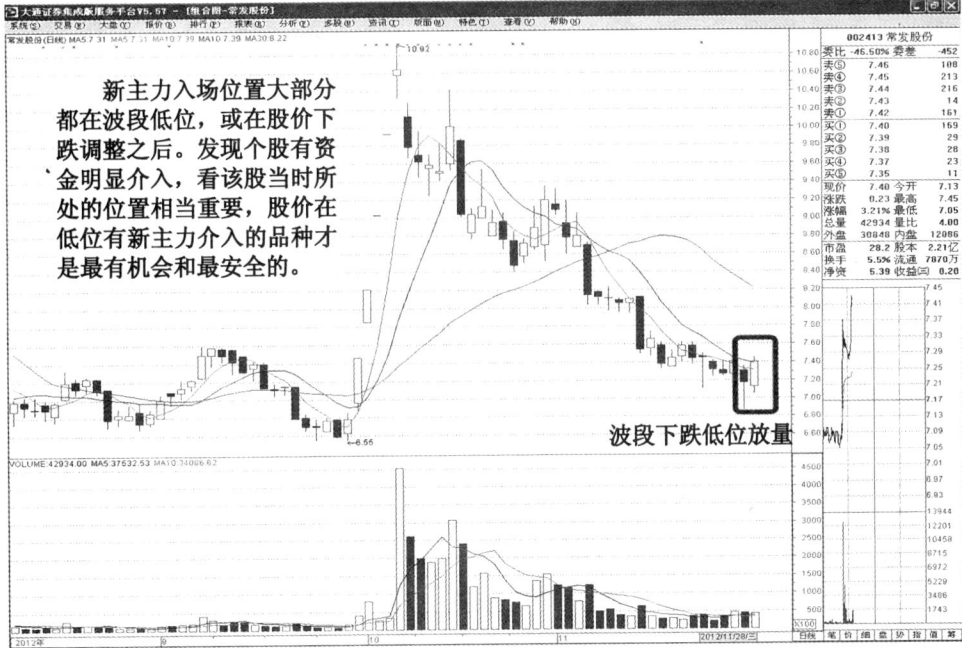

新主力入场位置大部分都在波段低位，或在股价下跌调整之后。发现个股有资金明显介入，看该股当时所处的位置相当重要，股价在低位有新主力介入的品种才是最有机会和最安全的。

波段下跌低位放量

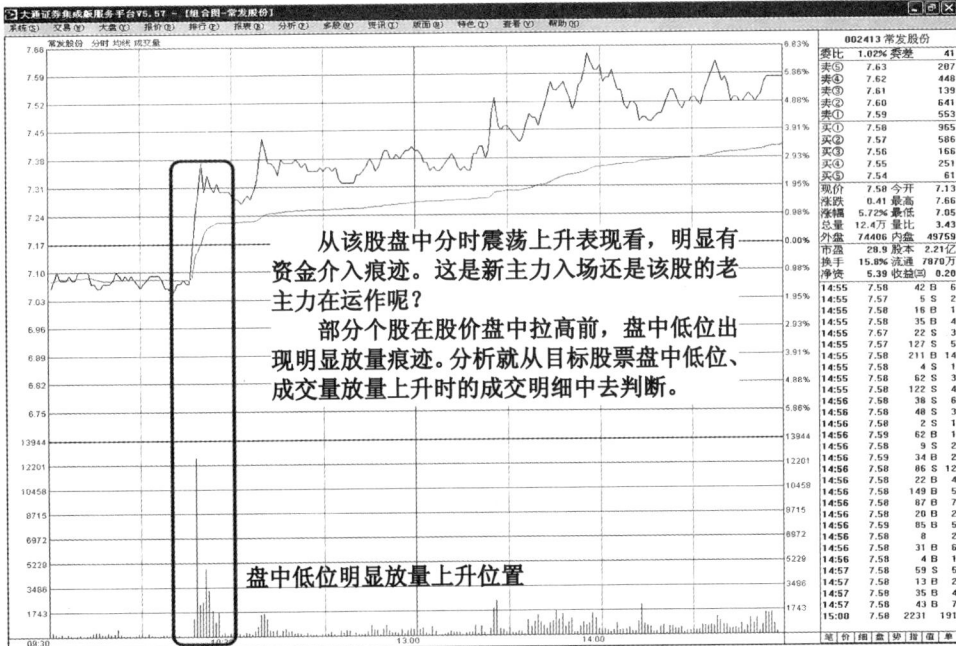

从该股盘中分时震荡上升表现看，明显有资金介入痕迹。这是新主力入场还是该股的老主力在运作呢？

部分个股在股价盘中拉高前，盘中低位出现明显放量痕迹。分析就从目标股票盘中低位、成交量放量上升时的成交明细中去判断。

盘中低位明显放量上升位置

15

从常发股份盘中低位明显放量时的成交看,常发股份拉高前于7.16元连续成交了多笔大买单,数量达到8000余手。以该股正常的交易挂单情况看,一个价位并没有8000余手如此大的卖单挂出。这些大量成交一般是老主力为了吸引大众眼球,盘中通过做盘手段故意对敲制造的。要进行对敲交易就必须要先手中持有筹码,所以该股明显属于是老主力在运作。

10:16	7.15	427 B
10:17	7.16	2004 B
10:17	7.16	2550 B
10:17	7.15	10 S
10:17	7.16	4017 B
10:17	7.16	371 B
10:17	7.18	3149 B

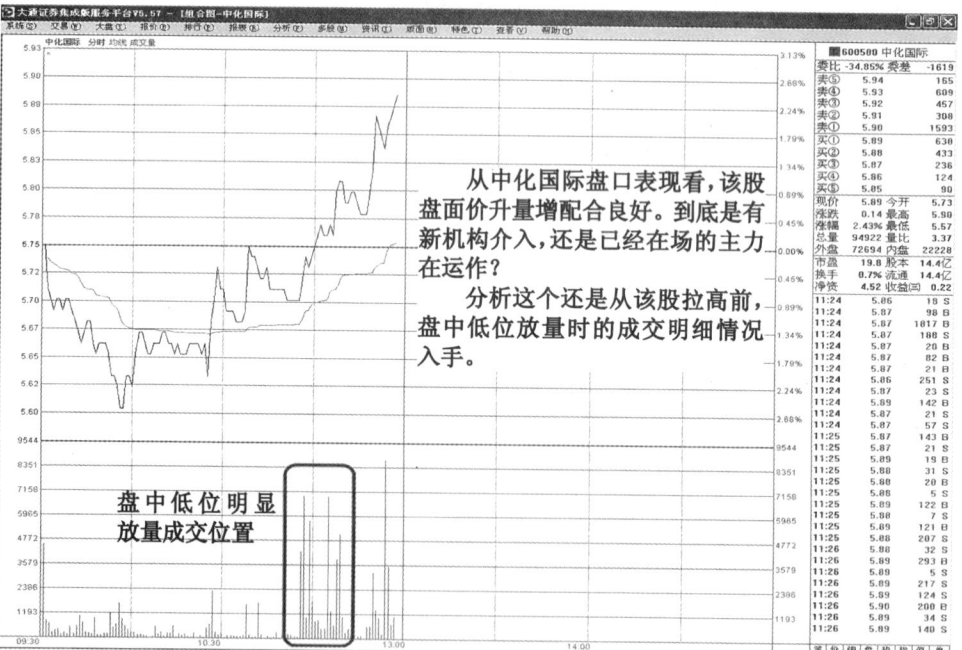

从中化国际盘口表现看,该股盘面价升量增配合良好。到底是有新机构介入,还是已经在场的主力在运作?

分析这个还是从该股拉高前,盘中低位放量时的成交明细情况入手。

盘中低位明显放量成交位置

时间	价格	现量
10:55	5.72	2015 B
10:55	5.72	400 B
10:56	5.73	1502 B
10:56	5.73	905 B
10:56	5.73	200 B
10:56	5.73	808 B
10:56	5.73	903 B
10:56	5.73	156 B
10:56	5.73	735 B
10:56	5.73	792 B

> 5.73元同一价位出现大量买单成交

时间	价格	现量
10:58	5.74	3647 B
10:58	5.74	2012 B
10:59	5.73	20 B
10:59	5.74	1440 B

> 5.74元同一价位又出现大量买单成交

时间	价格	现量
11:04	5.77	3202 B
11:04	5.76	12 B
11:04	5.76	1 B
11:04	5.77	3612 B

> 在不同时间段5.76元同一价位又出现大买单成交。老主力为吸引跟风盘，盘中多次对敲制造大量大买单是常见的。

如是老主力运作,盘中放量上升时大买单多是先对敲制造出大量买单,然后再拉起。这些大量买单成交价往往都是同一个价位!看盘时如及时发现这些品种,就能看到老主力对敲时的具体细节。并非属于老主力运作的股票就不能买。分清新老主力最重要的是要清楚"老主力运作的品种出现这种对敲制造大买单盘口时,往往一拉高就会出货。跟进这种股票有利润要及时撤退"!

时间	价格	现量
10:05	10.10	1983 B
10:05	10.10	4285 B
10:05	10.10	1836 B
10:05	10.10	2352 B
10:05	10.10	3786 B
10:05	10.10	1752 B
10:05	10.10	2304 B
10:05	10.10	2797 B
10:05	10.10	2319 B
10:05	10.10	5290 B

短线主力做盘成本分析

对于游资而言，过亿资金可算属于大资金行列，游资是A股市场最活跃的一分子，手持数千万至几个亿的机构短线操作套利相当活跃。这些游资短线做盘可以做到今天进、明天跑，如此短平快。快进快出，赚多少算多少，做完一个撤出去做下一个是他们一贯的理念。因为大部分游资机构资金实力的确一般，他们能操纵影响股价的时间短，拔高后快速撤退见好就收是必须的，否则拔高后其他投资者或其他机构的抛压会将股价砸下去。短线操盘停留在个股中的时间越长就越危险，因为大部分游资机构手上的资金抵挡不住大盘下跌或其他机构的抛压，只能在对手还没有反应过来就兑现出来。游资这种兵贵神速的操盘行为实践证明是成功的。

实力较强或操盘水平高的机构，往往自己选择目标先行建仓，然后造势吸引其他投资者或其他机构跟风买入共同推高股价。次日的升势中，部分个股需要主庄自己继续花钱拔高然后再出货。部分则被市场其他投资者或机构买入拔高，主庄无需花钱出力拔高就可以轻松出货。下面看这种实力游资是如何在贤成矿业(600381)中轻松实现"今天进、明天走，500万即到手"的！

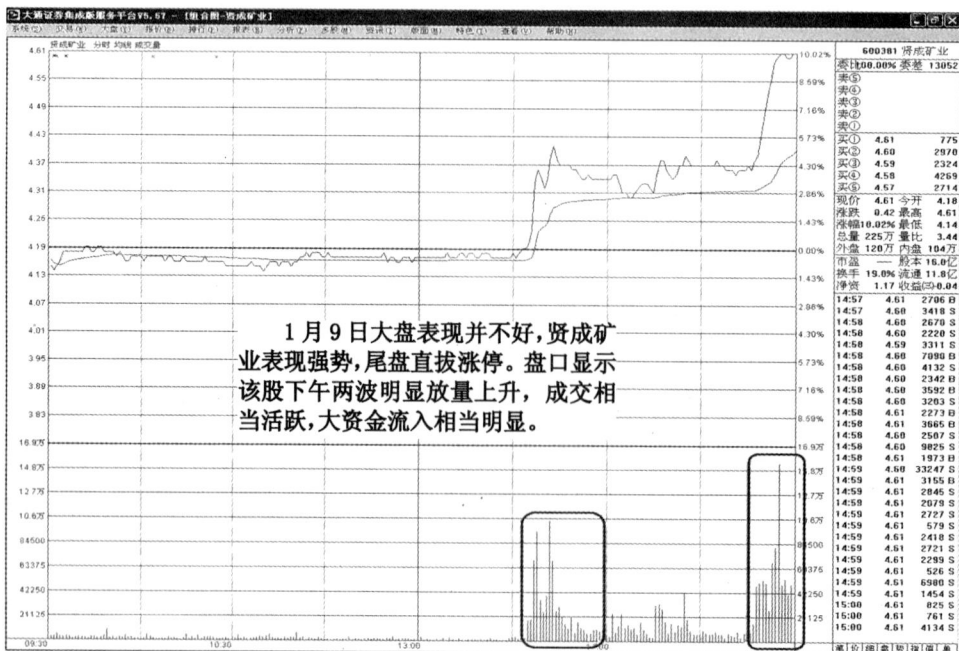

1月9日大盘表现并不好，贤成矿业表现强势，尾盘直拔涨停。盘口显示该股下午两波明显放量上升，成交相当活跃，大资金流入相当明显。

上海证券市场2013年1月9日公开信息

证券代码：600381   证券简称：贤成矿业

买入营业部名称	累计买入金额(元)
(1)中信证券(浙江)台州市府大道证券营业部	115276018.71
(2)中信证券(浙江)杭州延安路证券营业部	14102894.00
(3)财达证券保定莲池北大街证券营业部	7905993.01
(4)厦门证券上海陆家滨路证券营业部	6879326.90
(5)英大证券深圳园岭三街证券营业部	6080486.00

卖出营业部名称	累计卖出金额(元)
(1)华福证券福州广达路证券营业部	51693511.00
(2)厦门证券上海陆家滨路证券营业部	16479224.39
(3)光大证券北京东中街证券营业部	12086570.00
(4)大通证券大连昆明街证券营业部	10519835.78
(5)光大证券郑州金水路证券营业部	8492463.00

　　1月9日贤成矿业涨停，中信证券（浙江）台州市府大道证券营业部买入金额1.15亿元。买入最大第二名才1410万元，其他更小。可见贤成矿业当天的涨停是中信证券(浙江)台州市府大道证券营业部所为，盘中股价的波动和拔涨停是该主力一手策划和实施的。

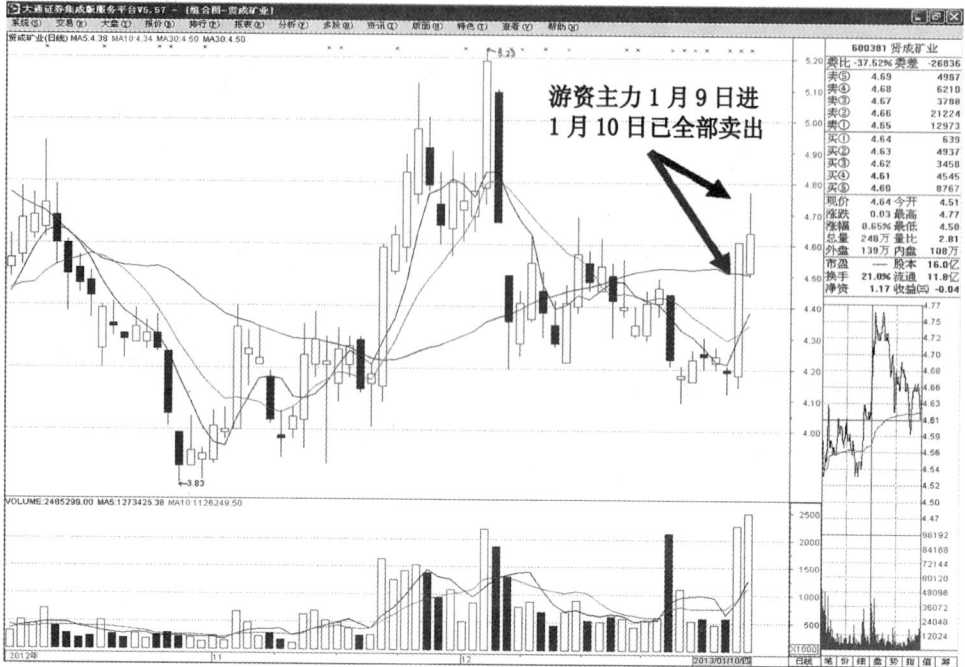

游资主力1月9日进
1月10日已全部卖出

上海证券市场2013年1月10日公开信息

证券代码	证券简称	换手率%	成交量	成交金额（万元）
600381	贤成矿业	20.99	248529922	114811.5

买入营业部名称	累计买入金额（元）
(1)齐鲁证券青岛香港中路证券营业部	14237245.56
(2)长江证券北京万柳东路证券营业部	9871086.41
(3)中信证券(浙江)杭州延安路证券营业部	9404538.00
(4)国信证券深圳泰然九路证券营业部	7891283.23
(5)长江证券上海宁波路证券营业部	7425636.00

卖出营业部名称	累计卖出金额（元）
(1)中信证券(浙江)台州市府大道证券营业部	120867201.32
(2)西南证券北京北三环中路证券营业部	37102850.53
(3)西南证券北京昌平政府街证券营业部	14158523.50
(4)华福证券福州广达路证券营业部	7824957.00
(5)英大证券深圳园岭三街证券营业部	6387587.24

1月9日贤成矿业涨停，中信证券（浙江）台州市府大道证券营业部买入金额1.152亿元。1月10日数据显示，中信证券（浙江）台州市府大道证券营业部卖出金额1.208亿元。两日时间一进一出纯利润560万元，获利近5%。这是"今天进、明天走，500万即到手"！没有什么比资本运作赚钱更快。当然，有了资本还要有操作技术过硬的操盘手才行。

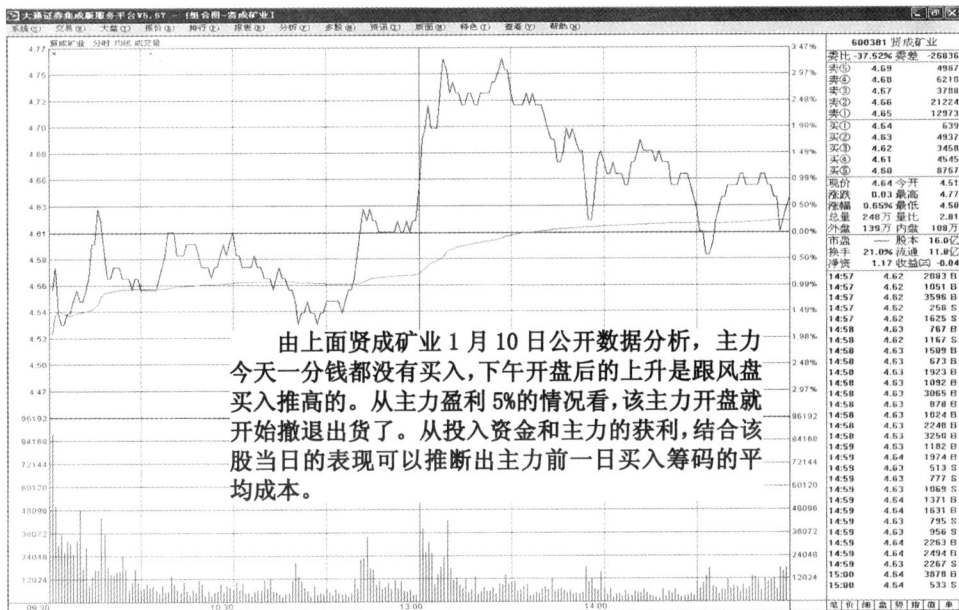

由上面贤成矿业1月10日公开数据分析，主力今天一分钱都没有买入，下午开盘后的上升是跟风盘买入推高的。从主力盈利5%的情况看，该主力开盘就开始撤退出货了。从投入资金和主力的获利，结合该股当日的表现可以推断出主力前一日买入筹码的平均成本。

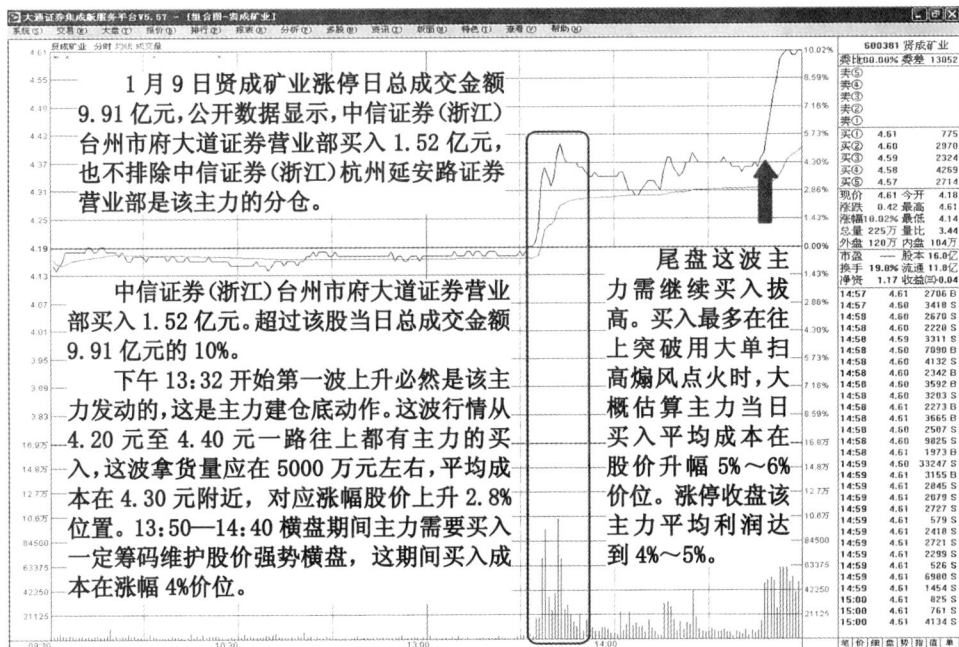

1月9日贤成矿业涨停日总成交金额9.91亿元，公开数据显示，中信证券（浙江）台州市府大道证券营业部买入1.52亿元，也不排除中信证券（浙江）杭州延安路证券营业部是该主力的分仓。

中信证券（浙江）台州市府大道证券营业部买入1.52亿元。超过该股当日总成交金额9.91亿元的10%。

下午13：32开始第一波上升必然是该主力发动的，这是主力建仓底动作。这波行情从4.20元至4.40元一路往上都有主力的买入，这波拿货量应在5000万元左右，平均成本在4.30元附近，对应涨幅股价上升2.8%位置。13：50—14：40横盘期间主力需要买入一定筹码维护股价强势横盘，这期间买入成本在涨幅4%价位。

尾盘这波主力需继续买入拔高。买入最多在往上突破用大单扫高煽风点火时，大概估算主力当日买入平均成本在股价升幅5%～6%价位。涨停收盘该主力平均利润达到4%～5%。

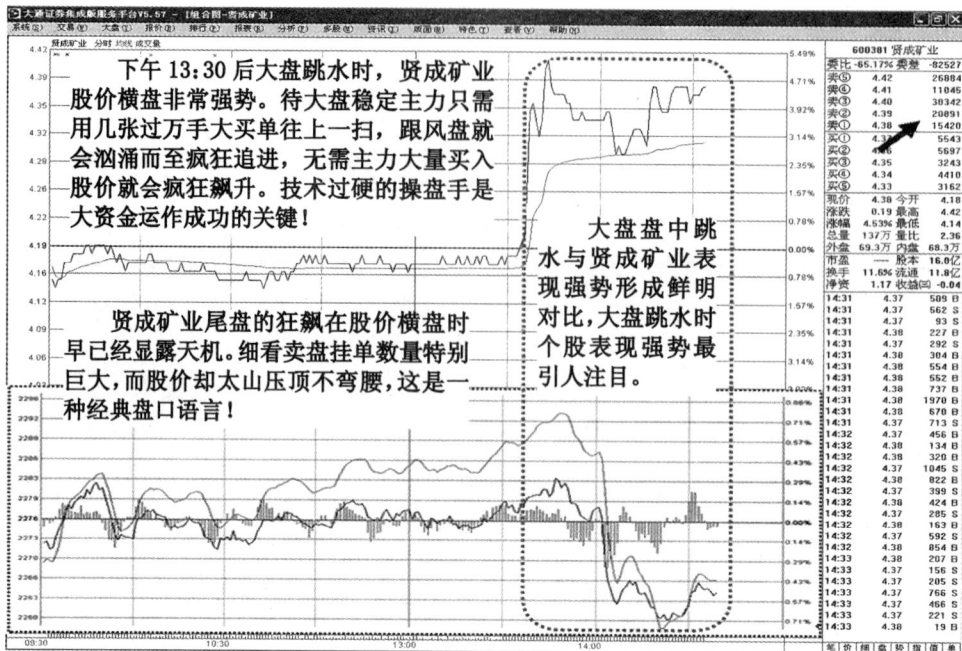

下午13：30后大盘跳水时，贤成矿业股价横盘非常强势。待大盘稳定主力只需用几张过万手大买单往上一扫，跟风盘就会汹涌而至疯狂追进，无需主力大量买入股价就会疯狂飙升。技术过硬的操盘手是大资金运作成功的关键！

贤成矿业尾盘的狂飙在股价横盘时早已经显露天机。细看卖盘挂单数量特别巨大，而股价却太山压顶不弯腰，这是一种经典盘口语言！

大盘盘中跳水与贤成矿业表现强势形成鲜明对比，大盘跳水时个股表现强势最引人注目。

大户坐庄思路及操盘技巧

"多大的资金可以坐庄？"集团式数十亿庞大资金运作一只股票或一个板块在A股市场屡见不鲜。手持过亿资金的大户在小盘股中，通过技术型操盘玩高抛低吸的也天天有迹可寻。资金量越庞大就越能控制和操纵个股价格。如控制个股流通筹码达到50%，已经可以随心所欲控制其股价升跌了。当然，现在这种高控盘坐庄行为已极难看到。

手持几千万资本的大户(小机构)能坐庄吗？就这资金规模而言还谈不上真正的坐庄，但其在小盘股中实施短期有限的操纵，干预影响股价是可以实现的。市场上一直有不少这样的大户和小机构，日常通过对中小盘股进行短期"有限的操纵"去赚取差价套取利润。本文将为各位介绍一小机构在云南盐化中，利用小资本做盘进行"有限坐庄"的套利行为。

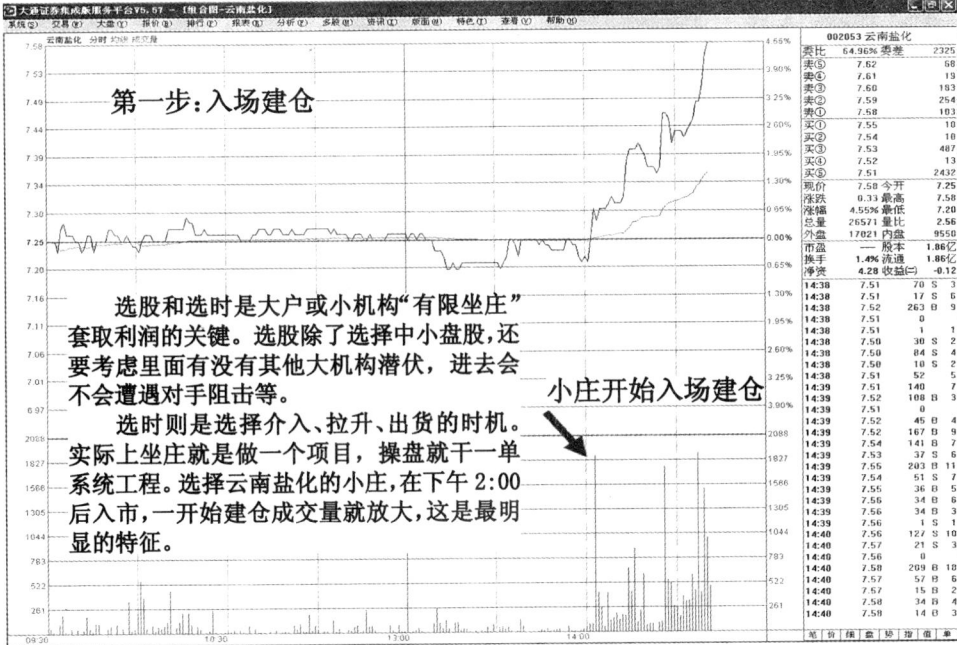

第一步：入场建仓

选股和选时是大户或小机构"有限坐庄"套取利润的关键。选股除了选择中小盘股，还要考虑里面有没有其他大机构潜伏，进去会不会遭遇对手阻击等。

选时则是选择介入、拉升、出货的时机。实际上坐庄就是做一个项目，操盘就干一单系统工程。选择云南盐化的小庄，在下午2:00入市，一开始建仓成交量就放大，这是最明显的特征。

小庄开始入场建仓

分析主力建仓的重点：研究这些高于数个价位往上扫上去的大买单成交情况，当然，盘中那些低于数个价位往下砸出的大卖单也要分析，既要看进场的情况，也要看是否有大量出货的痕迹。真正有主力建仓，盘中大买单的数量，远远多于大卖单是必然的。

往上扫高价差

时间	价格	现量
14:02	7.25	371 B
14:02	7.30	1500 B
14:14	7.41	10 S
14:15	7.45	500 B
14:24	7.37	5 S
14:25	7.42	800 B
14:25	7.45	793 B
14:35	7.45	190 B
14:36	7.48	1168 B

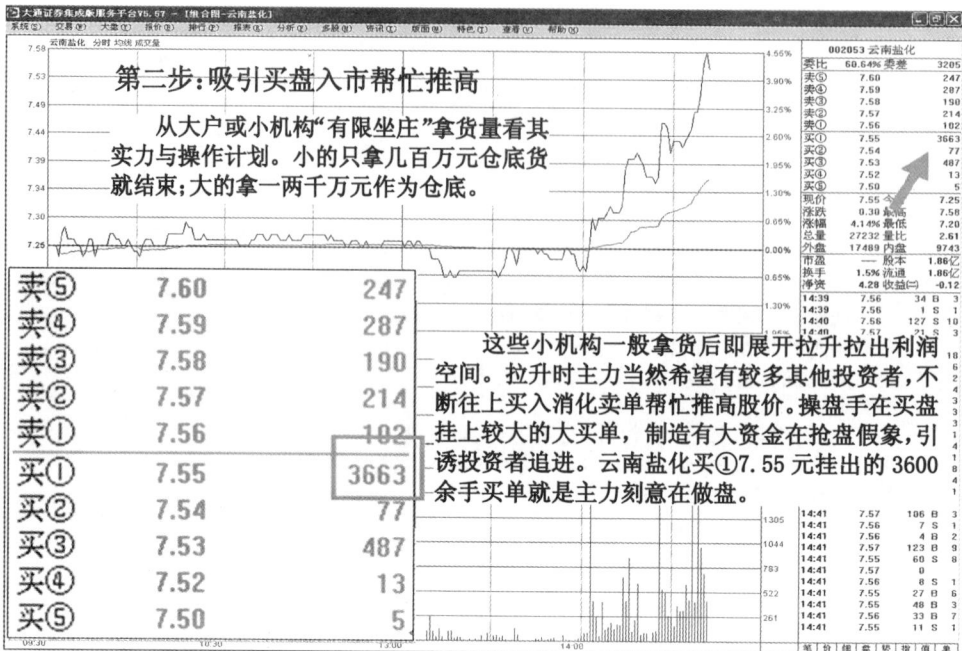

第二步:吸引买盘入市帮忙推高

从大户或小机构"有限坐庄"拿货量看其实力与操作计划。小的只拿几百万元仓底货就结束;大的拿一两千万元作为仓底。

这些小机构一般拿货后即展开拉升拉出利润空间。拉升时主力当然希望有较多其他投资者,不断往上买入消化卖单帮忙推高股价。操盘手在买盘挂上较大的大买单,制造有大资金在抢盘假象,引诱投资者追进。云南盐化买①7.55元挂出的3600余手买单就是主力刻意在做盘。

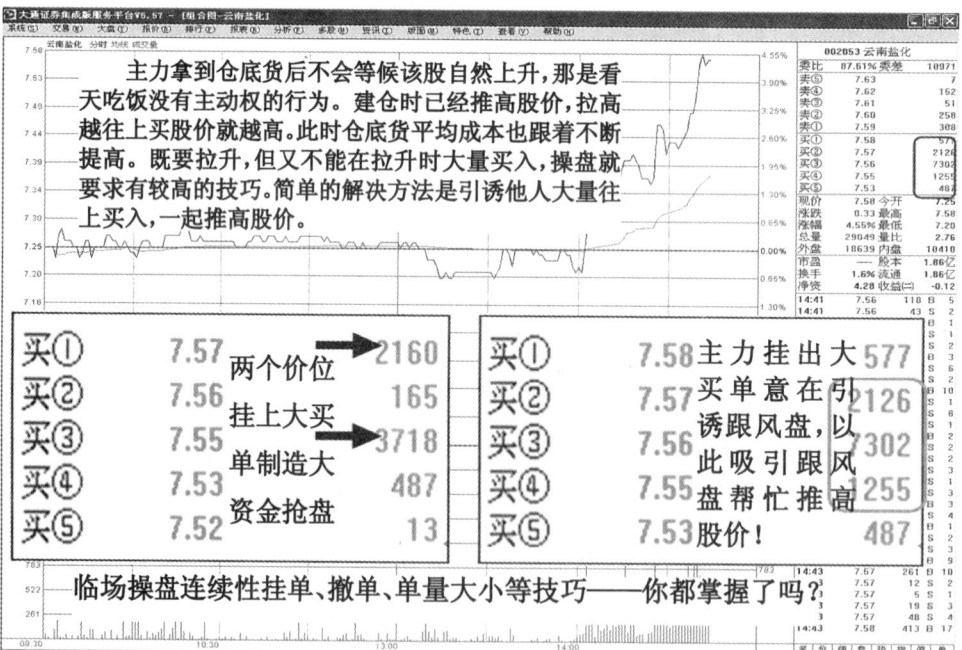

主力拿到仓底货后不会等候该股自然上升,那是看天吃饭没有主动权的行为。建仓时已经推高股价,拉高越往上买股价就越高。此时仓底货平均成本也跟着不断提高。既要拉升,但又不能在拉升时大量买入,操盘就要求有较高的技巧。简单的解决方法是引诱他人大量往上买入,一起推高股价。

临场操盘连续性挂单、撤单、单量大小等技巧——你都掌握了吗?

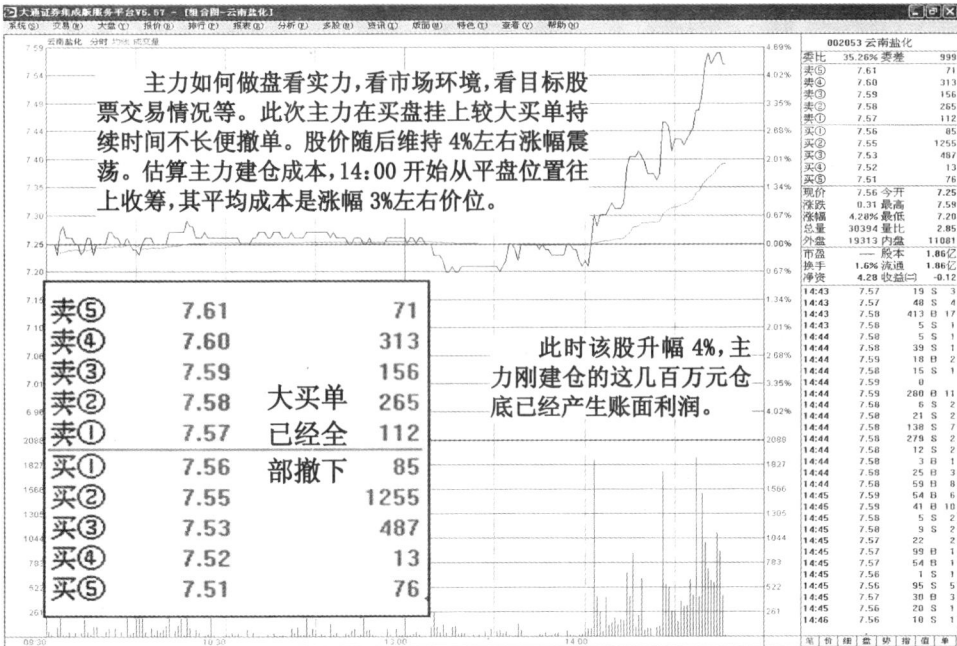

主力如何做盘看实力,看市场环境,看目标股票交易情况等。此次主力在买盘挂上较大买单持续时间不长便撤单。股价随后维持4%左右涨幅震荡。估算主力建仓成本,14:00开始从平盘位置往上收筹,其平均成本是涨幅3%左右价位。

卖⑤	7.61		71
卖④	7.60		313
卖③	7.59		156
卖②	7.58	大买单	265
卖①	7.57	已经全	112
买①	7.56	部撤下	85
买②	7.55		1255
买③	7.53		487
买④	7.52		13
买⑤	7.51		76

此时该股升幅4%,主力刚建仓的这几百万元仓底已经产生账面利润。

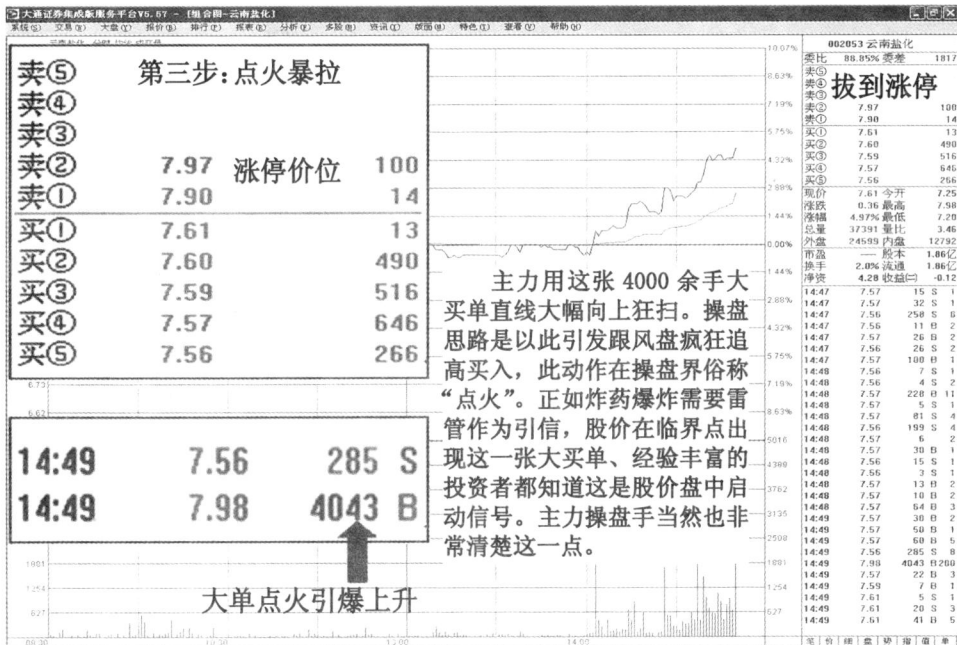

第三步:点火暴拉

卖⑤			
卖④			
卖③			
卖②	7.97	涨停价位	100
卖①	7.90		14
买①	7.61		13
买②	7.60		490
买③	7.59		516
买④	7.57		646
买⑤	7.56		266

14:49	7.56	285	S
14:49	7.98	4043	B

大单点火引爆上升

主力用这张4000余手大买单直线大幅向上狂扫。操盘思路是以此引发跟风盘疯狂追高买入,此动作在操盘界俗称"点火"。正如炸药爆炸需要雷管作为引信,股价在临界点出现这一张大买单、经验丰富的投资者都知道这是股价盘中启动信号。主力操盘手当然也非常清楚这一点。

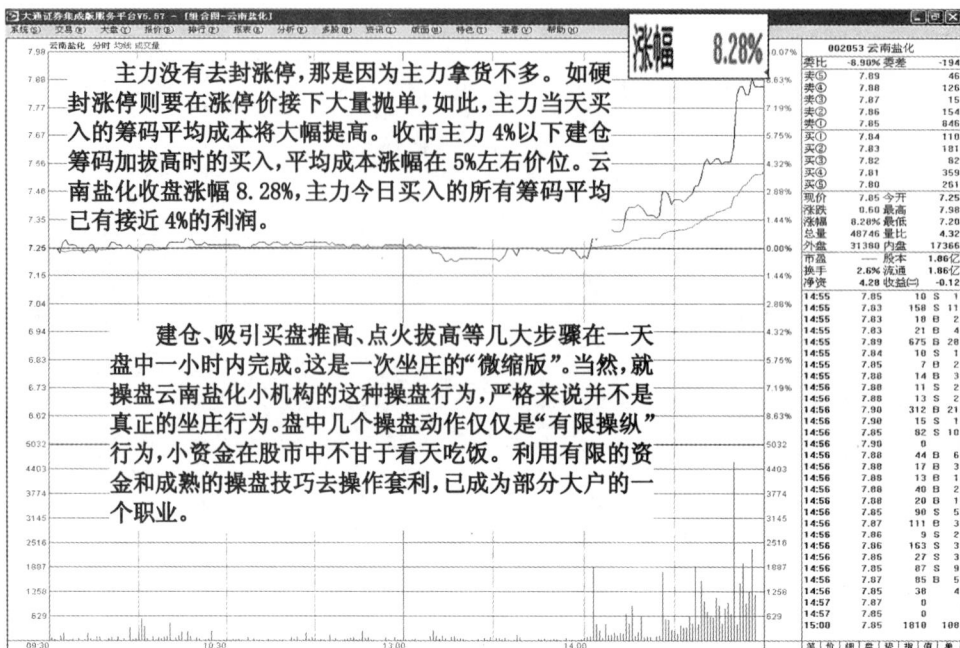

主力没有去封涨停,那是因为主力拿货不多。如硬封涨停则要在涨停价接下大量抛单,如此,主力当天买入的筹码平均成本将大幅提高。收市主力4%以下建仓筹码加拔高时的买入,平均成本涨幅在5%左右价位。云南盐化收盘涨幅8.28%,主力今日买入的所有筹码平均已有接近4%的利润。

建仓、吸引买盘推高、点火拔高等几大步骤在一天盘中一小时内完成。这是一次坐庄的"微缩版"。当然,就操盘云南盐化小机构的这种操盘行为,严格来说并不是真正的坐庄行为。盘中几个操盘动作仅仅是"有限操纵"行为,小资金在股市中不甘于看天吃饭。利用有限的资金和成熟的操盘技巧去操作套利,已成为部分大户的一个职业。

百万级别小主力推动的涨停套利状况

一个机构只要投入大量资金,短时间内大量买入一只股票,庞大资金快速进入能直接导致该股价格大涨。大资金进出可以影响股票的升跌,那么利用庞大资金优势集中连续交易就能操纵股价。大资金优势加以有计划的操盘技巧刻意买卖操纵一只股票,必然能在一定程度上影响该股价格。影响范围包括股价升跌方向,股价涨跌幅度和什么时间升跌等。刻意做盘操纵为操纵者带来更多的主动权!

有计划运作操纵行为占有各种主动权优势,比较之下投资行为很大程度上属于"看天吃饭"的被动行为。掌握主动权,自己决定自己命运是大资金管理者选择"操纵、坐庄"的原动力,希望通过自己的努力获取主动可预期的收益是众多机构实施"操纵、坐庄"的最重要原因!

以数亿计庞大资金能直接拉高个股价格令股价暴涨,小资金也能操纵或影响股价。与大资金不同的是,小资金只能在短时间内有限的影响和引导个股价格往目标方向运行,产生有限的影响力而且时间较短,小资金在坐庄时要求操盘手具备更高的操盘技巧。下面以多个实践案例剖析机构数百万元至3000万这一级别小资金是如何在市场中操纵价格套利的。

初灵信息(300250)　　涨幅偏离值：8.89%　　成交量：155万股　　成交金额：2473万元

买入金额最大的前5名营业部	买入金额(元)	卖出金额(元)
中信证券(浙江)福州连江北路证券营业部	7469363.08	0.00
西藏同信证券上海东方路证券营业部	3530876.44	0.00
英大证券横岗证券营业部	1631344.00	0.00
招商证券福州群众东路证券营业部	992992.00	0.00
浙商证券宁波四明中路证券营业部	902720.00	0.00

卖出金额最大的前5名营业部	买入金额(元)	卖出金额(元)
中国中投证券北京丽泽路证券营业部	0.00	1870903.32
光大证券福州湖东路证券营业部	0.00	1641789.76
大通证券北京建国路证券营业部	0.00	1631392.00
东兴证券杭州凤起路证券营业部	0.00	1128400.00
华泰证券司徐州中山北路证券营业部	0.00	964290.02

　　分析初灵信息5月10日涨停买入数据，当日该股总成交金额2473万元。买入营业部第一名中信证券（浙江)福州连江北路证券营业部，买入量为747万元。主力买入量在百万这个级别，却对该股涨停起到至关重要的作用。

　　因为小资金只能在短时间内有限影响和引导个股价格往目标方向运行，所以手持小资金机构在实施坐庄时要有高超的操盘技巧。如图，开盘该股高开然后一气呵成的往上拔高，直至封涨停。实际操盘手充分利用了小资金在最短时间内影响引导股价上升的操作技巧。

　　高开是强势的一种体现，高开高走是强庄的特征，一气呵成拔高直至封涨停这样拉高能吸引大量跟风盘追进以及帮忙封涨停。

　　如果该机构不采用这样的方式去操盘，盘中慢慢震荡收集筹码，千儿八百万资金拿货完毕了可能就没钱去拉高了，在低位拿到筹码没有钱拉高是没有用的。资金较大的机构则可以先慢慢吸筹，然后再大幅拉高这样的手法操作，是要有钱才可以这样做的！

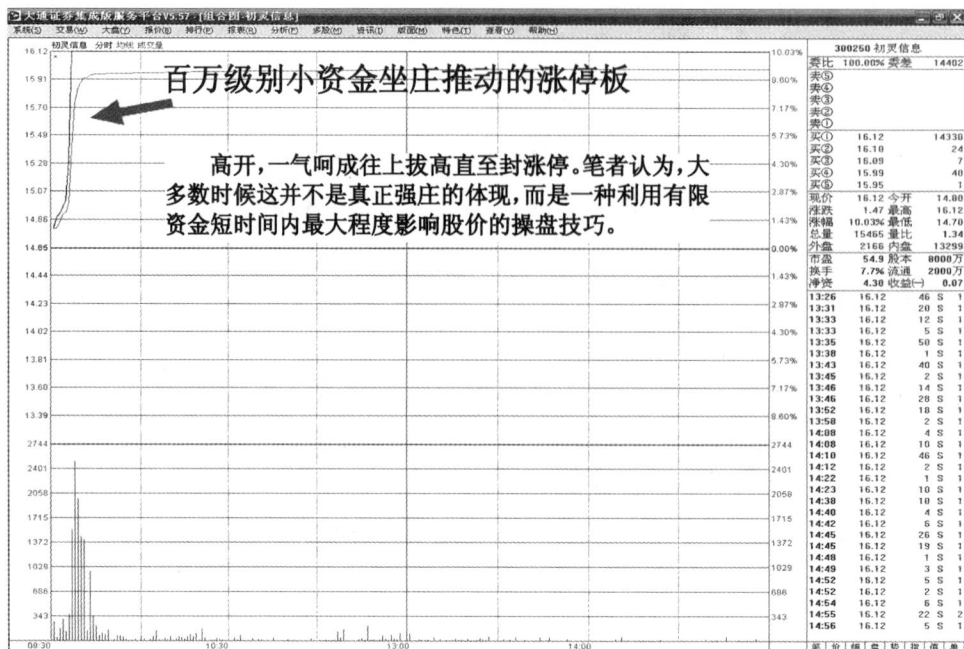

百万级别小资金坐庄推动的涨停板

高开，一气呵成往上拔高直至封涨停。笔者认为,大多数时候这并不是真正强庄的体现,而是一种利用有限资金短时间内最大程度影响股价的操盘技巧。

金信诺(300252)　涨幅偏离值：8.89%　成交量：176万股　成交金额：2349万元

买入金额最大的前5名营业部	买入金额(元)	卖出金额(元)
国泰君安证券深圳益田路证券营业部	6723000.00	0.00
国泰君安证券上海陆家嘴东路证券营业部	2122200.00	0.00
英大证券横岗证券营业部	1478250.00	0.00
财通证券温岭东辉北路证券营业部	1048950.00	0.00
中国中投证券深圳科技园证券营业部	691200.00	14850.00

卖出金额最大的前5名营业部	买入金额(元)	卖出金额(元)
方正证券长沙芙蓉中路证券营业部	0.00	1269000.00
东兴证券永安牺和路证券营业部	0.00	1043550.00
中航证券九江浔阳路证券营业部	0.00	414727.00
国泰君安证券上海打浦路证券营业部	0.00	405000.00
平安证券北京东花市证券营业部	0.00	404325.00

　　金信诺5月10日涨停买入数据显示，买入营业部第一名是国泰君安证券深圳益田路证券营业部。当天买入金额672万元，才几百万这个数目的确很小。但这

几百万已经占到该股当日成交总金额2349万元的28.6%，这个比例是相当高的。该股当日的涨停该主力起到了决定性的作用。

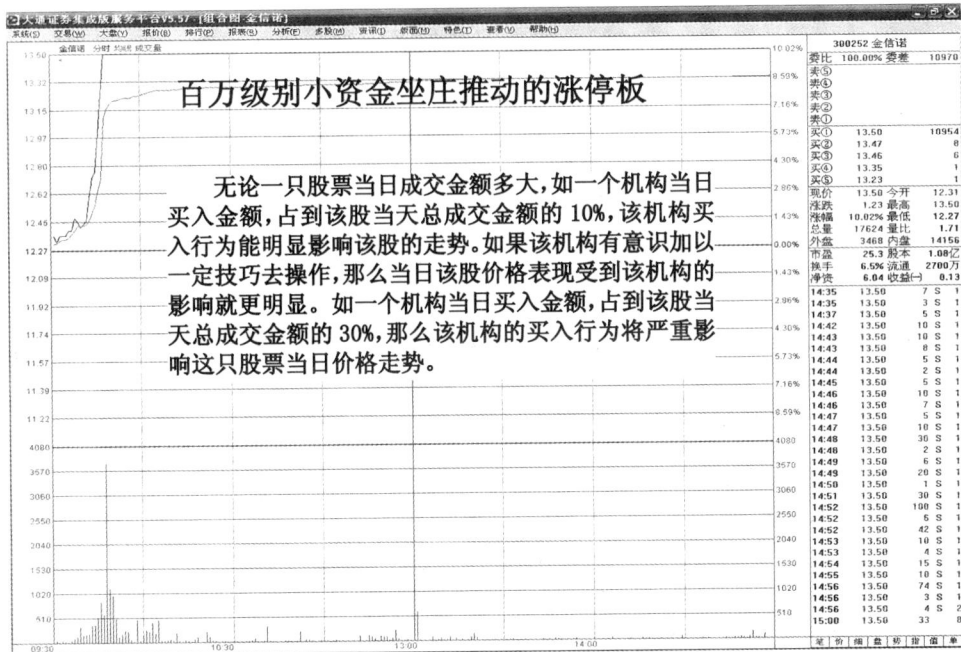

数亿庞大资金能直接拉高个股价格，小资金也能操纵或影响股价。通过选择个股不同流通盘大小、近日平均成交金额大小等为目标，大资金可做大的，小资金可做小的。操盘时操盘手的操盘水平高低也是至关重要的，百万级的小资金也坐庄，此话一般无人相信，而股市这几年来真有一批小机构就是这样不断在个股中进出反复套利。这些机构中大部分手上资金并非都只有一千几百万元，而他们操作这些小盘股时，只用到一千几百万的资金就能有效推动价格飙升了。

小鱼虾的千万级资金独立运作套利操作

说到主力一般投资者都认为这一定是个财大气粗的主！证券市场中主力实力是有强弱之分的，强庄资本大至数十仍至上百亿；小庄资本小的也不过只有千儿八百万。一般人根本不把这些管理运作资金数量在千万级别的机构或个人称呼为主力，大家都喜欢贯名其叫"游资"。主力也好，游资也罢，他们到了股票市场动起手来叫"资本运作"或叫"资金运作"。财大气粗的主力干活儿往往掀起的是大风浪，资本小的小庄自然只能翻起小浪花。股票市场中每日都有强庄在个股中兴风作浪，也有小庄打水造小浪，大庄小庄在个股中进进出出操作套利从来没有停息过！

　　千万级资本能坐庄运作吗？答案是肯定的：能！正如船只出海，万吨巨轮畅通无阻，小船也能在风浪中惊险行舟！小资金也能坐庄，或者说小资金也能独立运作。笔者以一个小到比较极端的小鱼虾运作兴民钢圈为个案，介绍一下千万级资本小鱼虾在股票市场中是如何独立运作的。看小鱼打水搏击是如何荡出小浪花的。

　　资本不在于大小，而是在于运作者有没有掌握独立运作的方法技能！

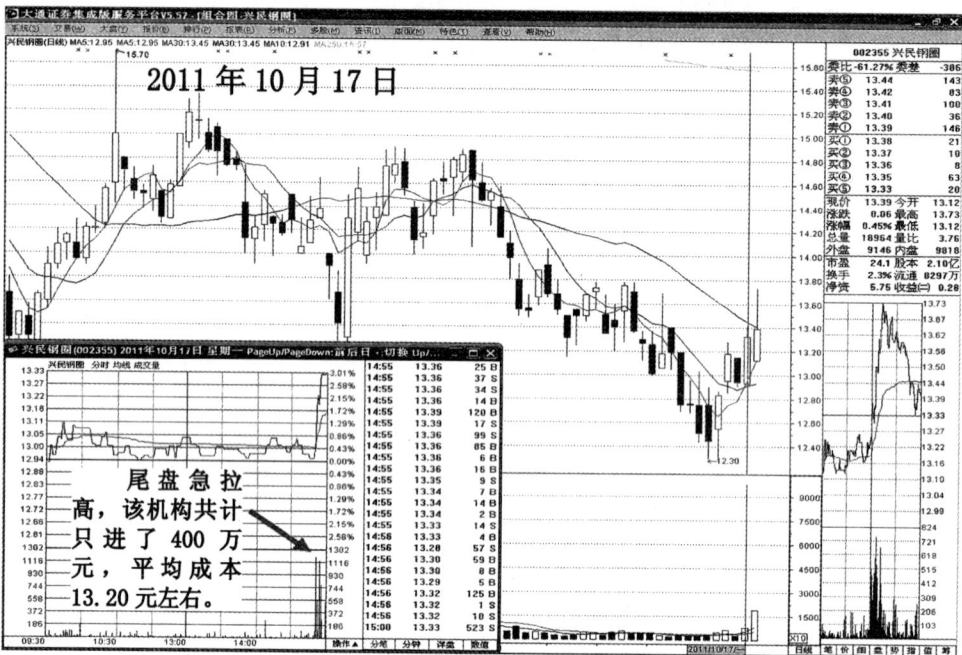

2011年10月17日

尾盘急拉高，该机构共计只进了400万元，平均成本13.20元左右。

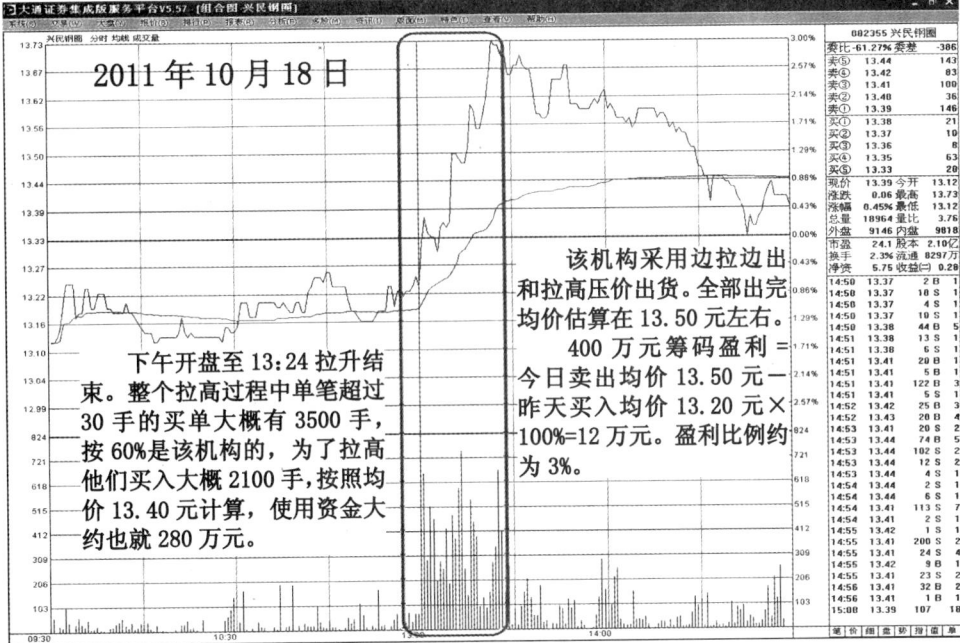

2011年10月18日

下午开盘至13:24拉升结束。整个拉高过程中单笔超过30手的买单大概有3500手，按60%是该机构的，为了拉高他们买入大概2100手，按照均价13.40元计算，使用资金大约也就280万元。

该机构采用边拉边出和拉高压价出货。全部出完均价估算在13.50元左右。400万元筹码盈利＝今日卖出均价13.50元－昨天买入均价13.20元×100%=12万元。盈利比例约为3%。

拉高开始

从拉高开始到拉高结束，单笔超过30手买单大概3500手，按60%是该机构的，为拉高股价买入大概2100手，约280万元。

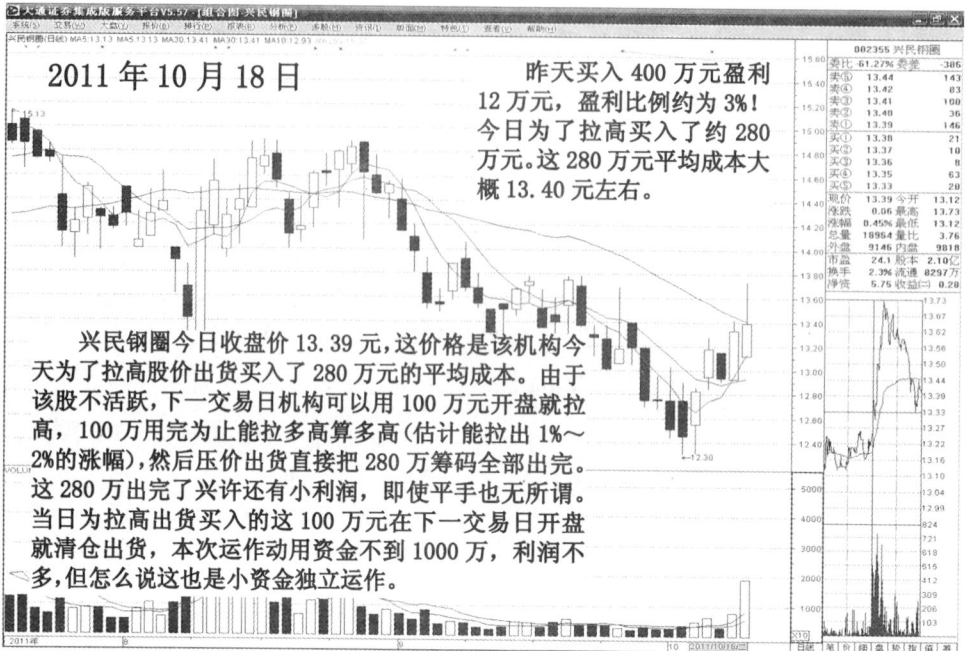

2011 年 10 月 18 日

昨天买入 400 万元盈利 12 万元，盈利比例约为 3%！今日为了拉高买入了约 280 万元。这 280 万元平均成本大概 13.40 元左右。

兴民钢圈今日收盘价 13.39 元,这价格是该机构今天为了拉高股价出货买入了 280 万元的平均成本。由于该股不活跃,下一交易日机构可以用 100 万元开盘就拉高, 100 万用完为止能拉多高算多高(估计能拉出 1%~2%的涨幅),然后压价出货直接把 280 万筹码全部出完。这 280 万出完了兴许还有小利润, 即使平手也无所谓。当日为拉高出货买入的这 100 万元在下一交易日开盘就清仓出货,本次运作动用资金不到 1000 万,利润不多,但怎么说这也是小资金独立运作。

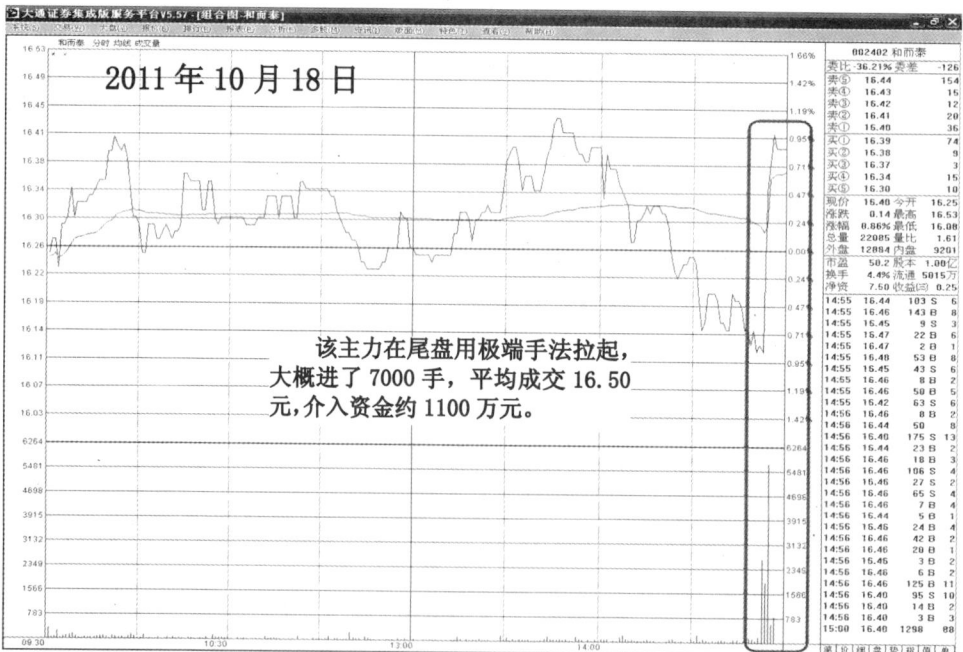

2011 年 10 月 18 日

该主力在尾盘用极端手法拉起,大概进了 7000 手,平均成交 16.50 元,介入资金约 1100 万元。

尾市该机构大概进了 7000 手，平均成交 16.50 元左右，动用资金约 1100 万元，成交明细摆在这里清楚可算！

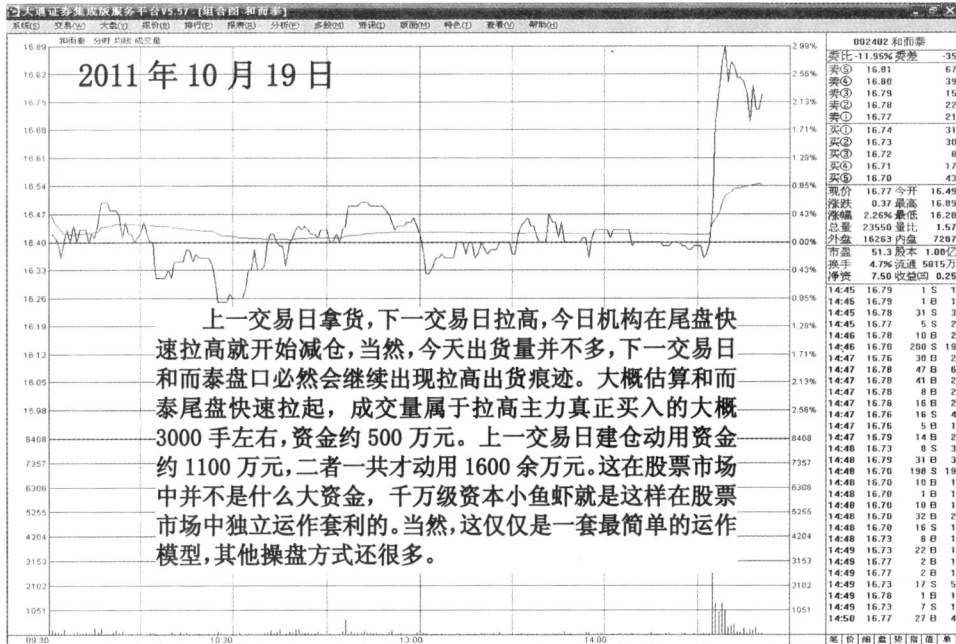

2011 年 10 月 19 日

上一交易日拿货，下一交易日拉高，今日机构在尾盘快速拉高就开始减仓，当然，今天出货量并不多，下一交易日和而泰盘口必然会继续出现拉高出货痕迹。大概估算和而泰尾盘快速拉起，成交量属于拉高主力真正买入的大概 3000 手左右，资金约 500 万元。上一交易日建仓动用资金约 1100 万元，二者一共才动用 1600 余万元。这在股票市场中并不是什么大资金，千万级资本小鱼虾就是这样在股票市场中独立运作套利的。当然，这仅仅是一套最简单的运作模型，其他操盘方式还很多。

短线主力闪电式操盘套利手法

不管你是否相信，A股市场现在仍然存在大量主力。从哪儿知道有那么多的主力啊？了解途径很简单，看每日个股交易公开信息就知道。在每日交易公开信息中，相当多的个股涨停板的公布数据显示，涨停当日买入最大的单家机构，买入量可以达到该股当日总成交金额的10%、20%甚至更多。买入金额少则过千万元，多则达数亿元。有时某只股票连续上升，同一主力连续出现在买入量最大的前5名机构行列中。

资金影响股价，大资金连续买卖会严重影响股价的涨跌与方向。如果机构持大资金进行有计划、有技巧的干预个股股价其影响就更大了。按照主力运作一只股票时间跨度的长短，分为长线主力、中线主力、波段主力、短线主力。这些主力部分操作随机应变没有多少章法可言，部分则有属于自己的一套或者多套常用的固定运作模型。

什么叫"运作模型"？主力坐庄要确保操盘高成功率总是靠随机应变是不行的，要确保能长期稳定的获利，就需要有一套或者多套成熟的"运作模型"。这套运作模型实际就是一套可行性操盘方案，从选股到吸筹、从拉升到洗盘、到出货都有一套完善的操作步骤和标准，每次运作都按既定的方法、步骤进行。当然，一套"运作模型"只是一个既定的操盘方案，操盘过程中遇到其他问题时，在一定范围内是允许改变的，一般大的操作原则不变。

一般人无法接触主力操盘团队，自然也无法了解主力的"运作模型"。但这没有关系，主力做盘总是会在盘面留下其活动的痕迹，通过盘面就可看透他们的操盘步骤和思路。下面就来介绍一种短线主力常用的操作模型。

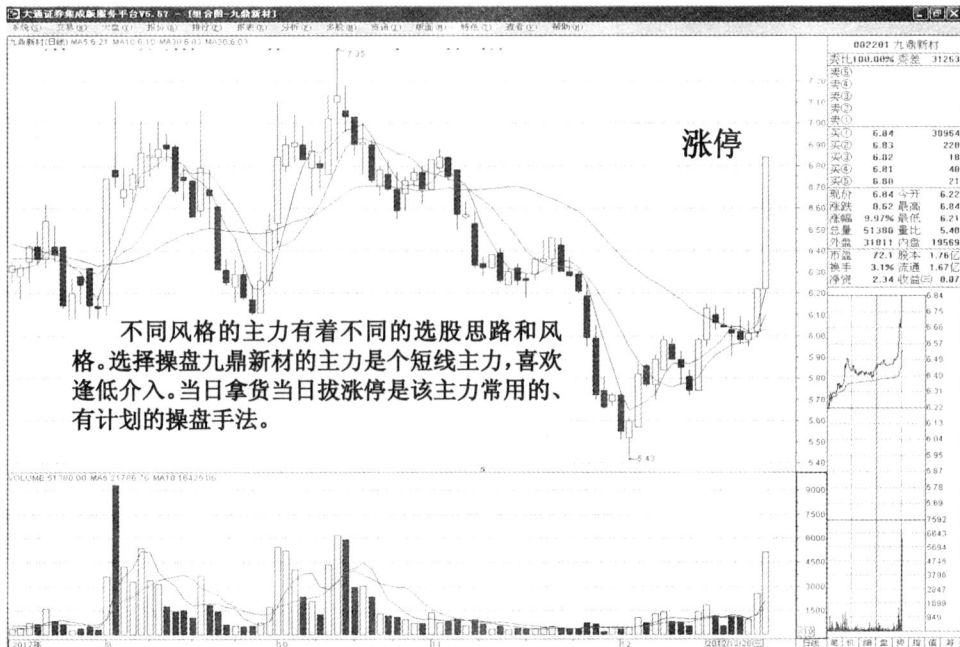

不同风格的主力有着不同的选股思路和风格。选择操盘九鼎新材的主力是个短线主力,喜欢逢低介入。当日拿货当日拔涨停是该主力常用的、有计划的操盘手法。

涨停

深圳证券市场2012年12月26日中小板交易公开信息

九鼎新材(002201)　涨幅偏离值:8.20%　成交量:572万股　成交金额:3760万元

买入金额最大的前5名营业部	买入金额(元)	卖出金额(元)
第一创业证券杭州金城路证券营业部	8132757.00	0.00
中航证券深圳春风路证券营业部	6470128.78	0.00
平安证券杭州潮王路证券营业部	4761589.93	90510.00
光大证券深圳深南大道证券营业部	997572.00	31250.00
兴业证券深圳景田路证券营业部	980739.79	26760.00

卖出金额最大的前5名营业部	买入金额(元)	卖出金额(元)
东兴证券福州杨桥中路证券营业部	0.00	1985092.48
华福证券福州鼓屏路证券营业部	0.00	1638580.96
申银万国证券上海陆家嘴环路证券营业部	0.00	1201073.79
中原证券北京酒仙桥路证券营业部	0.00	950000.00
中信证券如皋健康南路证券营业部	156486.00	841064.00

　　九鼎新材12月26日涨停公开信息看,当日坐庄的有可能是杭州主力,买入最

大金额第一名和第三名很可能是主力的两个分仓,其他三个深圳买入席位则属于跟风盘。买入最大金额第一名和第三名共计买入1290万元,这金额已经占九鼎新材当日总成交金额3760万元的34%。在一日的交易中,如单个机构买入量达到该股成交金额的10%,该机构买入行为已经在很大程度上影响该股股价表现了。主力当日买入量达到九鼎新材总成交金额的34%,这个涨停板实际就是它拔起来的。该主力想如何做高完全可以按照操盘手的设想方案去做。大资金影响或者操纵某只股票阶段性价格表现是完全没有问题的,特别是成交量较小的中小盘股。

九鼎新材12月26日涨停当日卖出最大两个席位在福州,他们卖出量分别为198万元和163万元。盘面分析二者都是在上一交易日12月25日买入的。

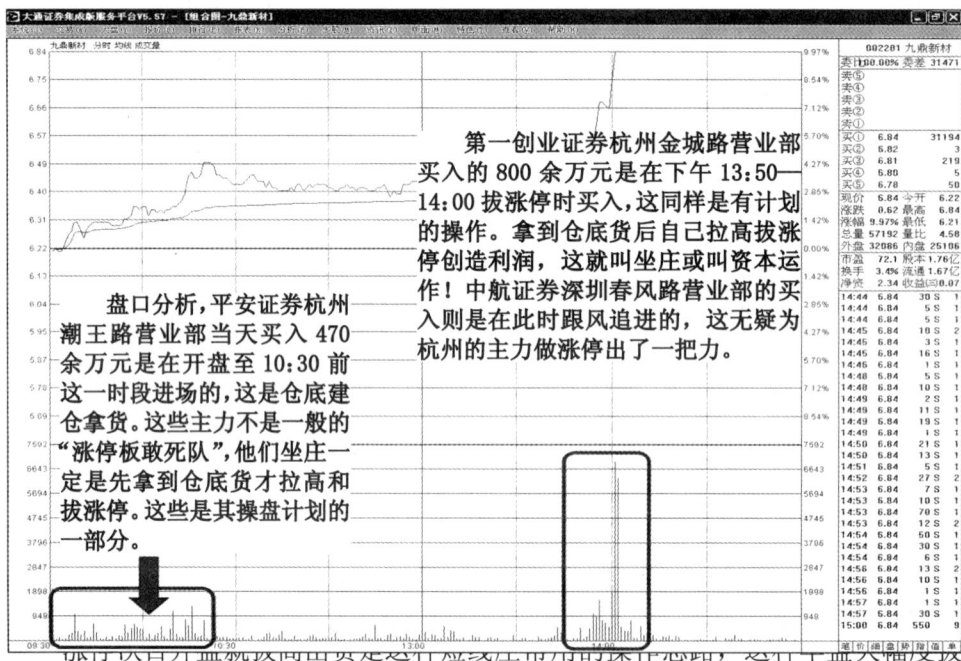

盘口分析,平安证券杭州潮王路营业部当天买入470余万元是在开盘至10:30前这一时段进场的,这是仓底建仓拿货。这些主力不是一般的"涨停板敢死队",他们坐庄一定是先拿到仓底货才拉高和拔涨停。这些是其操盘计划的一部分。

第一创业证券杭州金城路营业部买入的800余万元是在下午13:50—14:00拔涨停时买入,这同样是有计划的操作。拿到仓底货后自己拉高拔涨停创造利润,这就叫坐庄或叫资本运作!中航证券深圳春风路营业部的买入则是在此时跟风追进的,这无疑为杭州的主力做涨停出了一把力。

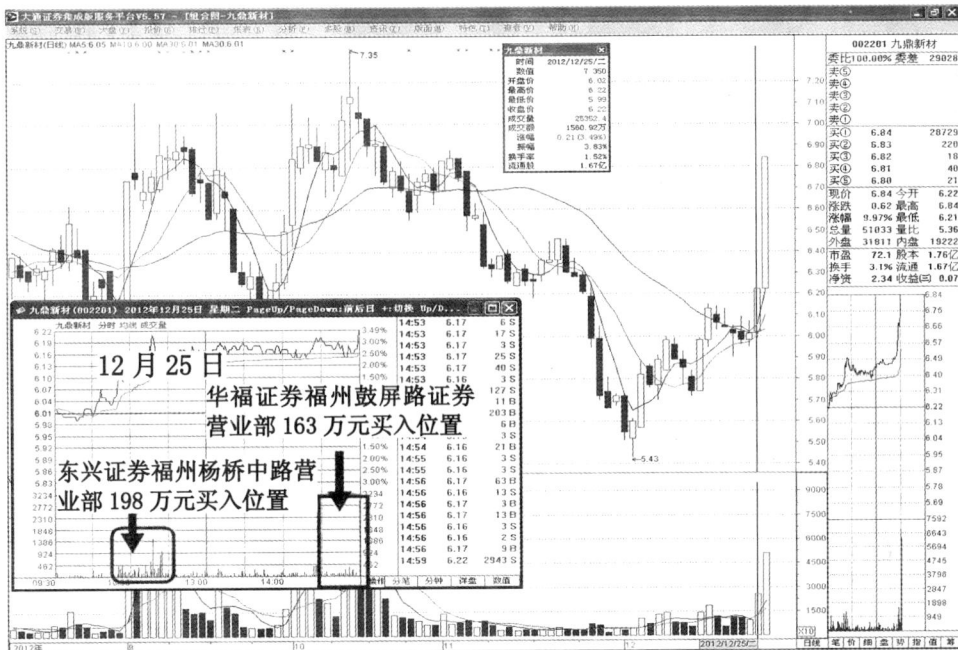

12 月 25 日

华福证券福州鼓屏路证券营业部 163 万元买入位置

东兴证券福州杨桥中路营业部 198 万元买入位置

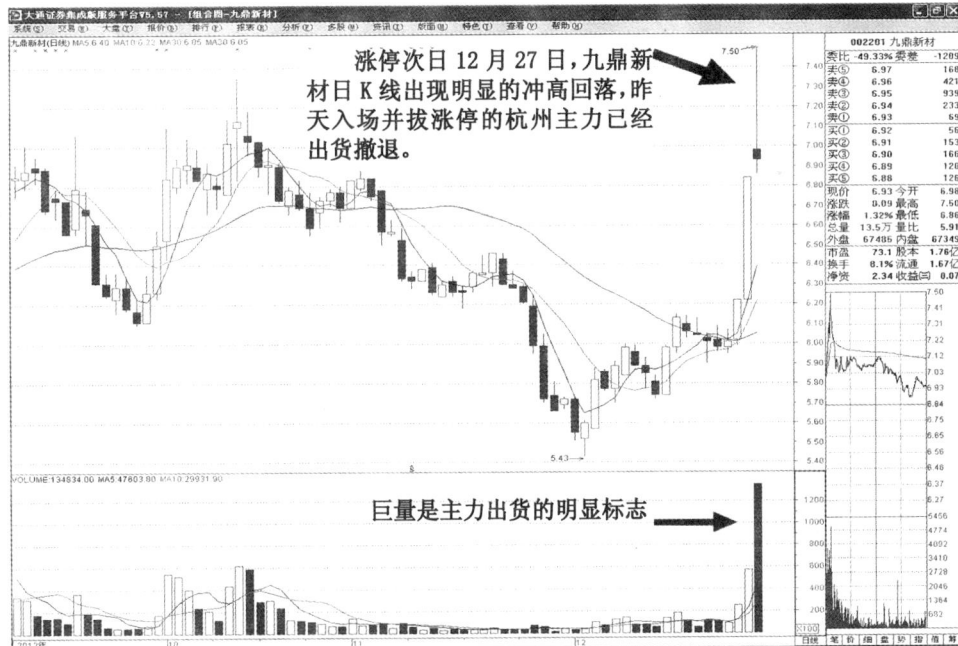

涨停次日 12 月 27 日，九鼎新材日 K 线出现明显的冲高回落，昨天入场并拔涨停的杭州主力已经出货撤退。

巨量是主力出货的明显标志

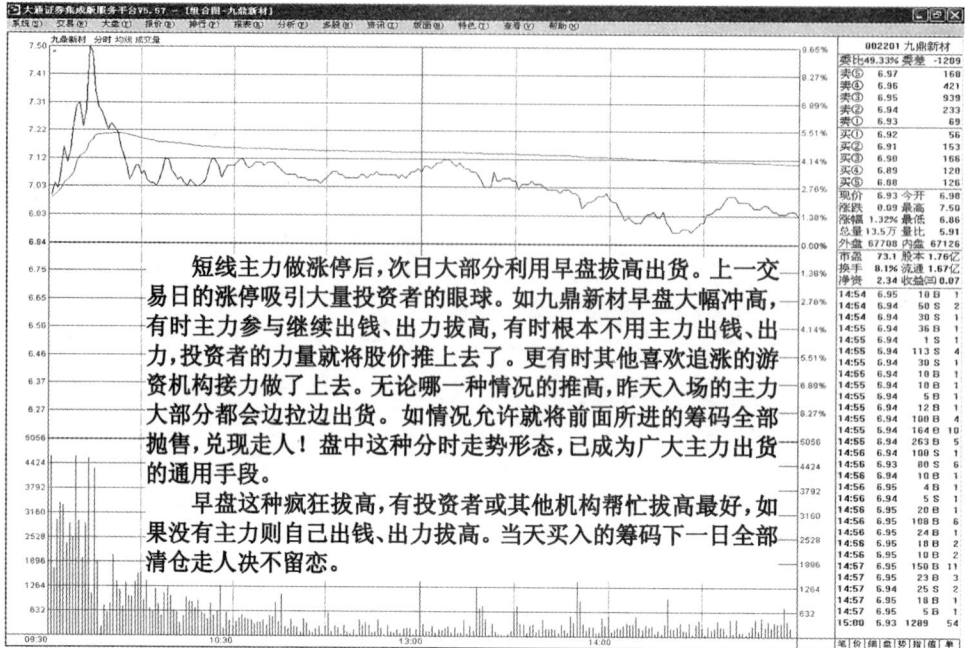

短线主力做涨停后，次日大部分利用早盘拔高出货。上一交易日的涨停吸引大量投资者的眼球。如九鼎新材早盘大幅冲高，有时主力参与继续出钱、出力拔高，有时根本不用主力出钱、出力，投资者的力量就将股价推上去了。更有时其他喜欢追涨的游资机构接力做了上去。无论哪一种情况的推高，昨天入场的主力大部分都会边拉边出货。如情况允许就将前面所进的筹码全部抛售，兑现走人！盘中这种分时走势形态，已成为广大主力出货的通用手段。

早盘这种疯狂拔高，有投资者或其他机构帮忙拔高最好，如果没有主力则自己出钱、出力拔高。当天买入的筹码下一日全部清仓走人决不留恋。

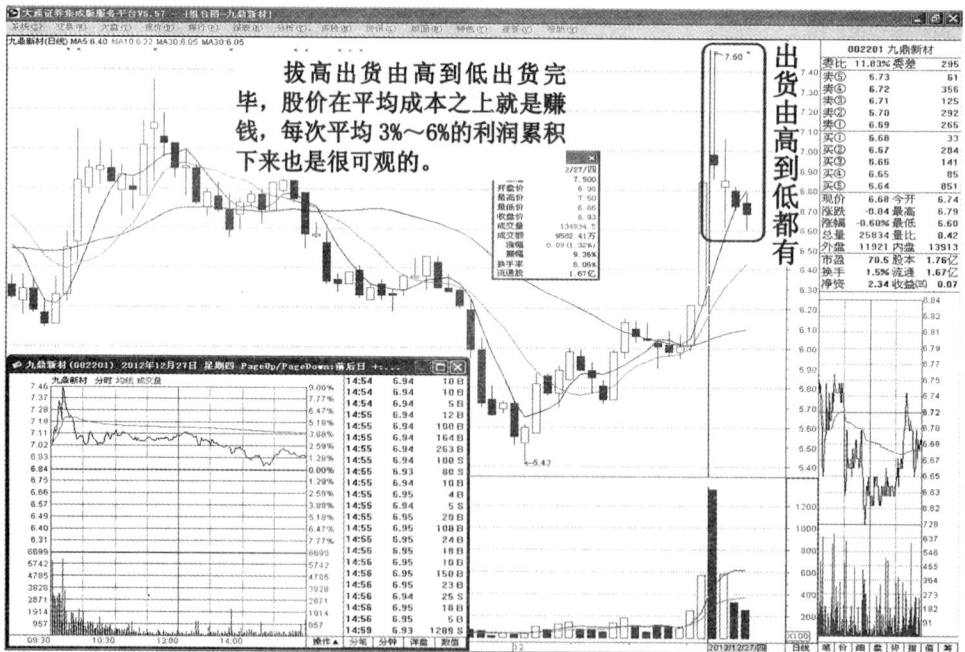

拔高出货由高到低出货完毕，股价在平均成本之上就是赚钱，每次平均3%～6%的利润累积下来也是很可观的。

高有几种情况：

(1)广大投资者汹涌追涨推高股价。

(2)其他游资接力买入推高股价。

（3）主力自己继续出钱、出力推高股价。

（4）多股力量买入合力推高股价。

无论是什么力量买入推高股价，主力都会在股价上升时就展开减仓，如果是其他资金买入推高股价，主力不用出钱拉抬就能出货是最好的。如果其他力量无法大幅推高股价，主力就会自己出钱、出力推高股价出货。当日买入的筹码下一交易日卖出，当日买入的金额会控制在一定范围内。全部出完货后计算总体盈亏情况如何，不会在乎操盘期间单一的一笔盈亏。

主力通过大宗交易入市套利手法

主力操作手法各有千秋！主力坐庄必须先拿到目标股票的筹码，这是第一步。现时中主力收集筹码只有三条途径：①通过二级市场直接买入；②通过大宗交易平台买入；③通过股权转让购入。一般情况下大部分主力都是通过二级市直接买入收集筹码。自2002年上交所和深交所推出了大宗交易制度后，部分主力进场则通过大宗交易平台买入进行建仓。

大宗交易的交易时间为每个交易日15:00—15:30。大宗交易的成交价格、交易数量，由买方和卖方在目标股票当日涨跌幅价格限制范围内自行协商确定。买卖双方在交易价格和交易数量达成一致后，通过大宗交易平台申报交易经由证券交易所确认后成交。

由此可见，凡是通过大宗交易平台进行交易的买卖双方大都是认识的，至少可以电话直接沟通联系。由于通过大宗交易平台交易的买卖双方可以相互接触，所以相当多大宗交易买卖双方都在同一证券营业部内进行交易，这是正常现象！以前持有上交所股票可以直接去到想交易的证券营业部指定交易就可以。深交所股票也可以办理转托管手续到想交易的证券营业部交易。现在是可以到处去开户交易了。

近年来大宗交易平台成交活跃，一些大机构和"大小非"无需通过二级市场买卖就轻松地进出。此制度的诞生同时也为一些主力创造出一套短平快新型坐庄套利模式。一些较有实力的地下私募专门去找一些上市公司持已流通股想卖出变现的"小非"合作，双方通过协商买卖，愿意减持的"小非"一般以当日市场收盘价为基准，以一定折价一次性将想变现的筹码，数十万或过千万股通过大宗交易平台出售给这些地下私募。因为有了"小非"的折价，接手私募接盘后即时产生账面利润。部分私募在大宗交易下一交易日开盘立即就卖出，这是一种短平快的套利模式！当然，也有部分机构通过大宗交易拿到筹码后运作相当一段时间才出手。

以和而泰为例，该股就出现多次大宗交易，盘面上也出现了接盘私募在大宗交易后下一交易日即快速卖出和拉高出货的明显操作。下面通过研究和而泰的大宗交易和盘口情况揭示机构在这一领域的操作情况。

	交易日期 A	证券代码 B	证券简称 C	成交价格 D	成交量[股] E	成交金额[万元] F	买方营业部 G	卖方营业部 H
1								
2	2011-6-22	002402	和而泰	15.33	90.00	1379	国信证券深圳红岭中路营业部	国信证券深圳红岭中路营业部
3	2011-6-22	002402	和而泰	14.34	150.00	2151	齐鲁证券广州华穗路营业部	国信证券深圳振华路营业部
4								
5	2011-6-24	002402	和而泰	17.11	100.00	1710	申银万国上海瞿溪路营业部	国信证券深圳振华路营业部

在深交所大宗交易公布的数据中，和而泰2011年6月22日出现两笔大宗交易。第一笔交易以15.33元成交90万股。第二笔交易以14.34元成交了150万股。6月22日当天和而泰收盘价为16.14元，上升1.32%。这一转手大宗交易接盘方两机构当天账面利润分别达到5%和11%。通过大宗交易"大小非"往往能一次性抛出要套现的筹码，省去二级市场卖出的麻烦。接手机构既能在大部分人不觉察之下一次性快速拿到筹码完成建仓，交易还有折扣优惠，买入就有账面利润，卖买双方皆大欢喜！

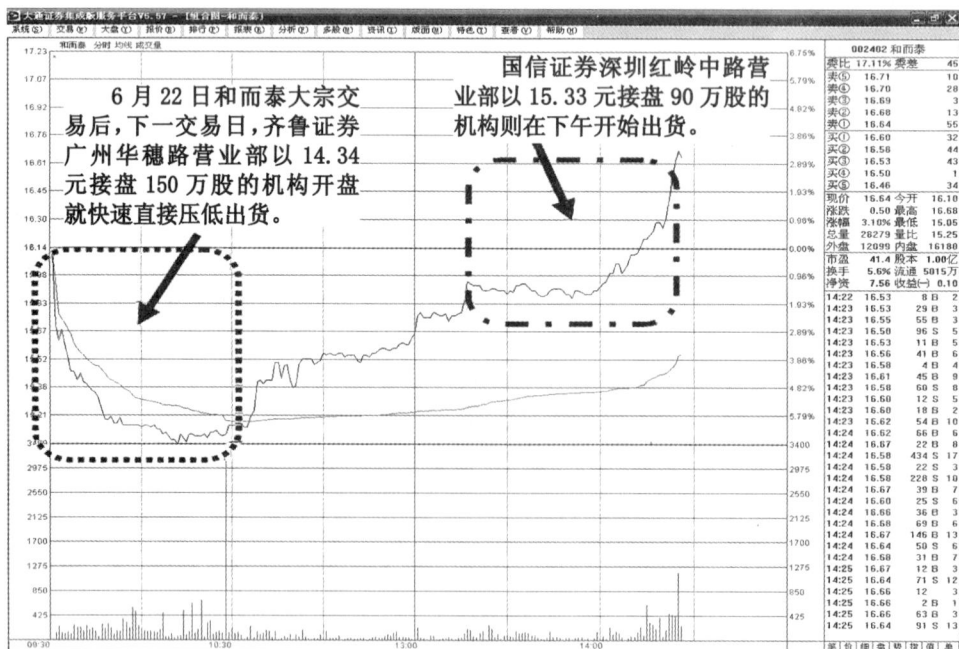

和而泰（002402）　振幅值：17.94%　成交量：402万股　成交金额：6459万元

买入金额最大的前5名营业部	买入金额（元）	卖出金额（元）
申银万国证券股份有限公司上海兰溪路证券营业部	4265431.50	43925.00
中信金通证券有限责任公司温州车站大道营业部	1730753.00	0.00
国信证券股份有限公司上海北京东路证券营业部	1190661.38	22650.00
中国民族证券有限责任公司鞍山人民路证券营业部	903650.00	0.00
光大证券股份有限公司上海淮海中路证券营业部	895058.00	21365.00

卖出金额最大的前5名营业部	买入金额（元）	卖出金额（元）
齐鲁证券有限公司广州华穗路证券营业部	0.00	22765808.50
国信证券股份有限公司深圳红岭中路证券营业部	437263.00	14573465.07
国信证券股份有限公司深圳振华路证券营业部	11917.50	3894668.26
申银万国证券股份有限公司永嘉双塔路证券营业部	33270.00	969712.72
中信金通证券有限责任公司杭州市心南路证券营业部	144290.00	484962.50

　　从6月23日和而泰卖出成交金额最大前两名证券营业部数据看，齐鲁证券广州华穗路营业部卖出成交2276万元，如果该机构把前一日大宗交易拿到的150万股全部卖掉，那么这150万股出货均价为15.17元。国信证券深圳振华路营业部卖出成交1457万元，如果该机构把昨天大宗交易拿到的90万股全部卖掉，那么这90万股出货均价为16.18元。由该数据可以看出，齐鲁证券广州华穗路营业部机构凭借其低成本开盘就砸盘出货，国信证券深圳振华路营业部机构成本稍高，在大盘下午强势拉升刺激股价由下跌回升后方才卖出。如果不是大盘当天和近日表现非常强势，和而泰股价就有可能因为齐鲁证券广州华穗路营业部机构的砸盘卖出，将同一日进行大宗交易买入的国信证券深圳振华路营业部机构套牢其中。这是机构与机构之间的利益之争，从这也可以看出，成本的不同导致机构与机构之间处于不同的优劣势，成本越低优势越明显！

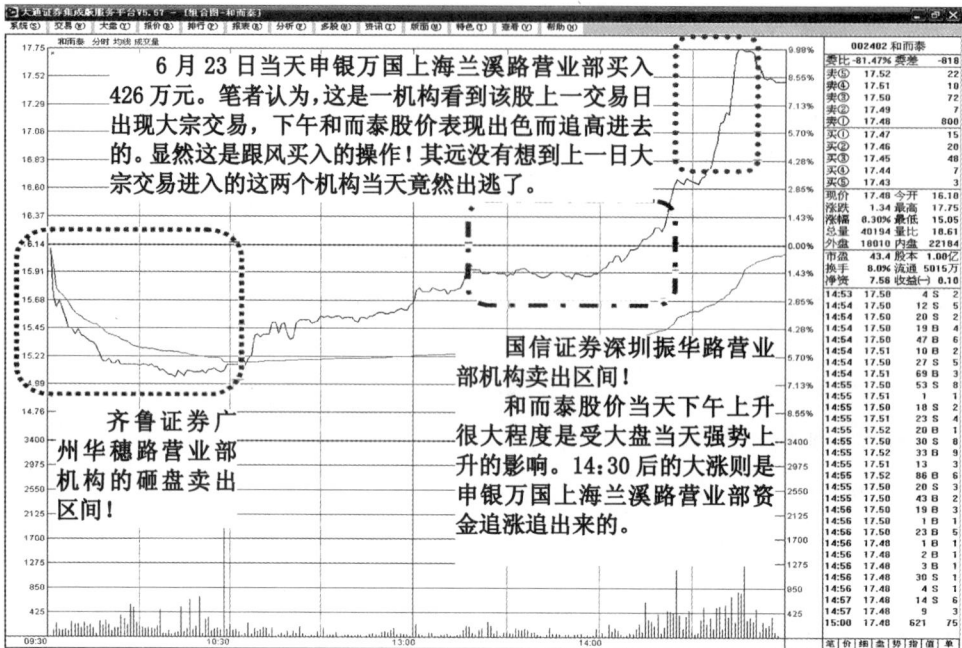

6月23日当天申银万国上海兰溪路营业部买入426万元。笔者认为,这是一机构看到该股上一交易日出现大宗交易,下午和而泰股价表现出色而追高进去的。显然这是跟风买入的操作!其远没有想到上一日大宗交易进入的这两个机构当天竟然出逃了。

国信证券深圳振华路营业部机构卖出区间!

和而泰股价当天下午上升很大程度是受大盘当天强势上升的影响。14:30后的大涨则是申银万国上海兰溪路营业部资金追涨追出来的。

齐鲁证券广州华穗路营业部机构的砸盘卖出区间!

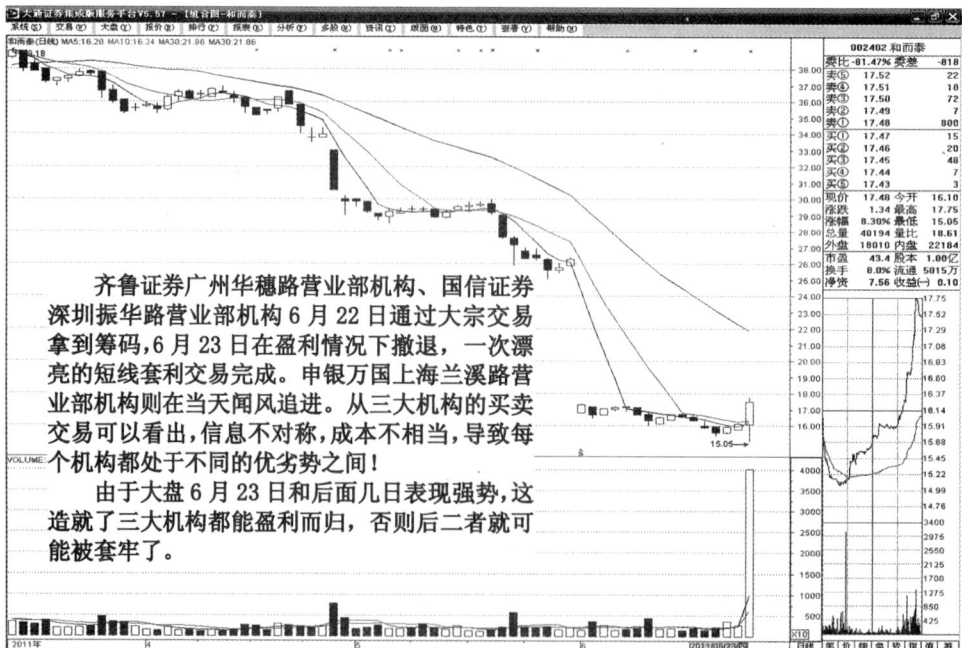

齐鲁证券广州华穗路营业部机构、国信证券深圳振华路营业部机构6月22日通过大宗交易拿到筹码,6月23日在盈利情况下撤退,一次漂亮的短线套利交易完成。申银万国上海兰溪路营业部机构则在当天闻风追进。从三大机构的买卖交易可以看出,信息不对称,成本不相当,导致每个机构都处于不同的优劣势之间!

由于大盘6月23日和后面几日表现强势,这造就了三大机构都能盈利而归,否则后二者就可能被套牢了。

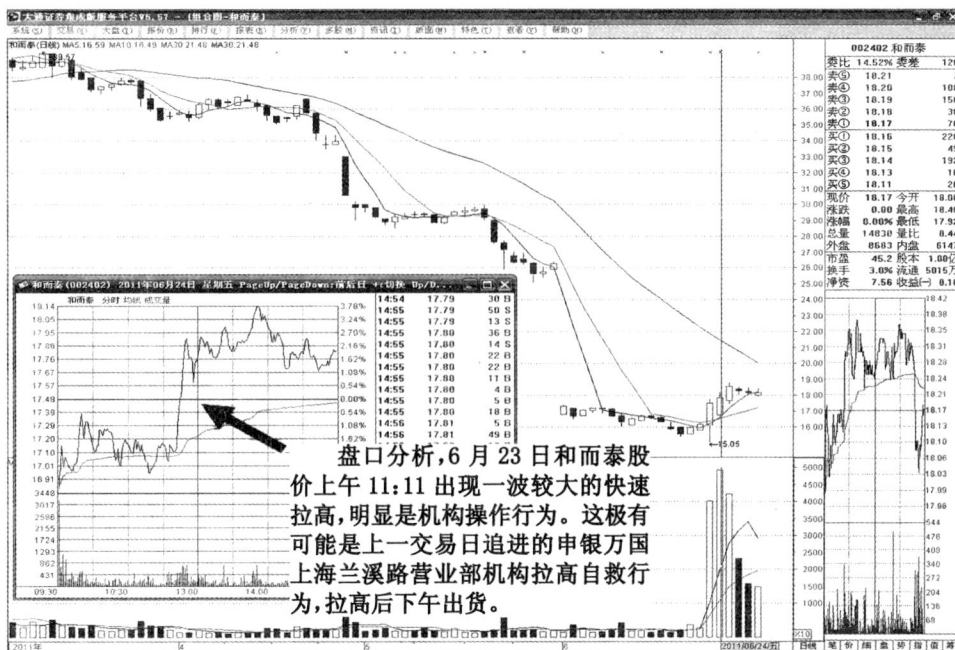

盘口分析,6月23日和而泰股价上午11:11出现一波较大的快速拉高,明显是机构操作行为。这极有可能是上一交易日追进的申银万国上海兰溪路营业部机构拉高自救行为,拉高后下午出货。

	A	B	C	D	E	F	G	H
	交易日期	证券代码	证券简称	成交价格	成交量[股]	成交金额[万元]	买方营业部	卖方营业部
2	2011-6-22	002402	和而泰	15.33	90.00	1379	国信证券深圳红岭中路营业部	国信证券深圳红岭中路营业部
3	2011-6-22	002402	和而泰	14.34	150.00	2151	齐鲁证券广州华穗路营业部	国信证券深圳振华路营业部
5	2011-6-24	002402	和而泰	17.11	100.00	1710	申银万国上海瞿溪路营业部	国信证券深圳振华路营业部

　　6月24日(周五)和而泰又出现一笔大宗交易,卖方是申银万国上海瞿溪路营业部,买方是国信证券深圳振华路营业部。国信证券深圳振华路营业部在6月22日曾经参与了当天大宗交易接盘。当时因为其成本比国信证券深圳红岭中路营业部高,差点儿被套其中,这次它又再次出手。6月24日和而泰股价收盘价17.82元,国信证券深圳振华路营业部机构以17.11元折扣价接下100万股,账面利润4%。这次只有该一家机构进行大宗交易接盘,估计不用担心其他机构砸它了。6月27日(周一)和而泰股价当天出现明显尾盘偷袭拉高行为(见下图),以笔者之见,这就是国信证券深圳振华路营业部机构出手拉高行为,除了大宗交易接盘所得到的折扣利润,该机构通过二级市场的拉高去谋取最大的利润。

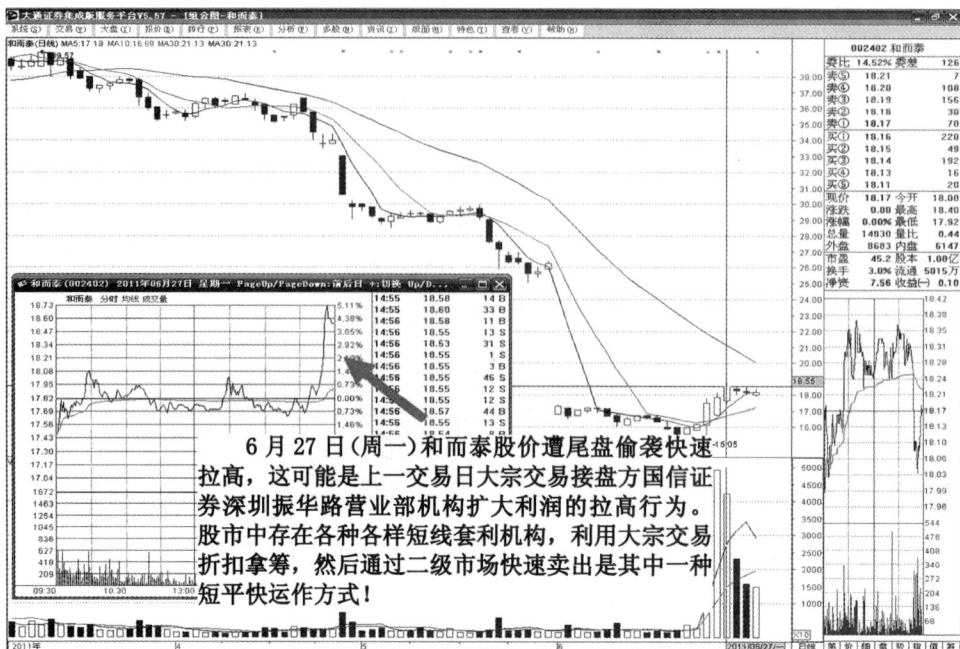

6月27日(周一)和而泰股价遭尾盘偷袭快速拉高,这可能是上一交易日大宗交易接盘方国信证券深圳振华路营业部机构扩大利润的拉高行为。股市中存在各种各样短线套利机构,利用大宗交易折扣拿筹,然后通过二级市场快速卖出是其中一种短平快运作方式!

融资坐庄盘口实录(一)

上周末和几个同行朋友去一企业家私人农庄度假钓鱼,午餐期间讨论了现阶段市场主力坐庄行为这一问题。这些朋友都是从事阳光私募行业者,谈到投资行为这几位老友都是行家。谈起市场中主力现实坐庄操盘行为,对于主力以亿为单位的坐庄资金来源,以及大量资金入庄后如何出货兑现,他们大都甚为困惑。部分相关话题甚至表现的很外行!对于既操盘大资金,又未曾有坐庄经历的操盘者而言,没有亲身经历过的东西的确一时难以深入理解。

就笔者所接触的一些朋友中,手持几千万甚至更大闲置资金在寻找投资的并不少见,市场上部分这样的资金流入二级市场,选择以坐庄为目的很少但也并非没有。资金规模一般,选择正规途径融资操盘,非正规途径"配资"操盘的主力大有人在,现时在国内资金并不是最大的难题。坐庄行为中入庄后出不了货,兑现不了导致最后坐庄失败,是手持巨资者最恐惧的问题。另外,法律法规的限制在其中也起到重要的影响。

笔者以市场坐庄行为较为特殊的一些股票为例,根据自己个人的看盘经验,讨论A股市场中的大资金坐庄,融资操盘,游走在法律边缘的操纵股价行为,坐庄兑现手段等一些情况与各位共享。

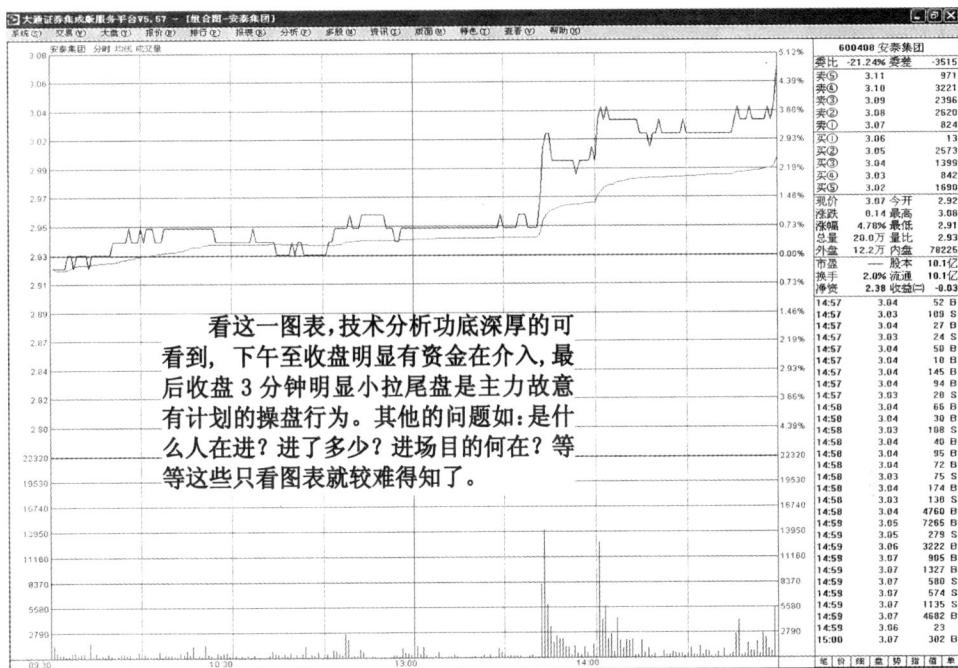

上海证券交易所每日交易信息　　交易日期：2013年8月27日

单只标的证券的当日融资买入数量达到当日该证券总交易量的50％以上：

证券代码	证券简称	成交占比%	成交量	成交金额（万元）
600408	安泰集团	56.79	19987019	6000.92

融资买入会员名称	融资买入金额（元）
（1）东方证券股份有限公司	30771632.98
（2）申银万国证券股份有限公司	590906.00
（3）华泰证券股份有限公司	517620.00
（4）中国银河证券股份有限公司	390390.00
（5）华鑫证券有限责任公司	369473.00

公开数据显示，安泰集团2013年8月27日成交金额6000万元，潜伏在东方证券的主力融资买入金额达3077万元，占当天总成交金额的51.28%，这是坐庄融资买入的明显标志。其当天买入量超过该股总成交的一半这种情况的确比较少见，

在一些不活跃的冷门股中，主力建仓买入达到该股当天总成交金额的20%～30%是很常见的。

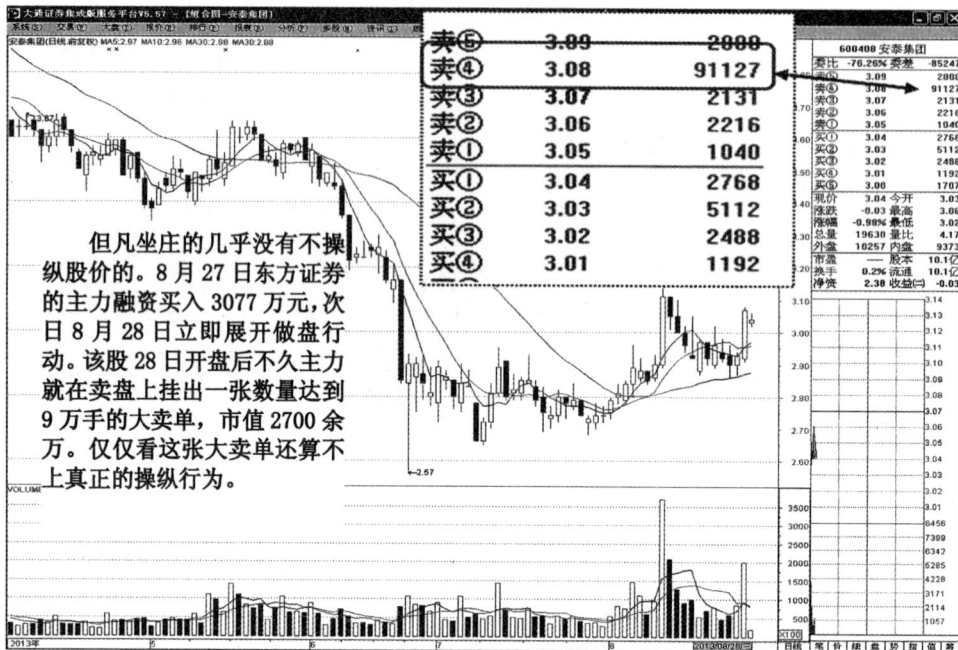

但凡坐庄的几乎没有不操纵股价的。8月27日东方证券的主力融资买入3077万元，次日8月28日立即展开做盘行动。该股28日开盘后不久主力就在卖盘上挂出一张数量达到9万手的大卖单，市值2700余万。仅仅看这张大卖单还算不上真正的操纵行为。

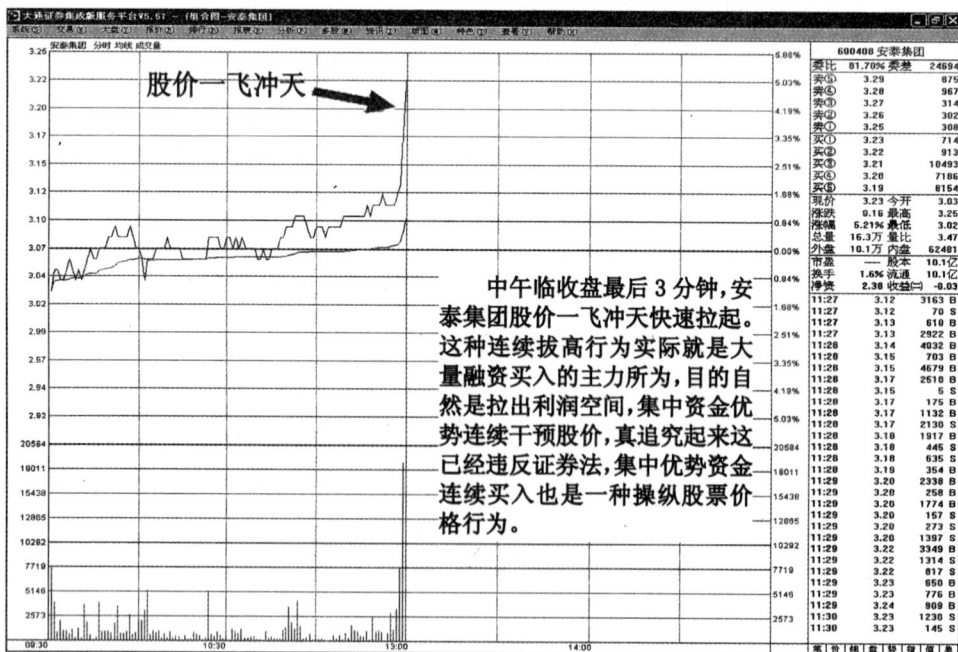

股价一飞冲天

中午临收盘最后3分钟，安泰集团股价一飞冲天快速拉起。这种连续拔高行为实际就是大量融资买入的主力所为，目的自然是拉出利润空间，集中资金优势连续干预股价，真追究起来这已经违反证券法，集中优势资金连续买入也是一种操纵股票价格行为。

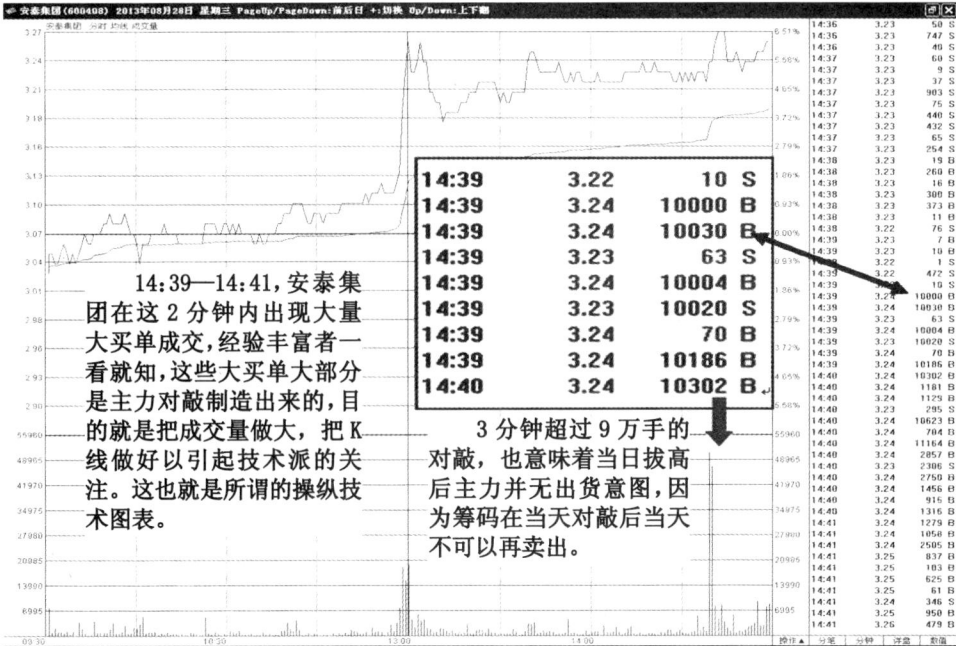

14:39—14:41，安泰集团在这2分钟内出现大量大买单成交，经验丰富者一看就知，这些大买单大部分是主力对敲制造出来的，目的就是把成交量做大，把K线做好以引起技术派的关注。这也就是所谓的操纵技术图表。

14:39	3.22	10	S
14:39	3.24	10000	B
14:39	3.24	10030	B
14:39	3.23	63	S
14:39	3.24	10004	B
14:39	3.23	10020	S
14:39	3.24	70	B
14:39	3.24	10186	B
14:40	3.24	10302	B

3分钟超过9万手的对敲，也意味着当日拔高后主力并无出货意图，因为筹码在当天对敲后当天不可以再卖出。

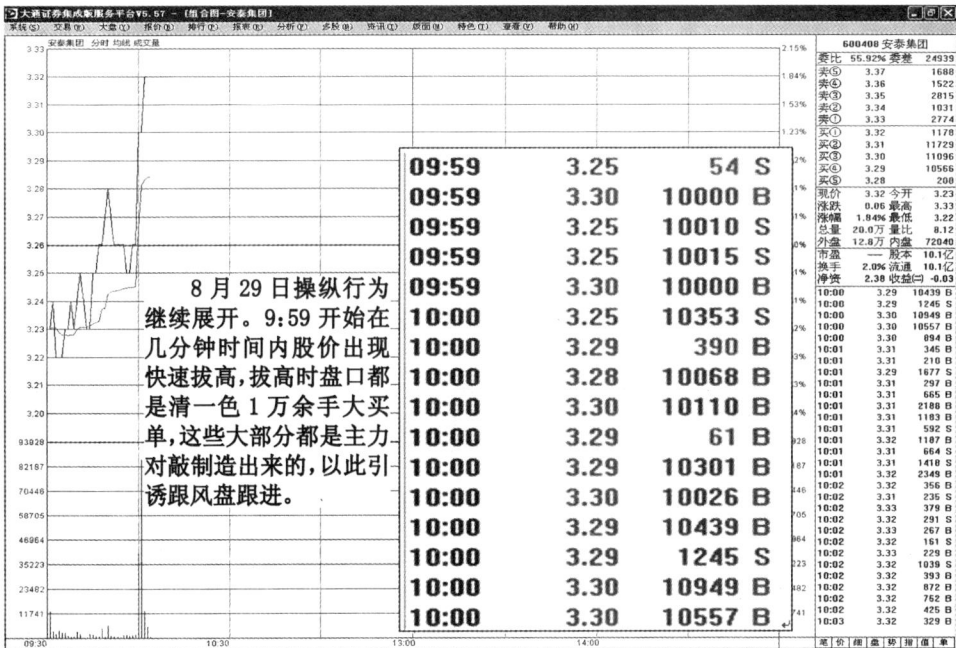

8月29日操纵行为继续展开。9:59开始在几分钟时间内股价出现快速拔高，拔高时盘口都是清一色1万余手大买单，这些大部分都是主力对敲制造出来的，以此引诱跟风盘跟进。

09:59	3.25	54	S
09:59	3.30	10000	B
09:59	3.25	10010	S
09:59	3.25	10015	S
09:59	3.30	10000	B
10:00	3.25	10353	S
10:00	3.29	390	B
10:01	3.28	10068	B
10:01	3.30	10110	B
10:01	3.29	61	B
10:01	3.29	10301	B
10:00	3.30	10026	B
10:00	3.29	10439	B
10:00	3.29	1245	S
10:00	3.30	10949	B
10:00	3.30	10557	B

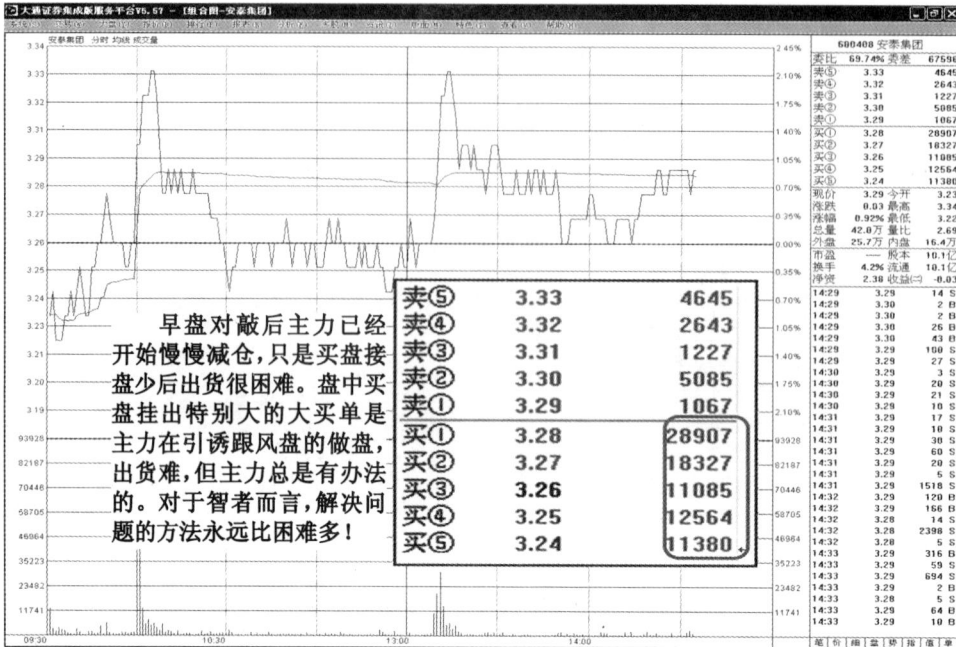

卖⑤	3.33	4645
卖④	3.32	2643
卖③	3.31	1227
卖②	3.30	5085
卖①	3.29	1067
买①	3.28	28907
买②	3.27	18327
买③	3.26	11085
买④	3.25	12564
买⑤	3.24	11380

早盘对敲后主力已经开始慢慢减仓,只是买盘接盘少后出货很困难。盘中买盘挂出特别大的大买单是主力在引诱跟风盘的做盘,出货难,但主力总是有办法的。对于智者而言,解决问题的方法永远比困难多!

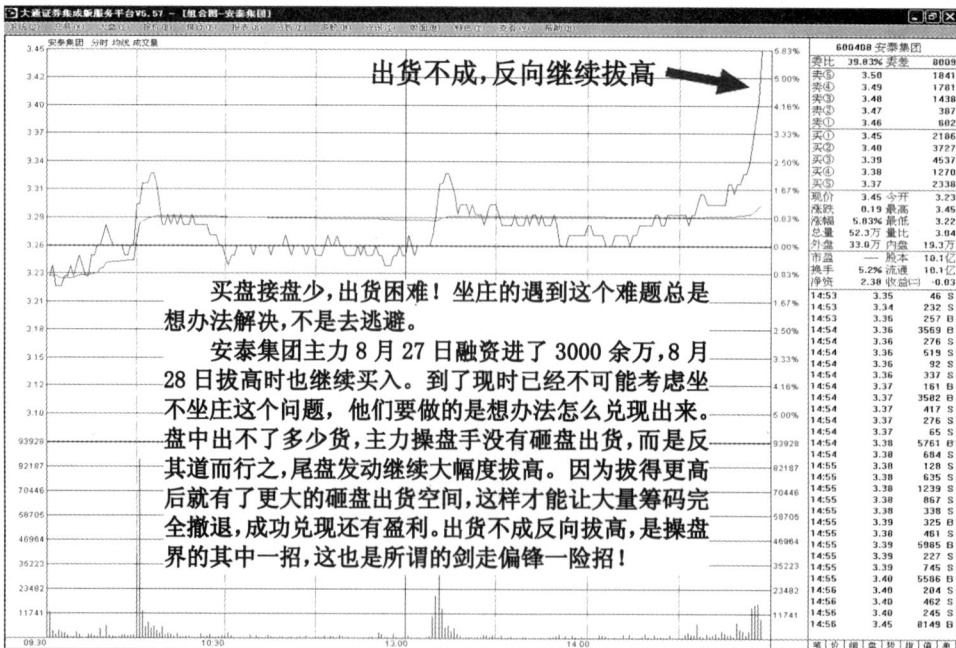

出货不成,反向继续拔高

买盘接盘少,出货困难!坐庄的遇到这个难题总是想办法解决,不是去逃避。

安泰集团主力8月27日融资进了3000余万,8月28日拔高时也继续买入。到了现时已经不可能考虑坐不坐庄这个问题,他们要做的是想办法怎么兑现出来。盘中出不了多少货,主力操盘手没有砸盘出货,而是反其道而行之,尾盘发动继续大幅度拔高。因为拔得更高后就有了更大的砸盘出货空间,这样才能让大量筹码完全撤退,成功兑现还有盈利。出货不成反向拔高,是操盘界的其中一招,这也是所谓的剑走偏锋一险招!

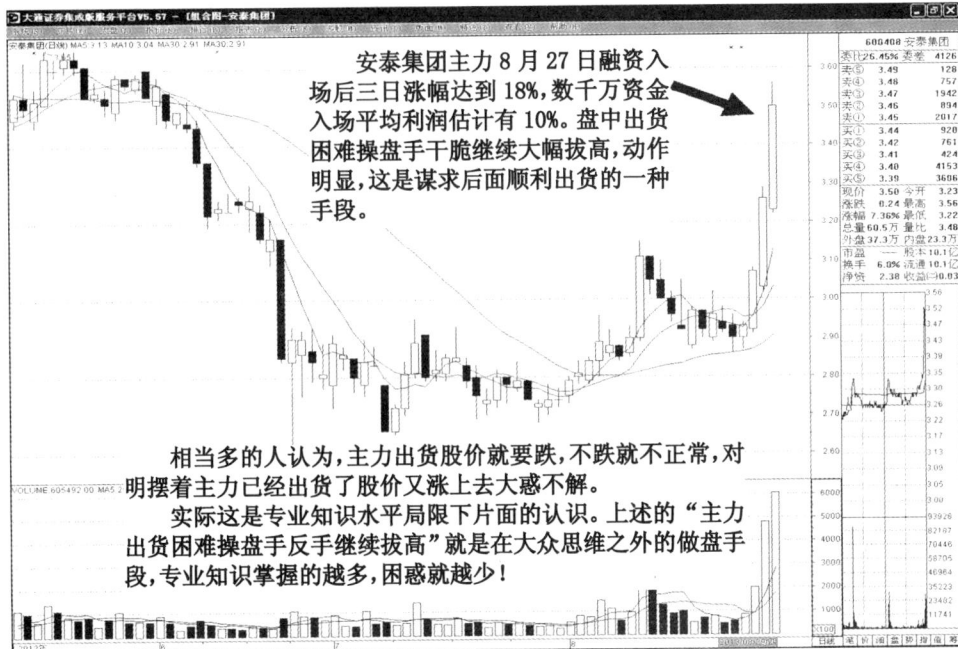

安泰集团主力 8 月 27 日融资入场后三日涨幅达到 18%，数千万资金入场平均利润估计有 10%。盘中出货困难操盘手干脆继续大幅拔高，动作明显，这是谋求后面顺利出货的一种手段。

相当多的人认为，主力出货股价就要跌，不跌就不正常，对明摆着主力已经出货了股价又涨上去大惑不解。

实际这是专业知识水平局限下片面的认识。上述的"主力出货困难操盘手反手继续拔高"就是在大众思维之外的做盘手段，专业知识掌握的越多，困惑就越少！

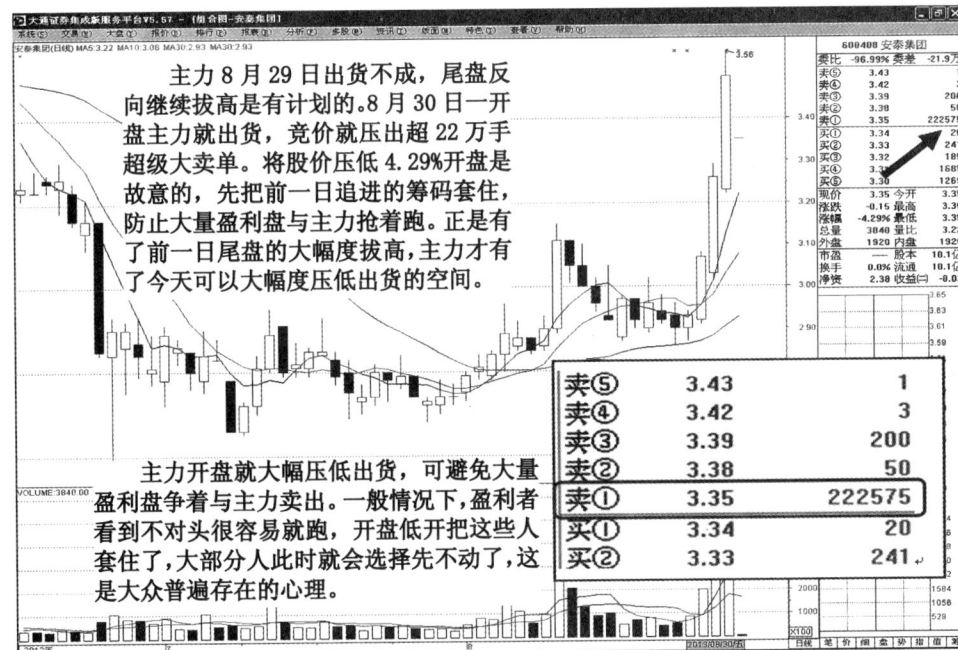

主力 8 月 29 日出货不成，尾盘反向继续拔高是有计划的。8 月 30 日一开盘主力就出货，竞价就压出超 22 万手超级大卖单。将股价压低 4.29% 开盘是故意的，先把前一日追进的筹码套住，防止大量盈利盘与主力抢着跑。正是有了前一日尾盘的大幅度拔高，主力才有了今天可以大幅度压低出货的空间。

卖⑤	3.43	1
卖④	3.42	3
卖③	3.39	200
卖②	3.38	50
卖①	3.35	222575
买①	3.34	20
买②	3.33	241

主力开盘就大幅压低出货，可避免大量盈利盘争着与主力卖出。一般情况下，盈利者看到不对头很容易就跑，开盘低开把这些人套住了，大部分人此时就会选择先不动了，这是大众普遍存在的心理。

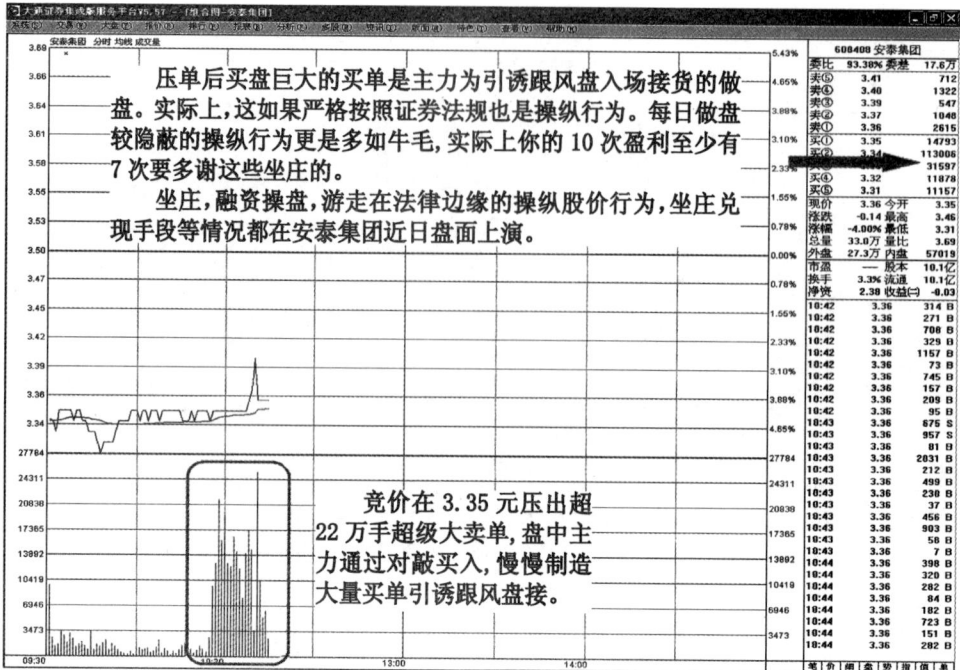

压单后买盘巨大的买单是主力为引诱跟风盘入场接货的做盘。实际上,这如果严格按照证券法规也是操纵行为。每日做盘较隐蔽的操纵行为更是多如牛毛,实际上你的 10 次盈利至少有 7 次要多谢这些坐庄的。

坐庄,融资操盘,游走在法律边缘的操纵股价行为,坐庄兑现手段等情况都在安泰集团近日盘面上演。

竞价在 3.35 元压出超 22 万手超级大卖单,盘中主力通过对敲买入,慢慢制造大量买单引诱跟风盘接。

融资坐庄盘口实录(二)

上海证券交易所每日交易信息　交易日期:2013年9月5日

单只标的证券的当日融资买入数量达到当日该证券总交易量的50%以上:

证券代码	证券简称	成交占比%	成交量	成交金额(万元)
600744	华银电力	52.29	27463642	9974.50

融资买入会员名称	融资买入金额(元)
(1)中信证券股份有限公司	38599994.00
(2)华创证券有限责任公司	3834200.00
(3)德邦证券有限责任公司	2443219.00
(4)招商证券股份有限公司	2323750.00
(5)华泰证券股份有限公司	875855.00

　　从9月5日公开数据可以看到,华银电力当日成交金额9974万元,一潜伏在中

信证券的主力买入3860万元，占当日成交金额38.7%。其他券商的融资买入是不是该主力的分仓暂不计较，就潜伏在中信证券的主力出手通过融资买入就是大手笔。主力融资买入如何坐庄操纵华银电力？下面笔者结合华银电力当日盘口动态交易细节做详细介绍。

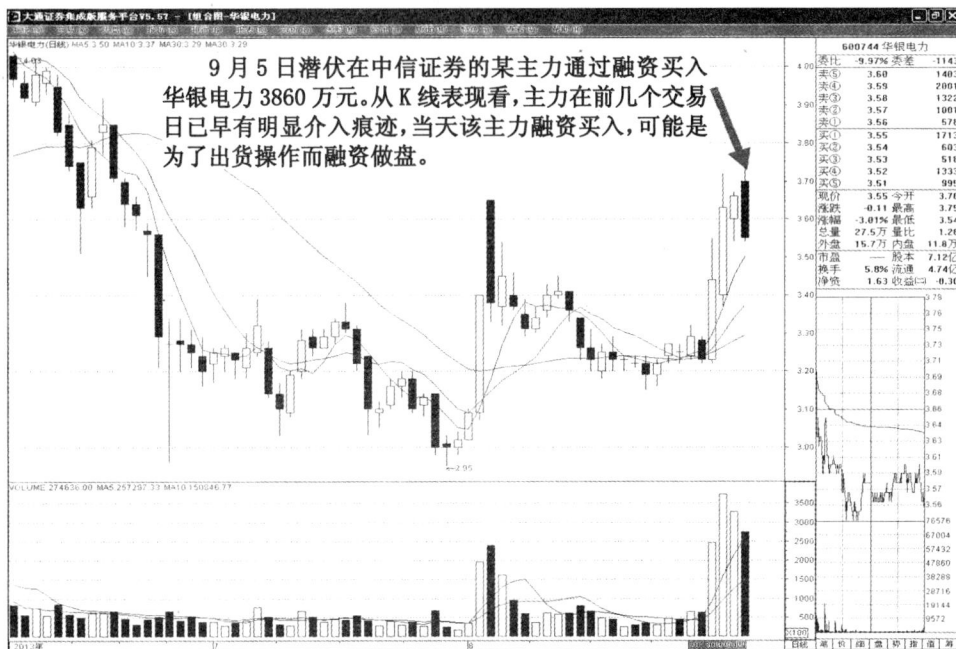

9月5日潜伏在中信证券的某主力通过融资买入华银电力3860万元。从K线表现看，主力在前几个交易日已早有明显介入痕迹，当天该主力融资买入，可能是为了出货操作而融资做盘。

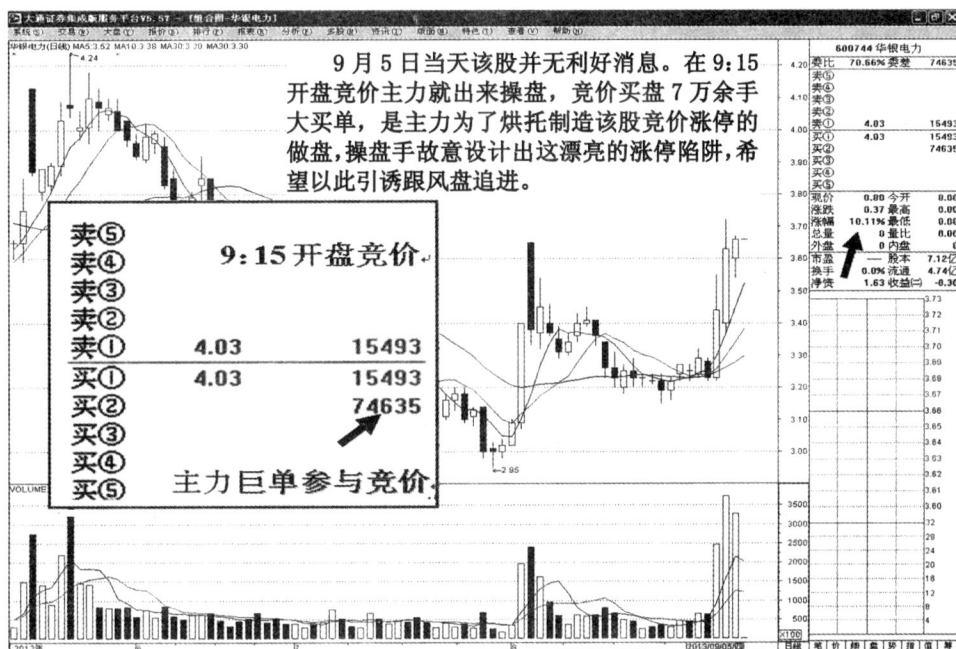

9月5日当天该股并无利好消息。在9:15开盘竞价主力就出来操盘，竞价买盘7万余手大买单，是主力为了烘托制造该股竞价涨停的做盘，操盘手故意设计出这漂亮的涨停陷阱，希望以此引诱跟风盘追进。

9:15开盘竞价

卖⑤		
卖④		
卖③		
卖②		
卖①	4.03	15493
买①	4.03	15493
买②		74635
买③		
买④		
买⑤		

主力巨单参与竞价

51

下面详细看主力操纵竞价的一些做盘细节！

600744 华银电力		
委比	80.86% 委差	15.5万
卖⑤		
卖④	卖单中部分	
卖③	是主力自己挂出	
卖②	来的。	
卖①	4.03	18382
买①	4.03	18382
买②		155295
买③	买单最大增添到 15 万	
买④	余手，价值超过 6000 万元，	
买⑤	主力通过融资在做开盘价。	

600744 华银电力		
委比	71.81% 委差	14.5万
卖⑤		
卖④	接下来卖单添	
卖③	到 28000 余手。	
卖②		
卖①	4.03	28475
买①	4.03	28475
买②		145057
买③		
买④		
买⑤		

600744 华银电力		
委比	23.53% 委差	23050
卖⑤		
卖④	卖单添到 37000 余手	
卖③		
卖②		
卖①	4.03	37449
买①	4.03	37449
买②		23050
买③	原挂出来的 15 万	
买④	余手竞价买单已被主	
买⑤	力撤下超过 12 万手。	

600744 华银电力		
委比	-3.24% 委差	-4100
卖⑤		
卖④	卖单添到 60000 余手	
卖③		
卖②		4100
卖①	4.03	61231
买①	4.03	61231
买②	竞价卖买单大部	
买③	分是主力自己的，其这	
买④	样做的目的是制造开	
买⑤	盘出现一笔大买单成	

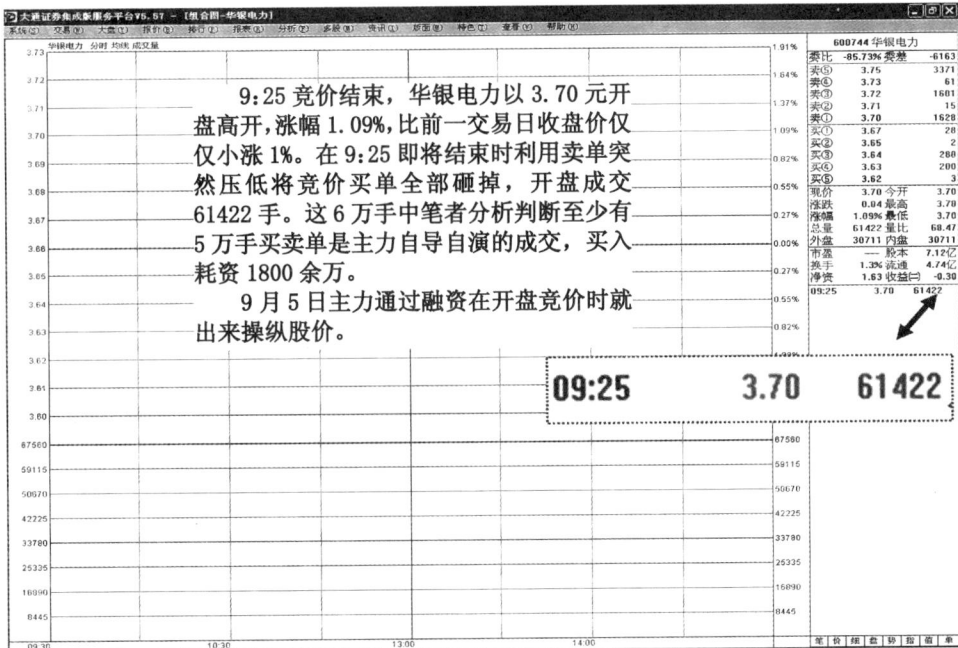

9:25竞价结束，华银电力以3.70元开盘高开，涨幅1.09%，比前一交易日收盘价仅仅小涨1%。在9:25即将结束时利用卖单突然压低将竞价买单全部砸掉，开盘成交61422手。这6万手中笔者分析判断至少有5万手买卖单是主力自导自演的成交，买入耗资1800余万。

9月5日主力通过融资在开盘竞价时就出来操纵股价。

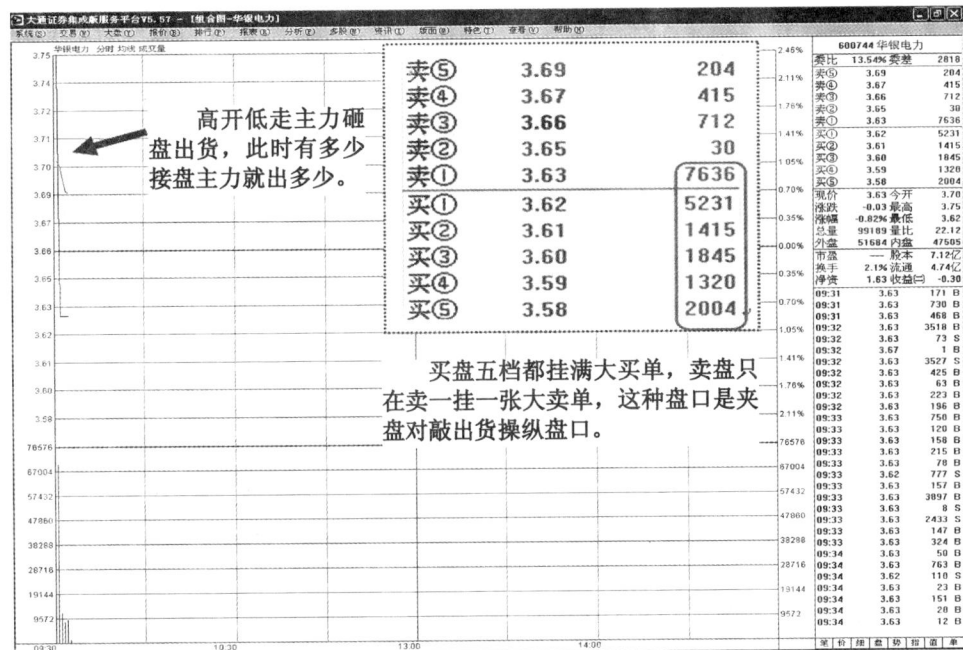

高开低走主力砸盘出货，此时有多少接盘主力就出多少。

买盘五档都挂满大买单，卖盘只在卖一挂一张大卖单，这种盘口是夹盘对敲出货操纵盘口。

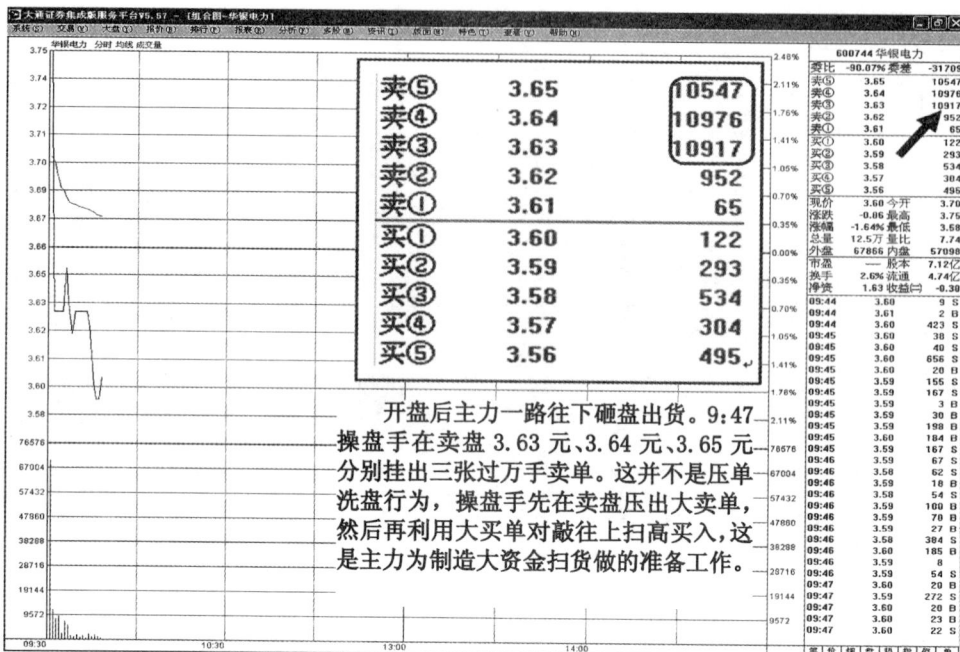

开盘后主力一路往下砸盘出货。9:47操盘手在卖盘3.63元、3.64元、3.65元分别挂出三张过万手卖单。这并不是压单洗盘行为,操盘手先在卖盘压出大卖单,然后再利用大买单对敲往上扫高买入,这是主力为制造大资金扫货做的准备工作。

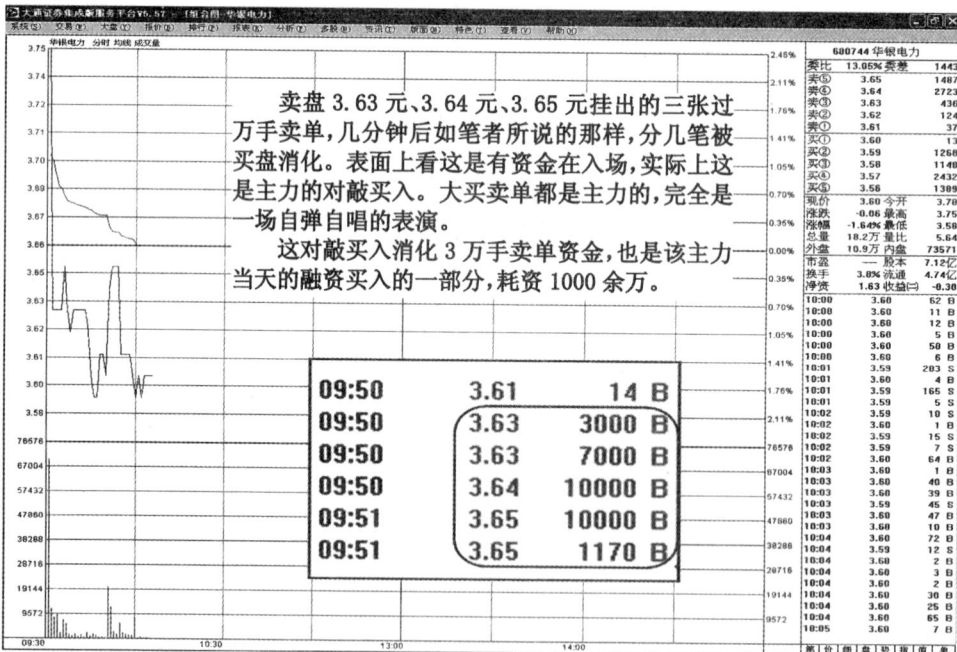

卖盘3.63元、3.64元、3.65元挂出的三张过万手卖单,几分钟后如笔者所说的那样,分几笔被买盘消化。表面上看这是有资金在入场,实际上这是主力的对敲买入。大买卖单都是主力的,完全是一场自弹自唱的表演。

这对敲买入消化3万手卖单资金,也是该主力当天的融资买入的一部分,耗资1000余万。

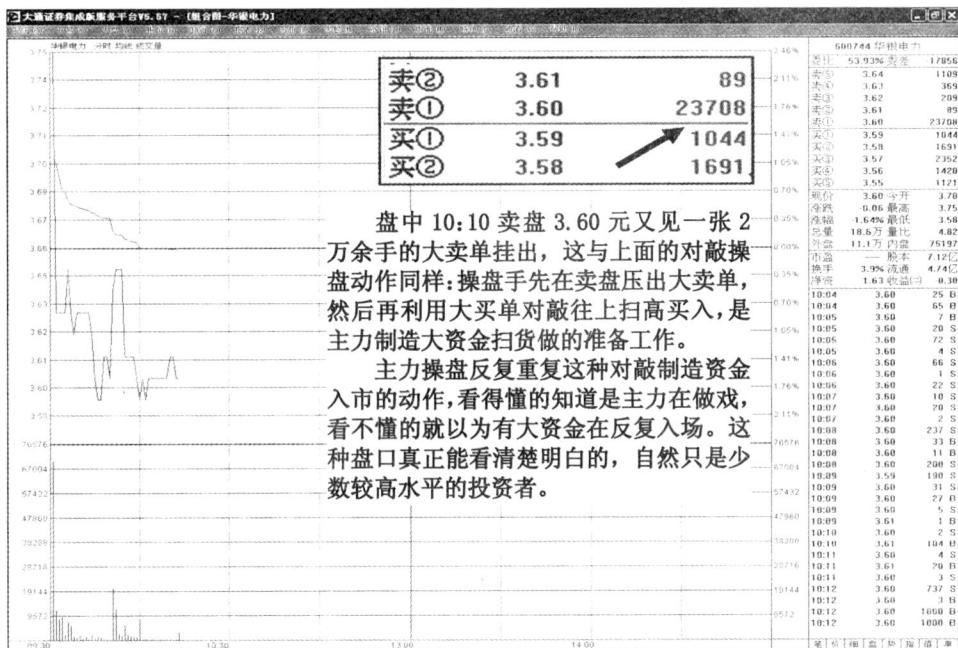

盘中 10:10 卖盘 3.60 元又见一张 2 万余手的大卖单挂出,这与上面的对敲操盘动作同样:操盘手先在卖盘压出大卖单,然后再利用大买单对敲往上扫高买入,是主力制造大资金扫货做的准备工作。

主力操盘反复重复这种对敲制造资金入市的动作,看得懂的知道是主力在做戏,看不懂的就以为有大资金在反复入场。这种盘口真正能看清楚明白的,自然只是少数较高水平的投资者。

操盘手先在卖盘压出大卖单,然后再利用大买单对敲往上扫高买入。前一次用几笔过万手大买单扫高,这次操盘手改变买入操作策略,采用每笔 1000 手买单连续买入。连续多笔 1000 手买单出现给看盘者的感觉是一个大机构在买,主力做盘就希望看到这样的效果。

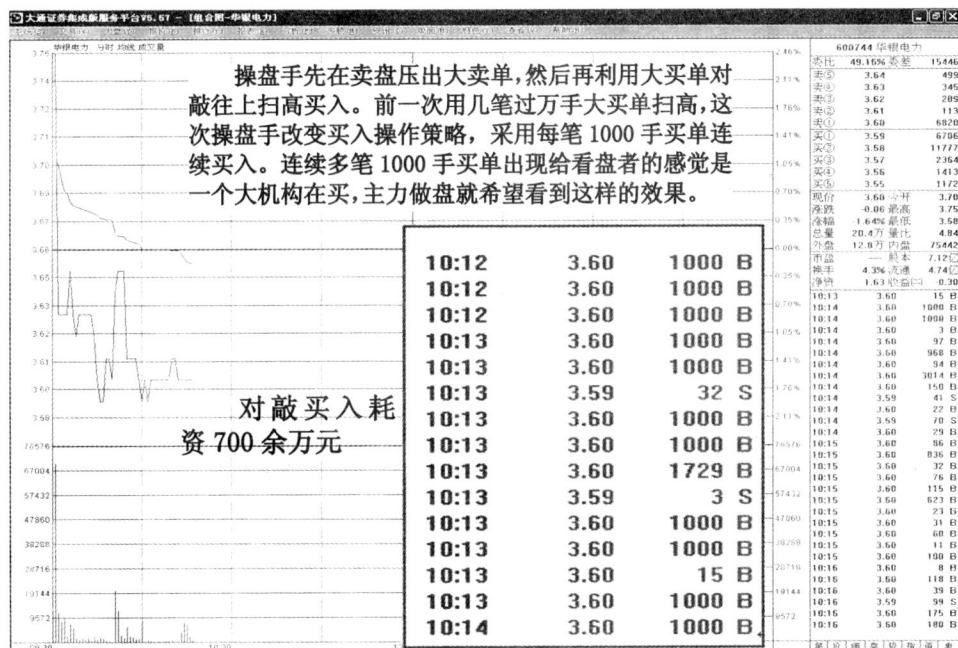

对敲买入耗资 700 余万元

主力大规模活动在当日上午，大量融资买入对敲也出现在上午。黑方框内的这些成交大都是主力融资对敲的交易。这三次对敲交易金额 1800+1000+700=3500 万元。9月5日主力融资买入 3860 万元，另外还有几百万在其他时间零星成交。

对敲

对敲

对敲

10:12	3.60	1000 B
10:13	3.60	1000 B
10:13	3.60	1000 B
10:13	3.59	32 S
10:13	3.60	1000 B
10:13	3.60	1000 B
10:13	3.60	1729 B
10:13	3.59	3 S
10:13	3.60	1000 B
10:13	3.60	15 B
10:14	3.60	1000 B
10:14	3.60	1000 B

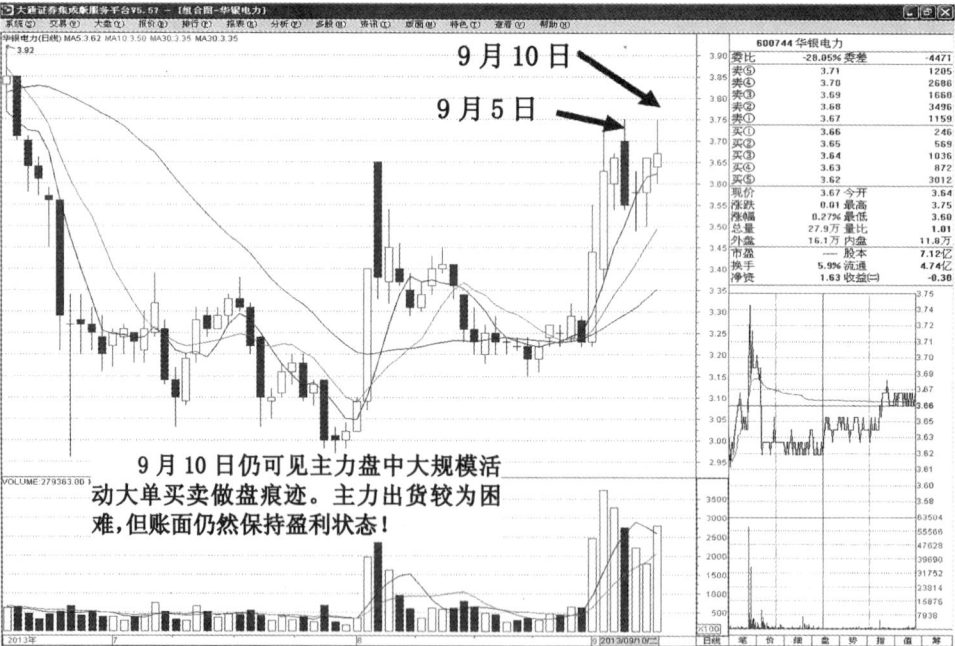

9月10日

9月5日

9月10日仍可见主力盘中大规模活动大单买卖做盘痕迹。主力出货较为困难，但账面仍然保持盈利状态！

56

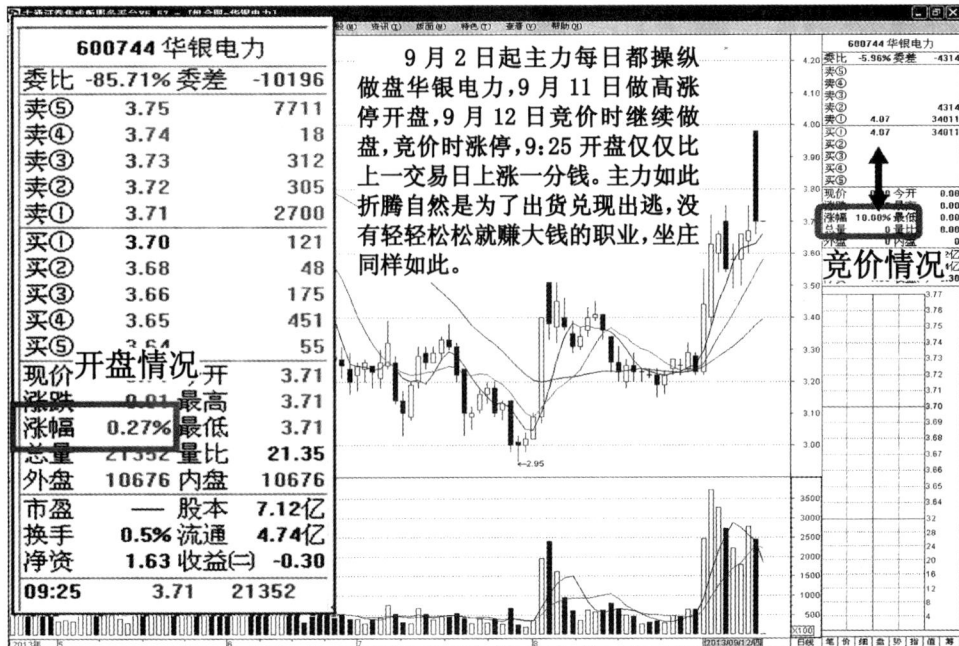

600744 华银电力		
委比 -85.71% 委差		-10196
卖⑤	3.75	7711
卖④	3.74	18
卖③	3.73	312
卖②	3.72	305
卖①	3.71	2700
买①	3.70	121
买②	3.68	48
买③	3.66	175
买④	3.65	451
买⑤	3.64	55
现价	开	3.71
涨跌	0.01 最高	3.71
涨幅	0.27% 最低	3.71
总量	21352 量比	21.35
外盘	10676 内盘	10676
市盈	—— 股本	7.12亿
换手	0.5% 流通	4.74亿
净资	1.63 收益(二)	-0.30
09:25	3.71	21352

9月2日起主力每日都操纵做盘华银电力，9月11日做高涨停开盘，9月12日竞价时继续做盘，竞价时涨停，9:25开盘仅仅比上一交易日上涨一分钱。主力如此折腾自然是为了出货兑现出逃，没有轻轻松松就赚大钱的职业，坐庄同样如此。

竞价情况

公开数据中单一机构坐庄品种机会

资金为王，巨额资金优势能影响操纵股价无需再证明！股票市场上主力利用其拥有的庞大资金，掌握的高超操盘技巧实施短、中、长线坐庄行为多如牛毛。事实上，一只股票只有一个大机构大量建仓或运作才是众多机会中的好机会！众多机构进入一只股票就可能发生混战。更多的是出现你想我拉，我希望你拉，有人拉高其他人获利就走的场面。这些品种一旦有某一两个机构疯狂出逃，其他的也跟着撤退，容易形成羊群效应下跌。只有一个大机构运作的个股表现会更有力、更干脆！所以跟庄最好是跟只有一个大机构坐庄的个股。

大部分主力坐庄都实行分仓持股，拉高和出货时也都实施买卖"平均"分仓配置。涨停时交易所公布的买卖最大各前5名证券营业部数据，多时是看不出主力真正行踪的。部分机构资金分仓到一两个券商营业部或不分仓操盘的主力也大量存在。部分主力建仓时没注意或故意利用某一营业部下单，导致出现某交易日买入量特别大的情况也存在。这些在交易所公开的数据中能明显体现出来。

涨跌停个股只有在达到交易所规定的，如当日涨跌达到7%，换手率达到一定的程度符合要求才公开当日一些交易信息。了解个股公开交易信息可以登陆上交所和深交所官网查看。也有不少金融网站提供这些公开交易数据信息查询页面。

　　一个机构大量建仓的个股往往存在着较大的机会，特别是短线机会！一只股票被一个大机构大量建仓的如果有公开数据，可以在公开交易数据中查找了解，交易所公布的这些数据是真实可信的。找到目标个股后，分析这些个股判断有没有机会可以从以下几方面入手：

　　(1)目标股票大涨当日买入第一名买入量超过3000万元以上。

　　(2)目标股票大涨当日买入第一名买入量占该股当日总成交额至少5%以上。

　　(3)目标股票大涨当日股价所处位置是波段低位或者是连续多日调整之后。

　　(4)目标股票次日如果高开超过3%则坚决不去追高。

　　(5)目标股票次日或连续多日缩量调整，没有出货痕迹的可择机分批介入。

　　目标股票一个机构当日拿货量特别大，被交易所公开交易信息后次日主力往往采用两种手段操盘，一是马上拉高，二是展开震荡洗盘。要特别注意的是，目标股票次日或连续多日调整时该股不能出现明显大单出货痕迹，调整时越缩量越好，这样才是好机会。这些个股中有不少属于短线机构的套利行为。主力当日拿货当日就大幅拉高或拉涨停，下一日冲高就开始撤退，如跟进这样的个股不是机会而是风险。

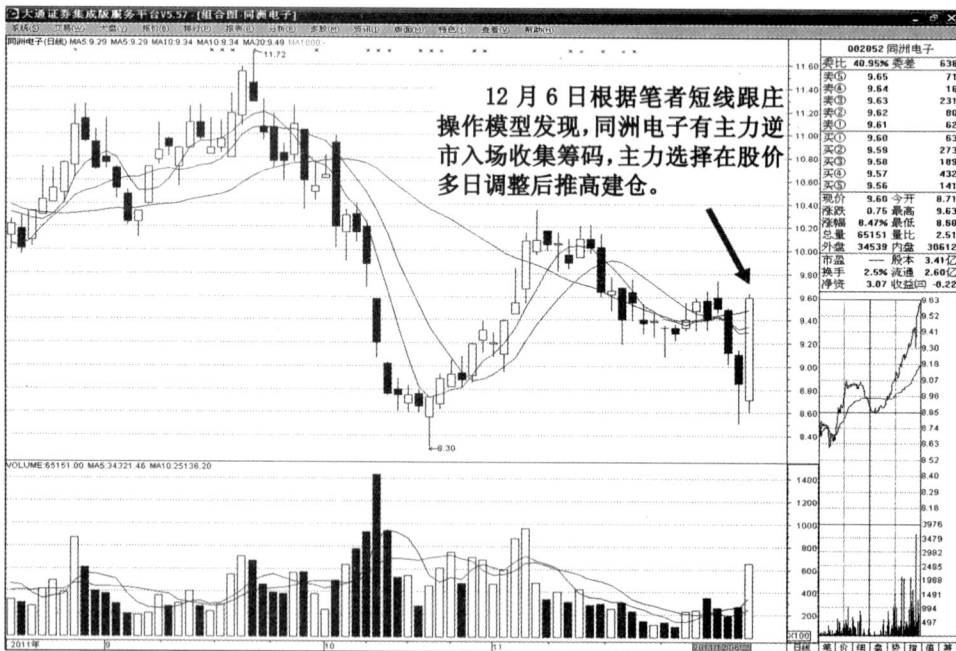

12月6日根据笔者短线跟庄操作模型发现，同洲电子有主力逆市入场收集筹码，主力选择在股价多日调整后推高建仓。

深圳证券市场2011年12月6日中小板交易公开信息

同洲电子(002052)　　　涨幅偏离值：8.30%　　　成交金额：5978万元

买入金额最大的前5名营业部	买入金额(元)	卖出金额(元)
兴业证券北京马甸南路证券营业部	28702071.09	184600.00
机构专用	4011153.62	0.00
海通证券南京广州路证券营业部	2146297.34	0.00
招商证券北京北三环东路证券营业部	2099379.60	0.00
国泰君安证券广州东风中路证券营业部	1361596.89	0.00

卖出金额最大的前5名营业部	买入金额(元)	卖出金额(元)
机构专用	0.00	12379404.61
机构专用	0.00	4683436.00
国信证券深圳福中一路证券营业部	0.00	4249120.00
中国银河证券北京金融街证券营业部	0.00	1476783.00
东北证券北京朝外大街证券营业部	0.00	1127200.00

　　12月6日公开交易数据显示，同洲电子当日总成交金额5978万元。买入第一名兴业证券北京马甸南路证券营业部买进了2870万元，占当天总成交金额的48%。显然同洲电子当日上升就是潜伏在兴业证券北京马甸南路证券营业部的主力推上去的，其他营业部机构的买入只是跟风行为罢了。资金为王，优势资金能影响操纵股价反复自我证明！

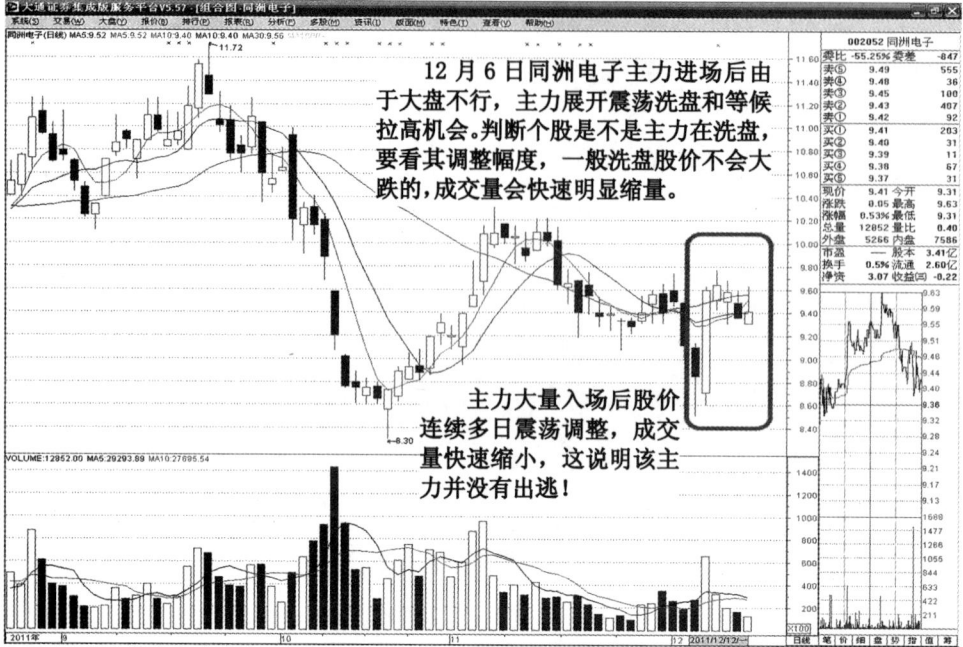

12月6日同洲电子主力进场后由于大盘不行,主力展开震荡洗盘和等候拉高机会。判断个股是不是主力在洗盘,要看其调整幅度,一般洗盘股价不会大跌的,成交量会快速明显缩量。

主力大量入场后股价连续多日震荡调整,成交量快速缩小,这说明该主力并没有出逃!

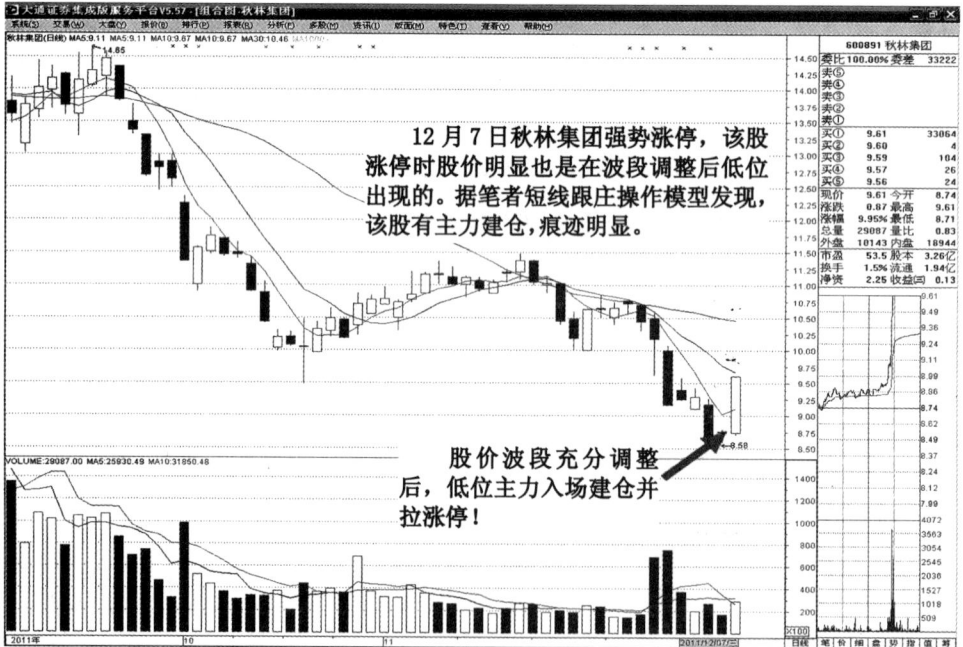

12月7日秋林集团强势涨停,该股涨停时股价明显也是在波段调整后低位出现的。据笔者短线跟庄操作模型发现,该股有主力建仓,痕迹明显。

股价波段充分调整后,低位主力入场建仓并拉涨停!

上海证券市场2011年12月7日公开信息

证券代码	证券简称	偏离值%	成交量	成交金额(万元)
600891	秋林集团	9.66	2908717	2709.51

买入营业部名称	累计买入金额(元)
(1)五矿证券深圳金田路证券营业部	9273650.00
(2)英大证券深圳园岭三街证券营业部	2882988.00
(3)新时代证券北京中关村东路证券营业部	908500.00
(4)招商证券深圳福民路证券营业部	704154.00
(5)齐鲁证券济宁运河路证券营业部	501045.35

卖出营业部名称	累计卖出金额(元)
(1)中信证券上海淮海中路证券营业部	1277169.00
(2)财达证券邯郸磁县朝阳北大街证券营业部	655950.00
(3)广发证券深圳彩田路证券营业部	651558.00
(4)海通证券上海南桥证券营业部	643640.00
(5)中国银河证券扬州文昌中路证券营业部	518450.00

秋林集团12月7日涨停公开数据显示，该股当日总成交金额2709万元。买入前两名都是深圳证券营业部，这两个营业部极有可能就是上面笔者所说的是一个主力的分仓买入。两者当日买入1215万元，占当日总成交金额2709万元的44.8%，金额不大但这个比例是相当高了。

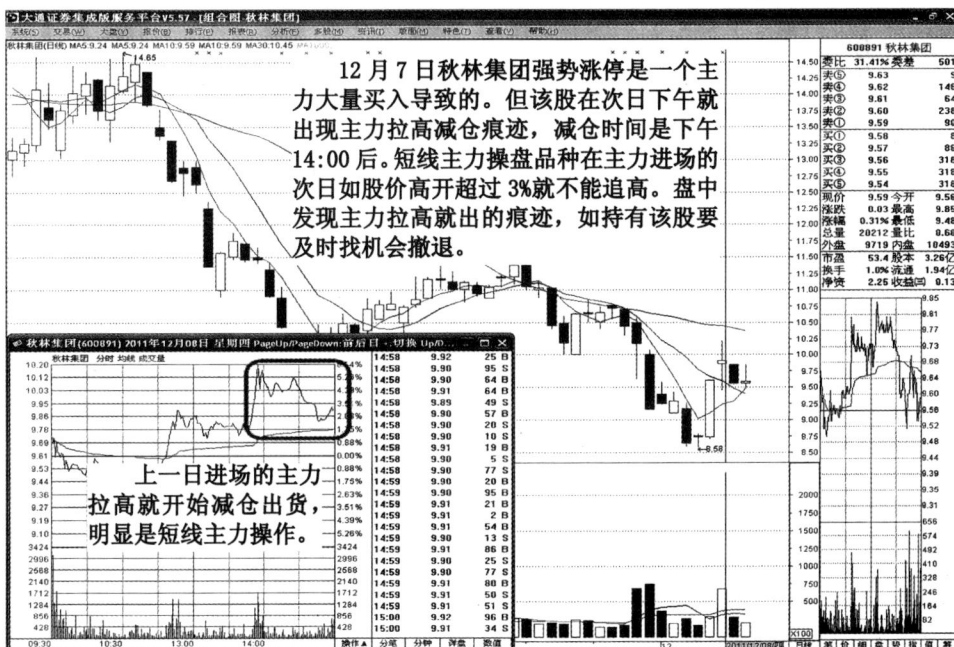

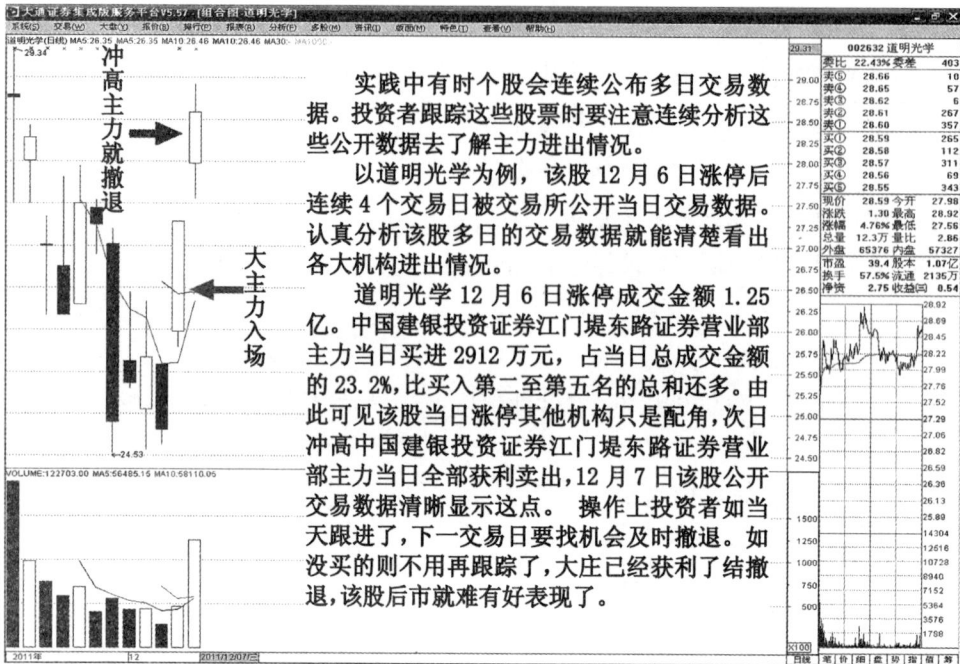

实践中有时个股会连续公布多日交易数据。投资者跟踪这些股票时要注意连续分析这些公开数据去了解主力进出情况。

以道明光学为例，该股 12 月 6 日涨停后连续 4 个交易日被交易所公开当日交易数据。认真分析该股多日的交易数据就能清楚看出各大机构进出情况。

道明光学 12 月 6 日涨停成交金额 1.25 亿。中国建银投资证券江门堤东路证券营业部主力当日买进 2912 万元，占当日总成交金额的 23.2%，比买入第二至第五名的总和还多。由此可见该股当日涨停其他机构只是配角，次日冲高中国建银投资证券江门堤东路证券营业部主力当日全部获利卖出，12 月 7 日该股公开交易数据清晰显示这点。操作上投资者如当天跟进了，下一交易日要找机会及时撤退。如没买的则不用再跟踪了，大庄已经获利了结撤退，该股后市就难有好表现了。

道明光学：2011年12月6日日涨幅偏离值达到7%

道明光学(002632)　　涨幅偏离值：9.83%　　成交量：466万股　　成交金额：12506万元

买入金额最大的前5名

大主力入场

营业部或交易单元名称	买入金额(元)	卖出金额(元)
中国建银投资证券江门堤东路证券营业部	29127838.74	0.00
财通证券杭州解放路证券营业部	10192811.50	0.00
金元证券杭州体育场路证券营业部	5973781.00	0.00
广发证券北京朝阳门北大街证券营业部	4268669.00	0.00
中信金通证券嵊州时代商务广场证券营业部	4191920.00	0.00

道明光学：2011年12月7日日振幅值达到15%

道明光学(002632)　　换手率：57.47%　　成交量：1227万股　　成交金额：34612万元

卖出金额最大的前5名

次日冲高大主力即撤退

营业部或交易单元名称	买入金额(元)	卖出金额(元)
中国建银投资证券江门堤东路证券营业部	33348.00	30270064.02
广发证券北京朝阳门北大街证券营业部	0.00	13293536.98
财通证券杭州解放路证券营业部	14295.00	10519171.82

东北证券武汉香港路证券营业部	0.00	6803858.95
金元证券杭州体育场路证券营业部	0.00	6100288.57

投资者推动上升的股票和表现

个股上升的原因很多，而价格的上升核心因素是资金的推动。资金的推动存在多种情况：

(1)单一大机构为主的买入推高。

(2)众多机构同时买入推高。

(3)大量投资者的买入推高(大盘走好引领的上升)。

一只股票有交易就少不了有投资者的买卖参与。上述特指当日买入量谁占大头，谁是东道主。从理论和实践双重角度出发，属单一大机构买入为主而推高的个股后面表现是最有潜力的。众多机构同时买入而推高的个股后市表现不好确定，因为众多机构进去后容易产生分歧。大量投资者买入而推高的个股后市大部分表现平平，投资者会追涨，敢追涨，但一般投资者是不会有组织、有计划用钱去拉抬股价的。

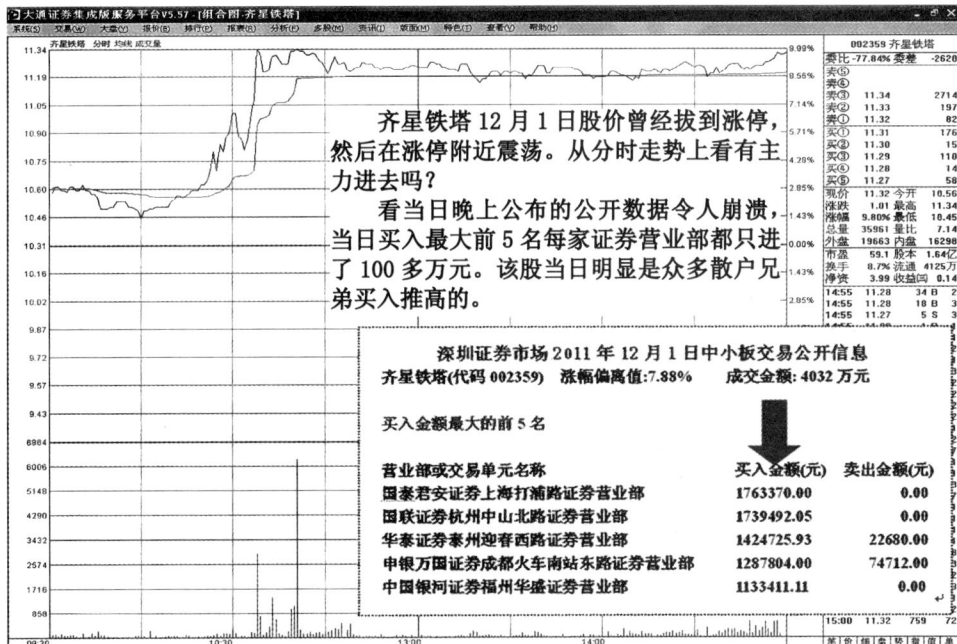

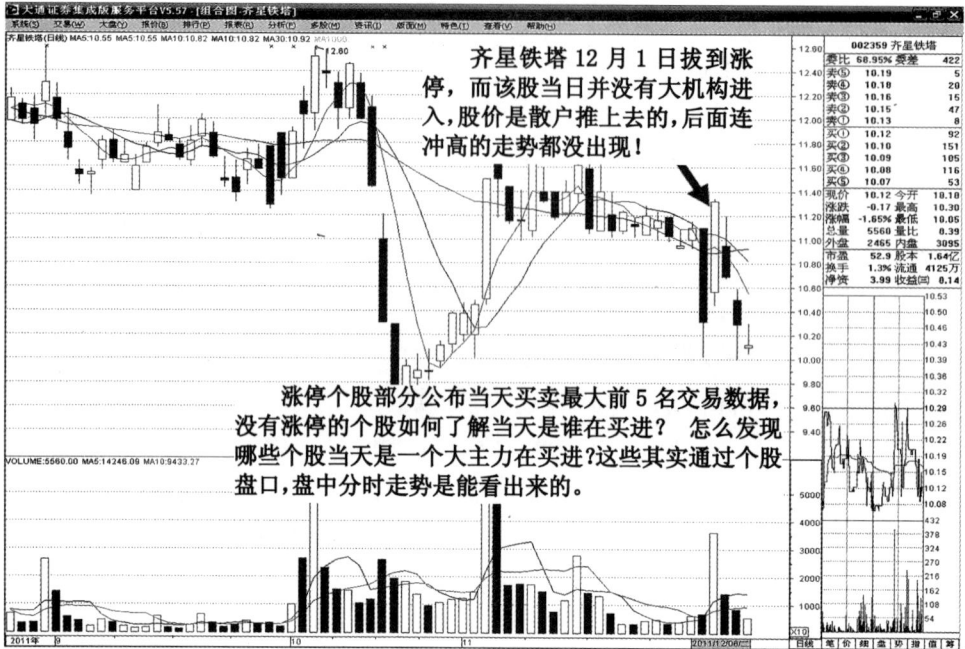

齐星铁塔12月1日拔到涨停，而该股当日并没有大机构进入，股价是散户推上去的，后面连冲高的走势都没出现！

涨停个股部分公布当天买卖最大前5名交易数据，没有涨停的个股如何了解当天是谁在买进？怎么发现哪些个股当天是一个大主力在买进?这些其实通过个股盘口,盘中分时走势是能看出来的。

强主力巨单突袭式拉升操盘术

　　真正的主力通过自己掌握的技术优势、资金优势，以及信息优势去拉抬股价创造利润。吸筹完毕后主力操盘手要做的就是选择适当的时机，利用高明的操盘手段拉高股价谋利，而不是被动去坐等股价上升。每个主力资金在数量上是相对有限的，在拉高股价阶段能用较少的资金，就能将目标股票股价拉高至既定目标价位对主力越有利。拉升时越往上买价格就越高，这一阶段买的越多就会使主力筹码平均成本越高。同样，拉升时买的越多占用资金也就越多，导致仓位也越重。如果拉高阶段大量超额买入超过主力计划内持仓量，这对主力后期操盘很不利，如同吃饭过量可能会撑着导致动弹不得十分辛苦。坐庄计划中用作拉升的资金配额是有限的，拉升资金用完了股价未能拉高到目标价位则意味着失败。一旦资金用完了对其后面操盘将产生严重影响！

　　一只股票由不同的主力操盘手展开操作，从10元拉高至12元，有的操盘手用3000万就可以完成既定目标，而有的操盘手可能需要用6000万甚至更多的资金才能完成。两者差距如此大的根本原因有二：一是选择发动拉升的时机不同；二是拉升手法、做盘方法技巧不同。这些不同就会导致拉高盘中所出现的卖盘抛压大小各不同。简单地说，同一只股票在不同市场环境下拉升，拉升时所遇到的抛盘数量是不一样的，用不同的拉升手法拉高，拉升时卖盘抛售数量也是不同的。要想在拉高股价时用最少的钱达到拉高目的，此时主力操盘手就要扮演魔术师角色！选择好适当的拉升时机后，操盘手可以施展各种各样的做盘手段去操盘。核心内容是"拉升时利用各种手法做市稳定目标股票持股人心态，尽量减少持有者抛售；与此同时利用各种手段吸引大量场外买盘入场，以达到让尽量多的市场资金跟进消化卖盘，尽量利用市场大众力量共同推高股价"。

经验丰富的主力操盘手掌握的操纵股价手法相当多，投资者应认识这些主力常用的经典操盘手法，熟悉主力做盘思路，以便当某种操纵手法在个股盘口中出现时，一眼就看出主力在做什么，下一步想做什么。下面笔者谈谈市场上常见的一种主力拉升手法"单笔巨单突然发动拉升"。

"单笔巨单突然发动拉升"是指主力操盘手在操盘过程中，在盘中毫无征兆情况下，突然以数千甚至数万手一笔的买单拔高股价发动拉升的行为。个股盘中突然出现巨单扫高大幅拔高股价行为，能快速引起投资者的注意，以及吸引跟风盘介入。大量巨单买入是吸引投资者眼球的最有效工具，懂得该操盘技巧的操盘手善用一这招总有意想不到的效果。

下面结合个股各在不同状态下出现的"单笔巨单突然发动拉升"个案，来剖析主力这一操盘技巧中所包含的手法和思路！

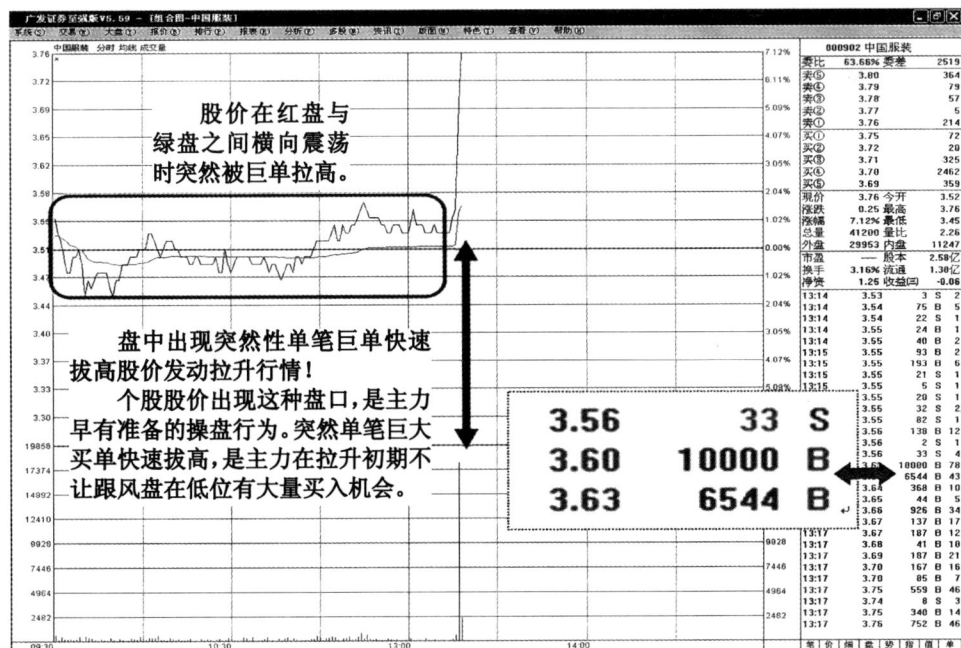

65

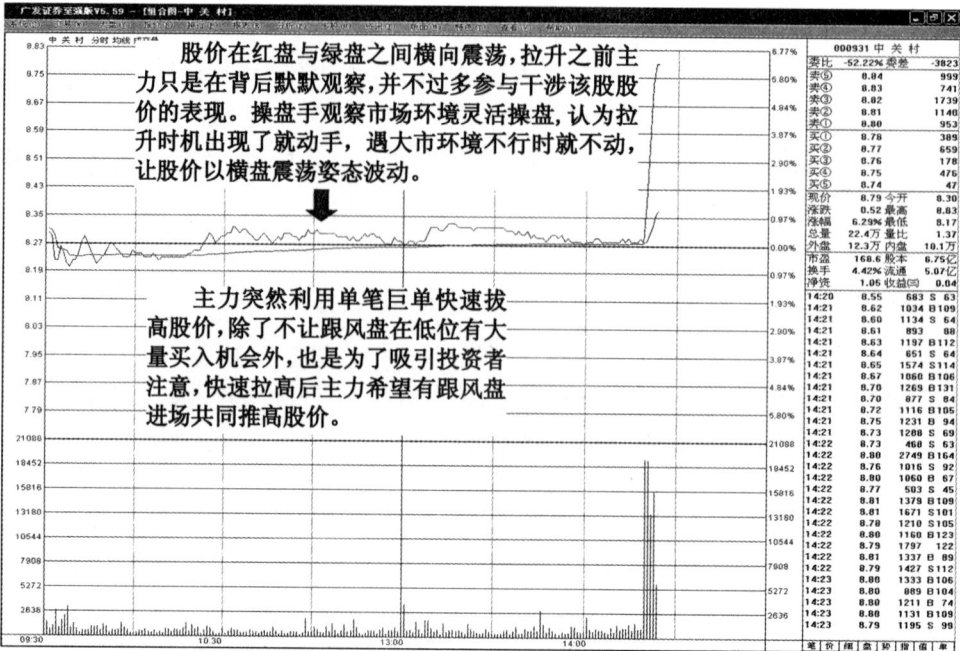

股价在红盘与绿盘之间横向震荡,拉升之前主力只是在背后默默观察,并不过多参与干涉该股股价的表现。操盘手观察市场环境灵活操盘,认为拉升时机出现了就动手,遇大市环境不行时就不动,让股价以横盘震荡姿态波动。

主力突然利用单笔巨单快速拔高股价,除了不让跟风盘在低位有大量买入机会外,也是为了吸引投资者注意,快速拉高后主力希望有跟风盘进场共同推高股价。

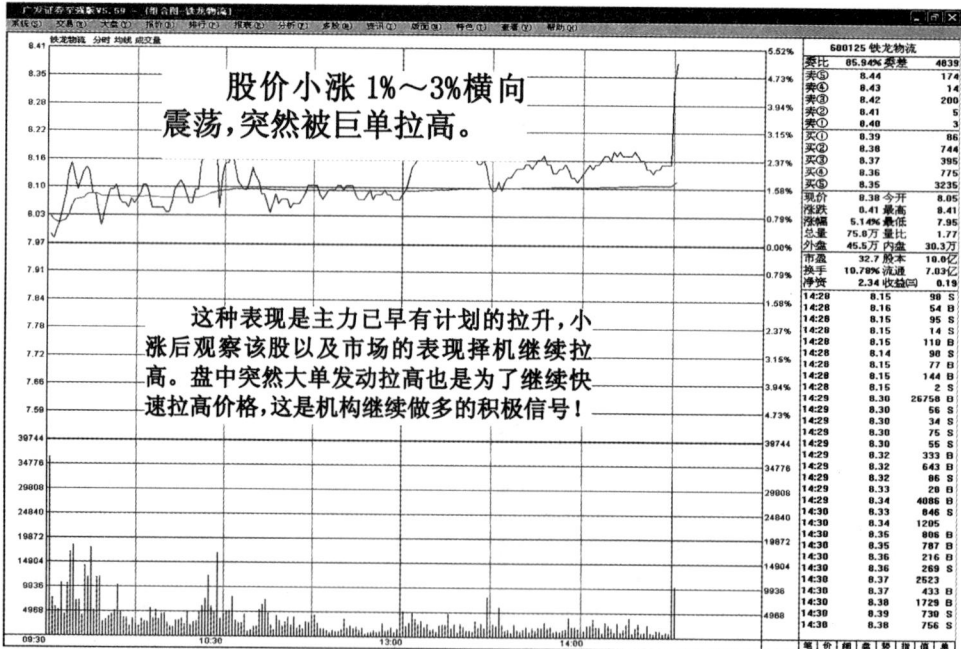

股价小涨 1%～3%横向震荡,突然被巨单拉高。

这种表现是主力已早有计划的拉升,小涨后观察该股以及市场的表现择机继续拉高。盘中突然大单发动拉高也是为了继续快速拉高价格,这是机构继续做多的积极信号!

主力操盘手为什么要观察市场环境状况才发动拉升？

现在主力坐庄大都不是控盘式坐庄，目标股票还有大量的筹码在其他机构和投资者的手中。拉升时别的机构和投资者不可能按主力愿意去买卖，一旦选择拉升时机不对就可能在拉高时遇到较大抛压，主力要用更多的资金才能将股价拉上去。另外，拉高后要维护股价在高位运行主力还要出手护盘，如果此时抛压过大主力护盘接盘量就特别大，这对主力也很不利，所以拉升时操盘手要选择适当的时机！

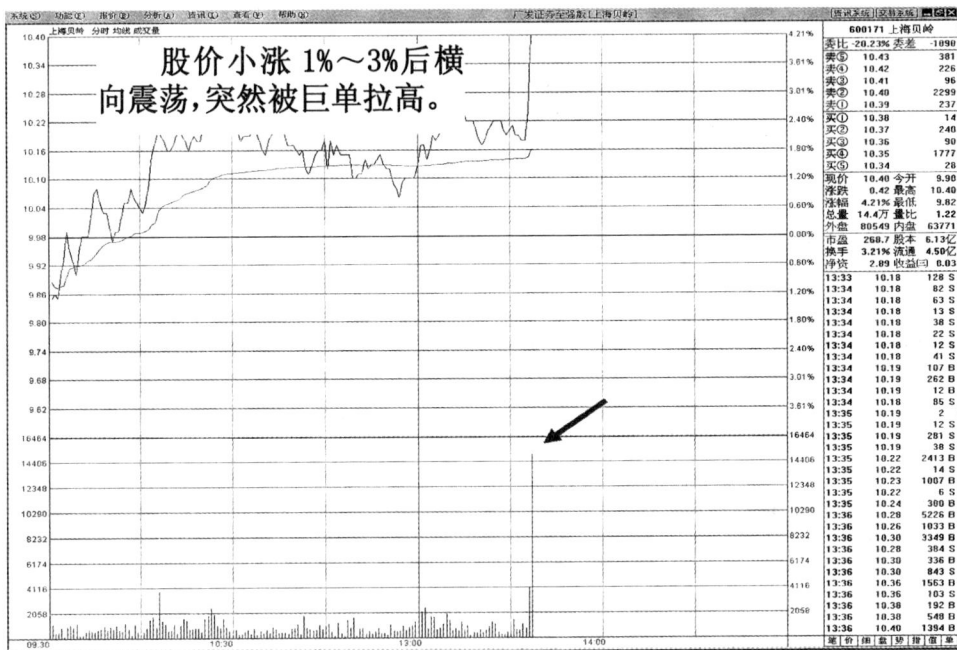

股价小涨 1%～3% 后横向震荡，突然被巨单拉高。

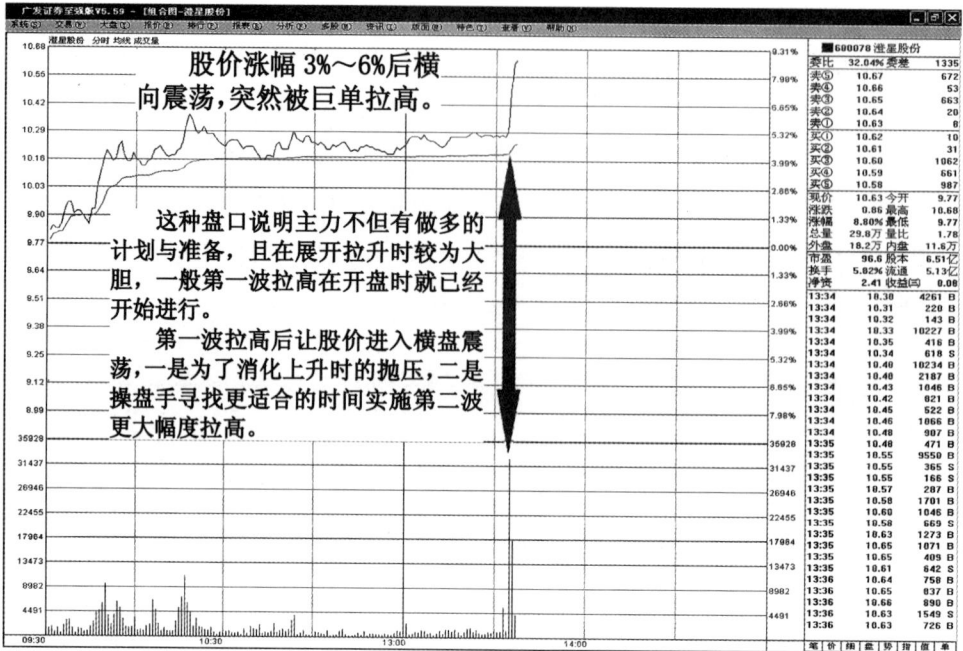

股价涨幅 3%~6% 后横向震荡,突然被巨单拉高。

这种盘口说明主力不但有做多的计划与准备,且在展开拉升时较为大胆,一般第一波拉高在开盘时就已经开始进行。

第一波拉高后让股价进入横盘震荡,一是为了消化上升时的抛压,二是操盘手寻找更合适的时间实施第二波更大幅度拉高。

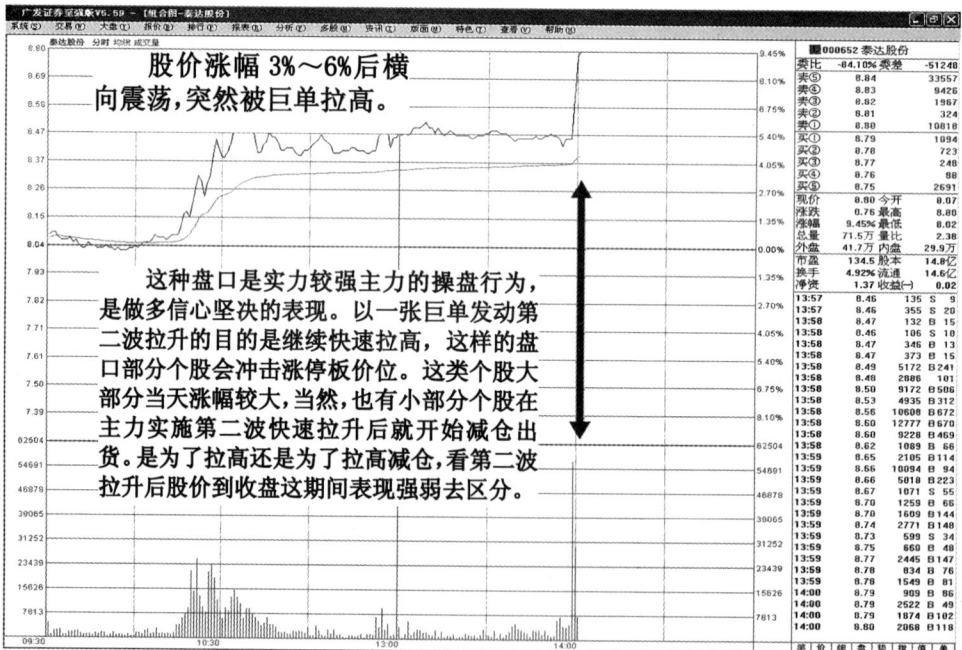

股价涨幅 3%~6% 后横向震荡,突然被巨单拉高。

这种盘口是实力较强主力的操盘行为,是做多信心坚决的表现。以一张巨单发动第二波拉升的目的是继续快速拉高,这样的盘口部分个股会冲击涨停板价位。这类个股大部分当天涨幅较大,当然,也有小部分个股在主力实施第二波快速拉升后就开始减仓出货。是为了拉高还是为了拉高减仓,看第二波拉升后股价到收盘这期间表现强弱去区分。

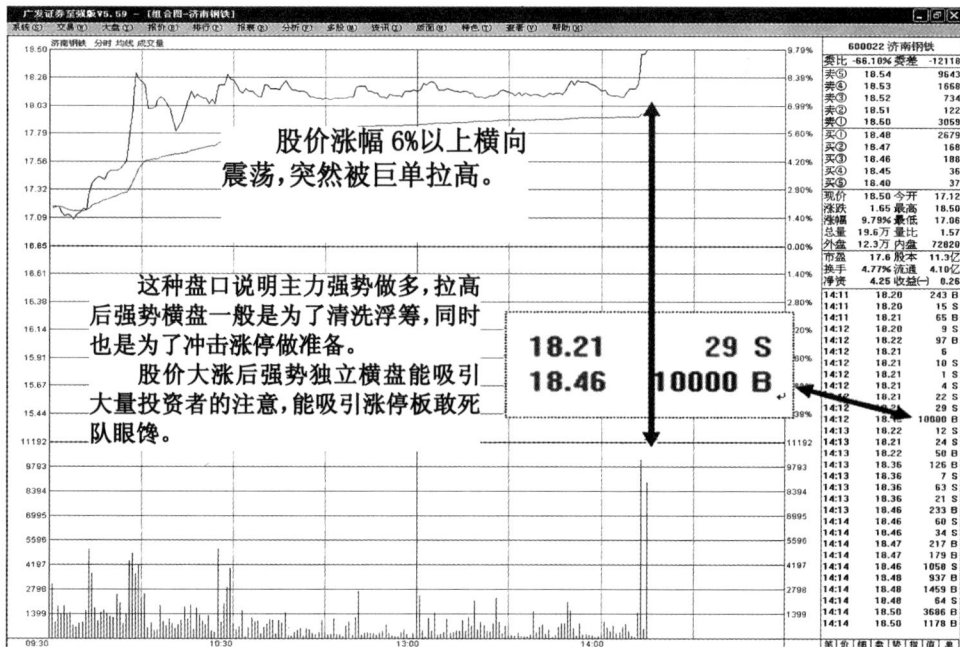

股价涨幅 6% 以上横向震荡,突然被巨单拉高。

这种盘口说明主力强势做多,拉高后强势横盘一般是为了清洗浮筹,同时也是为了冲击涨停做准备。

股价大涨后强势独立横盘能吸引大量投资者的注意,能吸引涨停板敢死队眼馋。

18.21   29 S
18.46   10000 B

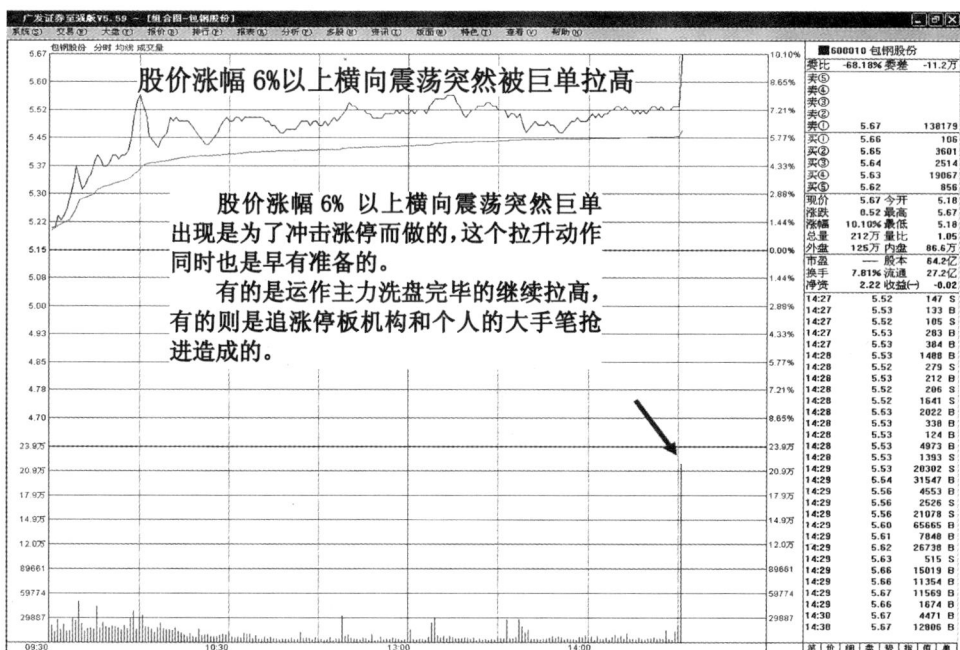

股价涨幅 6% 以上横向震荡突然被巨单拉高

股价涨幅 6% 以上横向震荡突然巨单出现是为了冲击涨停而做的,这个拉升动作同时也是早有准备的。

有的是运作主力洗盘完毕的继续拉高,有的则是追涨停板机构和个人的大手笔抢进造成的。

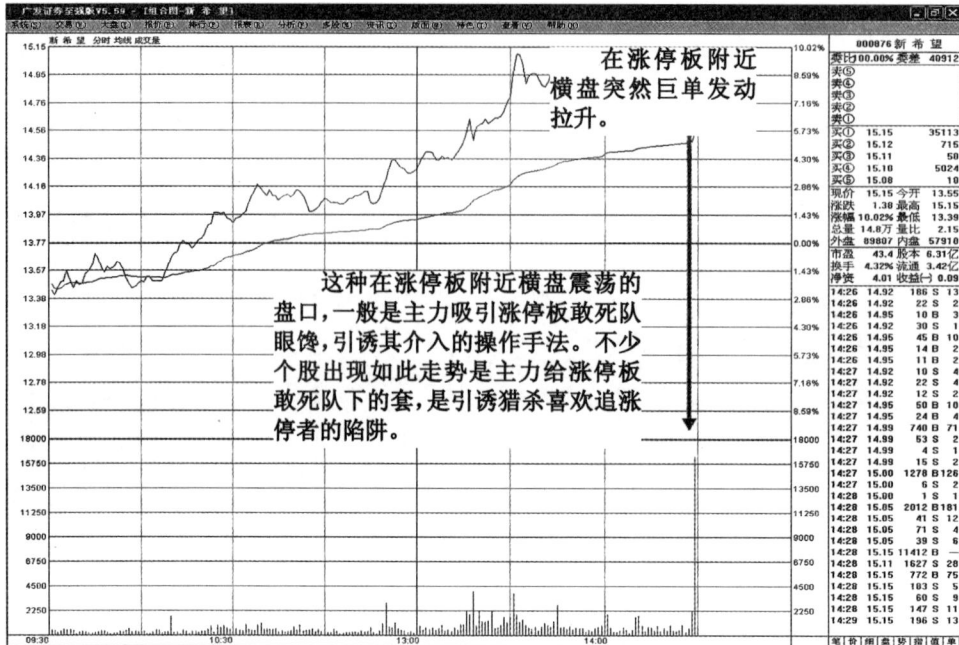

股价由横向震荡到盘中毫无征兆情况下，突然以数千手甚至数万手为一张的买单拔高股价发动拉升的操盘，还有其他多种主力操作思路和做盘行为，如：

(1)股价分时走势由30°～50°角震荡上升巨单突然拉高。

(2)尾盘巨单突然发动袭击。

(3)巨单突然拉高试盘和出货。

这些都是现代主力操盘常用的手法，这些盘口分析技巧在后续文章中另行介绍。

主力启动时的爆发性拉升信号

导致一只股票价格上升的因素很多，股价上升最终是资金介入促成的结果。上市公司的利好等因素是一种吸引资金注意力，让资金产生冲动并转化为买入行为的催化剂。深究价格上升的本质是资金介入推动的结果，资金分为多种类别，主力资金、一般机构资金、投资者资金，大主力资金流动对股价的影响最大。研究个股以影响股价最大的主力资金为核心，一般机构资金次之，投资者的资金影响力相对有限。

　　炸药爆炸需要雷管和导火线的点燃。相当多的个股启动暴涨往往一开始主力就充当雷管和导火线的角色。掌握主力启爆股价的操作方法和技巧，就很容易跟上快速上涨的列车。

　　部分个股启动时主力采用火箭发射式猛烈拉抬。具体操作过程是，主力操盘手在短短的一两分钟时间内，利用多张数量由几千手至上万手的巨大买单，以高于现价多个价位往上扫上去，以至将股价瞬间拔高几个百分点，不给其他资金留有任何低买机会。在此种盘面出现时，很多时候可以看到目标股票买盘挂有一至多张数量较大耀眼的大买单，遇到这种情况就是投资者判断该股是不是主力发动拉升的最好时机。此时研究目标股票买盘挂着的大单成因和成交细节非常重要，通过细节的研究可以了解主力的动向和态度！

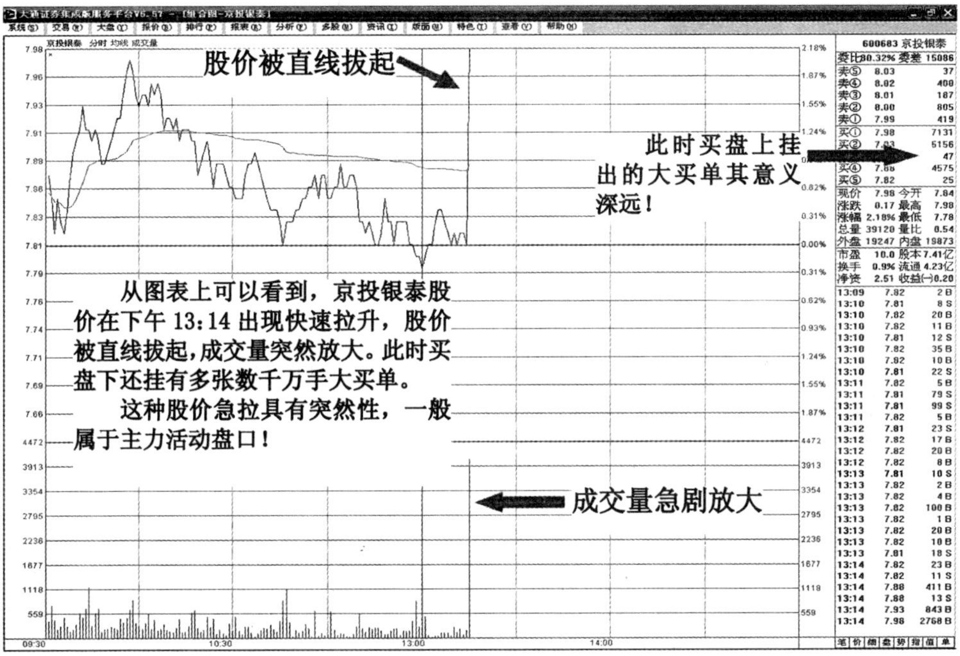

71

600683 京投银泰

委比80.32%		委差 15086
卖⑤	8.03	37
卖④	8.02	400
卖③	8.01	187
卖②	8.00	805
卖①	7.99	419
买①	7.98	7131
买②	7.93	5156
买③	7.89	47
买④	7.88	4575
买⑤	7.82	25

13:13		7.82	10 B
13:13		7.81	18 S
13:14	①	7.82	23 B
13:14	②	7.82 ←	11 S
13:14	③	7.88 ←	411 B
13:14		7.88	13 S
13:14		7.93	843 B
13:14		7.98	2768 B

买盘挂单中有三张数量巨大的买单,其意义如何?下面通过细节研究逐一进行深入分析!

该股是突发性放量拉高的,主力活动明显。那么买④7.88元的这4575手买单是张什么样的买单,是主力往上扫货没有成交的买单,还是后来才挂上去的买单?了解这个相当重要!如果是主力往上扫货没有成交剩余部分被显示出来的买单,说明该主力出手非常凶狠,拉升态度非常坚决;如果是后来才挂上去的买单,那就可能是其他机构追进,或者是主力刻意做盘的挂单,是做给投资者看的。如何确定属于哪一种性质?山人自有妙计,分析当然有方法!

请看买盘挂单细节,买④7.88元与买⑤7.82元,两者之间是不是存在五个价位的价差?这么大的价差在这是怎么形成的(部分个股交易不活跃或者价格较高,挂单与挂单之间存在一定的价差是正常的盘口,看盘时要注意区别对待)?再看即时成交回报时的成交记录,该股下午13:14成交第二笔和第三笔的各自成交价格。13:14第二笔成交价是7.82元,13:14第三笔成交价是7.88元。两笔之间同样存在五个价位的价差。此时买④7.88元与买⑤7.82元存在的价差与13:14第二笔、第三笔成交价存在同样的价差,两者之间存在必然的关系。

两者的关系是这样的:在下午13:14成交了一笔后,此时一张近5000手的大买单将股价由原来成交价7.82元往上扫高至7.88元。由于该股当时7.82元至7.88元的所有卖单只有400余手,所以当这张近5000手的大买单往上扫高至7.88元时也就只成交了400余手，没有成交的剩余买单就在买盘7.88元显示出来。由于这笔大买单是瞬间毫无征兆往上扫高，在原来挂在7.82元至7.88元的所有卖单成交后，市场买方反映速度较慢，此时7.82元至7.87元之间的价位没有新买单挂出补充，这是形成买④价格是7.88元、买⑤价格是7.82元，中间出现了较大价差的成因。即时成交回报方面，13:14第二笔成交价是7.82元，13:14第三笔成交价是7.88元。两笔之间存在较大的价差就是大买单往上扫上去成交形成的。

600683 京投银泰					
委比 80.32%	委差 15086	13:13	7.82	10 B	
卖⑤ 8.03	37	13:13	7.81	18 S	
卖④ 8.02	400	13:14①	7.82	23 B	
卖③ 8.01	187	13:14②	7.82	11 S	
卖② 8.00	805	13:14③	7.88	411 B	
卖① 7.99	419	13:14④	7.88	13 S	
买① 7.98	7131	13:14⑤	7.93	843 B	
买② 7.93	5156	13:14	7.98	2768 B	
买③ 7.89	47				
买④ 7.88	4575				
买⑤ 7.82	25				

上面解释了买盘挂单中买④7.88元这张4575手大买单的成因。那么买②7.93元这张5156手大买单又应如何解释呢，是主力往上扫货没有成交剩余部分的买单吗，还是属于其他类别的买单？要区分清楚买④7.88元这张4575手大买单的成因，同样还须从细节研究入手。

请看买盘买②7.93元与买③7.89元两个位置，两者之间同样存在多个价位的价差。再看当时的成交回报记录，13:14成交的第四笔、第五笔各自成交价格，第四笔成交价是7.88元，第五笔成交价是7.93元，两笔之间也存在多个价位的价差。这样的价差不是该股盘中交投不活跃造成的，而是另有其因！

挂单与成交回报二者存在价差关系是这样的：该股13:14成交完第三笔后，买盘一张近6000手的大买单将股价由原来的成交价7.88元一笔往上扫高至7.93元。由于该股当时7.88元至7.93元的所有卖盘挂单一共只有843手，所以当这张近6000手的大买单往上扫高至7.93元时也只成交了843手,剩余没有能成交的买单就在7.93元价格显示出来。由于这笔大买单也是瞬间出现往上扫高的,在原来挂7.88元至7.93元的所有卖单成交后,市场投资者反应较慢,此时只有一张买单挂出补充了7.89元的价位,这就形成了买③价格是7.89元,买②价格是7.93元,这是买②与买③中间价格出现较大价差的原因。成交回报上13:14的第四笔成交价是7.88元,第五笔成交价是7.93元。两笔之间存在的价差也是大买单往上扫货高价成交形成的。这是主力疯狂大胆坚决的拉升表现,从这就能看出该主力当天下午启动时的做多方向和决心!

600683 京投银泰					
委比80.32% 委差 15086		13:13		7.82	10 B
卖⑤	8.03	37	13:13	7.81	18 S
卖④	8.02	400	13:14	7.82	23 B
卖③	8.01	187	13:14 ③	7.82	11 S
卖②	8.00	805	13:14	7.88	411 B
卖①	7.99	419	13:14 ④	7.88	13 S
买①	7.98 ⟷ 7131		13:14 ⑤	7.93	843 B
买②	7.93 5156		13:14 ⑥	7.98	2768 B
买③	7.89	47			
买④	7.88	4575			
买⑤	7.82	25			

至于买盘买①7.98元7131手这张大买单的成因,与上述两张大买单的成因是完全相同的。主力发动拉升时采用火山喷发式拉抬股价,短短一分钟时间内利用多张数千手的巨单,以高于现价多个价格往上扫上去,将股价瞬间拔高几个百分点。买盘上所留下的巨大买单是主力快速拉高时,因时间极短并忙于做拉高操作而未及时撤单所留下的痕迹。这就是主力做盘时有意或无意所留下的操纵痕迹,通过盘口观察既能发现主力的操纵痕迹,也能窥探主力的思路。掌握主力这种操纵技巧,就能及时坐上主力快速拉抬的列车!

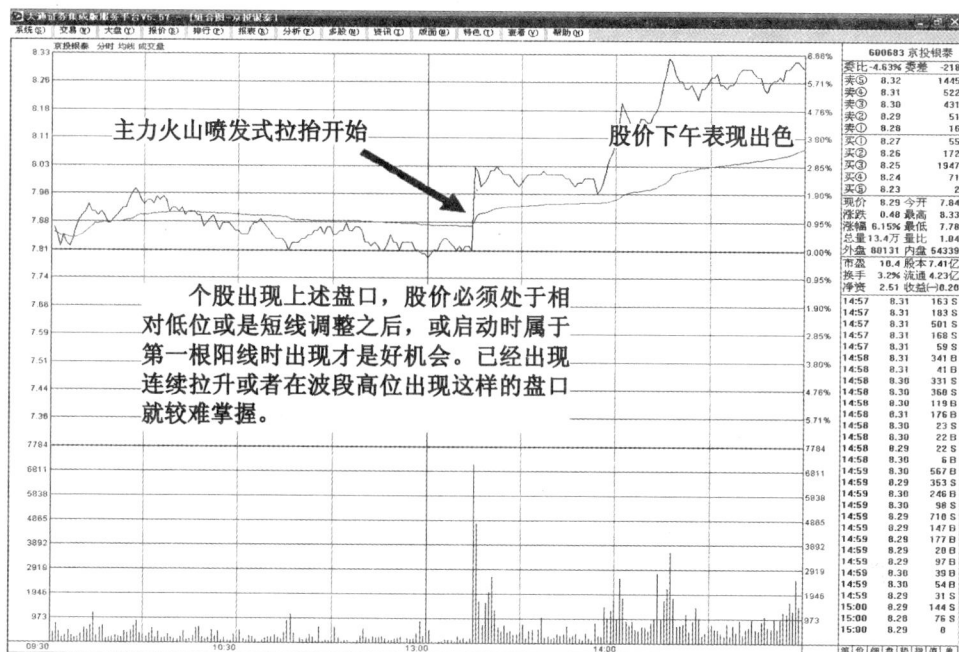

主力火山喷发式拉抬开始

股价下午表现出色

个股出现上述盘口，股价必须处于相对低位或是短线调整之后，或启动时属于第一根阳线时出现才是好机会。已经出现连续拉升或者在波段高位出现这样的盘口就较难掌握。

此类盘口中有一种属于主力拉高诱多减仓操纵行为。主力拉高诱多减仓行为的盘口有什么特征？如何识别？

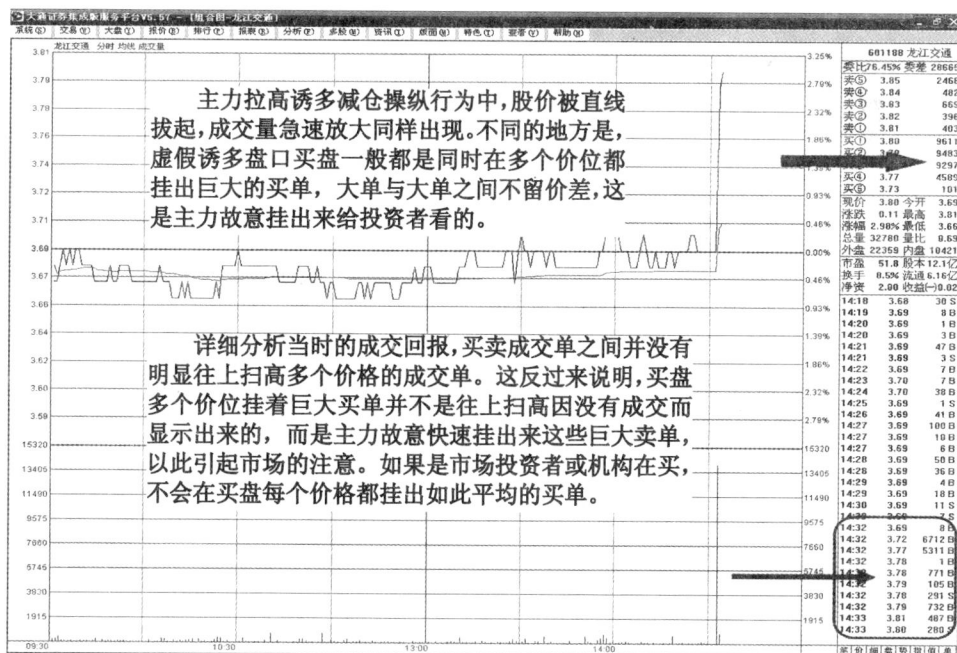

主力拉高诱多减仓操纵行为中，股价被直线拔起，成交量急速放大同样出现。不同的地方是，虚假诱多盘口买盘一般都是同时在多个价位都挂出巨大的买单，大单与大单之间不留价差，这是主力故意挂出来给投资者看的。

详细分析当时的成交回报，买卖成交单之间并没有明显往上扫高多个价格的成交单。这反过来说明，买盘多个价位挂着巨大买单并不是往上扫高因没有成交而显示出来的，而是主力故意快速挂出来这些巨大卖单，以此引起市场的注意。如果是市场投资者或机构在买，不会在买盘每个价格都挂出如此平均的买单。

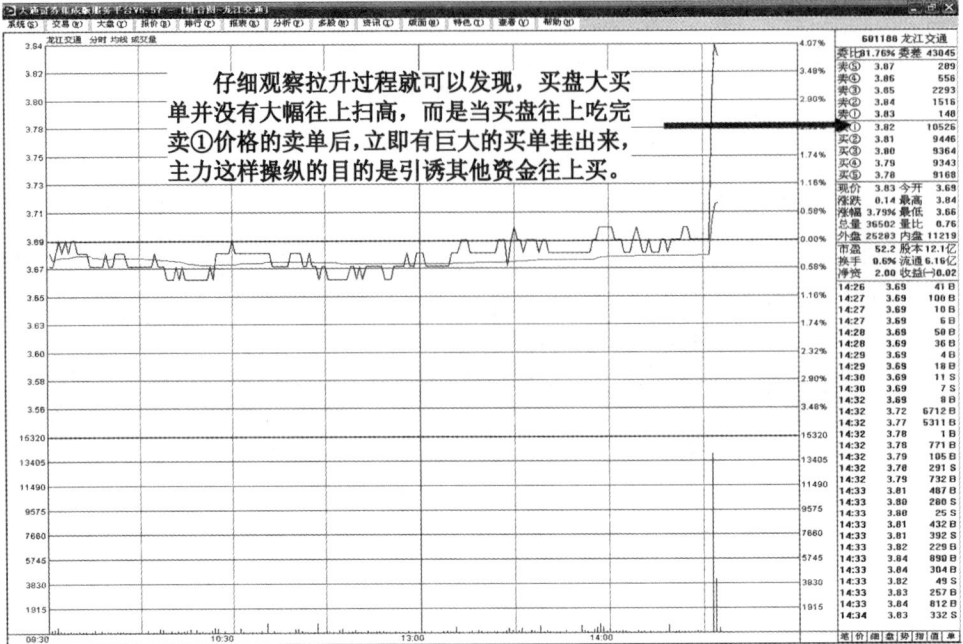

仔细观察拉升过程就可以发现，买盘大买单并没有大幅往上扫高，而是当买盘往上吃完卖①价格的卖单后，立即有巨大的买单挂出来，主力这样操纵的目的是引诱其他资金往上买。

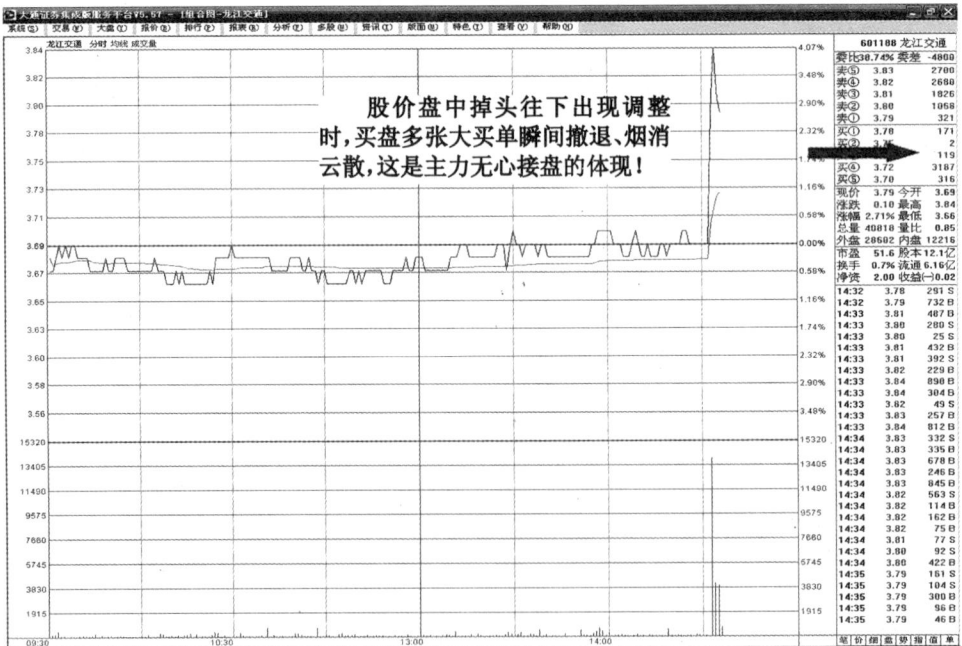

股价盘中掉头往下出现调整时，买盘多张大买单瞬间撤退、烟消云散，这是主力无心接盘的体现！

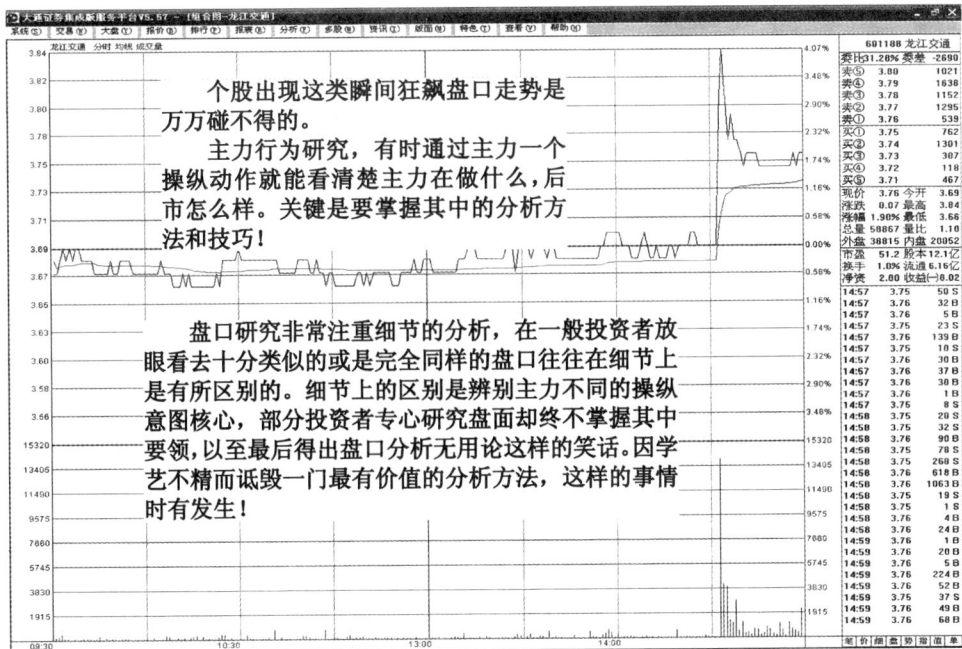

个股出现这类瞬间狂飙盘口走势是万万碰不得的。

主力行为研究，有时通过主力一个操纵动作就能看清楚主力在做什么，后市怎么样。关键是要掌握其中的分析方法和技巧！

盘口研究非常注重细节的分析，在一般投资者放眼看去十分类似的或是完全同样的盘口往往在细节上是有所区别的。细节上的区别是辨别主力不同的操纵意图核心，部分投资者专心研究盘面却终不掌握其中要领，以至最后得出盘口分析无用论这样的笑话。因学艺不精而诋毁一门最有价值的分析方法，这样的事情时有发生！

主力操盘制造大买单手段

个股中主力运作过程中少不了对敲，对敲过程中少不了做单！所谓做单，是指主力在不同环境下根据其需要，制造出非真实买卖为目的的大买单或大卖单！主力进场时制造大卖单出货痕迹；在出货时制造大买单入场盘面，以迷惑一般投资者或其他机构是常见的。拉升之前制造大买单吸引跟风盘入市以推高股价也是其中一种。

主力是如何制造大卖单或大买单的呢？具体操盘细节，下面就通过澳柯玛2011年5月4日主力操作盘口细节剖析说明。

首先认识一下股市专业名词"空中成交"。"空中成交"简单地说就是交易所下属会员(券商、具有席位资格的投资公司等)向交易所的成交撮合处理主机发送买卖交易单时，这些交易单还没有经过交易所对券商等行情终端反馈发送就已经撮合处理成交。这些在行情系统软件中没有显示出来而又成交了的买卖单就叫"空中成交"。"空中成交"属于正常的交易。

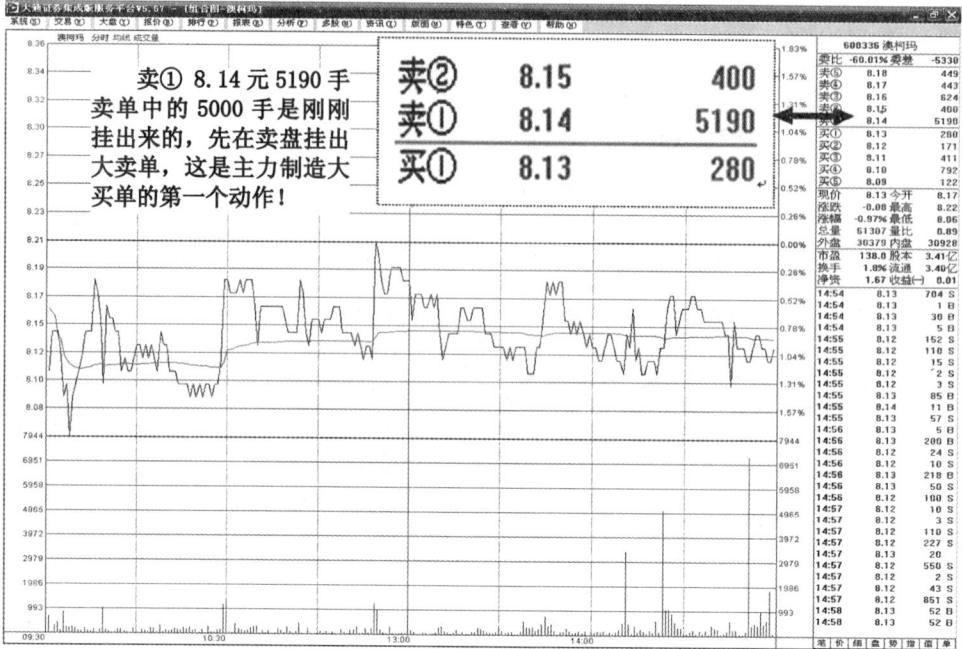

卖① 8.14 元 5190 手卖单中的 5000 手是刚刚挂出来的，先在卖盘挂出大卖单，这是主力制造大买单的第一个动作！

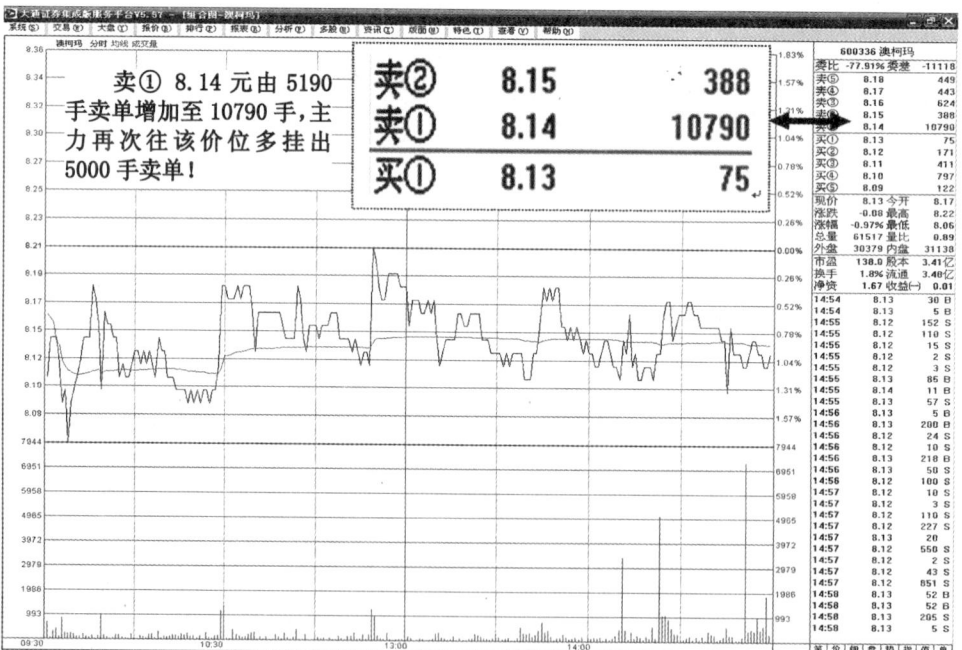

卖① 8.14 元由 5190 手卖单增加至 10790 手，主力再次往该价位多挂出 5000 手卖单！

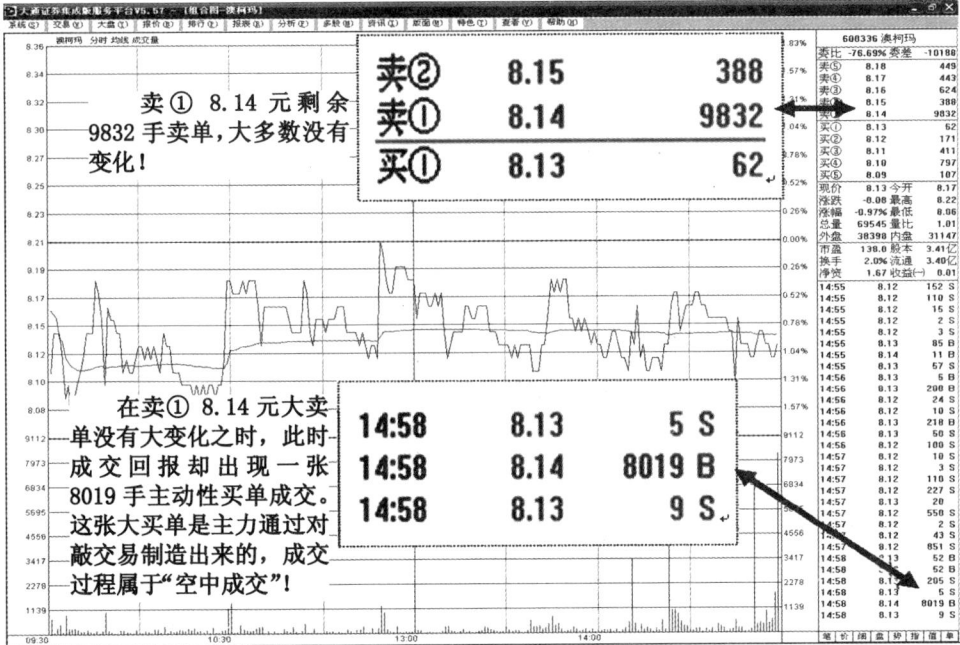

卖① 8.14 元剩余9832 手卖单，大多数没有变化！

在卖① 8.14 元大卖单没有大变化之时，此时成交回报却出现一张8019 手主动性买单成交。这张大买单是主力通过对敲交易制造出来的，成交过程属于"空中成交"！

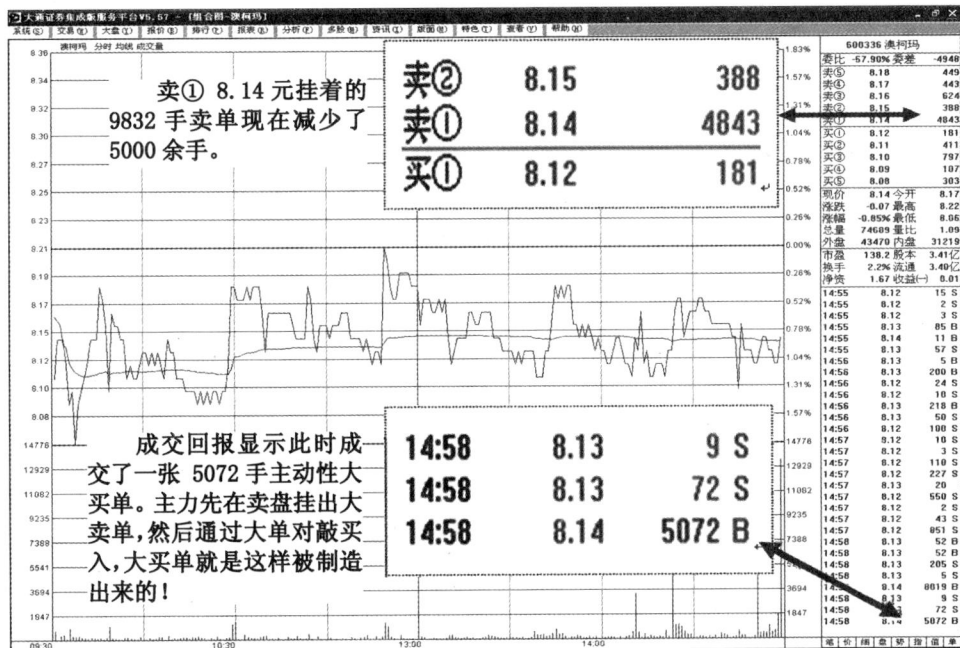

卖① 8.14 元挂着的9832 手卖单现在减少了5000 余手。

成交回报显示此时成交了一张 5072 手主动性大买单。主力先在卖盘挂出大卖单，然后通过大单对敲买入，大买单就是这样被制造出来的！

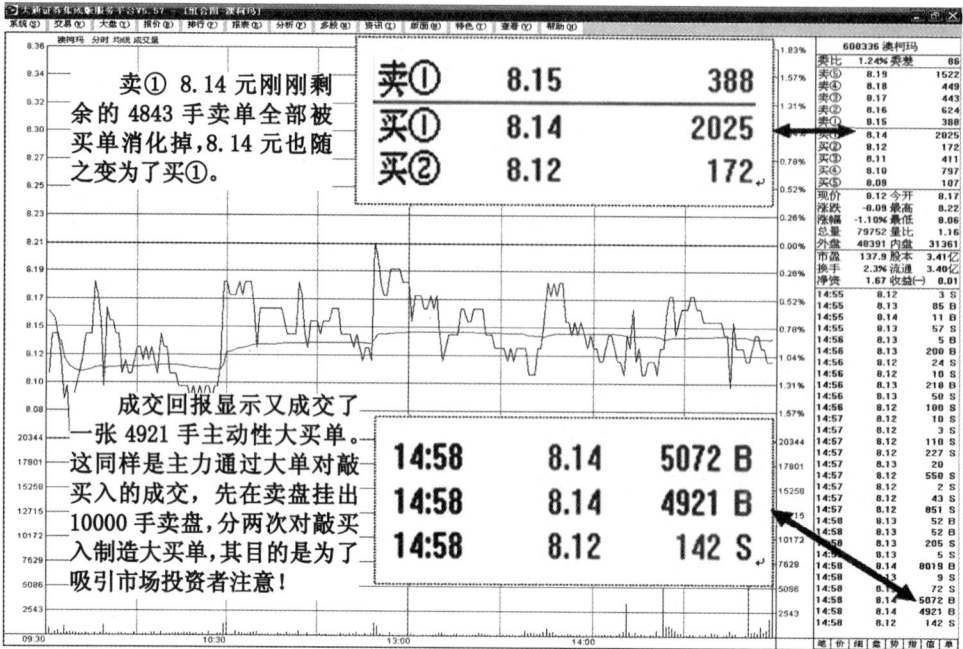

卖① 8.14元刚刚剩
余的4843手卖单全部被
买单消化掉,8.14元也随
之变为了买①。

卖①	8.15	388
买①	8.14	2025
买②	8.12	172

成交回报显示又成交了
一张4921手主动性大买单。
这同样是主力通过大单对敲
买入的成交,先在卖盘挂出
10000手卖盘,分两次对敲买
入制造大买单,其目的是为了
吸引市场投资者注意!

14:58	8.14	5072 B
14:58	8.14	4921 B
14:58	8.12	142 S

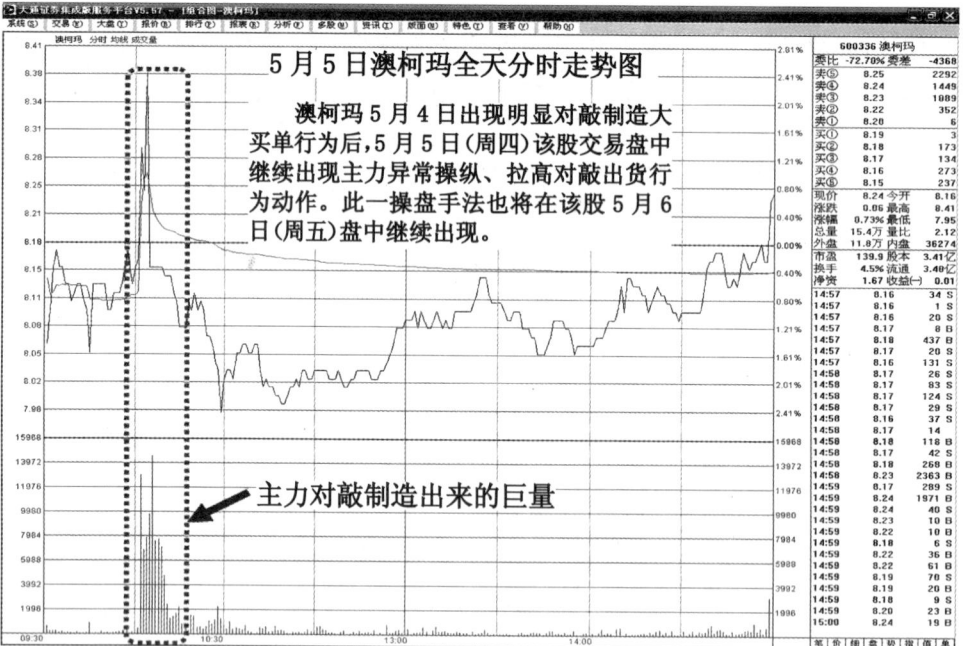

5月5日澳柯玛全天分时走势图

澳柯玛5月4日出现明显对敲制造大
买单行为后,5月5日(周四)该股交易盘中
继续出现主力异常操纵、拉高对敲出货行
为动作。此一操盘手法也将在该股5月6
日(周五)盘中继续出现。

主力对敲制造出来的巨量

坐庄从吸筹、拉高、出货处处欺诈盘口细节

按照A股目前投资环境，机构长期投资持股期待上市公司分红获得理想的收益那是痴人说梦。现阶段无论是投资还是投机，获利的核心途径来自于目标股票股价上升的收益。长期持有某上市公司股票，该公司不断发展业绩不断增长，股价自然会在二级市场上得以真正的价值体现。而能保持长期增长的上市公司数量本身就很少，一般机构对于这类品种也很难发掘出来。再且机构性质的不同，有的机构不具备长期持股做投资的条件。

证券市场地下私募机构的资金来源较复杂，企业的、个人老板的、高利贷拆借来的什么来源都有。这些资金的使用成本比较高，而且使用时间期限有限制，所以手持此类资金的机构根本做不了长线投资。投资不成变投机，这些资金必须得在较短的时间内实现正收益，因此证券市场大大小小的短庄、波段庄也就层出不穷了。

股票市场是个赤裸裸血淋淋的弱肉强食市场！主力和一般投资者长期处于一种对立博弈位置。主力吸筹要投资者交出手上的筹码才能大量拿到货，主力拉高之前或拉高时要把部分跟风盘洗出来才能减少拉高后沉重的抛压，主力出货时要引诱大量投资者买入才能兑现脱身。每个环节主力操盘手都通过各种各样的手段去欺骗、恐吓、引诱投资者按主力所想去操作。下面以长百集团(600856)近数日内一短庄操盘为例，剖析其在吸筹、拉高、出货各环节中，主力在盘口操纵时使出的各种各样欺骗、恐吓、引诱投资者的手段。

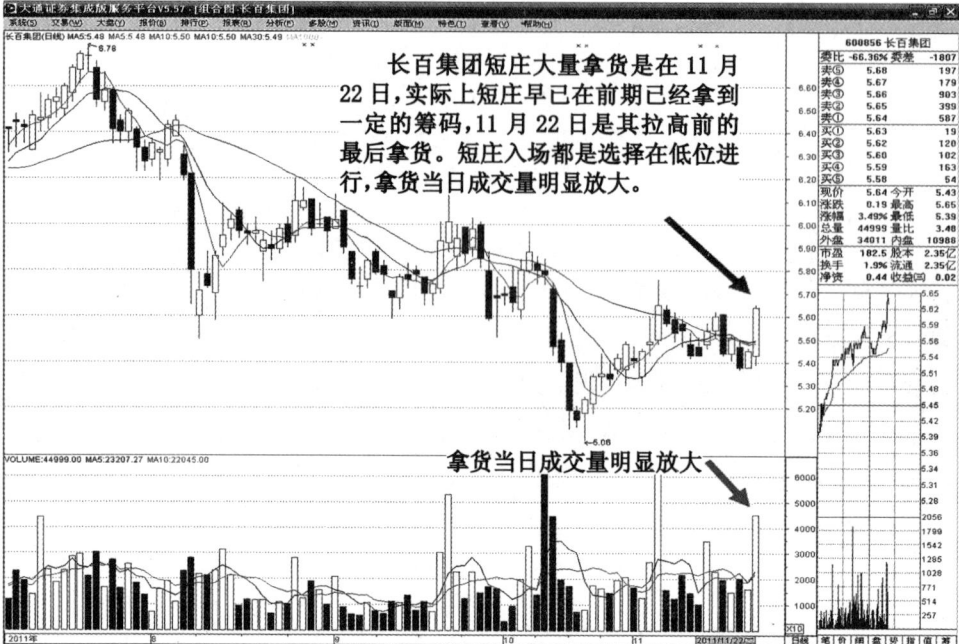

长百集团短庄大量拿货是在11月22日,实际上短庄早已在前期已经拿到一定的筹码,11月22日是其拉高前的最后拿货。短庄入场都是选择在低位进行,拿货当日成交量明显放大。

拿货当日成交量明显放大

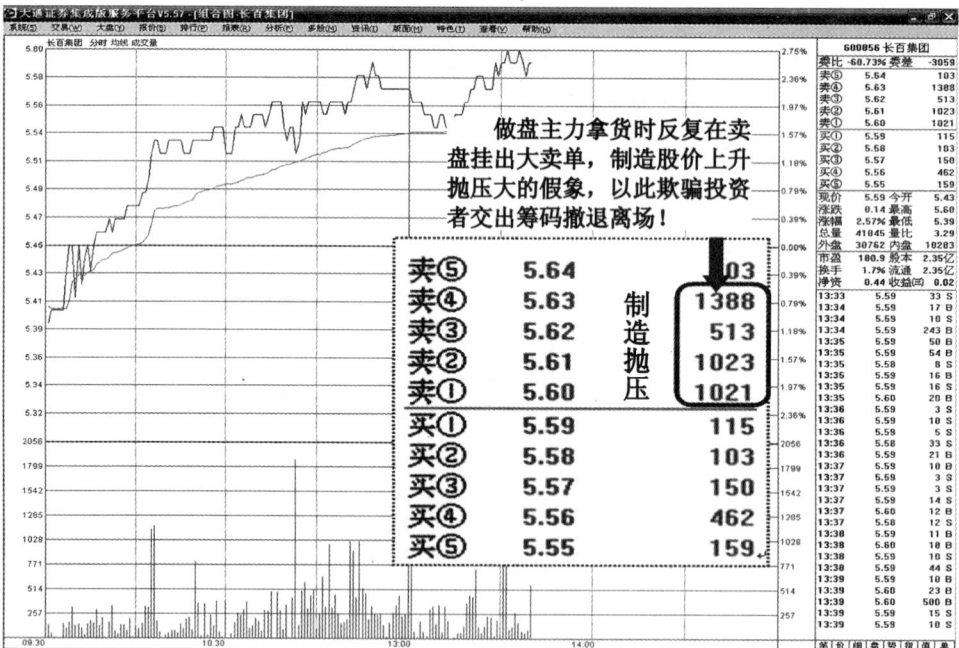

做盘主力拿货时反复在卖盘挂出大卖单,制造股价上升抛压大的假象,以此欺骗投资者交出筹码撤退离场!

卖⑤	5.64	03
卖④	5.63	1388
卖③	5.62	513
卖②	5.61	1023
卖①	5.60	1021
买①	5.59	115
买②	5.58	103
买③	5.57	150
买④	5.56	462
买⑤	5.55	159

制造抛压

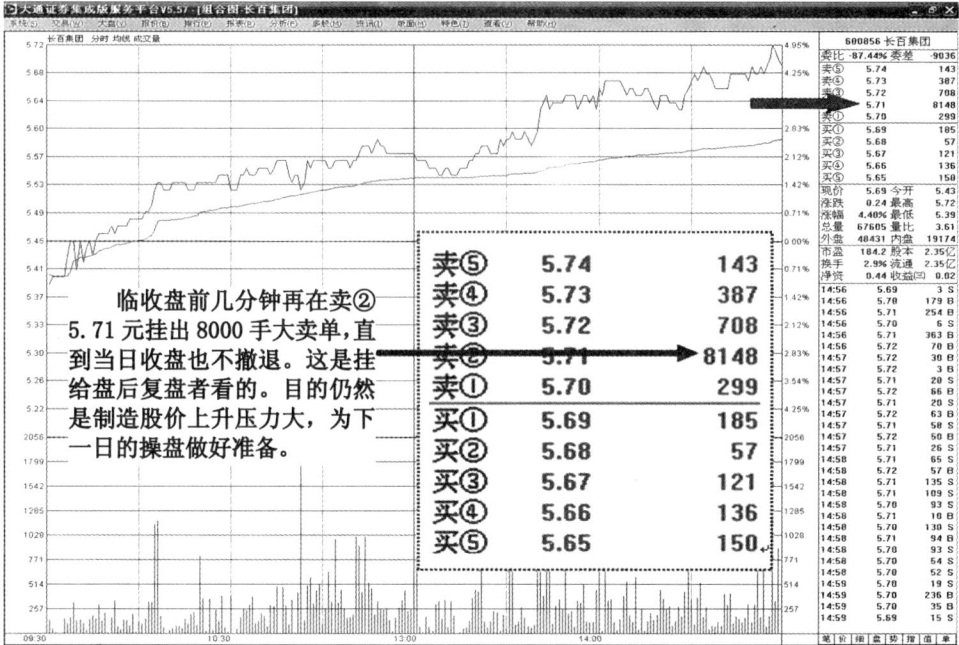

临收盘前几分钟再在卖②5.71元挂出8000手大卖单,直到当日收盘也不撤退。这是挂给盘后复盘者看的。目的仍然是制造股价上升压力大,为下一日的操盘做好准备。

卖⑤	5.74	143
卖④	5.73	387
卖③	5.72	708
卖②	5.71	8148
卖①	5.70	299
买①	5.69	185
买②	5.68	57
买③	5.67	121
买④	5.66	136
买⑤	5.65	150

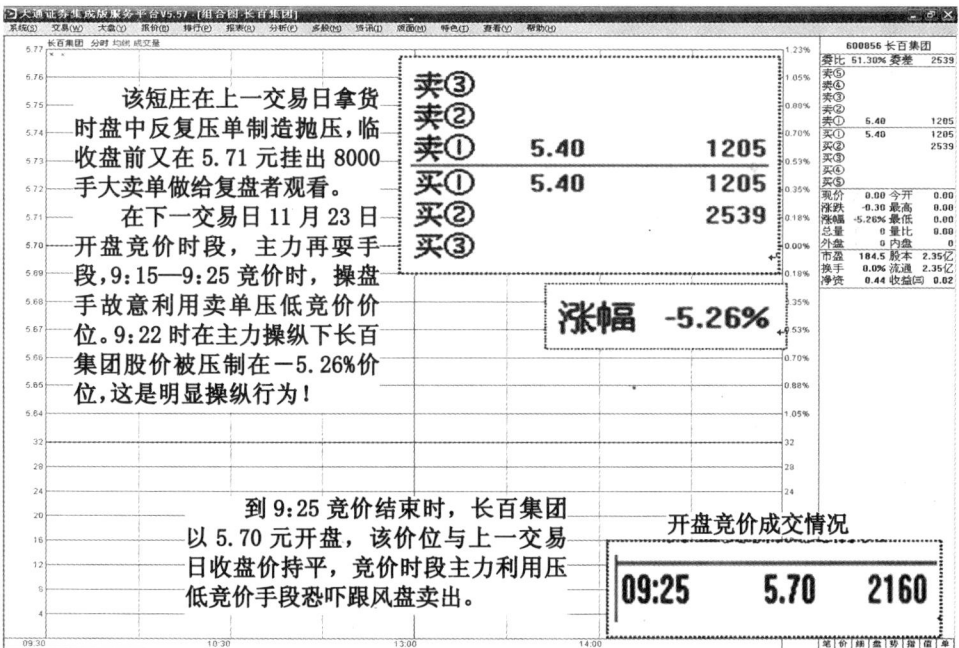

该短庄在上一交易日拿货时盘中反复压单制造抛压,临收盘前又在5.71元挂出8000手大卖单做给复盘者观看。

在下一交易日11月23日开盘竞价时段,主力再耍手段,9:15—9:25竞价时,操盘手故意利用卖单压低竞价价位。9:22时在主力操纵下长百集团股价被压制在-5.26%价位,这是明显操纵行为!

卖③		
卖②		
卖①	5.40	1205
买①	5.40	1205
买②		2539
买③		

涨幅 -5.26%

到9:25竞价结束时,长百集团以5.70元开盘,该价位与上一交易日收盘价持平,竞价时段主力利用压低竞价手段恐吓跟风盘卖出。

开盘竞价成交情况

09:25	5.70	2160

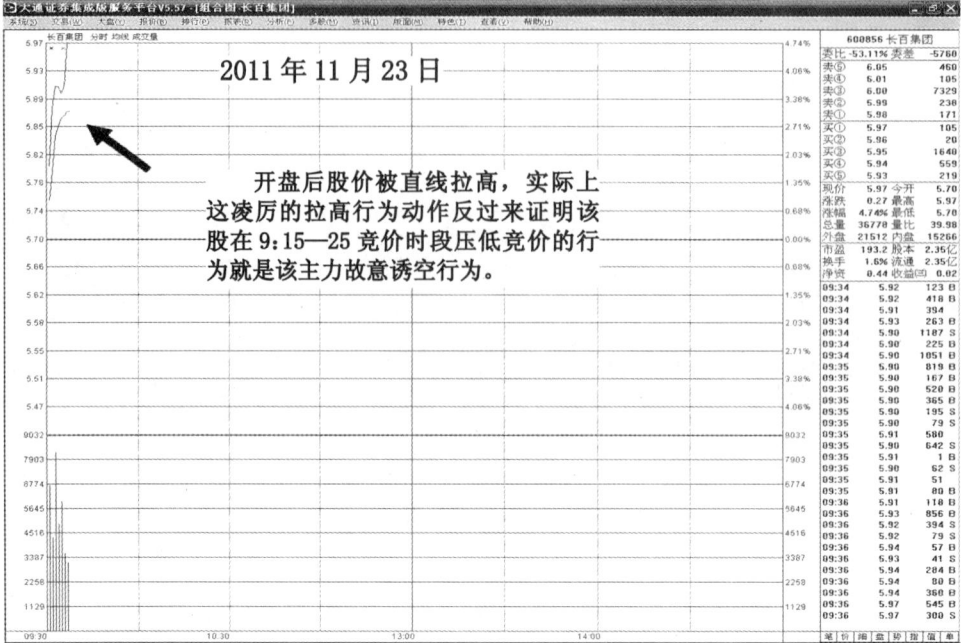

2011 年 11 月 23 日

开盘后股价被直线拉高，实际上这凌厉的拉高行为动作反过来证明该股在 9:15—25 竞价时段压低竞价的行为就是该主力故意诱空行为。

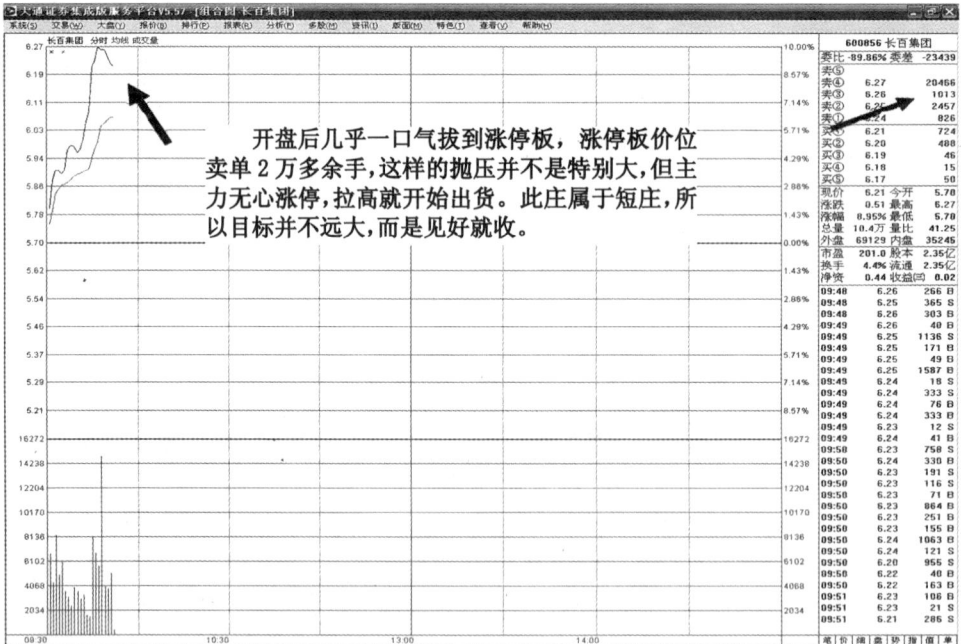

开盘后几乎一口气拔到涨停板，涨停板价位卖单 2 万多余手，这样的抛压并不是特别大，但主力无心涨停，拉高就开始出货。此庄属于短庄，所以目标并不远大，而是见好就收。

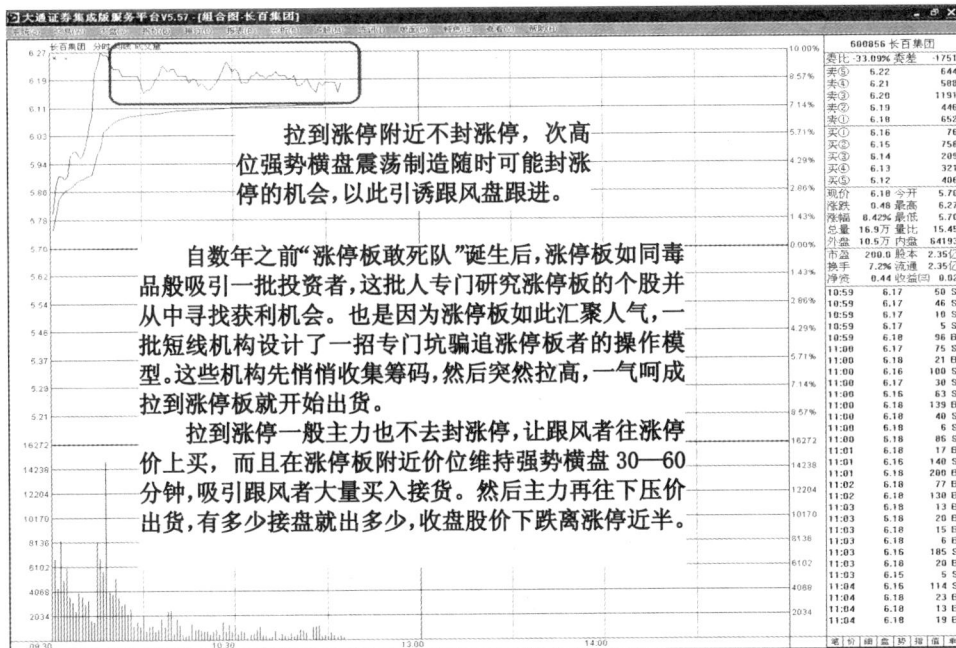

拉到涨停附近不封涨停，次高
位强势横盘震荡制造随时可能封涨
停的机会，以此引诱跟风盘跟进。

　　自数年之前"涨停板敢死队"诞生后，涨停板如同毒
品般吸引一批投资者，这批人专门研究涨停板的个股并
从中寻找获利机会。也是因为涨停板如此汇聚人气，一
批短线机构设计了一招专门坑骗追涨停板者的操作模
型。这些机构先悄悄收集筹码，然后突然拉高，一气呵成
拉到涨停板就开始出货。
　　拉到涨停一般主力也不去封涨停，让跟风者往涨停
价上买，而且在涨停板附近价位维持强势横盘30—60
分钟，吸引跟风者大量买入接货。然后主力再往下压价
出货，有多少接盘就出多少，收盘股价下跌离涨停近半。

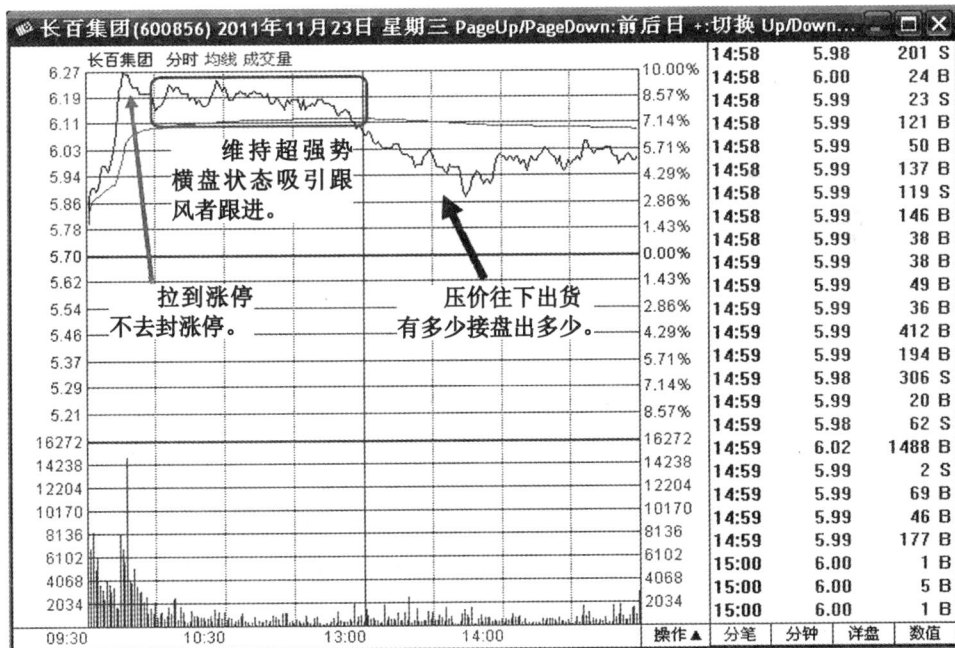

维持超强势
横盘状态吸引跟
风者跟进。

拉到涨停
不去封涨停。

压价往下出货
有多少接盘出多少。

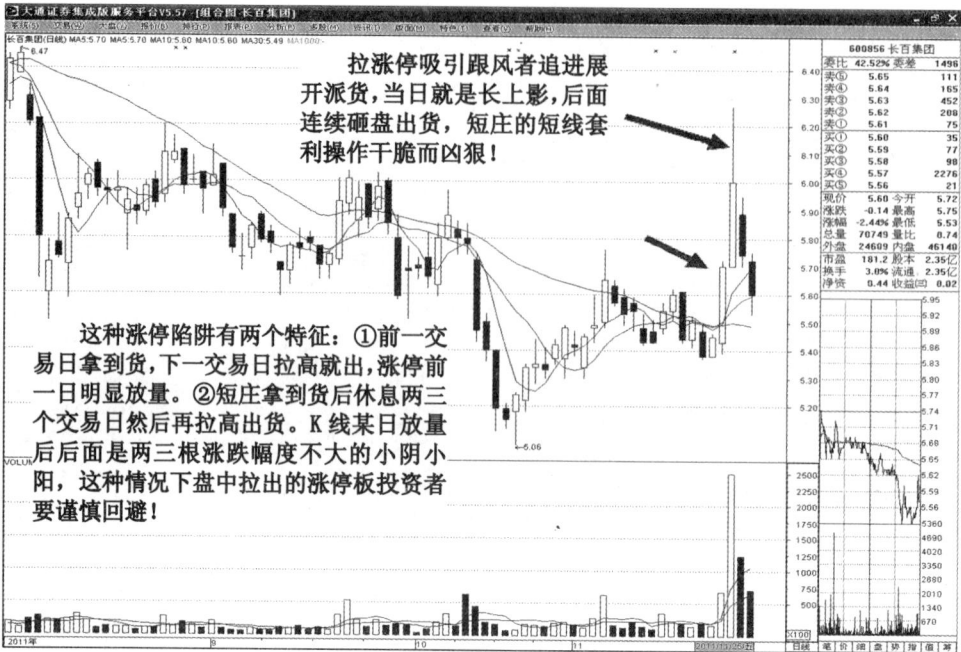

拉涨停吸引跟风者追进展开派货，当日就是长上影，后面连续砸盘出货，短庄的短线套利操作干脆而凶狠！

这种涨停陷阱有两个特征：①前一交易日拿到货，下一交易日拉高就出，涨停前一日明显放量。②短庄拿到货后休息两三个交易日然后再拉高出货。K线某日放量后面是两三根涨跌幅度不大的小阴小阳，这种情况下盘中拉出的涨停板投资者要谨慎回避！

第二章　主力出货操纵

主力操盘萌生退意盘口细节

个股阶段性大幅上涨往往有一独立主力潜伏其中进行运作。有计划、有组织操纵股价的大都属于地下私募，地下私募资金来源往往是向很小群体募集组成，一般个人根本接触不到他们，了解他们的运作项目和细节就更不用说了。地下私募资金量千差万别，私募操盘手如有真才实学者，资金量达到一个亿左右就可以组织和策划坐庄。几个亿或者更大资金则有大资金的运作方法，一两个亿资金私募自然也有他在市场中的生存之道。

在笔者所认识的同行中，资金不大的地下私募若有坐庄行为，举全身之力做短线庄是他们首选！至于地下私募如何选股、怎样操作，民间俗语，蛇有蛇路，鼠有鼠路，地下私募操盘手自然有他们的方法。短线庄最简单的思路就是集中资金建仓一只股，然后快速拉高，之后就是卖出盈利。

中小资金入庄建仓和拉高是比较容易的，唯有出货最难脱身！无论是长中短线庄，坐庄最难的都是出货。股价拉高后主力要大量出货就需要有大量投资者和其他机构入场接货。拉高了要吸引大量买盘接货相当困难，所以在主力出货阶段总是使尽各种各样手段引诱资金买入。

出货阶段，大部分主力坐庄过程中采用的出货手法是边拉边派，如主力拉抬某股准备做高至15元，其可在股价13元附近时就展开边拉边减。这也是平时投资者看到该股明显有大资金在流出，但股价短期仍然继续上涨的重要原因之一！

主力运作阶段性出货前，有没有细微盘口特征可以识别呢？当然是有的。下面就通过个案盘口表现介绍一种主力出货前的盘口先兆！

识别这种主力出货前的盘口特征并不复杂，首先分析目标是股票日K线，看此类股票股价是否在波段高位，或股价是否出现连续多日拉升，短线利润可见的情况下主力最容易产生出货念头。符合这些条件，如某股某日强势震荡上升，盘中股价由震荡上升到出现急拉之势，此时买盘一个或者多个价位突然出现特别大的买单（每张几千手甚至过万手）。在这些买单出现后股价继续再冲，但急拉一把后股价立即出现停止上冲掉头下行呈现见顶痕迹，股价调整大买单随之撤下（有时部分大买单挂出一小段时间才撤下）。

出现上述盘口往往是主力最后一拉的表现。操盘手在盘中最后一拉时故意在买盘一个或多个价位挂出数量特别大的买单（每张几千手甚至过万手），此举是刻意制造买盘有大资金在拼命追进的假象，借此引诱投资者跟风买进。出现这一幕属股价最后冲高的强弩之末，这是最后一拉，也是主力出货前的先兆！

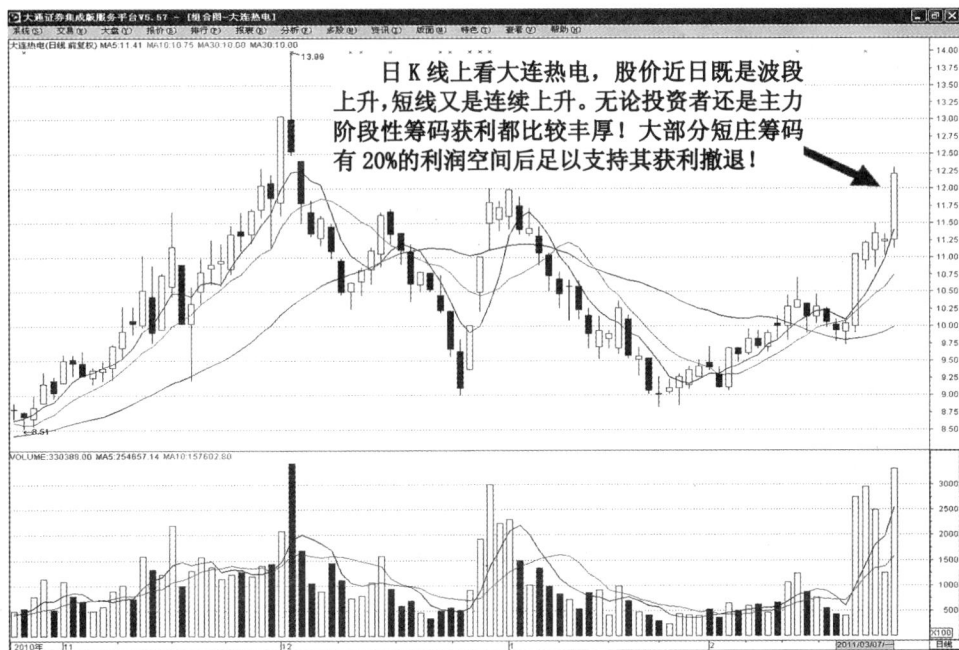

日K线上看大连热电，股价近日既是波段上升，短线又是连续上升。无论投资者还是主力阶段性筹码获利都比较丰厚！大部分短庄筹码有20%的利润空间后足以支持其获利撤退！

开始加速上升

股价强势震荡上行

大连热电主力阶段性筹码获利丰厚！盘中股价由震荡上升到急拉时突然在买盘，买①买②买⑤三个价位都挂出了数量巨大的大买单。表面上看这是大量买盘快速涌入，实际这是主力刻意做给看盘者看的。这当然是为了吸引跟风盘的动作！

卖⑤	12.30	2553
卖④	12.29	109
卖③	12.28	131
卖②	12.27	64
卖①	12.26	15
买①	12.20	7989
买②	12.15	2598
买③	12.12	50
买④	12.11	48
买⑤	12.10	4015

89

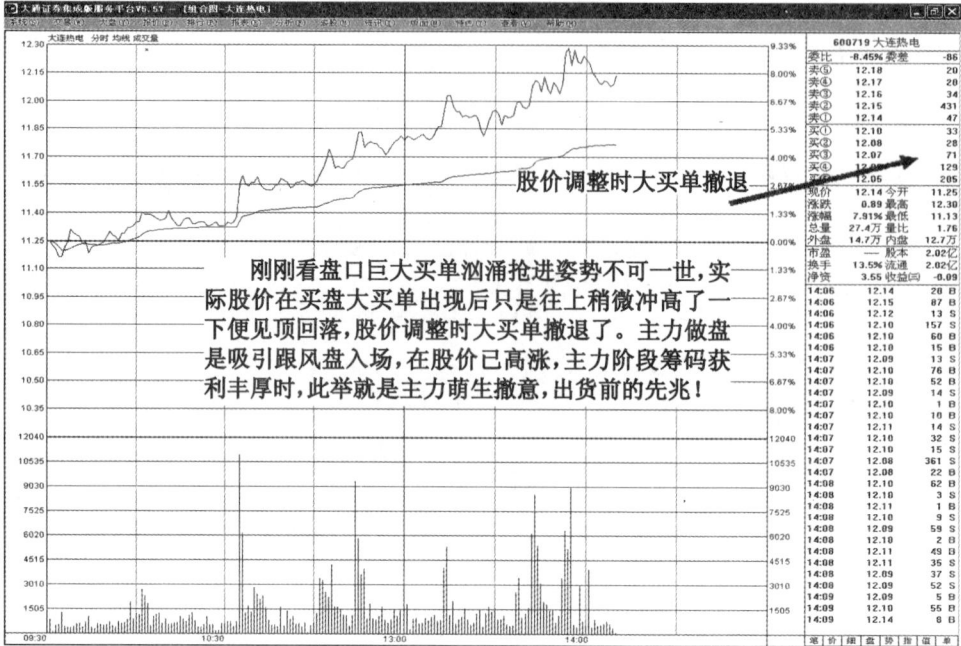

股价调整时大买单撤退

刚刚看盘口巨大买单汹涌抢进姿势不可一世,实际股价在买盘大买单出现后只是往上稍微冲高了一下便见顶回落,股价调整时大买单撤退了。主力做盘是吸引跟风盘入场,在股价已高涨,主力阶段筹码获利丰厚时,此举就是主力萌生撤意,出货前的先兆!

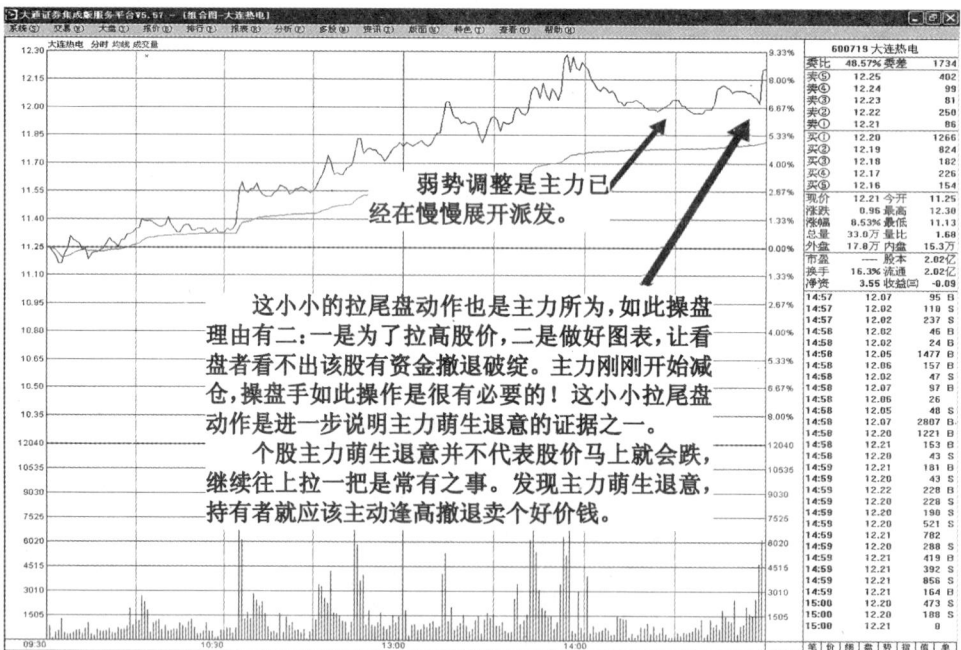

弱势调整是主力已经在慢慢展开派发。

这小小的拉尾盘动作也是主力所为,如此操盘理由有二:一是为了拉高股价,二是做好图表,让看盘者看不出该股有资金撤退破绽。主力刚刚开始减仓,操盘手如此操作是很有必要的!这小小拉尾盘动作是进一步说明主力萌生退意的证据之一。

个股主力萌生退意并不代表股价马上就会跌,继续往上拉一把是常有之事。发现主力萌生退意,持有者就应该主动逢高撤退卖个好价钱。

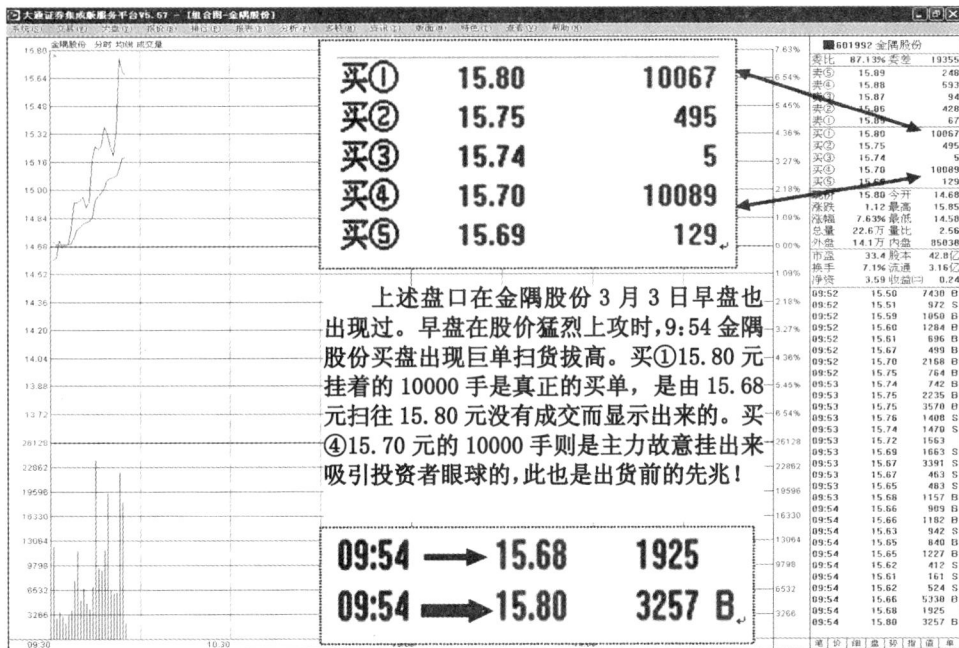

买①	15.80	10067
买②	15.75	495
买③	15.74	5
买④	15.70	10089
买⑤	15.69	129

上述盘口在金隅股份 3 月 3 日早盘也出现过。早盘在股价猛烈上攻时，9:54 金隅股份买盘出现巨单扫货拔高。买①15.80 元挂着的 10000 手是真正的买单，是由 15.68 元扫往 15.80 元没有成交而显示出来的。买④15.70 元的 10000 手则是主力故意挂出来吸引投资者眼球的，此也是出货前的先兆！

09:54 ➡	15.68	1925
09:54 ➡	15.80	3257 B

盘中曾经 32 万手买单封涨停！

卖①		
买①	16.15	322510
买②	16.14	1513
买③	16.13	105
买④	16.12	58
买⑤	16.11	10015

主力操盘手画蛇添足再次露马脚！

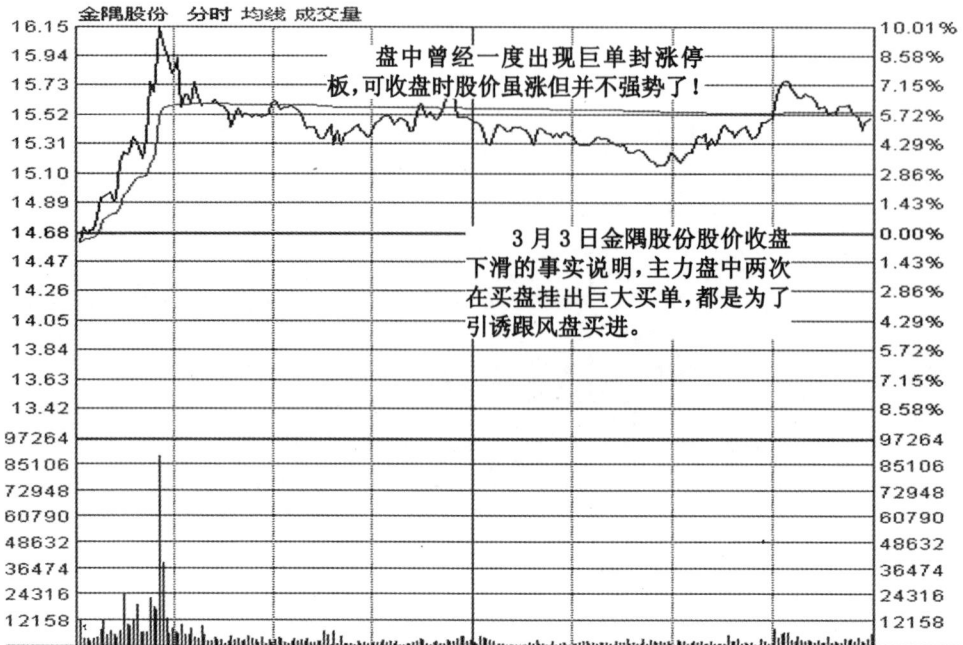

盘中曾经一度出现巨单封涨停板,可收盘时股价虽涨但并不强势了!

3月3日金隅股份股价收盘下滑的事实说明,主力盘中两次在买盘挂出巨大买单,都是为了引诱跟风盘买进。

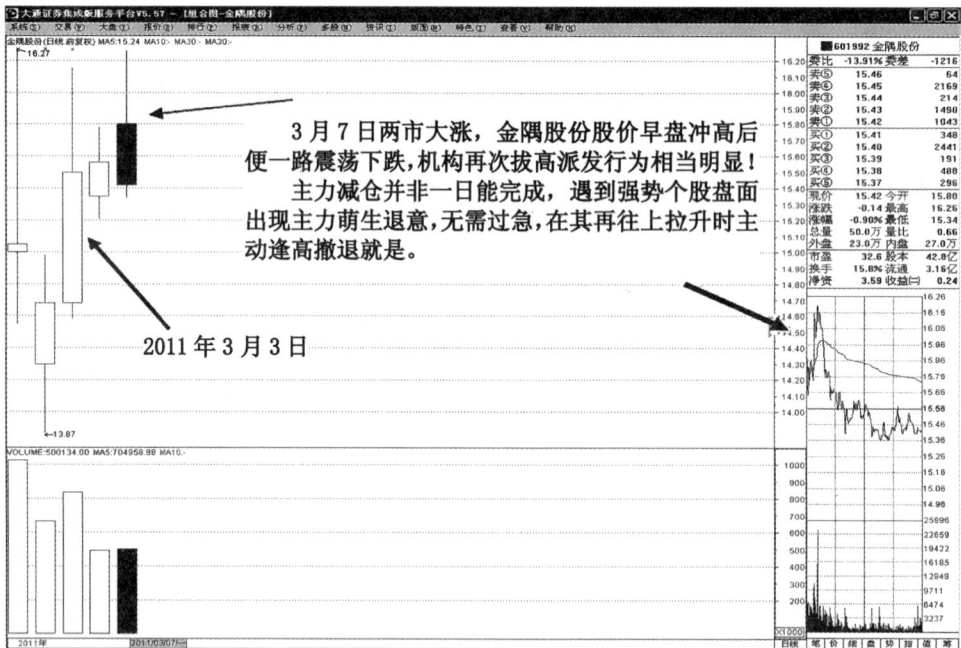

3月7日两市大涨,金隅股份股价早盘冲高后便一路震荡下跌,机构再次拔高派发行为相当明显!主力减仓并非一日能完成,遇到强势个股盘面出现主力萌生退意,无需过急,在其再往上拉升时主动逢高撤退就是。

2011年3月3日

主力利用小卖单大量出货盘口实录

坐庄环节中出货是最难的！拿货与拉高只要有钱并不难实现，主力出货时有多少接盘入场接货不是主力想要多少就有多少的。所以在主力出货阶段操盘手总是绞尽脑汁想方设法，使尽各种各样的招数吸引跟风盘跟进。

对于个股机构出货问题，相当多股友常问这样一个问题："主力出货谁去接货啊？"该问题实际问的很没有水平，因为在交易时间内，个股除了涨跌停板等特殊情况外，任何股票在每天交易时间中都有交易成交。无论股价有多高，如在200元之上，还是有多低，如在2元之下，都有人敢去买卖交易，这是客观的市场情况，所以在实践中不存在主力出货没有人接货这样的问题，只存在有多少人买卖，活跃不活跃这样的状况。

不同个股在不同市场环境中交易换手活跃程度都不相同。不同个股主力出货时买入接货的只有多少之差，没有主力出货完全没有人接盘这样的情况出现。当主力出货没有多少人接盘之时，主力操盘手就通过各种手段，操纵个股的走势引诱投资者入场跟风接盘，如把K线、移动平均线做好；把买盘买单做大；把盘口成交做成大资金入场痕迹，等等。这些都是操盘手操纵个股价格引诱投资者跟风接盘的手段。对于主力操纵做盘引诱跟风接盘情况，几乎没有人不曾上当或屡屡上当，搞不好你今天买的某股票就是因为主力操纵盘口做盘而吸引到你买进的，只是你根本还没看出来罢了。

除了主力做盘引诱跟风接盘外，主力利用正常手段出货也是重要途径。为了不令股价快速下滑，不让普通投资者看明白主力撤退，不少主力操盘手在出货时，常利用几十手一笔的小卖单不断卖出，更有甚者利用几手一笔的小卖单不断出货的操作也常有所见。下面笔者列举两个主力利用大量手数相同或接近的小卖单出货案例供各位学习。

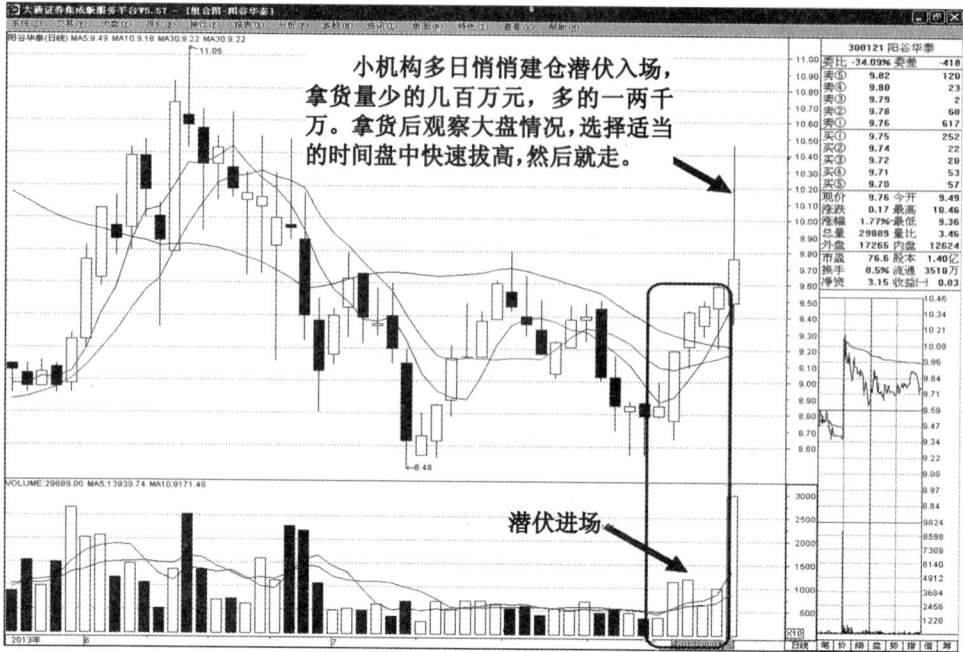

小机构多日悄悄建仓潜伏入场，拿货量少的几百万元，多的一两千万。拿货后观察大盘情况，选择适当的时间盘中快速拔高，然后就走。

潜伏进场

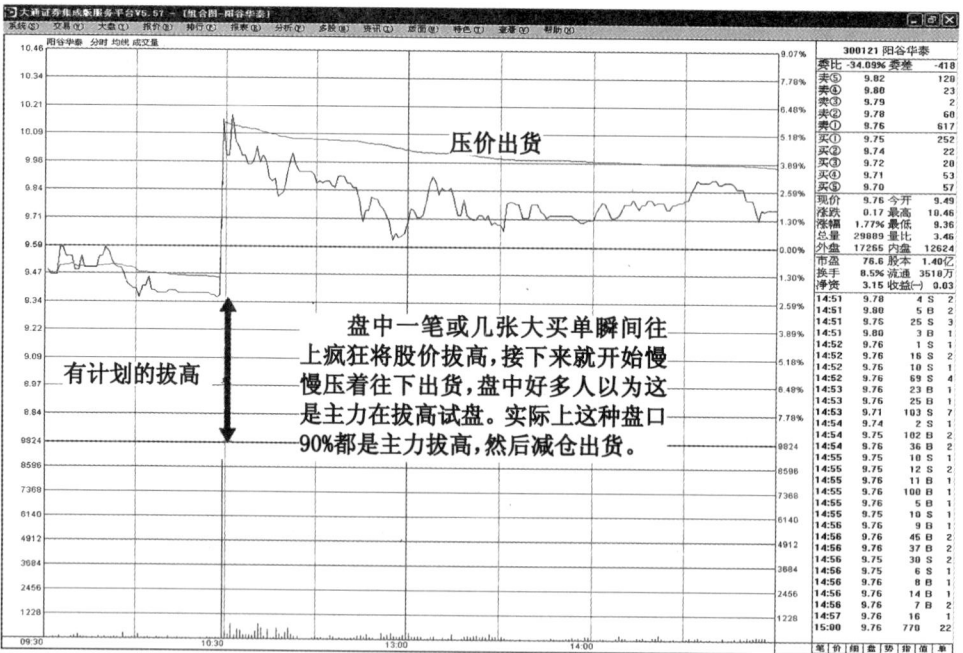

压价出货

有计划的拔高

盘中一笔或几张大买单瞬间往上疯狂将股价拔高，接下来就开始慢慢压着往下出货，盘中好多人以为这是主力在拔高试盘。实际上这种盘口90%都是主力拔高，然后减仓出货。

盘中拔高后接下来主力开始出货，由于该股平时成交不活跃，主力操盘手采用小卖单卖出方式出货。当天盘中出现大量 10 手、20 手一笔有规律的小卖单。

时间	价格	现量		时间	价格	现量
11:24	9.61	10 S 1		11:28	9.65	4 B
11:24	9.61	10 S 1		11:28	9.65	10 S
11:24	9.61	10 S 1		11:28	9.65	10 S
11:24	9.62	10 S 1		11:29	9.65	10 S
11:25	9.62	10 S 1		11:29	9.65	10 S
11:25	9.63	10 S 2		11:29	9.66	
11:25	9.63			11:29	9.66	
11:25	9.63	1 B 1		11:29	9.66	10 S
11:25	9.63	10 S 1		11:29	9.66	10 S
11:25	9.63	29 S 4		11:29	9.67	10 S
11:25	9.65	10 S 1		11:29	9.67	10 S

大量 10 手小卖单

厦门空港 2013 年 8 月初也出现小机构多日悄悄潜伏入场，盘中突然快速拔高即出货的运作痕迹。

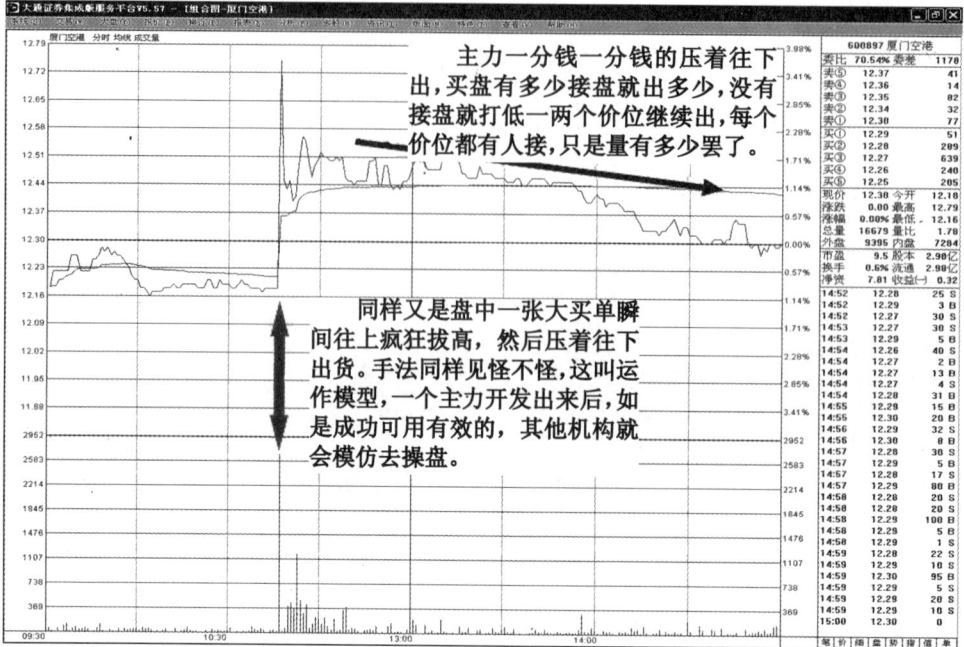

主力一分钱一分钱的压着往下出，买盘有多少接盘就出多少，没有接盘就打低一两个价位继续出，每个价位都有人接，只是量有多少罢了。

同样又是盘中一张大买单瞬间往上疯狂拔高，然后压着往下出货。手法同样见怪不怪，这叫运作模型，一个主力开发出来后，如是成功可用有效的，其他机构就会模仿去操盘。

每家机构的操盘手素质和水平都存在差异，部分操盘手做盘水平高下单很讲究，每笔交易下单数量不相同。有的则表现出明显的规律。厦门空港8月7日的出货中，操盘手也都是用小单不断卖出的方式出货。但大量小卖单只有部分每笔数量接近，很难出现一连串相同的。一般人看不出这是主力在不断出货，这是较隐蔽的操盘。

11:04	12.51	10 S
11:04	12.51	20 S
11:04	12.51	26 S
11:04	12.51	5 S
11:04	12.51	
11:05	12.50	1 S
11:05	12.48	18 S

数量接近的小卖单

游资对敲出货手法

卖盘挂出巨大卖单对敲完股价没有往上主力就砸盘出货，这种对敲完没拉高就砸盘出货个股，在原大卖单对敲完后会反复不断挂出小卖单继续对敲。分时走势形成极小幅度波动横盘状态，股价横盘状态一般维持5—20分钟。

操作上如遇到个股出现卖盘压单对敲完，没拉高就砸盘出货个股，卖出方法如下：

（1）大卖单对敲完股价仍然横盘维持超过3分钟没拉高的就要赶快卖出。

（2）盘中出现对敲时目标股票买盘出现明显堆单痕迹，买盘的大买单出现快速撤单应立即卖出。买盘大买单撤单后往往主力马上就开始砸盘出货。

这些股票看似很危险，但掌握了主力的操作规律，操作时严格按照以上卖出纪律操作就行。下面通过实例介绍这种股票盘口特征。

主力在卖盘挂出巨大的卖单，一般大卖单挂出来后会在卖盘停留10—30分钟挂着，长时间停留是为了引起大量其他大资金的注意。

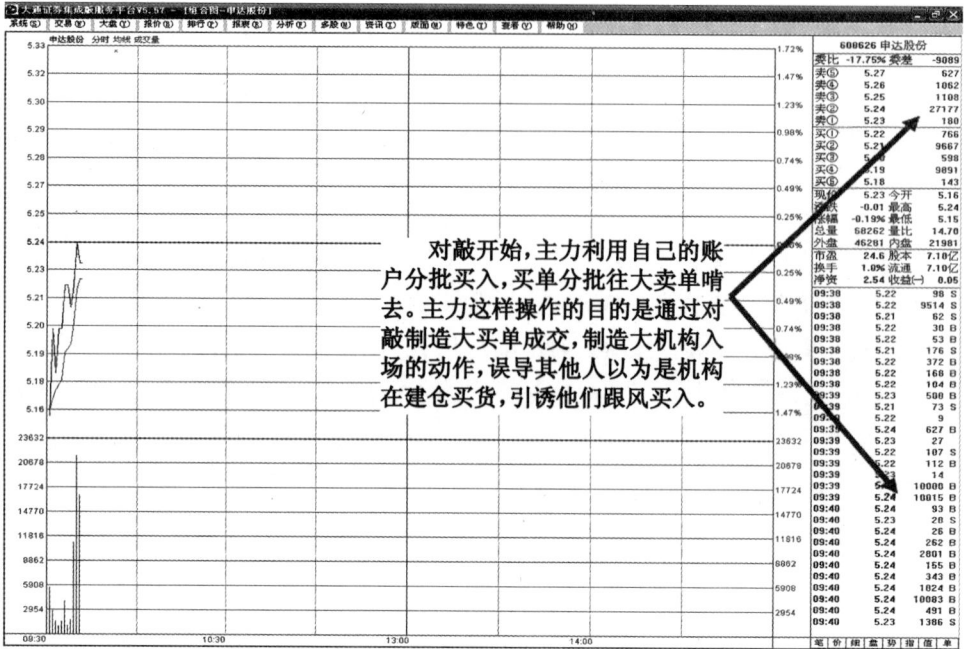

对敲开始,主力利用自己的账户分批买入,买单分批往大卖单啃去。主力这样操作的目的是通过对敲制造大买单成交,制造大机构入场的动作,误导其他人以为是机构在建仓买货,引诱他们跟风买入。

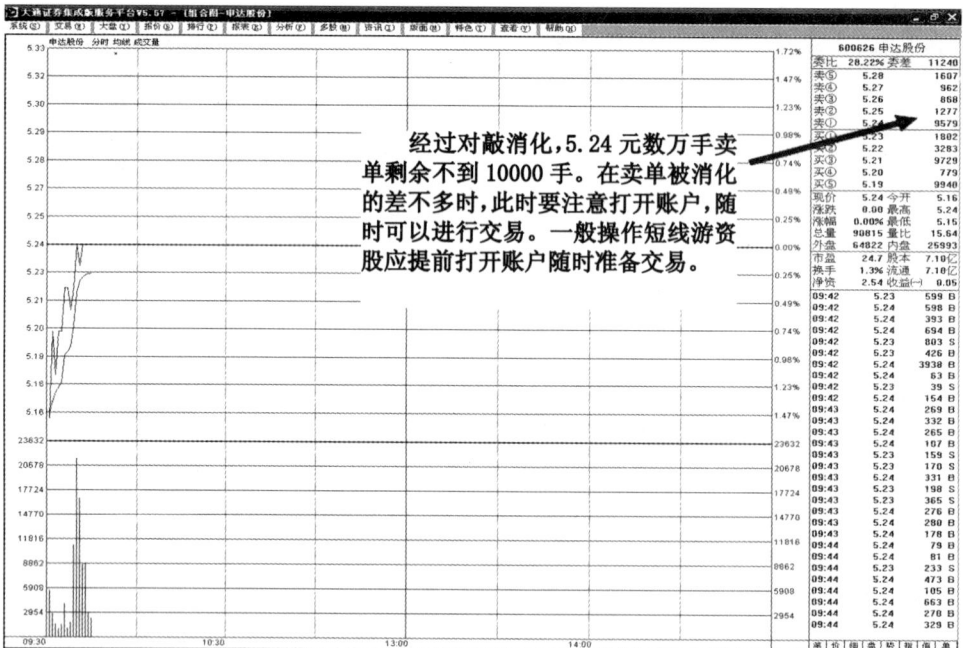

经过对敲消化,5.24元数万手卖单剩余不到10000手。在卖单被消化的差不多时,此时要注意打开账户,随时可以进行交易。一般操作短线游资股应提前打开账户随时准备交易。

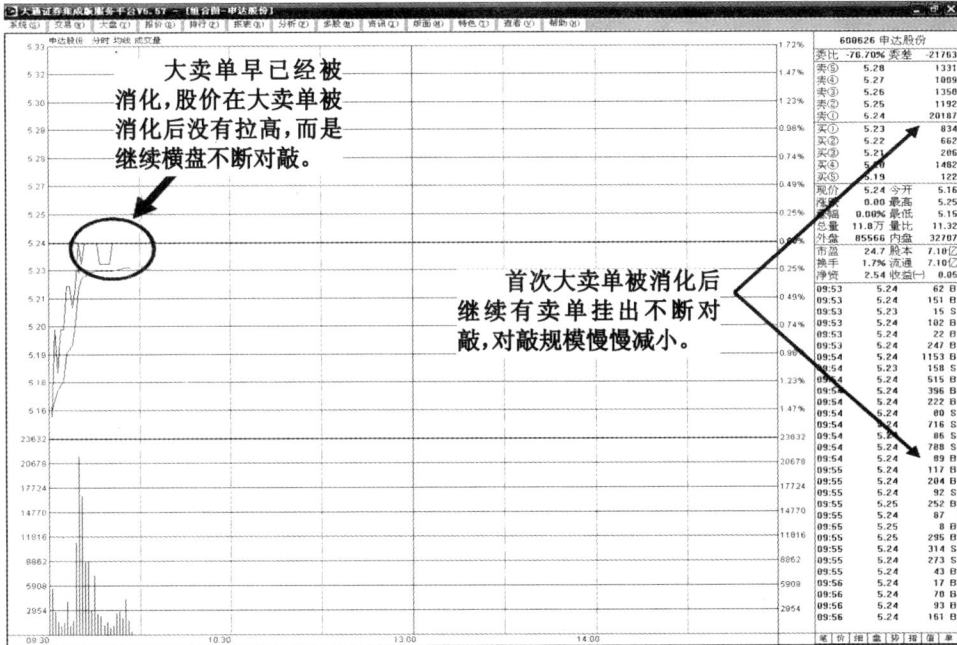

大卖单早已经被消化,股价在大卖单被消化后没有拉高,而是继续横盘不断对敲。

首次大卖单被消化后继续有卖单挂出不断对敲,对敲规模慢慢减小。

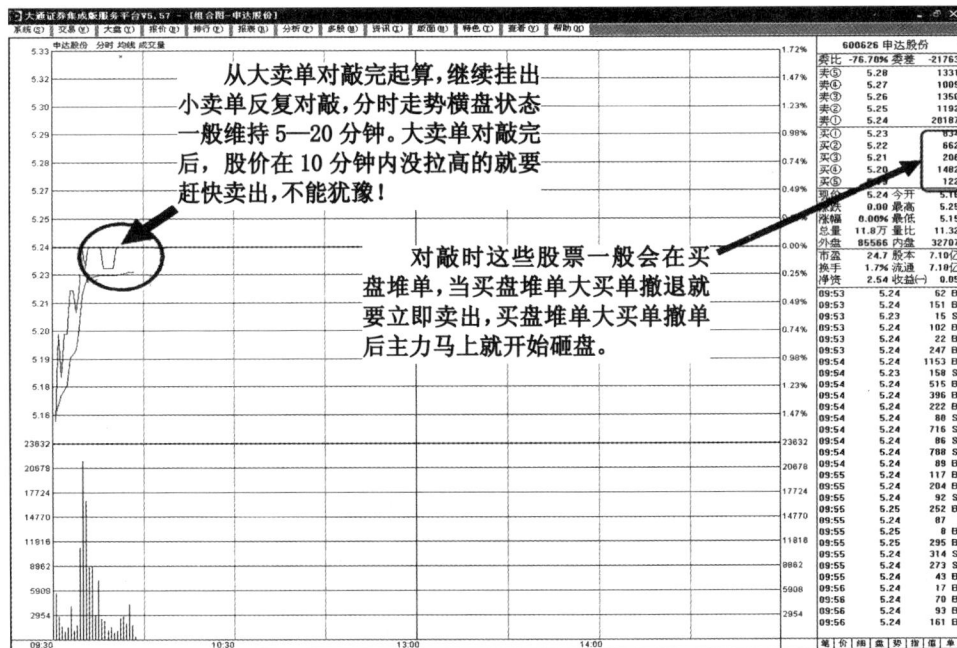

从大卖单对敲完起算,继续挂出小卖单反复对敲,分时走势横盘状态一般维持5—20分钟。大卖单对敲完后,股价在10分钟内没拉高的就要赶快卖出,不能犹豫!

对敲时这些股票一般会在买盘堆单,当买盘堆单大买单撤退就要立即卖出,买盘堆单大买单撤单后主力马上就开始砸盘。

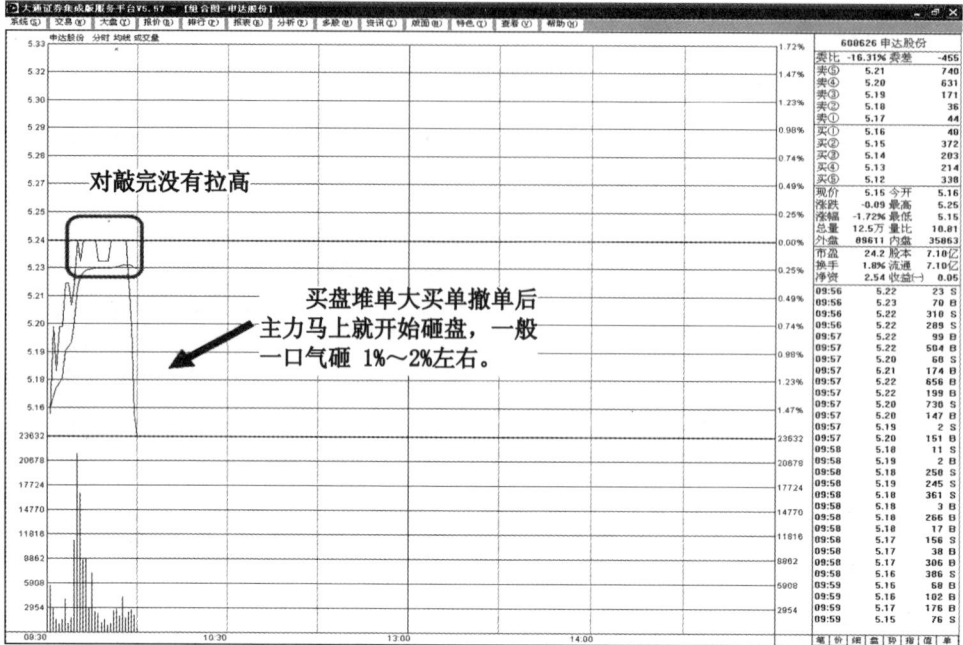

对敲完没有拉高

买盘堆单大买单撤单后
主力马上就开始砸盘，一般
一口气砸 1%～2% 左右。

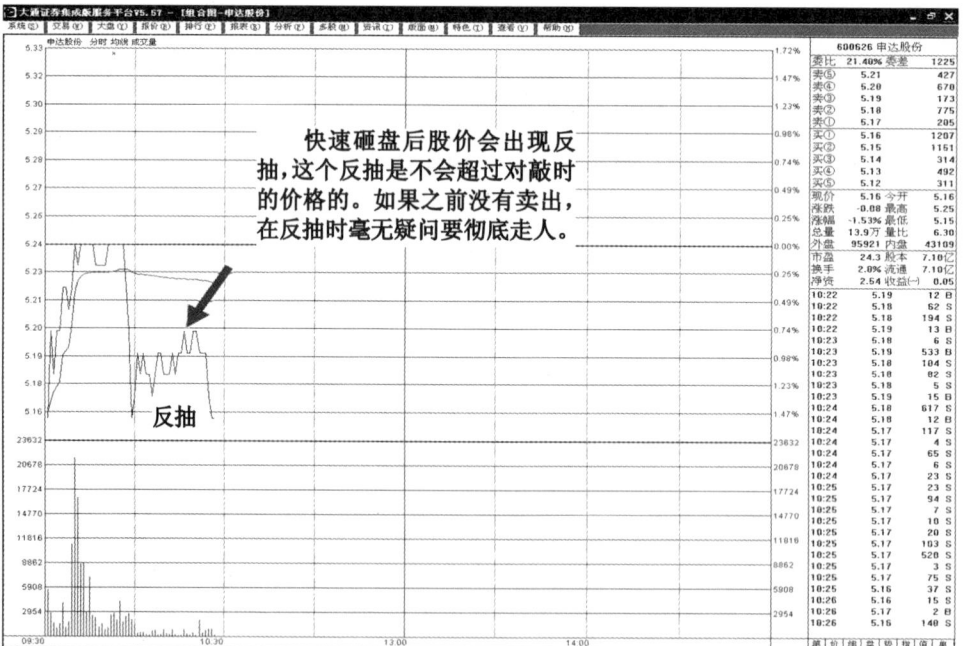

快速砸盘后股价会出现反
抽，这个反抽是不会超过对敲时
的价格的。如果之前没有卖出，
在反抽时毫无疑问要彻底走人。

反抽

主力借势减仓操盘细节

在证券市场中，无论是西方过百年的历史，还是国内诞生至今才20多年的股市，坐庄行为从来就没有停止过。庞大的资金控制一只股票大量流通盘，集中优势资金就能操纵影响股价，拥有话言权，目标股票升跌方向、股价升跌幅度、什么时间拉升、什么时间出货，机构则可以做到自行规划和预知！在拥有同等庞大资金实力的条件下，实施有计划的坐庄操纵，与其买入股票被动的等候上涨比较，坐庄行为很大程度上主力可以自己决定自己命运，有把握预测预期收益！持股待涨的被动投资行为则属看天吃饭，永远是被动的！这是掌握大资金者冒险实施坐庄的核心动力！

鼎立股份（600614）是两市已不多见的控盘庄股。该股原名胶带股份，后更名三九发展，2007年上海鼎立科技发展（集团）通过特定发行股份购买其资产进行重组，主营业务变更为房地产开发。该股也就是在2007年重组时有主力进入坐庄，有资金，掌握题材，熟知公司大大小小一切，这使鼎立股份老庄一直在里面运作多年至今。该股大小行情年年有，主力在其中频繁进行差价操作，利润有多少局外人无从得知。

2010年12月在两市明显见顶下行后，鼎立股份逆市上升走出一波升幅达60%的中级行情。在大盘跳水之时鼎立股份股价也表现出独立抗跌的特征，2011年1月19日两市出现强劲反弹时该股主力则借势大肆出货。下面笔者通过鼎立股份当时异常的盘口交易细节和公开交易数据深入剖析鼎立股份老庄操盘的部分细节。

上证指数
2010 年 9 月至 2011 年 1 月

鼎立股份股价在 2010 年 12 月中旬启动,此时大盘在见顶下跌中途,该股出现逆市拉升。

大盘下跌,鼎立股份股价逆市抗跌。

比较上证指数 2010 年 9—11 月的表现,鼎立股份在此段时期内毫无表现。

升

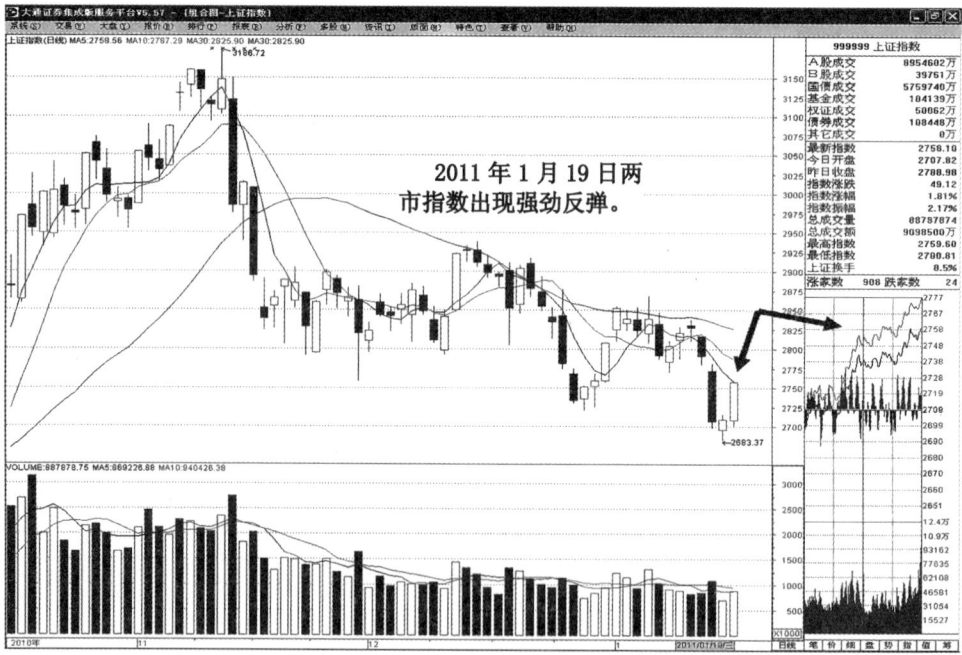

2011 年 1 月 19 日两市指数出现强劲反弹。

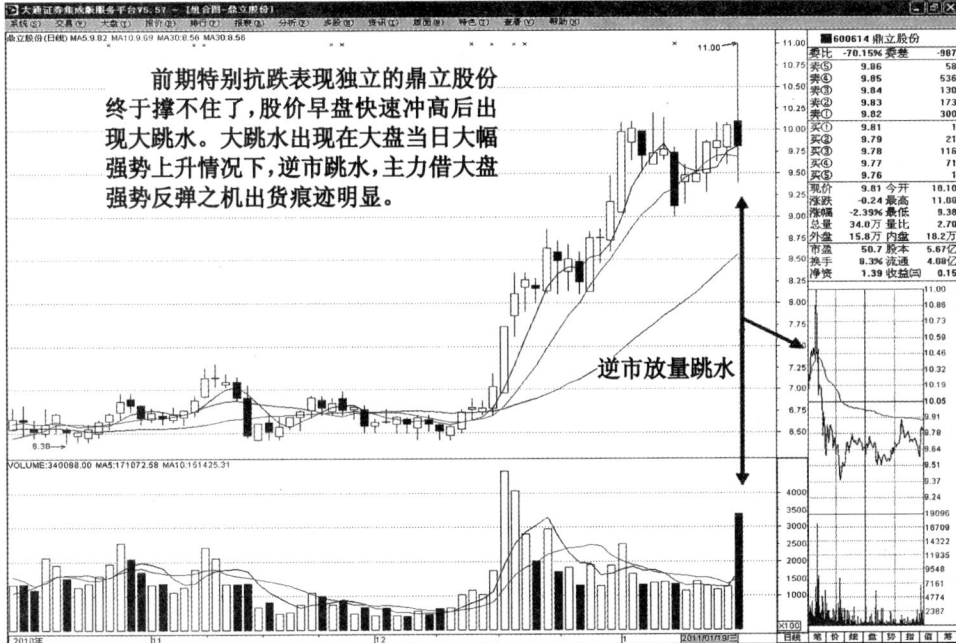

前期特别抗跌表现独立的鼎立股份
终于撑不住了,股价早盘快速冲高后出
现大跳水。大跳水出现在大盘当日大幅
强势上升情况下,逆市跳水,主力借大盘
强势反弹之机出货痕迹明显。

逆市放量跳水

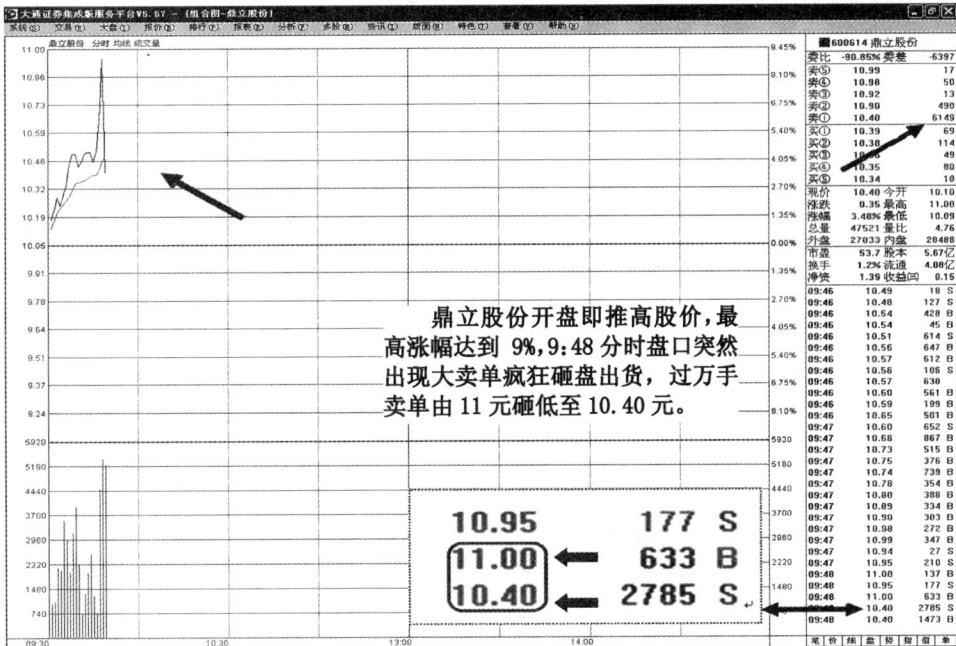

鼎立股份开盘即推高股价,最
高涨幅达到 9%,9:48 分时盘口突然
出现大卖单疯狂砸盘出货,过万手
卖单由 11 元砸低至 10.40 元。

10.95	177	S
11.00	633	B
10.40	2785	S

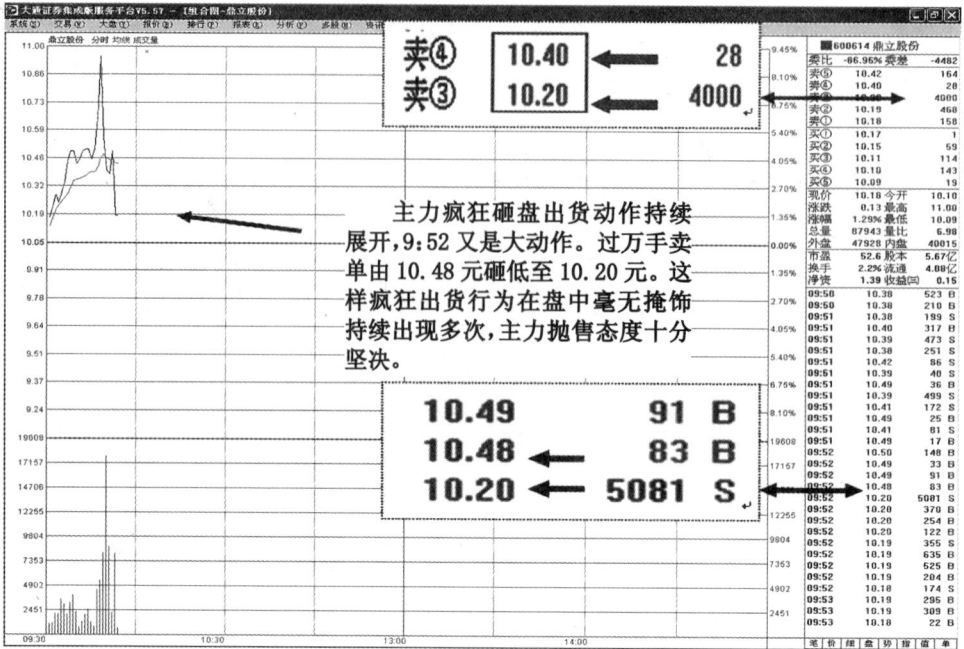

主力疯狂砸盘出货动作持续展开,9:52又是大动作。过万手卖单由10.48元砸低至10.20元。这样疯狂出货行为在盘中毫无掩饰持续出现多次,主力抛售态度十分坚决。

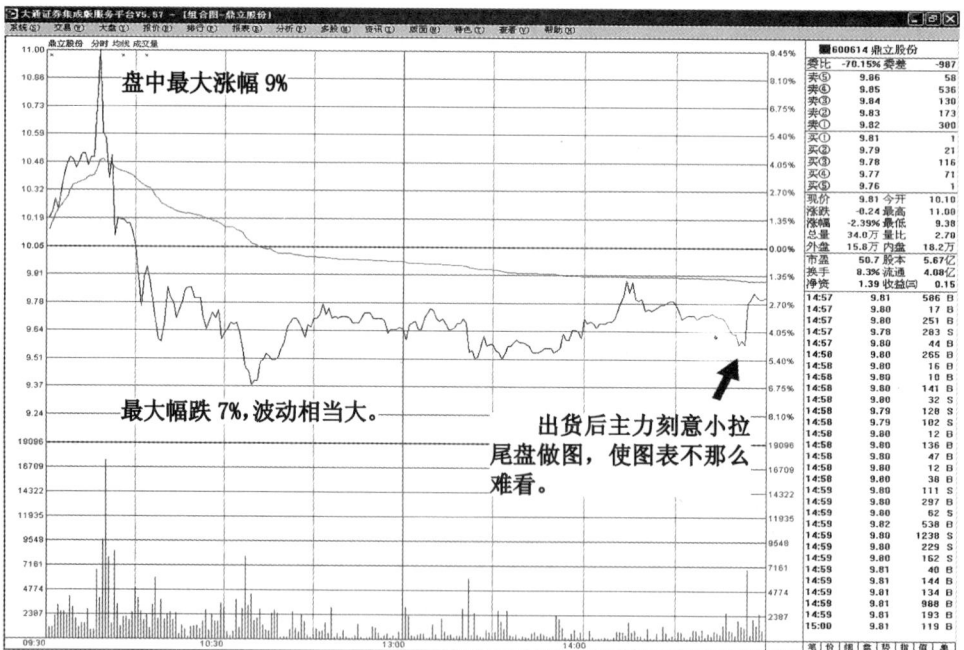

盘中最大涨幅9%

最大幅跌7%,波动相当大。

出货后主力刻意小拉尾盘做图,使图表不那么难看。

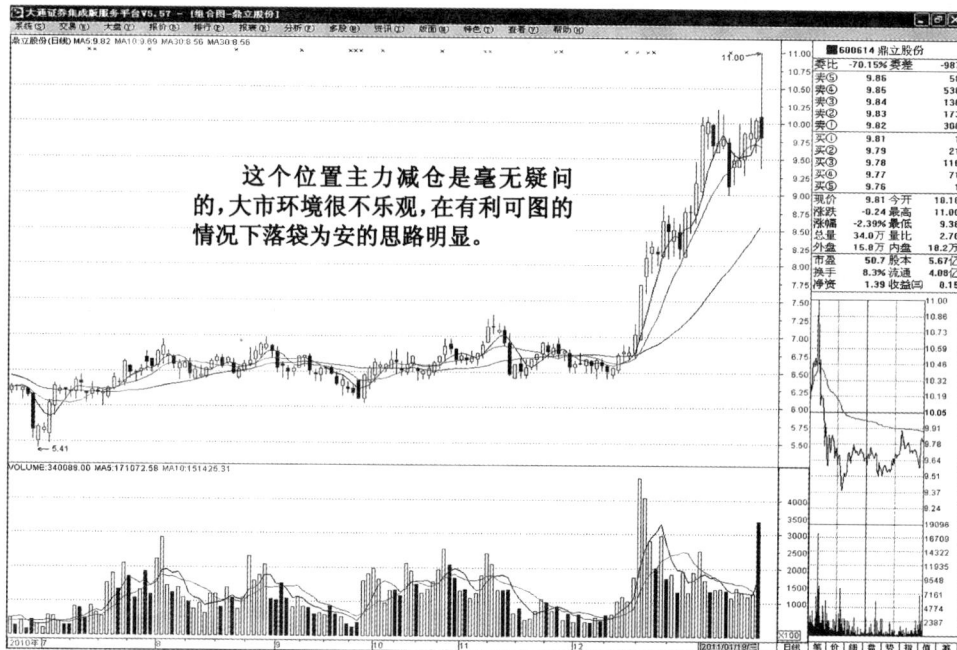

上海证券市场2011年1月19日交易公开信息

证券代码	证券简称	振幅%	成交量	成交金额(万元)
600614	鼎立股份	17.27	34008862	33621.25

买入营业部名称	累计买入金额(元)
(1)国泰君安证券股份有限公司上海打浦路证券营业部	32589374.94
(2)浙商证券有限责任公司东阳新南路证券营业部	14121034.30
(3)安信证券股份有限公司广州中山六路证券营业部	5579335.98
(4)中国国际金融有限公司北京建国门外大街证券营业部	5537953.58
(5)民生证券有限责任公司广州寺右一马路证券营业部	5157857.00

卖出营业部名称	累计卖出金额(元)
(1)国泰君安证券股份有限公司上海打浦路证券营业部	35491192.45
(2)中信证券股份有限公司上海浦东大道证券营业部	11534133.16
(3)东方证券股份有限公司上海浦东南路证券营业部	11164197.40
(4)中信金通证券有限责任公司温州车站大道营业部	10021326.75
(5)上海证券有限责任公司乐清乐成镇乐怡路证券营业部	9013434.66

分析鼎立股份1月19日的公开交易数据。

买入营业部和卖出营业部同为国泰君安上海打浦路证券营业部，累计买入3258万元，累计卖出3549万元，这明显是主力操盘在同一证券营业部进行的对敲交易行为。对敲交易体现在盘中大幅砸盘卖出，砸盘卖单没有成交部分主力利用自己管理的账户买入消化掉。当日累计买入3258万元，总成交金额中也包括了主力拉高股价和盘中护盘的买入。

再细看卖出营业部，前三名都是上海本地券商，这是主力筹码分仓多个不同券商营业部实例。当日卖出营业部前三名估计同属该庄当日出货，共计卖出3549+1153+1164=5866万元。

当日该主力拉高、护盘、对敲一共累计买入3258万（当然也不排除在其他券商营业部有买入）。拉高、护盘属于真正的买入，而对敲则是该主力利用旗下同一批账户或两批不同账户的相互之间的买卖，也就是左手倒右手的交易，不是真正的买入。所以在这3258万元买入成交金额中，真正属买入的成交金额大概在2000万元左右。

当日，共5866万元卖出－2000万元买入=共计出货3856万元。

主力操盘，在减仓出货交易时常见有买有卖操作行为，原因很简单，要拉高股价或护盘就要用真金白银去消化卖盘才能拉起。在有买有卖的操盘中，操盘手算的是当天买卖各自的总数，只要卖出总量大于买入总量这就是出货，上面鼎立股份的交易就是实例！

下午开盘瞬间拔高做盘技巧

作为主力操盘手，其掌握的专业知识技能必然比一般投资者更丰富，他们掌握着大量一般投资者难以理解的做盘技巧。想要知道市场上机构操盘手的各种各样操盘手法，就要先从操盘手的操作思路入手，了解主力每一种操作技巧的成因与基本原理，才能真正明白机构操盘手的操作含义。

实盘中经常可以看到一些股票下午开盘，短短几分钟时间内出现大买单快速往上扫高拉抬股价的现象。一般情况下个股出现这种走势绝大部分是机构刻意有计划的操纵行为。操纵目的有以下三种：

（1）单纯的快速拉高股价。

(2)快速拉高股价后派发出货。

(3)快速拉高大量抢筹。

(4)中午公布利好消息市场资金抢进导致的。

机构操盘手思路其实很简单，下午开盘就拉高，利用此时看盘者少或大部分还未进入交易状态，此时拉高能有效避免更多的抛盘，动用更少的资金就能拉高到想要的幅度。下午开盘快速拉升目标股票在行情软件涨速榜上出现，能引来更多关注目光吸引更多跟风盘跟进入场接货。

小部分主力利用下午开盘就快速拉高进行吸筹，股价在快速拔高后成交量开始明显放大，成交活跃便于收集筹码。部分短线主力往往利用下午开盘快速拉高收筹，接近90°角方式拔高，直到目标股票涨停。这是一种比较极端的吸筹与拉升相结合的操作。

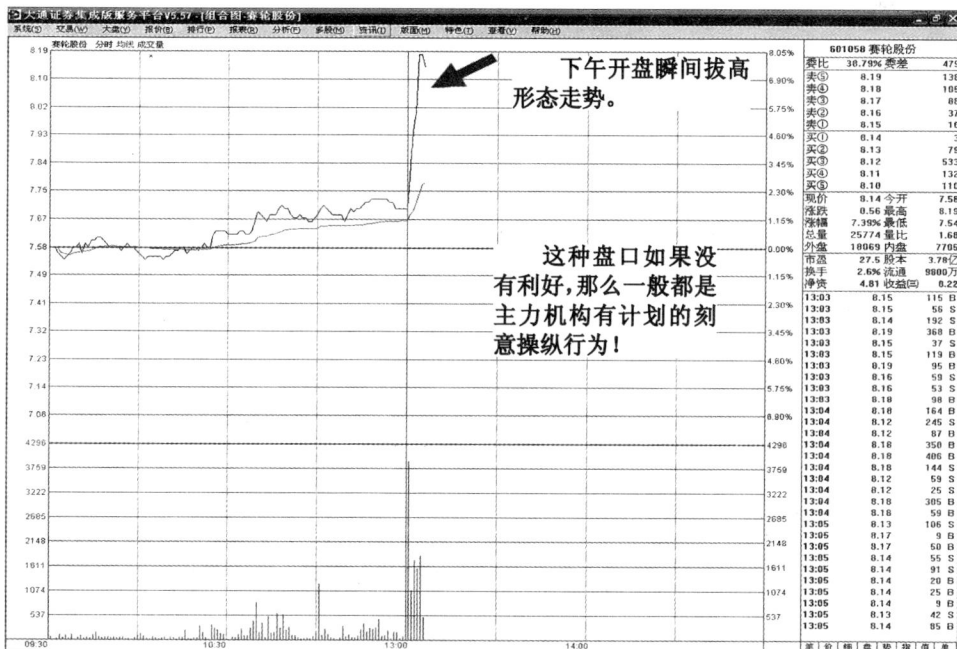

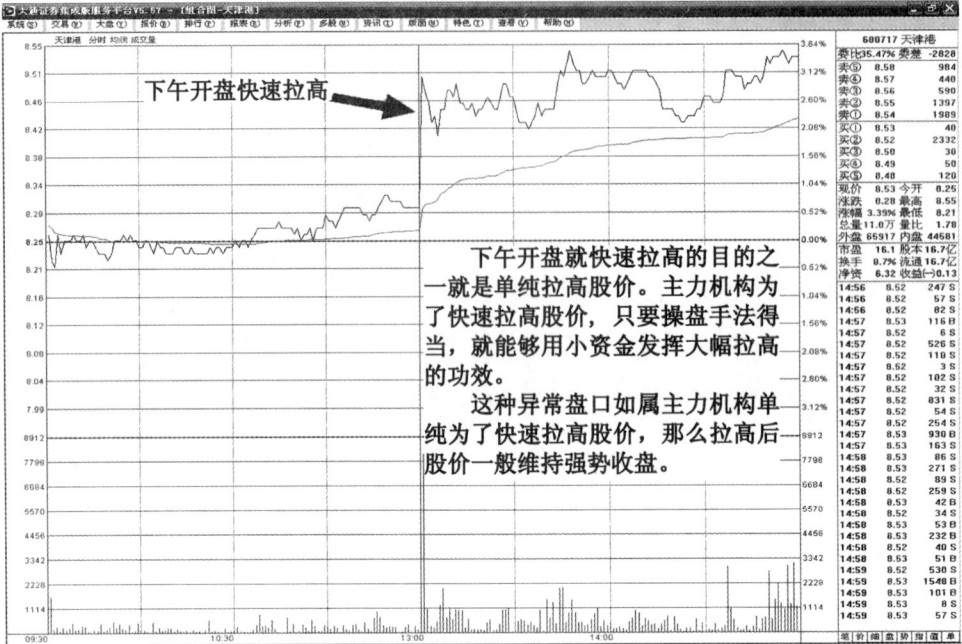

下午开盘快速拉高

下午开盘就快速拉高的目的之一就是单纯拉高股价。主力机构为了快速拉高股价，只要操盘手法得当，就能够用小资金发挥大幅拉高的功效。

这种异常盘口如属主力机构单纯为了快速拉高股价，那么拉高后股价一般维持强势收盘。

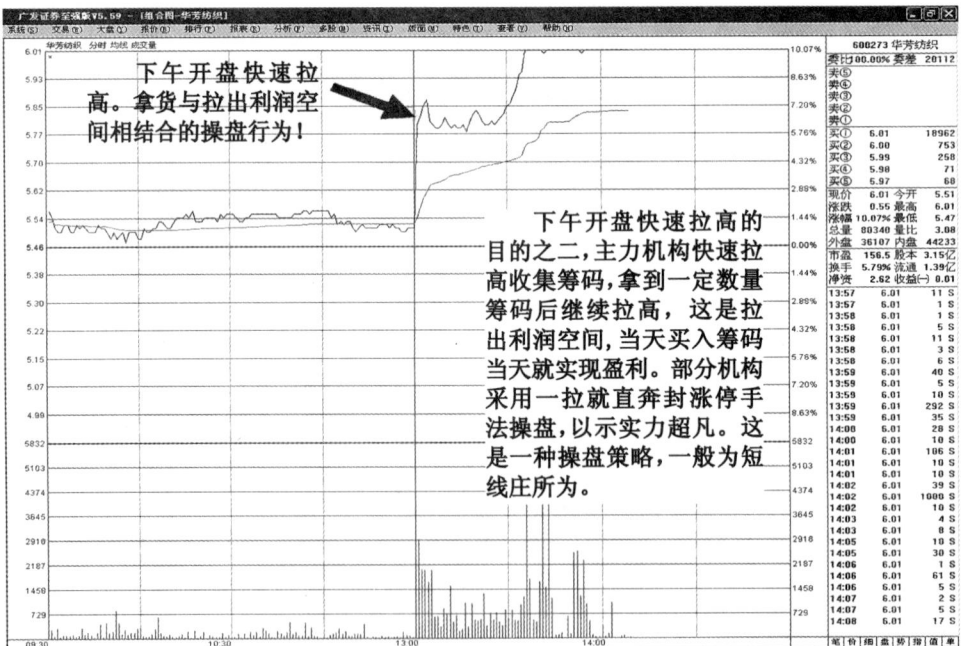

下午开盘快速拉高。拿货与拉出利润空间相结合的操盘行为！

下午开盘快速拉高的目的之二，主力机构快速拉高收集筹码，拿到一定数量筹码后继续拉高，这是拉出利润空间，当天买入筹码当天就实现盈利。部分机构采用一拉就直奔封涨停手法操盘，以示实力超凡。这是一种操盘策略，一般为短线庄所为。

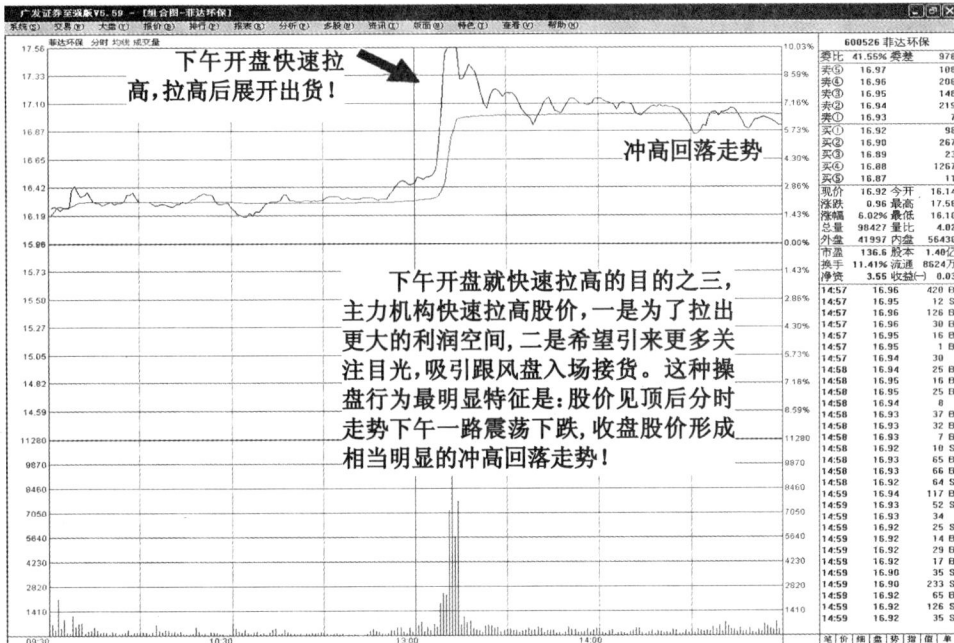

下午开盘快速拉
高,拉高后展开出货!

冲高回落走势

下午开盘就快速拉高的目的之三,
主力机构快速拉高股价,一是为了拉出
更大的利润空间,二是希望引来更多关
注目光,吸引跟风盘入场接货。这种操
盘行为最明显特征是:股价见顶后分时
走势下午一路震荡下跌,收盘股价形成
相当明显的冲高回落走势!

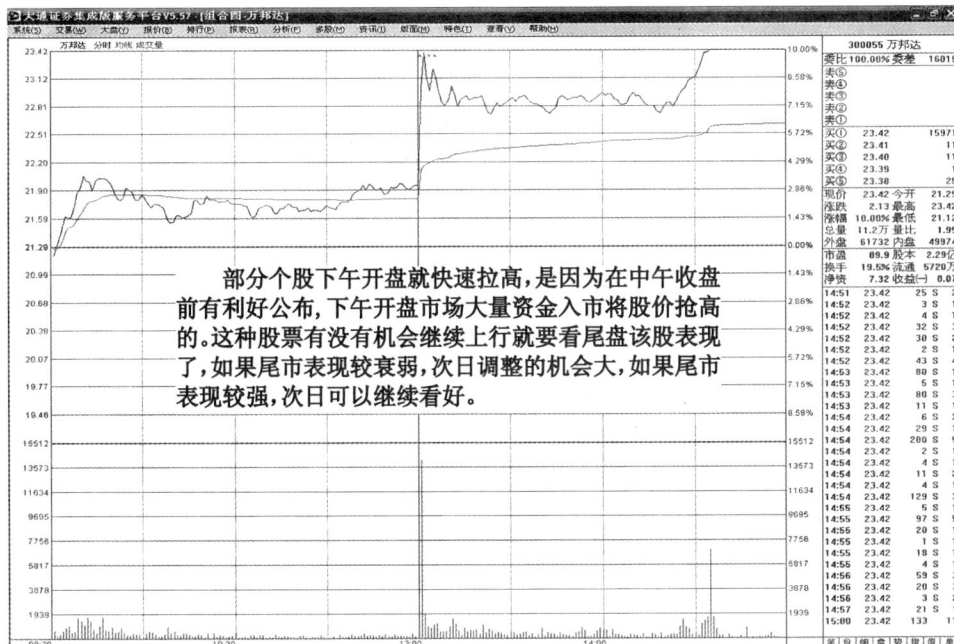

部分个股下午开盘就快速拉高,是因为在中午收盘
前有利好公布,下午开盘市场大量资金入市将股价抢高
的。这种股票有没有机会继续上行就要看尾盘该股表现
了,如果尾市表现较衰弱,次日调整的机会大,如果尾市
表现较强,次日可以继续看好。

尾盘打压吸引跟风盘出货手法

尾盘打压分多种情况，14:30后砸低是一种，最后10分钟左右连续砸盘是一种，最后临收盘几分钟出现几张大卖单往下砸低股价也是一种，较常见的还有临收盘最后1分钟出现一张或者多张大卖单往下大幅砸低股价。尾盘打压股价行为个股主力操纵意图相当复杂。

分析这种特殊操纵行为，首先要确定该股出现尾盘刻意打压股价是谁干的，确定打压行为主体是谁。个股被众多机构持有，持股数量从几千手到几十万手不等。基金、私募机构、超级大户都有足够的筹码和实力在尾盘砸低股价，能实现尾盘大幅打压股价的主体非常多。

要确定砸盘行为主体是谁并不容易，砸盘行为的目的是什么，是个较难解答的问题。机构砸盘目的大体有几种，如大资金恐慌出逃、机构大户急需用钱出货兑现、主力机构刻意破坏图表欺骗投资者、个人或操盘手发泄不满情绪砸盘、主力刻意做盘吸引投资者跟进出货等。

分析个股尾盘刻意打压股价行为，投资者可以从以下步骤入手：

(1)看砸盘卖单的数量大小，计算市值大小。一般市值越大越能说明砸盘是大机构所为，砸盘是有目的的，没有无缘无故去砸盘的！

(2)看目标股票F10资料，了解最近一时期什么类别机构持有该股数量较多。分析砸尾盘是基金，还是一般机构，还是潜伏在里面的私募所为。

(3)看目标股票现所在价格位置高低去分析判断，这个很关键。一般情况下砸尾盘在高位出现就有可能是出货，在低位出现则有可能是利益输送行为。

另外，结合当日大盘尾盘的表现去分析。如果大盘当日尾盘出现明显下跌，个股出现砸盘很可能是恐慌盘在出逃。如果大盘尾盘较稳定或强势，个股出现尾盘明显砸盘就可能是出货。

下面以发生在金发科技尾盘打压股价的盘口实例，为大家深入浅出的剖析这一情况！

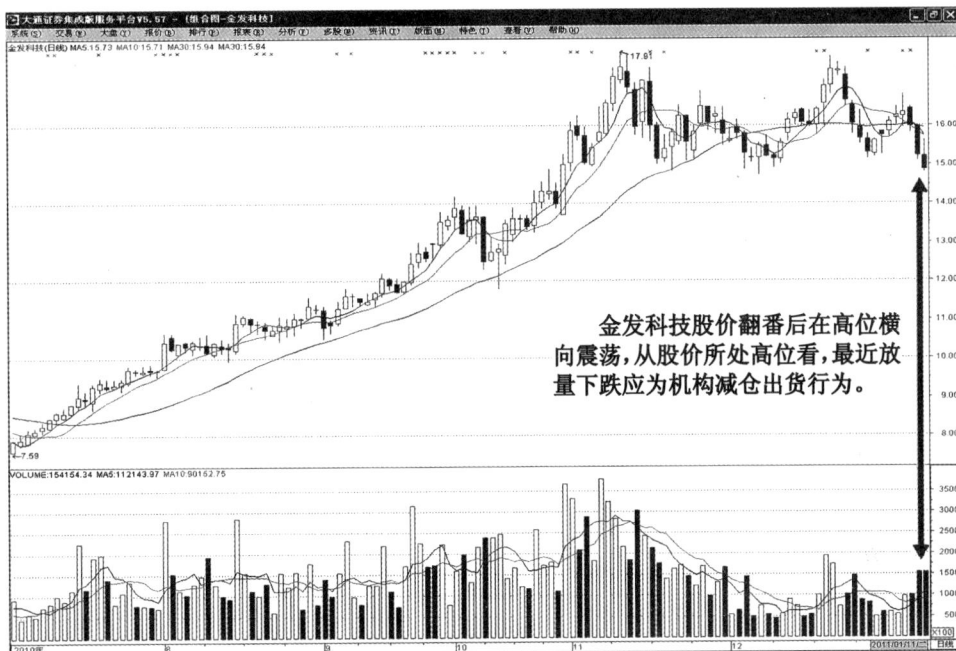

金发科技股价翻番后在高位横向震荡,从股价所处高位看,最近放量下跌应为机构减仓出货行为。

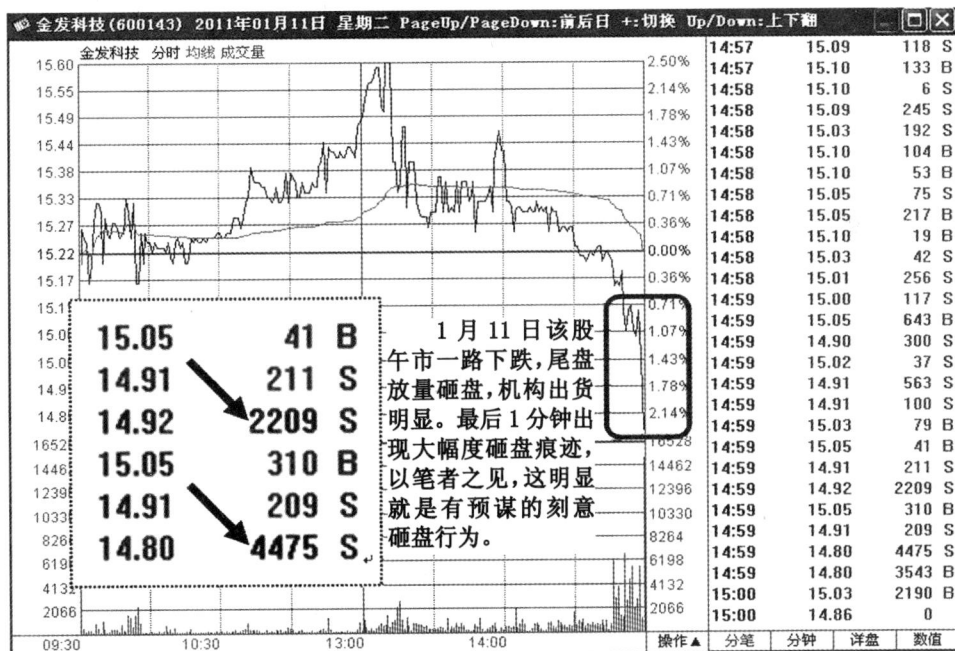

15.05	41	B
14.91	211	S
14.92	2209	S
15.05	310	B
14.91	209	S
14.80	4475	S

1月11日该股午市一路下跌,尾盘放量砸盘,机构出货明显。最后1分钟出现大幅度砸盘痕迹,以笔者之见,这明显就是有预谋的刻意砸盘行为。

14:57	15.09	118	S
14:57	15.10	133	B
14:58	15.10	6	S
14:58	15.09	245	S
14:58	15.03	192	S
14:58	15.10	104	B
14:58	15.10	53	B
14:58	15.05	75	S
14:58	15.05	217	B
14:58	15.10	19	B
14:58	15.03	42	S
14:59	15.01	256	S
14:59	15.00	117	S
14:59	15.05	643	B
14:59	14.90	300	S
14:59	15.02	37	S
14:59	14.91	563	S
14:59	14.91	100	S
14:59	15.03	79	B
14:59	15.05	41	B
14:59	14.91	211	S
14:59	14.92	2209	S
14:59	15.05	310	B
14:59	14.91	209	S
14:59	14.80	4475	S
14:59	14.80	3543	B
15:00	15.03	2190	B
15:00	14.86	0	

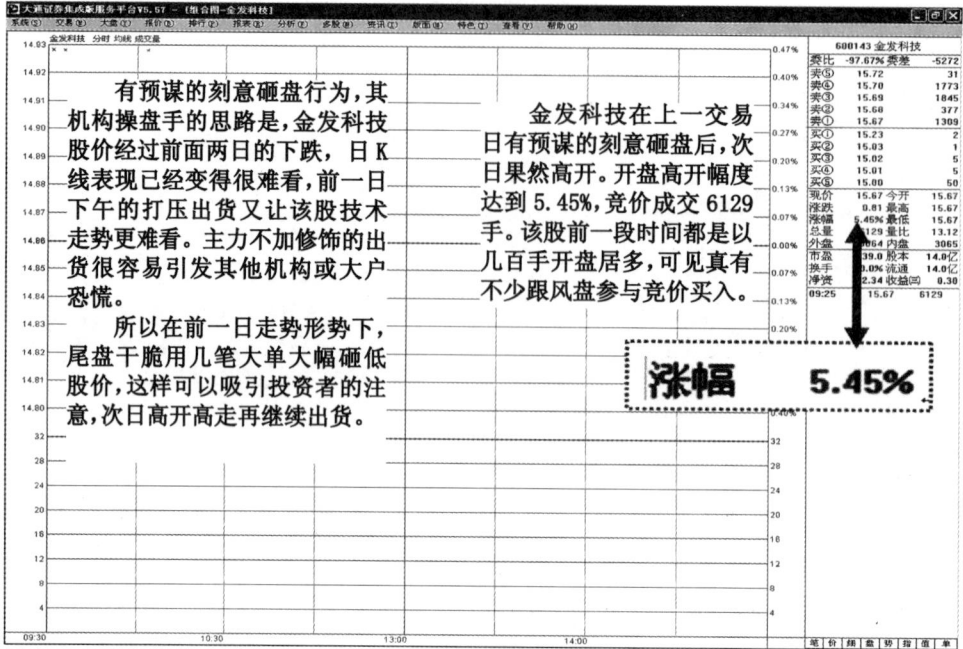

有预谋的刻意砸盘行为，其机构操盘手的思路是，金发科技股价经过前面两日的下跌，日K线表现已经变得很难看，前一日下午的打压出货又让该股技术走势更难看。主力不加修饰的出货很容易引发其他机构或大户恐慌。

所以在前一日走势形势下，尾盘干脆用几笔大单大幅砸低股价，这样可以吸引投资者的注意，次日高开高走再继续出货。

金发科技在上一交易日有预谋的刻意砸盘后，次日果然高开。开盘高开幅度达到5.45%，竞价成交6129手。该股前一段时间都是以几百手开盘居多，可见真有不少跟风盘参与竞价买入。

涨幅 5.45%

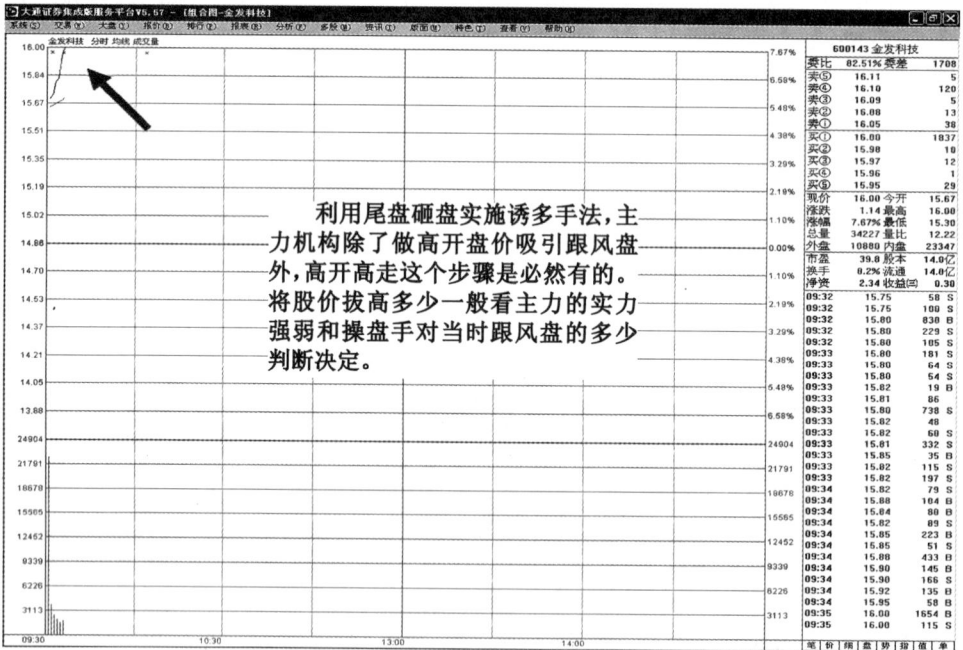

利用尾盘砸盘实施诱多手法，主力机构除了做高开盘价吸引跟风盘外，高开高走这个步骤是必然有的。将股价拔高多少一般看主力的实力强弱和操盘手对当时跟风盘的多少判断决定。

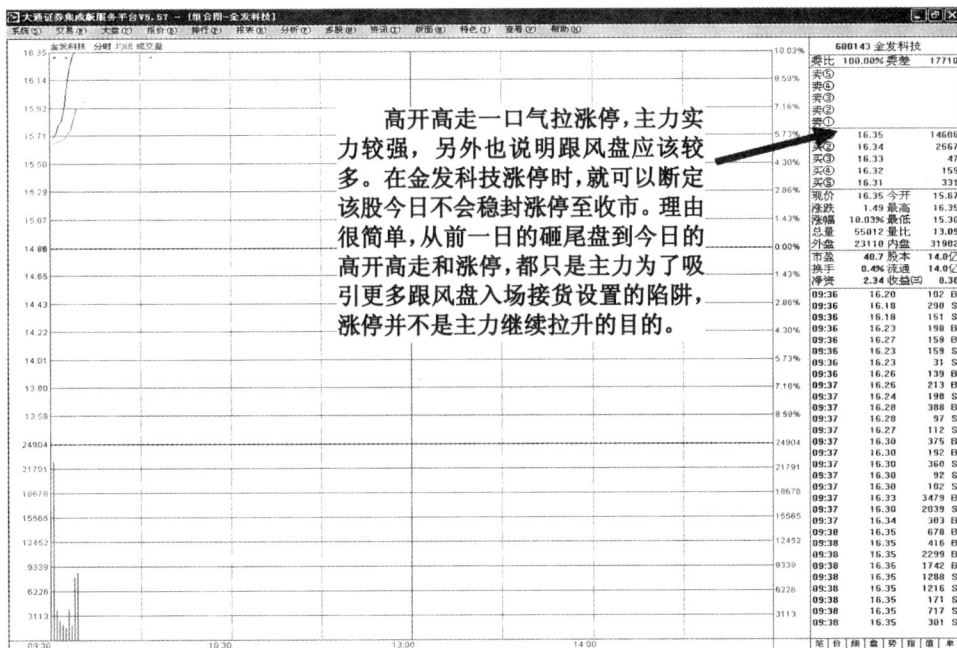

高开高走一口气拉涨停，主力实力较强，另外也说明跟风盘应该较多。在金发科技涨停时，就可以断定该股今日不会稳封涨停至收市。理由很简单，从前一日的砸尾盘到今日的高开高走和涨停，都只是主力为了吸引更多跟风盘入场接货设置的陷阱，涨停并不是主力继续拉升的目的。

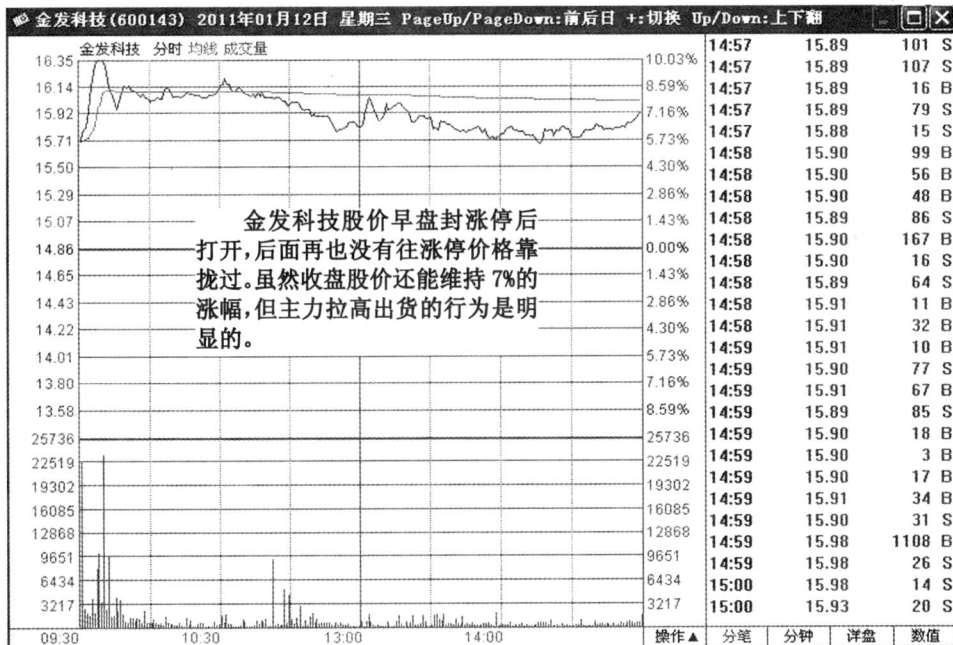

金发科技股价早盘封涨停后打开，后面再也没有往涨停价格靠拢过。虽然收盘股价还能维持7%的涨幅，但主力拉高出货的行为是明显的。

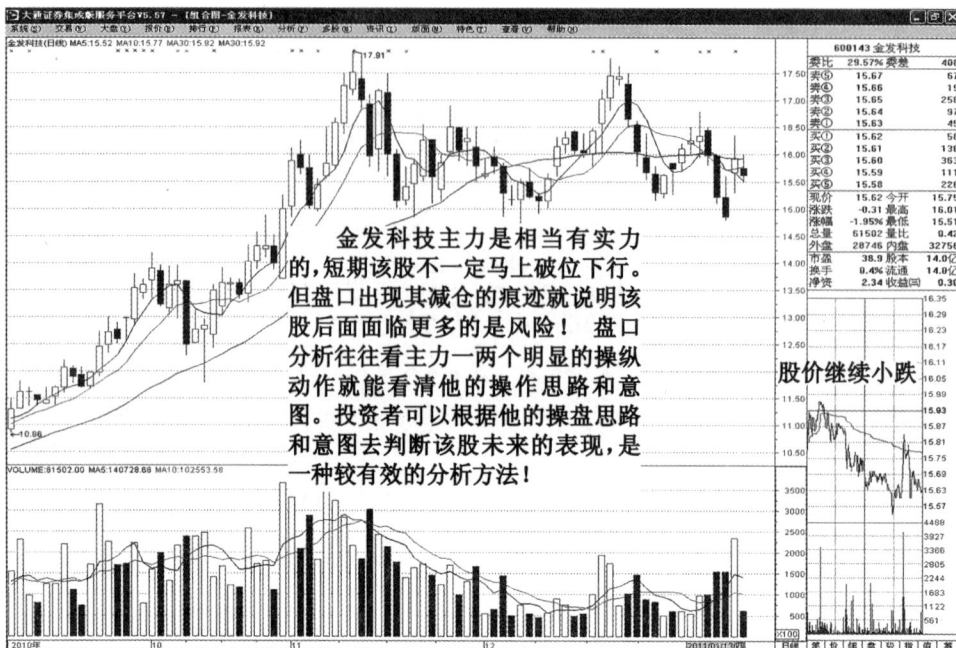

金发科技主力是相当有实力的，短期该股不一定马上破位下行。但盘口出现其减仓的痕迹就说明该股后面面临更多的是风险！ 盘口分析往往看主力一两个明显的操纵动作就能看清他的操作思路和意图。投资者可以根据他的操盘思路和意图去判断该股未来的表现，是一种较有效的分析方法！

股价继续小跌

波段见顶判断方法之尾盘大跳水

主力操盘出其不意是其中招数之一！尾盘跳水砸盘出货是机构操盘的一种出货手法。经常可见个股盘中分时走势表现健康或股价表现强劲，但到了下午14:30左右股价出现盘中急拉创出新高，然后马上掉头下行一路放量大幅杀跌，收盘股价收在全天最低位，尾盘机构出逃痕迹明显。这种尾市先来个创新高，然后马上迅速杀跌是主力做盘制造的一种技术陷阱，目的是引诱更多短线技术派人士跟风入场追高接货。另外一种机构尾盘跳水砸盘出货表现形式是股价盘中下跌后横向震荡波动，盘中看分时走势明显有跌不下去之势，但到接近尾盘突然出现股价明显快速跳水砸盘出货痕迹。

尾盘跳水砸盘出货个股一般都是大资金出逃造成的。个股尾盘每日最后半小时的表现对于该股未来短线表现十分关键。某股票在14:30之前价格走势较强，或股价没有出现什么走坏等异常表现时，持有者到尾盘时就会慢慢放松看盘警惕性，主力机构选择尾盘这个时段快速出货最容易得手。如投资者看到手上持有的股票盘中表现强势，而到尾盘或14:30后出现快速放量下跌就要特别小心了。

尾盘跳水出货个股的形态位置一般出现在两种情况下，一是在价格相对上升的高位出现，二是在股价处于横盘震荡状态时出现。尾盘跳水个股当天成交量越大越说明有问题，属于大主力快速砸盘出货的可能性就越大。下面的图表个案就是机构尾盘跳水出货经典例子。

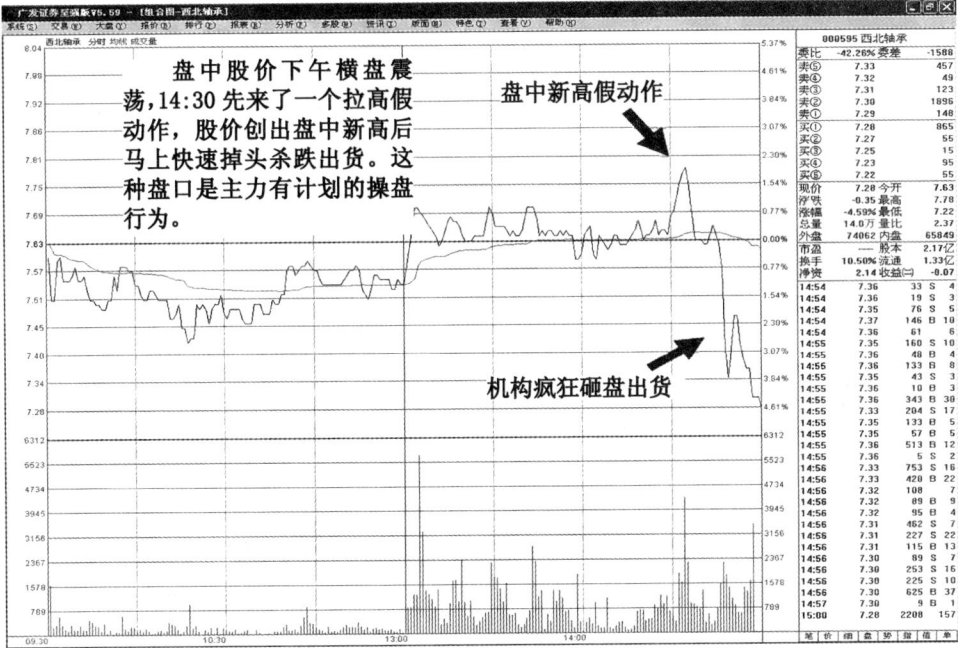

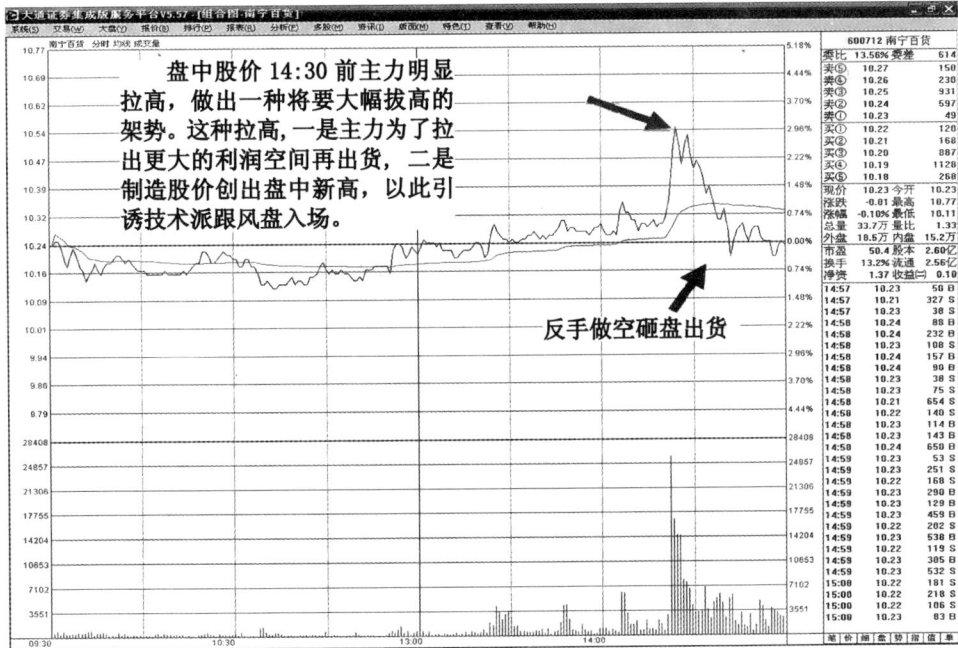

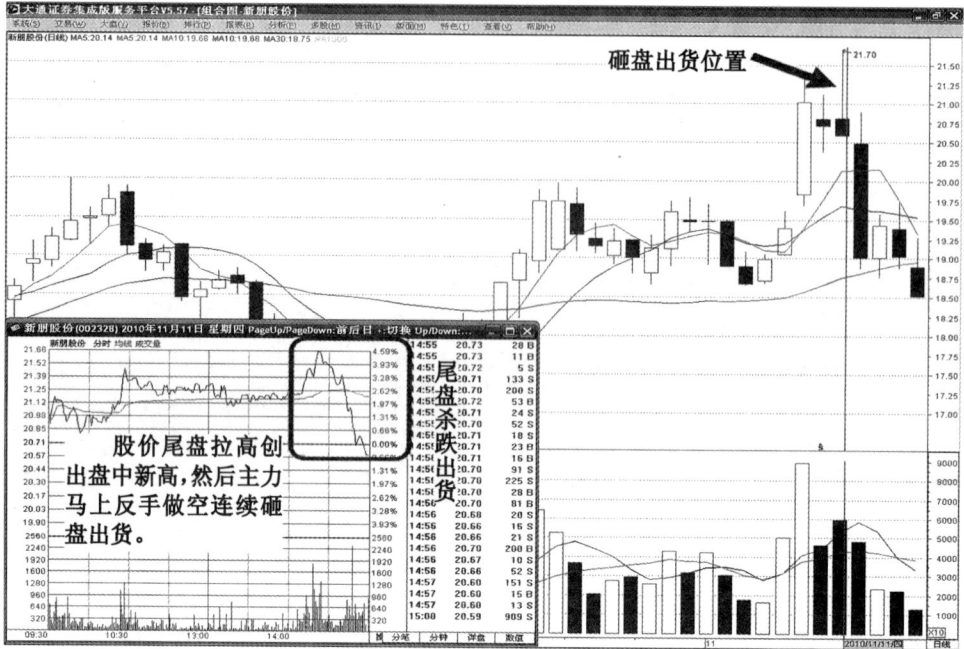

砸盘出货位置

尾盘杀跌出货

股价尾盘拉高创出盘中新高,然后主力马上反手做空连续砸盘出货。

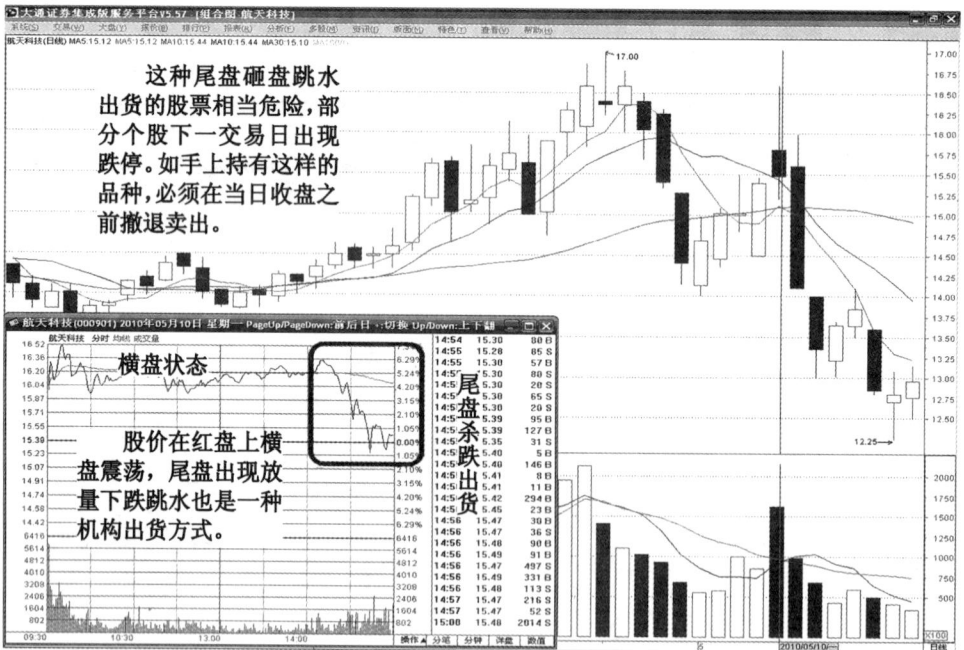

这种尾盘砸盘跳水出货的股票相当危险,部分个股下一交易日出现跌停。如手上持有这样的品种,必须在当日收盘之前撤退卖出。

横盘状态

尾盘杀跌出货

股价在红盘上横盘震荡,尾盘出现放量下跌跳水也是一种机构出货方式。

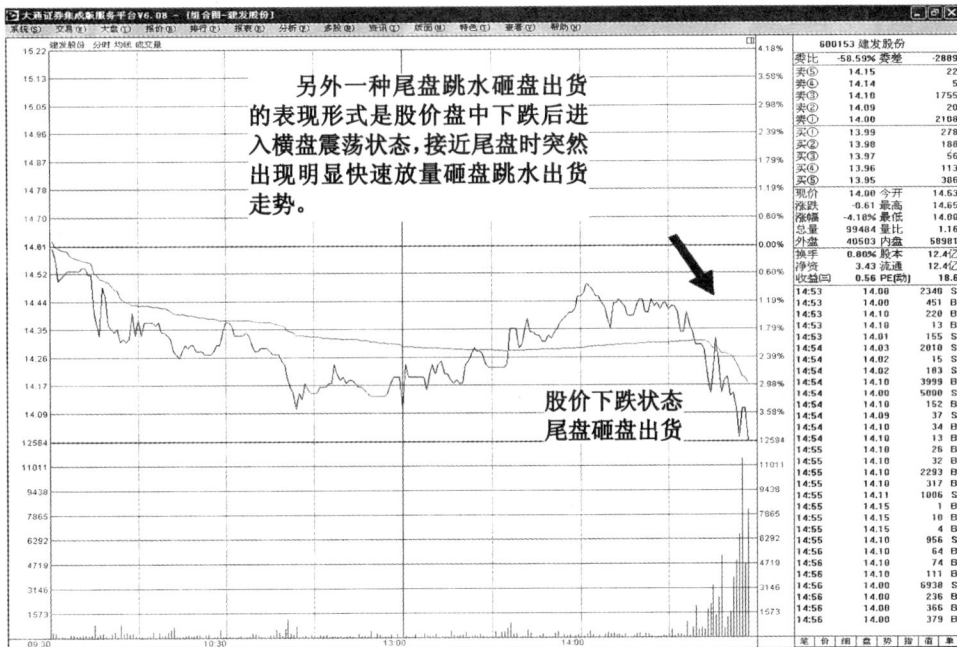

另外一种尾盘跳水砸盘出货的表现形式是股价盘中下跌后进入横盘震荡状态，接近尾盘时突然出现明显快速放量砸盘跳水出货走势。

股价下跌状态
尾盘砸盘出货

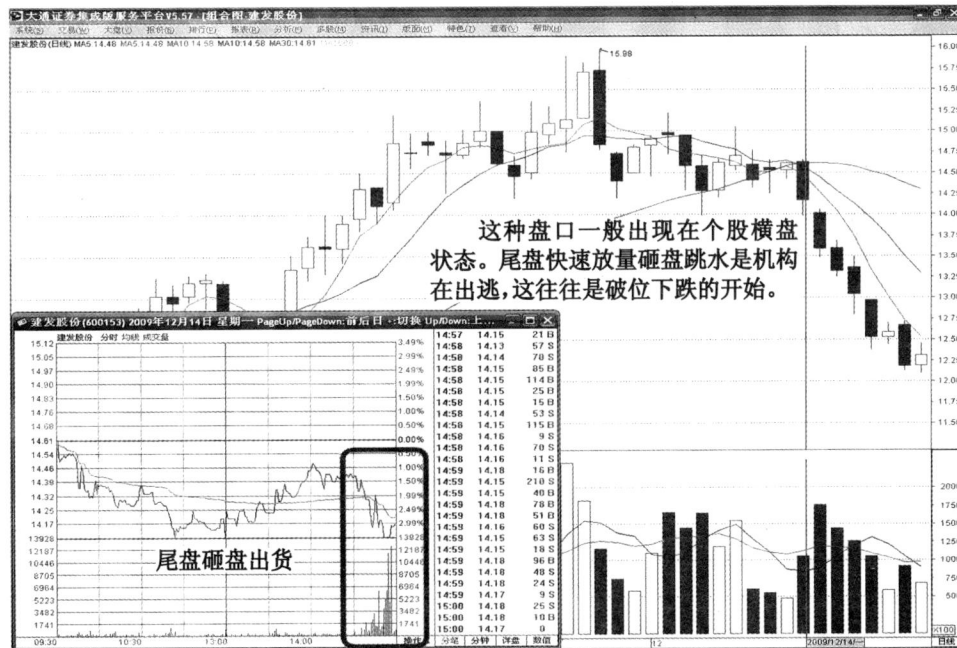

这种盘口一般出现在个股横盘状态。尾盘快速放量砸盘跳水是机构在出逃，这往往是破位下跌的开始。

尾盘砸盘出货

危险盘口盘中各时段的表现

　　日常生活中近年来出现的电话欠费、汽车退税、中奖兑现、法院传票……这些诈骗手段已屡见不鲜。但老方法在不断重复至今仍然有一拨又一拨的人上当受骗。股票市场同样，主力机构做盘方法不怕旧，只要敢于出手就总有投资者中招，无论洗盘还是出货都一样！技术图表中部分经典走势属主力机构一种操盘手段，这种图表出现在个股中代表机会或危险。股票市场上真存在这样的图表走势？当然是存在的！下面就介绍一种代表"危险"信号的盘口图表走势，以提高投资者的风险防范能力。认识这种技术图表意义有二：一是如持有该品种要及时撤退；二是如没有该品种要敬而远之！

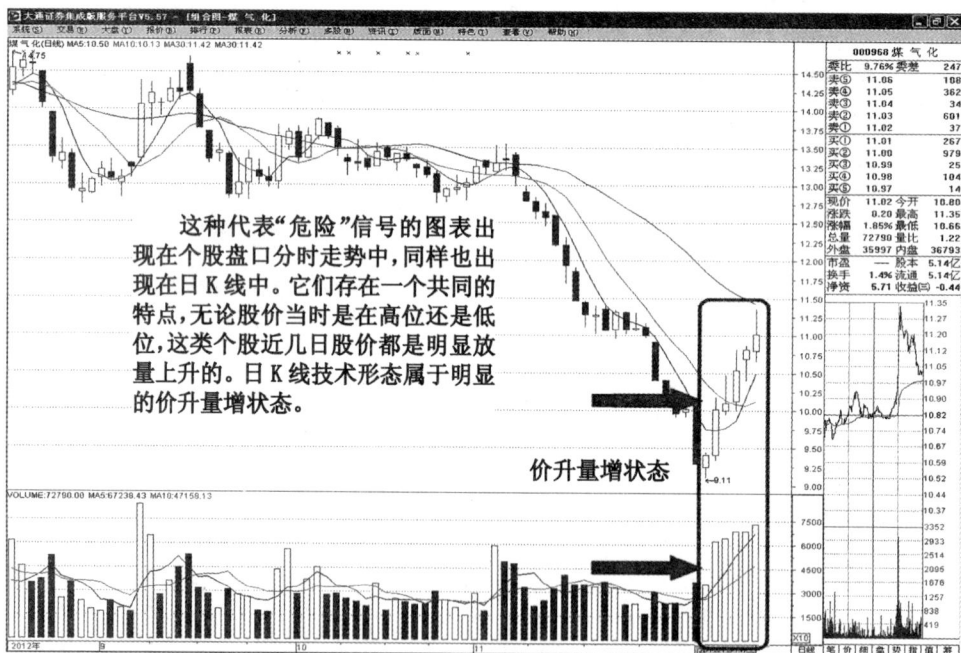

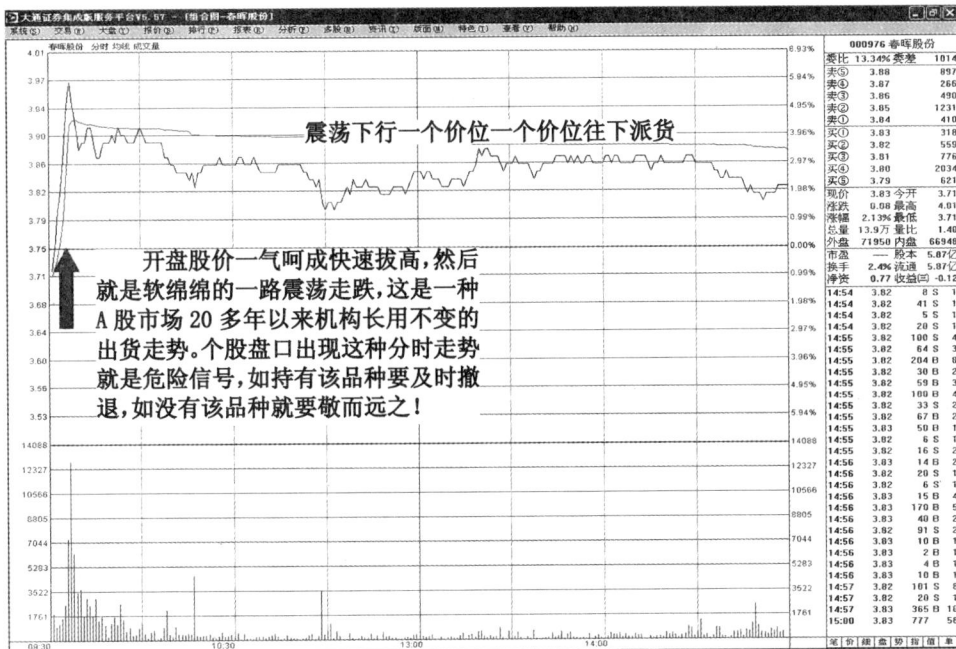

震荡下行一个价位一个价位往下派货

开盘股价一气呵成快速拔高,然后就是软绵绵的一路震荡走跌,这是一种A股市场20多年以来机构长用不变的出货走势。个股盘口出现这种分时走势就是危险信号,如持有该品种要及时撤退,如没有该品种就要敬而远之!

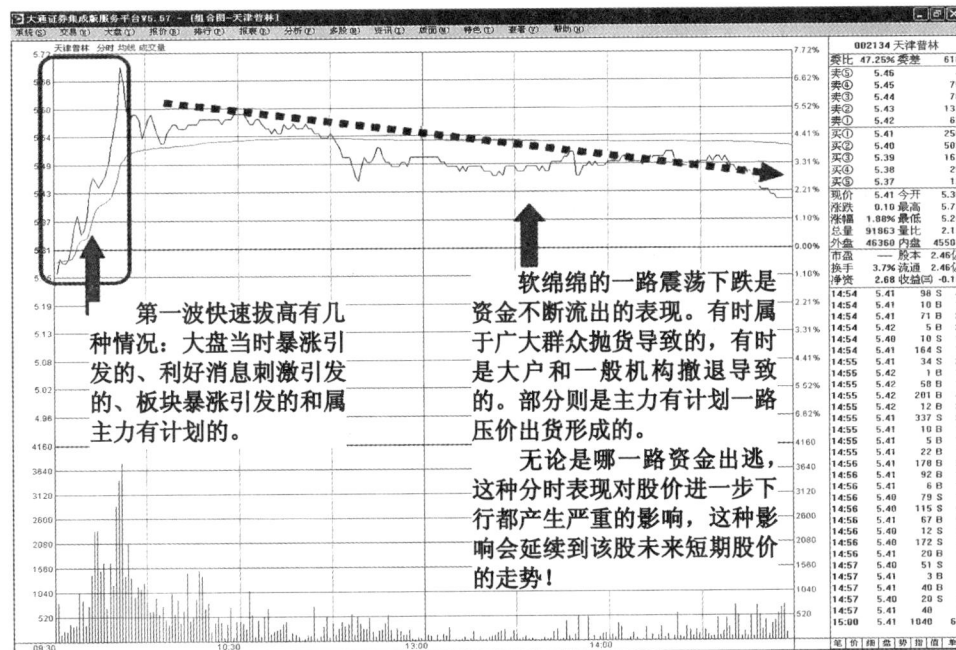

第一波快速拔高有几种情况:大盘当时暴涨引发的、利好消息刺激引发的、板块暴涨引发的和属主力有计划的。

软绵绵的一路震荡下跌是资金不断流出的表现。有时属于广大群众抛货导致的,有时是大户和一般机构撤退导致的。部分则是主力有计划一路压价出货形成的。

无论是哪一路资金出逃,这种分时表现对股价进一步下行都产生严重的影响,这种影响会延续到该股未来短期股价的走势!

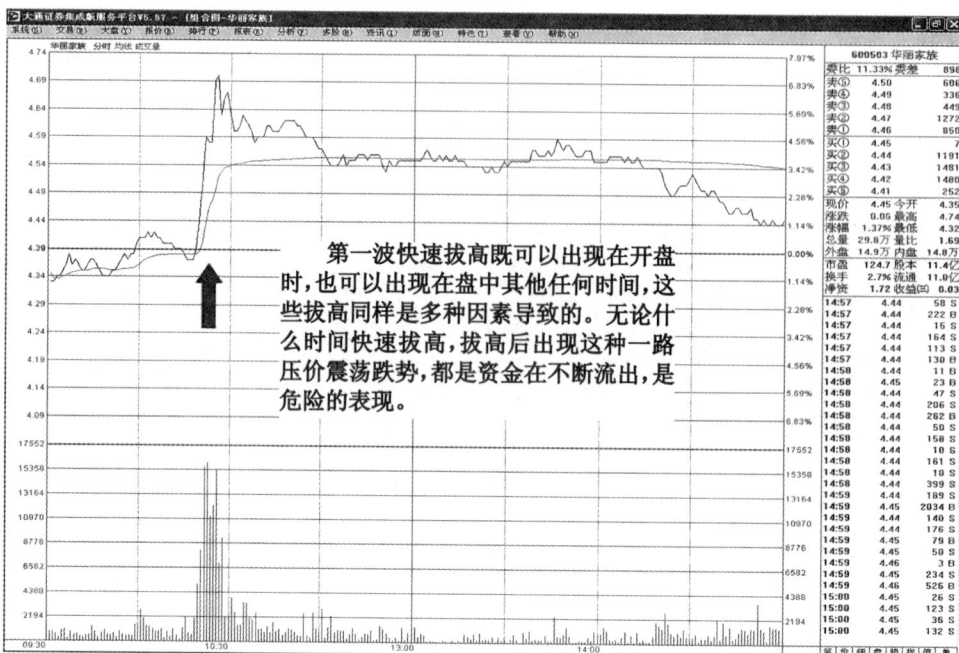

第一波快速拔高既可以出现在开盘时,也可以出现在盘中其他任何时间,这些拔高同样是多种因素导致的。无论什么时间快速拔高,拔高后出现这种一路压价震荡跌势,都是资金在不断流出,是危险的表现。

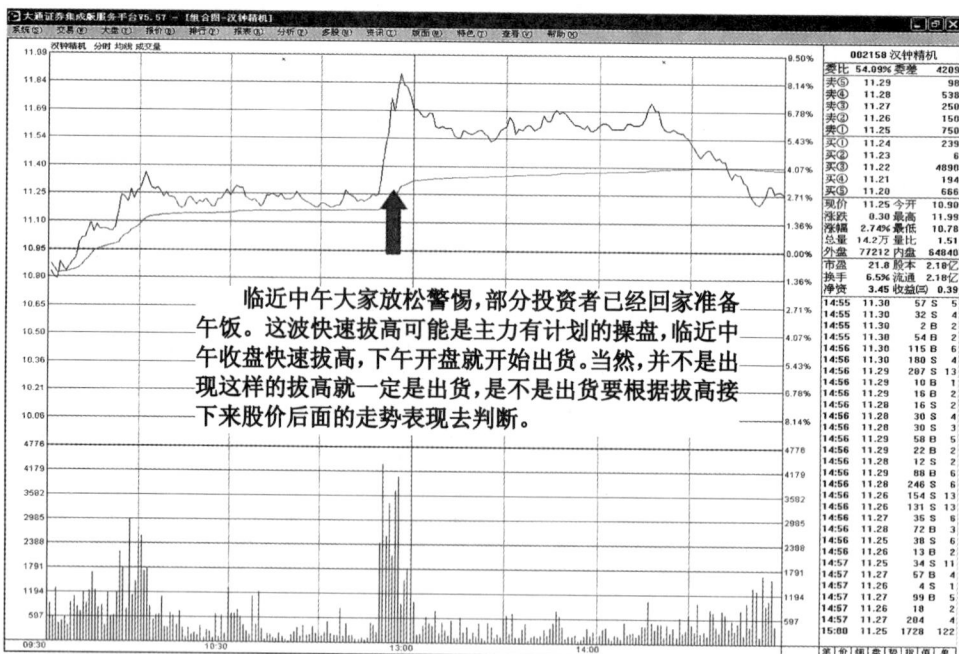

临近中午大家放松警惕,部分投资者已经回家准备午饭。这波快速拔高可能是主力有计划的操盘,临近中午收盘快速拔高,下午开盘就开始出货。当然,并不是出现这样的拔高就一定是出货,是不是出货要根据拔高接下来股价后面的走势表现去判断。

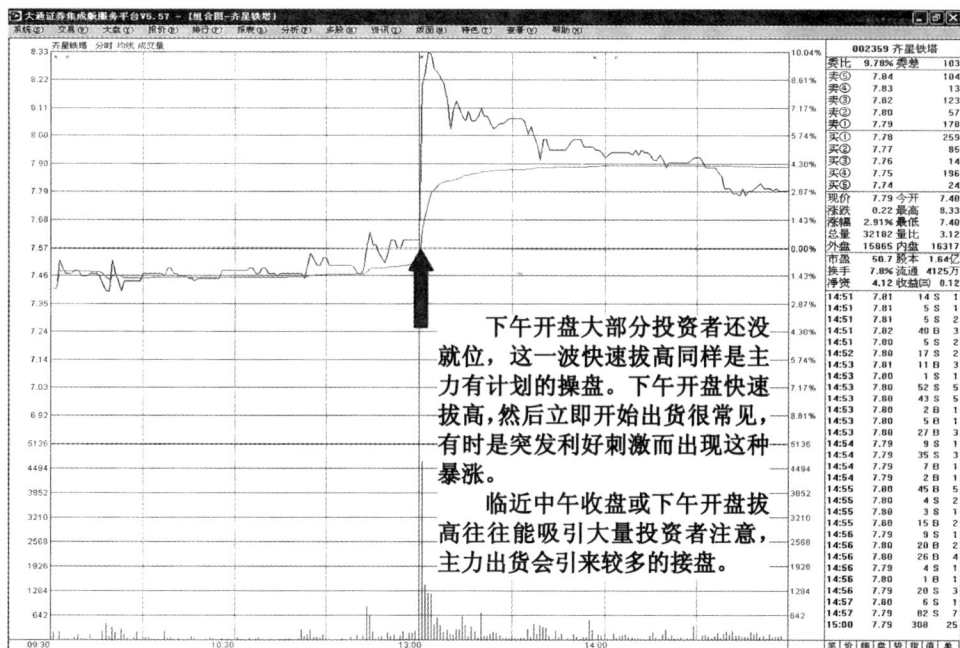

下午开盘大部分投资者还没就位，这一波快速拔高同样是主力有计划的操盘。下午开盘快速拔高，然后立即开始出货很常见，有时是突发利好刺激而出现这种暴涨。

临近中午收盘或下午开盘拔高往往能吸引大量投资者注意，主力出货会引来较多的接盘。

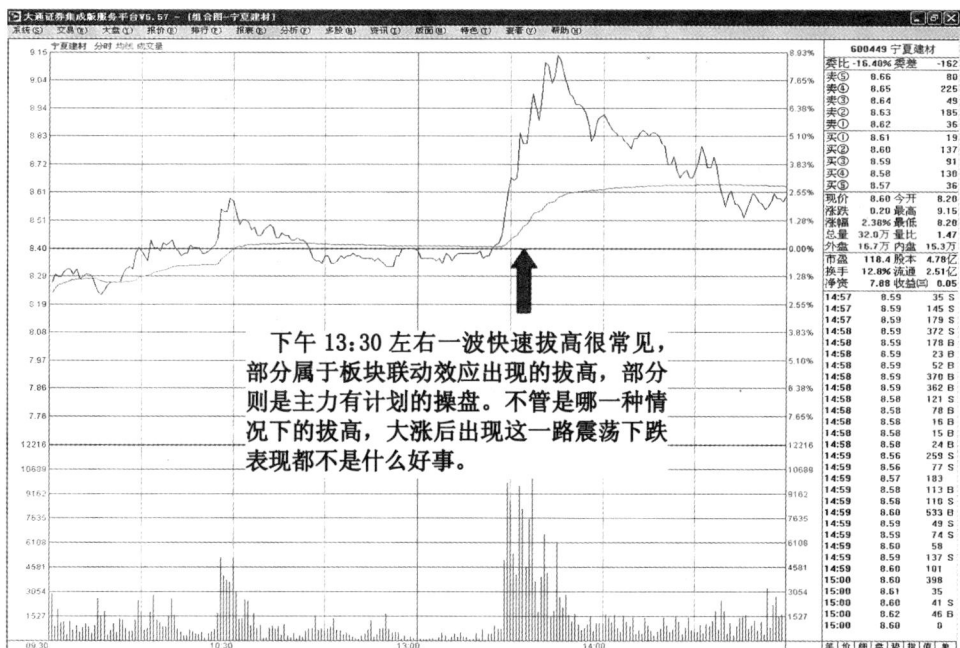

下午13:30左右一波快速拔高很常见，部分属于板块联动效应出现的拔高，部分则是主力有计划的操盘。不管是哪一种情况下的拔高，大涨后出现这一路震荡下跌表现都不是什么好事。

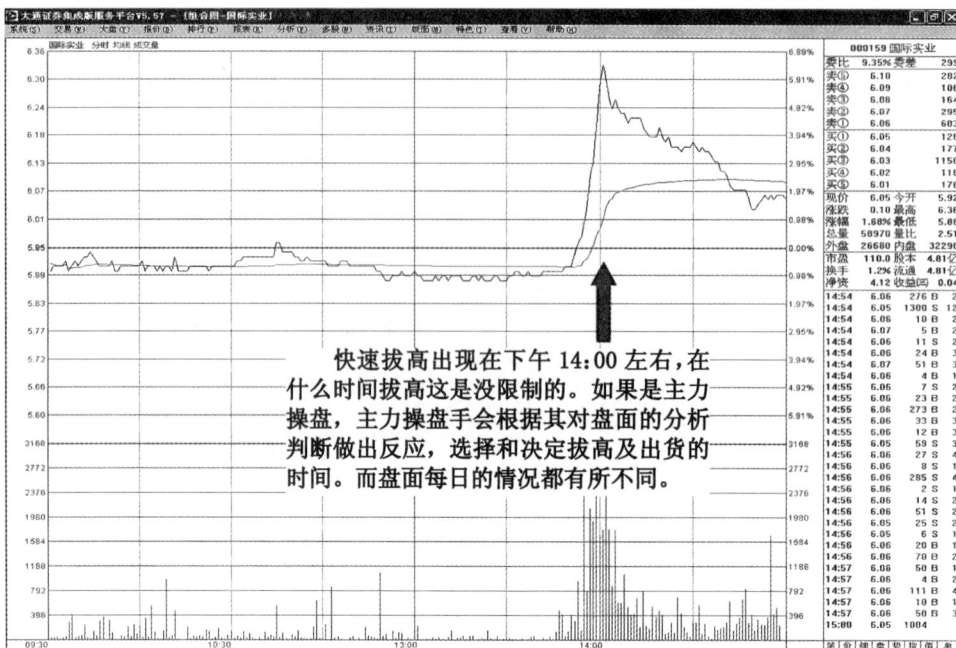

快速拔高出现在下午14:00左右,在什么时间拔高这是没限制的。如果是主力操盘,主力操盘手会根据其对盘面的分析判断做出反应,选择和决定拔高及出货的时间。而盘面每日的情况都有所不同。

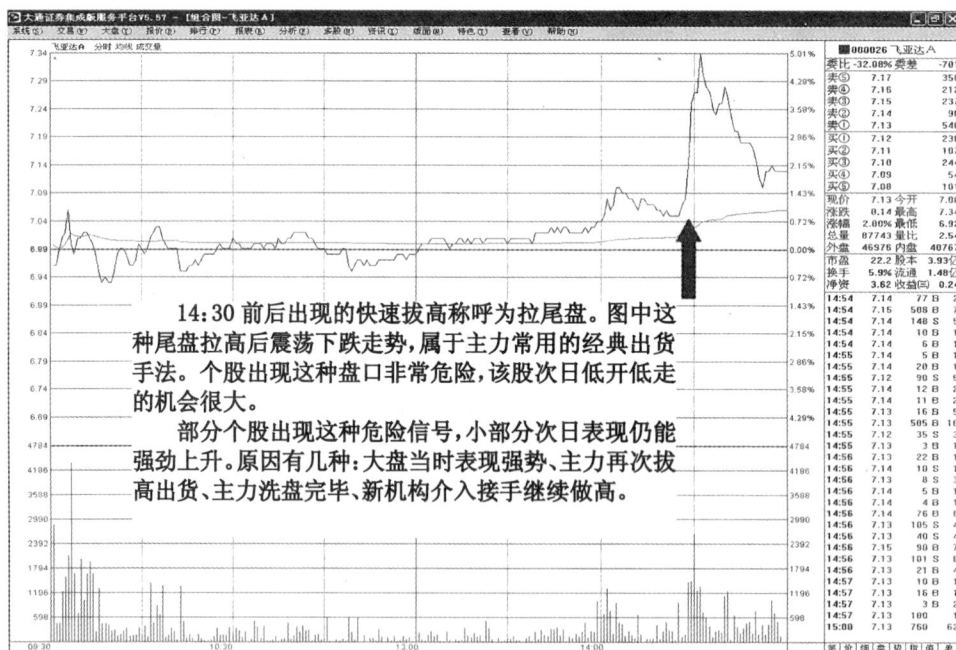

14:30前后出现的快速拔高称呼为拉尾盘。图中这种尾盘拉高后震荡下跌走势,属于主力常用的经典出货手法。个股出现这种盘口非常危险,该股次日低开低走的机会很大。

部分个股出现这种危险信号,小部分次日表现仍能强劲上升。原因有几种:大盘当时表现强势、主力再次拔高出货、主力洗盘完毕、新机构介入接手继续做高。

强势涨停猎杀陷阱

股票市场有不少投资者或私募机构专挑涨停个股快速介入进行套利，慢慢形成了一支庞大的追涨停板操作队伍。个股涨停后下一交易日具有惯性冲高的动力，这是深入人心的大众思维！利用下一交易日惯性冲高卖出套利，这是广大追涨停板和参与封涨停资金操作的直接原因。另外，市场不缺乏一些具有特别利好的个股出现连续多个涨停板产生暴利效应，这也是诱惑资金追涨停的另一原因，不少投资者盲目迷恋于寻找这些暴利的个股。

"涨停板"敢死队操作模式已经出现多年，现在仍然有不少机构和个人模仿这一模式去操作。现时的敢死队一般都是地下私募资金，其资金规模小的仅数百万，大的管理资金数亿。一般情况下，在一只股票差不多或者涨停时，这些私募全力出击去拉抬封涨停是没有问题的，而现在有不少实力机构在出货之时展开有计划的刻意拉涨停，或者制造出符合涨停板敢死队选股要求的走势，引诱这些资金入场去封涨停去接货。每一种市场所熟悉的方法都有可能被主力反向利用，追涨停的风险不见得比其他一般操作方法小。大资金去追涨停很多时候会遭遇场内机构的猎杀。

下面通过多个个案剖析A股市场主力利用拉涨停引诱猎杀追涨停跟风盘的实例。

涨停板封单越多越好这是投资者的共识！部分实力主力投其所好，在股价推高至涨停板后迅速挂出巨大的买单封涨停，以此吸引市场眼球！一只股票如果主力拉涨停是为了减仓出货，那么涨停板后挂出巨大的封单就是为了吸引投资者挂单跟进。涨停板后涨停会维持一定的时间，当投资者的挂单达到一定的数量后，主力就开始对自己首封涨停的买单进行撤单处理。把挂在靠前的买单逐笔撤下，然后再挂出来，如此操作就会导致属于非主力的买单慢慢往前靠。在涨停板封单数量不变的情况下，主力实现自己买单由靠最前变为排在最后。同样价格，按照时间优先成交原则，主力撤单之后挂单，非主力的买单就靠到最前，此时如果有卖单卖出，第一时间由非主力的买单成交接下。完成封单排列顺序后主力就开始出货，先是小单不断抛出，最后以每笔几千或过万手的卖单快速抛出，主力抛出的筹码全部都被其他资金接走。当属于市场其他人的挂单被砸完，主力就会撤掉自己的所有封单，有时主力把属于自己的所有封单撤去后才展开砸盘出货。

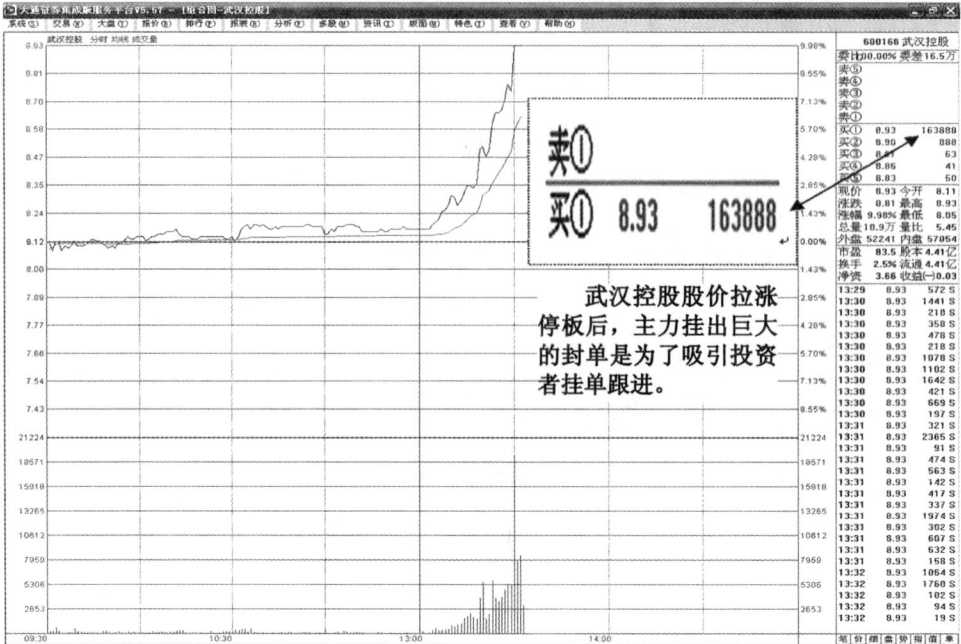

武汉控股股价拉涨停板后，主力挂出巨大的封单是为了吸引投资者挂单跟进。

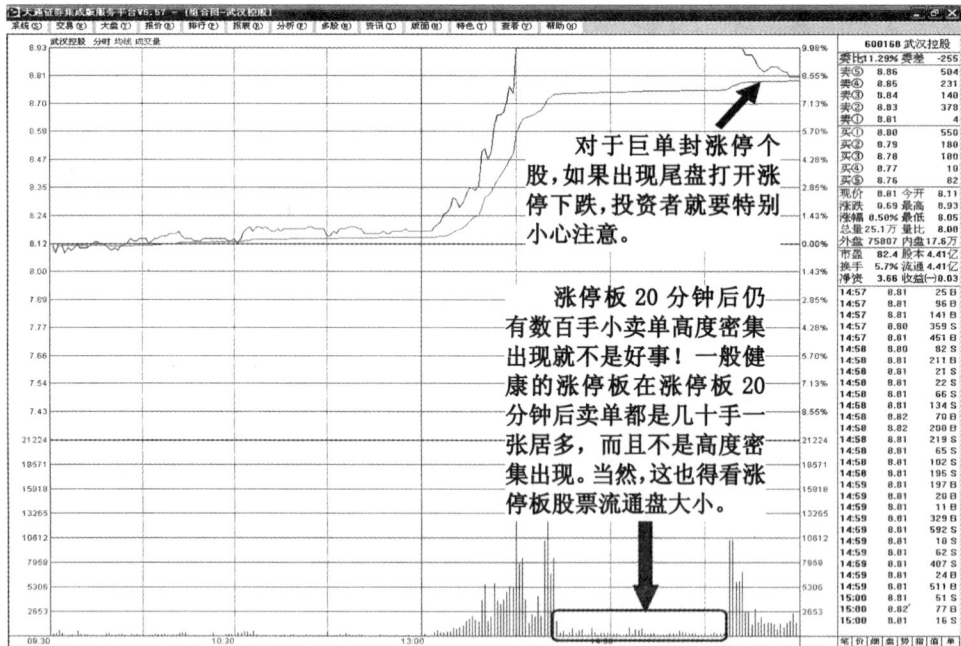

对于巨单封涨停个股，如果出现尾盘打开涨停下跌，投资者就要特别小心注意。

涨停板 20 分钟后仍有数百手小卖单高度密集出现就不是好事！一般健康的涨停板在涨停板 20 分钟后卖单都是几十手一张居多，而且不是高度密集出现。当然，这也得看涨停板股票流通盘大小。

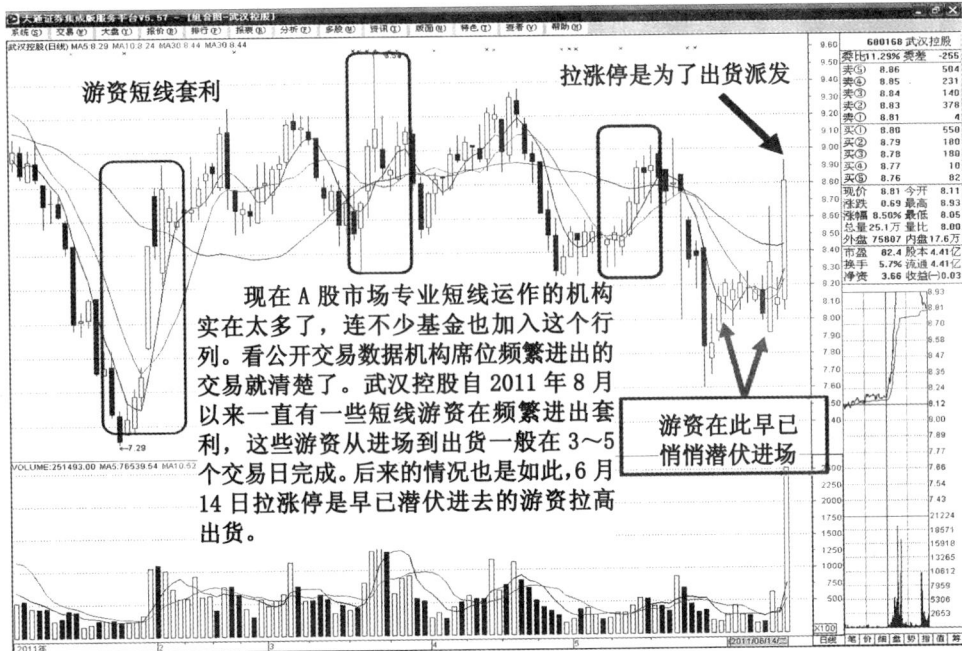

游资短线套利

拉涨停是为了出货派发

现在 A 股市场专业短线运作的机构实在太多了，连不少基金也加入这个行列。看公开交易数据机构席位频繁进出的交易就清楚了。武汉控股自 2011 年 8 月以来一直有一些短线游资在频繁进出套利，这些游资从进场到出货一般在 3～5 个交易日完成。后来的情况也是如此，6 月 14 日拉涨停是早已潜伏进去的游资拉高出货。

游资在此早已悄悄潜伏进场

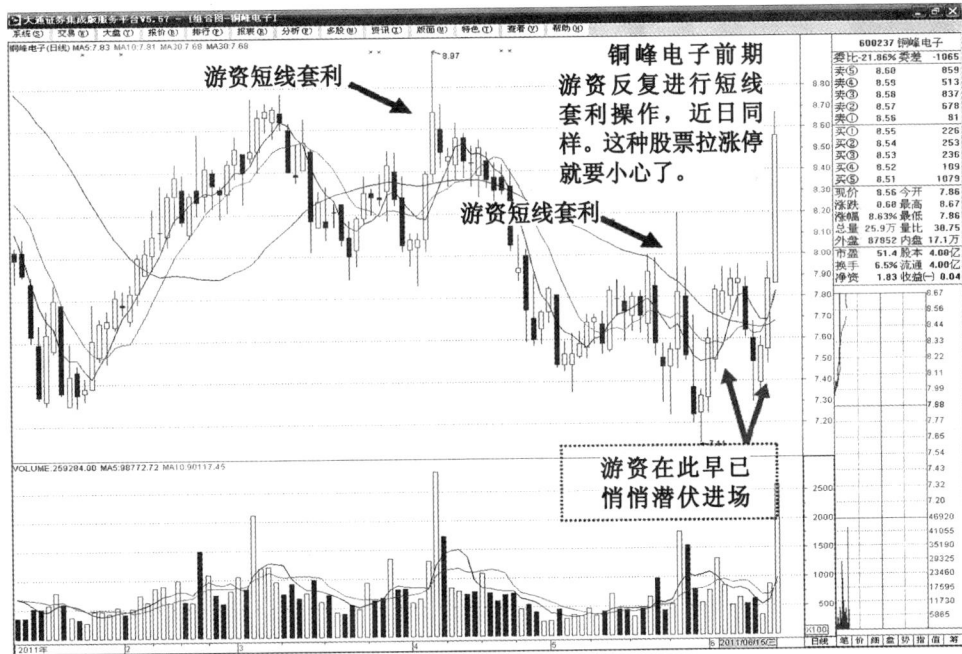

游资短线套利

铜峰电子前期游资反复进行短线套利操作，近日同样。这种股票拉涨停就要小心了。

游资短线套利

游资在此早已悄悄潜伏进场

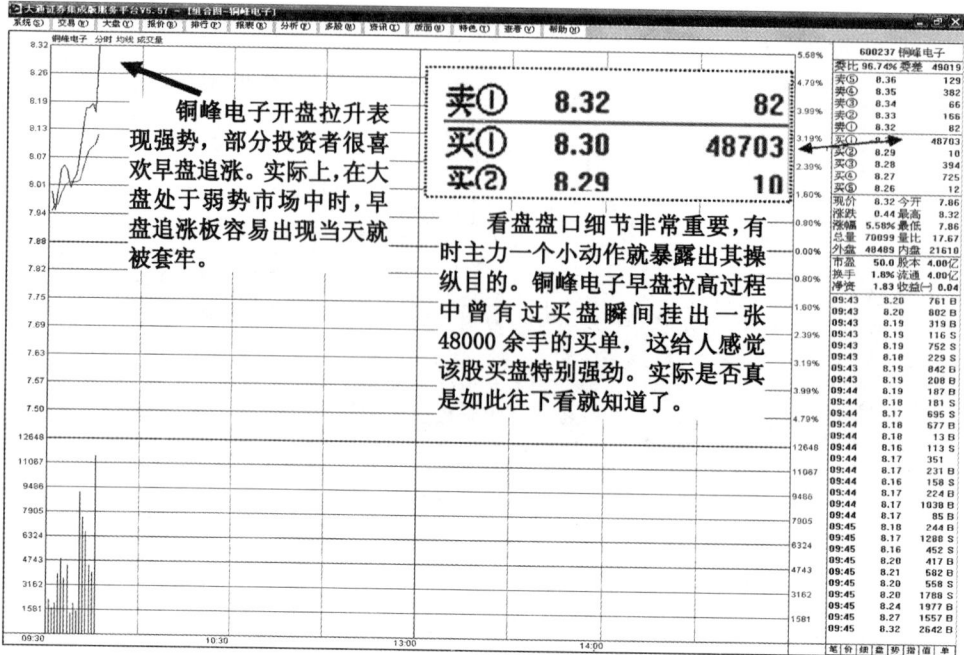

铜峰电子开盘拉升表现强势，部分投资者很喜欢早盘追涨。实际上，在大盘处于弱势市场中时，早盘追涨板容易出现当天就被套牢。

看盘盘口细节非常重要，有时主力一个小动作就暴露出其操纵目的。铜峰电子早盘拉高过程中曾有过买盘瞬间挂出一张48000余手的买单，这给人感觉该股买盘特别强劲。实际是否真是如此往下看就知道了。

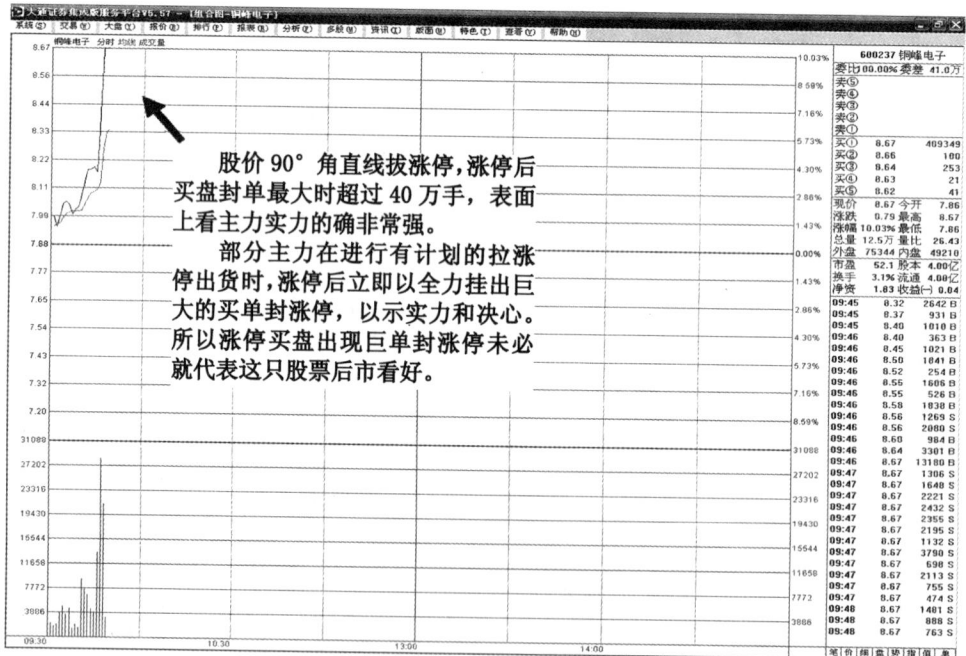

股价90°角直线拔涨停，涨停后买盘封单最大时超过40万手，表面上看主力实力的确非常强。

部分主力在进行有计划的拉涨停出货时，涨停后立即以全力挂出巨大的买单封涨停，以示实力和决心。所以涨停买盘出现巨单封涨停未必就代表这只股票后市看好。

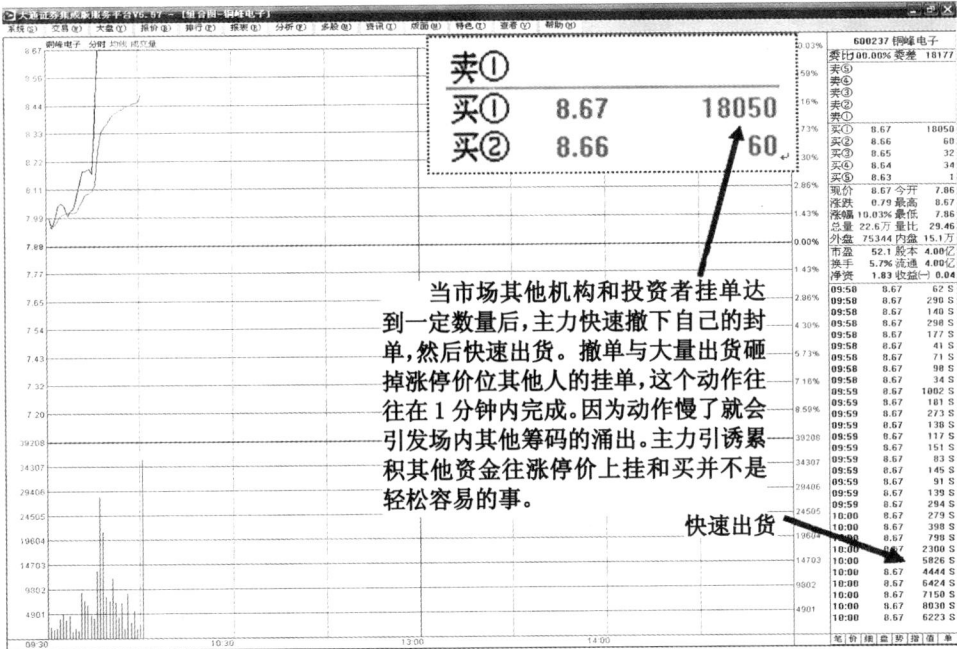

卖① ————————————
买① 8.67 18050
买② 8.66 60

当市场其他机构和投资者挂单达到一定数量后，主力快速撤下自己的封单，然后快速出货。撤单与大量出货砸掉涨停价位其他人的挂单，这个动作往往在1分钟内完成。因为动作慢了就会引发场内其他筹码的涌出。主力引诱累积其他资金往涨停价上挂和买并不是轻松容易的事。

快速出货

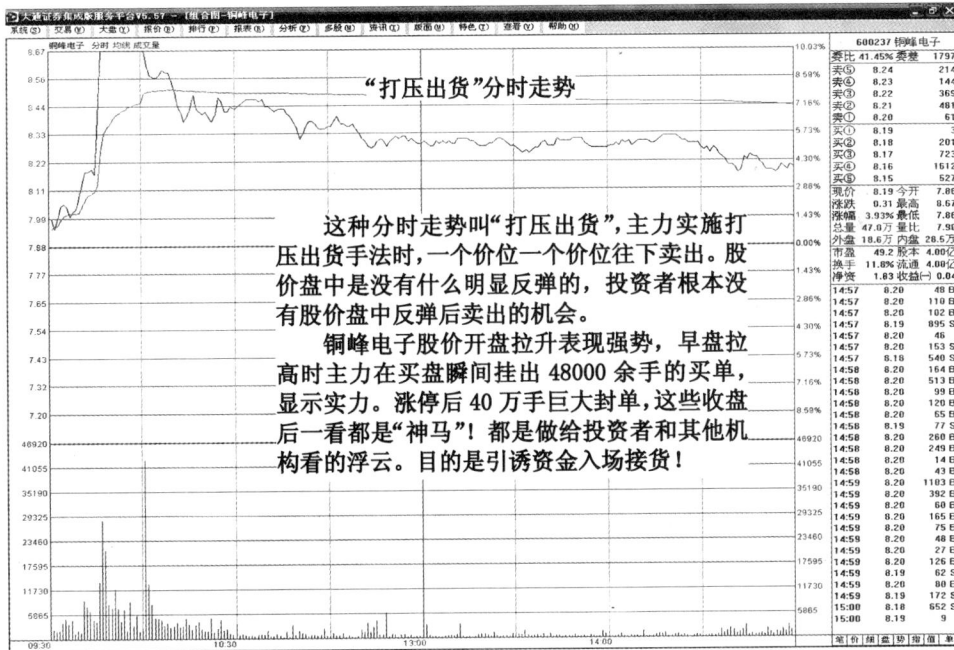

"打压出货"分时走势

这种分时走势叫"打压出货"，主力实施打压出货手法时，一个价位一个价位往下卖出。股价盘中是没有什么明显反弹的，投资者根本没有股价盘中反弹后卖出的机会。

铜峰电子股价开盘拉升表现强势，早盘拉高时主力在买盘瞬间挂出48000余手的买单，显示实力。涨停后40万手巨大封单，这些收盘后一看都是"神马"！都是做给投资者和其他机构看的浮云。目的是引诱资金入场接货！

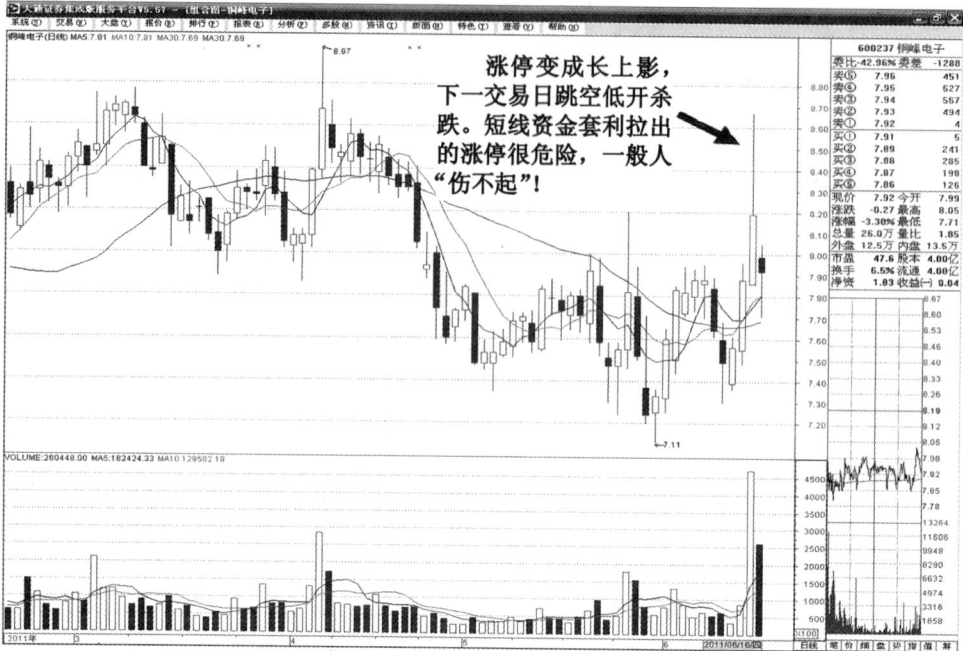

涨停变成长上影，下一交易日跳空低开杀跌。短线资金套利拉出的涨停很危险，一般人"伤不起"！

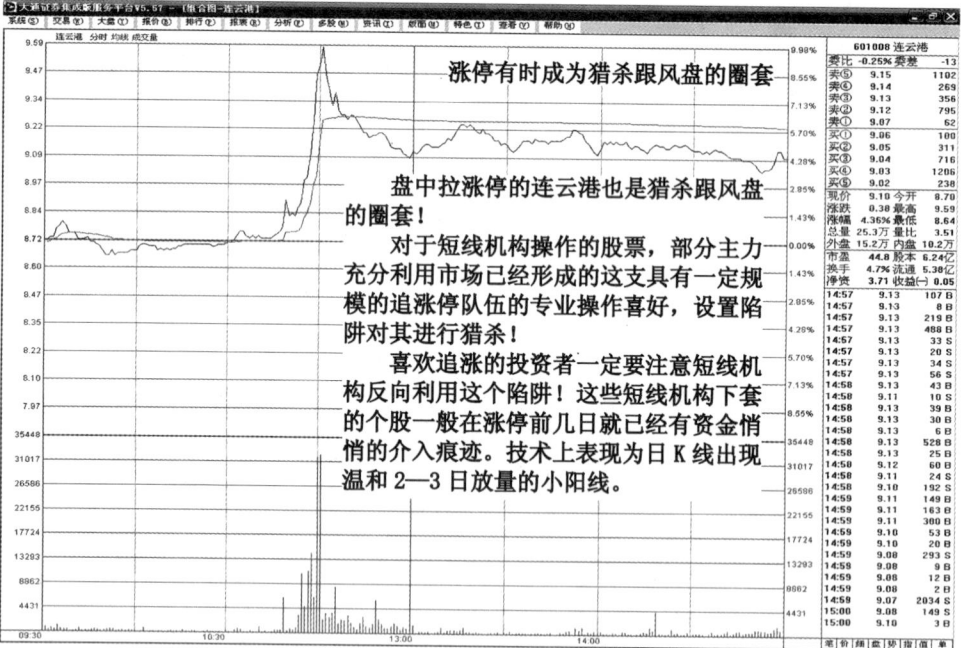

涨停有时成为猎杀跟风盘的圈套

盘中拉涨停的连云港也是猎杀跟风盘的圈套！

对于短线机构操作的股票，部分主力充分利用市场已经形成的这支具有一定规模的追涨停队伍的专业操作喜好，设置陷阱对其进行猎杀！

喜欢追涨的投资者一定要注意短线机构反向利用这个陷阱！这些短线机构下套的个股一般在涨停前几日就已经有资金悄悄的介入痕迹。技术上表现为日K线出现温和2—3日放量的小阳线。

主力巨单封涨停操盘骗术

优秀的主力操盘手对市场大众思维了解透彻，操盘过程中会以大众思维作为依据，设计出种种迎合大众的操盘技巧去吸引投资者参与，也会设置出各种各样的陷阱让投资者去钻。

涨停板是最能吸引投资者注意的特殊行为，是短线投资者最喜欢参与的目标。历史原因，个股出现涨停时，涨停价格封单越大，代表拉升主力的实力越强，后市上升空间越大。这是历史赋予大众的惯性思维，个别主力操盘手则根据这一点，投其所好布置陷阱让投资者去钻。

巨单封涨停诱多在市场上不常见，但绝对是一种经典的诱多手法。主力利用散户认为涨停板的个股封单越大，代表参加排队等候买入的资金越多，或者主力的实力越强，后面还有巨大升幅的心理而进行诱多。

避免主力设置的巨单封涨停出货陷阱可从以下几方面入手分析：

(1)先看个股涨停时是否有利好消息，个股出现重大利好消息时封涨停一般都是正常的。

(2)巨单封涨停不但要看封单手数多少，最重要的还要看封单数量相当于该股流通盘的百分之几，在没有好消息情况下封单手数超过流通盘的10%则可能有问题。

(3)封单的资金量多少也至关重要。价格低的股票封涨停时封单数量一般较大，价格高的股票封涨停时封单数量自然小点儿。一般属于主力设置巨单封涨停诱多出货陷阱时，当日出现的最大封单资金都是过亿或更大的，故意把动作做大才能吸引更多的投资者注意。

(4)巨单封涨停结合大盘当天走势和股价所处位置分析，最重要的是看当天盘口走势，分析涨停时的巨大封单是否有故意做作之意。特别注意临收市时有没有突然增加数量巨大的封单，或者封单挂出后不久就立即撤退。

(5)目标股票当日成交量的大小也是分析的要点。看成交量就必须看换手率的大小，如果当天换手率达到或者超过10%以上则要特别小心。

巨单封涨停诱多分析起来比较复杂，分析时盘口的交易细节也非常重要。下面以天房发展（600322）的表现剖析主力这一做盘行为。

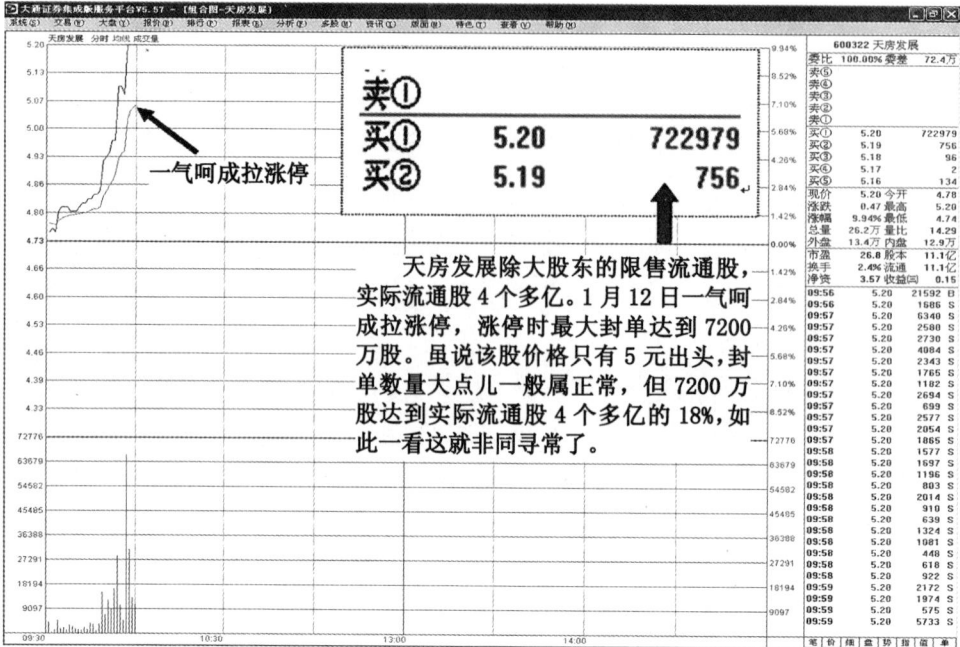

天房发展除大股东的限售流通股，实际流通股4个多亿。1月12日一气呵成拉涨停，涨停时最大封单达到7200万股。虽说该股价格只有5元出头，封单数量大点儿一般属正常，但7200万股达到实际流通股4个多亿的18%，如此一看这就非同寻常了。

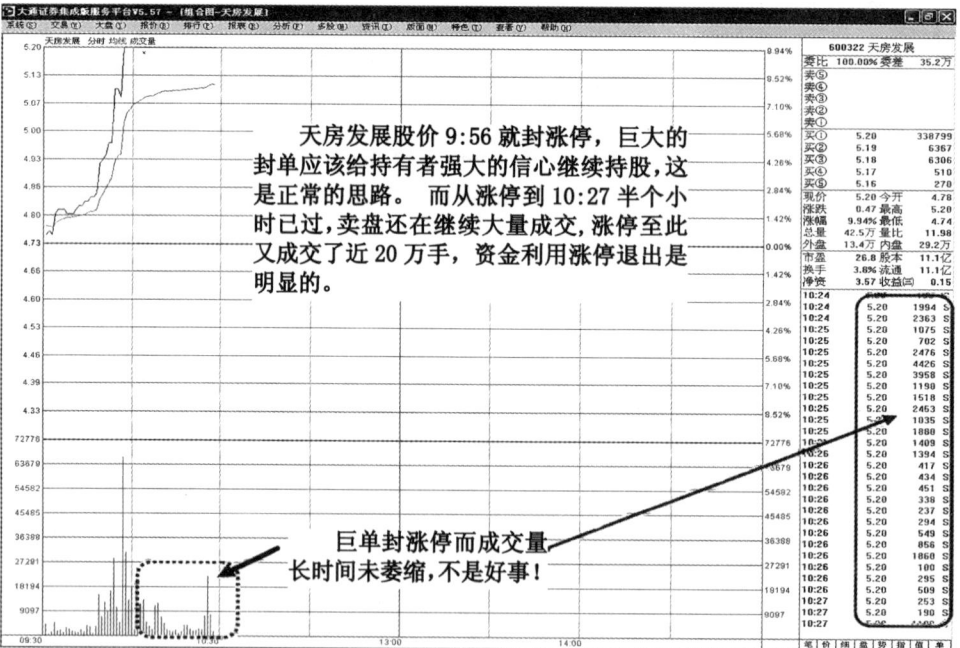

天房发展股价9:56就封涨停，巨大的封单应该给持有者强大的信心继续持股，这是正常的思路。 而从涨停到10:27半个小时已过，卖盘还在继续大量成交，涨停至此又成交了近20万手，资金利用涨停退出是明显的。

巨单封涨停而成交量长时间未萎缩，不是好事！

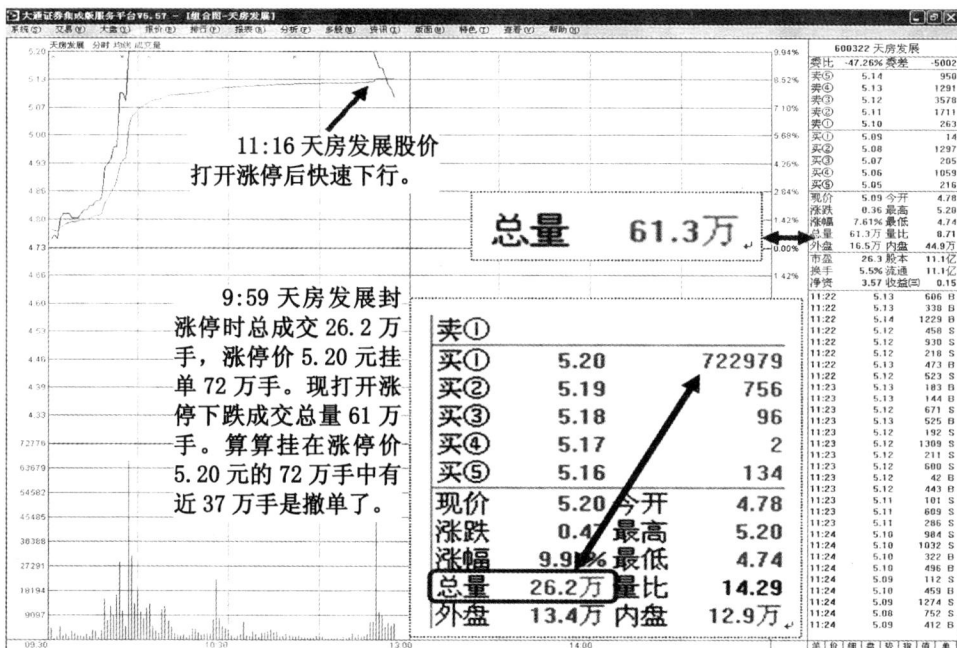

11:16 天房发展股价
打开涨停后快速下行。

总量　61.3万

9:59 天房发展封
涨停时总成交 26.2 万
手，涨停价 5.20 元挂
单 72 万手。现打开涨
停下跌成交总量 61 万
手。算算挂在涨停价
5.20 元的 72 万手中有
近 37 万手是撤单了。

卖①		
买①	5.20	722979
买②	5.19	756
买③	5.18	96
买④	5.17	2
买⑤	5.16	134
现价	5.20	今开 4.78
涨跌	0.47	最高 5.20
涨幅	9.91%	最低 4.74
总量	26.2万	量比 14.29
外盘	13.4万	内盘 12.9万

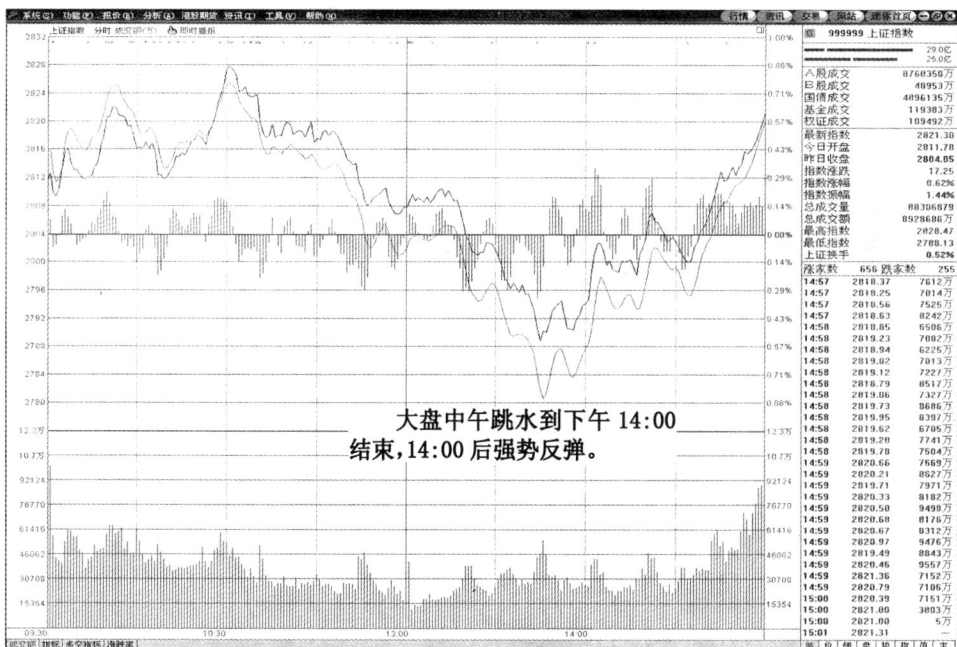

大盘中午跳水到下午 14:00
结束，14:00 后强势反弹。

131

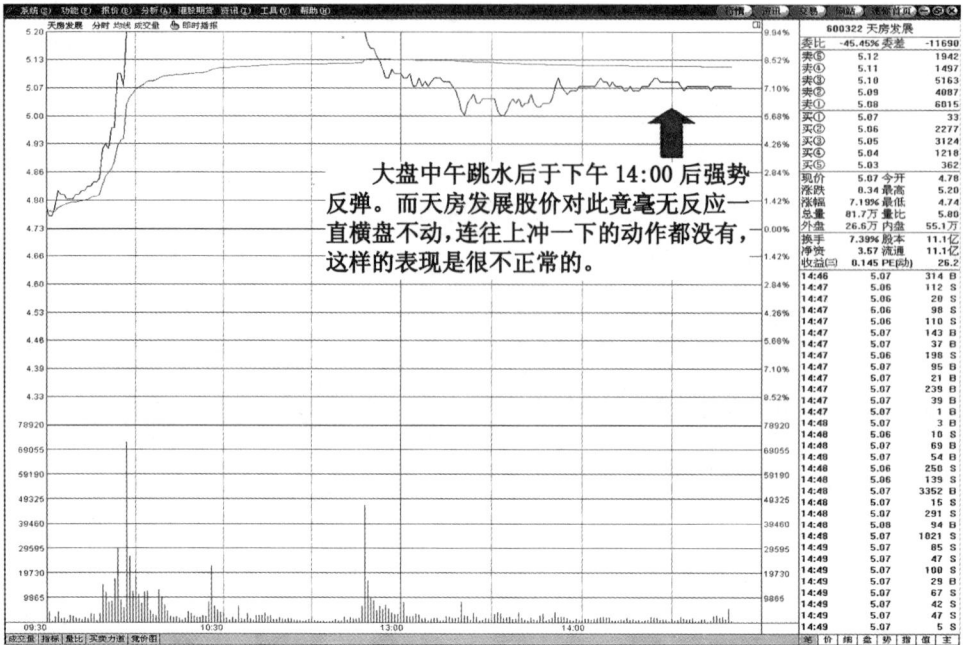

大盘中午跳水后于下午 14:00 后强势反弹。而天房发展股价对此竟毫无反应一直横盘不动,连往上冲一下的动作都没有,这样的表现是很不正常的。

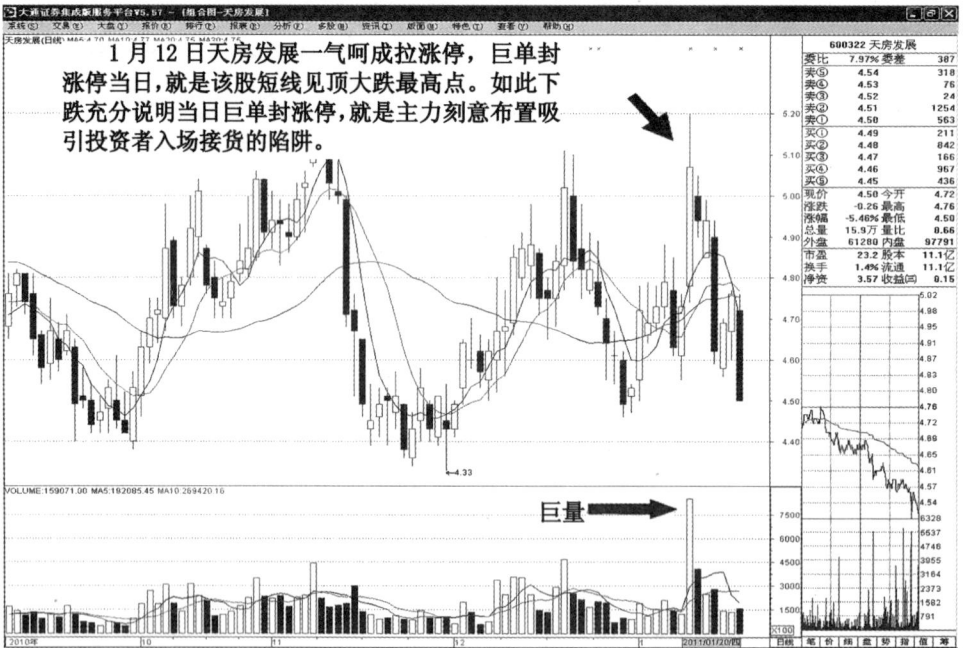

1月12日天房发展一气呵成拉涨停,巨单封涨停当日,就是该股短线见顶大跌最高点。如此下跌充分说明当日巨单封涨停,就是主力刻意布置吸引投资者入场接货的陷阱。

巨量 ➡

涨停陷阱盘口破解术

　　如何破解别有用心的主力利用拉涨停来吸引跟风盘出货？每个主力都有其操盘手法，但能用以吸引大家眼球的东西不外乎也就几种。其中一种在拉升时一边拉高一边在买盘挂出较大的买单，制造较大的买盘欺骗不明真相者跟进。这其实已经不是什么新鲜招数，但主力灵活运用也次次用的清爽！

　　拉升时一边拉高一边在买盘挂出较大的买单行为有两种情况，一是拉升主力故意挂出来的，二是一些机构或大户追涨的买单。看盘首先要区分清楚属于哪一种情况。属于拉升主力故意挂出来的又分为三种情况：一是往上扫货没有成交的买单；二是显示实力决心的买单；三是吸引大家眼睛吸引跟风盘的买单。每一种买单自然代表不同的意义。下面以大龙地产主力拉涨停的走势去剖析这一领域主力的操纵做盘行为。

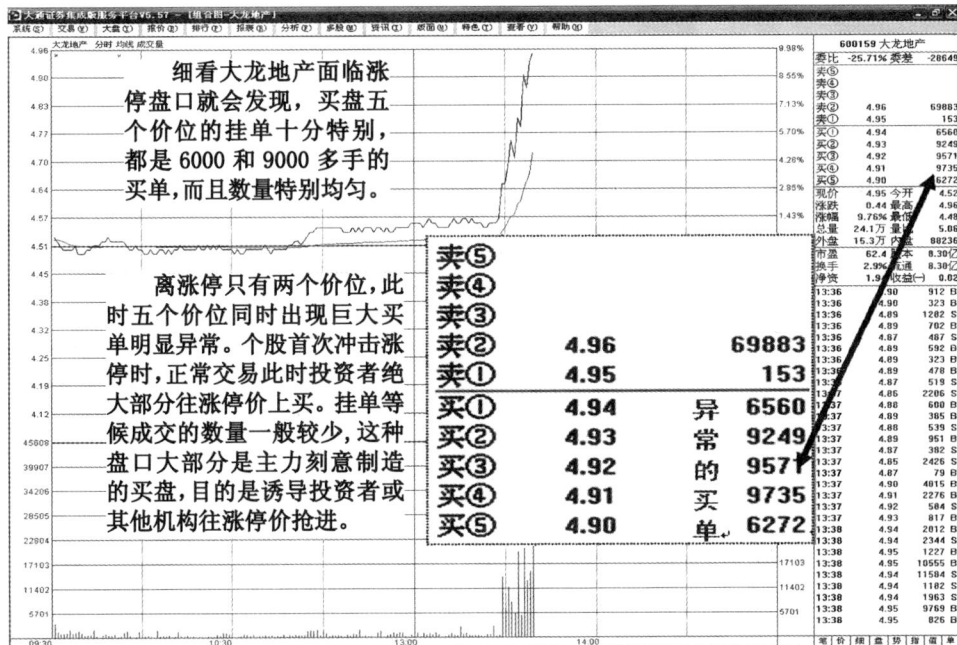

　　细看大龙地产面临涨停盘口就会发现，买盘五个价位的挂单十分特别，都是6000和9000多手的买单，而且数量特别均匀。

　　离涨停只有两个价位，此时五个价位同时出现巨大买单明显异常。个股首次冲击涨停时，正常交易此时投资者绝大部分往涨停价上买。挂单等候成交的数量一般较少，这种盘口大部分是主力刻意制造的买盘，目的是诱导投资者或其他机构往涨停价抢进。

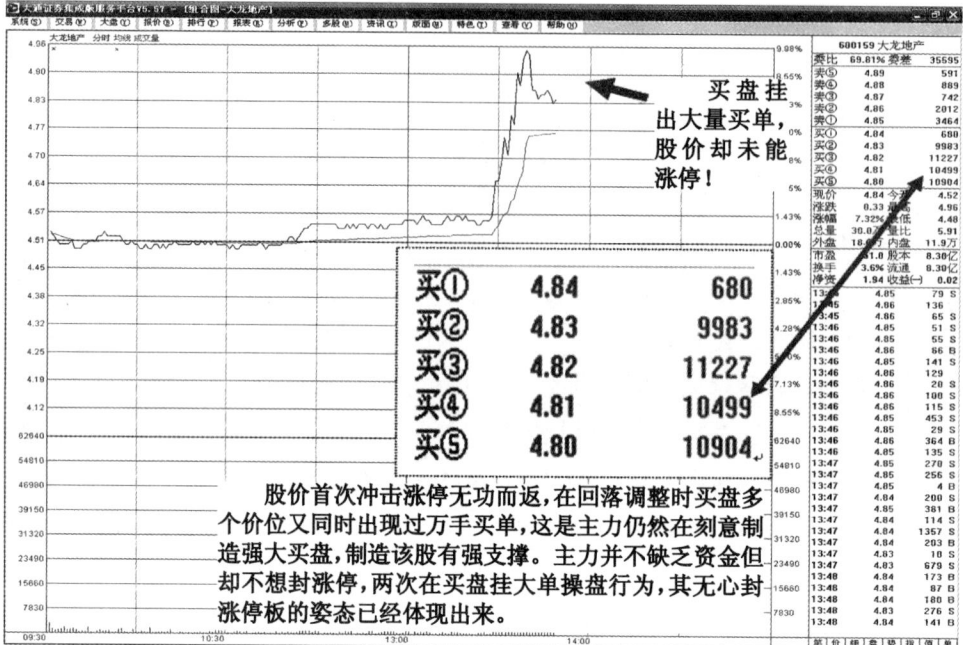

股价首次冲击涨停无功而返,在回落调整时买盘多个价位又同时出现过万手买单,这是主力仍然在刻意制造强大买盘,制造该股有强支撑。主力并不缺乏资金但却不想封涨停,两次在买盘挂大单操盘行为,其无心封涨停板的姿态已经体现出来。

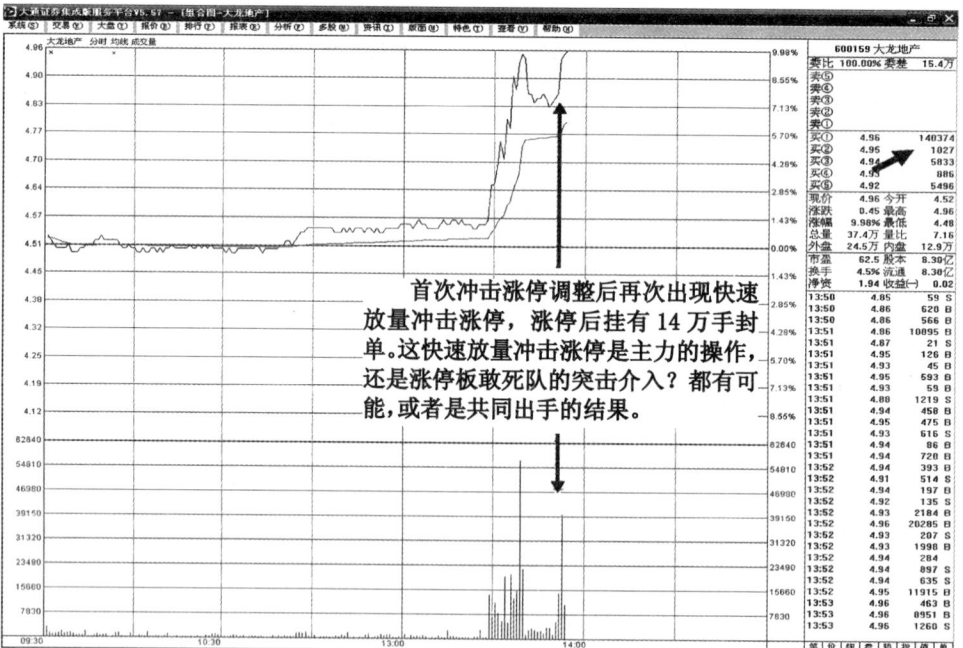

首次冲击涨停调整后再次出现快速放量冲击涨停,涨停后挂有14万手封单。这快速放量冲击涨停是主力的操作,还是涨停板敢死队的突击介入?都有可能,或者是共同出手的结果。

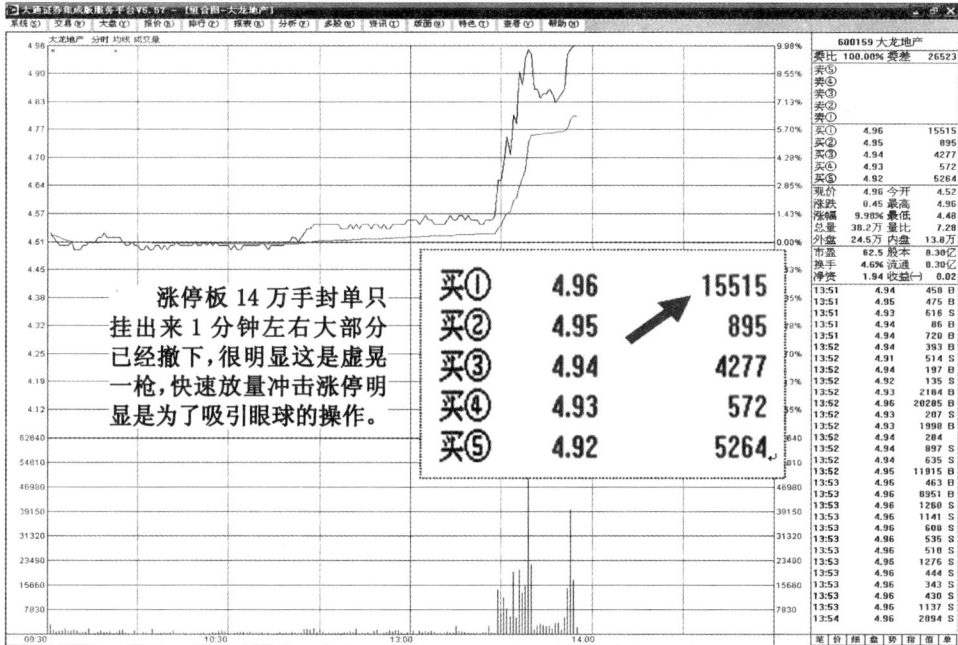

涨停板 14 万手封单只
挂出来 1 分钟左右大部分
已经撤下,很明显这是虚晃
一枪,快速放量冲击涨停明
显是为了吸引眼球的操作。

买①	4.96	15515
买②	4.95	895
买③	4.94	4277
买④	4.93	572
买⑤	4.92	5264

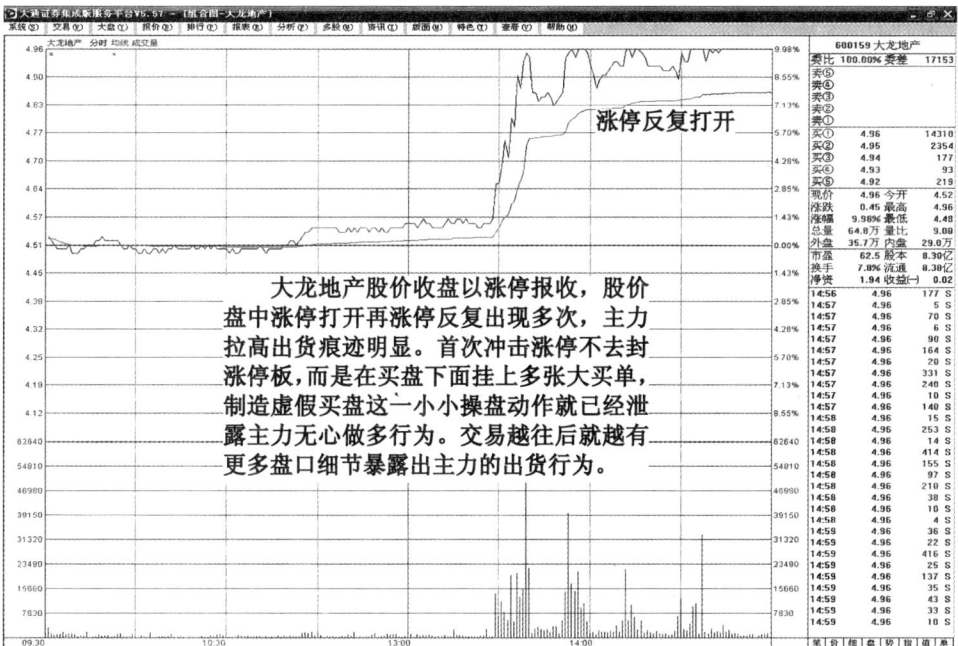

涨停反复打开

大龙地产股价收盘以涨停报收,股价
盘中涨停打开再涨停反复出现多次,主力
拉高出货痕迹明显。首次冲击涨停不去封
涨停板,而是在买盘下面挂上多张大买单,
制造虚假买盘这一小小操盘动作就已经泄
露主力无心做多行为。交易越往后就越有
更多盘口细节暴露出主力的出货行为。

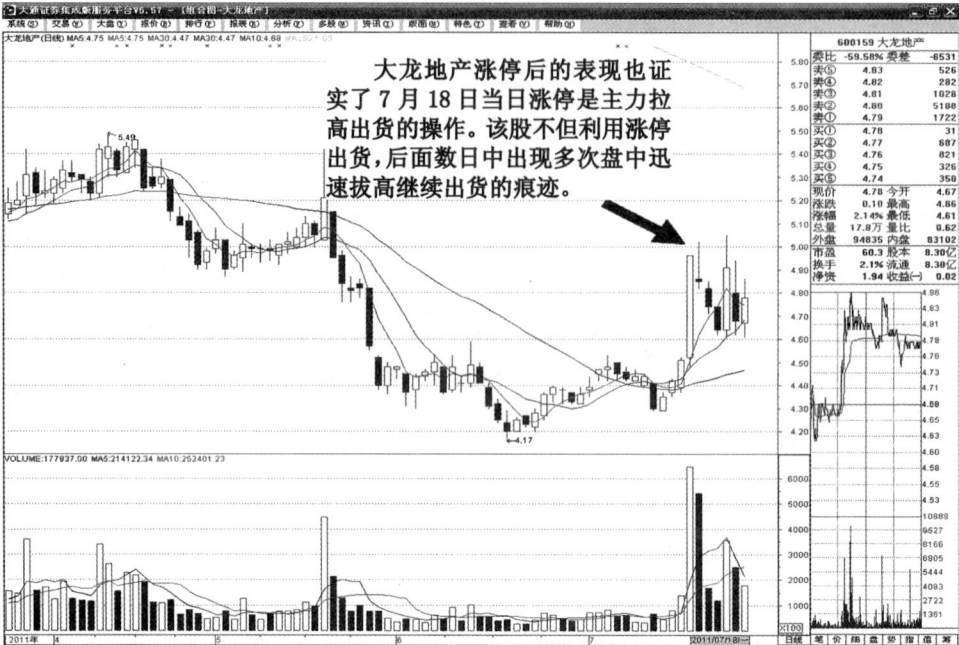

大龙地产涨停后的表现也证实了7月18日当日涨停是主力拉高出货的操作。该股不但利用涨停出货,后面数日中出现多次盘中迅速拔高继续出货的痕迹。

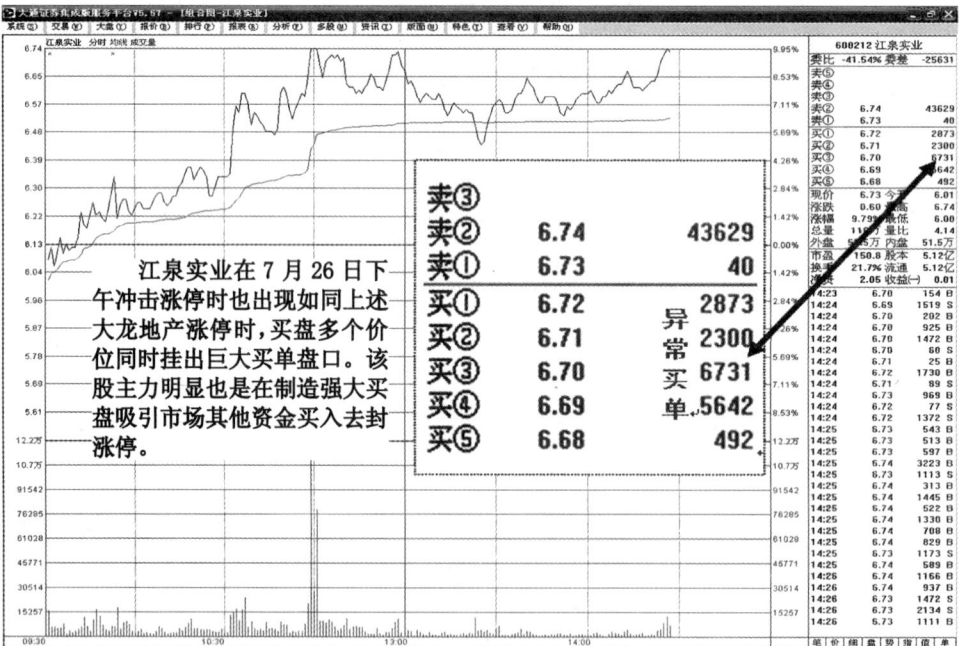

江泉实业在7月26日下午冲击涨停时也出现如同上述大龙地产涨停时,买盘多个价位同时挂出巨大买单盘口。该股主力明显也是在制造强大买盘吸引市场其他资金买入去封涨停。

此类个股一般尾盘都会以涨停板收盘。主力拉高出货能出掉之前所进的筹码，当天为了拉高股价主力会再次买入了不少筹码，封涨板收盘是为了下一交易日能有较好的出货环境出掉涨停板当天所进的筹码。

此类个股属主力拉高派发品种，后面大部分难有良好表现。当然，也有小部分个股主力为了出掉手上的尾货继续小拉一下。追涨停板必须慎防此类主力故意设下陷阱的个股！

通过盘面透析主力操盘思路

在股市中混了久了自然认识一些地下私募朋友，这些朋友不是熟人介绍根本不知道他们也是干这行的。大多时候他们对自己在股票市场的操作行为秘而不宣，原因很简单，他们在股票市场中总是做一些游走在法律边缘、处于合法与非法边缘的操作。选定股票后介入，自己拉升，拉高后就出。整套操作下来自然就涉及集中优势资金操纵股价，连续买入操纵股价，以非正常买卖为目的对敲误导投资者，操纵开盘价，操纵收盘价等一系列非法交易行为。说这是非法操作行为，但股市每日都有过百家机构如此频繁的操作，见怪不怪！这种坐庄行为抓到了被处罚了就是非法行为，没有人管你就是合法行为。凡有坐庄行为的地下私募无不如此。暂且不去讨论这些非法与合法，下面就来讲讲主力坐庄行为中的连贯性操作计划。

一家机构坐庄某股票必然有一个全盘整体操盘计划，操盘手在一段时间或每日操盘中也有既定的操作计划和方针！操作步骤和方式等这些东西都在主力操盘手的操作计划书上，或在操盘手的大脑中，无关外人想窥视其中的秘密是很难的。如何探知主力操盘手在一段时间或每日的操盘既定操作计划和方针？投资者如果经验丰富，从盘口研究分析目标股票近日走势，对主力操作留下来的操纵痕迹进行研究，就能一定程度看出一些主力操盘的操作计划和思路。下面笔者以太龙药业主力操盘痕迹为例剖析主力操盘手的操作计划与步骤。

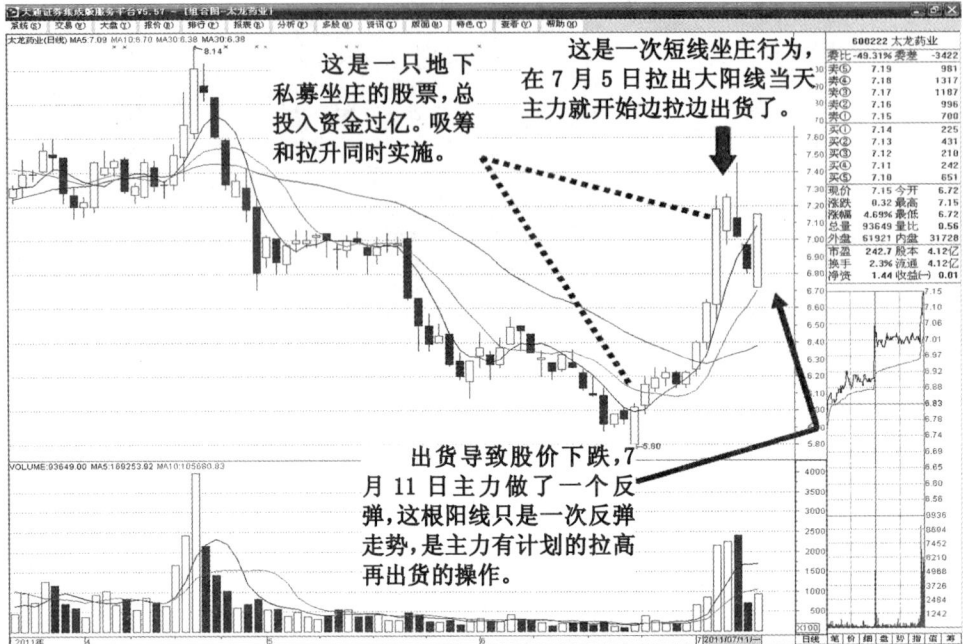

这是一只地下私募坐庄的股票，总投入资金过亿。吸筹和拉升同时实施。

这是一次短线坐庄行为，在7月5日拉出大阳线当天主力就开始边拉边出货了。

出货导致股价下跌，7月11日主力做了一个反弹，这根阳线只是一次反弹走势，是主力有计划的拉高再出货的操作。

7月6日

说该地下私募坐庄太龙药业总投入资金过亿不是凭空想象的。7月6日开盘主力就在卖⑤7.15元挂出10万手卖单，仅仅这张卖单市值就达到7000余万元。该主力总投入多少资金各位可以自己估算了。

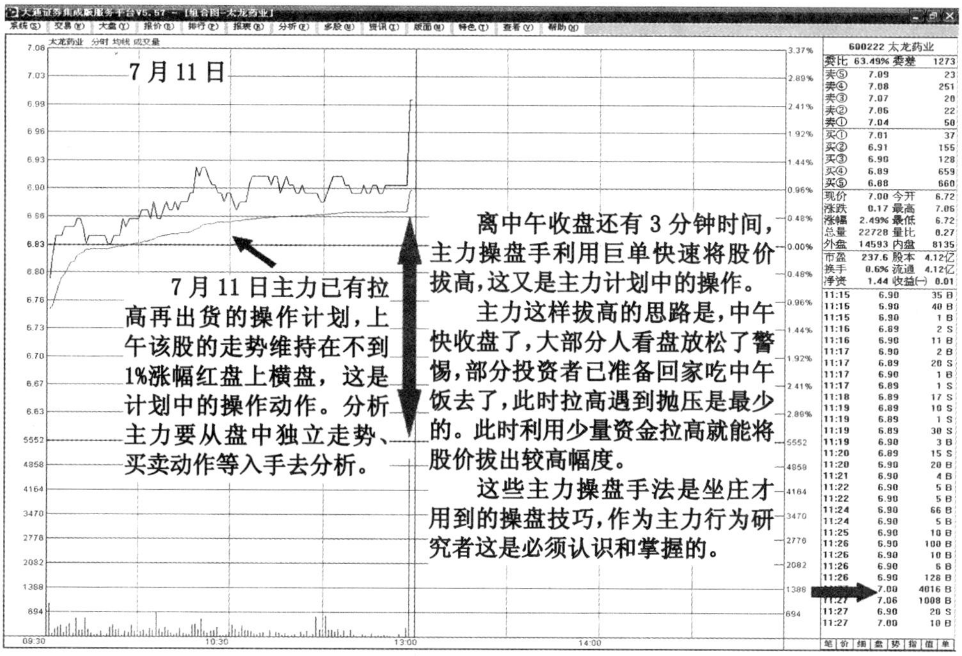
7月11日
7月11日主力已有拉高再出货的操作计划，上午该股的走势维持在不到1%涨幅红盘上横盘，这是计划中的操作动作。分析主力要从盘中独立走势、买卖动作等入手去分析。
离中午收盘还有3分钟时间，主力操盘手利用巨单快速将股价拔高，这又是主力计划中的操作。
主力这样拔高的思路是，中午快收盘了，大部分人看盘放松了警惕，部分投资者已准备回家吃中午饭去了，此时拉高遇到抛压是最少的。此时利用少量资金拉高就能将股价拔出较高幅度。
这些主力操盘手法是坐庄才用到的操盘技巧，作为主力行为研究者这是必须认识和掌握的。
600222 太龙药业

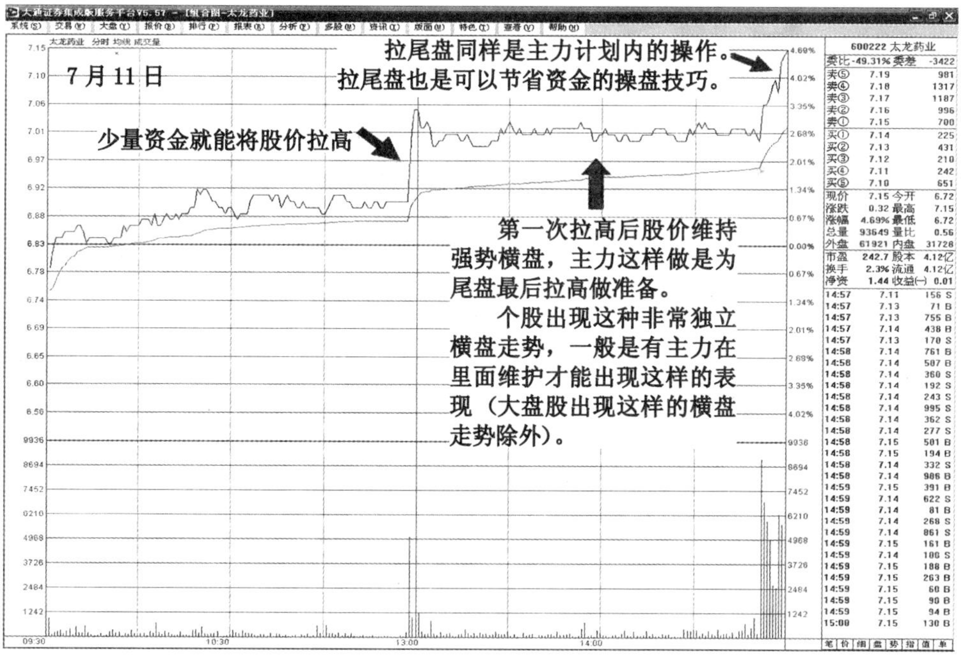
7月11日
拉尾盘同样是主力计划内的操作。
拉尾盘也是可以节省资金的操盘技巧。
少量资金就能将股价拉高
第一次拉高后股价维持强势横盘，主力这样做是为尾盘最后拉高做准备。
个股出现这种非常独立横盘走势，一般是有主力在里面维护才能出现这样的表现（大盘股出现这样的横盘走势除外）。
600222 太龙药业

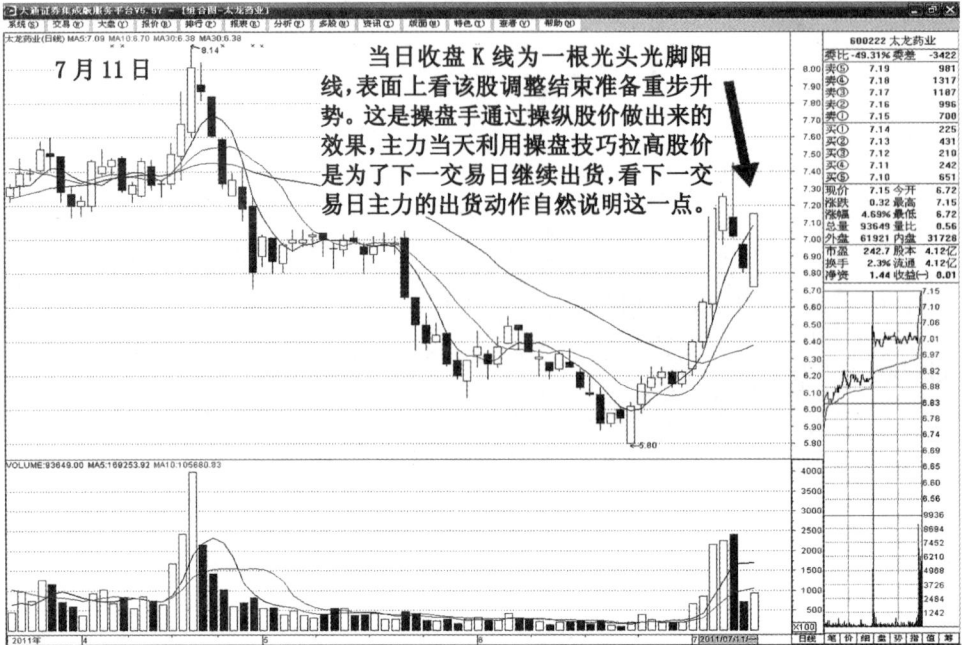

7月11日

当日收盘 K 线为一根光头光脚阳线,表面上看该股调整结束准备重步升势。这是操盘手通过操纵股价做出来的效果,主力当天利用操盘技巧拉高股价是为了下一交易日继续出货,看下一交易日主力的出货动作自然说明这一点。

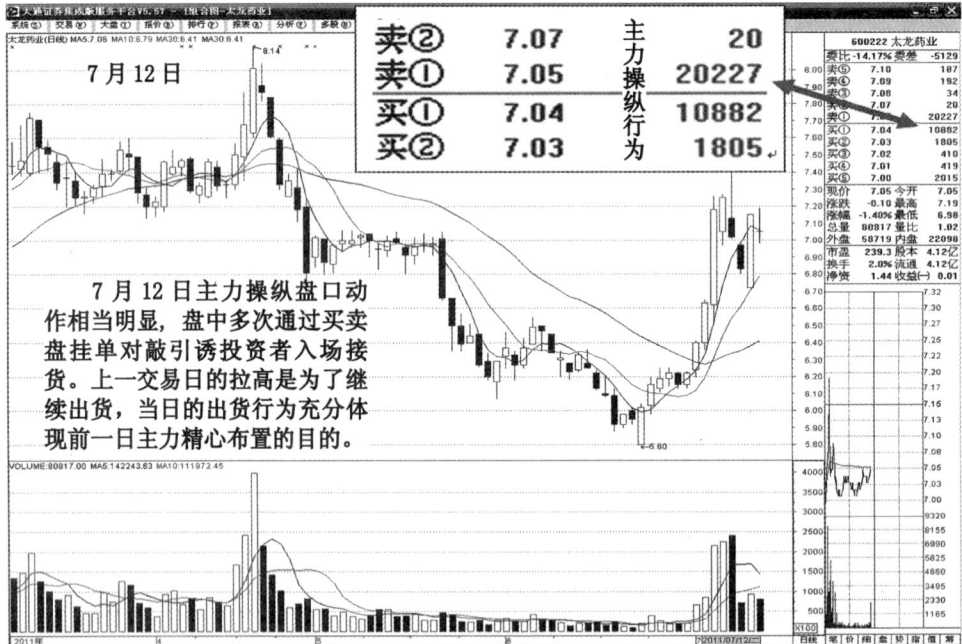

7月12日

卖②	7.07	主力操纵行为	20
卖①	7.05		20227
买①	7.04		10882
买②	7.03		1805

7月12日主力操纵盘口动作相当明显,盘中多次通过买卖盘挂单对敲引诱投资者入场接货。上一交易日的拉高是为了继续出货,当日的出货行为充分体现前一日主力精心布置的目的。

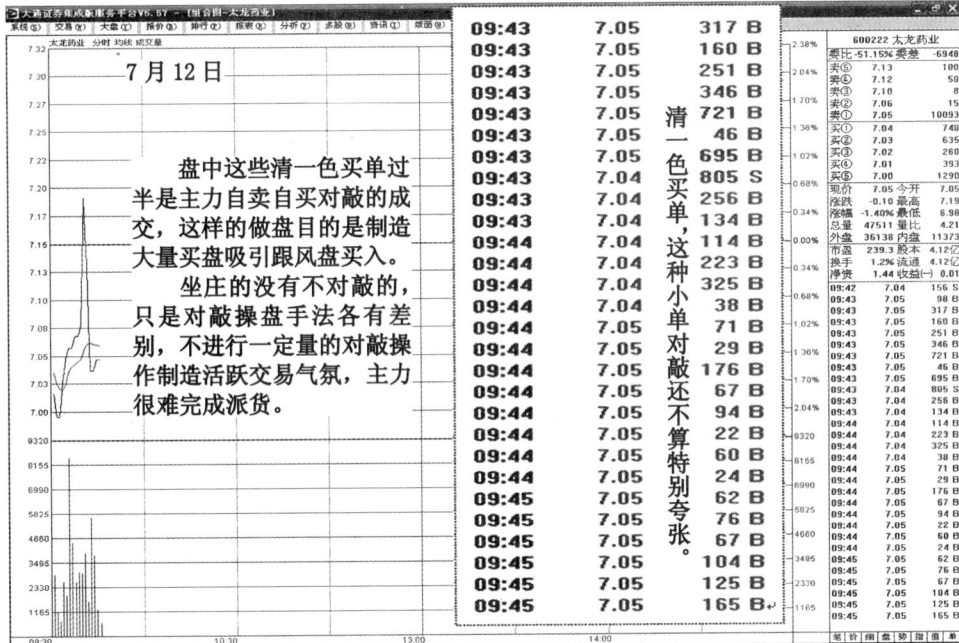

7月12日

盘中这些清一色买单过半是主力自卖自买对敲的成交，这样的做盘目的是制造大量买盘吸引跟风盘买入。

坐庄的没有不对敲的，只是对敲操盘手法各有差别，不进行一定量的对敲操作制造活跃交易气氛，主力很难完成派货。

清一色买单，这种小单对敲还不算特别夸张。

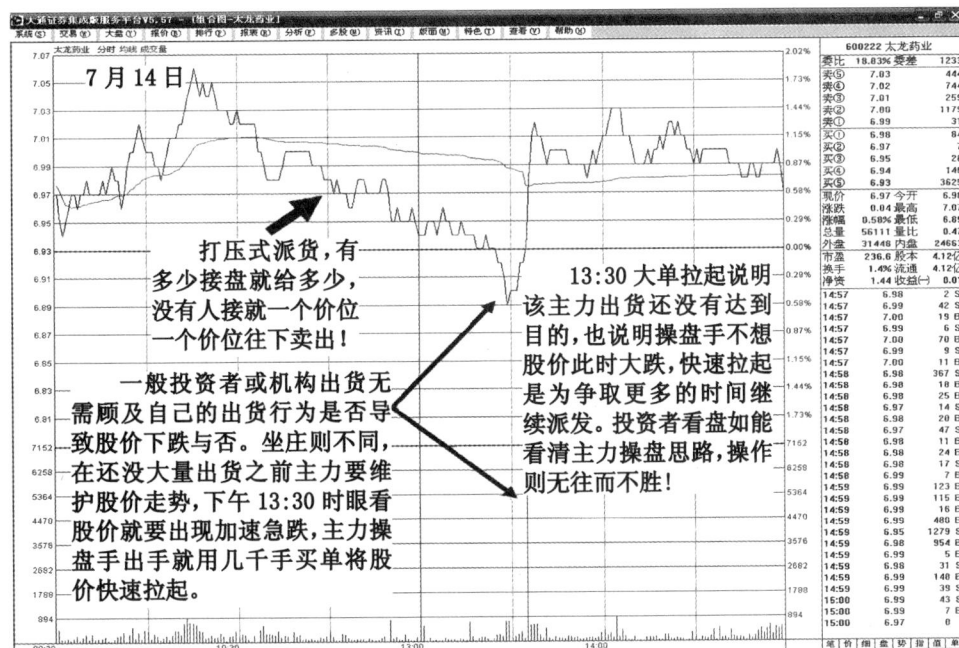

7月14日

打压式派货，有多少接盘就给多少，没有人接就一个价位一个价位往下卖出！

一般投资者或机构出货无需顾及自己的出货行为是否导致股价下跌与否。坐庄则不同，在还没大量出货之前主力要维护股价走势，下午13:30时眼看股价就要出现加速急跌，主力操盘手出手就用几千手买单将股价快速拉起。

13:30大单拉起说明该主力出货还没有达到目的，也说明操盘手不想股价此时大跌，快速拉起是为争取更多的时间继续派发。投资者看盘如能看清主力操盘思路，操作则无往而不胜！

141

主力多日做盘招式与思路剖析

关于主力操纵个股盘口的盘面特征,笔者日常已经有大量文章展开介绍,除了了解主力做盘一招半式点滴技巧,认识主力连续多日的运作操盘思路也是相当重要的。要看懂主力连续多日运作操盘思路需要多年的实践经验,其中能看懂的可分为"事前看懂、当时看懂、事后看懂"几种情况。对于主力多日运作操盘思路,非从大机构中出来的操盘人士,通过个股图表走势能在事后看懂的也是高手,如在当时就能看懂那绝非一般高手。下面以个股K线图加个股动态盘口数据,谈谈一些主力多日操作套路与细节,与各位分享一下这方面的个人心得。

作为非个股当事操盘主力,研究分析个股中的主力机构运作情况自然是通过个股的K线走势、盘口数据、成交量等去分析研究,这些东西如实的记录着主力做盘的点点滴滴。技术分析是可以看清楚主力某阶段的操盘运作思路的。

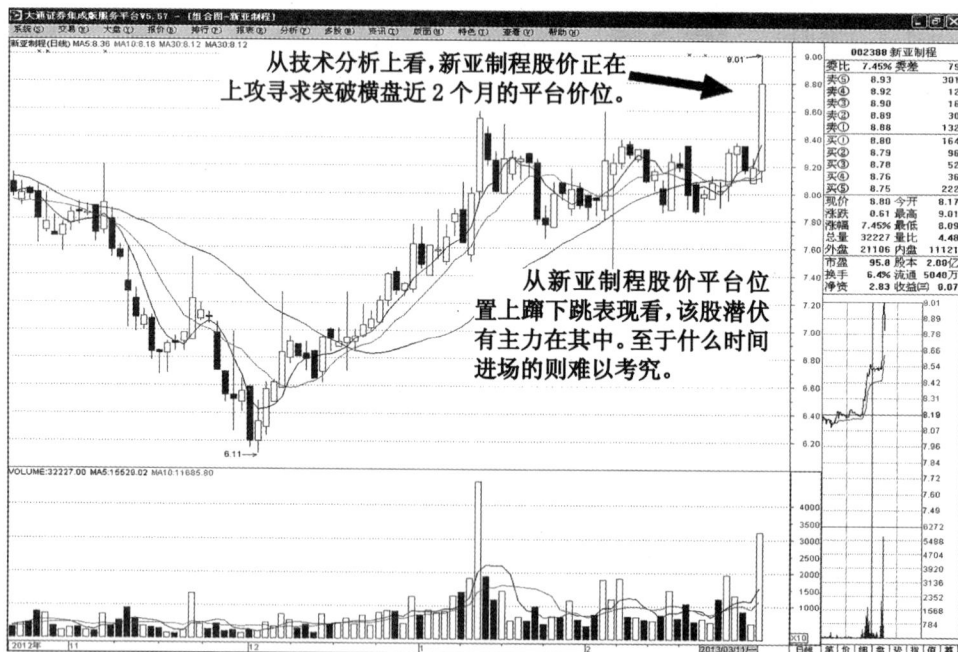

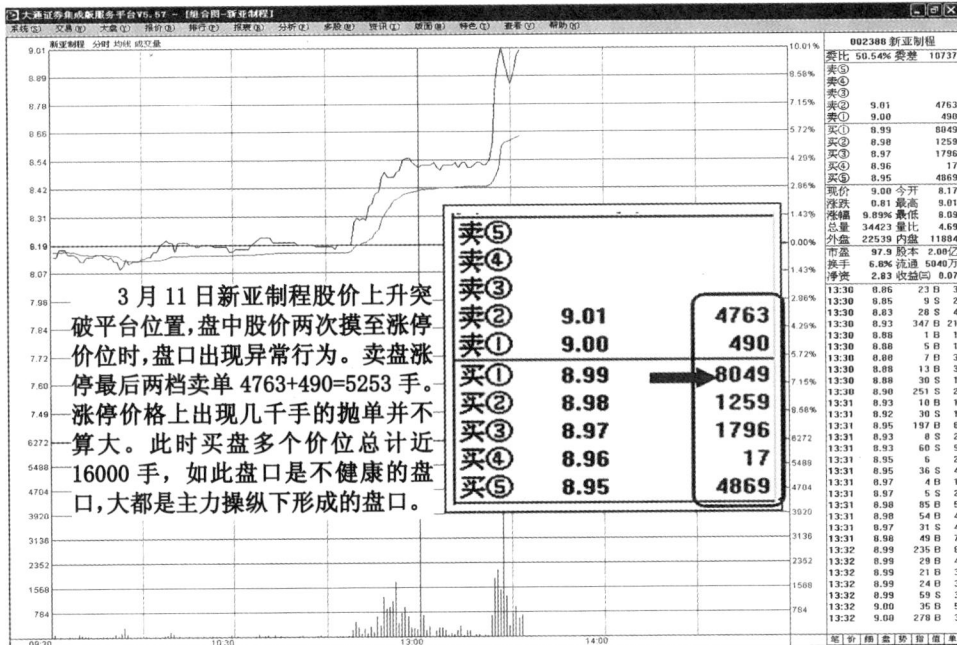

3月11日新亚制程股价上升突破平台位置,盘中股价两次摸至涨停价位时,盘口出现异常行为。卖盘涨停最后两档卖单 4763+490=5253 手。涨停价格上出现几千手的抛单并不算大。此时买盘多个价位总计近16000 手,如此盘口是不健康的盘口,大都是主力操纵下形成的盘口。

卖⑤		
卖④		
卖③		
卖②	9.01	4763
卖①	9.00	490
买①	8.99	8049
买②	8.98	1259
买③	8.97	1796
买④	8.96	17
买⑤	8.95	4869

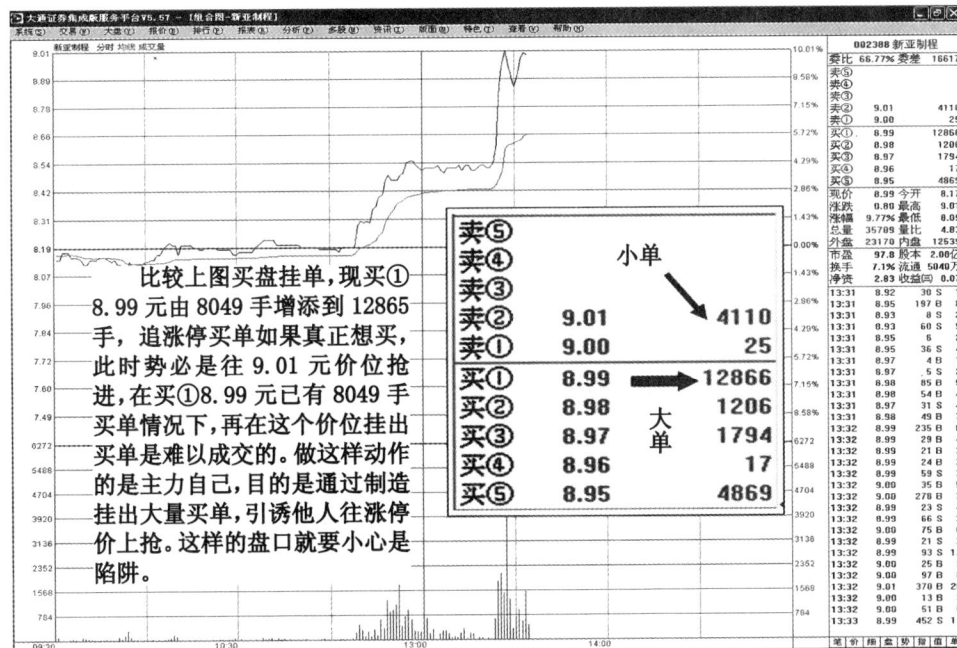

比较上图买盘挂单,现买①8.99 元由8049 手增添到12865手,追涨停买单如果真正想买,此时势必是往 9.01 元价位抢进,在买①8.99 元已有8049 手买单情况下,再在这个价位挂出买单是难以成交的。做这样动作的是主力自己,目的是通过制造挂出大量买单,引诱他人往涨停价上抢。这样的盘口就要小心是陷阱。

卖⑤		
卖④		
卖③		
卖②	9.01	小单 4110
卖①	9.00	25
买①	8.99	12866
买②	8.98	大单 1206
买③	8.97	1794
买④	8.96	17
买⑤	8.95	4869

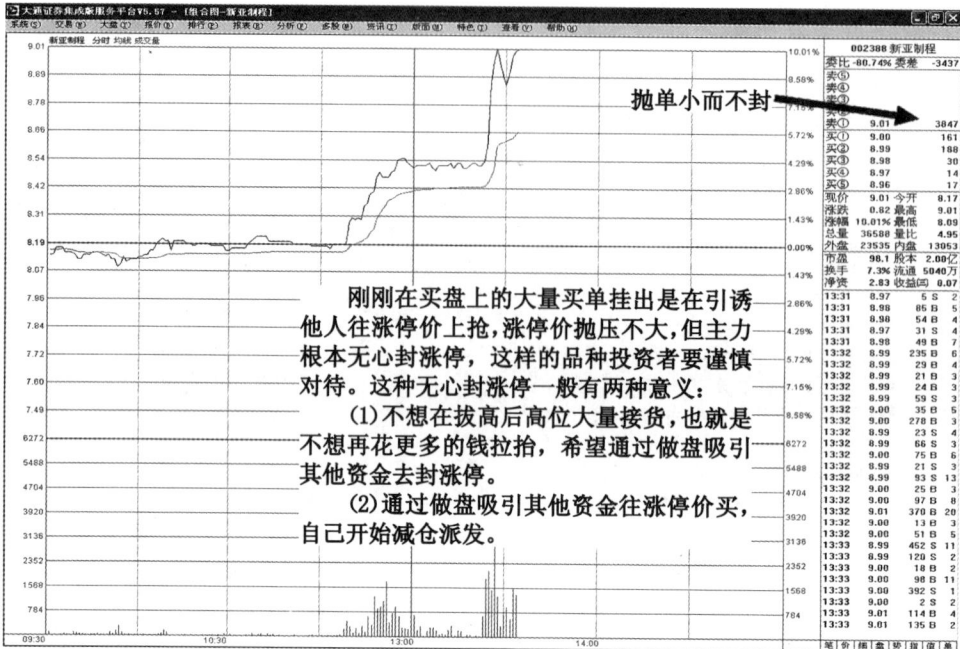

抛单小而不封

刚刚在买盘上的大量买单挂出是在引诱他人往涨停价上抢,涨停价抛压不大,但主力根本无心封涨停,这样的品种投资者要谨慎对待。这种无心封涨停一般有两种意义:

(1)不想在拔高后高位大量接货,也就是不想再花更多的钱拉抬,希望通过做盘吸引其他资金去封涨停。

(2)通过做盘吸引其他资金往涨停价买,自己开始减仓派发。

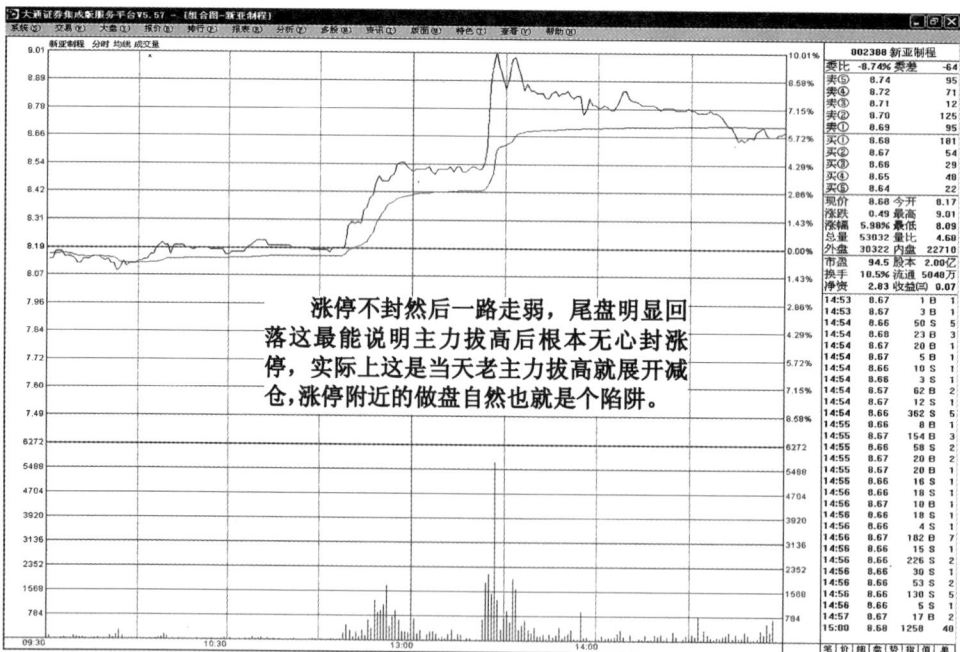

涨停不封然后一路走弱,尾盘明显回落这最能说明主力拔高后根本无心封涨停,实际上这是当天老主力拔高就展开减仓,涨停附近的做盘自然也就是个陷阱。

成商集团3月14日的盘口,主力做盘手法与3月11日新亚制程涨停时的情况如出一辙!成商集团股价今日拔高达涨停时,主力同样通过在买盘挂大买单的方式做盘,吸引其他资金往涨停价买从而自己减仓派发。

卖⑤		
卖④		
卖③	5.07	4482
卖②	5.06	2020
卖①	5.05	1599
买①	5.04	3206
买②	5.03	3000
买③	5.02	1
买④	4.99	16
买⑤	4.97	76

主力操纵行为

盘口分析的极高价值与魅力

对于动态盘口,有人不屑一顾,有人如获至宝!关注研究动态盘口的投资者中,花大量精力和时间跟踪研究者甚少,以至其一般只掌握一些较为简单的盘口知识,分析过程中多时也只是一知半解。就拿个股卖盘出现大卖单这种卖单压顶的盘口来说,首先这种盘口可分为两大类:主力或者一般机构刻意操纵股价行为,市场大量投资者的大量卖盘在同一价格挂出累积自然形成的卖压。单区分二者属于哪一种性质就已经是比较难的事情。

属于主力刻意操纵具有哪些特征?属于由市场大量卖盘同一价格挂出自然形成的卖压又有什么特征?这些都是分析盘口必须掌握的技巧。

个股交易过程中卖盘出现大卖单压顶现象,按照以前大众的认识这是股价上升遇到大抛压的体现。多前年不少主力操盘时利用这种大众思维进行反向操作,在拉升股价之前故意在卖盘挂出较大的卖单,欺骗部分不明真相的投资者卖出,洗盘完成后主力马上展开快速拉升。这种行为持续了相当一段时间后,被一些市场经验丰富的高手所识破,于是,在报纸上、电视财经节目中常有分析师或民间高手解密描述主力利用大卖单压顶洗盘这种操作手法。大量曝光后,主力逐渐利用大卖单压顶洗盘这种手法被部分技术派投资者所了解，这种操盘手法随之慢慢失效。

当一种方法曝光，众人皆知后，此方法逐渐失效是理所当然，但并不意味着不会被主力反方向利用。现在A股市场上个股交易过程中卖盘出现几万手以上大卖单压顶现象，90%都是主力压单诱多出货的操作，这再也不是几年前的压单洗盘了。部分所谓的高手或投资者一条路走到黑，并没有意识到市场不断在变化，主力操纵手法也跟着变化，看盘时总以之前固有认识去分析研判，以至研判常遇挫折或者一错再错，产生盘口分析无用论，或者盘口不可预测的错乱思维。也有部分根本不懂盘口的投资者，因为他不懂而看不懂，所以觉得盘口分析这门研究方法无用！

主力操盘千百万化，但无论怎么变化都是以投资者的大众思维为基点，利用大众的盲点进行欺骗性操纵。再厉害的主力操盘手操作也会留下可辨别和破解的痕迹。下面通过个案剖析主力操盘手操作的厉害和盘口破绽展示盘口分析的魅力！

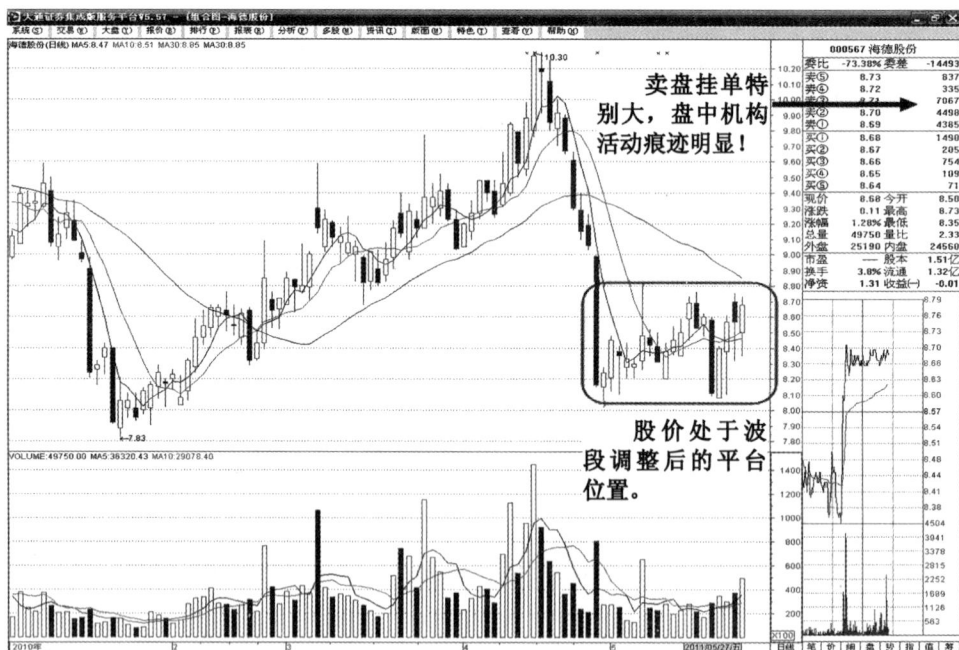

卖盘挂单特别大，盘中机构活动痕迹明显！

股价处于波段调整后的平台位置。

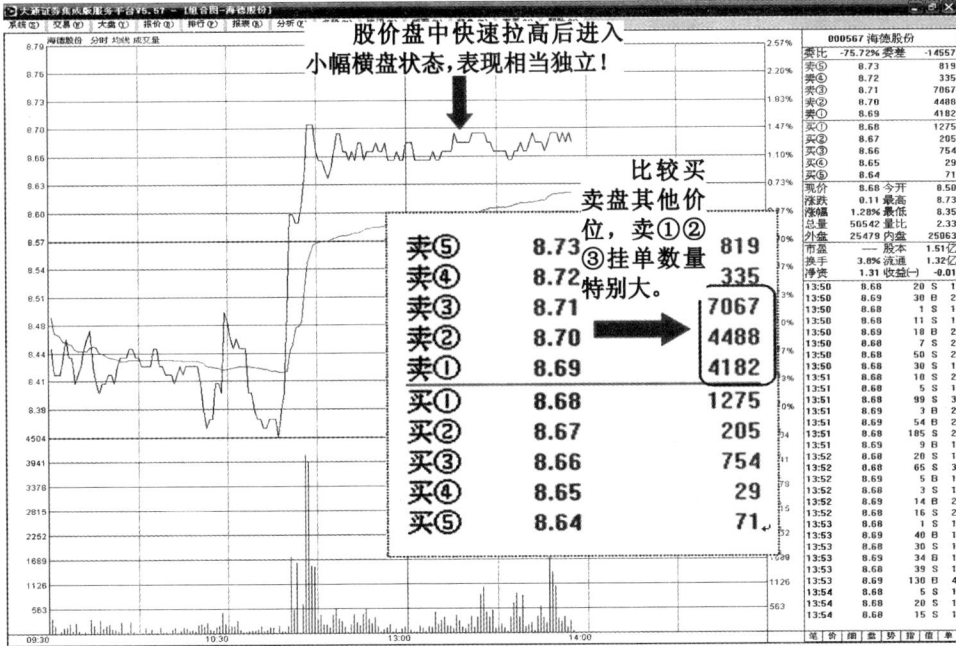

股价盘中快速拉高后进入小幅横盘状态,表现相当独立!

比较买卖盘其他价位,卖①②③挂单数量特别大。

卖⑤	8.73	819
卖④	8.72	335
卖③	8.71	7067
卖②	8.70	4488
卖①	8.69	4182
买①	8.68	1275
买②	8.67	205
买③	8.66	754
买④	8.65	29
买⑤	8.64	71

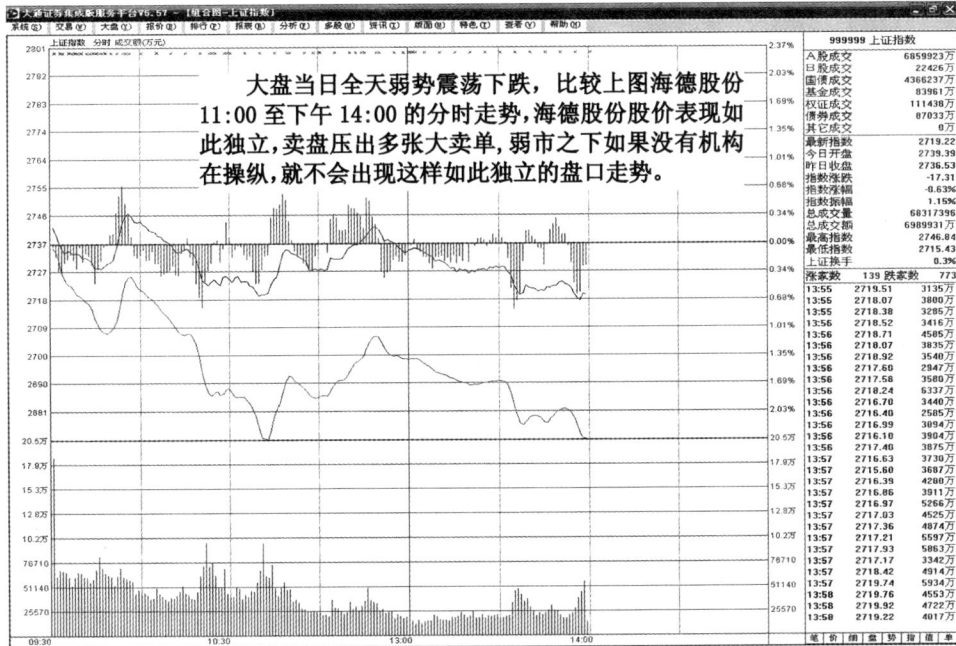

大盘当日全天弱势震荡下跌,比较上图海德股份11:00至下午14:00的分时走势,海德股份股价表现如此独立,卖盘压出多张大卖单,弱市之下如果没有机构在操纵,就不会出现这样如此独立的盘口走势。

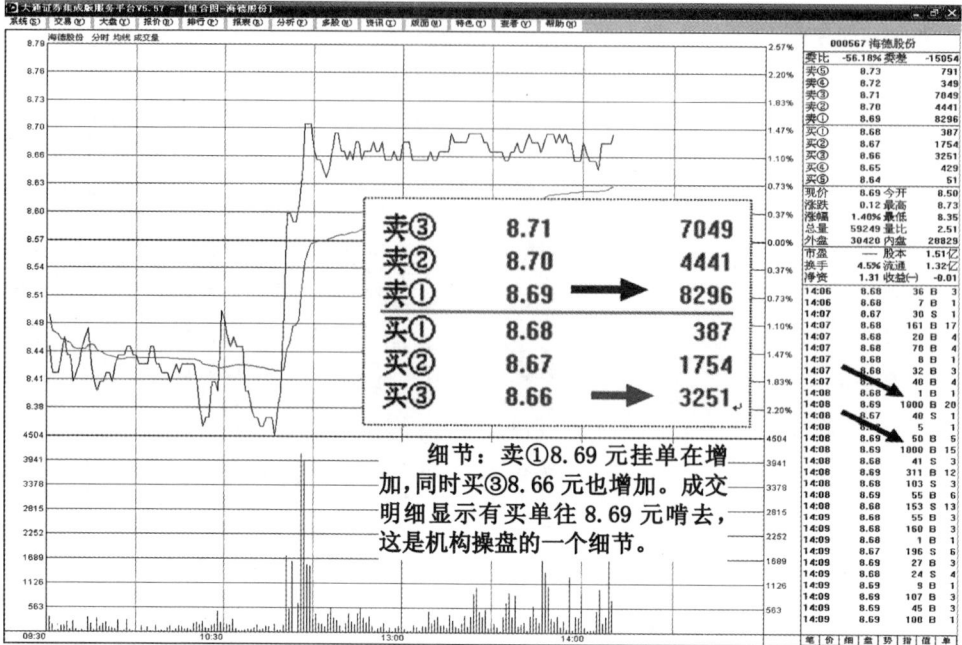

细节：卖①8.69元挂单在增加，同时买③8.66元也增加。成交明细显示有买单往8.69元啃去，这是机构操盘的一个细节。

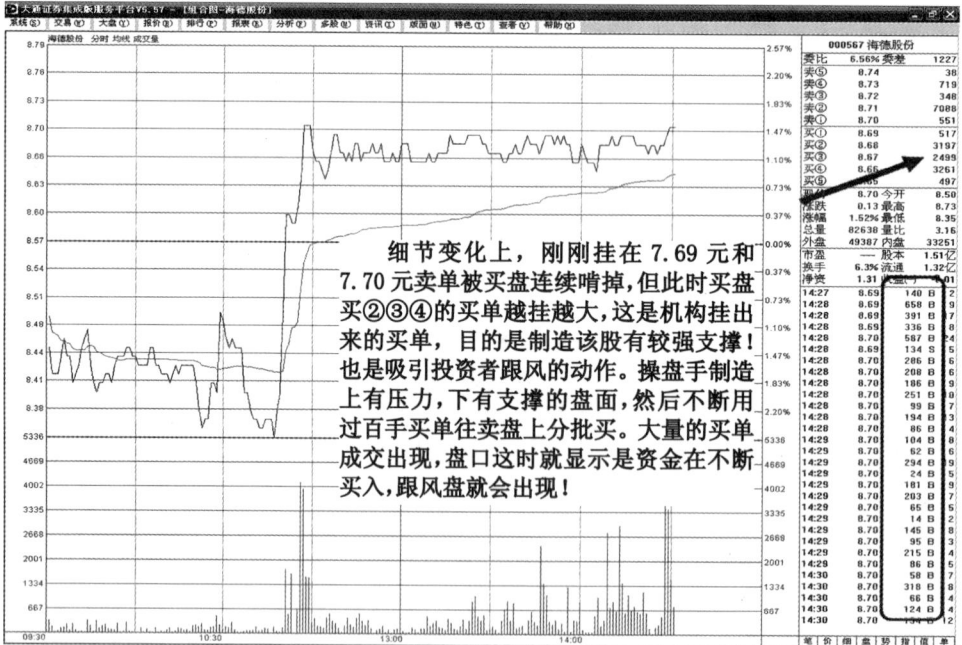

细节变化上，刚刚挂在7.69元和7.70元卖单被买盘连续啃掉，但此时买盘买②③④的买单越挂越大，这是机构挂出来的买单，目的是制造该股有较强支撑！也是吸引投资者跟风的动作。操盘手制造上有压力，下有支撑的盘面，然后不断用过百手买单往卖盘上分批买。大量的买单成交出现，盘口这时就显示是资金在不断买入，跟风盘就会出现！

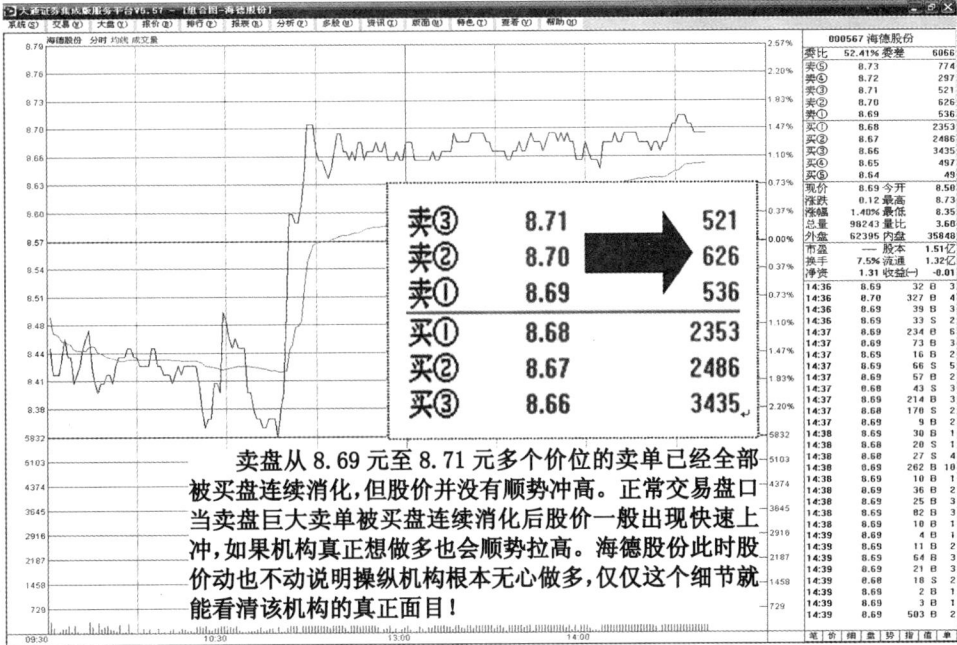

卖③ 8.71 → 521
卖② 8.70 → 626
卖① 8.69 → 536
买① 8.68 2353
买② 8.67 2486
买③ 8.66 3435

　　卖盘从 8.69 元至 8.71 元多个价位的卖单已经全部被买盘连续消化，但股价并没有顺势冲高。正常交易盘口当卖盘巨大卖单被买盘连续消化后股价一般出现快速上冲，如果机构真正想做多也会顺势拉高。海德股份此时股价动也不动说明操纵机构根本无心做多，仅仅这个细节就能看清该机构的真正面目！

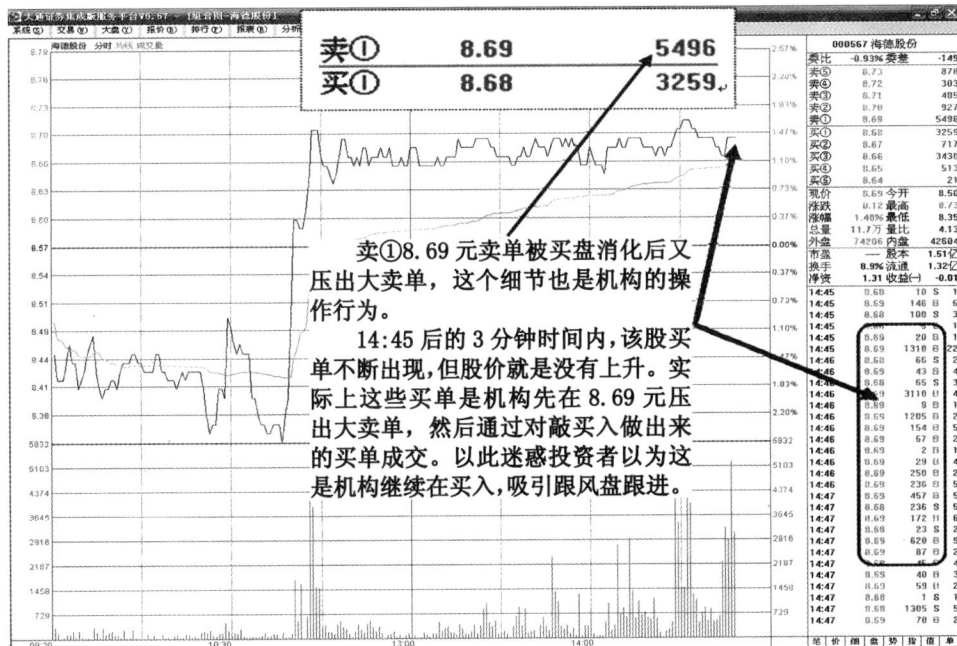

卖① 8.69 5496
买① 8.68 3259

　　卖①8.69 元卖单被买盘消化后又压出大卖单，这个细节也是机构的操作行为。

　　14:45 后的 3 分钟时间内，该股买单不断出现，但股价就是没有上升。实际上这些买单是机构先在 8.69 元压出大卖单，然后通过对敲买入做出来的买单成交。以此迷惑投资者以为这是机构继续在买入，吸引跟风盘跟进。

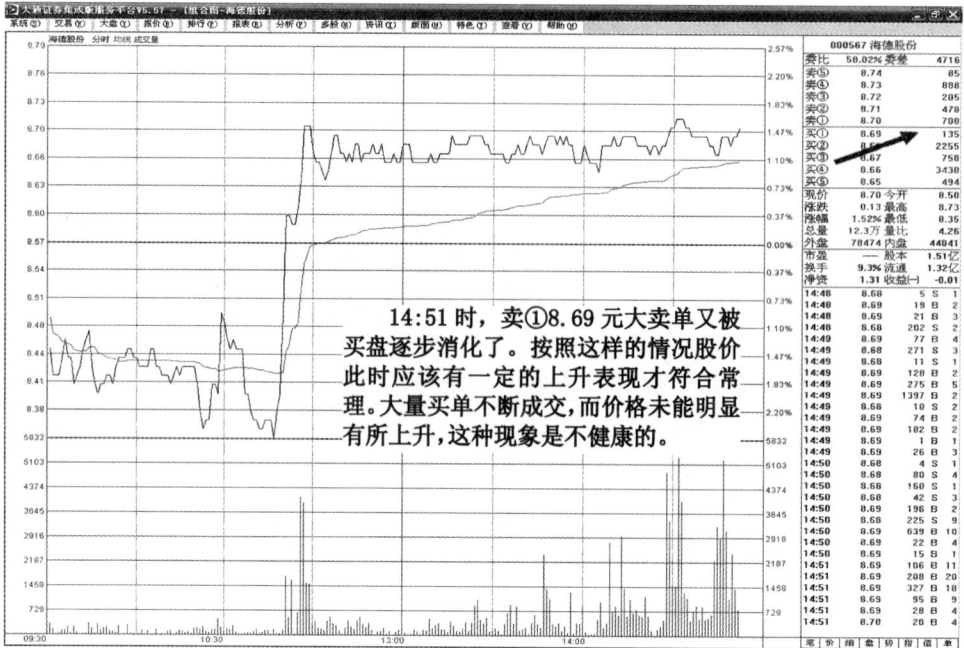

14:51时，卖①8.69元大卖单又被买盘逐步消化了。按照这样的情况股价此时应该有一定的上升表现才符合常理。大量买单不断成交，而价格未能明显有所上升，这种现象是不健康的。

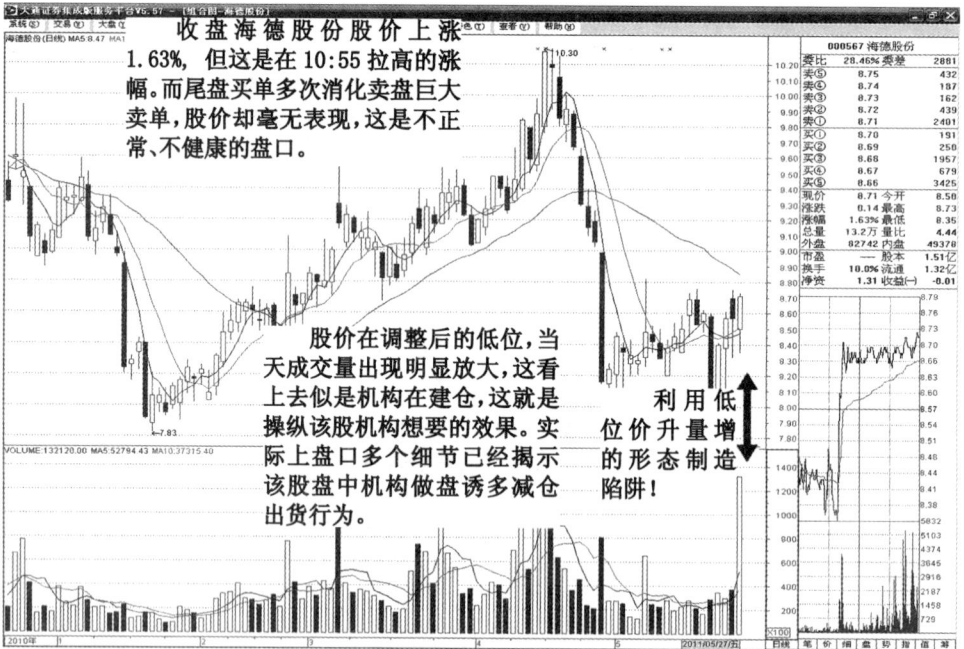

收盘海德股份股价上涨1.63%，但这是在10:55拉高的涨幅。而尾盘买单多次消化卖盘巨大卖单，股价却毫无表现，这是不正常、不健康的盘口。

股价在调整后的低位，当天成交量出现明显放大，这看上去似是机构在建仓，这就是操纵该股机构想要的效果。实际上盘口多个细节已经揭示该股盘中机构做盘诱多减仓出货行为。

利用低位价升量增的形态制造陷阱！

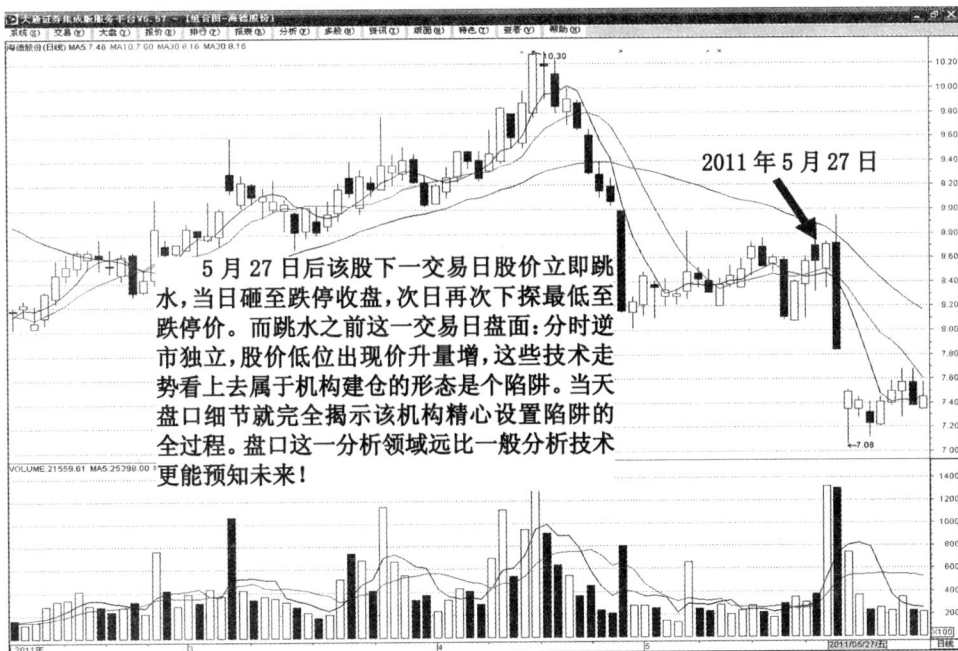

5月27日后该股下一交易日股价立即跳水，当日砸至跌停收盘，次日再次下探最低至跌停价。而跳水之前这一交易日盘面：分时逆市独立，股价低位出现价升量增，这些技术走势看上去属于机构建仓的形态是个陷阱。当天盘口细节就完全揭示该机构精心设置陷阱的全过程。盘口这一分析领域远比一般分析技术更能预知未来！

2011 年 5 月 27 日

主力操盘神龙见首不见尾

研究主力行踪逐渐成为技术分析的主要发展方向。股票市场上流行的看盘软件、商业软件、指标分析等都少不了以主力动向、主力筹码统计等为宣传噱头！主力以庞大的资金、高超的操盘技巧操纵股价已不是新鲜事。个股股价中短期波动在主力操纵下大起大落相当明显，大资金的进出严重影响股价短期的涨跌，真正位于主力行列的内行人士和经验丰富的老股民都深知这一点。中短线操作跟着大资金、跟着主力进出是最有效的操作方法。

想跟庄就必先知道主力的活动情况，了解主力在个股中的进出情况才能跟着庄走。相当多商业股票软件号称具有监测主力进出功能，这些大部分都是利用几组特定的公式和算法对个股交易数据做一定的逻辑统计。在有机构明显操纵动作的个股中，这些数据很难体现出大主力真正进出活动情况。要清晰有效的监测主力在个股中的活动情况，目前市面还不存在这样的工具，投资者了解主力的活动可以从个股的交易盘口上获得一定的信息。下面以五洲交通(600368)主力活动在盘口上留下的痕迹为例讲解一下该主力的运作情况。

运作五洲交通的主力属于短线庄，2011年8月9日开始建仓然后连续拉高，之后进入出货派发阶段。该庄运作五洲交通总投入资金过亿,主力出货前的操作比较隐蔽难以发现,在出货时才大肆裸露现身。这类主力从开始建仓一只股票到拉高出货完毕一般在1个月之内完成。

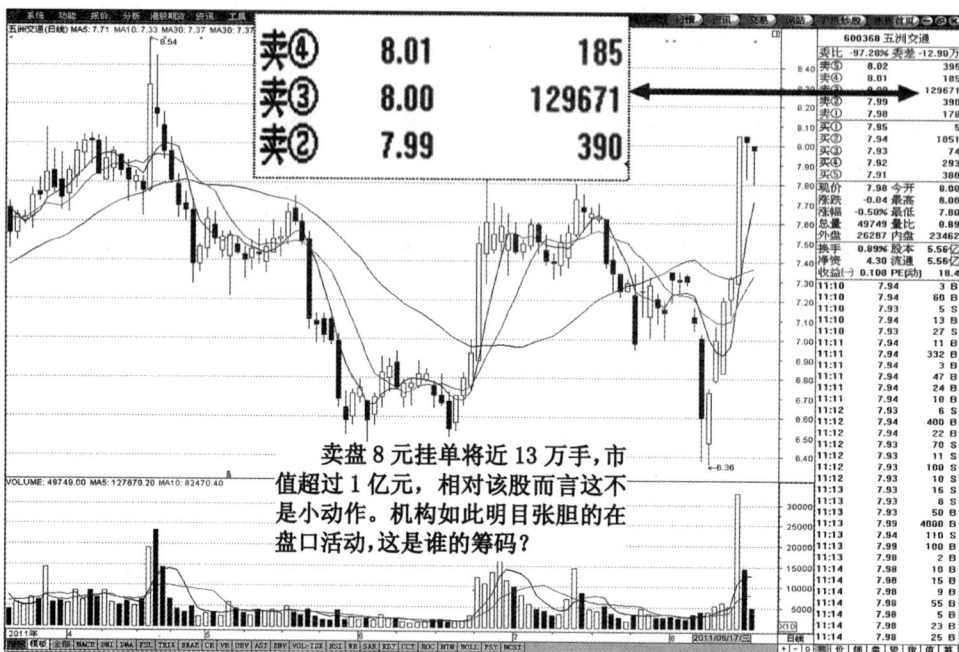

卖盘8元挂单将近13万手,市值超过1亿元,相对该股而言这不是小动作。机构如此明目张胆的在盘口活动,这是谁的筹码?

五洲交通十大流通股东(截止日期:2011-06-30　单位:万股)　A　户数:54046

股东名称	持股数	占流通股%	增减情况	股东性质
广西交通投资集团有限公司	18875.52	33.96	未变	公司
华建交通经济开发中心	7702.08	13.86	未变	公司
广西国宏经济发展集团有限公司	3720.00	6.69	未变	公司
陈镇其	273.17	0.49	2.41	个人
罗楚珠	231.76	0.42	1.66	个人
李吉军	168.30	0.30	2.21	个人
陈小斌	159.20	0.29	未变	个人
陈镇美	146.59	0.26	未变	个人
罗映宏	123.24	0.22	新增	个人
吴锦安	107.17	0.19	新增	个人

分析五洲交通2011年6月30日公布的十大流通股东数据，持股前三名属于原始大股东，第三名后全部是个人投资者，每人持股数量都在300万股以下。8月17日出现在五洲交通卖盘8元挂单将近1300万股由此更显神秘。如果不是原始大股东的操作行为，那么就是隐藏潜伏在五洲交通里面的主力所为。如果是主力所为，那么该主力显然是分仓持股，因此十大流通股东数据中根本无法显示出来，利用一般的公开数据和统计资料难以发现真正主力的踪迹。

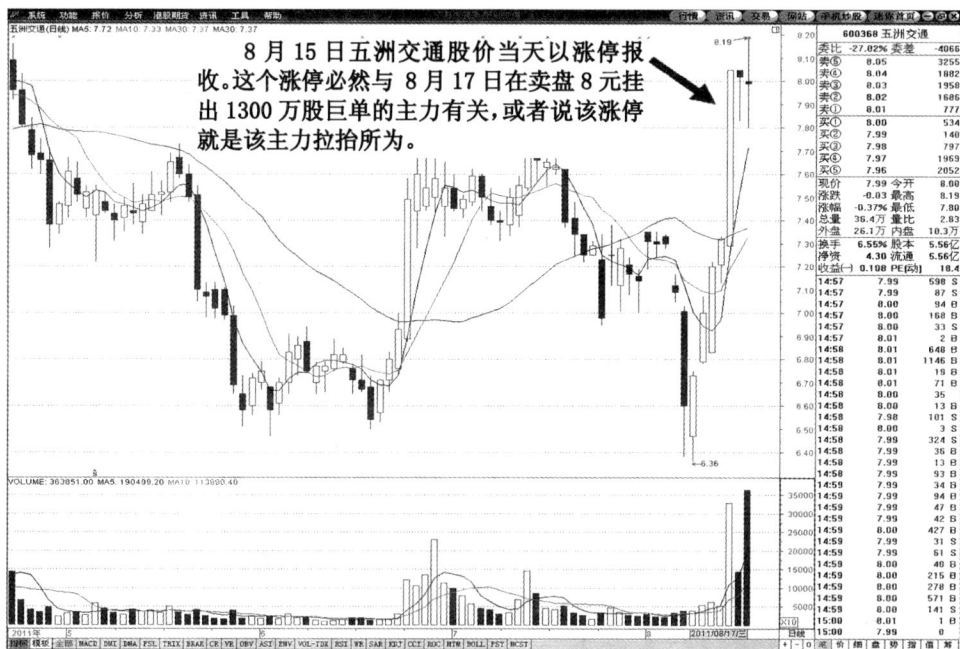

图中文字：8月15日五洲交通股价当天以涨停报收。这个涨停必然与8月17日在卖盘8元挂出1300万股巨单的主力有关，或者说该涨停就是该主力拉抬所为。

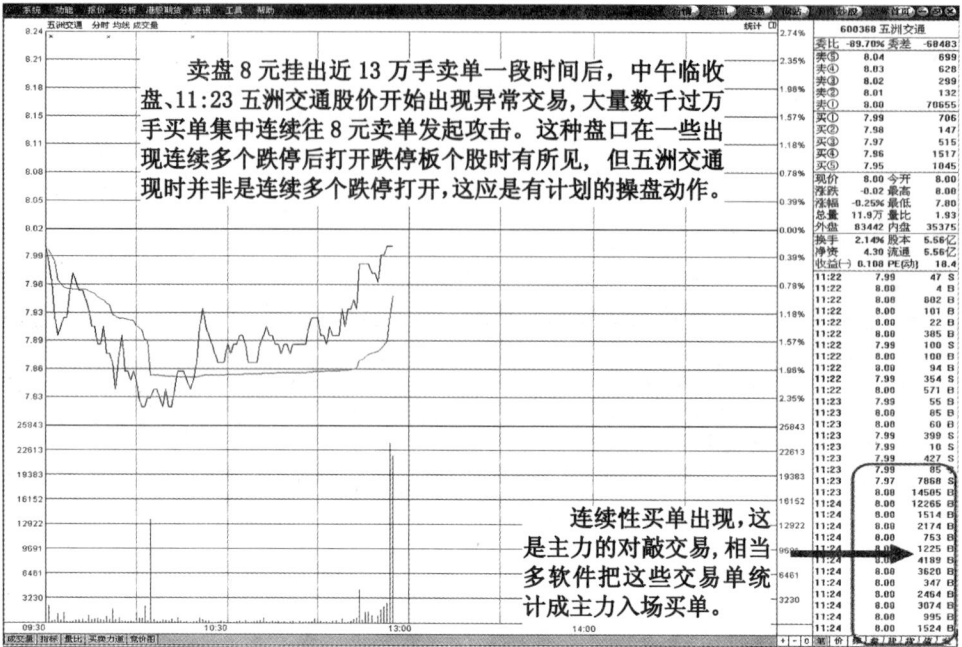

卖盘 8 元挂出近 13 万手卖单一段时间后，中午临收盘、11:23 五洲交通股价开始出现异常交易，大量数千过万手买单集中连续往 8 元卖单发起攻击。这种盘口在一些出现连续多个跌停后打开跌停板个股时有所见，但五洲交通现时并非是连续多个跌停打开，这应是有计划的操盘动作。

连续性买单出现，这是主力的对敲交易，相当多软件把这些交易单统计成主力入场买单。

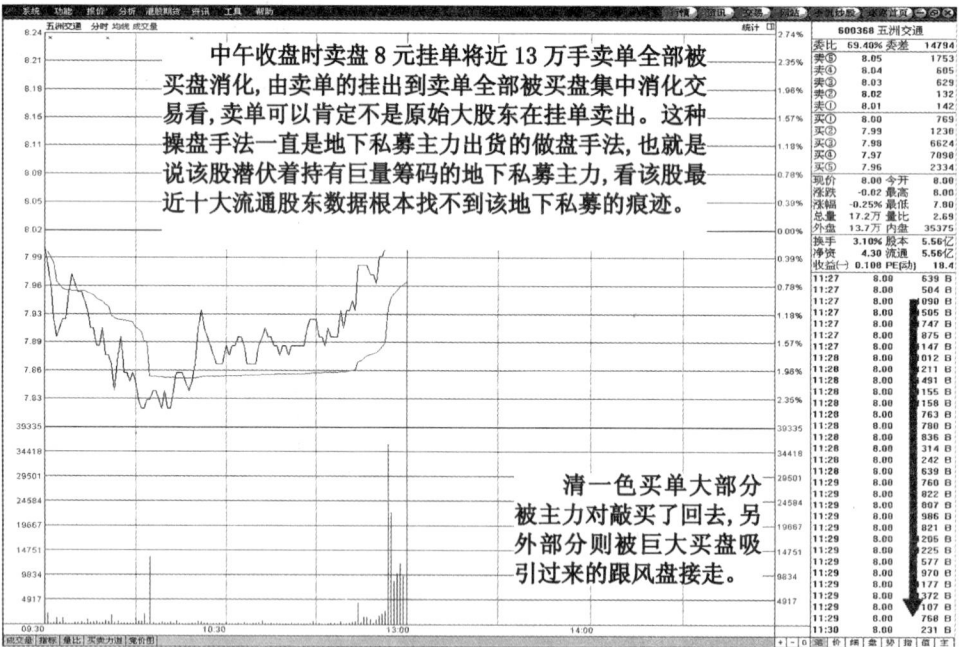

中午收盘时卖盘 8 元挂单将近 13 万手卖单全部被买盘消化，由卖单的挂出到卖单全部被买盘集中消化交易看，卖单可以肯定不是原始大股东在挂单卖出。这种操盘手法一直是地下私募主力出货的做盘手法，也就是说该股潜伏着持有巨量筹码的地下私募主力，看该股最近十大流通股东数据根本找不到该地下私募的痕迹。

清一色买单大部分被主力对敲买了回去，另外部分则被巨大买盘吸引过来的跟风盘接走。

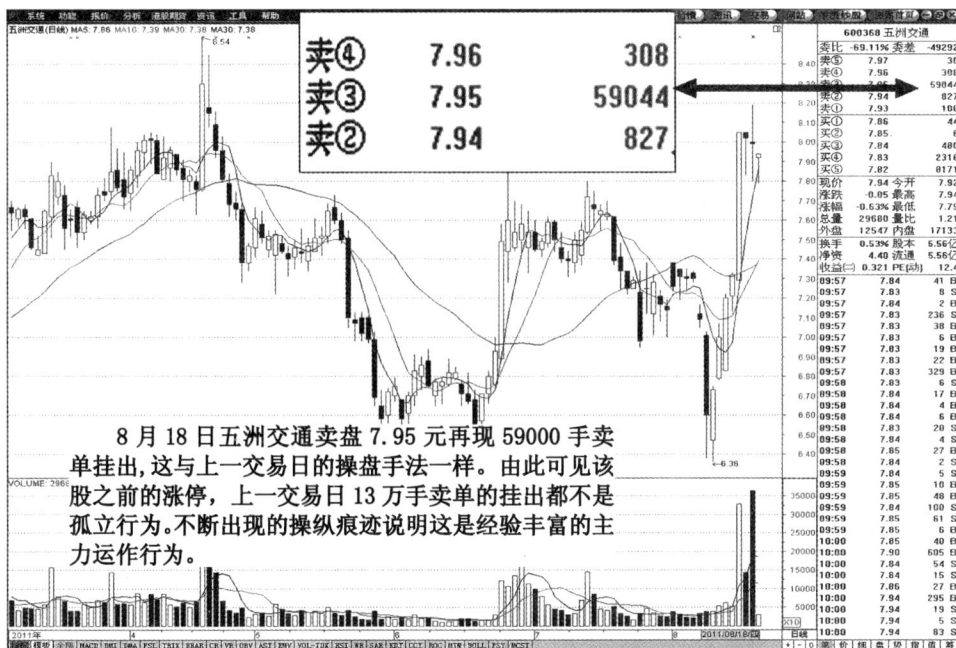

卖④	7.96	308
卖③	7.95	59044
卖②	7.94	827

8月18日五洲交通卖盘7.95元再现59000手卖单挂出，这与上一交易日的操盘手法一样。由此可见该股之前的涨停，上一交易日13万手卖单的挂出都不是孤立行为。不断出现的操纵痕迹说明这是经验丰富的主力运作行为。

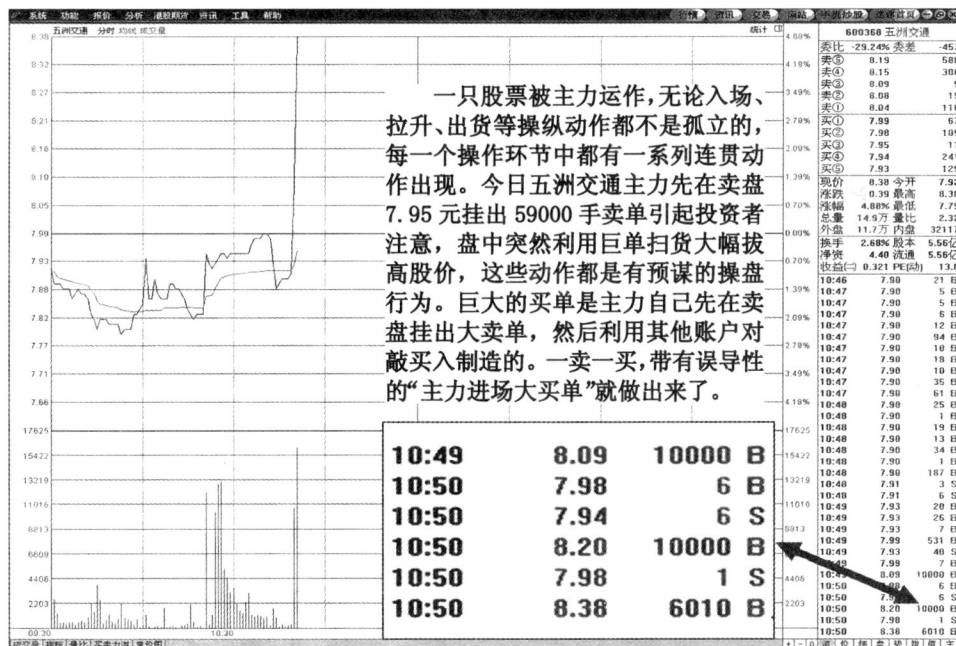

一只股票被主力运作，无论入场、拉升、出货等操纵动作都不是孤立的，每一个操作环节中都有一系列连贯动作出现。今日五洲交通主力先在卖盘7.95元挂出59000手卖单引起投资者注意，盘中突然利用巨单扫货大幅拔高股价，这些动作都是有预谋的操盘行为。巨大的买单是主力自己先在卖盘挂出大卖单，然后利用其他账户对敲买入制造的。一卖一买，带有误导性的"主力进场大买单"就做出来了。

10:49	8.09	10000	B
10:50	7.98	6	B
10:50	7.94	6	S
10:50	8.20	10000	B
10:50	7.98	1	S
10:50	8.38	6010	B

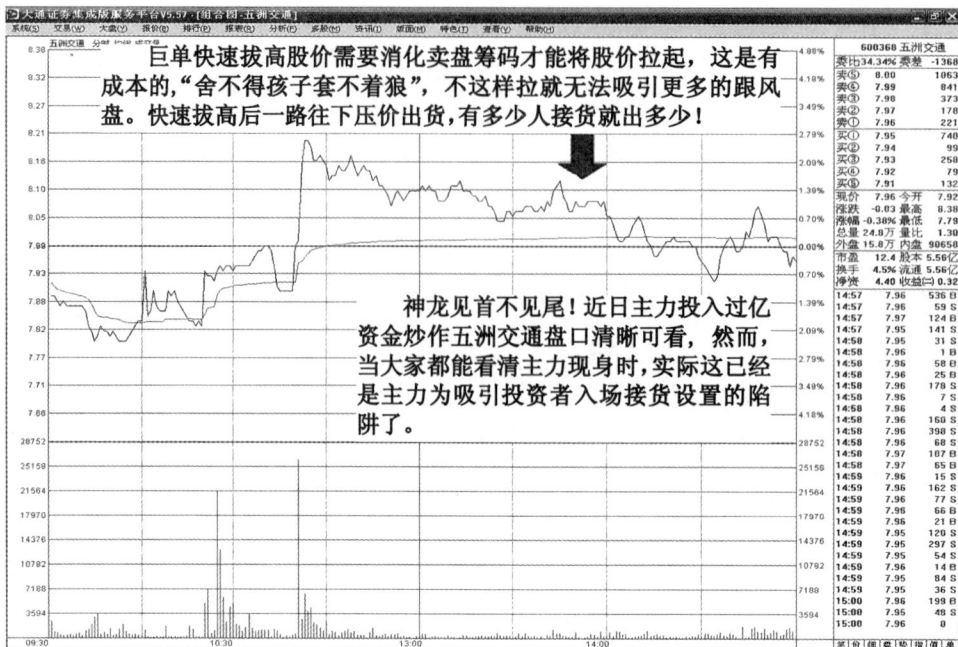

巨单快速拔高股价需要消化卖盘筹码才能将股价拉起，这是有成本的，"舍不得孩子套不着狼"，不这样拉就无法吸引更多的跟风盘。快速拔高后一路往下压价出货，有多少人接货就出多少！

神龙见首不见尾！近日主力投入过亿资金炒作五洲交通盘口清晰可看，然而，当大家都能看清主力现身时，实际这已经是主力为吸引投资者入场接货设置的陷阱了。

公开数据结合盘口走势分析主力进出技巧

个股价格短期波动，大资金的进出直接影响股价涨跌，短线操盘看大机构大资金的动向，比看其他方面的东西分析更直接更有效。部分个股涨停或交易达到交易所公开条件后，每日收市下午17:00就会公布当天买卖前5名证券营业部的买卖数据。当手上持有的个股有公开数据可看时就应认真研究做分析，或者想买这些品种时也应该去做这些数据的分析。通过数据了解有没有主力在活动、进还是出、规模大小如何等。公开数据能大概了解大机构的进出情况，如果个股连续多日有交易数据公布，那么大机构的进出情况就能看得更清楚。

大机构进出在数据中体现，在个股交易盘口和分时走势中多时也明显可见机构活动痕迹。大机构无论是有计划操纵股价，还是正常的进出买卖，资金大了就免不了在交易过程中对股价产生影响。通过分析目标股票公开数据，结合目标股票盘口和分时走势等可以清楚了解大机构进出做盘行为。

下面以晶盛机电为案例，剖析大机构资金在该股中进出对其盘口和分时走势产生的影响。

N晶盛：2012年5月11日　　　　　无价格涨跌幅限制

N晶盛（代300316）　涨跌幅：5.70%　成交量：1589万股　成交金额：54803万元

买入金额最大的前5名营业部	买入金额（元）	卖出金额（元）
国泰君安证券顺德大良证券营业部	31245578.58	410325.00
中国银河证券上海上南路证券营业部	15434783.70	356157.00
海通证券北京中关村南大街证券营业部	9405860.00	381250.00
万和证券深圳笋岗东路证券营业部	8766207.20	35010.00
信达证券大连中山路证券营业部	8128139.30	85870.00

卖出金额最大的前5名营业部	买入金额（元）	卖出金额（元）
国信证券南京洪武路证券营业部	229075.00	5748668.37
海通证券南京常府街证券营业部	55718.00	4891103.90
国信证券成都二环路证券营业部	109857.00	4421701.00
国信证券深圳泰然九路证券营业部	2023230.80	2662051.40
国信证券上海北京东路证券营业部	3484641.90	2579052.24

　　在晶盛机电2012年5月11日上市首日，潜伏在国泰君安证券顺德大良证券营业部一机构大量买入3124万元，这是该股当日买入金额最大的营业部。暂且不论该机构当日大量买入对晶盛机电股价影响有多大，先看后市该机构出货时在盘面上对该股影响情况如何。

深圳证券市场2012年5月14日创业板交易公开信息

晶盛机电（300316）　换手率：51.62%　成交量：1381万股　成交金额：48392万元

买入金额最大的前5名营业部	买入金额（元）	卖出金额（元）
国泰君安证券顺德大良证券营业部	16989340.70	15192923.63
光大证券上海斜土路证券营业部	6024255.60	53845.00
中信证券上海巨鹿路证券营业部	4506812.00	6934.00
中信证券（浙江）福州连江北路证券营业部	4366789.00	90460.00
东方证券上海鹤庆路证券营业部	3883365.00	346300.00

卖出金额最大的前5名营业部	买入金额(元)	卖出金额(元)
国泰君安证券顺德大良证券营业部	16989340.70	15192923.63
万和证券深圳笋岗东路证券营业部	1774395.00	8887650.00
海通证券北京中关村南大街证券营业部	0.00	8379444.44
信达证券大连中山路证券营业部	2190727.86	7862881.40
宏源证券长沙韶山北路证券营业部	62243.00	6739246.60

2012年5月14日（周一）晶盛机电上市次日，因换手率达到51.62%，深交所再次公开晶盛机电当日交易数据。数据显示，国泰君安证券顺德大良证券营业部在上一交易日大量买进3124万元后，当日再度出手买入1698万元，同时当日也减仓卖出了1519万元。机构又进又出目的何在？分析这些数据需要有丰富的经验才能看得懂。下面从晶盛机电当日盘中分时走势去寻找该机构又进又出的操盘答案。

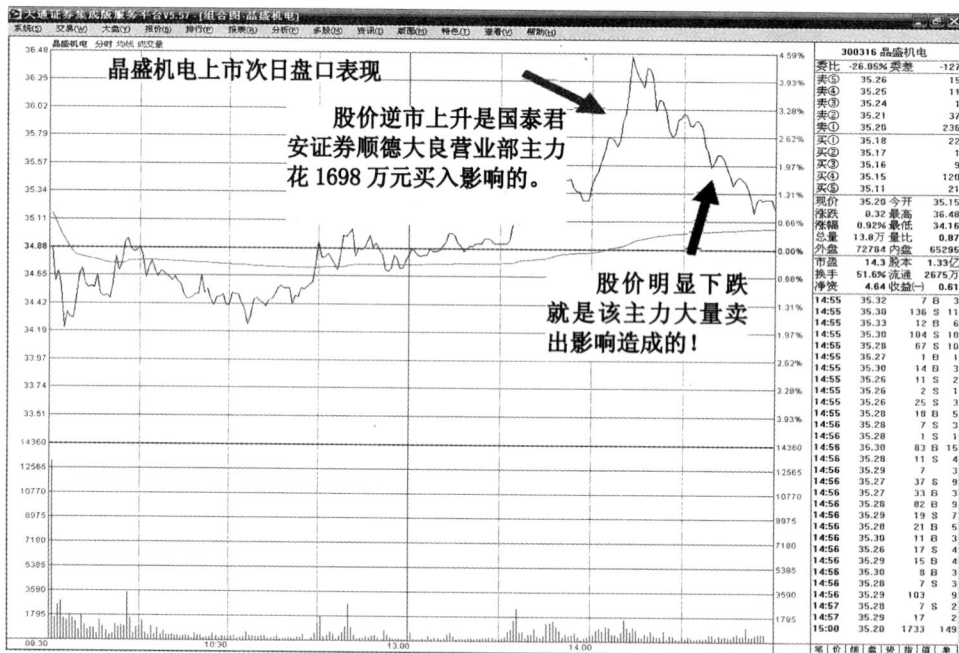

晶盛机电上市首日国泰君安证券顺德大良证券营业部一主力买入3124万元。进去了要盈利出来，要么等其他机构入场拉高，要么自己花钱出力拉高。别的机构不拉，主力就唯有自己花钱出力拉高才能实现盈利。晶盛机电当日下午13:57—14:12股价明显逆市上升，这是前一日进场的国泰君安证券顺德大良证券营业部主力花1698万元买入拉高影响的。拉高后主力开始主动减仓出货。

14:12至收盘时段，晶盛机电股价出现明显下跌，则是该主力减仓卖出1519万元带来的直接影响造成的。大资金在个股中进出总会留下蛛丝马迹，个股如有公开数据结合盘口就能清晰展示其操盘大概过程。

不能与之为伍的主力及其操盘细节

物以类聚，人以群分。人有人格，脾性分强弱。但凡世间所见成大事者都有着独立的人格魅力，脾性显强。什么样的人做什么样的事，现实中胆小懦弱者成就不了惊天动地之大事。

话说股票市场中机构操盘界也存在这样的情况。有的机构拿着大把大把钞票与筹码盘踞在某些股票中，但其股价就是没有好的表现。大盘好时股价升幅还没有跑赢指数，指数跌时股价跌幅远远跑在前面。除了市场原因，这与盘踞该股中的主力操盘手性格等有着直接的关系。本文以金山股份的表现为例，展示主力运作的一些盘口操盘细节，看看一个不能与之为伍的操盘手的做盘痕迹，让大家认识认识不能与之为伍的主力做盘盘口特征。

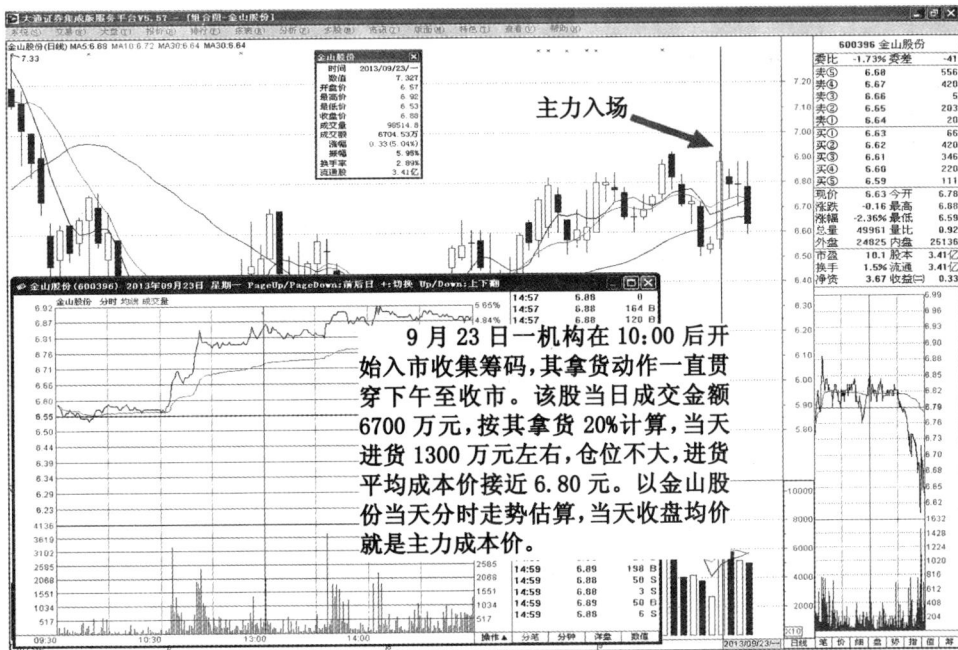

9月23日一机构在10:00后开始入市收集筹码，其拿货动作一直贯穿下午至收市。该股当日成交金额6700万元，按其拿货20%计算，当天进货1300万元左右，仓位不大，进货平均成本价接近6.80元。以金山股份当天分时走势估算，当天收盘均价就是主力成本价。

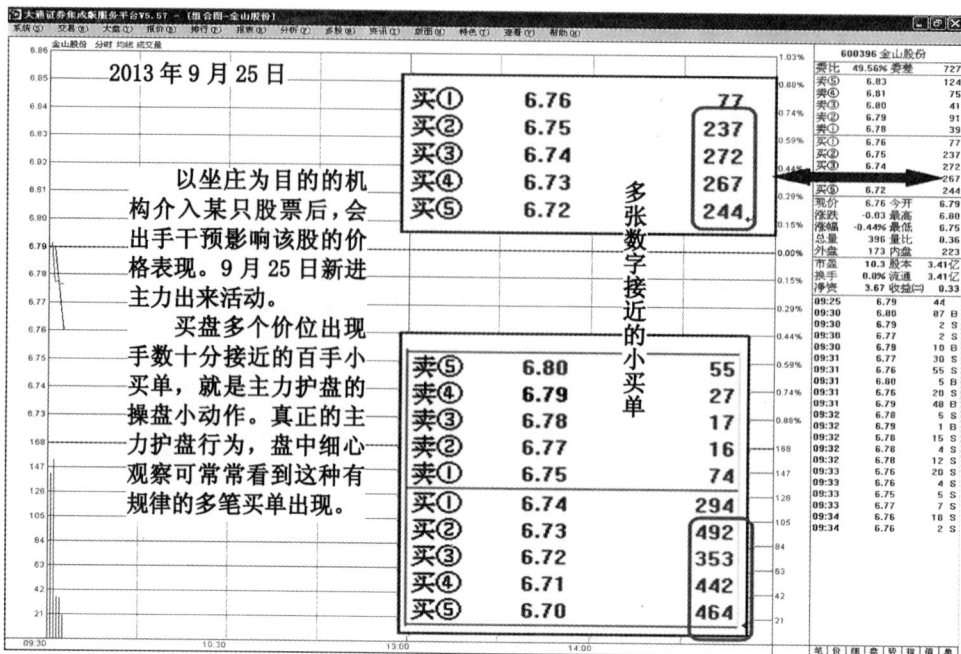

2013 年 9 月 25 日

以坐庄为目的的机构介入某只股票后,会出手干预影响该股的价格表现。9 月 25 日新进主力出来活动。

买盘多个价位出现手数十分接近的百手小买单,就是主力护盘的操盘小动作。真正的主力护盘行为,盘中细心观察可常常看到这种有规律的多笔买单出现。

买①	6.76	77
买②	6.75	237
买③	6.74	272
买④	6.73	267
买⑤	6.72	244

多张数字接近的小买单

卖⑤	6.80	55
卖④	6.79	27
卖③	6.78	17
卖②	6.77	16
卖①	6.75	74
买①	6.74	294
买②	6.73	492
买③	6.72	353
买④	6.71	442
买⑤	6.70	464

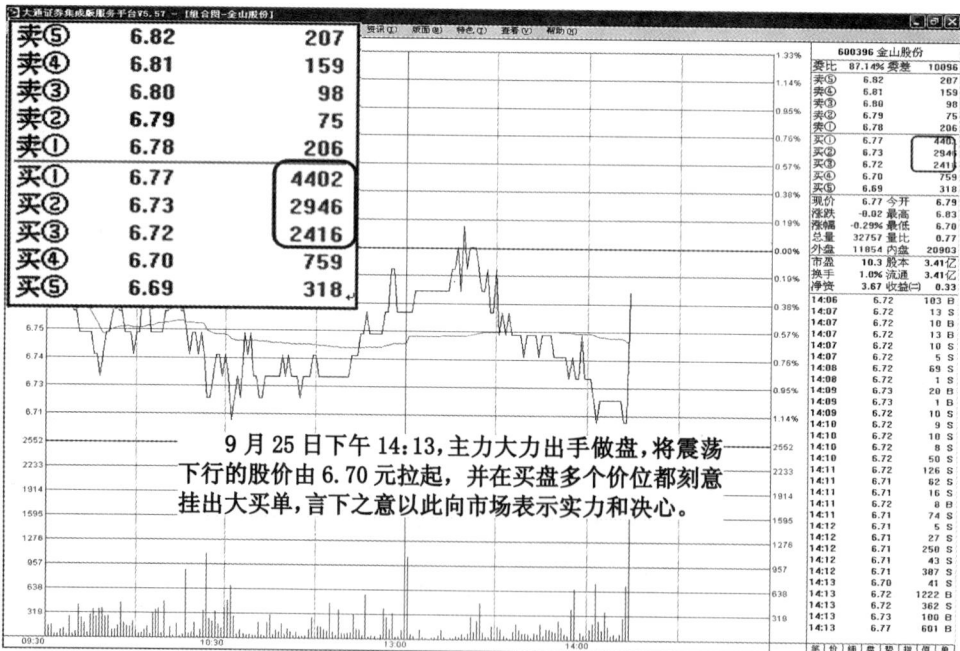

卖⑤	6.82	207
卖④	6.81	159
卖③	6.80	98
卖②	6.79	75
卖①	6.78	206
买①	6.77	4402
买②	6.73	2946
买③	6.72	2416
买④	6.70	759
买⑤	6.69	318

9 月 25 日下午 14:13,主力大力出手做盘,将震荡下行的股价由 6.70 元拉起,并在买盘多个价位都刻意挂出大买单,言下之意以此向市场表示实力和决心。

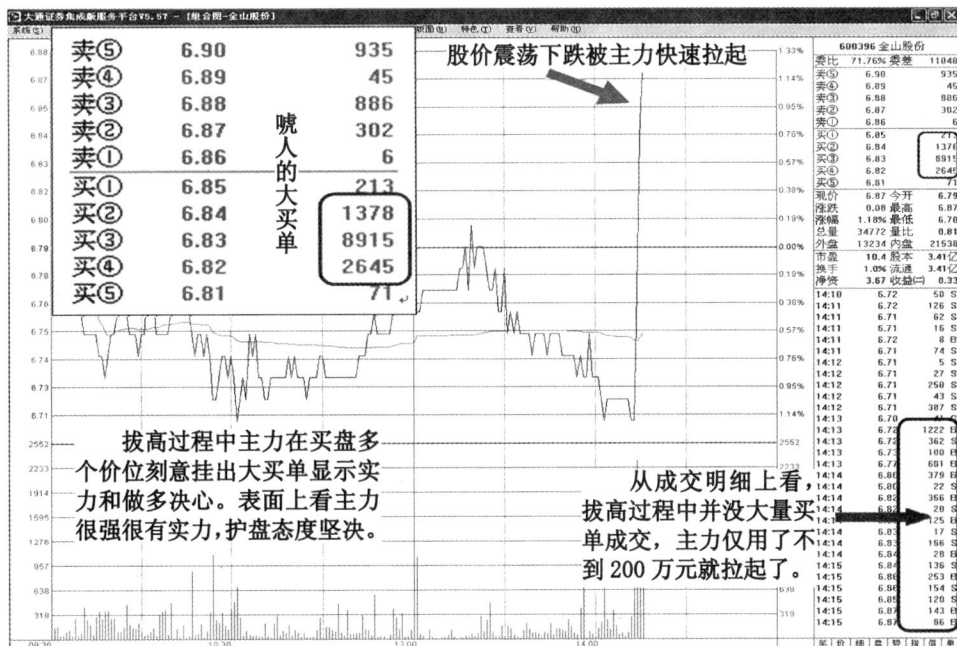

股价震荡下跌被主力快速拉起

唬人的大买单

拔高过程中主力在买盘多个价位刻意挂出大买单显示实力和做多决心。表面上看主力很强很有实力，护盘态度坚决。

从成交明细上看，拔高过程中并没大量买单成交，主力仅用了不到200万元就拉起了。

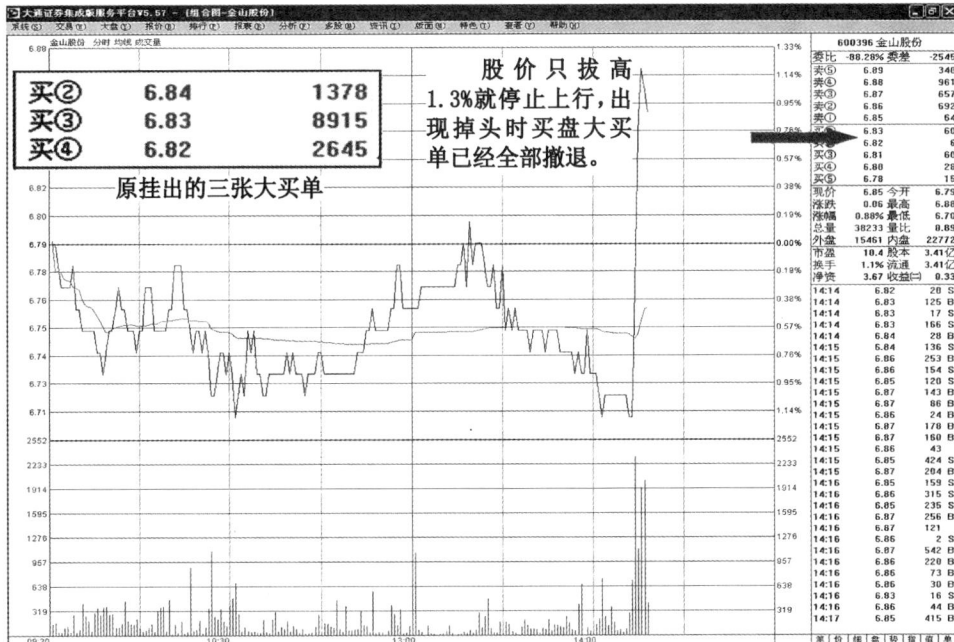

股价只拔高1.3%就停止上行，出现掉头时买盘大买单已经全部撤退。

原挂出的三张大买单

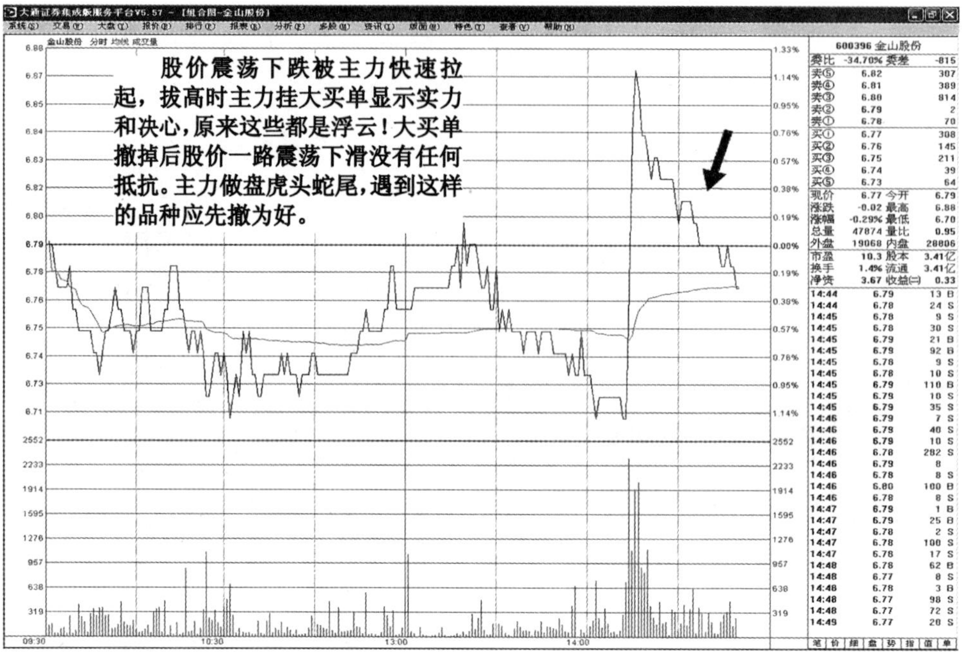

股价震荡下跌被主力快速拉起,拔高时主力挂大买单显示实力和决心,原来这些都是浮云!大买单撤掉后股价一路震荡下滑没有任何抵抗。主力做盘虎头蛇尾,遇到这样的品种应先撤为好。

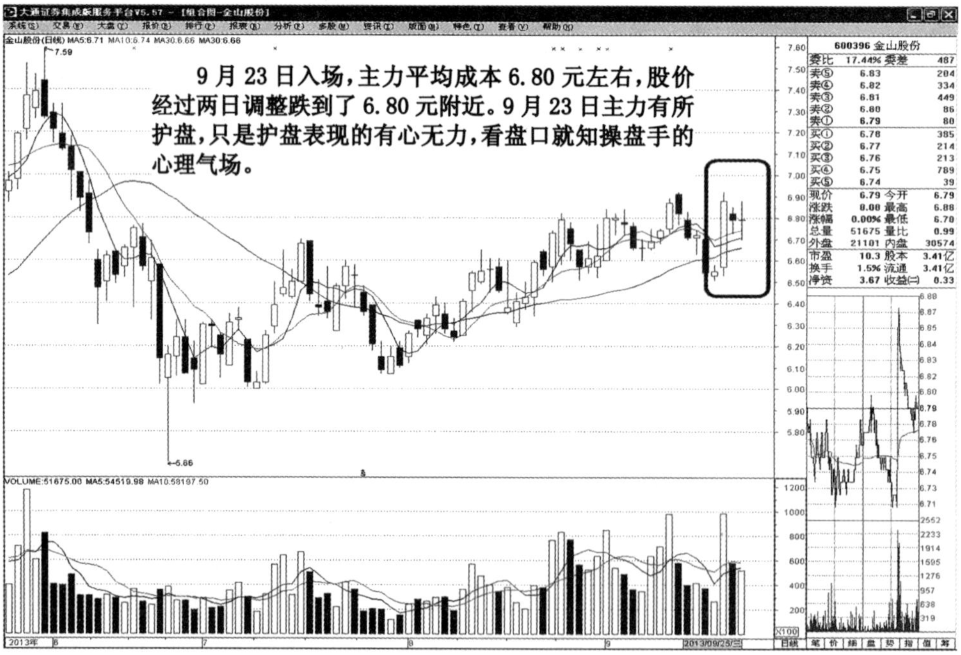

9月23日入场,主力平均成本6.80元左右,股价经过两日调整跌到了6.80元附近。9月23日主力有所护盘,只是护盘表现的有心无力,看盘口就知操盘手的心理气场。

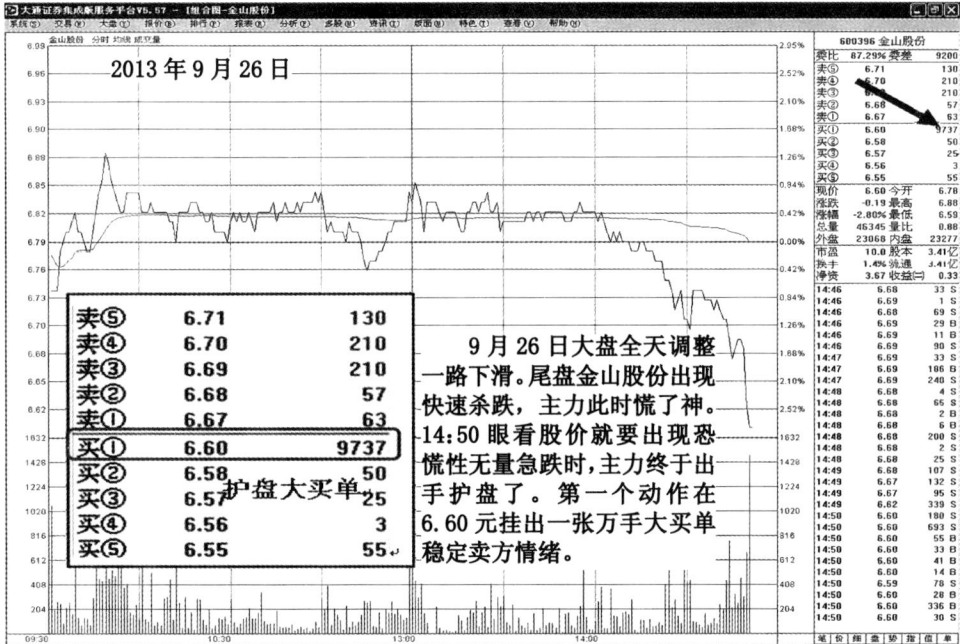

2013年9月26日

9月26日大盘全天调整一路下滑。尾盘金山股份出现快速杀跌，主力此时慌了神。14:50眼看股价就要出现恐慌性无量急跌时，主力终于出手护盘了。第一个动作在6.60元挂出一张万手大买单稳定卖方情绪。

卖⑤	6.71	130
卖④	6.70	210
卖③	6.69	210
卖②	6.68	57
卖①	6.67	63
买①	6.60	9737
买②	6.58	50
买③	6.57	25
买④	6.56	3
买⑤	6.55	55

护盘大买单

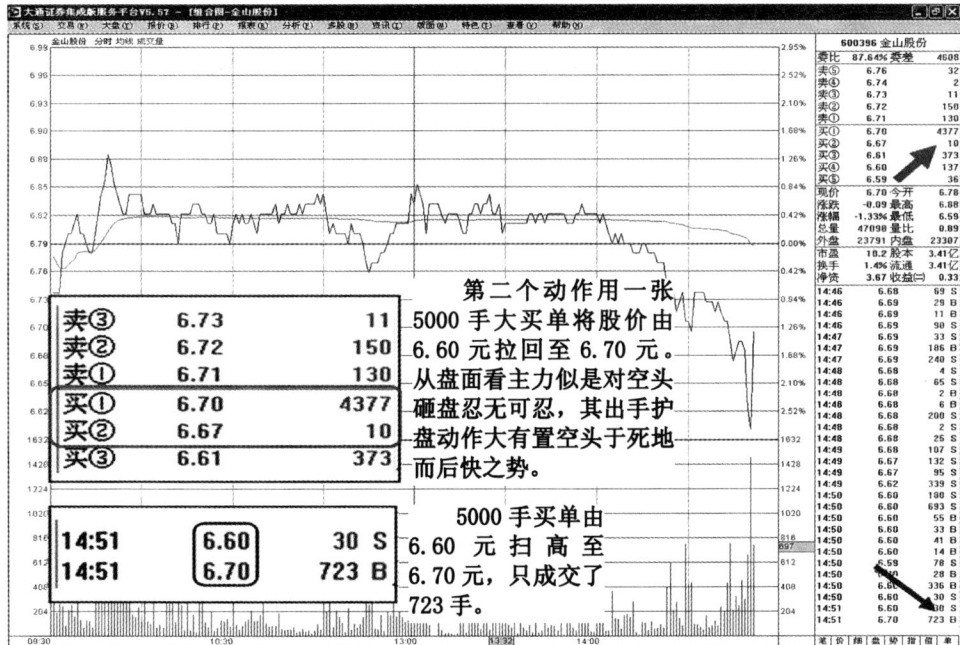

第二个动作用一张5000手大买单将股价由6.60元拉回至6.70元。从盘面看主力似是对空头砸盘忍无可忍，其出手护盘动作大有置空头于死地而后快之势。

卖③	6.73	11
卖②	6.72	150
卖①	6.71	130
买①	6.70	4377
买②	6.67	10
买③	6.61	373

5000手买单由6.60元扫高至6.70元，只成交了723手。

14:51	6.60	30 S
14:51	6.70	723 B

163

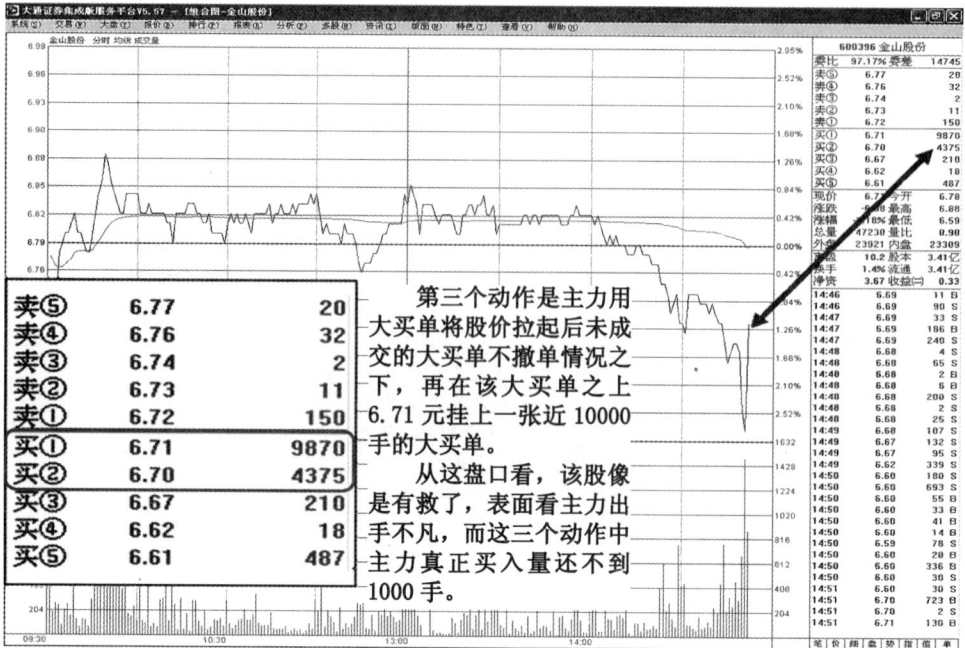

卖⑤	6.77	20
卖④	6.76	32
卖③	6.74	2
卖②	6.73	11
卖①	6.72	150
买①	6.71	9870
买②	6.70	4375
买③	6.67	210
买④	6.62	18
买⑤	6.61	487

第三个动作是主力用大买单将股价拉起后未成交的大买单不撤单情况之下，再在该大买单之上6.71元挂上一张近10000手的大买单。

从这盘口看，该股像是有救了，表面看主力出手不凡，而这三个动作中主力真正买入量还不到1000手。

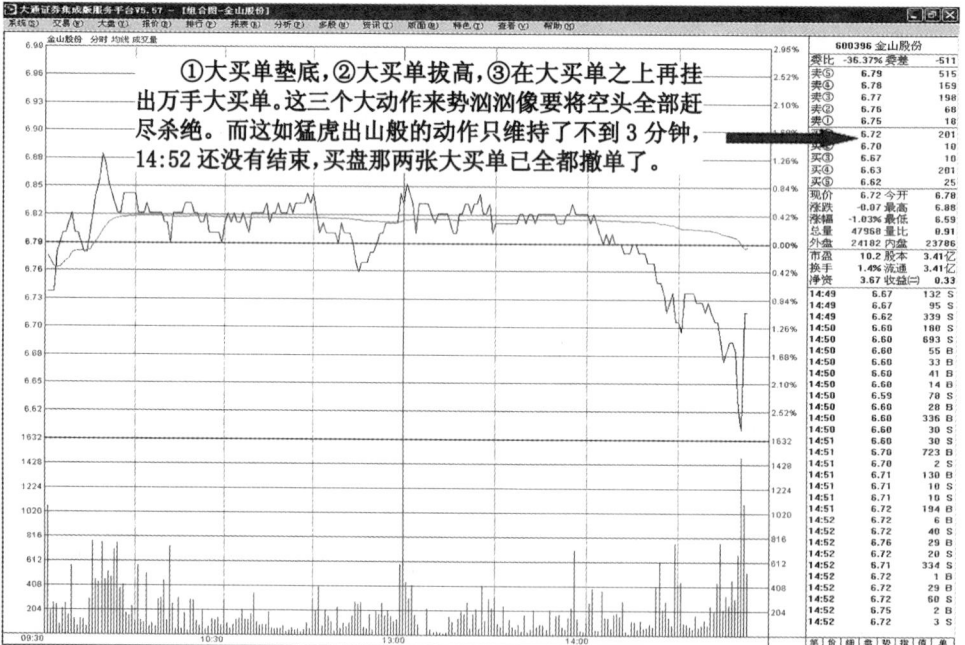

①大买单垫底，②大买单拔高，③在大买单之上再挂出万手大买单。这三个大动作来势汹汹像要将空头全部赶尽杀绝。而这如猛虎出山般的动作只维持了不到3分钟，14:52还没有结束，买盘那两张大买单已全都撤单了。

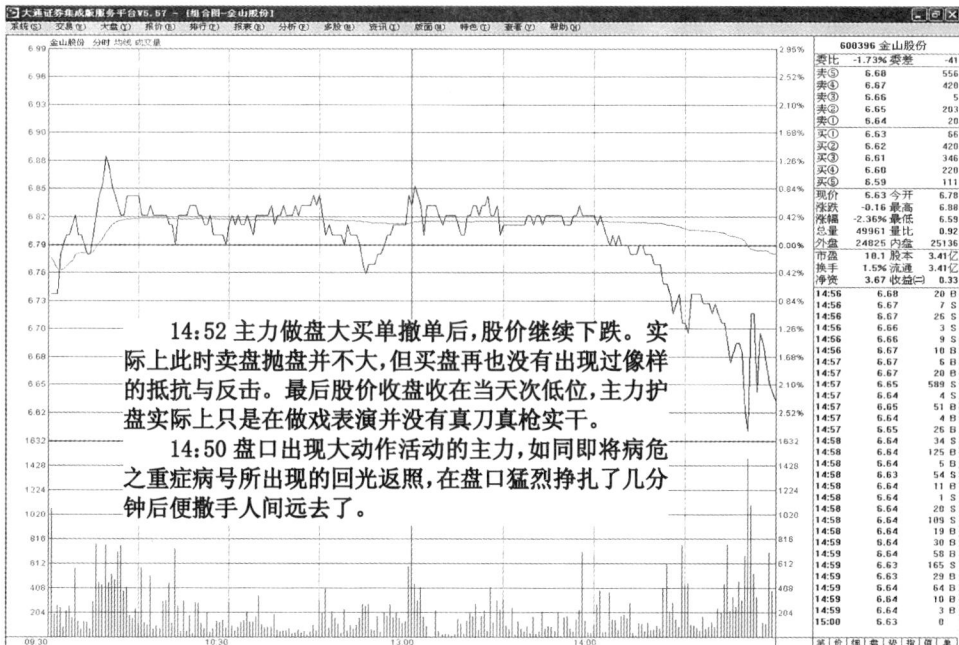

14:52 主力做盘大买单撤单后，股价继续下跌。实际上此时卖盘抛盘并不大，但买盘再也没有出现过像样的抵抗与反击。最后股价收盘收在当天次低位，主力护盘实际上只是在做戏表演并没有真刀真枪实干。

14:50 盘口出现大动作活动的主力，如同即将病危之重症病号所出现的回光返照，在盘口猛烈挣扎了几分钟后便撒手人间远去了。

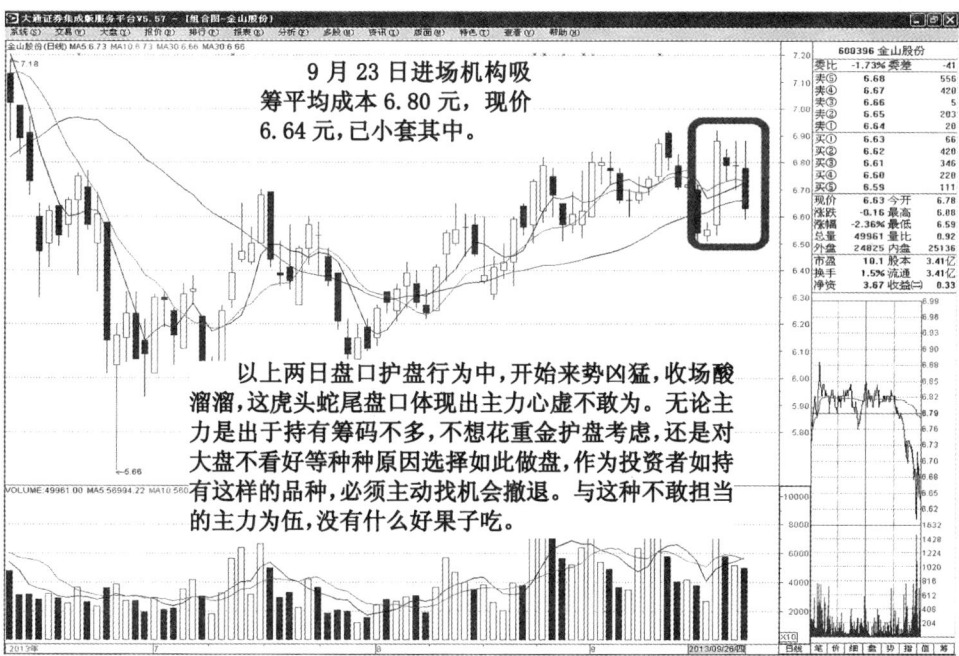

9月23日进场机构吸筹平均成本6.80元，现价6.64元，已小套其中。

以上两日盘口护盘行为中，开始来势凶猛，收场酸溜溜，这虎头蛇尾盘口体现出主力心虚不敢为。无论主力是出于持有筹码不多，不想花重金护盘考虑，还是对大盘不看好等种种原因选择如此做盘，作为投资者如持有这样的品种，必须主动找机会撤退。与这种不敢担当的主力为伍，没有什么好果子吃。

第三章　主力割肉砍仓出逃

主力自杀式出货之经典

对个股股价影响最大的自然是潜伏在个股中以操纵价格谋利为目的的主力，再且就是资金量或持股量较大的一般机构。导致主力机构自杀式出货的因素很多，如个股出现重大利空消息，大盘熊市末端股指恐慌性杀跌，主力资金链断裂等。

主力自杀式出逃方式有两种：

(1)连续砸跌停出货。

(2)连续大阴线砸盘出货。

主力自杀式出货连续砸跌停在个股日K线形态上是连续多个跌停板，在多个跌停后利用大量投资者入市抢反弹完成出逃。主力自杀式出货采用连续大阴线砸盘出货时，一路往下卖出有多少接盘就出多少。日K线形态表现出来的是连续下跌大阴线，经过连续杀跌多日后，该股短线跌幅一般达到或超过30%。个股出现主力机构自杀式出货是很恐怖的，无论他们采用哪一种出货方式股价短线都是暴跌。

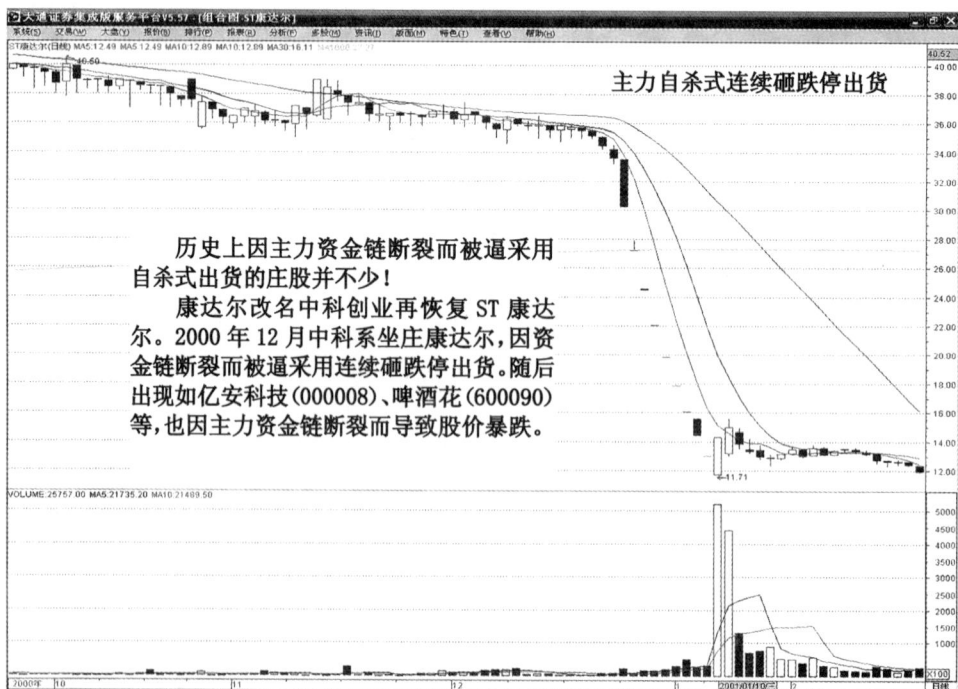

主力自杀式连续砸跌停出货

历史上因主力资金链断裂而被逼采用自杀式出货的庄股并不少！

康达尔改名中科创业再恢复 ST 康达尔。2000 年 12 月中科系坐庄康达尔，因资金链断裂而被逼采用连续砸跌停出货。随后出现如亿安科技(000008)、啤酒花(600090)等，也因主力资金链断裂而导致股价暴跌。

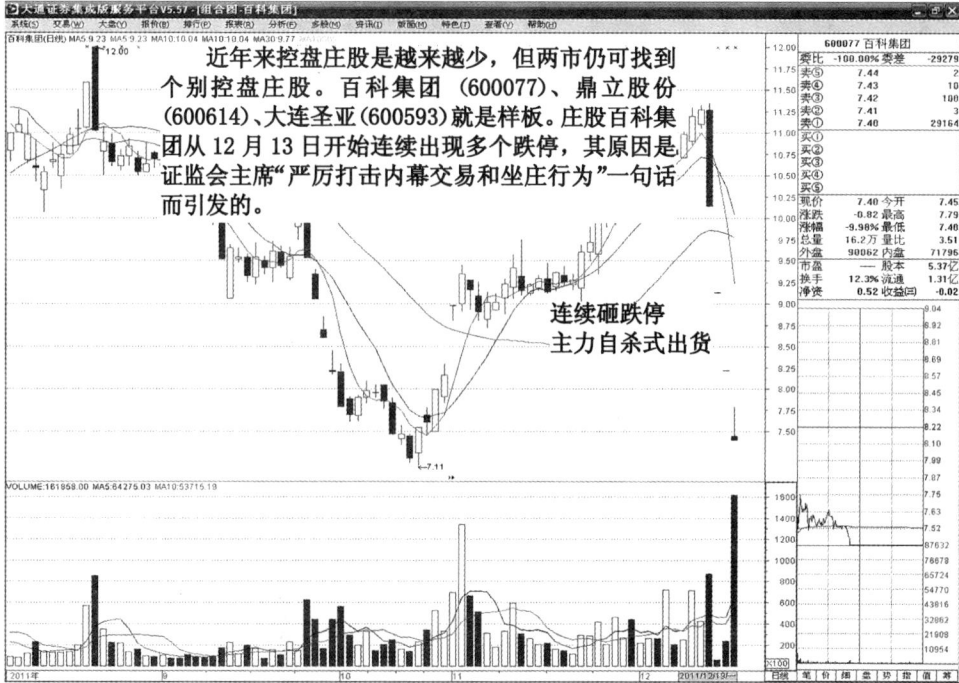

近年来控盘庄股是越来越少，但两市仍可找到个别控盘庄股。百科集团（600077）、鼎立股份（600614）、大连圣亚（600593）就是样板。庄股百科集团从12月13日开始连续出现多个跌停，其原因是证监会主席"严厉打击内幕交易和坐庄行为"一句话而引发的。

连续砸跌停
主力自杀式出货

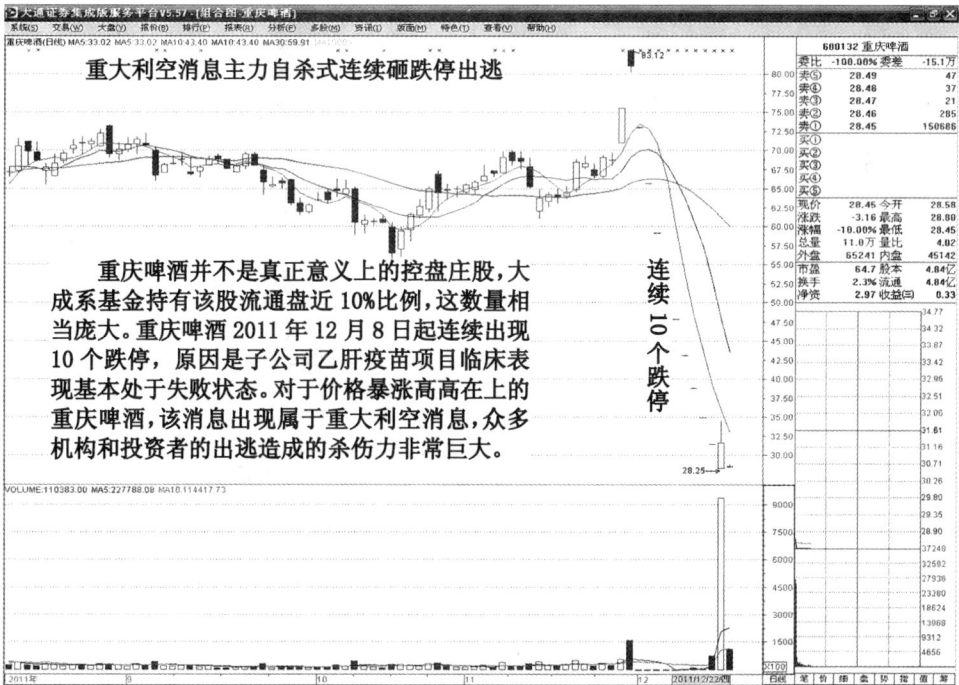

重大利空消息主力自杀式连续砸跌停出逃

重庆啤酒并不是真正意义上的控盘庄股，大成系基金持有该股流通盘近10%比例，这数量相当庞大。重庆啤酒2011年12月8日起连续出现10个跌停，原因是子公司乙肝疫苗项目临床表现基本处于失败状态。对于价格暴涨高高在上的重庆啤酒，该消息出现属于重大利空消息，众多机构和投资者的出逃造成的杀伤力非常巨大。

连续10个跌停

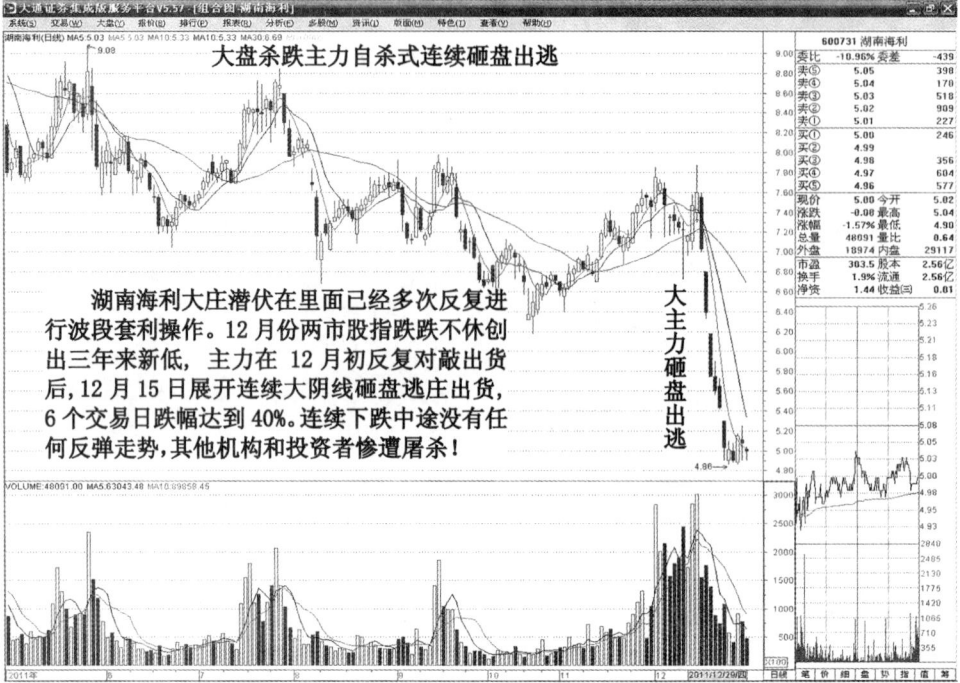

大盘杀跌主力自杀式连续砸盘出逃

大主力砸盘出逃

湖南海利大庄潜伏在里面已经多次反复进行波段套利操作。12月份两市股指跌跌不休创出三年来新低，主力在12月初反复对敲出货后，12月15日展开连续大阴线砸盘逃庄出货，6个交易日跌幅达到40%。连续下跌中途没有任何反弹走势，其他机构和投资者惨遭屠杀！

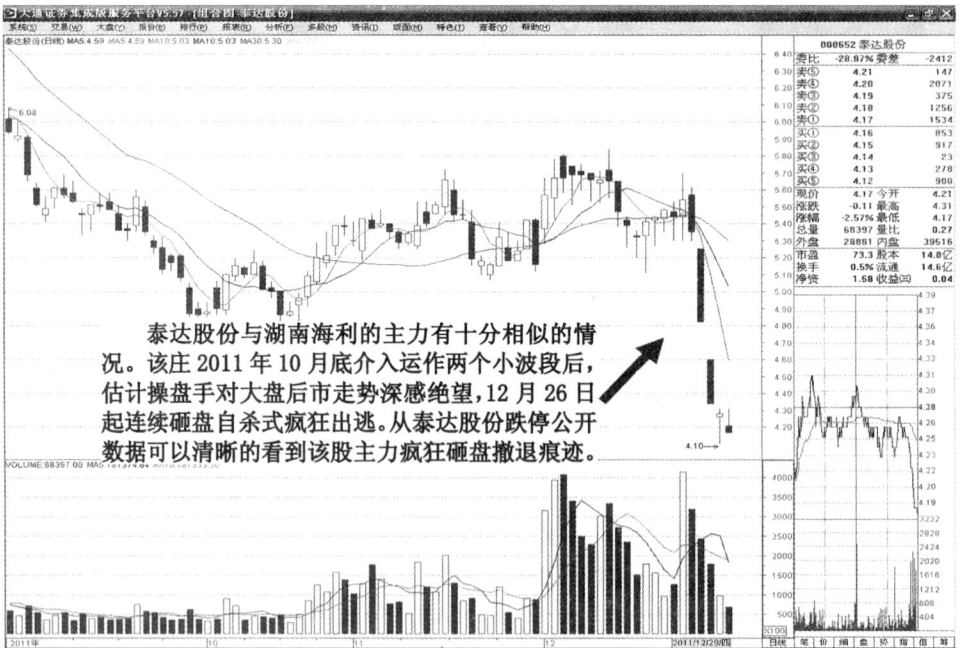

泰达股份与湖南海利的主力有十分相似的情况。该庄2011年10月底介入运作两个小波段后，估计操盘手对大盘后市走势深感绝望，12月26日起连续砸盘自杀式疯狂出逃。从泰达股份跌停公开数据可以清晰的看到该股主力疯狂砸盘撤退痕迹。

深圳证券市场2011年12月26日主板A股交易公开信息

泰达股份(000652)　　跌幅偏离值：-9.04%　成交量：2428万股　成交金额：11918万元

买入金额最大的前5名营业部	买入金额(元)	卖出金额(元)
渤海证券股份有限公司天津滨海新区		
新港三号路证券营业	5178938.54	174778.00
申银万国证券股份有限公司上海莘庄证券营业部	1800930.00	0.00
江海证券有限公司上海仁德路证券营业部	1570356.91	0.00
中信建投证券股份有限公司厦门凤山路证券营业部	1228503.00	23232.00
方正证券股份有限公司株洲新华路证券营业部	1087229.00	55008.00

卖出金额最大的前5名营业部	买入金额(元)	卖出金额(元)
山西证券股份有限公司太原府西街证券营业部	174820.00	5842255.64
光大证券股份有限公司宁波孝闻街证券营业部	4372.00	3889348.00
长江证券股份有限公司上海天钥桥路证券营业部	52988.00	2651000.00
国信证券股份有限公司义乌稠州北路证券营业部	11222.00	2088986.11
宏源证券股份有限公司大连开发区新桥路证券营业部	4840.00	1294275.00

深圳证券市场2011年12月27日主板A股交易公开信息

泰达股份(000652)　　　成交量：7397万股　　　成交金额：37020万元

异常期间：2011年12月23—27日　　累计跌幅偏离值：-20.52%

买入金额最大的前5名营业部	买入金额(元)	卖出金额(元)
山西证券股份有限公司太原府西街证券营业部	6990930.62	18202371.64
渤海证券股份有限公司天津滨海新区新港		
三号路证券营业	6093594.54	407040.50
申银万国证券股份有限公司上海莘庄证券营业部	5105389.00	9576.00
光大证券股份有限公司宁波孝闻街证券营业部	3881029.00	3905010.00
中信金通证券有限责任公司杭州市心南路		
证券营业部	2709574.91	1696572.00

卖出金额最大的前5名营业部	买入金额（元）	卖出金额（元）
中信证券股份有限公司太原迎泽西大街证券营业部	10202.00	24178692.00
山西证券股份有限公司太原府西街证券营业部	6990930.62	18202371.64
安信证券股份有限公司北京北三环东路证券营业部	0.00	16069203.00
德邦证券有限责任公司上海浦东南路营业部	0.00	14470946.14
山西证券股份有限公司太原漪汾街证券营业部	116532.00	12002307.00

　　根据泰达股份12月26日、27日连续两日跌停公开数据分析，主力来自太原地区。坐庄操盘分仓都在太原地区券商。12月25日、26日、27日总出货量巨大。公开数据显示太原地区的三个券商3日共卖出泰达股份金额5400万元左右，这三天泰达股份总成交金额也就3.7亿元。主力的出逃也给该股带来灾难性下跌。

弃庄式逃跑经典之作

　　出货是坐庄最重要的一环，是将账面利润转变为现金的一种手段。入庄吸筹，拉升股价翻番等都不是真正顶级水平，因为这些机构只要有足够的实力和耐心就不难实现。股价做高以后必须卖出手中的筹码才能兑现为现金，市值只是账面数字。而拉高股价后想轻易出货兑现就需要操盘手掌握高超的操盘技术，具备较高的水平方可做到。

　　就个股主力出货而言，出货行为存在不同的性质：弃庄式出货、波段运作出货、日常差价出货。在实盘中个股出货主体属于哪一种，出货性质是哪一类，这些对判断股价未来走势都是至关主要的。因为出货性质的差别直接影响该股后面下跌走势，主力出货需通过盘中卖出来完成，如果是弃庄式出货或者波段运作出货，那么主力在出货时往往需要一段时间折腾才能把筹码抛完。因此在主力出货时，盘口中是经常可见资金派发出逃痕迹的。个股遇到主力弃庄出货是很恐怖的，出货后期主力往往采用往下打压股价方式出货。打压股价方式就是盘中买盘有多少接盘就出多少，没有接盘时就往更低的价格砸出去。打压式出货会造成股价短期连续下跌，一旦主力出货完毕，该股相当长时间内都不再有好的表现，除非另有其他机构重新介入运作。

　　下面以南通科技（600862）股价大幅砸盘暴跌，主力大规模出货为例剖析弃庄式出逃行为。

　　看盘研究分析个股分时走势表现是分析主力活动痕迹的一个重要窗口,机构操纵股价的细节多时会在分时图表中有意无意地体现出来。

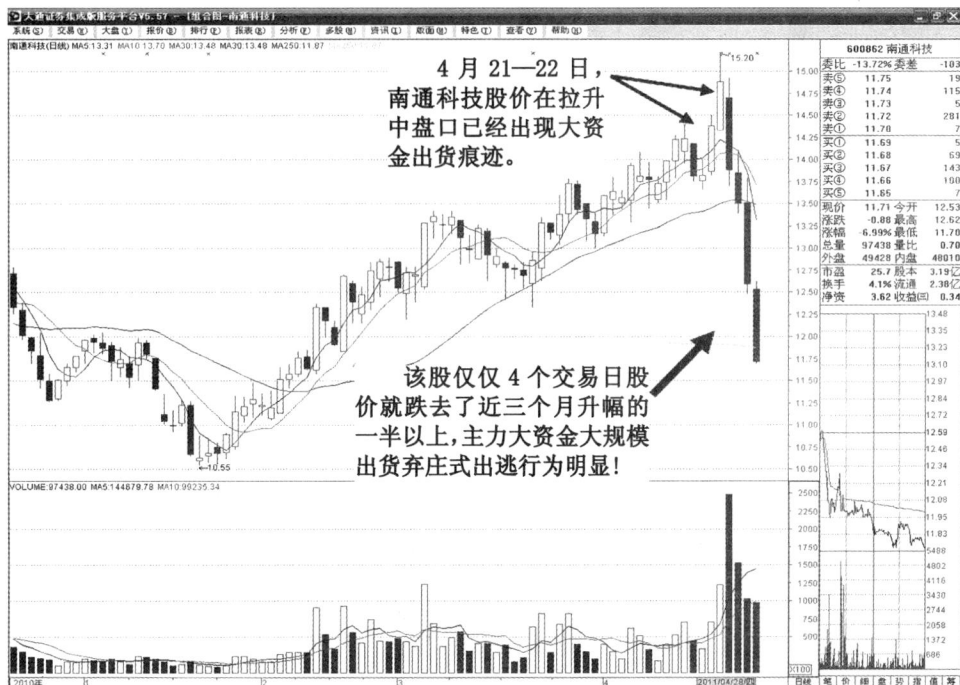

4月21—22日,南通科技股价在拉升中盘口已经出现大资金出货痕迹。

该股仅仅4个交易日股价就跌去了近三个月升幅的一半以上,主力大资金大规模出货弃庄式出逃行为明显!

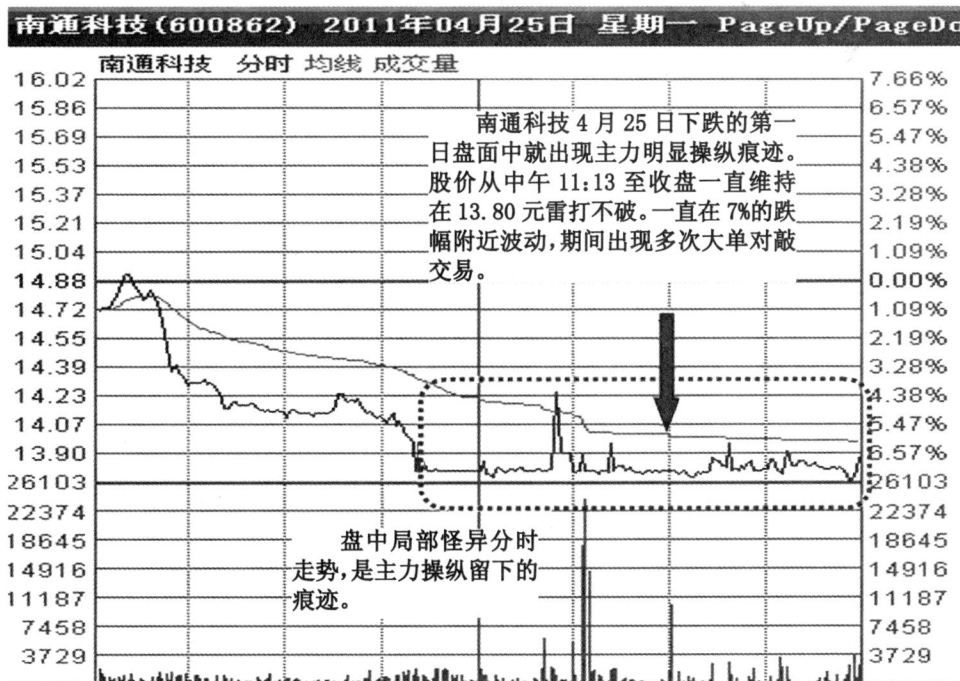

南通科技4月25日下跌的第一日盘面中就出现主力明显操纵痕迹。股价从中午11:13至收盘一直维持在13.80元雷打不破。一直在7%的跌幅附近波动,期间出现多次大单对敲交易。

盘中局部怪异分时走势,是主力操纵留下的痕迹。

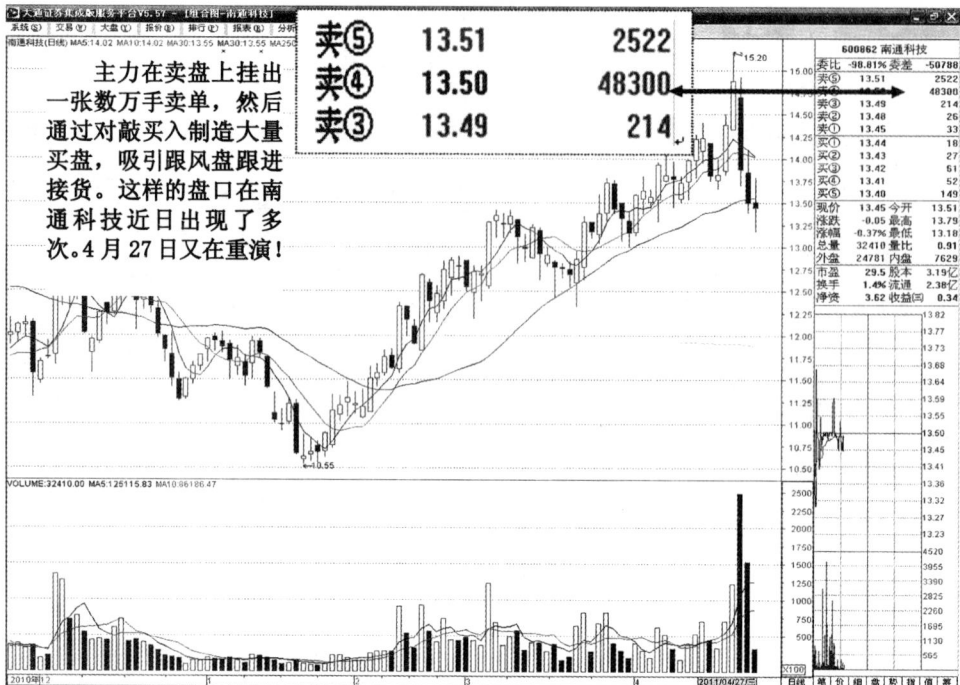

主力在卖盘上挂出一张数万手卖单，然后通过对敲买入制造大量买盘，吸引跟风盘跟进接货。这样的盘口在南通科技近日出现了多次。4月27日又在重演！

	卖⑤	13.51	2522
	卖④	13.50	48300
	卖③	13.49	214

在没有多少买盘接货情况下，主力展开直接砸低出货！主力操盘手这几日使尽各种各样的方法吸引跟风盘买入，但能吸引到多少跟风盘并不是他说了算。

砸盘出货

11:01	13.29	11 B
11:01	13.00	2077 S
11:01	13.00	1 B
11:01	13.00	955 B
11:01	13.20	4 S
11:01	13.00	23 S
11:01	13.00	2202 S

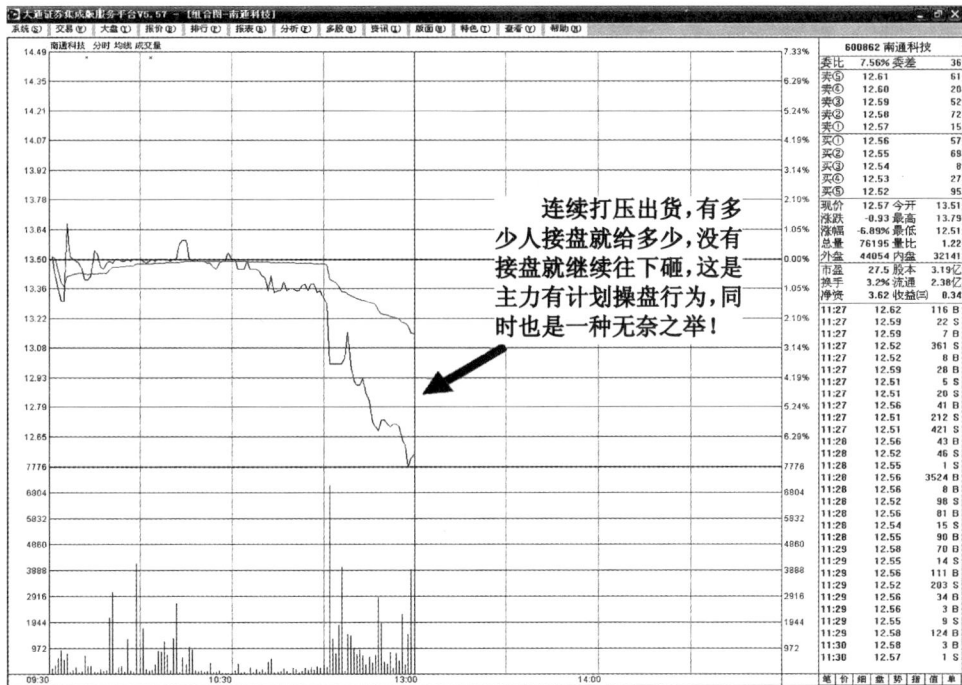

连续打压出货，有多少人接盘就给多少，没有接盘就继续往下砸，这是主力有计划操盘行为，同时也是一种无奈之举！

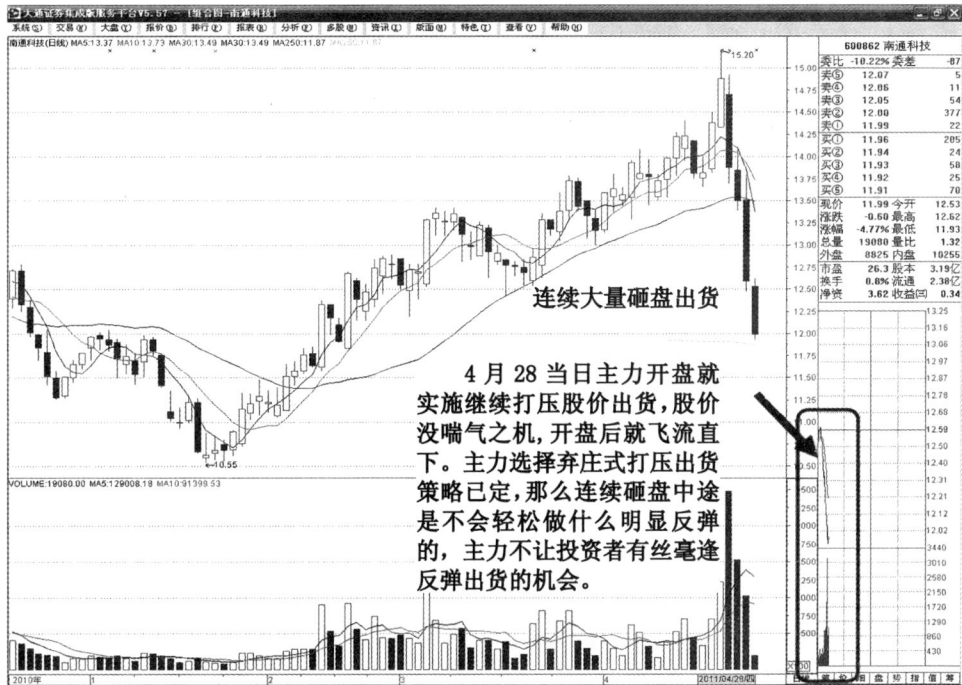

连续大量砸盘出货

4月28当日主力开盘就实施继续打压股价出货，股价没喘气之机，开盘后就飞流直下。主力选择弃庄式打压出货策略已定，那么连续砸盘中途是不会轻松做什么明显反弹的，主力不让投资者有丝毫逢反弹出货的机会。

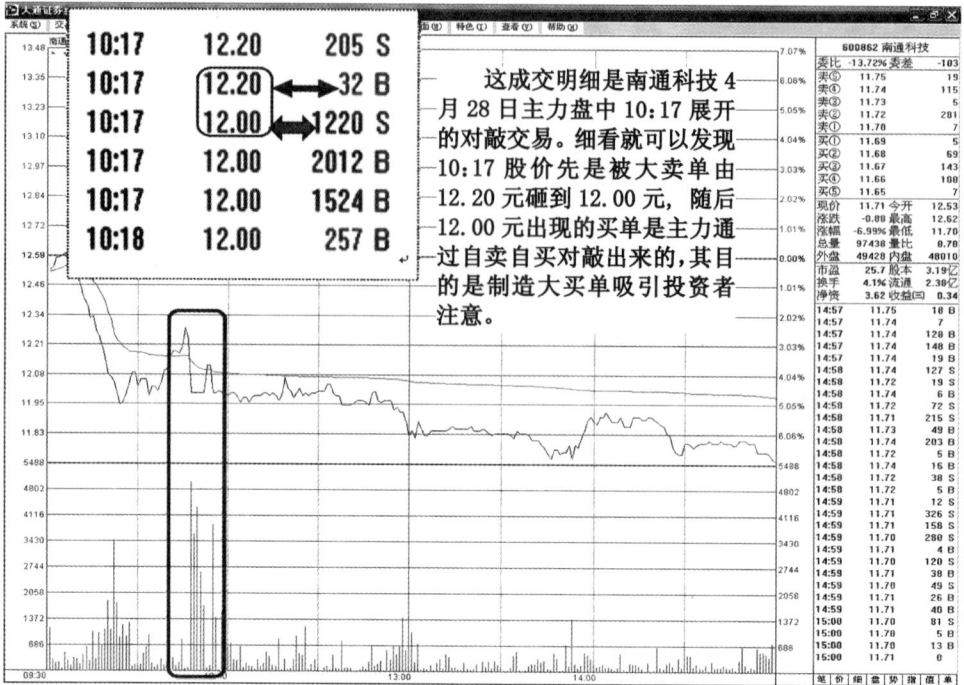

这成交明细是南通科技4月28日主力盘中10:17展开的对敲交易。细看就可以发现10:17股价先是被大卖单由12.20元砸到12.00元，随后12.00元出现的买单是主力通过自卖自买对敲出来的，其目的是制造大买单吸引投资者注意。

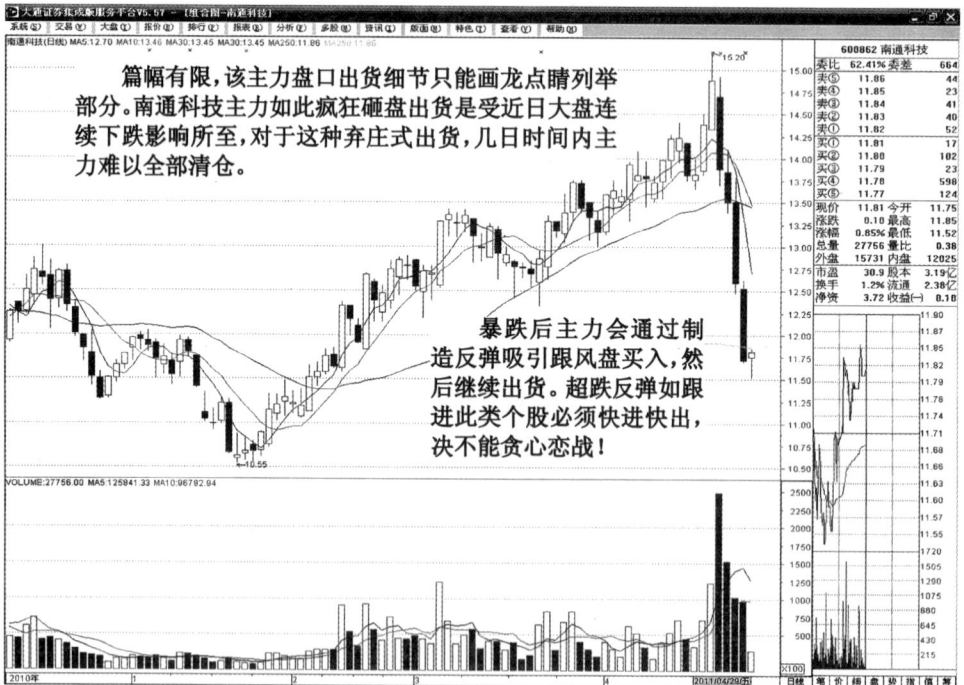

篇幅有限，该主力盘口出货细节只能画龙点睛列举部分。南通科技主力如此疯狂砸盘出货是受近日大盘连续下跌影响所至，对于这种弃庄式出货，几日时间内主力难以全部清仓。

暴跌后主力会通过制造反弹吸引跟风盘买入，然后继续出货。超跌反弹如跟进此类个股必须快进快出，决不能贪心恋战！

主力挥泪割肉砍仓离场之经典个案

主力会不会亏损？坐庄出现亏损很正常！特别在大市处于中长期下跌趋势时，大部分主力阶段性出现账面亏损或实际亏损属常态。股指出现一波中级下跌行情（跌幅20%）也会导致部分主力明显亏损。

顺发恒业2011年8月中旬有游资类机构介入炒作，9月底开始疯狂出货。该游资主力操纵顺发恒业盘中对敲出货、做盘遇袭、砍仓出逃一系列操盘动作都在盘上有精彩的表现。下面通过顺发恒业9月22—29日动态盘口介绍主力做盘精彩细节和亏损情况下挥泪砍仓过程。

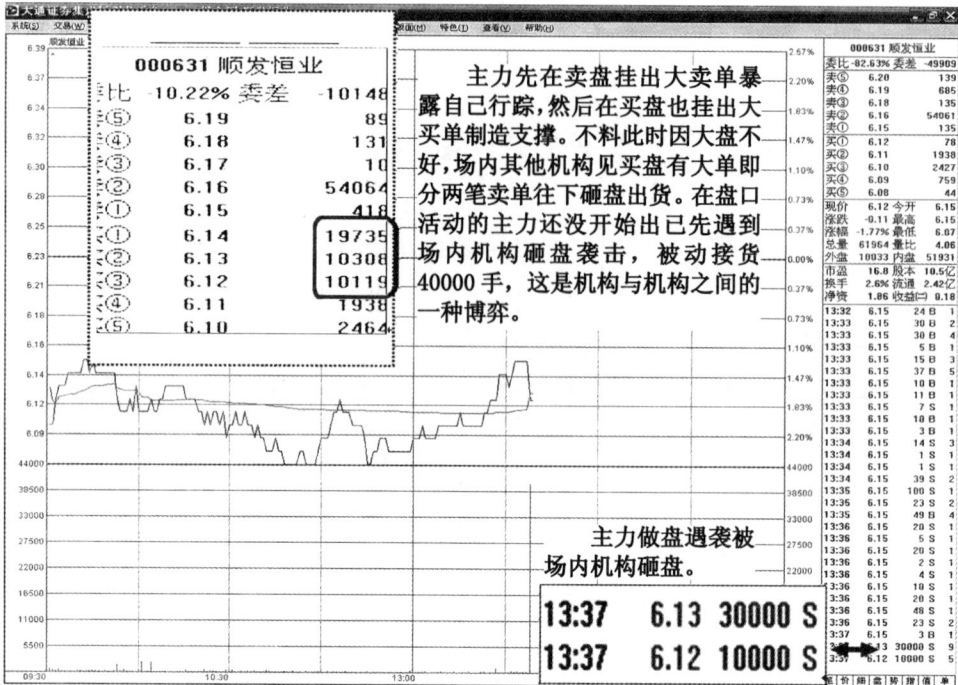

主力先在卖盘挂出大卖单暴露自己行踪,然后在买盘也挂出大买单制造支撑。不料此时因大盘不好,场内其他机构见买盘有大单即分两笔卖单往下砸盘出货。在盘口活动的主力还没开始出已先遇到场内机构砸盘袭击,被动接货40000手,这是机构与机构之间的一种博弈。

000631 顺发恒业

比 -10.22% 委差 -10148

主力做盘遇袭被场内机构砸盘。

| 13:37 | 6.13 | 30000 S |
| 13:37 | 6.12 | 10000 S |

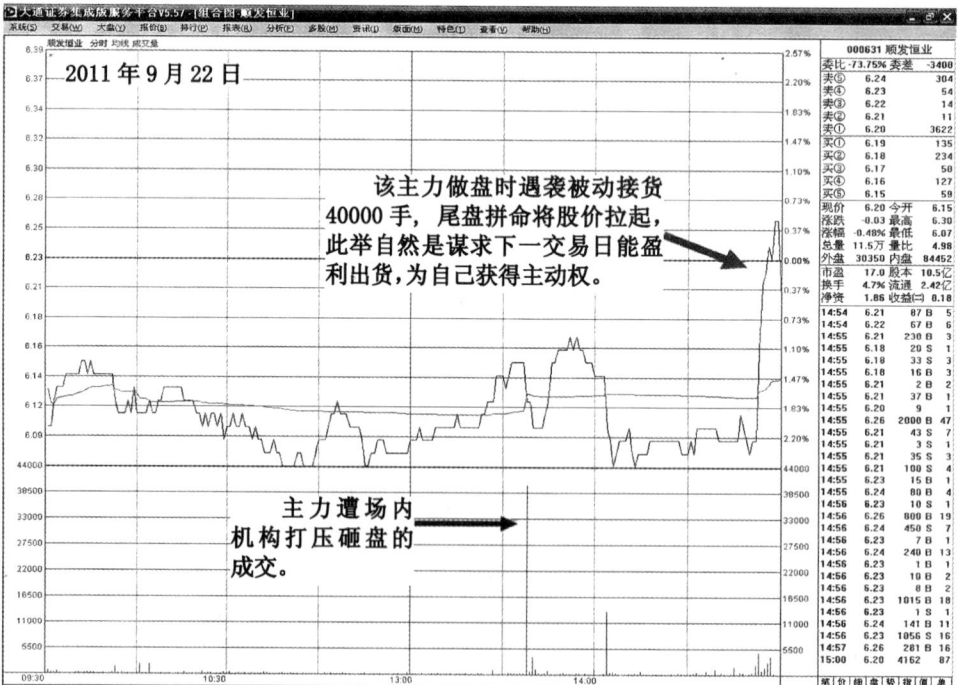

2011年9月22日

该主力做盘时遇袭被动接货40000手,尾盘拼命将股价拉起,此举自然是谋求下一交易日能盈利出货,为自己获得主动权。

主力遭场内机构打压砸盘的成交。

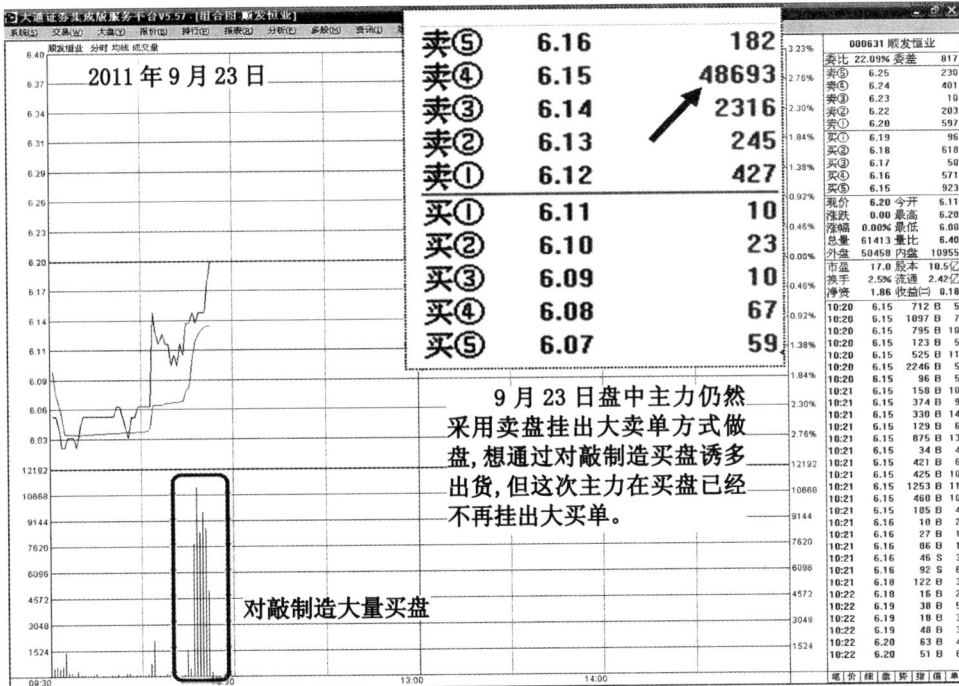

2011年9月23日

卖⑤	6.16	182
卖④	6.15	48693
卖③	6.14	2316
卖②	6.13	245
卖①	6.12	427
买①	6.11	10
买②	6.10	23
买③	6.09	10
买④	6.08	67
买⑤	6.07	59

9月23日盘中主力仍然采用卖盘挂出大卖单方式做盘,想通过对敲制造买盘诱多出货,但这次主力在买盘已经不再挂出大买单。

对敲制造大量买盘

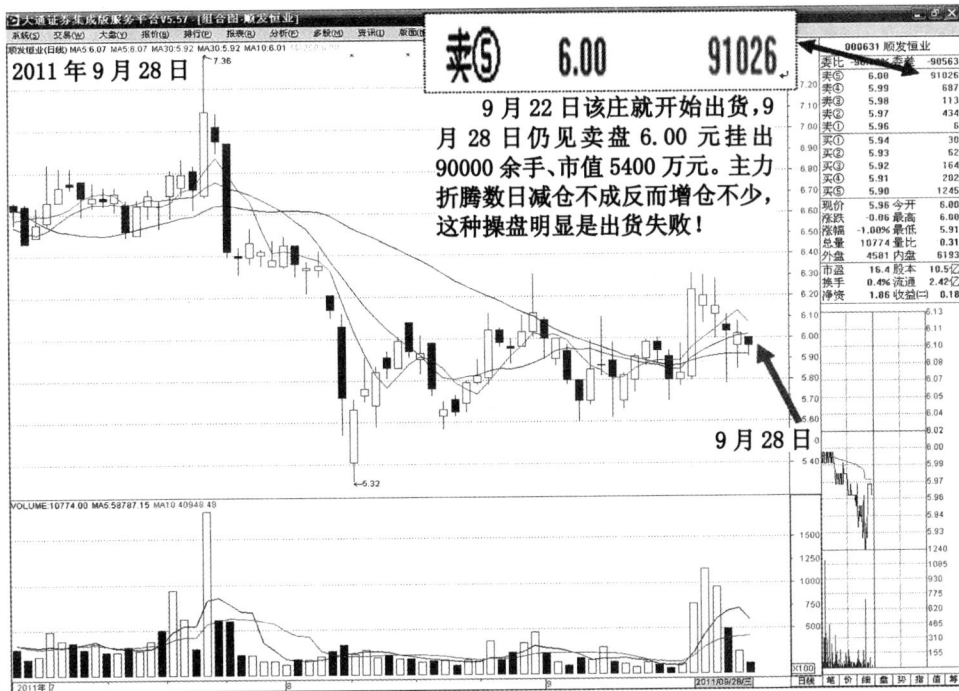

2011年9月28日

| 卖⑤ | 6.00 | 91026 |

9月22日该庄就开始出货,9月28日仍见卖盘6.00元挂出90000余手、市值5400万元。主力折腾数日减仓不成反而增仓不少,这种操盘明显是出货失败!

9月28日

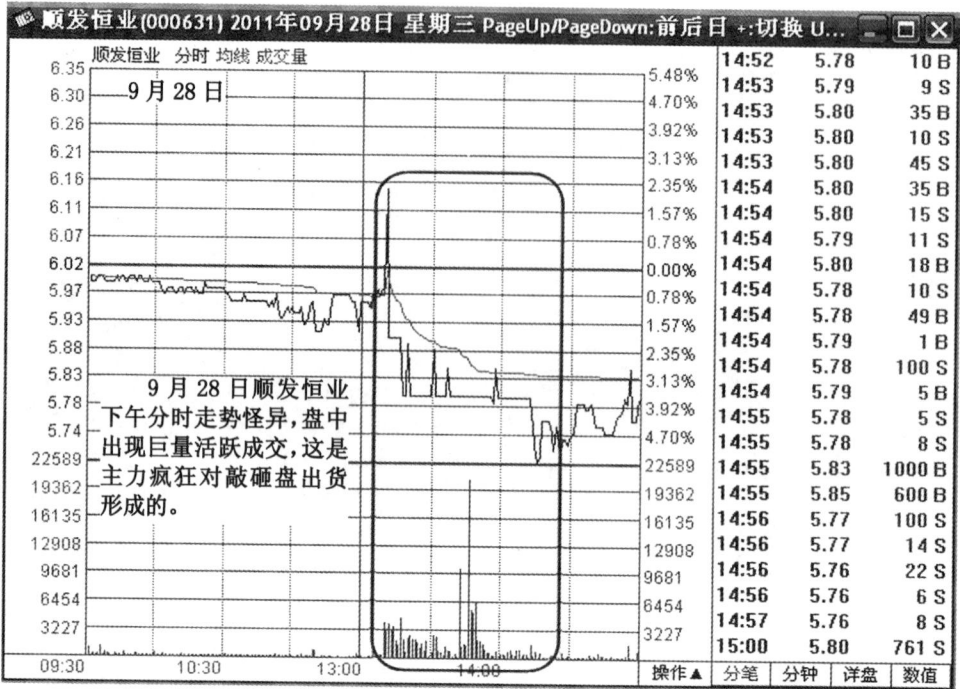

9月28日

9月28日顺发恒业下午分时走势怪异,盘中出现巨量活跃成交,这是主力疯狂对敲砸盘出货形成的。

顺发恒业(000631) 2011年09月28日 星期三 PageUp/PageDown:前后日 +:切换 U...

14:52	5.78	10 B
14:53	5.79	9 S
14:53	5.80	35 B
14:53	5.80	10 S
14:54	5.80	45 S
14:54	5.80	35 B
14:54	5.80	15 S
14:54	5.79	11 S
14:54	5.80	18 B
14:54	5.78	10 S
14:54	5.78	49 B
14:54	5.79	1 B
14:54	5.78	100 S
14:54	5.79	5 B
14:55	5.78	5 S
14:55	5.78	8 S
14:55	5.83	1000 B
14:55	5.85	600 B
14:56	5.77	100 S
14:56	5.77	14 S
14:56	5.76	22 S
14:56	5.76	6 S
14:57	5.76	8 S
15:00	5.80	761 S

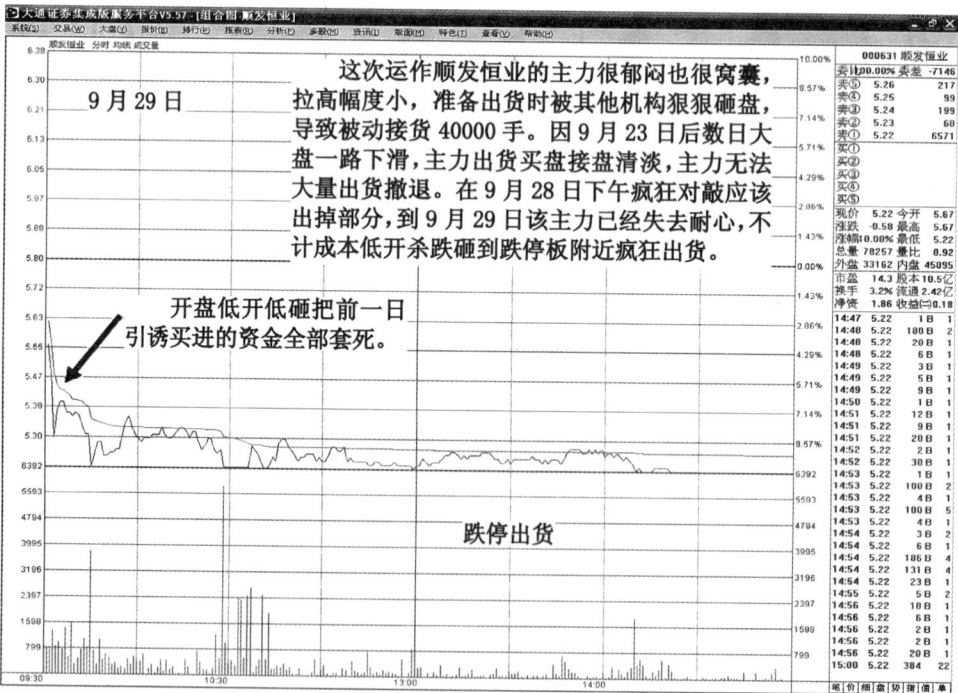

9月29日

这次运作顺发恒业的主力很郁闷也很窝囊,拉高幅度小,准备出货时被其他机构狠狠砸盘,导致被动接货40000手。因9月23日后数日大盘一路下滑,主力出货买盘接盘清淡,主力无法大量出货撤退。在9月28日下午疯狂对敲应该出掉部分,到9月29日该主力已经失去耐心,不计成本低开杀跌砸到跌停板附近疯狂出货。

开盘低开低砸把前一日引诱买进的资金全部套死。

跌停出货

180

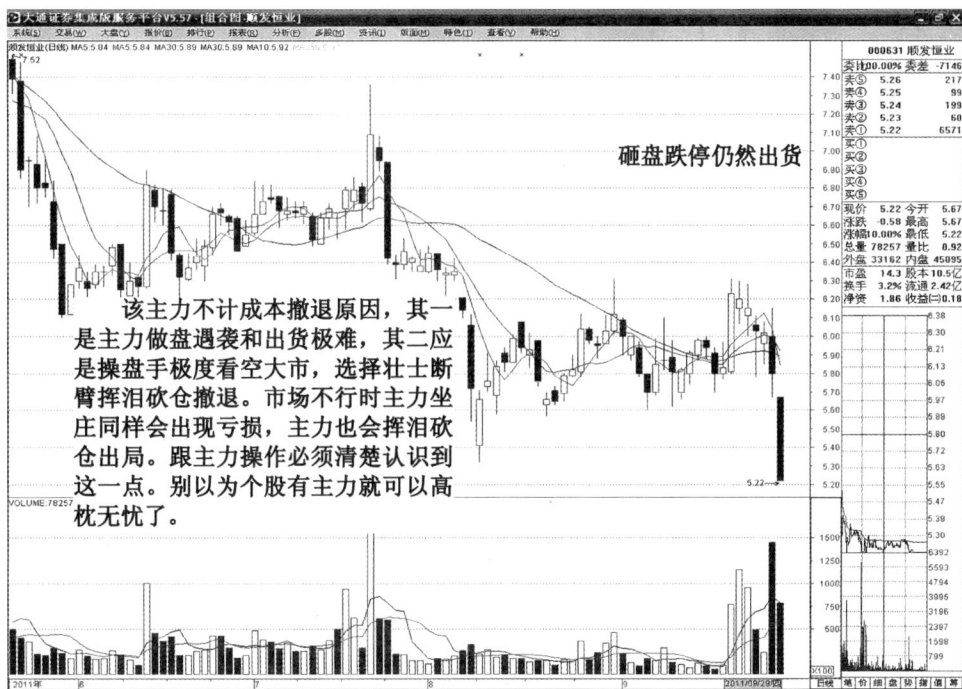

图中文字：

砸盘跌停仍然出货

该主力不计成本撤退原因，其一是主力做盘遇袭和出货极难，其二应是操盘手极度看空大市，选择壮士断臂挥泪砍仓撤退。市场不行时主力坐庄同样会出现亏损，主力也会挥泪砍仓出局。跟主力操作必须清楚认识到这一点。别以为个股有主力就可以高枕无忧了。

最强游资主力信心崩溃表现

熊市是很残酷的，牛市中赚得再多熊市中都可以吐回去，做股票多年后你就会发现，并非在牛市中赚了很多钱你就真发财了。在股市中真发财有三条投资者是必须清楚的：①大赚特赚后转钱走人彻底销户退出市场，如此你是真赚到了；②在牛市中赚了将部分或全部利润转出买车买房消费等，这部分钱算真赚到了；③熊市下跌中控制风险保存好牛市中赚到的利润，这是暂时赚到了。

在一波熊市大跌中，能对抗市场风险不受影响的个人或机构是很少的，市场中一波熊市完整结束后，完全没有损失的个人或机构估计在5%以内。市场不好时并非只是散户在亏损，大量机构也被熊市这头巨熊啃的血肉模糊至伤至残。

2015年以来，上证指数自6月份由5100点之上一直下跌，现处于漫漫熊市途中。以阳光私募为例，从公开统计数据看，已有超过1000个产品被清盘，其中6月至今被清盘占的2/3以上。在近期的交易中盘面随时可见机构亏损，无力反抗或者无胆反抗认赔出局。

下面通过2015年9月17日大盘尾盘大跳水，当天由主力做涨停的个股被砸情况，了解主力当时悲观无助的各种状态。只看一日个股的表现就能感觉到市场环境的弱市。

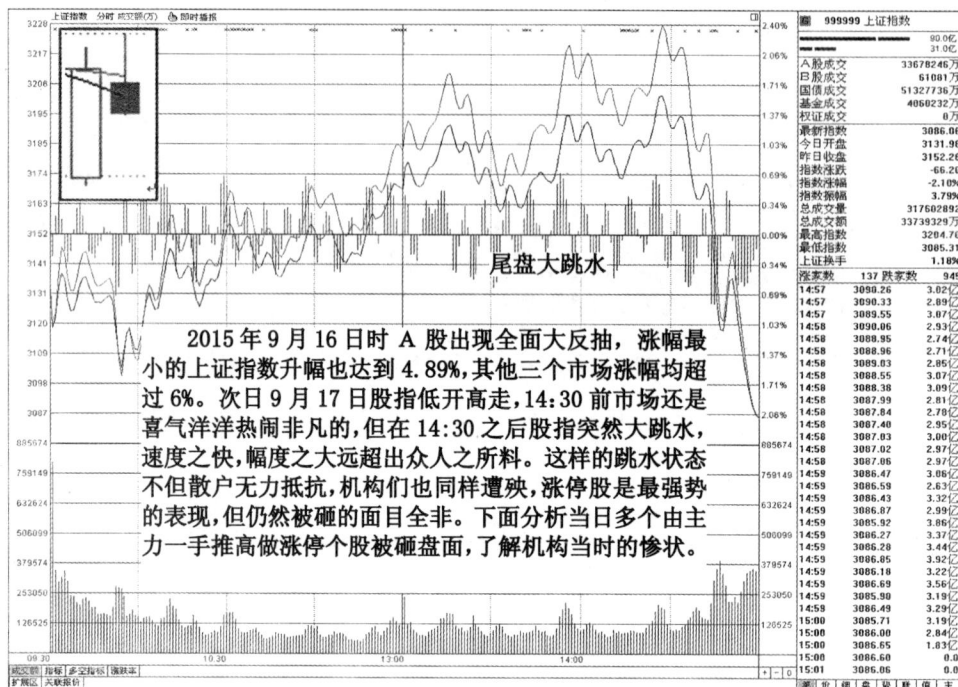

赣锋锂业(002460)　涨幅偏离值：11.63%　成交量：2060万股　成交金额：44611万元

买入金额最大的前5名营业部	买入金额(元)	卖出金额(元)
中信证券股份有限公司杭州东新路证券营业部	86920000.00	0.00
申万宏源证券有限公司上海闵行区东川路证券营业部	45954465.65	82572.00
国泰君安证券股份有限公司上海福山路证券营业部	18225600.00	10865.00
华泰证券股份有限公司北京苏州街证券营业部	14341800.00	284617.00
中信证券(山东)有限责任公司淄博美食街证券营业部	11253907.00	71660.00

卖出金额最大的前5名营业部	买入金额（元）	卖出金额（元）
华安证券股份有限公司芜湖北京中路证券营业部	0.00	12071015.00
长江证券股份有限公司深圳福华一路证券营业部	6435.00	7027482.00
方正证券股份有限公司新昌人民中路证券营业部	2173.00	6066777.50
国泰君安证券股份有限公司深圳蔡屋围金华街证券营业部	0.00	5867100.00
信达证券股份有限公司上海四川北路证券营业部	43460.00	5507553.00

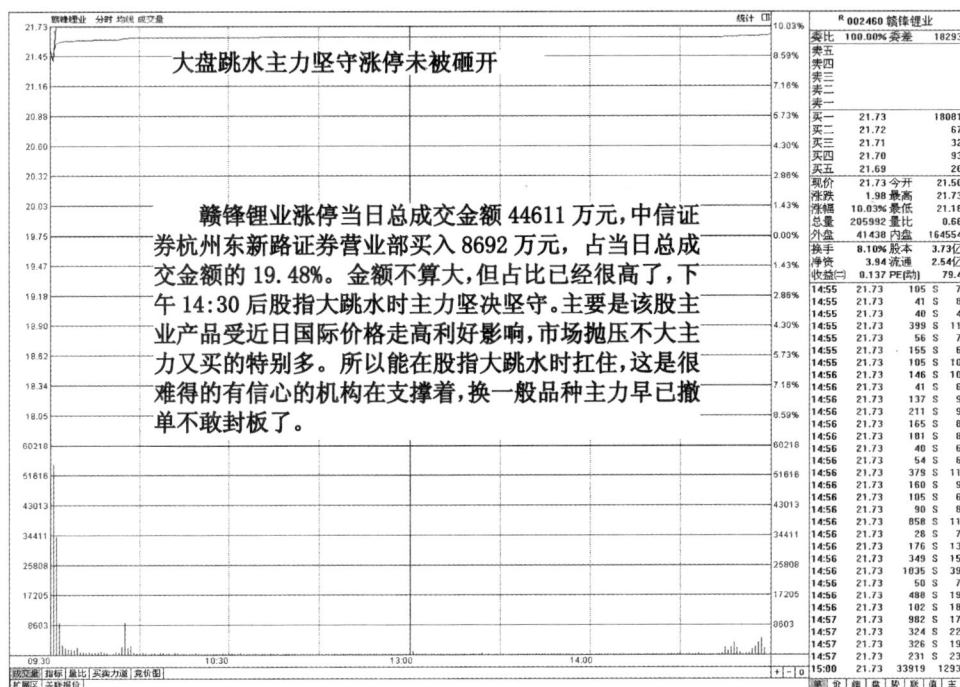

大盘跳水主力坚守涨停未被砸开

赣锋锂业涨停当日总成交金额44611万元,中信证券杭州东新路证券营业部买入8692万元,占当日总成交金额的19.48%。金额不算大,但占比已经很高了,下午14:30后股指大跳水时主力坚决坚守。主要是该股主业产品受近日国际价格走高利好影响,市场抛压不大主力又买的特别多。所以能在股指大跳水时扛住,这是很难得的有信心的机构在支撑着,换一般品种主力早已撤单不敢封板了。

盛达矿业（000603）　涨幅偏离值：11.36%　成交量：1978万股　成交金额：30914万元

买入金额最大的前5名营业部	买入金额（元）	卖出金额（元）
招商证券股份有限公司深圳南山南油大道证券营业部	126022430.59	183513.00
广发证券股份有限公司廊坊新开路证券营业部	3348609.28	3615670.00
海通证券股份有限公司上虞市民大道证券营业部	3178879.00	77134.00
中国银河证券股份有限公司上海东宝兴路证券营业部	3158020.00	0.00

海通证券股份有限公司嘉兴中山西路证券营业部　　3005944.00　　　　　0.00

卖出金额最大的前5名营业部	买入金额(元)	卖出金额(元)
华鑫证券有限责任公司西安群贤路证券营业部	1134169.36	6220486.00
广发证券股份有限公司廊坊新开路证券营业部	3348609.28	3615670.00
中国银河证券股份有限公司湛江观海北路证券营业部	1873405.00	3164000.00
西部证券股份有限公司西安雁塔路证券营业部	1586842.00	2879240.00
国元证券股份有限公司深圳百花二路证券营业部	0.00	2240099.00

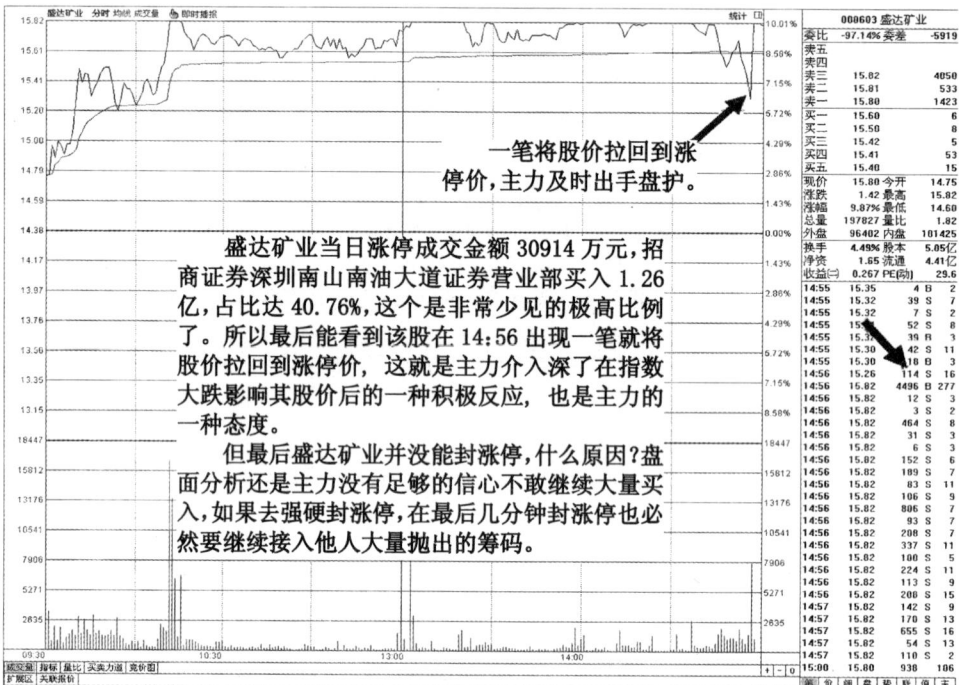

一笔将股价拉回到涨停价,主力及时出手盘护。

盛达矿业当日涨停成交金额30914万元,招商证券深圳南山南油大道证券营业部买入1.26亿,占比达40.76%,这个是非常少见的极高比例了。所以最后能看到该股在14:56出现一笔就将股价拉回到涨停价,这就是主力介入深了在指数大跌影响其股价后的一种积极反应,也是主力的一种态度。

但最后盛达矿业并没能封涨停,什么原因?盘面分析还是主力没有足够的信心不敢继续大量买入,如果去强硬封涨停,在最后几分钟封涨停也必然要继续接入他人大量抛出的筹码。

浪潮信息(000977)　涨幅偏离值:8.95%　成交量:8829万股　成交金额:231487万元

买入金额最大的前5名营业部	买入金额(元)	卖出金额(元)
光大证券股份有限公司宁波解放南路证券营业部	267247371.00	2409358.00
国金证券股份有限公司上海长宁区延安西路证券营业部	37959631.31	113219.00
招商证券股份有限公司北京安外大街证券		

营业部	27148623.75	37566851.16
华泰证券股份有限公司太原体育路证券		
营业部	27129182.30	98938.00
机构专用	26184622.97	0.00

卖出金额最大的前5名营业部	买入金额（元）	卖出金额（元）
申万宏源证券有限公司上海闵行区东川路		
证券营业部	160770.00	74493581.54
方正证券股份有限公司杭州延安路		
证券营业部	525553.00	51489672.00
招商证券股份有限公司北京安外大街		
证券营业部	27148623.75	37566851.16
中信证券股份有限公司上海东方路		
证券营业部	232390.00	31757474.00
海通证券股份有限公司上海乳山路证券营业部	73600.00	19305312.00

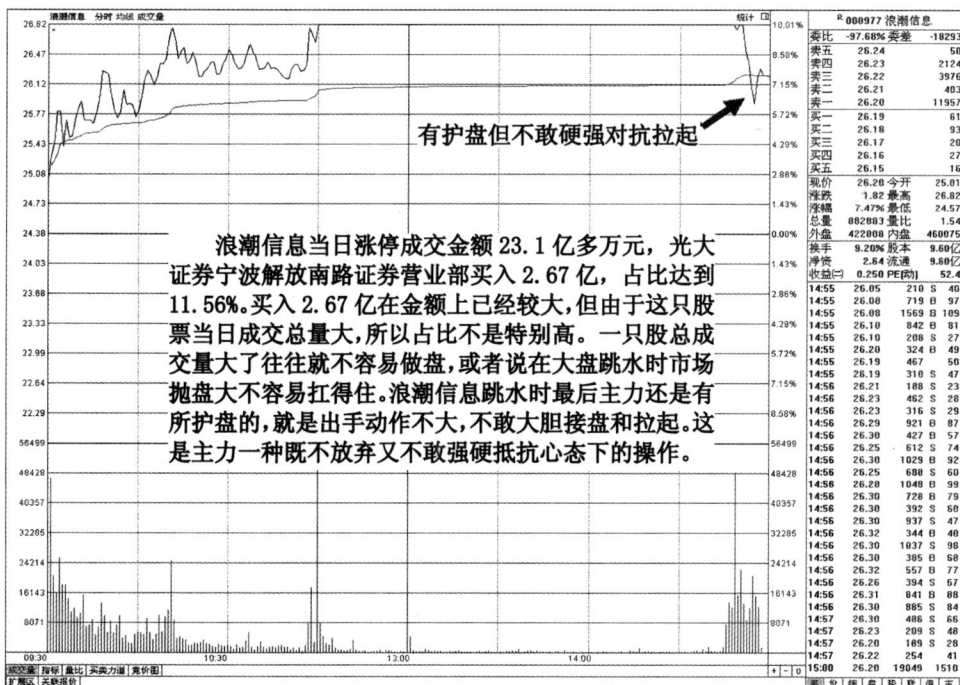

浪潮信息当日涨停成交金额 23.1 亿多万元，光大证券宁波解放南路证券营业部买入 2.67 亿，占比达到 11.56%。买入 2.67 亿在金额上已经较大，但由于这只股票当日成交总量大，所以占比不是特别高。一只股总成交量大了往往就不容易做盘，或者说在大盘跳水时市场抛盘大不容易扛得住。浪潮信息跳水时最后主力还是有所护盘的，就是出手动作不大，不敢大胆接盘和拉起。这是主力一种既不放弃又不敢强硬抵抗心态下的操作。

有护盘但不敢硬强对抗拉起

辉煌科技(002296)　振幅值：15.85%　成交量：4792万股　成交金额：63788万元

买入金额最大的前5名营业部	买入金额(元)	卖出金额(元)
财通证券股份有限公司绍兴人民中路 证券营业部	124388547.00	319109.00
中国中投证券有限责任公司鞍山南胜利路 证券营业部	13957477.00	0.00
华安证券股份有限公司北京西三环北路 证券营业部	13141356.00	0.00
机构专用	12568681.00	0.00
机构专用	10742601.88	0.00

卖出金额最大的前5名营业部	买入金额(元)	卖出金额(元)
华龙证券股份有限公司上海中山北二路 证券营业部	347500.00	13344976.75
申万宏源证券有限公司扬州扬子江中路 证券营业部	7684549.00	5918959.12
中信证券股份有限公司深圳深南大道 证券营业部	2600.00	5586706.00
中原证券股份有限公司西安未央路 证券营业部	11006.00	4575970.00
国信证券股份有限公司天津分公司	12640.00	4553474.50

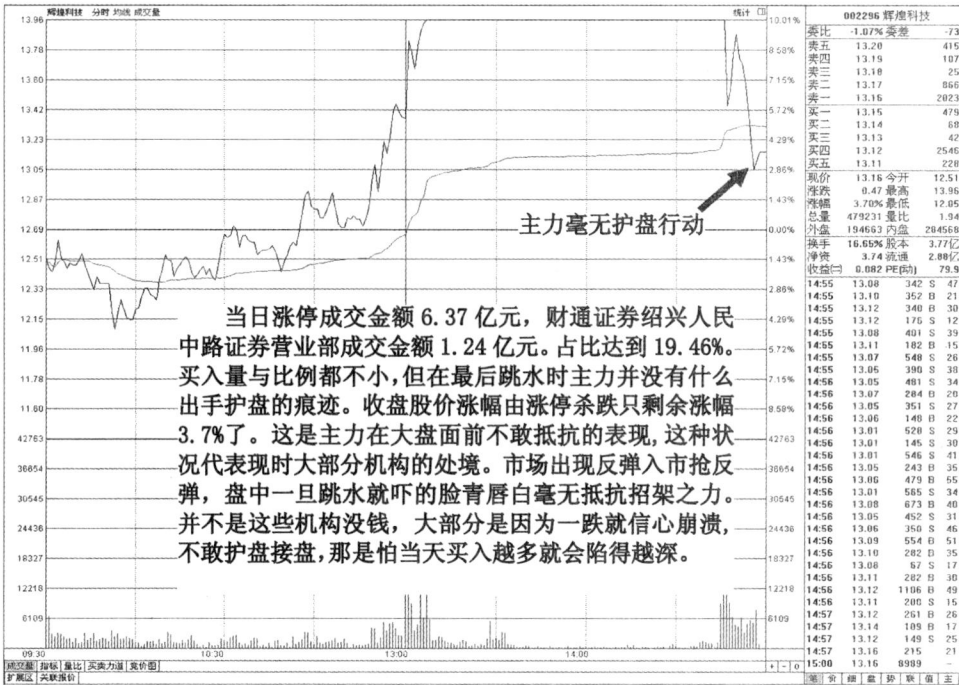

当日涨停成交金额6.37亿元，财通证券绍兴人民中路证券营业部成交金额1.24亿元。占比达到19.46%。买入量与比例都不小，但在最后跳水时主力并没有什么出手护盘的痕迹。收盘股价涨幅由涨停杀跌只剩余涨幅3.7%了。这是主力在大盘面前不敢抵抗的表现，这种状况代表现时大部分机构的处境。市场出现反弹入市抢反弹，盘中一旦跳水就吓的脸青唇白毫无抵抗招架之力。并不是这些机构没钱，大部分是因为一跌就信心崩溃，不敢护盘接盘，那是怕当天买入越多就陷得越深。

主力毫无护盘行动

秦川机床(000837)　振幅值：15.52%　成交量：5242万股　成交金额：70915万元

买入金额最大的前5名营业部	买入金额（元）	卖出金额（元）
财通证券股份有限公司绍兴人民中路证券营业部	148757891.26	251709.00
海通证券股份有限公司上海合肥路证券营业部	22748418.00	0.00
华泰证券股份有限公司厦门厦禾路证券营业部	18261023.72	335901.00
海通证券股份有限公司上海黄浦区福州路证券营业部	14313716.00	101106.00
中信建投证券股份有限公司上海徐家汇路证券营业部	9948693.72	25520.00

187

卖出金额最大的前5名营业部	买入金额（元）	卖出金额（元）
中信证券股份有限公司上海溧阳路证券营业部	37187.00	25813370.44
东兴证券股份有限公司北京北四环中路证券营业部	0.00	13941087.20
光大证券股份有限公司黑河东兴路证券营业部	2636.00	11308446.94
第一创业证券股份有限公司合肥东流路证券营业部	1359601.00	4542000.00
国海证券股份有限公司成都神仙树北路证券营业部	0.00	4015052.00

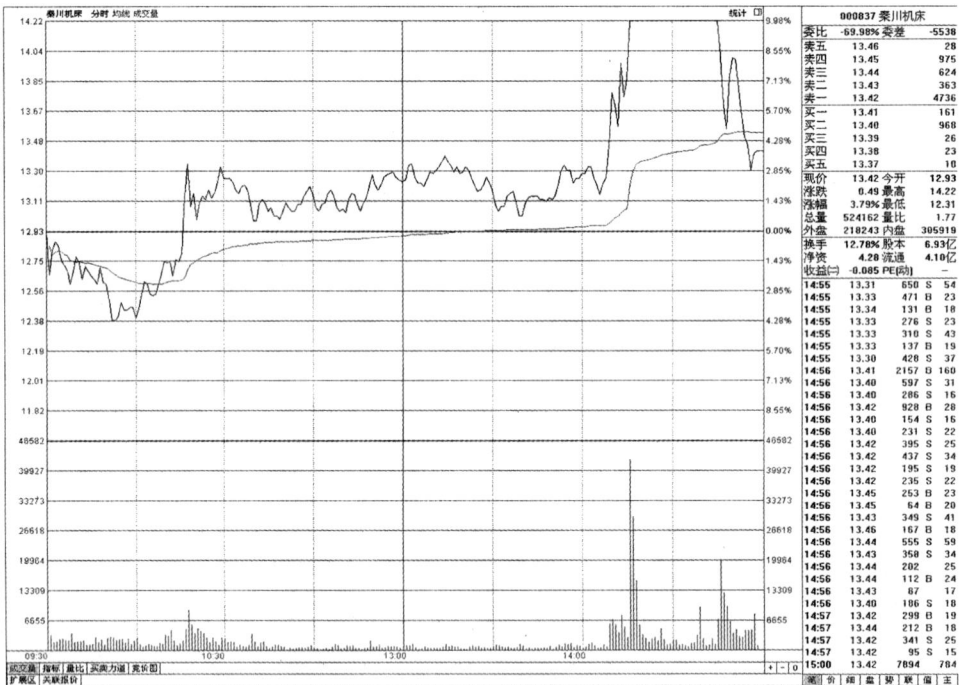

涨停交易席位公开数据陷阱

个股涨跌停或连续多日振幅换手率达到交易所规定幅度的，当日收盘交易所19：00公布该股买卖金额最大前5名机构交易数据，这些数据是投资者了解机构进出的一个重要参考数据。

现在意义上的机构席位新交易规则规定：机构席位是指基金专用席位、券商自营专用席位、社保专用席位、券商理财专用席位、保险机构专用席位、保险机构租用席位、QFII专用席位等机构投资者买卖证券的专用通道和席位。出现在公开交易信息中的证券营业部，一般代表游资、大户或类似敢死队的资金进出，不是正规军，但也有参考意义。单个机构或单个产品的交易只有一个资金账户，资金不能分仓。而游资、大户或类似敢死队的资金由于没有严格的监督限制，资金可以随便分仓分散到亲戚、朋友或借来、买来的个人股票账户中。同时也可以分散在全国各地证券公司开户分仓交易。

现阶段游资、大户或类似敢死队的资金在市场交易中非常活跃，部分资金较大的出现操纵股价坐庄行为。此类资金操盘手稍微有经验的都进行分仓操盘，还会在不同地方证券公司开户进行交易。分仓越细被监督机构监管和查处的机会就越小。如把2个亿分散到50个账户，每个账户就只有400万，化整为零后每个账户资金量相当于一个大户的资金量。如果再把这50个账户分散到几个城市四五个不同的券商中去，坐庄操盘神仙也难觉察了。事实上很多在股市中有操纵股价的地下私募主力都是如此布置的。

个股涨跌停当日公布的交易数是具有一定参考价值的，但投资者也不要迷信它如神灵，这些数据多数并不能真正反映出机构或主力的进出情况。有时主力还会利用此公开数据来设置陷阱引诱跟风盘跟进而自己出货，如华芳纺织的主力近日就利用公开数据设置陷阱引诱跟风盘买进而自己疯狂出逃。

整理了华芳纺织自2011年6月以来上交所公开的机构交易数据。6月以来华芳纺织因股价异常波动被上交所公开披露5次机构买卖数据，公开日分别是：2011年8月12日，2011年9月1日、9月2日、9月5日、9月6日。在后4次公开数据中，每次均见渤海证券上海彰武路证券营业部上榜，而且每次的交易量都特别巨大。从公开数据分析，该股大主力的仓位就潜伏在此证券营业部。下面就通过分析该证券营业部的资金进出情况去了解主力进出情况。

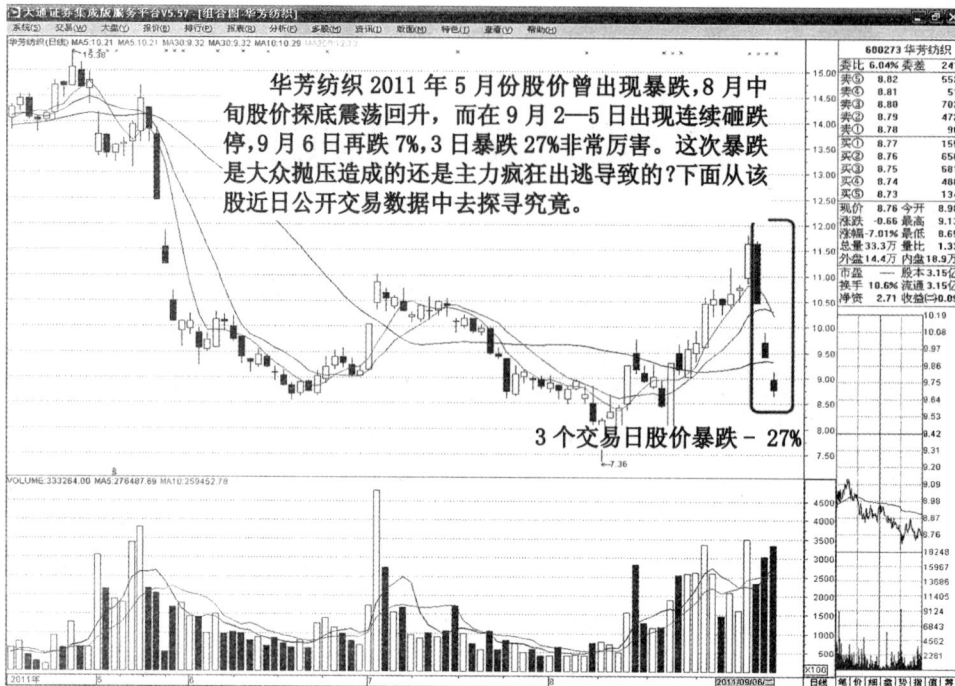

华芳纺织 2011 年 5 月份股价曾出现暴跌,8 月中旬股价探底震荡回升,而在 9 月 2—5 日出现连续砸跌停,9 月 6 日再跌 7%,3 日暴跌 27% 非常厉害。这次暴跌是大众抛压造成的还是主力疯狂出逃导致的?下面从该股近日公开交易数据中去探寻究竟。

3 个交易日股价暴跌 −27%

交易日期:2011年9月1日

证券代码: 600273   证券简称: 华芳

买入营业部名称	累计买入金额(元)
(1)渤海证券股份有限公司上海彰武路证券营业部	137957885.38
(2)国泰君安证券股份有限公司福州华林路证券营业部	22398663.94
(3)东方证券股份有限公司上海张杨路证券营业部	8199777.90
(4)信达证券股份有限公司上海铁岭路证券营业部	8008207.65
(5)华龙证券有限责任公司上海中山北二路证券营业部	5776327.05

卖出营业部名称	累计卖出金额(元)
(1)华泰证券股份有限公司常州东横街证券营业部	22787311.91
(2)东方证券股份有限公司上海张杨路证券营业部	11735000.00
(3)渤海证券股份有限公司上海彰武路证券营业部	11700525.56
(4)华龙证券有限责任公司上海中山北二路证券营业部	6889276.84
(5)西南证券股份有限公司深圳蛇口后海路证券营业部	5131931.55

交易日期：2011年9月2日

证券代码：600273　　　　　　　　　　　证券简称：华芳纺织

买入营业部名称	累计买入金额（元）
(1)华泰证券股份有限公司南京瑞金路证券营业部	15376826.25
(2)渤海证券股份有限公司上海彰武路证券营业部	6792651.33
(3)申银万国证券股份有限公司上海龙漕路营业部	5036138.80
(4)国信证券股份有限公司深圳泰然九路证券营业部	2987966.27
(5)东方证券股份有限公司上海巨鹿路营业部	2742103.00

卖出营业部名称	累计卖出金额（元）
(1)渤海证券股份有限公司上海彰武路证券营业部	33483752.77
(2)国泰君安证券股份有限公司福州华林路证券营业部	20054338.69
(3)东方证券股份有限公司上海张杨路证券营业部	18786280.90
(4)华龙证券有限责任公司上海中山北二路证券营业部	12286072.99
(5)光大证券股份有限公司昆明人民中路证券营业部	12099007.28

交易日期：2011年9月5日

证券代码：600273　　　　　　　　　　　证券简称：华芳纺织

买入营业部名称	累计买入金额（元）
(1)华泰证券股份有限公司常州东横街证券营业部	10159386.00
(2)安信证券股份有限公司嘉兴中山东路证券营业部	3961418.00
(3)中信建投证券有限责任公司苏州工业园区星海街证券营业部	2986525.00
(4)中国建银投资证券有限责任公司南京中央路证券营业部	2874042.00
(5)国盛证券有限责任公司抚州赣东大道证券营业部	2841072.00

卖出营业部名称	累计卖出金额（元）
(1)渤海证券股份有限公司上海彰武路证券营业部	123292090.06
(2)信达证券股份有限公司上海铁岭路证券营业部	13594237.50
(3)华泰证券股份有限公司南京瑞金路证券营业部	9735790.70

（4）华龙证券有限责任公司上海中山北二路证券营业部   8068036.18

（5）渤海证券股份有限公司上海定西路证券营业部   6683786.90

交易日期：2011年9月6日

证券代码：600273   证券简称：华芳纺织

买入营业部名称	累计买入金额（元）
（1）华泰证券股份有限公司常州东横街证券营业部	19708358.23
（2）华泰证券股份有限公司南京瑞金路证券营业部	15398219.25
（3）渤海证券股份有限公司上海彰武路证券营业部	9172652.33
（4）宏源证券股份有限公司厦门厦禾路证券营业部	8511342.32
（5）安信证券股份有限公司嘉兴中山东路证券营业部	7863124.00

卖出营业部名称	累计卖出金额（元）
（1）渤海证券股份有限公司上海彰武路证券营业部	213970906.67
（2）东方证券股份有限公司上海张杨路证券营业部	49854461.17
（3）国泰君安证券股份有限公司福州华林路证券营业部	20389365.75
（4）华龙证券有限责任公司上海中山北二路证券营业部	20382527.17
（5）信达证券股份有限公司上海铁岭路证券营业部	17538465.50

华芳纺织被上交所公开披露了4次买卖数据。

渤海证券上海彰武路证券营业部每次交易金额情况如下：

————————————————

9月1日

买入：1.38亿元

卖出：1170万元

————————————————

9月2日

买入：679万元

卖出：3348万元

————————————————

9月5日

买入：0

卖出：1.23亿元

————————————————

9月6日

买入：917万元

卖出：2.14亿元

————————————————

　　4次上榜买入金额为1.54亿元；累计卖出金额3.82亿。仅仅从公开数据上看，几日内的交易中买入金额为1.54亿元，怎么会有3.82亿元卖出的量？这说明什么？

　　实际上，这说明的是潜伏在华芳纺织里面的主力仅仅在渤海证券上海彰武路证券营业部持股筹码市值最高时就达到或者超过3个亿，而公开数据只是看见它的部分买入情况，大部分筹码在该主力建仓时根据公开数据分析根本是看不出来的。

　　同一营业部同一日出现较大量的买卖成交：一是不同机构主体的操作买卖；二是同一机构的操作买卖。一般买是为了拉高股价或者是护盘所用，另外有的是刻意的通过对敲制造大量买盘。卖为的是出货或者是刻意的通过对敲制造卖盘。华芳纺织这几日的买是为了拉高股价或者是护盘所用；卖则是为了大量的出货出逃。

　　另外有一点十分明显的是，9月1日该股公开交易数据上榜时，渤海证券上海彰武路证券营业部当天的买入金额达到1.38亿元，占当天该股总成交金额4.03亿元的34.2%。华芳纺织总股本才3.15亿，当时价格只有11块多，不算高价股。竟然在一个交易日就有一家证券营业部买入金额达到1.38亿元，这是十分显眼的。而就在渤海证券上海彰武路证券营业部公开上榜后，华芳纺织下一交易日股价立即出现大跌直至砸至跌停，而且在后面连续下跌中该营业部日日都是巨量卖出。

　　由此可见，9月1日股渤海证券上海彰武路证券营业部的大量买入招摇上榜并非是主力入场那么简单，恰恰相反，从该营业部的连续巨量砸盘行为看，9月1日该营业部的巨量买入除了部分是为了拉高股价的买入所需之外，1.38亿元当中估计有70%的成交量是该主力有计划刻意通过对敲制造大量买盘，制造巨量买单的假象，以此吸引短线投资者的注意，引诱跟风盘在下一交易日跟庄抢进，而主力自己大肆疯狂出货。这是主力利用公开数据制造陷阱的经典案例之一！投资者在参考个股公开交易数据时切不可盲目相信哪一家证券营业部上榜的股票就一定行。华芳纺织当时出现不少利空消息或传闻，这也许是令大主力出逃的原因。但股价的暴跌并不是大众抛盘所至，是潜伏在里面持筹数亿元的主力所为。

　　参考华芳纺织6月30日十大流通股东持股数据，十大流通股东中持股第一名是个人吴丽芳，持有297.62万股。以9月1日当天最高价11.8元计算，市值才3500万元。而渤海证券上海彰武路证券营业部近3日的卖出量达到3.82亿元，减去部分不断买卖的对敲交易真正持筹市值也超过3亿元。3500万元与3亿元的差距很大，这说明真正的大主力持股分仓很细，看十大流通股东是看不出来的。盘面上该大主力建仓时如"鬼子进村"偷偷摸摸静悄悄，离场时才敲锣打鼓吸引大量投资者的注意！

十大流通股东(截止日期：2011—06—30 单位：万股)　A户数：33719　人均持股：9342

股东名称	持股数	占流通股%	增减情况	股东性质
华芳集团有限公司	16054.00	50.97	未变	公司
吴丽芳	297.62	0.94	-4.83	个人
产正芳	118.93	0.38	新增	个人
华宝信托有限责任公司—单一类资金信托R2007ZX016	117.74	0.37	新增	私募基金
华润深国投信托有限公司-福麟7号信托计划	96.81	0.31		募基金
中国对外经济贸易信托有限公司—富锦9号信托计划	86.60	0.27		募基金
俞迪青	80.52	0.26	新增	个人
广东粤财信托有限公司-新价值2期	80.00	0.25	新增	私募基金
广东粤财信托有限公司-中鼎三	78.00	0.25	新增	私募基金
国信—招行—国信金理财收益互换(多策略)集合资产管理计划	67.00	0.21	新增	券商理财

第一大流通股东持股，以9月1日当天最高价11.80元计算，市值才3500万元。

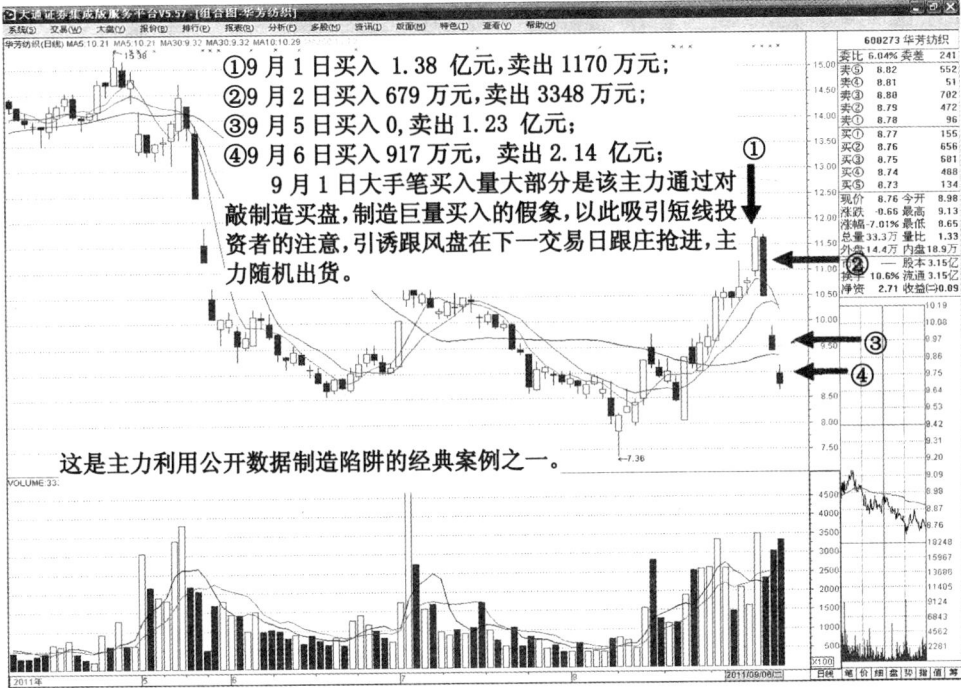

①9月1日买入 1.38 亿元,卖出1170万元;
②9月2日买入679万元,卖出3348万元;
③9月5日买入0,卖出1.23 亿元;
④9月6日买入917万元,卖出2.14 亿元;
　9月1日大手笔买入量大部分是该主力通过对敲制造买盘,制造巨量买入的假象,以此吸引短线投资者的注意,引诱跟风盘在下一交易日跟庄抢进,主力随机出货。

这是主力利用公开数据制造陷阱的经典案例之一。

第四章　主力被套拉高自救

主力被套自救K线形态

主力看盘会不会看错？主力坐庄会不会被套？主力被套后会怎么处理？这些都是投资者很感兴趣而无法直接得知的问题。

在股指每年的波动中，大部分证券投资基金仓位没有能与大盘趋势波动高低点做出保持一致的增减，屡屡出现股指暴跌后其仓位几乎毫无变化，这是机构看错大盘、看错大势的直接体现。至于基金会不会被套相信就不用过多讨论了，大家各自早已清楚。地下私募主力同样会出现如此情况，主力资金实力各有强弱，实力强的可以对个股随心所欲的操纵，实力一般的也可以影响个股二级市场的价格走势，但主力坐庄被套却屡见不鲜时有发生。

主力被套的几种原因：

1. 大盘下跌

大盘对个股的波动影响是相当大的，特别是弱势市场。大盘的下跌往往会引发个股机构和投资者纷纷出货，大盘出现长期下跌或者恐慌性下跌时，不用主力行动，一般机构和投资者的出货就能将股价砸下去，把主力套住！这是套牢主力最常见的直接原因。

2. 实力较弱

个股在交易期间有时无须大盘大跌也会出现比较大的抛压，实力较弱的主力如无力护盘则会被众多卖盘出逃导致股价下跌而套住。

3. 洗盘

部分主力入场后发现跟风盘过多就会展开打压洗盘，打压洗盘令股价下跌也可能出现套庄的现象。但这种套庄一般是暂时性的，这种主力有目的的主动打压股价被套行为往往是短暂的，在主力洗盘完毕后股价很快就会被拉起。

4. 打压出货

主力出货是坐庄中最难的环节，往往展开出货一段时间后仍未能完全脱身。主力出货时股价大部分会震荡下跌，有时股价已经砸到主力自己的成本价之下仍然还有大量筹码在手。所以部分主力在出货打压下也会套住自己一定数量的筹码。

主力被套后一般会出现以下几种常见情况：

(1)主力止损离场。

(2)主力强硬抵抗以待机撤退。

(3)主力逆市做多。

(4)主力组织资金适当时机拉高自救。

(5)股价随波逐流。

主力因为种种原因被套，被套后的操作各有不同，主力被套后拉高自救的行为在短线主力运作的个股中最常见。下面以多个短线主力出货未完被套后拉高自救个股为例，剖析主力被套后逆市做多拉高自救和出货情况。

最经典的主力出货未完被套后拉高自救K线形态是左边明显出现连续多日拉升走势，连续大阳后出现较长的上影线（主力出货），随后股价震荡下跌（5～10个交易日左右）再次出现一次明显的拉高（主力做反弹）。这种走势大部分属于主力出货未完被套拉高自救的K线形态。

在震荡市场或弱势市场股价下跌后出现再次拉高，主力一般在盘中拉高后就马上展开继续出货。日K线上再次出现较长的上影线，遇到上述形态个股投资者千万不能轻易追进，这种反弹是精心设置的陷阱！

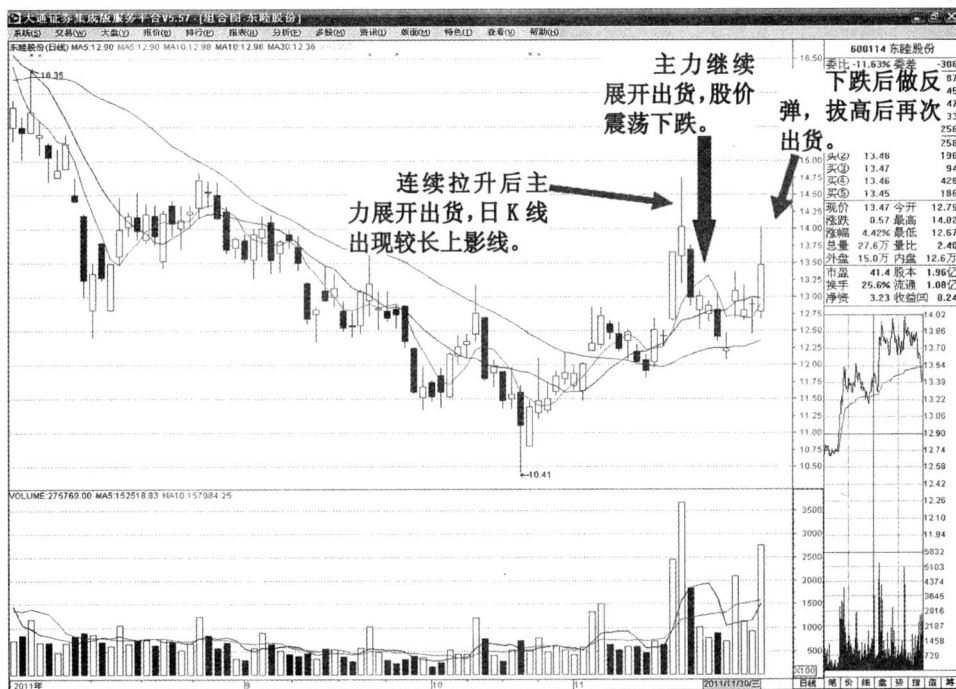

主力继续展开出货，股价震荡下跌。

下跌后做反弹，拔高后再次出货。

连续拉升后主力展开出货，日K线出现较长上影线。

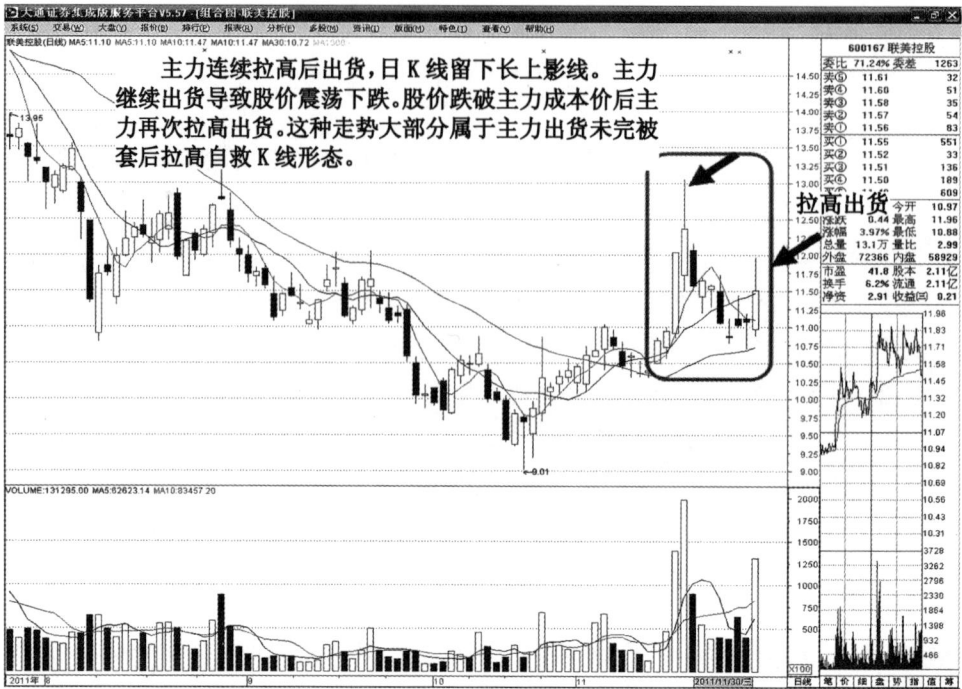

主力连续拉高后出货，日K线留下长上影线。主力继续出货导致股价震荡下跌。股价跌破主力成本价后主力再次拉高出货。这种走势大部分属于主力出货未完被套后拉高自救K线形态。

拉高出货

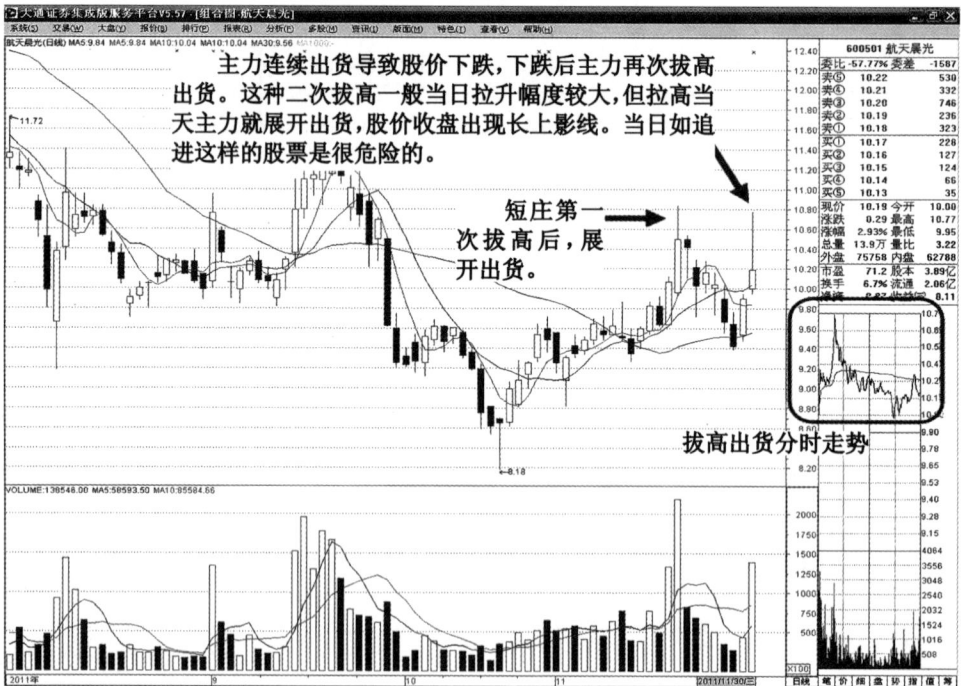

主力连续出货导致股价下跌，下跌后主力再次拔高出货。这种二次拔高一般当日拉升幅度较大，但拉高当天主力就展开出货，股价收盘出现长上影线。当日如追进这样的股票是很危险的。

短庄第一次拔高后，展开出货。

拔高出货分时走势

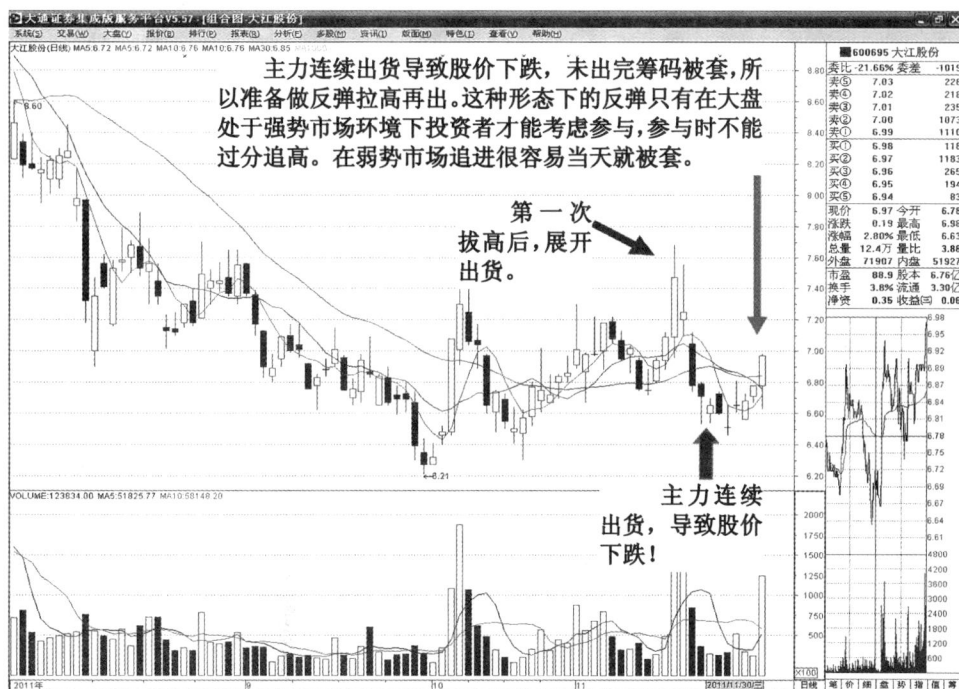

主力连续出货导致股价下跌，未出完筹码被套，所以准备做反弹拉高再出。这种形态下的反弹只有在大盘处于强势市场环境下投资者才能考虑参与，参与时不能过分追高。在弱势市场追进很容易当天就被套。

第一次拔高后，展开出货。

主力连续出货，导致股价下跌！

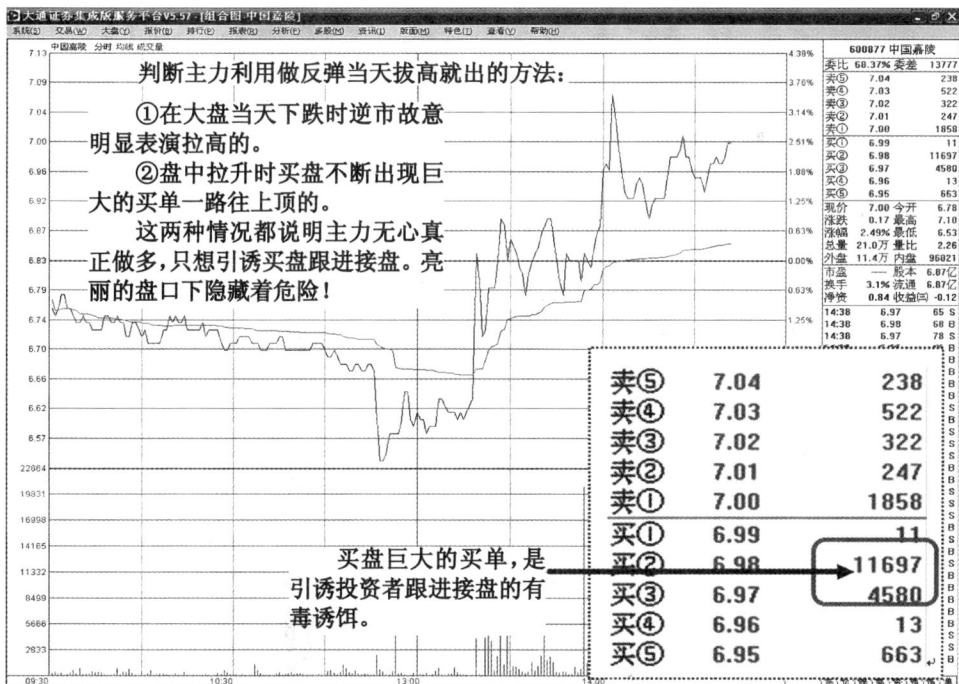

判断主力利用做反弹当天拔高就出的方法：

①在大盘当天下跌时逆市故意明显表演拉高的。

②盘中拉升时买盘不断出现巨大的买单一路往上顶的。

这两种情况都说明主力无心真正做多，只想引诱买盘跟进接盘。亮丽的盘口下隐藏着危险！

买盘巨大的买单，是引诱投资者跟进接盘的有毒诱饵。

卖⑤	7.04	238
卖④	7.03	522
卖③	7.02	322
卖②	7.01	247
卖①	7.00	1858
买①	6.99	11
买②	6.98	11697
买③	6.97	4580
买④	6.96	13
买⑤	6.95	663

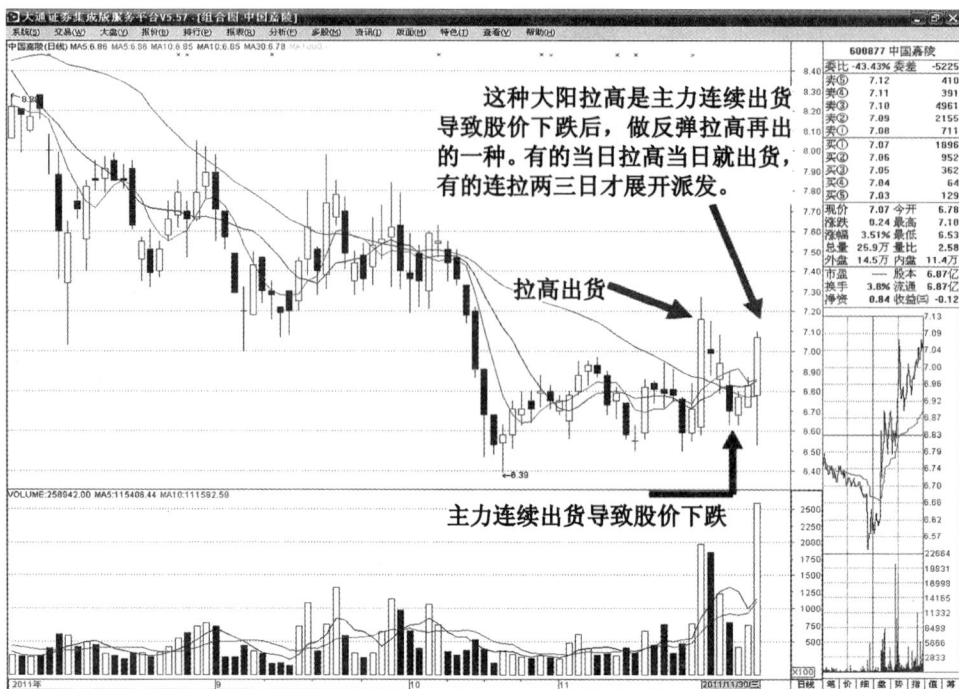

这种大阳拉高是主力连续出货导致股价下跌后，做反弹拉高再出的一种。有的当日拉高当日就出货，有的连拉两三日才展开派发。

拉高出货

主力连续出货导致股价下跌

主力自救的盘面蛛丝马迹

　　无论是短线主力还是中长线主力，在运作过程中难免因为种种情况出现暂被套牢的情况。价格下跌低于其平均成本价达到10%以上才称得上真正被套，价格下行离其平均成本价10%以内的算不上是真正的套牢。机构建仓期间或拉高前，因行情的波动出现浅套是很常见的，这种浅套对于大部分机构而言并不可怕，因为浅套很容易通过技术操盘拔高价格进行自救。而被套幅度超过20%以上的，主力自救起来难度就比较大了。了解主力自救行为对投资者有什么用？①如果你持有该股则必须知道自己下一步该怎么操作。②主力自救的个股部分存在操作机会，可从中寻找机会。

　　某股票下跌后出现大幅反弹，了解该股是否属于被套机构在自救，首先要了解前面是不是有大资金进入被套其中。了解这些情况可不是容易的事，分析主要通过个股K线、成交量、分时走势进行研判辨别。了解主力自救的另一角度可从主力展开自救时的操盘痕迹入手。一般情况下主力自救时通用策略是用较少的资金尽量将股价拔的更高；尽量吸引更多的跟风盘买入帮忙推高股价。这种思路指导下的做盘盘面在拉高时有其独特的盘口特征。下面通过盘口交易细节为大家介绍这一独特的盘口特征。

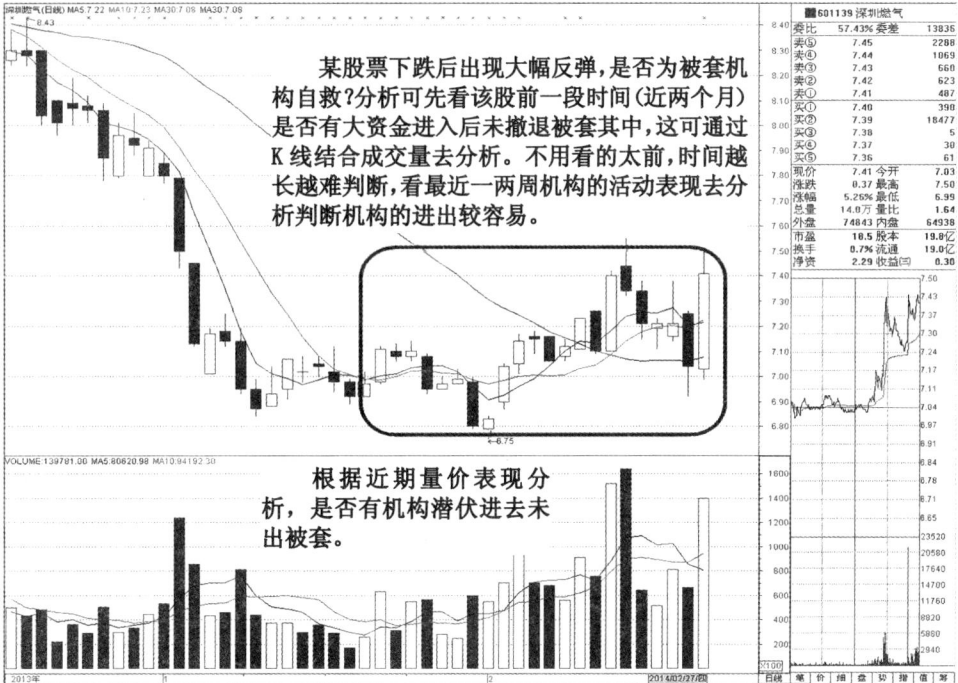

某股票下跌后出现大幅反弹,是否为被套机构自救?分析可先看该股前一段时间(近两个月)是否有大资金进入后未撤退被套其中,这可通过K线结合成交量去分析。不用看的太前,时间越长越难判断,看最近一两周机构的活动表现去分析判断机构的进出较容易。

根据近期量价表现分析,是否有机构潜伏进去未出被套。

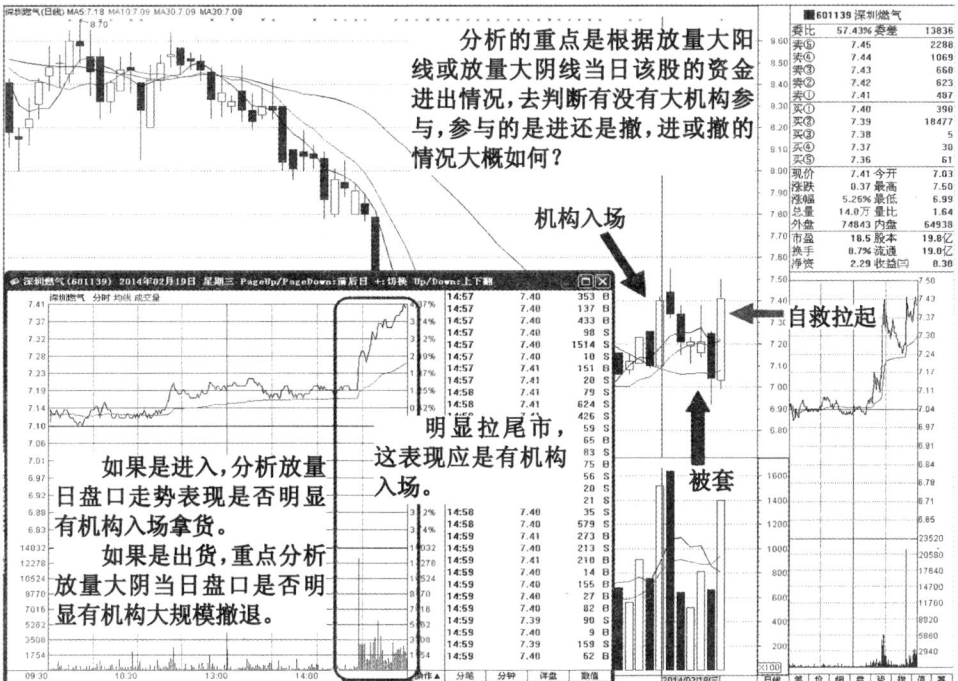

分析的重点是根据放量大阳线或放量大阴线当日该股的资金进出情况,去判断有没有大机构参与,参与的是进还是撤,进或撤的情况大概如何?

机构入场

自救拉起

被套

明显拉尾市,这表现应是有机构入场。

如果是进入,分析放量日盘口走势表现是否明显有机构入场拿货。

如果是出货,重点分析放量大阴当日盘口是否明显有机构大规模撤退。

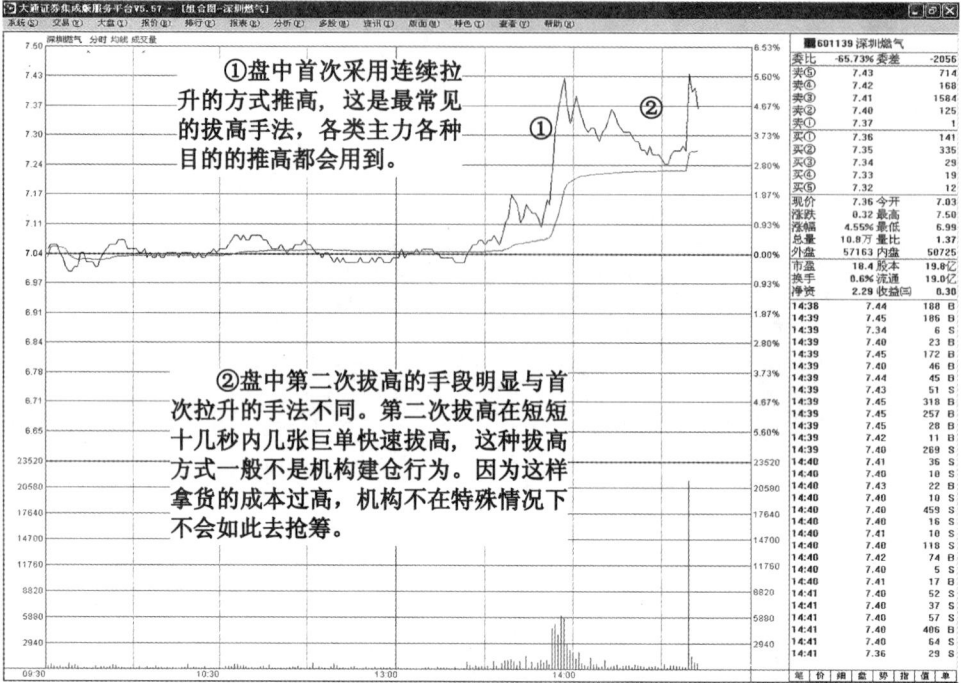

①盘中首次采用连续拉升的方式推高,这是最常见的拔高手法,各类主力各种目的的推高都会用到。

②盘中第二次拔高的手段明显与首次拉升的手法不同。第二次拔高在短短十几秒内几张巨单快速拔高,这种拔高方式一般不是机构建仓行为。因为这样拿货的成本过高,机构不在特殊情况下不会如此去抢筹。

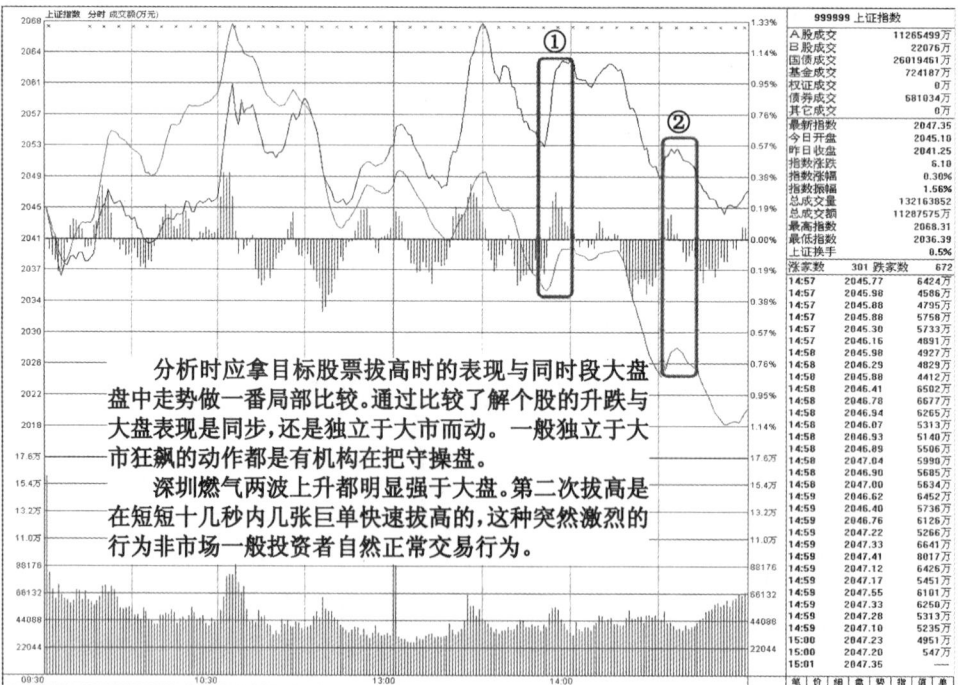

分析时应拿目标股票拔高时的表现与同时段大盘盘中走势做一番局部比较。通过比较了解个股的升跌与大盘表现是同步,还是独立于大市而动。一般独立于大市狂飙的动作都是有机构在把守操盘。

深圳燃气两波上升都明显强于大盘。第二次拔高是在短短十几秒内几张巨单快速拔高的,这种突然激烈的行为非市场一般投资者自然正常交易行为。

601139深圳燃气　分时成交明细　　Up/PageUp:上翻　Down/PageDown:下翻

14:38 深圳燃气第二次拔高时具有突然性,三张巨单快速拔高。股价由7.27元拔至7.40元,再由7.40元拔至7.45元,然后上7.50元。

这种大动作拔高行为出现在个股非临近涨停价位时,大都属于有机构急于快速大幅拔高股价。是否属于主力自救,则应结合该股前期有没有机构明显被套去分析判断。

突发性快速拔高

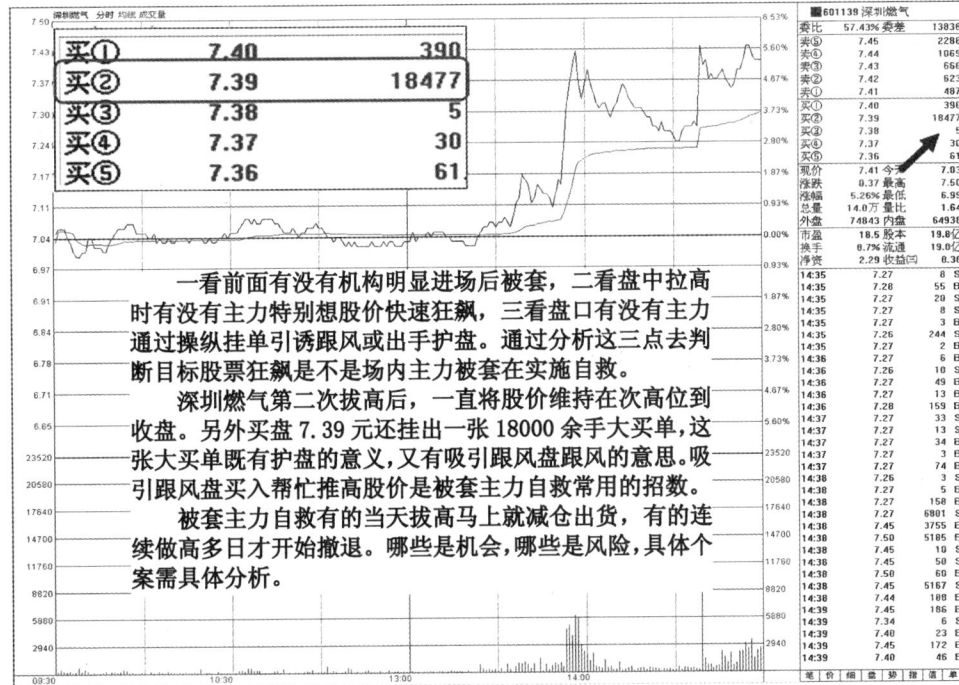

买①	7.40	390
买②	7.39	18477
买③	7.38	5
买④	7.37	30
买⑤	7.36	61

一看前面有没有机构明显进场后被套,二看盘中拉高时有没有主力特别想股价快速狂飙,三看盘口有没有主力通过操纵挂单引诱跟风或出手护盘。通过分析这三点去判断目标股票狂飙是不是场内主力被套在实施自救。

深圳燃气第二次拔高后,一直将股价维持在次高位到收盘。另外买盘7.39元还挂出一张18000余手大买单,这张大买单既有护盘的意义,又有吸引跟风盘跟风的意思。吸引跟风盘买入帮忙推高股价是被套主力自救常用的招数。

被套主力自救有的当天拔马马上就减仓出货,有的连续做高多日才开始撤退。哪些是机会,哪些是风险,具体个案需具体分析。

华北制药主力被套与自救行动(一)

俗语说"只见贼吃肉,没见贼挨打",意为只看到了贼游手好闲,无所事事,却吃香喝辣,就以为贼的生活非常惬意,然而没有看到贼被抓挨打的惨状。坐庄行当也当如此!主力数钱时风光无比,主力被套时也同样痛苦不堪。相当多投资者以为主力都稳赚大钱,而实际并非如此,主力队伍中坐庄亏损离场的绝不是少数。主力在运作过程中,操作某些股票未能赚钱或者亏损撤退的那更是家常便饭,至于主力在运作过程中出现暂时被套则是处处可见。

下面以华北制药为例,剖析该股近日主力运作过程中被套,奋力抵抗,以及拉高自救一系列做盘过程,从中了解一下主力艰难时期的辛酸苦辣。

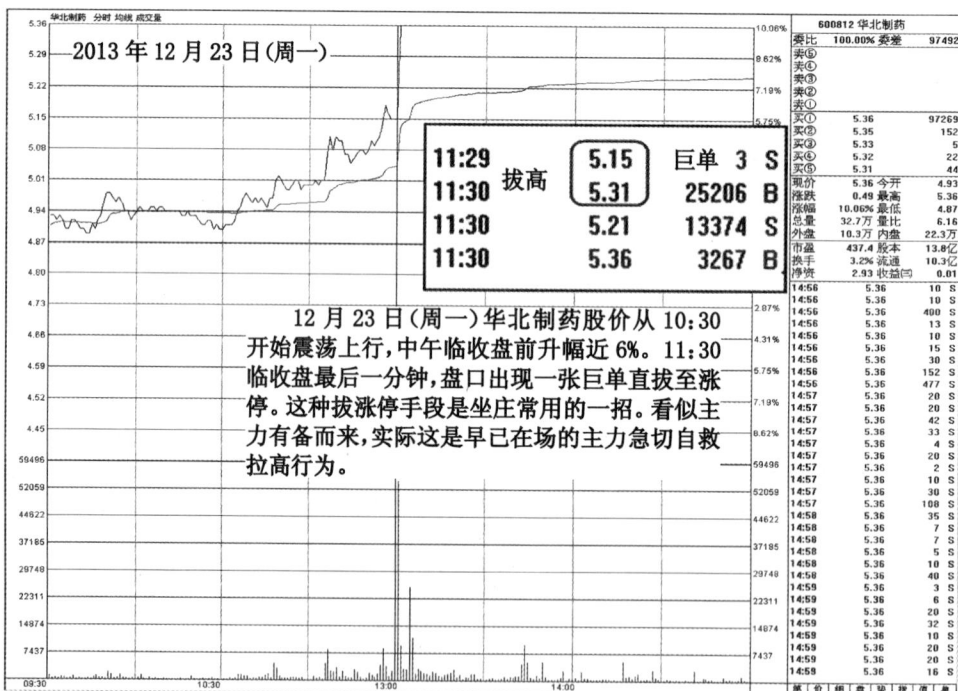

12月23日(周一)华北制药股价从10:30开始震荡上行,中午临收盘前升幅近6%。11:30临收盘最后一分钟,盘口出现一张巨单直拔至涨停。这种拔涨停手段是坐庄常用的一招。看似主力有备而来,实际这是早已在场的主力急切自救拉高行为。

证券代码：600812　　　　　　　　证券简称：华北制药

买入营业部名称	累计买入金额（元）
(1)华鑫证券有限责任公司上海茅台路证券营业部	41865061.00
(2)湘财证券有限责任公司上海金沙江路证券营业部	17376048.00
(3)中国银河证券股份有限公司宁波翠柏路证券营业部	16084510.00
(4)国泰君安证券股份有限公司深圳深南东路证券营业部	9357128.88
(5)华泰证券股份有限公司南京广州路证券营业部	4168868.14

卖出营业部名称	累计卖出金额（元）
(1)华林证券有限责任公司长沙五一大道证券营业部	7344552.40
(2)广发证券股份有限公司武汉京汉大道证券营业部	5946565.00
(3)东方证券股份有限公司公司总部	5217748.33
(4)中信证券股份有限公司上海东方路证券营业部	4308061.52
(5)民生证券股份有限公司郑州西太康路证券营业部	4038842.24

　　华北制药股价23日涨停，上交所公布的交易公开数据显示，买入第一名和第二名均为上海证券营业部。笔者长期跟踪发现，这两家上海证券营业部为同一主力的分仓，该主力在上海地区至少在五家不同的证券营业部开设其管辖的股票账户进行分仓，近年已N次利用这些营业部分仓对敲坐庄操盘。华北制药12月23日涨停总成交金额1.71亿元，主力动用两家营业部资金共买入5900余万元，占比达到34.5%。这大手笔买入不是什么建仓行为而是为了拔高自救。

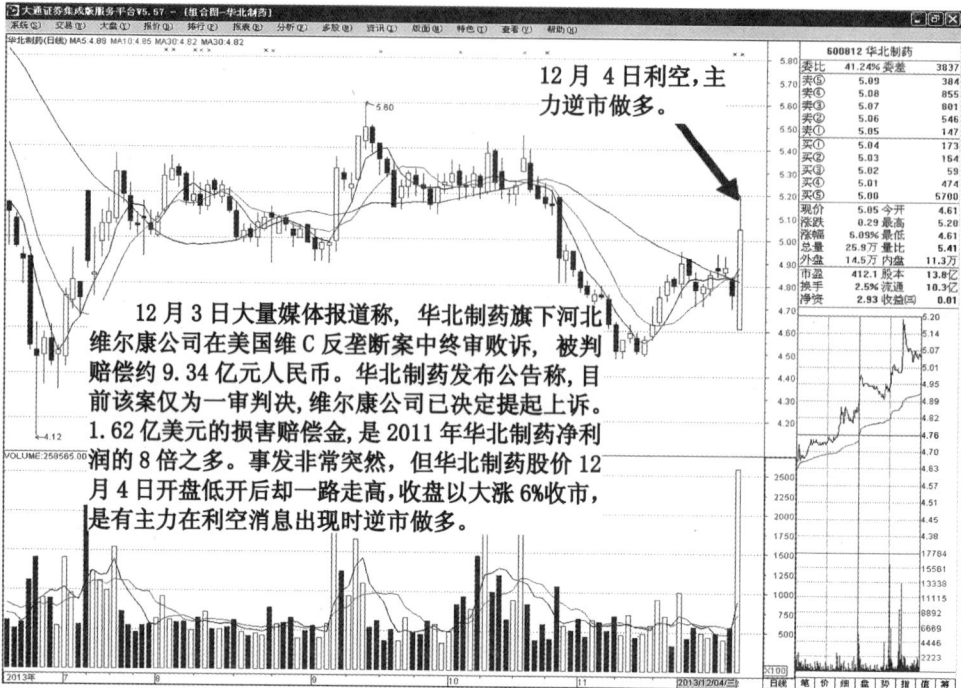

12月4日利空,主力逆市做多。

12月3日大量媒体报道称,华北制药旗下河北维尔康公司在美国维C反垄断案中终审败诉,被判赔偿约9.34亿元人民币。华北制药发布公告称,目前该案仅为一审判决,维尔康公司已决定提起上诉。1.62亿美元的损害赔偿金,是2011年华北制药净利润的8倍之多。事发非常突然,但华北制药股价12月4日开盘低开后却一路走高,收盘以大涨6%收市,是有主力在利空消息出现时逆市做多。

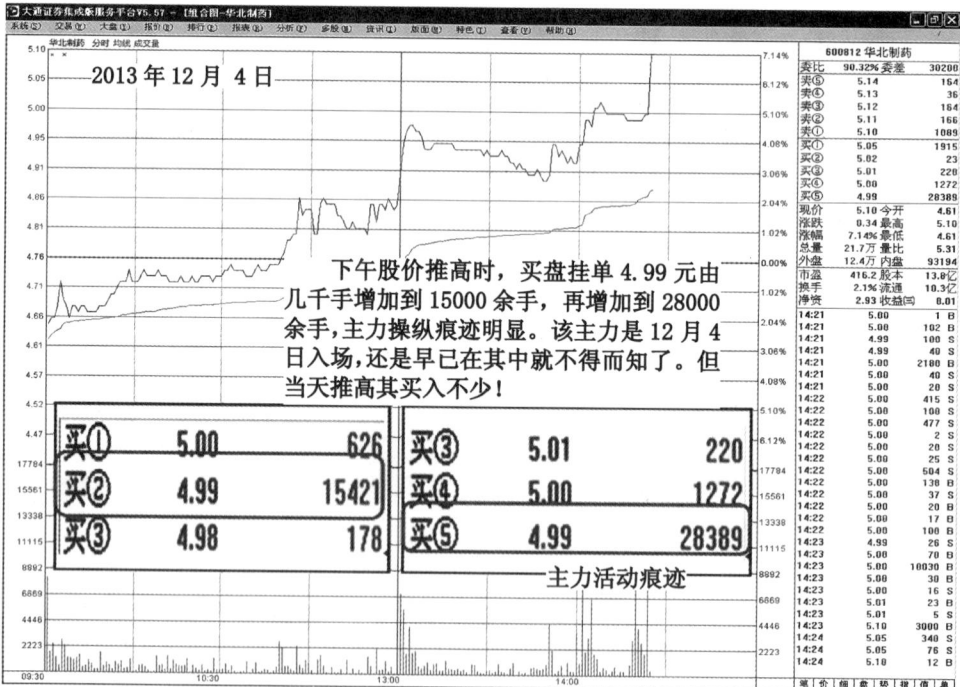

2013年12月4日

下午股价推高时,买盘挂单4.99元由几千手增加到15000余手,再增加到28000余手,主力操纵痕迹明显。该主力是12月4日入场,还是早已在其中就不得而知了。但当天推高其买入不少!

买①	5.00	626	买③	5.01	220
买②	4.99	15421	买④	5.00	1272
买③	4.98	178	买⑤	4.99	28389

主力活动痕迹

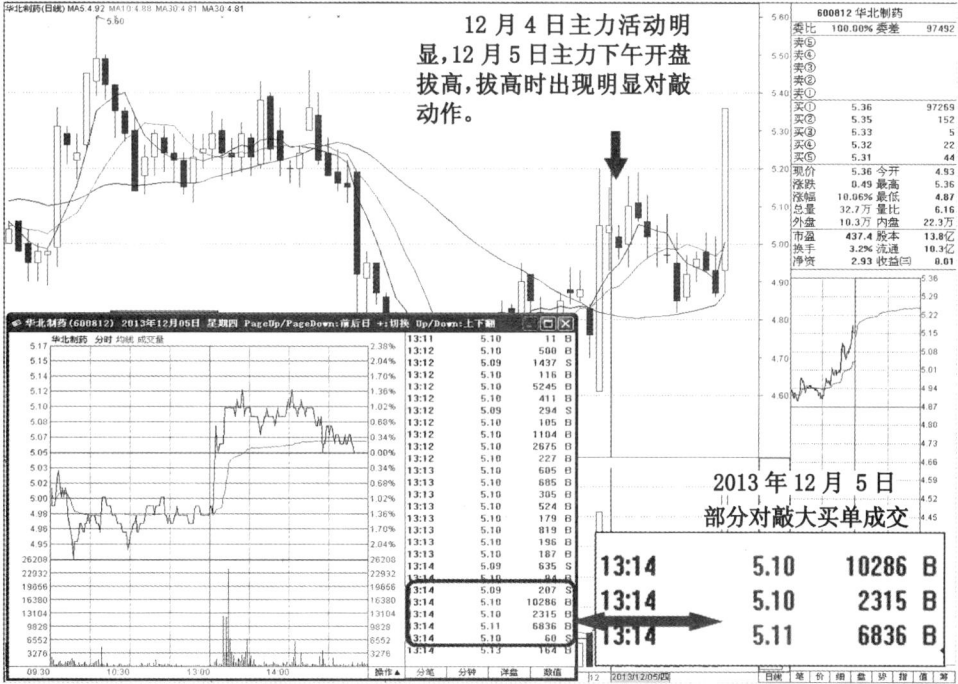

12月4日主力活动明显,12月5日主力下午开盘拔高,拔高时出现明显对敲动作。

2013年12月5日部分对敲大买单成交

13:14	5.10	10286	B
13:14	5.10	2315	B
13:14	5.11	6836	B

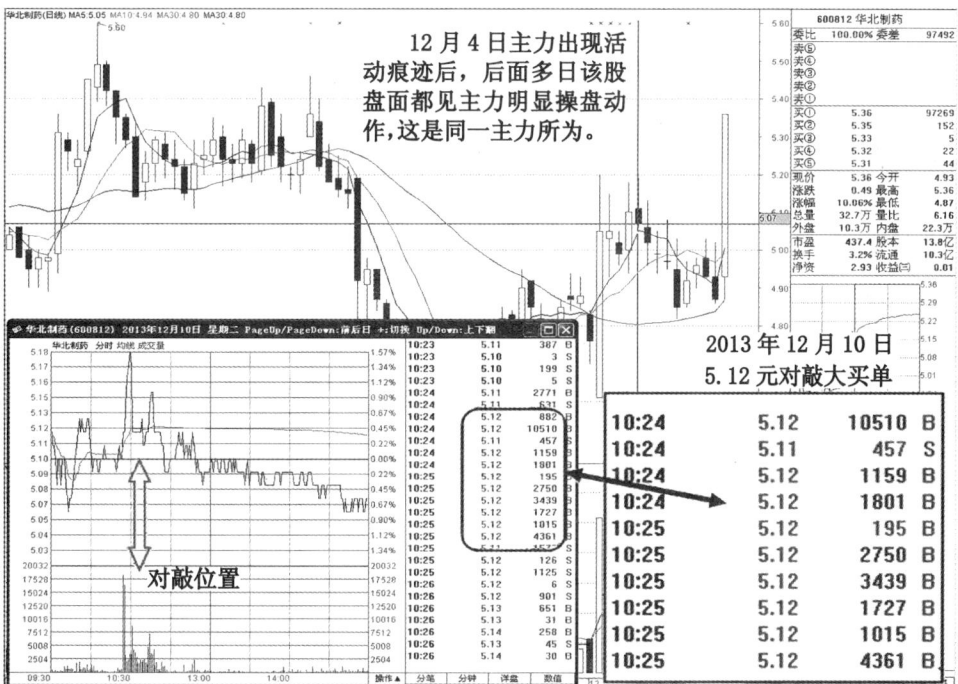

12月4日主力出现活动痕迹后,后面多日该股盘面都见主力明显操盘动作,这是同一主力所为。

对敲位置

2013年12月10日 5.12元对敲大买单

10:24	5.12	10510	B
10:24	5.11	457	S
10:24	5.12	1159	B
10:24	5.12	1801	B
10:25	5.12	195	B
10:25	5.12	2750	B
10:25	5.12	3439	B
10:25	5.12	1727	B
10:25	5.12	1015	B
10:25	5.12	4361	B

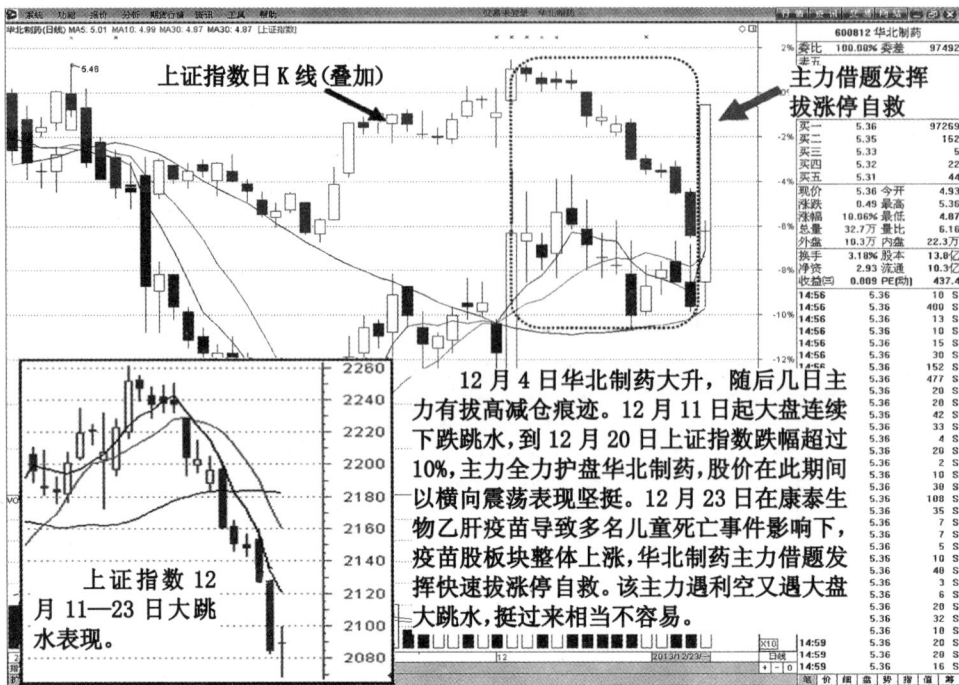

上证指数日 K 线(叠加)

主力借题发挥
拔涨停自救

12 月 4 日华北制药大升，随后几日主力有拔高减仓痕迹。12 月 11 日起大盘连续下跌跳水，到 12 月 20 日上证指数跌幅超过 10%，主力全力护盘华北制药，股价在此期间以横向震荡表现坚挺。12 月 23 日在康泰生物乙肝疫苗导致多名儿童死亡事件影响下，疫苗股板块整体上涨，华北制药主力借题发挥快速拔涨停自救。该主力遇利空又遇大盘大跳水，挺过来相当不容易。

上证指数 12 月 11—23 日大跳水表现。

华北制药主力被套与自救行动(二)

　　上文"华北制药主力被套与自救行动(一)"剖析了华北制药机构在运作过程中被套，奋力抵抗，以及拉高自救一系列做盘过程。2013年12月23日借"康泰生物乙肝疫苗导致多名儿童死亡事件"主力拔涨停自救。但该主力并无发动行情大幅度拉高之意，拔涨停次日利用高开开始出货，再后就是砸盘出逃将跟风盘全部套死。主力操作思路和手段都在以下盘口中一一体现出来。

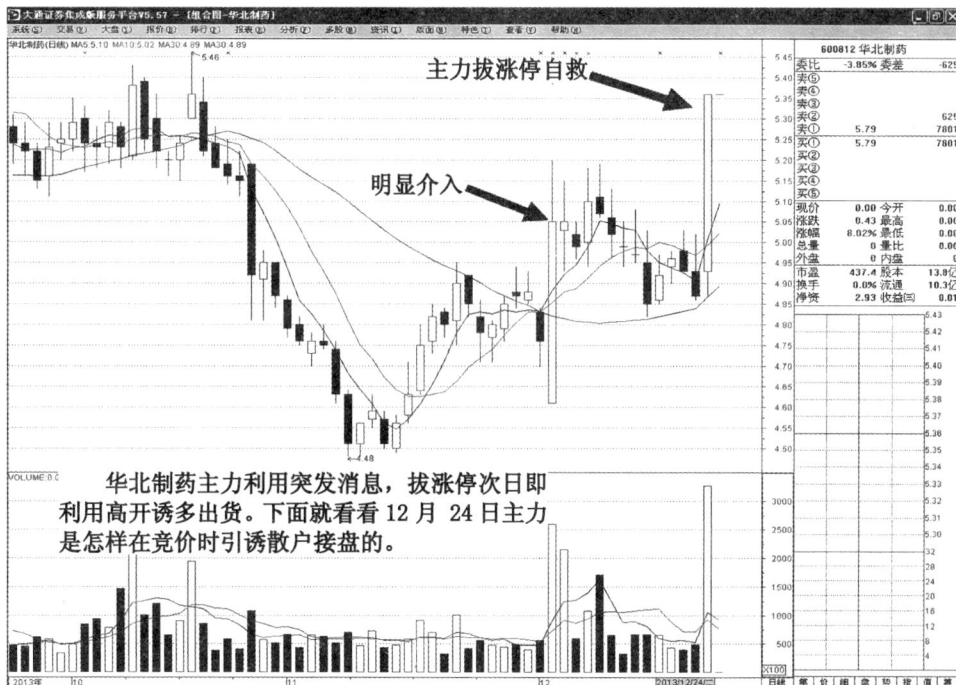

华北制药主力利用突发消息，拔涨停次日即利用高开诱多出货。下面就看看 12 月 24 日主力是怎样在竞价时引诱散户接盘的。

600812 华北制药		
委比 -41.06% 委差		-14929
卖⑤		
卖④		
卖③		
卖②		14929
卖①	5.90	10715
买①	5.90	10715
买②		
买③		
买④		
买⑤		
现价	0.00 今开	0.00
涨跌	0.54 最高	0.00
涨幅	10.07% 最低	0.00

竞价涨停是主力最常用引诱跟风盘的手段。

12 月 24 日 9:15 华北制药以涨停展开竞价。

600812 华北制药		
委比 -16.03% 委差		-2927
卖⑤		
卖④		
卖③		
卖②		2927
卖①	5.80	7667
买①	5.80	7667
买②		
买③		
买④		
买⑤		
现价	0.00 今开	0.00
涨跌	0.44 最高	0.00
涨幅	8.21% 最低	0.00

稍后竞价被下压到涨幅剩余 8.21%。

600812 华北制药		
委比	0.65% 委差	107
卖⑤		
卖④		
卖③		
卖②		
卖①	5.68	8215
买①	5.68	8215
买②		107
买③		
买④	再且价格被压到涨幅剩余8.21%。这种下压一般是市场卖单压低的。	
买⑤		
现价	0.00 今开	0.00
涨跌	0.0△最高	0.00
涨幅	5.97% 最低	0.00

600812 华北制药		
委比	-1.87% 委差	-905
卖⑤		
卖④		
卖③		
卖②		905
卖①	5.55	23786
买①	5.55	23786
买②		
买③		
买④	临近9:25竞价结束，涨幅剩余3.54%，竞价单突然单大幅度增加。	
买⑤		
现价	0.00 今开	0.00
涨跌	0.1△最高	0.00
涨幅	3.54% 最低	0.00

但凡真正对竞价规则研究透彻的都知道，9:24:55前的整个竞价过程都可以操纵和做假。在有机构操纵的情况下，不到9:25竞价马上就要完毕，以什么价格开盘都难以预测。有些主力在竞价时先是不断输入买单，将竞价维持在大涨价格。到9:24:55左右临竞价结束瞬间，快速用一张或多张大卖单，突然一下子大幅压低价格抛出，如此将90%以上筹码砸给竞价买入的买单。竞价结束时，只要竞价卖单高于开盘价就无法成交。由于主力是在9:24:55左右临竞价结束瞬间才突然以超低价大单砸出，一般人的卖单价格大都没挂的如此低，所以这些想在竞价时卖出的卖单90%成交不了。华北制药在9:24:50竞价涨幅还在5.97%左右，临竞价结束开盘前瞬间1万多手大卖单一下大幅压低到涨幅3.54%左右价格抛出，实际上这就是主力在故意压价出货。

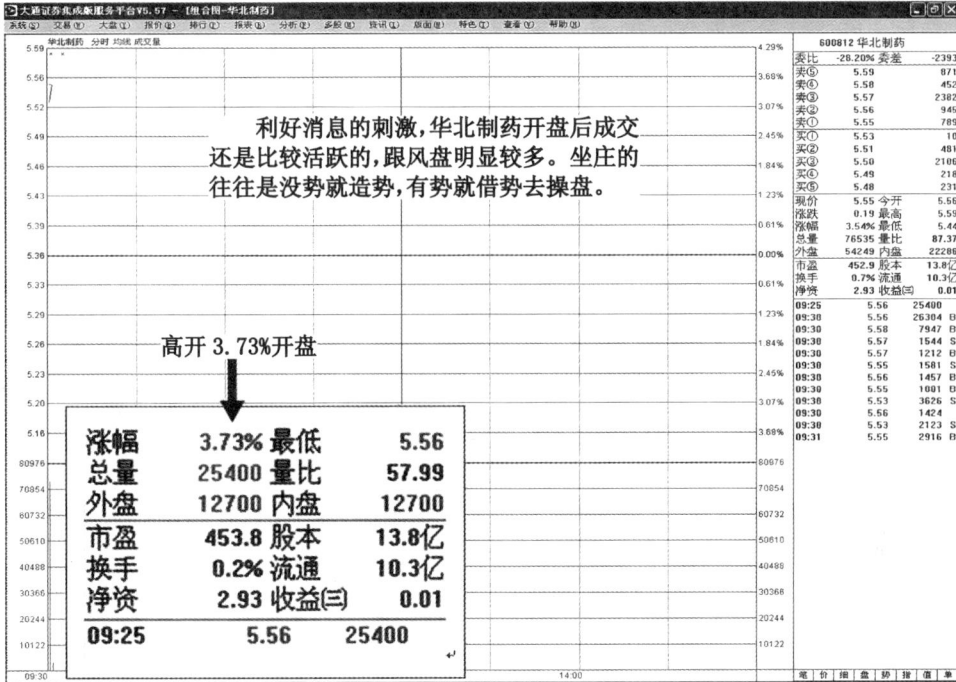

利好消息的刺激，华北制药开盘后成交
还是比较活跃的，跟风盘明显较多。坐庄的
往往是没势就造势，有势就借势去操盘。

高开 3.73%开盘

涨幅	3.73%	最低	5.56
总量	25400	量比	57.99
外盘	12700	内盘	12700
市盈	453.8	股本	13.8亿
换手	0.2%	流通	10.3亿
净资	2.93	收益(三)	0.01
09:25	5.56	25400	

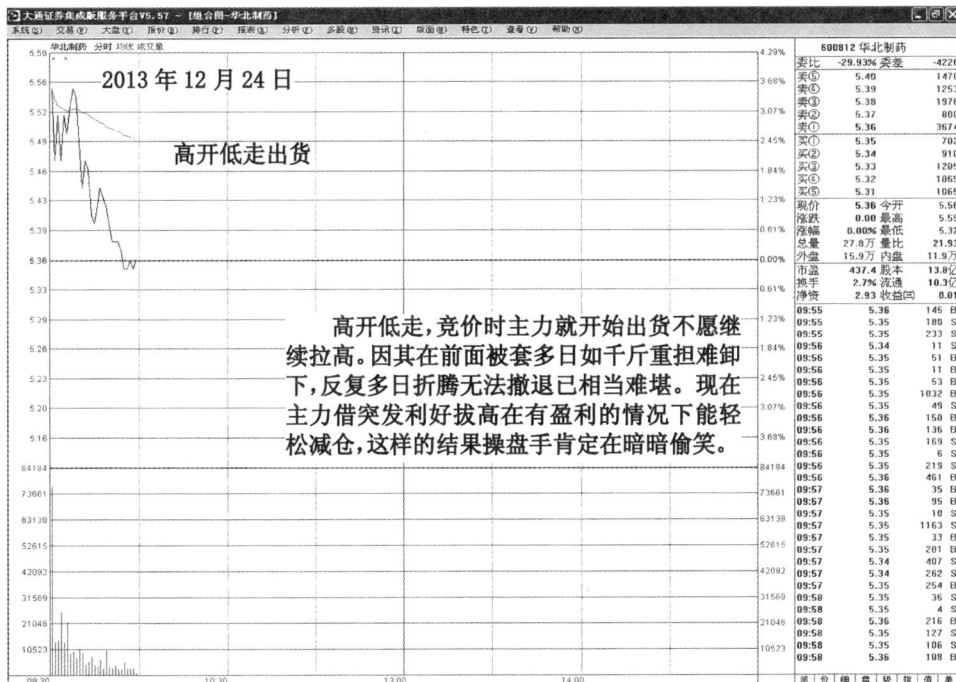

2013 年 12 月 24 日

高开低走出货

高开低走，竞价时主力就开始出货不愿继
续拉高。因其在前面被套多日如千斤重担难卸
下，反复多日折腾无法撤退已相当难堪。现在
主力借突发利好拔高在有盈利的情况下能轻
松减仓，这样的结果操盘手肯定在暗暗偷笑。

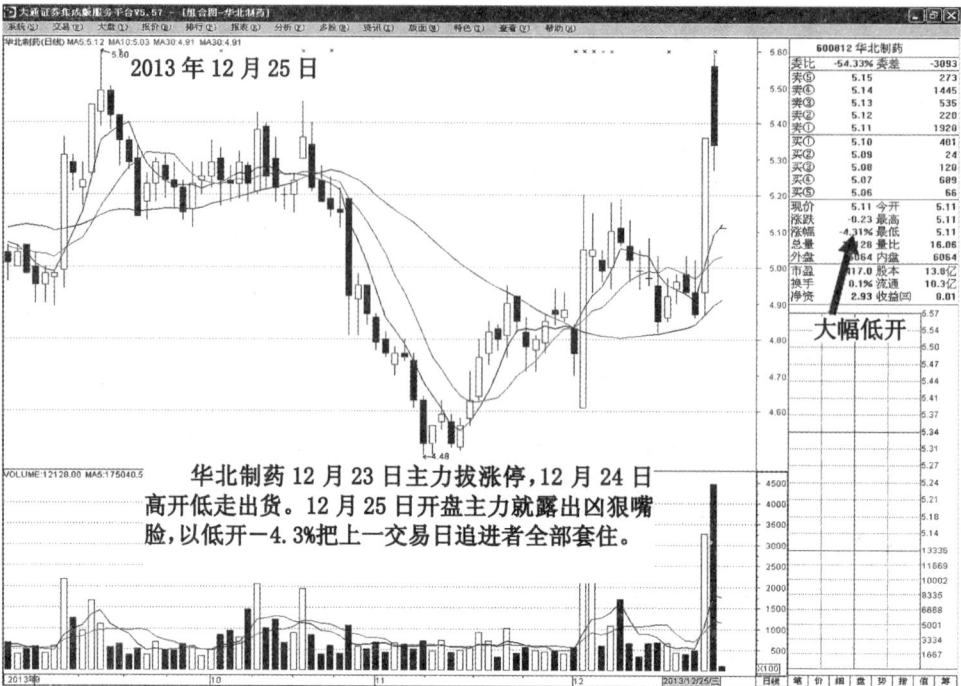

2013 年 12 月 25 日

大幅低开

华北制药 12 月 23 日主力拔涨停,12 月 24 日高开低走出货。12 月 25 日开盘主力就露出凶狠嘴脸,以低开 -4.3% 把上一交易日追进者全部套住。

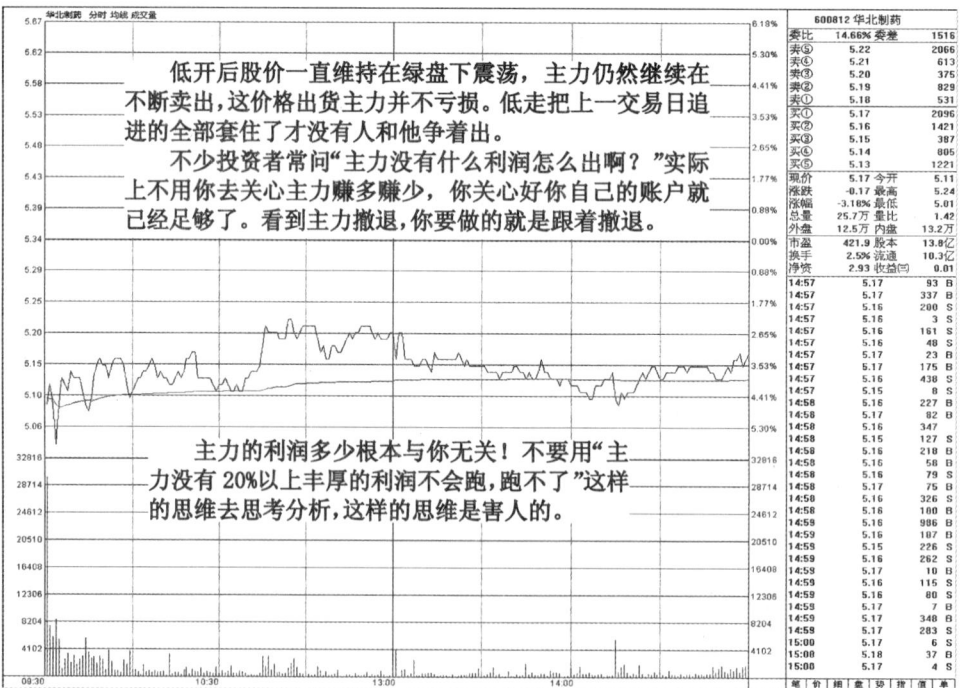

低开后股价一直维持在绿盘下震荡,主力仍然继续在不断卖出,这价格出货主力并不亏损。低走把上一交易日追进的全部套住了才没有人和他争着出。

不少投资者常问"主力没有什么利润怎么出啊?"实际上不用你去关心主力赚多赚少,你关心好你自己的账户就已经足够了。看到主力撤退,你要做的就是跟着撤退。

主力的利润多少根本与你无关!不要用"主力没有 20% 以上丰厚的利润不会跑,跑不了"这样的思维去思考分析,这样的思维是害人的。

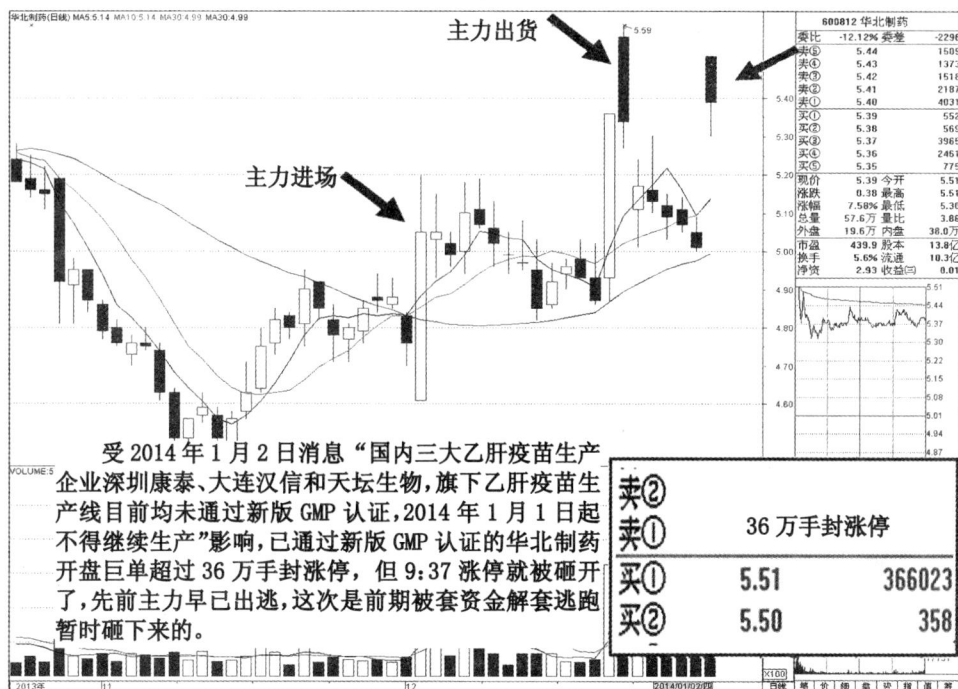

华北制药(日线) MA5:5.14 MA10:5.14 MA30:4.99 MA30:4.99

主力出货

主力进场

600812 华北制药

委比	-12.12% 委差	-2296
卖⑤	5.44	1509
卖④	5.43	1373
卖③	5.42	1518
卖②	5.41	2187
卖①	5.40	4031
买①	5.39	552
买②	5.38	569
买③	5.37	3985
买④	5.36	2461
买⑤	5.35	775

现价	5.39	今开	5.51
涨跌	0.38	最高	5.51
涨幅	7.58%	最低	5.30
总量	57.6万	量比	3.86
外盘	19.6万	内盘	38.0万
市盈	439.9	股本	13.8亿
换手	5.6%	流通	10.3亿
净资	2.93	收益(三)	0.01

受 2014 年 1 月 2 日消息"国内三大乙肝疫苗生产企业深圳康泰、大连汉信和天坛生物,旗下乙肝疫苗生产线目前均未通过新版 GMP 认证,2014 年 1 月 1 日起不得继续生产"影响,已通过新版 GMP 认证的华北制药开盘巨单超过 36 万手封涨停,但 9:37 涨停就被砸开了,先前主力早已出逃,这次是前期被套资金解套逃跑暂时砸下来的。

卖②		
卖①	36 万手封涨停	
买①	5.51	366023
买②	5.50	358

弱市主力操盘被砸惨况

　　市场好时都容易,市场弱时谁都难!大牛市中主力机构赚到盆满钵满,熊市中无论是散户还是主力的命运都同样相似的悲惨。在股市中逐利的主力的确有一定优势,但其也不能时时呼风唤雨,为所欲为。跌市中个股中主力有时是砸盘恐慌制造者,有时也扮演护盘侠正面形象。

　　实力主力利用资金、消息、技术优势在市场中干预操纵股价方向与涨跌,从中谋利屡见不鲜,而实际上坐庄失败被市场卖方砸盘的也不少见,在弱势市场中,一些短线机构为谋取小利入市操作反而被套更是家常便饭。下面看一下星湖科技1月13日的表现,可以看出短线机构入市吸货推涨停后,是如何被恐慌盘砸的体无完肤、十分难堪的。

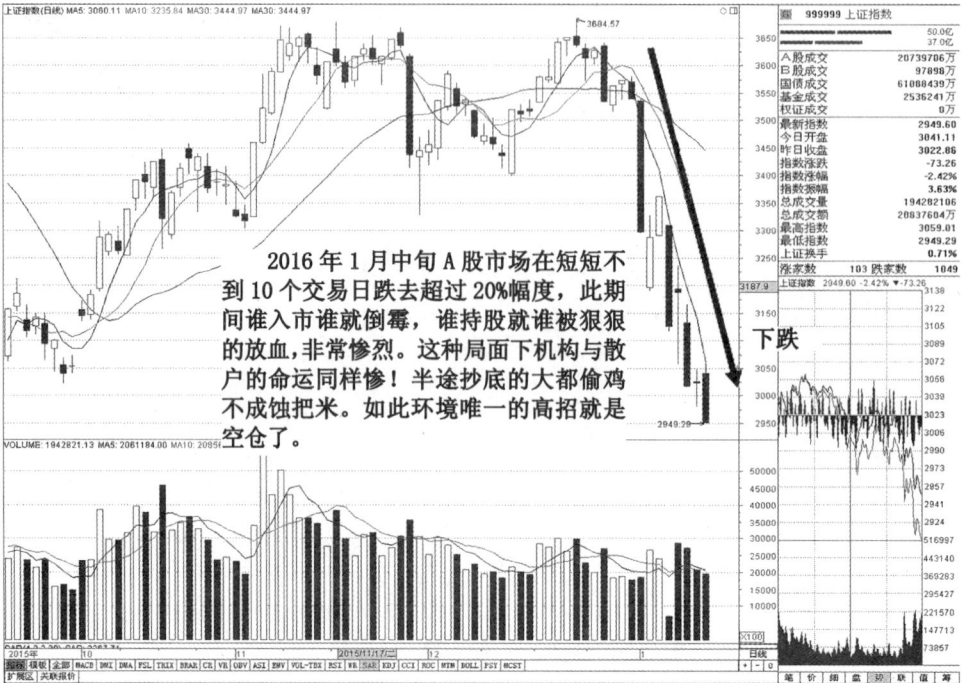

2016年1月中旬A股市场在短短不到10个交易日跌去超过20%幅度,此期间谁入市谁就倒霉,谁持股就谁被狠狠的放血,非常惨烈。这种局面下机构与散户的命运同样惨!半途抄底的大都偷鸡不成蚀把米。如此环境唯一的高招就是空仓了。

下跌

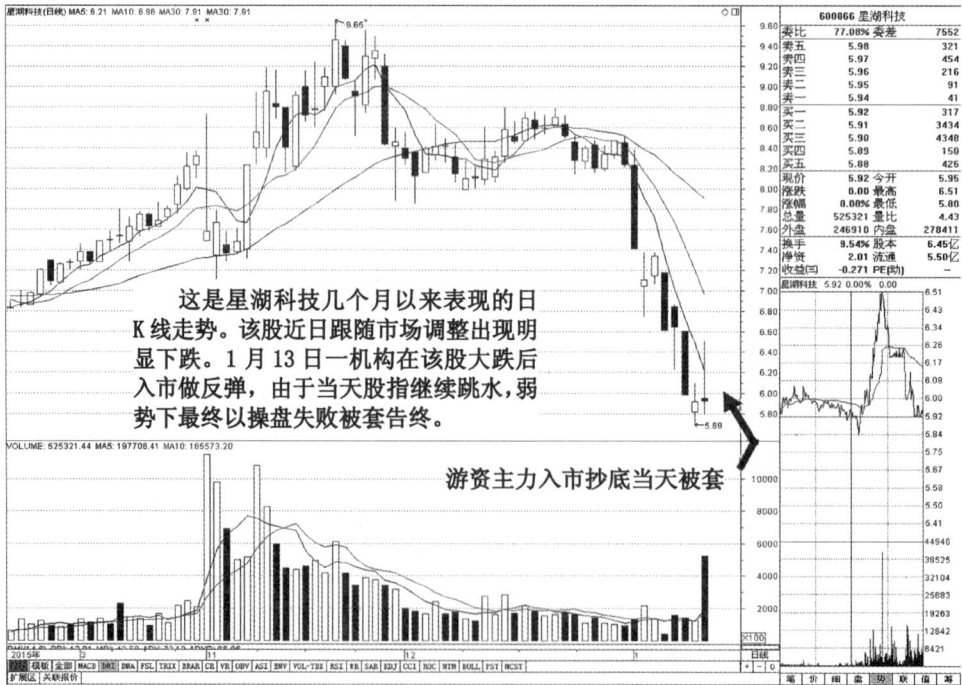

这是星湖科技几个月以来表现的日K线走势。该股近日跟随市场调整出现明显下跌。1月13日一机构在该股大跌后入市做反弹,由于当天股指继续跳水,弱势下最终以操盘失败被套告终。

游资主力入市抄底当天被套

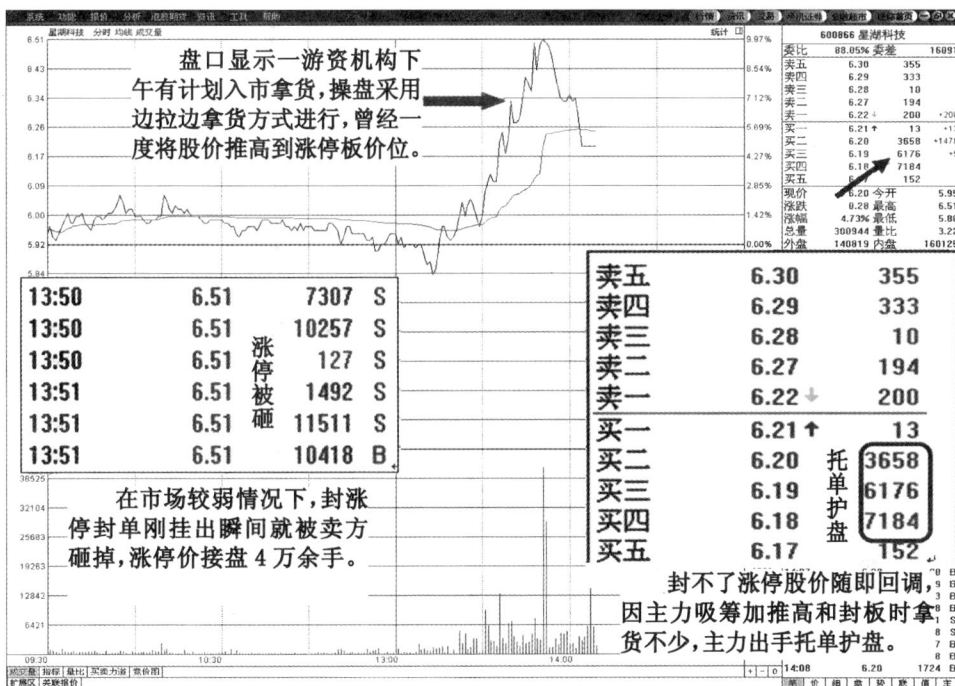

盘口显示一游资机构下午有计划入市拿货,操盘采用边拉边拿货方式进行,曾经一度将股价推高到涨停板价位。

13:50	6.51	7307	S
13:50	6.51	10257	S
13:50	6.51	127	S
13:51	6.51	1492	S
13:51	6.51	11511	S
13:51	6.51	10418	B

涨停被砸

卖五	6.30	355
卖四	6.29	333
卖三	6.28	10
卖二	6.27	194
卖一	6.22↓	200
买一	6.21↑	13
买二	6.20	3658
买三	6.19	6176
买四	6.18	7184
买五	6.17	152

托单护盘

在市场较弱情况下,封涨停封单刚挂出瞬间就被卖方砸掉,涨停价接盘4万余手。

封不了涨停股价随即回调,因主力吸筹加推高和封板时拿货不少,主力出手托单护盘。

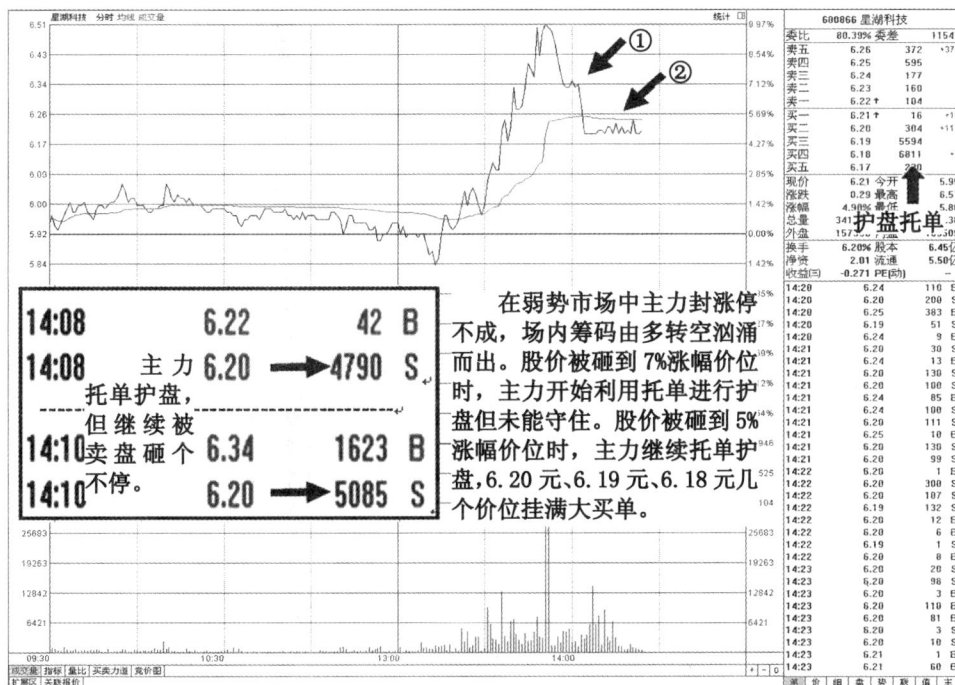

14:08	6.22	42	B
14:08 主力	6.20 →4790		S
托单护盘, 但继续被			
14:10 卖盘砸个	6.34	1623	B
不停。	6.20 →5085		S

在弱势市场中主力封涨停不成,场内筹码由多转空汹涌而出。股价被砸到7%涨幅价位时,主力开始利用托单进行护盘但未能守住。股价被砸到5%涨幅价位时,主力继续托单护盘,6.20元、6.19元、6.18元几个价位挂满大买单。

护盘托单

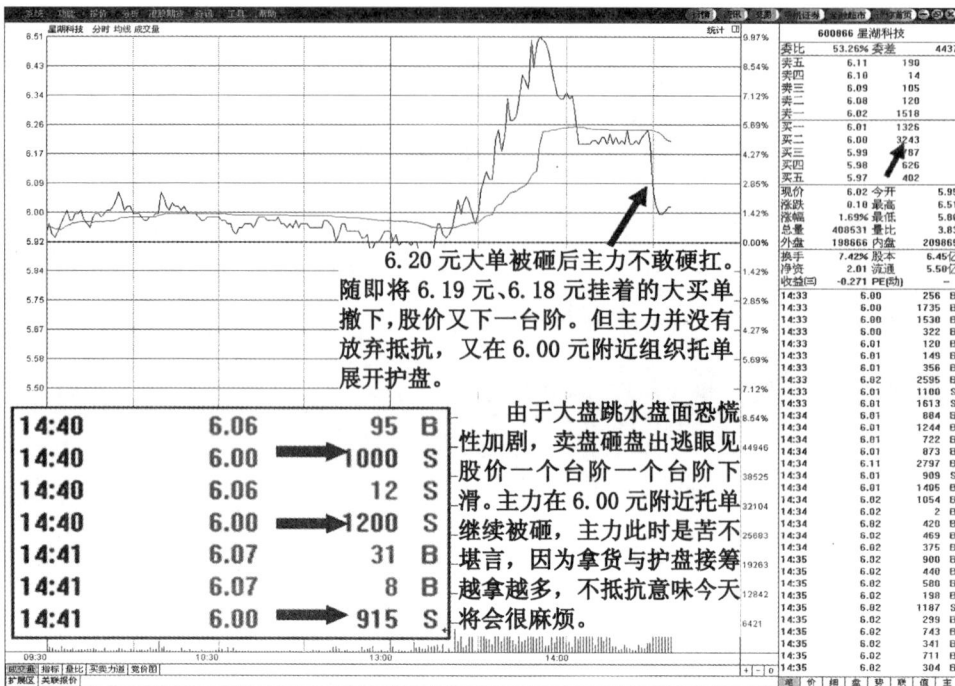

6.20元大单被砸后主力不敢硬扛。随即将6.19元、6.18元挂着的大买单撤下,股价又下一台阶。但主力并没有放弃抵抗,又在6.00元附近组织托单展开护盘。

14:40	6.06	95	B
14:40	6.00 →	1000	S
14:40	6.06	12	S
14:40	6.00 →	1200	S
14:41	6.07	31	B
14:41	6.07	8	B
14:41	6.00 →	915	S

由于大盘跳水盘面恐慌性加剧,卖盘砸盘出逃眼见股价一个台阶一个台阶下滑。主力在6.00元附近托单继续被砸,主力此时是苦不堪言,因为拿货与护盘接筹越拿越多,不抵抗意味今天将会很麻烦。

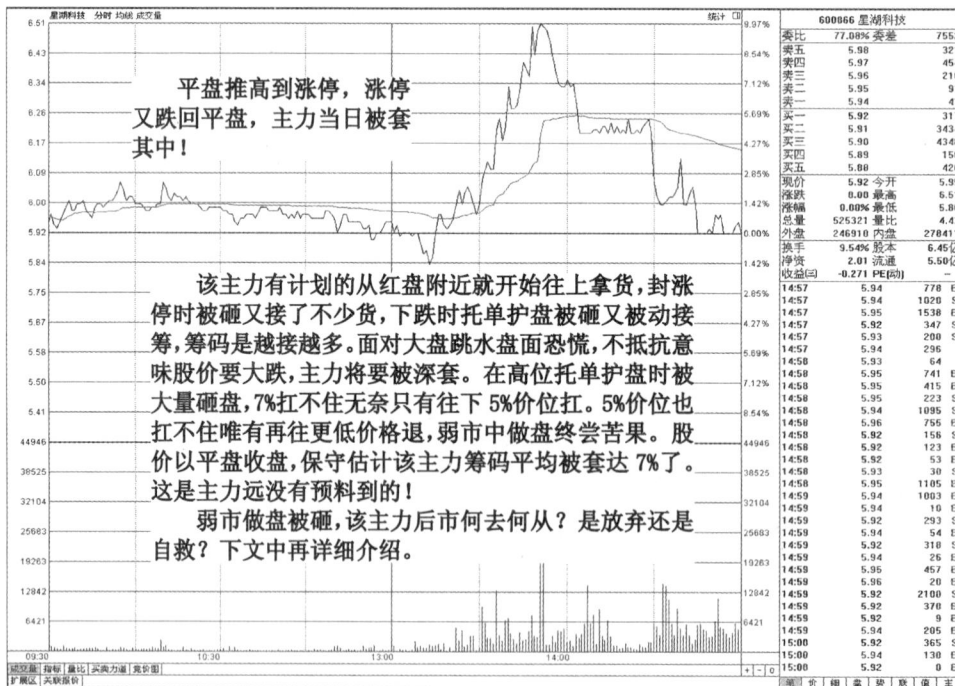

平盘推高到涨停,涨停又跌回平盘,主力当日被套其中!

该主力有计划的从红盘附近就开始往上拿货,封涨停时被砸又接了不少货,下跌时托单护盘被砸又被动接筹,筹码是越接越多。面对大盘跳水盘面恐慌,不抵抗意味股价要大跌,主力将要被深套。在高位托单护盘时被大量砸盘,7%扛不住无奈只有往下5%价位扛。5%价位也扛不住唯有再往更低价格退,弱市中做盘终尝苦果。股价以平盘收盘,保守估计该主力筹码平均被套达7%了。这是主力远没有预料到的!

弱市做盘被砸,该主力后市何去何从?是放弃还是自救?下文中再详细介绍。

弱市星湖科技主力被砸自救细节

上文介绍了2006年1月13日弱势市场中，一短线机构入市吸货星湖科技推涨停后，被恐慌盘砸盘难堪收场，当日收盘将主力与当天介入的其他资金全部套牢。据星湖科技当日盘口走势分析，主力下午开市后不久即从平盘价位附近开始吸筹，边拿货边推高一直至涨停，整个过程中主力在从低至高都应有买入。涨停后封单被恐慌盘砸掉自然有接盘，涨停打开后下跌时主动托单护盘又被恐慌盘砸盘。保守估计当日主力所接筹码平均成本也在平盘往上涨幅6%～7%价位之间，也即当日收市主力被套-6%或更多。

弱市坐庄失败乃主力操盘常事，这些超短线主力坐庄失败被套后有两种选择：①止损撤退；②自救拉起后撤退。选择止损撤退还是自救先拉起后撤退？每个主力根据自身情况而定。操盘星湖科技被套主力次日选择自救拉高后才开始撤退。下面就来看看星湖科技被套主力自救拉高和撤退盘面操盘细节。

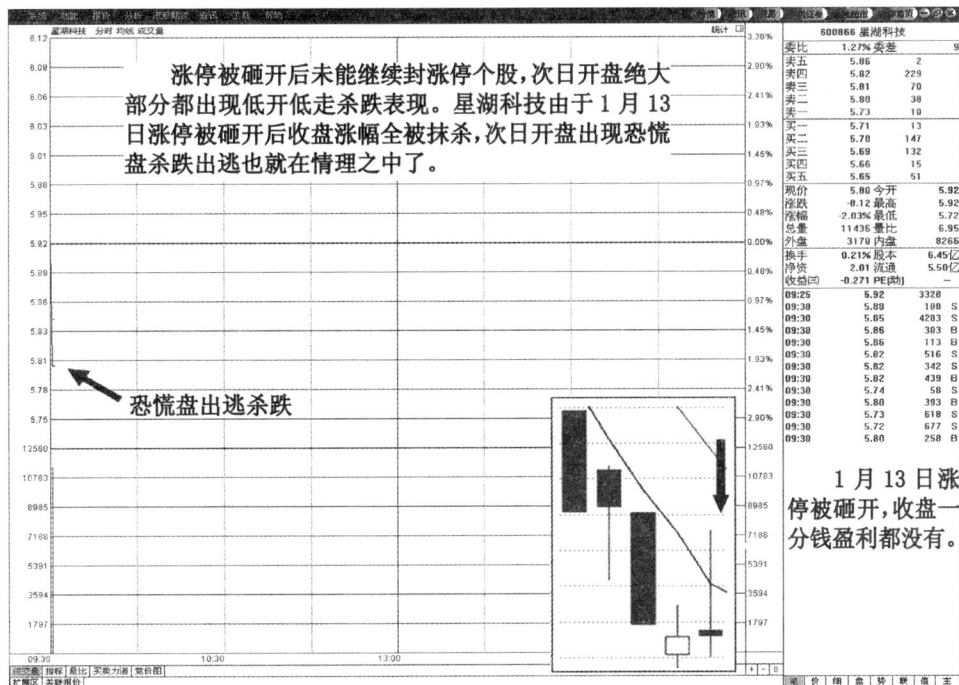

涨停被砸开后未能继续封涨停个股，次日开盘绝大部分都出现低开低走杀跌表现。星湖科技由于1月13日涨停被砸开后收盘涨幅全被抹杀，次日开盘出现恐慌盘杀跌出逃也就在情理之中了。

恐慌盘出逃杀跌

1月13日涨停被砸开，收盘一分钱盈利都没有。

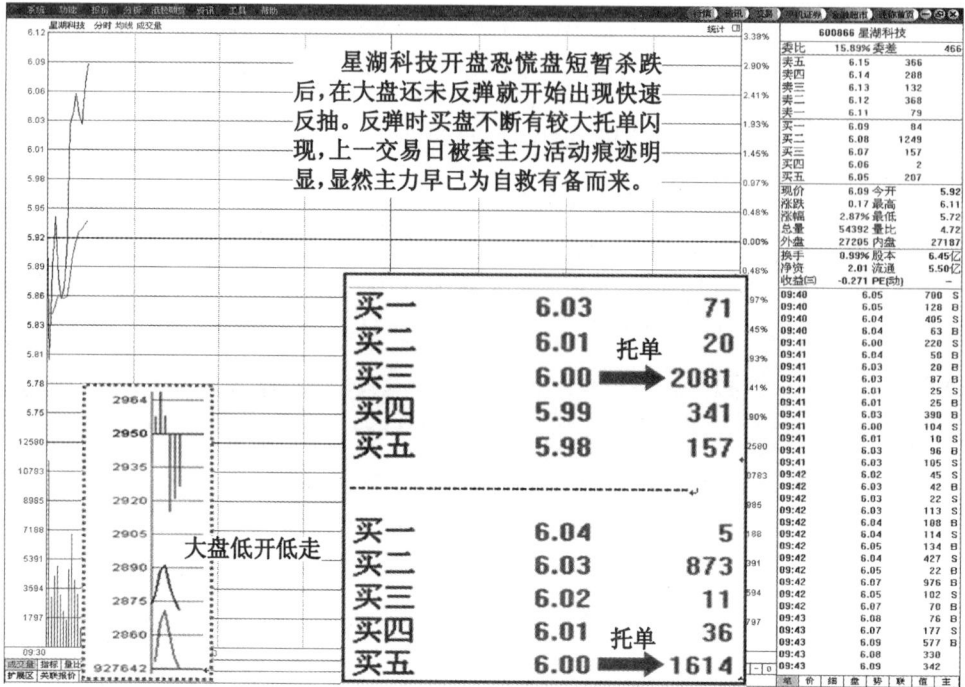

星湖科技开盘恐慌盘短暂杀跌后,在大盘还未反弹就开始出现快速反抽。反弹时买盘不断有较大托单闪现,上一交易日被套主力活动痕迹明显,显然主力早已为自救有备而来。

大盘低开低走

买一	6.03	71
买二	6.01	托单 20
买三	6.00 →	2081
买四	5.99	341
买五	5.98	157

买一	6.04	5
买二	6.03	873
买三	6.02	11
买四	6.01	托单 36
买五	6.00 →	1614

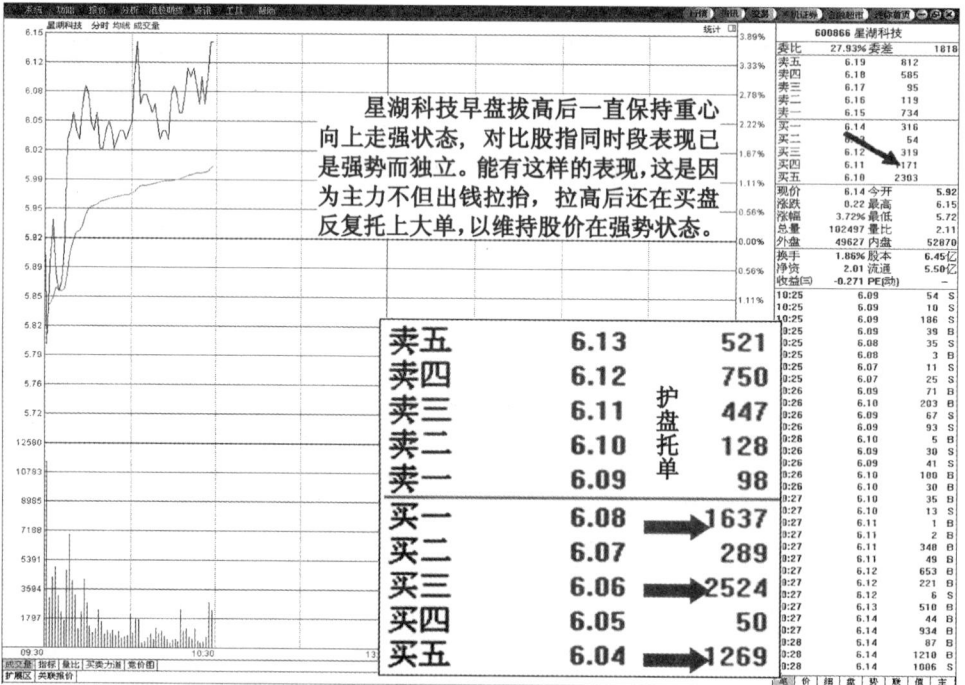

星湖科技早盘拔高后一直保持重心向上走强状态,对比股指同时段表现已是强势而独立。能有这样的表现,这是因为主力不但出钱拉抬,拉高后还在买盘反复托上大单,以维持股价在强势状态。

卖五	6.13	521
卖四	6.12	750
卖三	6.11	护盘托单 447
卖二	6.10	128
卖一	6.09	98
买一	6.08 →	1637
买二	6.07	289
买三	6.06 →	2524
买四	6.05	50
买五	6.04 →	1269

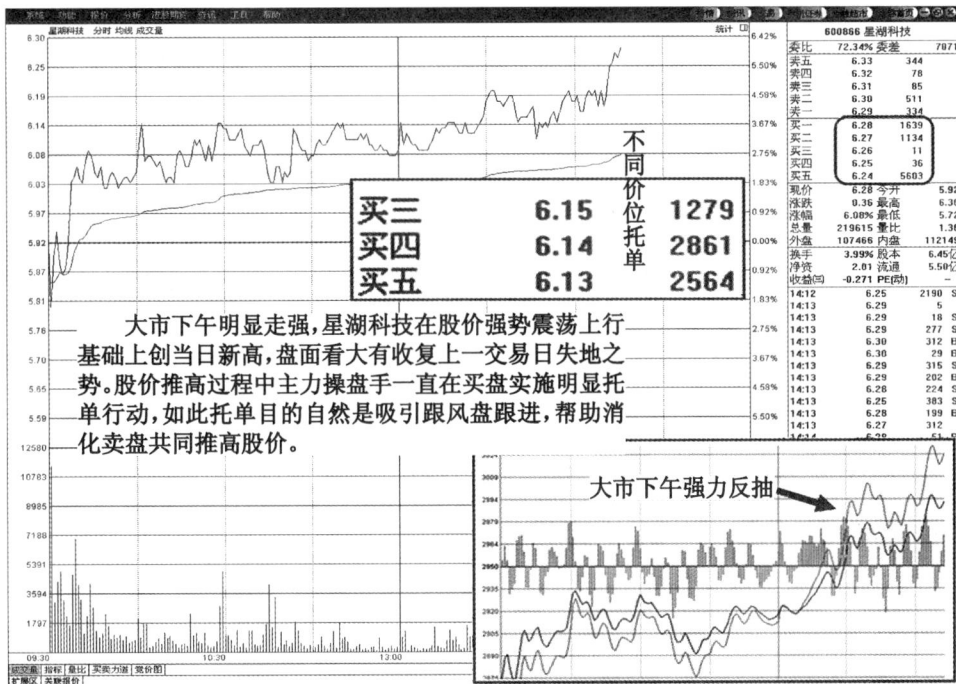

买三	6.15	1279
买四	6.14	2861
买五	6.13	2564

大市下午明显走强，星湖科技在股价强势震荡上行基础上创当日新高，盘面看大有收复上一交易日失地之势。股价推高过程中主力操盘手一直在买盘实施明显托单行动，如此托单目的自然是吸引跟风盘跟进，帮助消化卖盘共同推高股价。

大市下午强力反抽

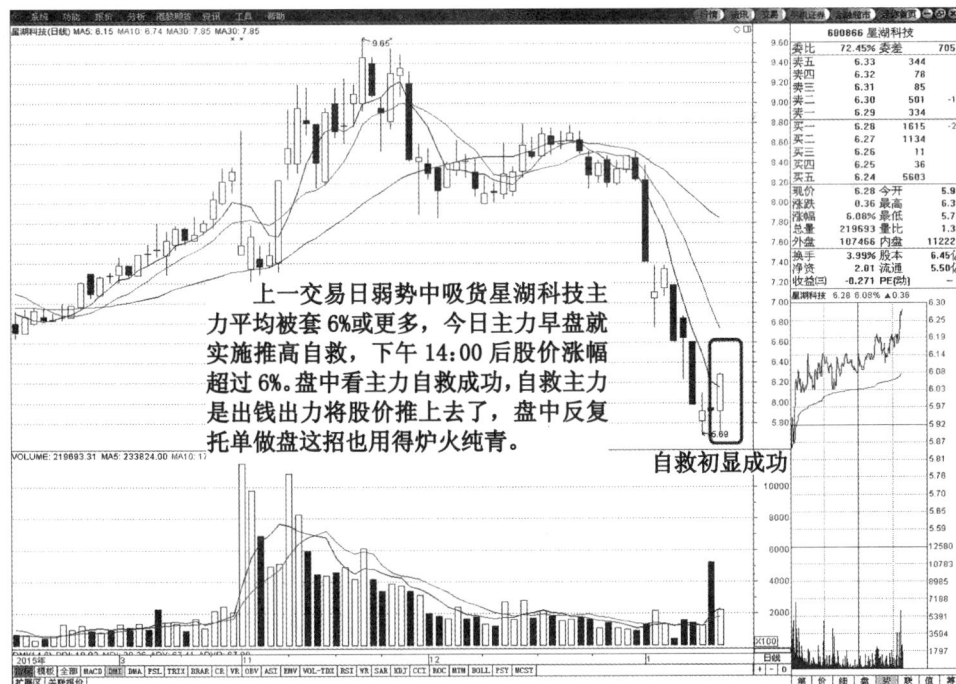

上一交易日弱势中吸货星湖科技主力平均被套6%或更多，今日主力早盘就实施推高自救，下午14:00后股价涨幅超过6%。盘中看主力自救成功，自救主力是出钱出力将股价推上去了，盘中反复托单做盘这招也用得炉火纯青。

自救初显成功

221

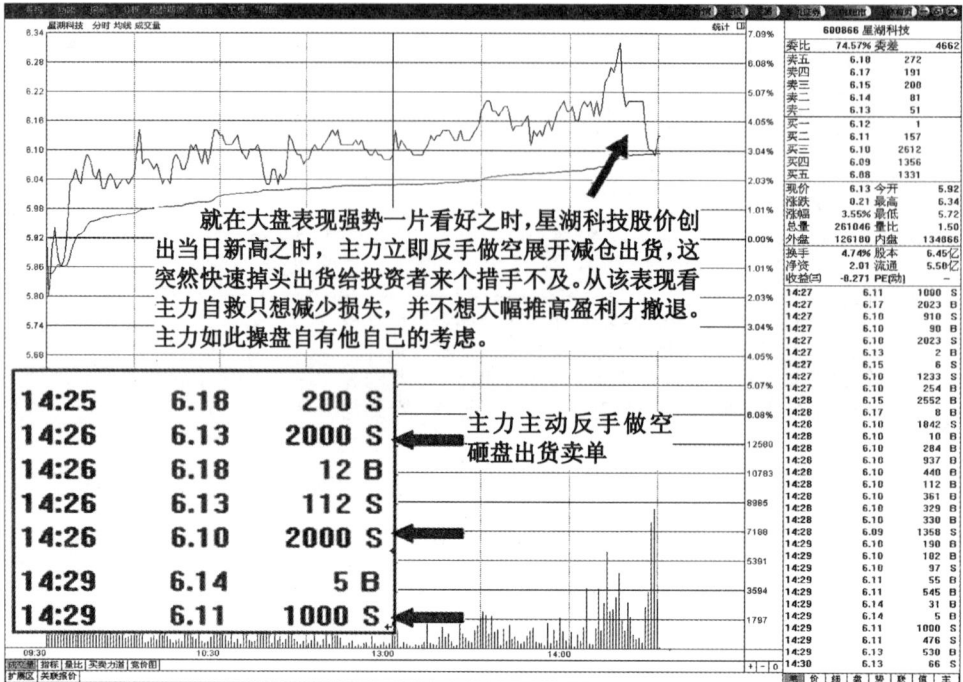

就在大盘表现强势一片看好之时,星湖科技股价创出当日新高之时,主力立即反手做空展开减仓出货,这突然快速掉头出货给投资者来个措手不及。从该表现看主力自救只想减少损失,并不想大幅推高盈利才撤退。主力如此操盘自有他自己的考虑。

14:25	6.18	200 S
14:26	6.13	2000 S
14:26	6.18	12 B
14:26	6.13	112 S
14:26	6.10	2000 S
14:29	6.14	5 B
14:29	6.11	1000 S

主力主动反手做空砸盘出货卖单

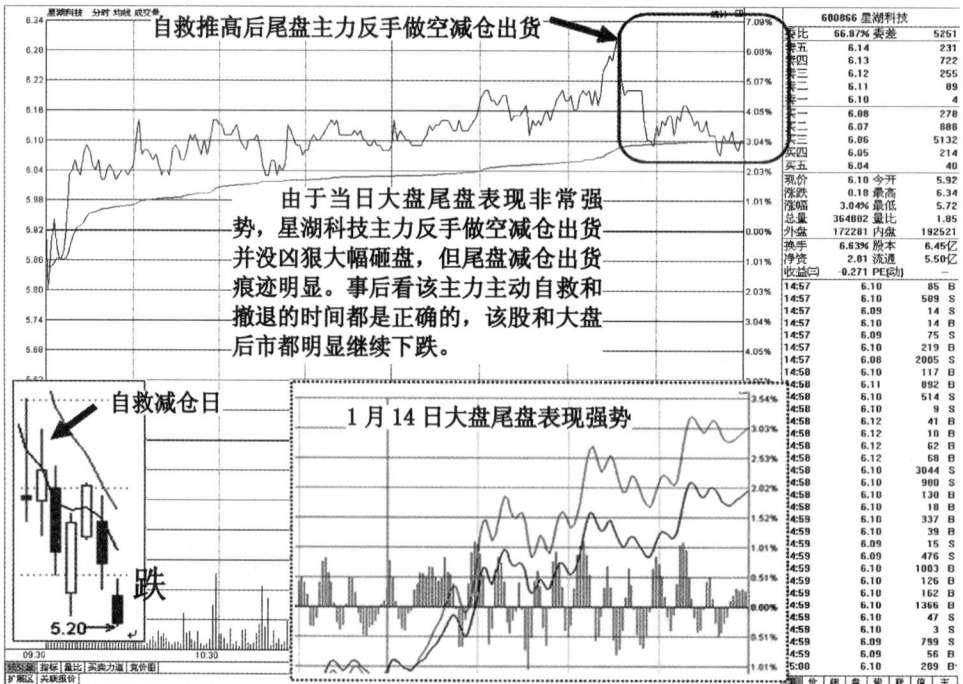

自救推高后尾盘主力反手做空减仓出货

由于当日大盘尾盘表现非常强势,星湖科技主力反手做空减仓出货并没凶狠大幅砸盘,但尾盘减仓出货痕迹明显。事后看该主力主动自救和撤退的时间都是正确的,该股和大盘后市都明显继续下跌。

自救减仓日

跌

5.20

1月14日大盘尾盘表现强势

主力看盘看错后的操作

常遇股友问及些问题，如谁是主力？主力看盘会不会看错？主力会不会被套？主力被套后怎么处理？要深究准确定义谁是真正的主力这个就得废一番功夫。个别主力资金量巨大可以影响甚至控制某只个股二级市场的股价走势，但并不是手持大资金的机构就一定是主力。部分机构在股票市场中运作的资金量巨大，但他们买卖都以投资为目的，没有刻意操纵股价行为。这样的机构也算不上真正的主力。除了拥有资金量巨大，有计划、有组织操纵个股价格的大机构才能列入真正的主力行列。

开放式基金现时是A股市场最大的投资机构群体，他们管理的资金非常庞大。有时也会出现同系多只基金共同买入持有一只股票这一类似坐庄行为，但基金绝大部分的操作都是一般投资行为。基金经理看盘会不会看错？会不会被套？这似乎是和尚头上的虱子明摆着的！分析众多基金多年以来的操作情况，在股指每年波动中，大部分基金仓位没有能与大盘趋势波动高低点做出相应的增减，屡屡出现股指暴跌后其仓位几乎毫无变化的事实。这是看错大盘、看错大势的直接体现，至于基金会不会被套相信就不用过多讨论了，大家各自早已有答案。

管理大资金又有意识、有计划去操纵个股价格谋利的主力，绝大部分出现在一般人难以接触的地下私募中。无论一般投资者还是机构、主力，看错阶段性行情或者看错大势是常有之事。主力被套也不是什么稀奇之事。主力看错大盘被套，被套后如何应对各有差别。实力不同、态度不同自然也有不同的应对策略。主力因看错而被套后一般会出现以下几种常见情况：

(1)随波逐流或止损离场。

(2)硬强抵抗以候机撤退。

(3)逆市做多。

(4)组织资金适当时机拉高自救。

主力看错大盘被套后的操作，在短线主力运作的个股中最容易看出来。下面以2011年8月5—9日这三个交易日股市大跌一些主力因未看清形势，在错误的时间入场被套和被套后的操作实例，剖析这些短线主力看错大盘和被套后是如何应对的。

1. 看错大盘主力被套后随波逐流或止损离场

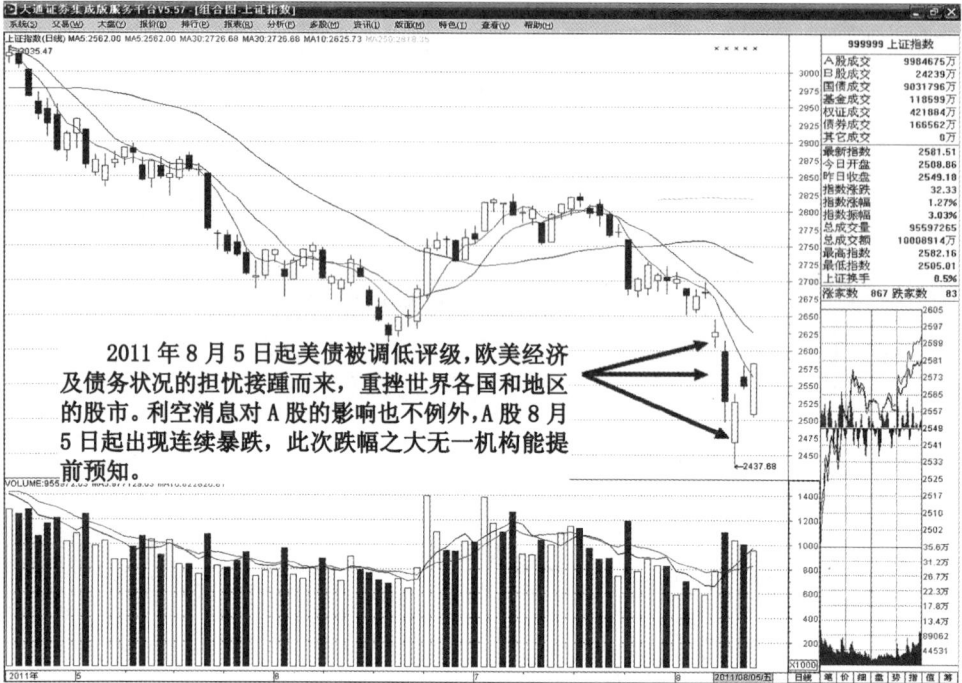

2011 年 8 月 5 日起美债被调低评级,欧美经济及债务状况的担忧接踵而来,重挫世界各国和地区的股市。利空消息对 A 股的影响也不例外,A 股 8 月 5 日起出现连续暴跌,此次跌幅之大无一机构能提前预知。

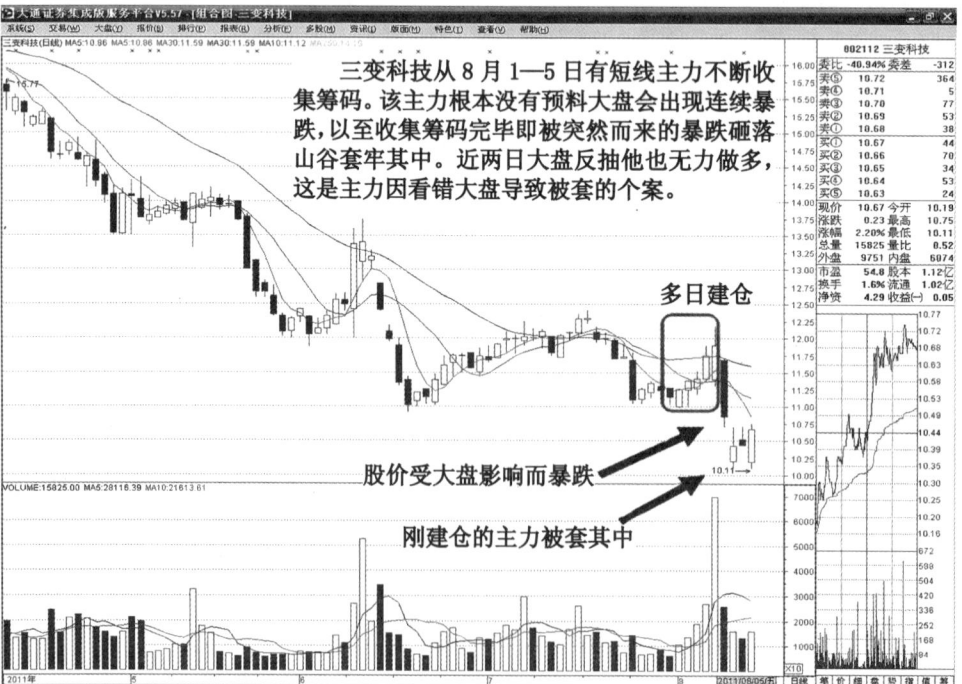

三变科技从 8 月 1—5 日有短线主力不断收集筹码。该主力根本没有预料大盘会出现连续暴跌,以至收集筹码完毕即被突然而来的暴跌砸落山谷套牢其中。近两日大盘反抽他也无力做多,这是主力因看错大盘导致被套的个案。

多日建仓

股价受大盘影响而暴跌

刚建仓的主力被套其中

2. 看错大盘主力被套后硬强抵抗

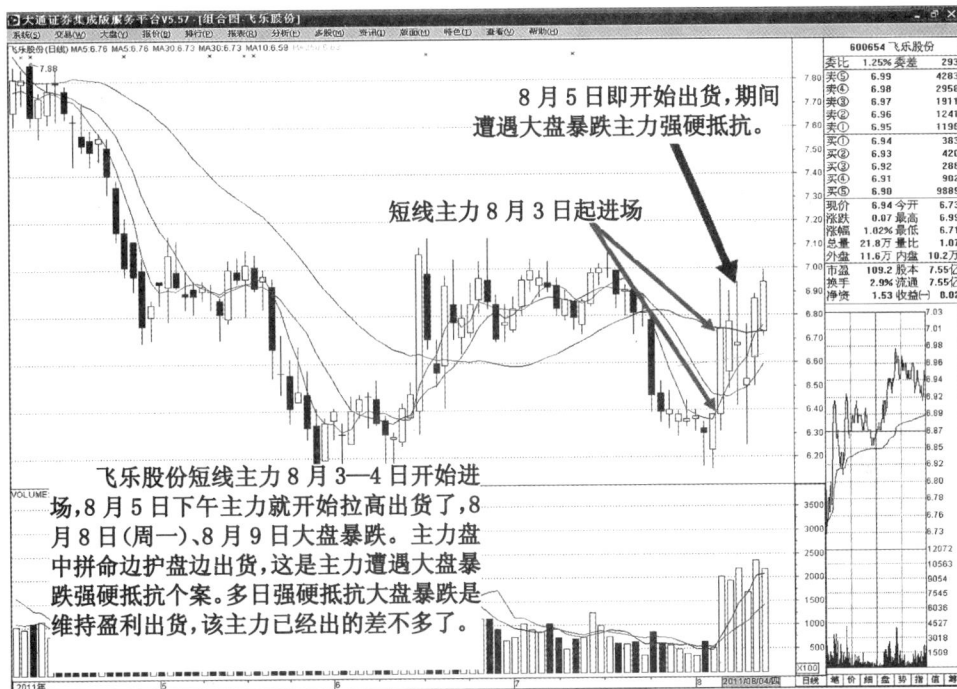

8月5日即开始出货,期间遭遇大盘暴跌主力强硬抵抗。

短线主力8月3日起进场

飞乐股份短线主力8月3—4日开始进场,8月5日下午主力就开始拉高出货了,8月8日(周一)、8月9日大盘暴跌。主力盘中拼命边护盘边出货,这是主力遭遇大盘暴跌强硬抵抗个案。多日强硬抵抗大盘暴跌是维持盈利出货,该主力已经出的差不多了。

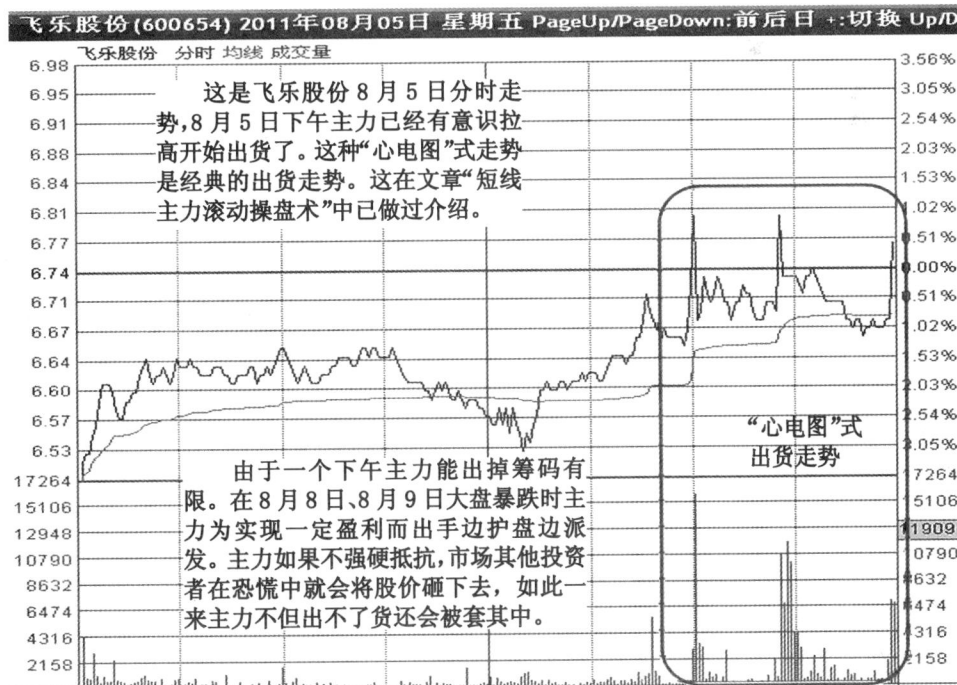

飞乐股份(600654) 2011年08月05日 星期五 PageUp/PageDown:前后日 +:切换 Up/D

这是飞乐股份8月5日分时走势,8月5日下午主力已经有意识拉高开始出货了。这种"心电图"式走势是经典的出货走势。这在文章"短线主力滚动操盘术"中已做过介绍。

"心电图"式出货走势

由于一个下午主力能出掉筹码有限。在8月8日、8月9日大盘暴跌时主力为实现一定盈利而出手边护盘边派发。主力如果不强硬抵抗,市场其他投资者在恐慌中就会将股价砸下去,如此一来主力不但出不了货还会被套其中。

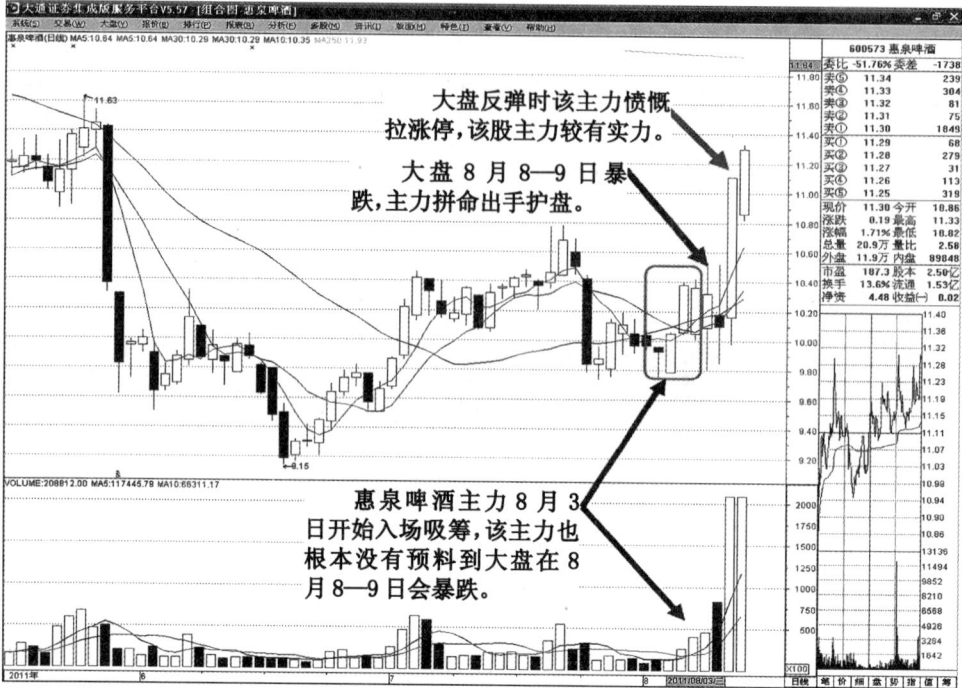

大盘反弹时该主力愤慨拉涨停,该股主力较有实力。

大盘 8 月 8—9 日暴跌,主力拼命出手护盘。

惠泉啤酒主力 8 月 3 日开始入场吸筹,该主力也根本没有预料到大盘在 8 月 8—9 日会暴跌。

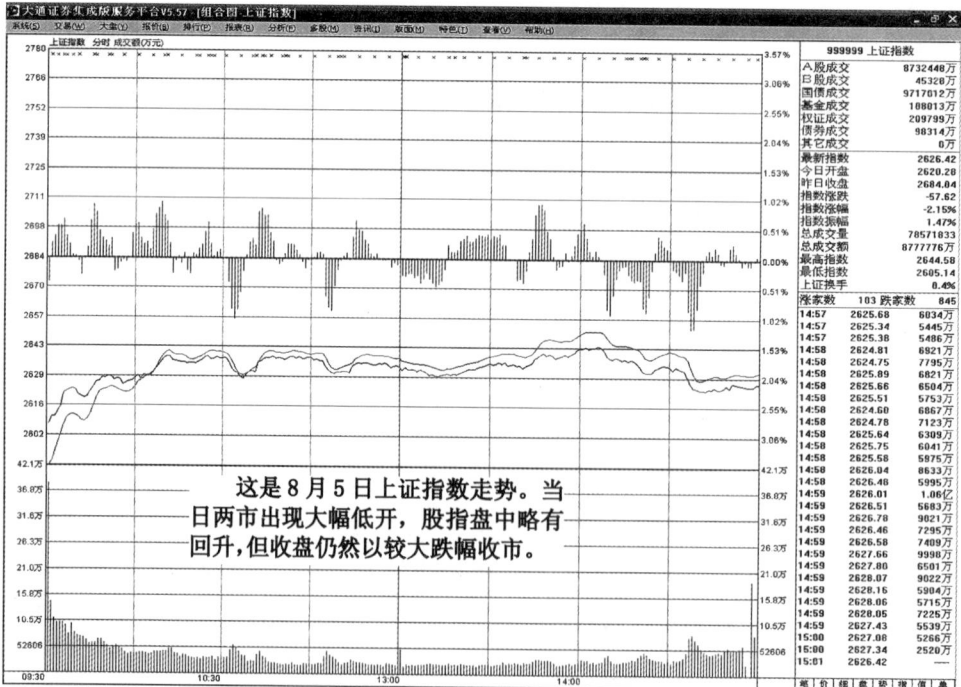

这是 8 月 5 日上证指数走势。当日两市出现大幅低开,股指盘中略有回升,但收盘仍然以较大跌幅收市。

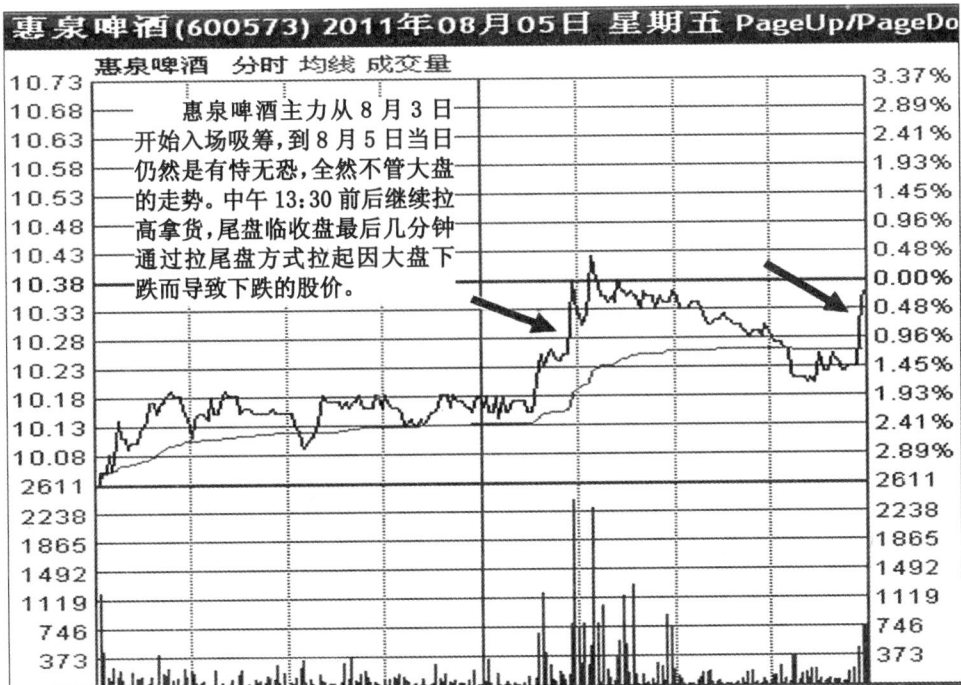

惠泉啤酒(600573) 2011年08月05日 星期五 PageUp/PageDo

惠泉啤酒　分时　均线　成交量

惠泉啤酒主力从8月3日开始入场吸筹,到8月5日当日仍然是有恃无恐,全然不管大盘的走势。中午13:30前后继续拉高拿货,尾盘临收盘最后几分钟通过拉尾盘方式拉起因大盘下跌而导致下跌的股价。

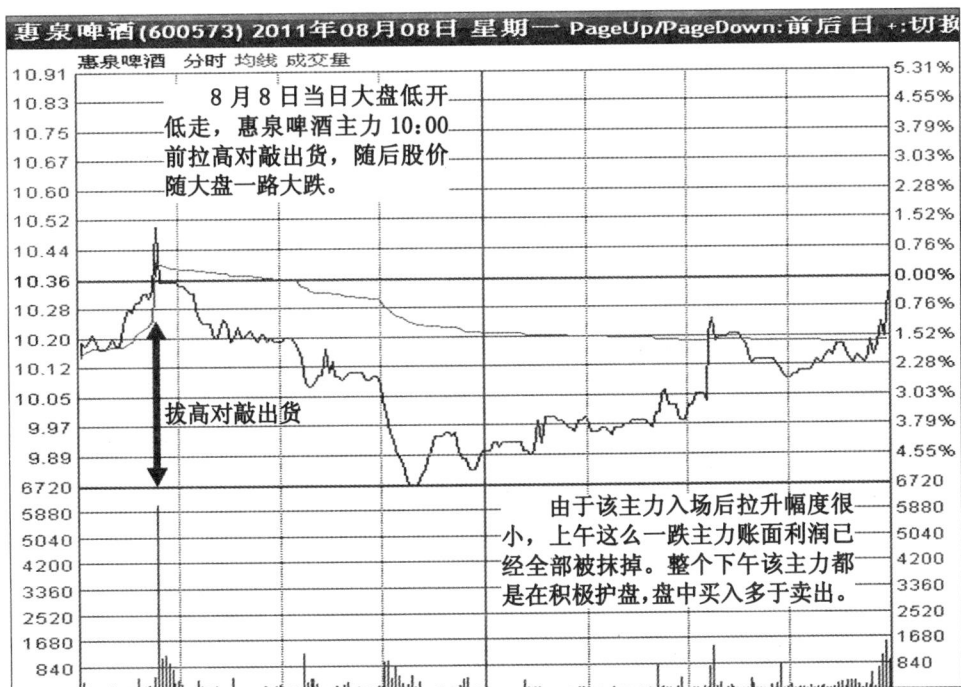

惠泉啤酒(600573) 2011年08月08日 星期一 PageUp/PageDown:前后日 +:切换

惠泉啤酒　分时　均线　成交量

8月8日当日大盘低开低走,惠泉啤酒主力10:00前拉高对敲出货,随后股价随大盘一路大跌。

拔高对敲出货

由于该主力入场后拉升幅度很小,上午这么一跌主力账面利润已经全部被抹掉。整个下午该主力都是在积极护盘,盘中买入多于卖出。

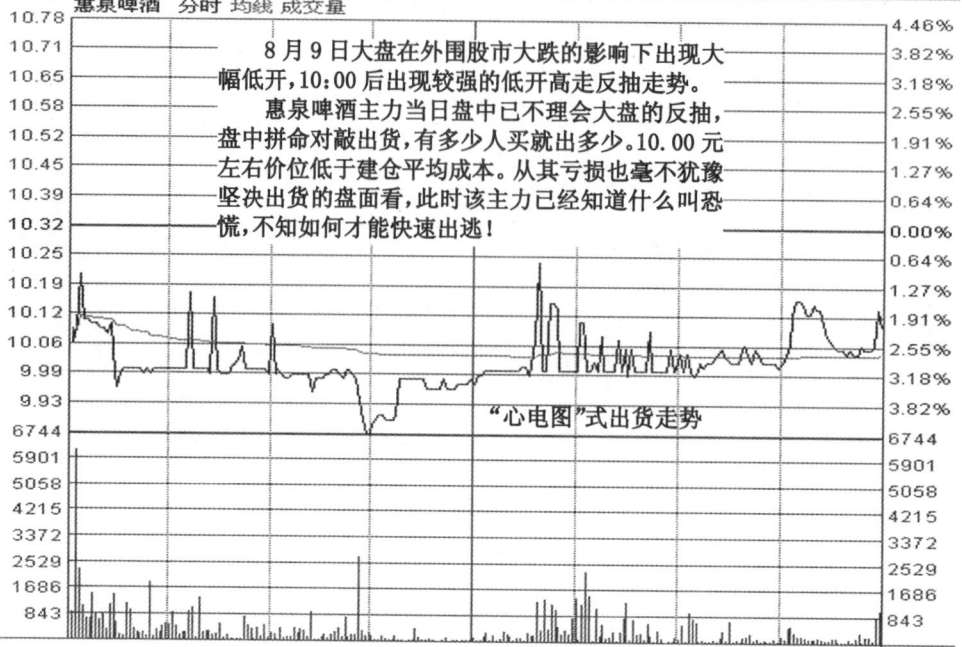

惠泉啤酒(600573) 2011年08月09日 星期二 PageUp/PageDown:前后日 +:切换

惠泉啤酒 分时 均线 成交量

8月9日大盘在外围股市大跌的影响下出现大幅低开,10:00后出现较强的低开高走反抽走势。

惠泉啤酒主力当日盘中已不理会大盘的反抽,盘中拼命对敲出货,有多少人买就出多少。10.00元左右价位低于建仓平均成本。从其亏损也毫不犹豫坚决出货的盘面看,此时该主力已经知道什么叫恐慌,不知如何才能快速出逃!

"心电图"式出货走势

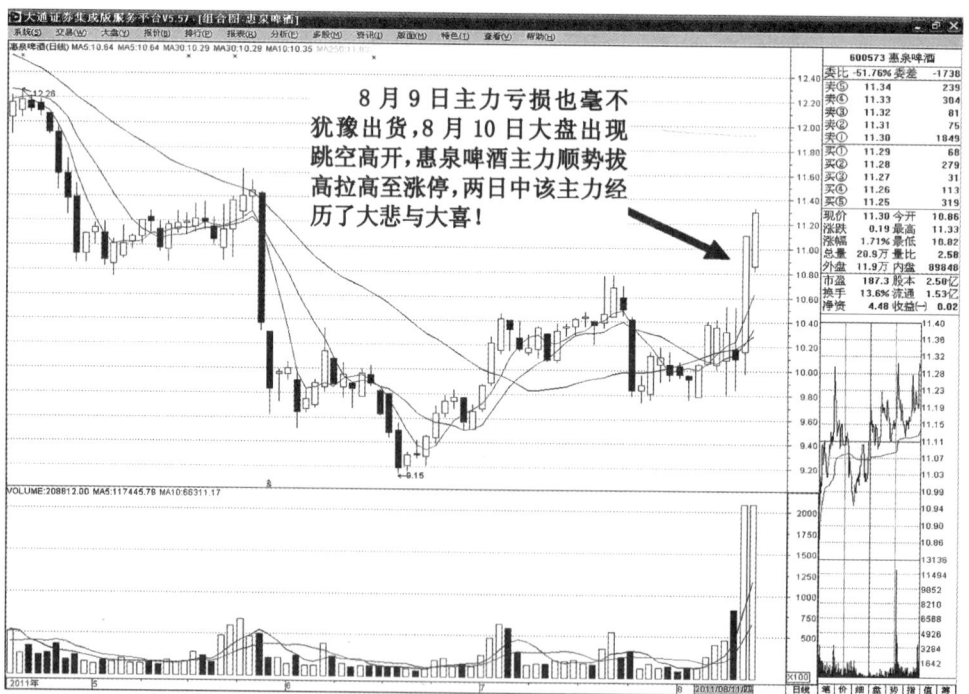

8月9日主力亏损也毫不犹豫出货,8月10日大盘出现跳空高开,惠泉啤酒主力顺势拔高拉高至涨停,两日中该主力经历了大悲与大喜!

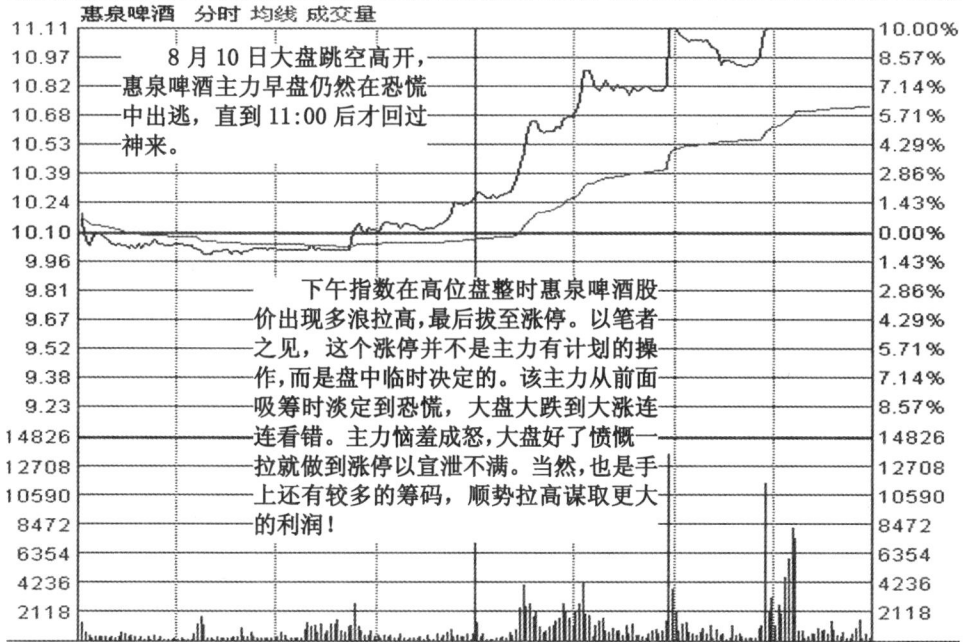

惠泉啤酒(600573) 2011年08月10日 星期三 PageUp/PageDown:前后日

惠泉啤酒　分时　均线　成交量

8月10日大盘跳空高开，惠泉啤酒主力早盘仍然在恐慌中出逃，直到11:00后才回过神来。

下午指数在高位盘整时惠泉啤酒股价出现多浪拉高，最后拔至涨停。以笔者之见，这个涨停并不是主力有计划的操作，而是盘中临时决定的。该主力从前面吸筹时淡定到恐慌，大盘大跌到大涨连连看错。主力恼羞成怒，大盘好了愤慨一拉就做到涨停以宣泄不满。当然，也是手上还有较多的筹码，顺势拉高谋取更大的利润！

3. 主力被套后逆市做多

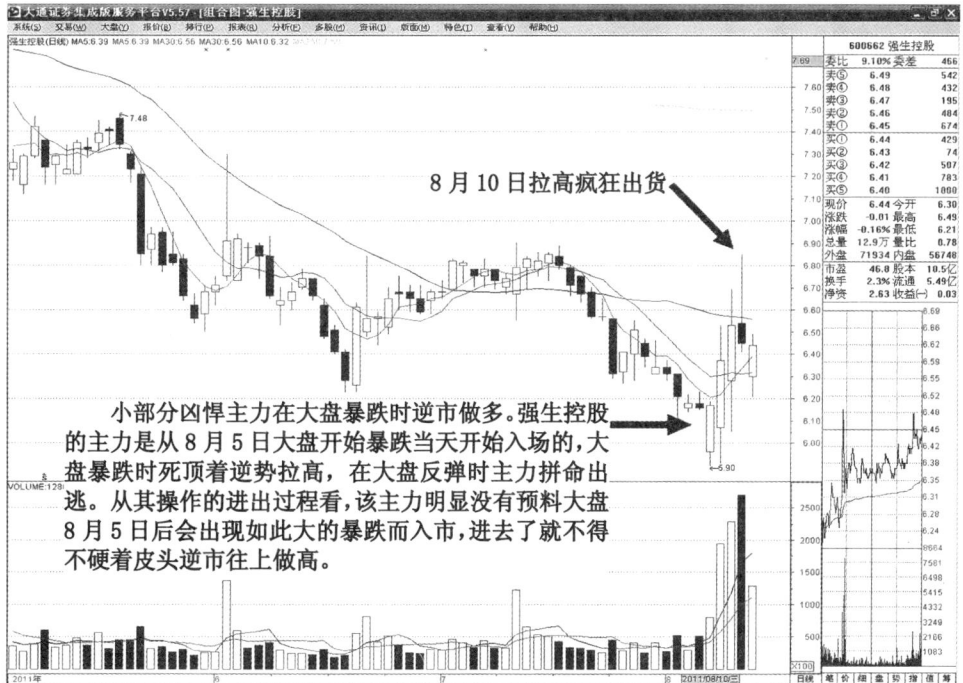

8月10日拉高疯狂出货

小部分凶悍主力在大盘暴跌时逆市做多。强生控股的主力是从8月5日大盘开始暴跌当天开始入场的，大盘暴跌时死顶着逆势拉高，在大盘反弹时主力拼命出逃。从其操作的进出过程看，该主力明显没有预料大盘8月5日后会出现如此大的暴跌而入市，进去了就不得不硬着皮头逆市往上做高。

4. 主力被套后组织资金适当时拉高自救

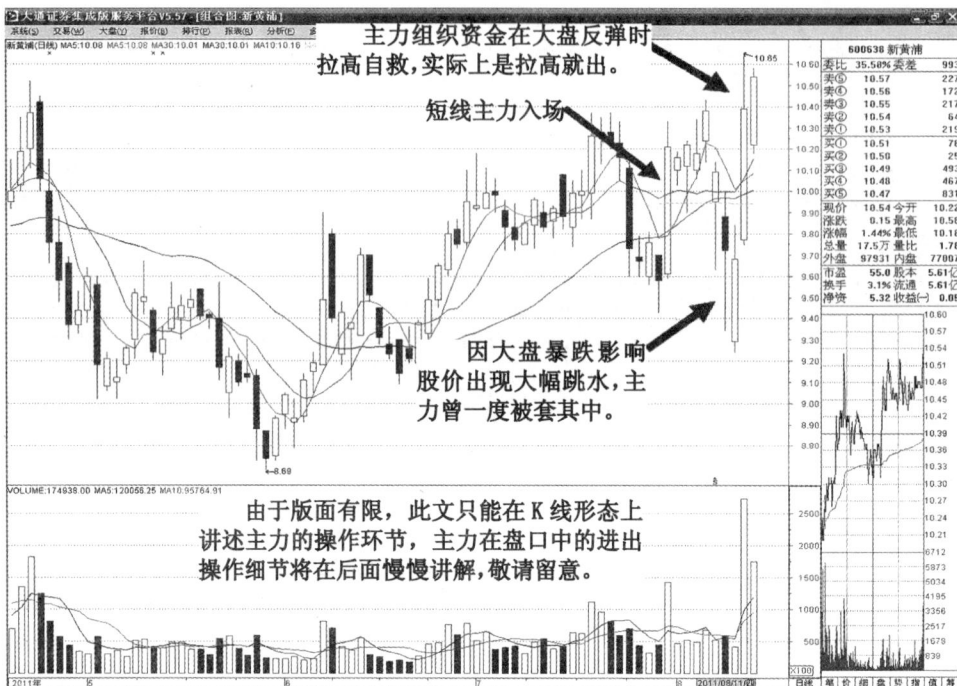

主力被套与自救的跟庄机会

在文章"强庄拉高护盘图谱特征"中，小篇幅讲述了风帆股份一主力2013年11月5日进场；11月6日下跌尾盘拔高护盘；11月7日拉高出货盘口。实际上，在11月7日早盘主力拉高和出货过程中，还有很多主力做盘具有高价值的信息，因文章篇幅有限没有做详细介绍。11月11日尾盘主力再次出手护盘，笔者根据盘口跟踪获悉数据，继续剖析该主力运作风帆股份思路与操盘技巧。

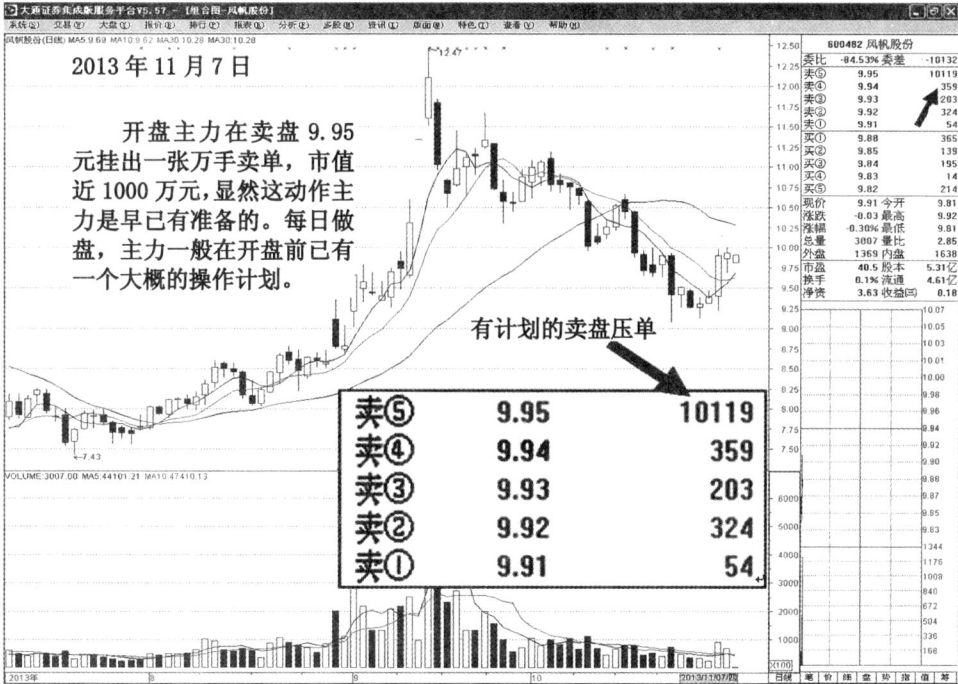

2013 年 11 月 7 日

开盘主力在卖盘 9.95 元挂出一张万手卖单,市值近 1000 万元,显然这动作主力是早已有准备的。每日做盘,主力一般在开盘前已有一个大概的操作计划。

有计划的卖盘压单

卖⑤	9.95	10119
卖④	9.94	359
卖③	9.93	203
卖②	9.92	324
卖①	9.91	54

开盘主力在卖盘 9.95 元挂出万手卖单的目的是明确的,这是为了对敲的前期准备动作!对敲的目的有以下两个:

①通过对敲制造资金入场盘面,吸引市场投资者的目光,引诱跟风盘跟进。

②把成交量做大,在技术上误导技术分析派,误导其认为该股当日价升量增。这同样也是为了吸引买盘,只不过这是在为日 K 线成交量做盘。当然,首先起效的是盘中大买单抢货的效果。这种盘口,对盘中看盘者起到立竿见影的功效。

主力自导自演对敲买卖实盘你有能力区分吗?

09:35	9.93	2 S
09:35	9.95	5562 B
09:36	9.95	4960 B
09:36	9.97	585 B

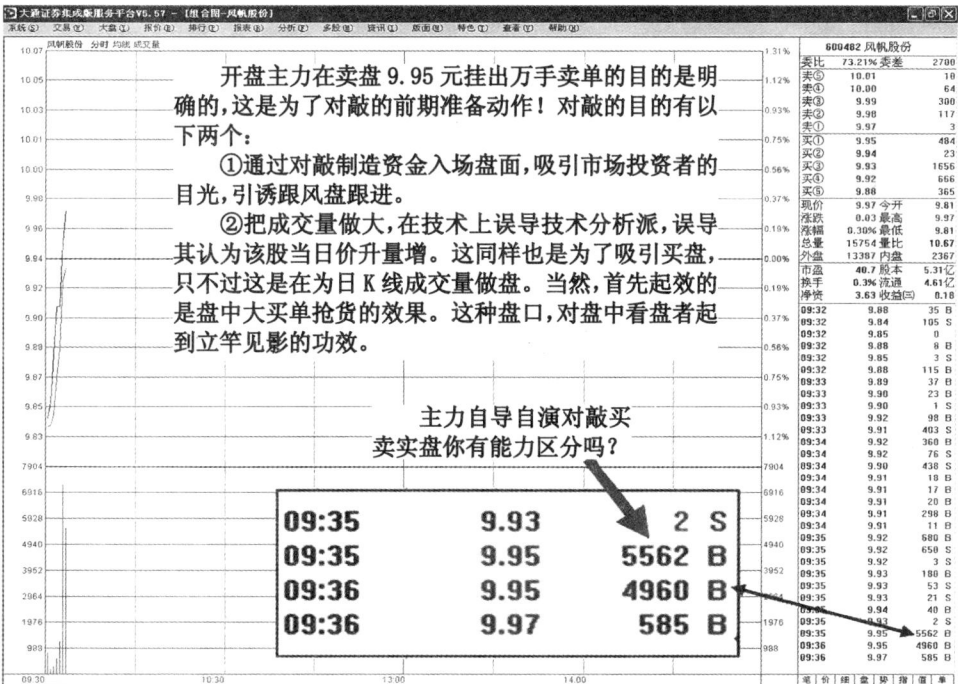

231

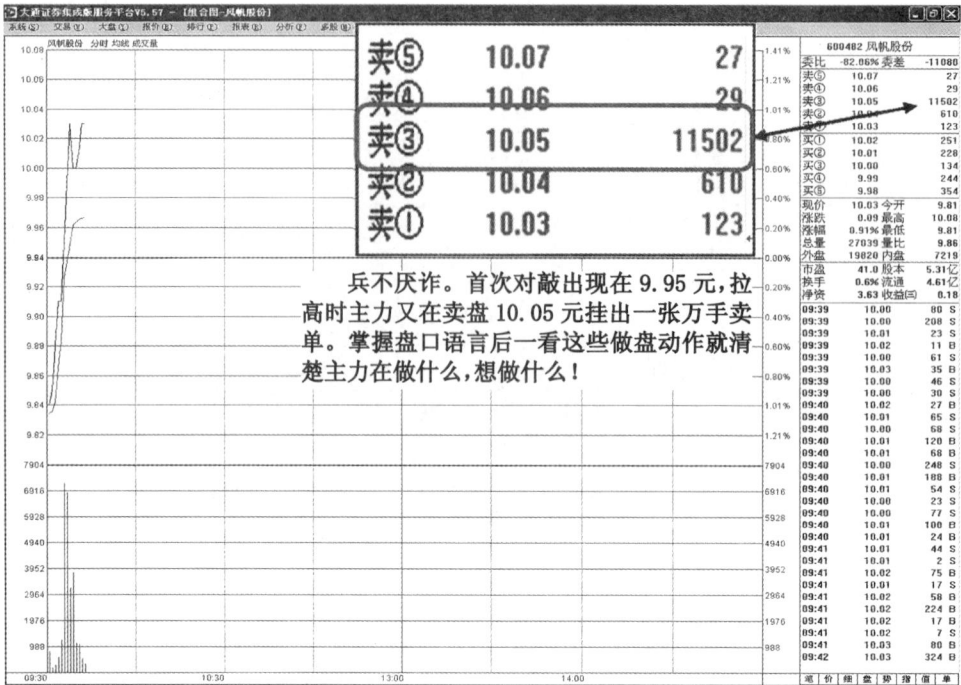

卖⑤	10.07	27
卖④	10.06	29
卖③	10.05	11502
卖②	10.04	610
卖①	10.03	123

兵不厌诈。首次对敲出现在 9.95 元,拉高时主力又在卖盘 10.05 元挂出一张万手卖单。掌握盘口语言后一看这些做盘动作就清楚主力在做什么,想做什么!

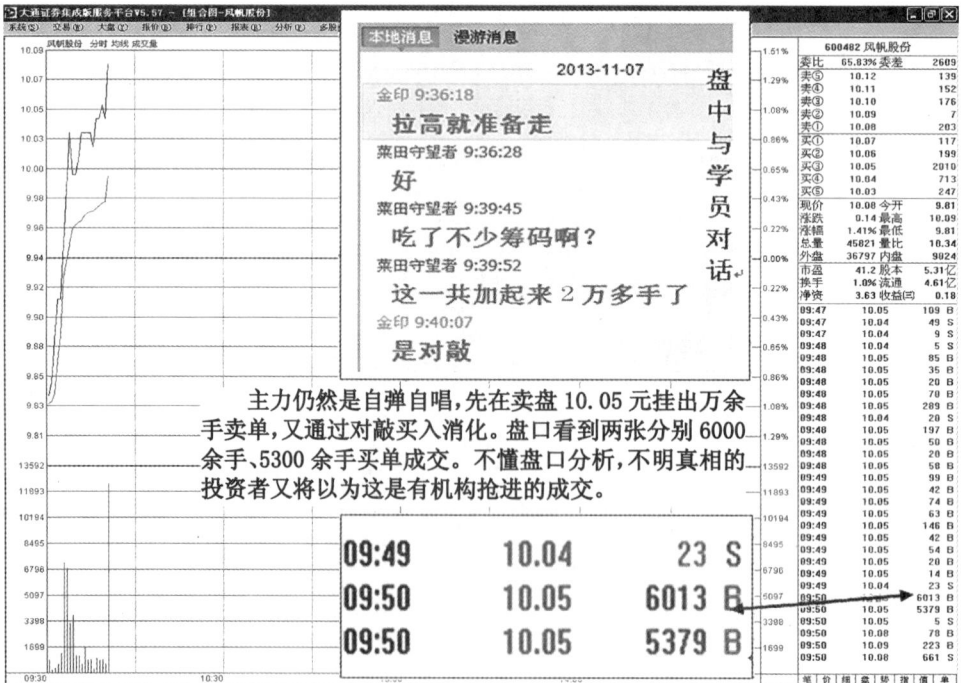

本地消息　漫游消息

2013-11-07

金印 9:36:18
拉高就准备走

菜田守望者 9:36:28
好

菜田守望者 9:39:45
吃了不少筹码啊?

菜田守望者 9:39:52
这一共加起来 2 万多手了

金印 9:40:07
是对敲

盘中与学员对话

主力仍然是自弹自唱,先在卖盘 10.05 元挂出万余手卖单,又通过对敲买入消化。盘口看到两张分别 6000余手、5300 余手买单成交。不懂盘口分析,不明真相的投资者又将以为这是有机构抢进的成交。

09:49	10.04	23	S
09:50	10.05	6013	B
09:50	10.05	5379	B

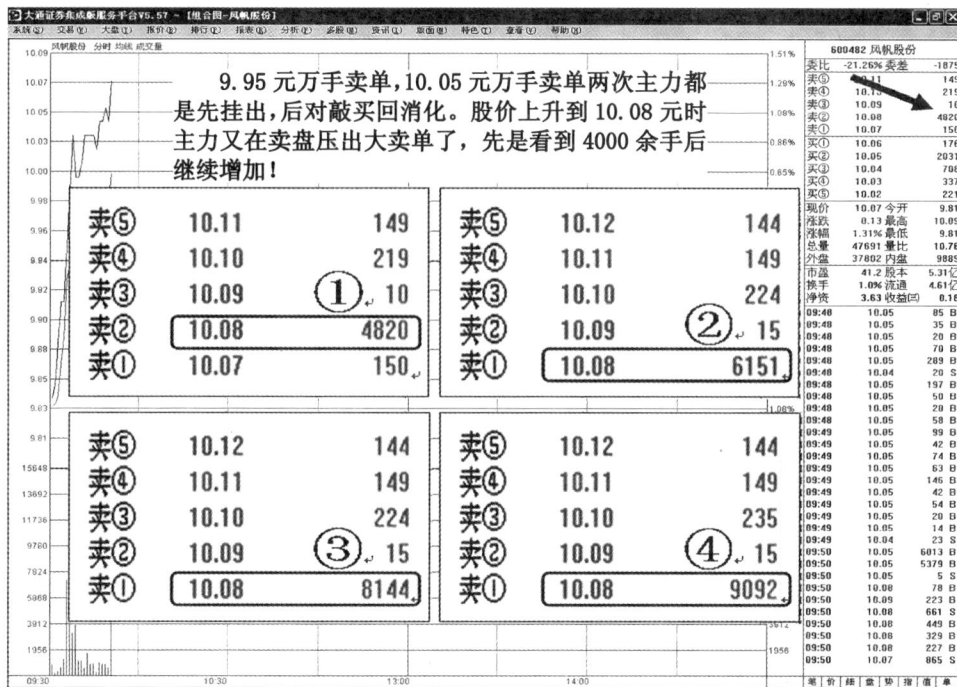

9.95元万手卖单,10.05元万手卖单两次主力都是先挂出,后对敲买回消化。股价上升到10.08元时主力又在卖盘压出大卖单了,先是看到4000余手后继续增加!

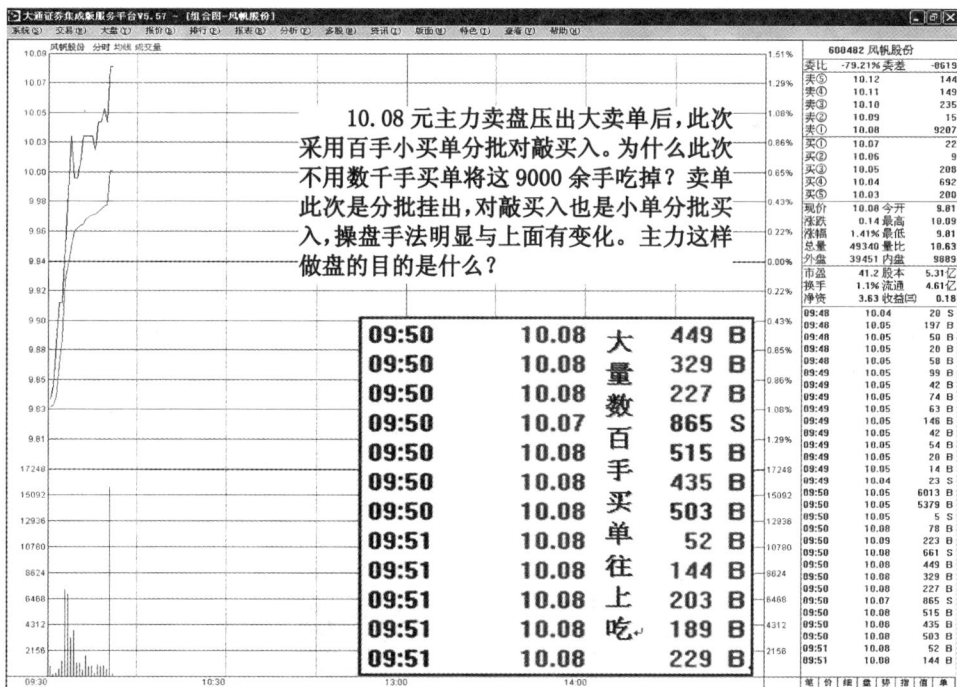

10.08元主力卖盘压出大卖单后,此次采用百手小买单分批对敲买入。为什么此次不用数千手买单将这9000余手吃掉?卖单此次是分批挂出,对敲买入也是小单分批买入,操盘手法明显与上面有变化。主力这样做盘的目的是什么?

233

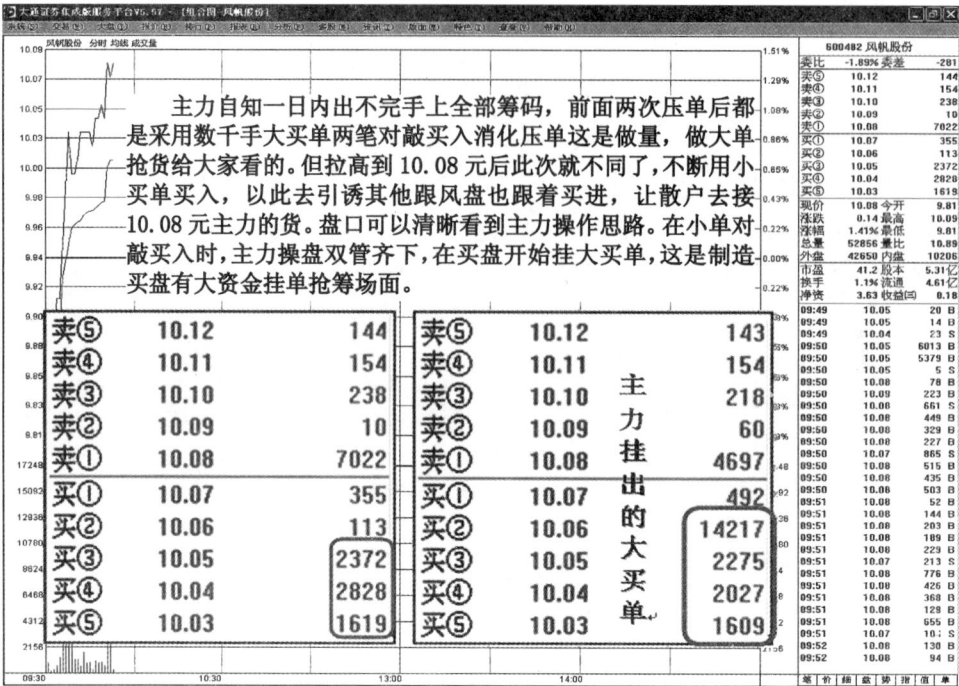

主力自知一日内出不完手上全部筹码，前面两次压单后都是采用数千手大买单两笔对敲买入消化压单这是做量，做大单抢货给大家看的。但拉高到10.08元后此次就不同了，不断用小买单买入，以此去引诱其他跟风盘也跟着买进，让散户去接10.08元主力的货。盘口可以清晰看到主力操作思路。在小单对敲买入时，主力操盘双管齐下，在买盘开始挂大买单，这是制造买盘有大资金挂单抢筹场面。

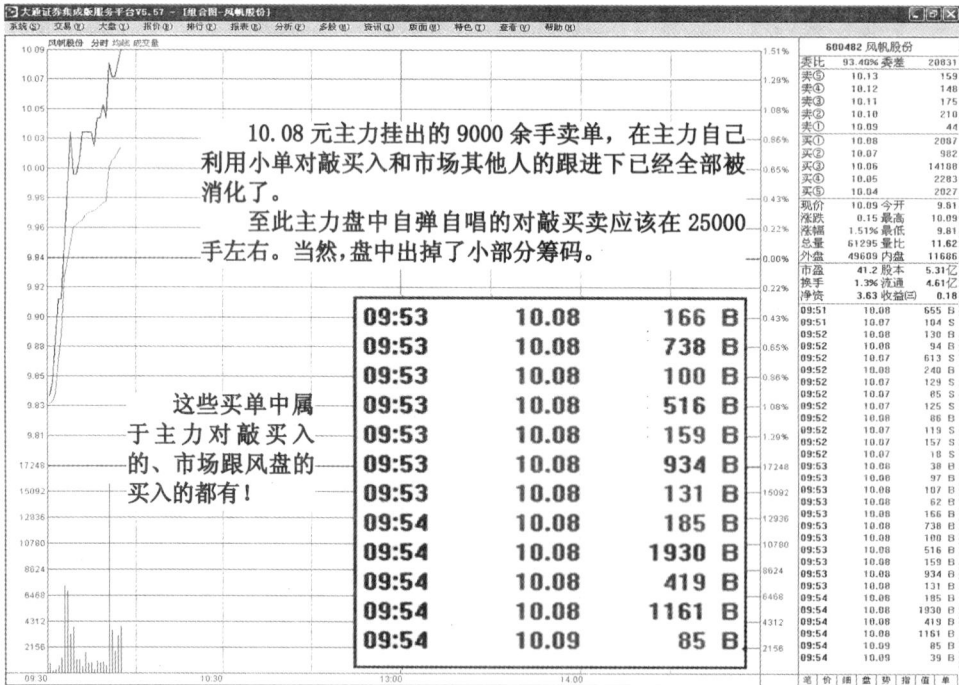

10.08元主力挂出的9000余手卖单，在主力自己利用小单对敲买入和市场其他人的跟进下已经全部被消化了。

至此主力盘中自弹自唱的对敲买卖应该在25000手左右。当然，盘中出掉了小部分筹码。

这些买单中属于主力对敲买入的、市场跟风盘的买入的都有！

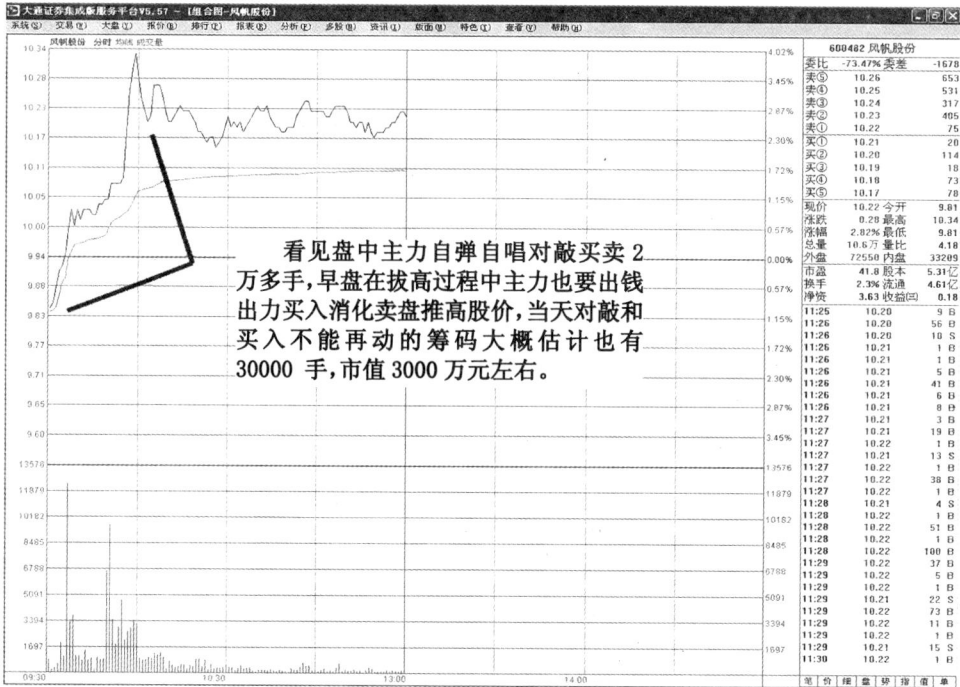

看见盘中主力自弹自唱对敲买卖 2 万多手,早盘在拔高过程中主力也要出钱出力买入消化卖盘推高股价,当天对敲和买入不能再动的筹码大概估计也有 30000 手,市值 3000 万元左右。

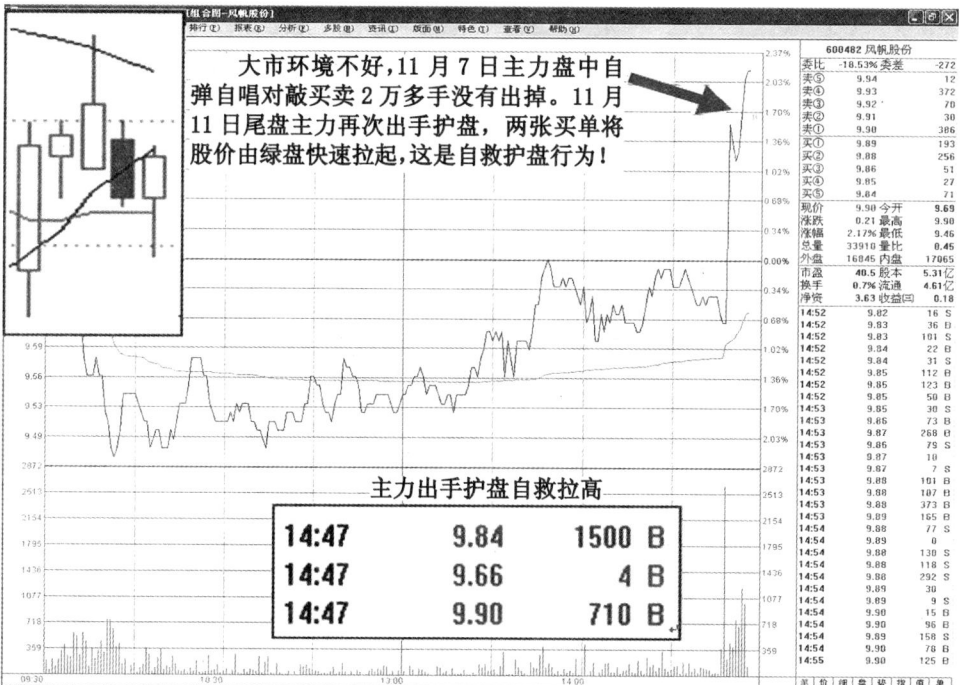

大市环境不好,11 月 7 日主力盘中自弹自唱对敲买卖 2 万多手没有出掉。11 月 11 日尾盘主力再次出手护盘,两张买单将股价由绿盘快速拉起,这是自救护盘行为!

主力出手护盘自救拉高

14:47	9.84	1500 B
14:47	9.66	4 B
14:47	9.90	710 B

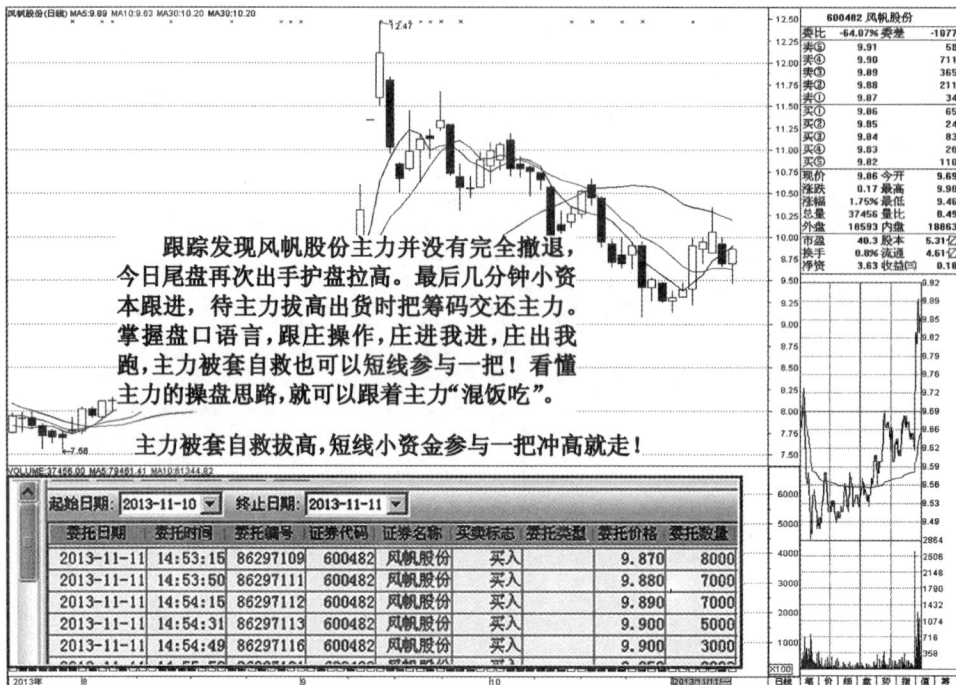

跟踪发现风帆股份主力并没有完全撤退，今日尾盘再次出手护盘拉高。最后几分钟小资本跟进，待主力拔高出货时把筹码交还主力。掌握盘口语言，跟庄操作，庄进我进，庄出我跑，主力被套自救也可以短线参与一把！看懂主力的操盘思路，就可以跟着主力"混饭吃"。

主力被套自救拔高，短线小资金参与一把冲高就走！

委托日期	委托时间	委托编号	证券代码	证券名称	买卖标志	委托类型	委托价格	委托数量
2013-11-11	14:53:15	86297109	600482	风帆股份	买入		9.870	8000
2013-11-11	14:53:50	86297111	600482	风帆股份	买入		9.880	7000
2013-11-11	14:54:11	86297112	600482	风帆股份	买入		9.890	7000
2013-11-11	14:54:31	86297113	600482	风帆股份	买入		9.900	5000
2013-11-11	14:54:49	86297116	600482	风帆股份	买入		9.900	3000

卖 2013 年 11 月 12 日

考虑大盘不行，风帆股份开盘又用与上一日同样的手段拉高，拔高到 10.15 元左右做盘无力，因此先行分批卖出获利了结。此次操作利润不多，但重在做对！！

委托时间	委托编号	证券代码	证券名称	买卖标志
09:46:57	86297260	600482	风帆股份	卖出
09:46:30	86297258	600482	风帆股份	卖出
09:45:01	86297250	600482	风帆股份	卖出
09:43:46	86297248	600482	风帆股份	卖出

主力短线滚动上行操作手法

滚动操作是股票市场中一种投机操作手法！滚动操作的目的在于使资金在股市中得到充分的使用，发挥其最大的效率价值，像滚雪球那样使资金越滚越大。滚动操作既可在同一只股票中反复展开操作，也可在不同个股中轮回展开。滚动操作方法既适用于一般投资者，也适用于主力坐庄所用。

滚动操作实际上是一种操作方法大思路、大方向的简称，实盘滚动操作可以分得更细。重仓持有一只股票，保持大部分仓位持股不动，拿出部分仓位进行高抛低吸是滚动操作中的一种。这种滚动操作进行的高抛低吸，一般建立在股价短线或波段波动上，不是指盘中T+0回转操作。

对于主力坐庄而言，采用波段+短线滚动操作相结合操盘，利用价格在一定区间内波动能充分获取更多的利润。主力通过滚动操作可以不断转换资金和持股的仓位结构，有利于对大市涨跌的把握，减少大市下跌对其运作产生的严重影响，掌握更多的主动权。

滚动操作既可以在盈利的情况下将股价往上越滚越高，也可以在被套的情况下低位补仓滚动操作摊低成本进行波段或短线套利。滚动操作是一种机动灵活的操作方式，它看着大盘的中短线波动灵活操盘，能有效回避市场短期风险。部分短线主力常在几个交易日内进行滚动操作，拉高就出，跌低了，次日再拉高再出这种方式滚动操作。短线主力如此操作解决了因出货砸低了股价，而还有大量筹码在手无法出完的难题。多日期间的滚动操作可获得短线差价利润，又能吸引大量跟风盘，经数日反复操盘后就可轻松完全出货。

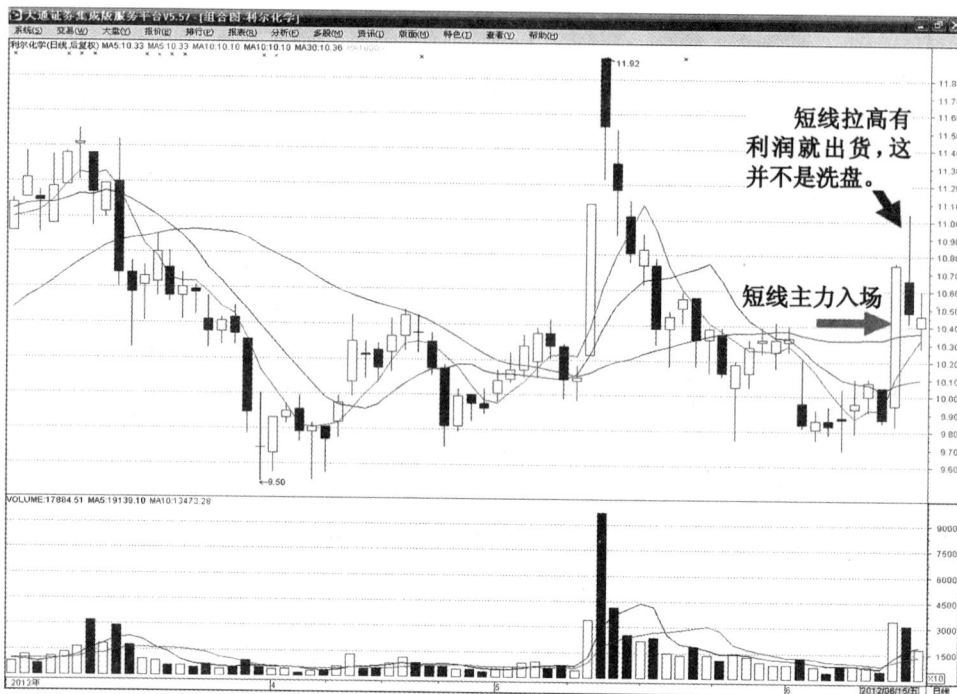

短线拉高有
利润就出货,这
并不是洗盘。

短线主力入场

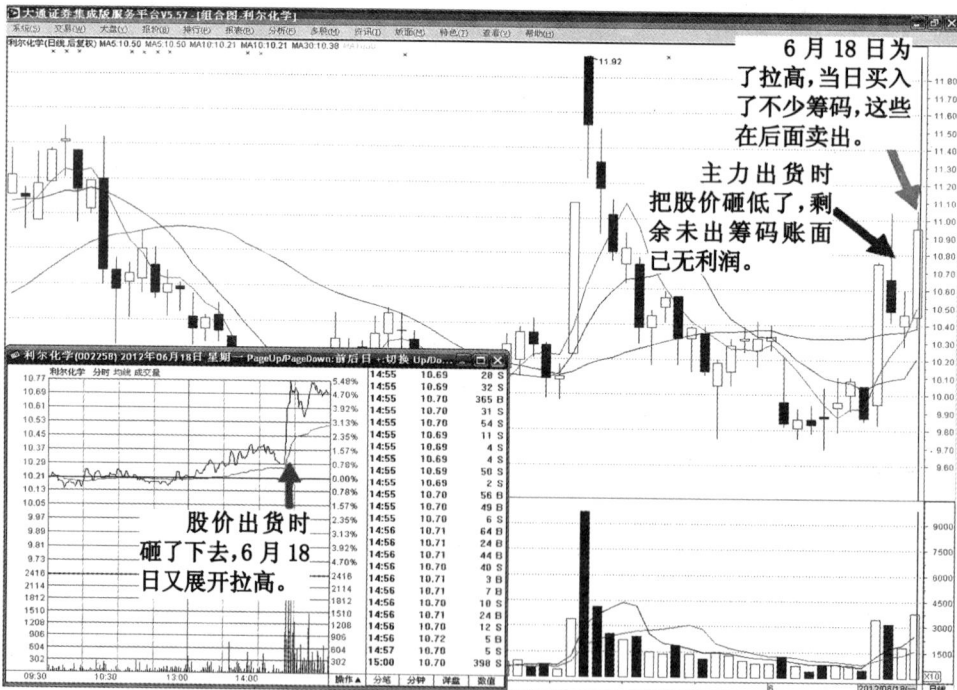

6月18日为
了拉高,当日买入
了不少筹码,这些
在后面卖出。

主力出货时
把股价砸低了,剩
余未出筹码账面
已无利润。

股价出货时
砸了下去,6月18
日又展开拉高。

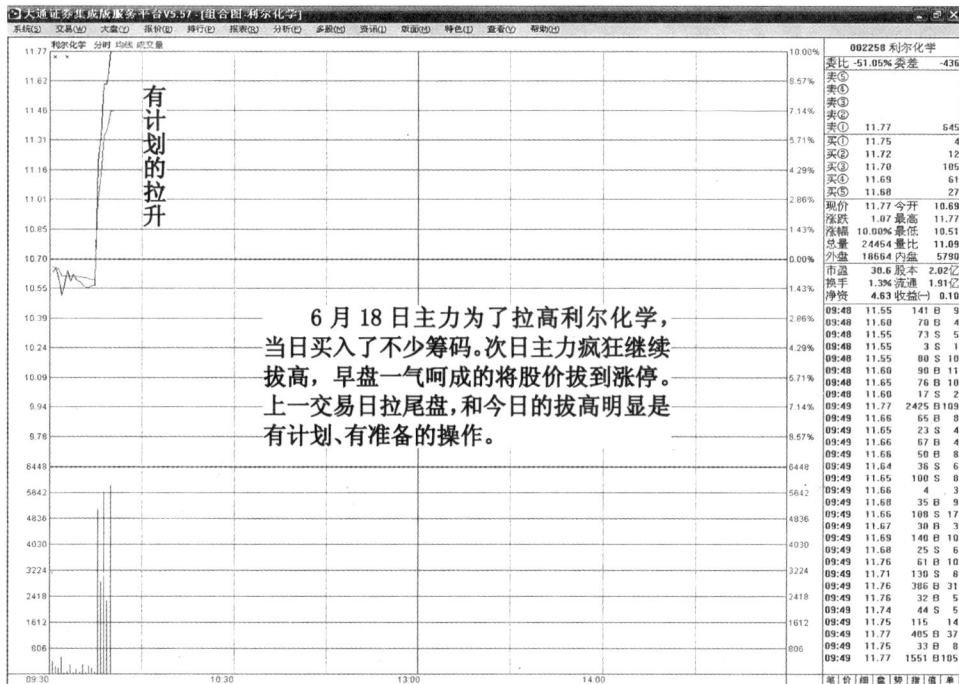

有计划的拉升

6月18日主力为了拉高利尔化学，当日买入了不少筹码。次日主力疯狂继续拔高，早盘一气呵成的将股价拔到涨停。上一交易日拉尾盘，和今日的拔高明显是有计划、有准备的操作。

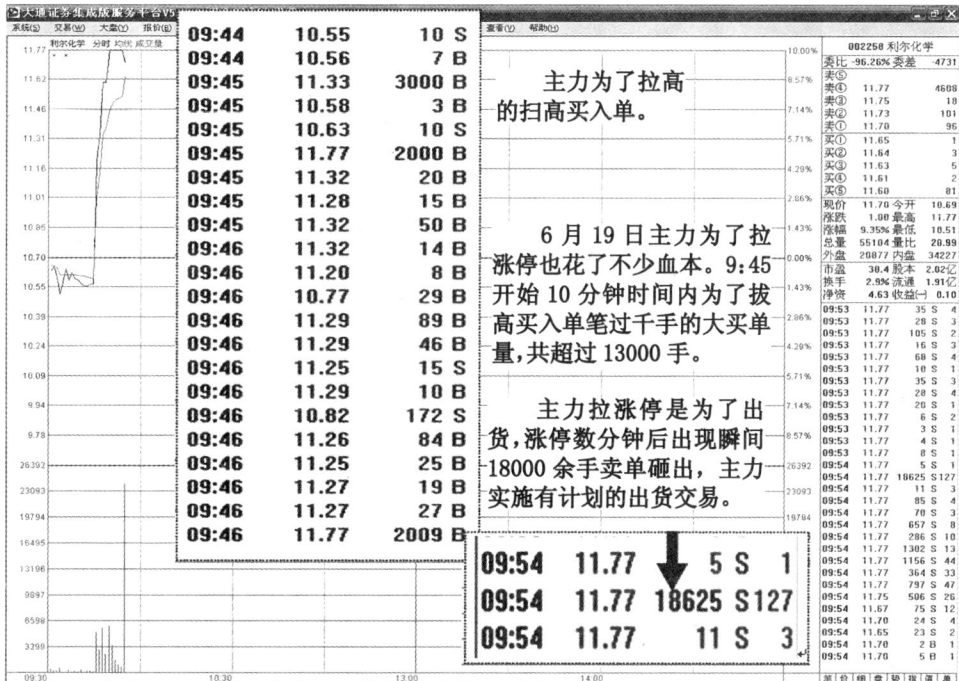

主力为了拉高的扫高买入单。

6月19日主力为了拉涨停也花了不少血本。9:45开始10分钟时间内为了拔高买入单笔过千手的大买量，共超过13000手。

主力拉涨停是为了出货，涨停数分钟后出现瞬间18000余手卖单砸出，主力实施有计划的出货交易。

09:54	11.77	↓ 5 S	1
09:54	11.77	18625 S	127
09:54	11.77	11 S	3

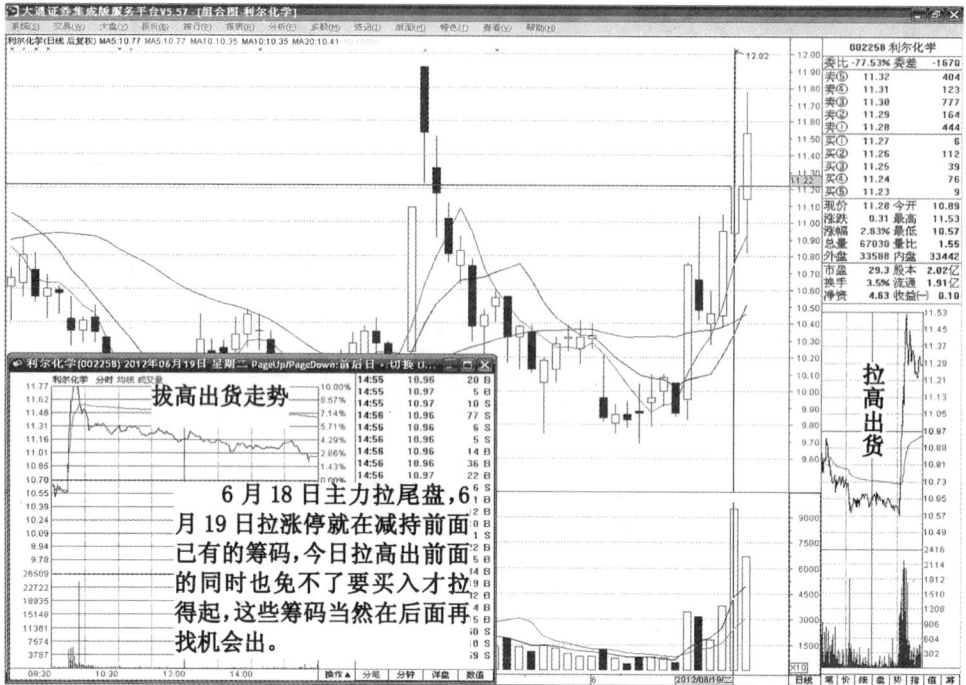

6月18日主力拉尾盘,6月19日拉涨停就在减持前面已有的筹码,今日拉高出前面的同时也免不了要买入才拉得起,这些筹码当然在后面再找机会出。

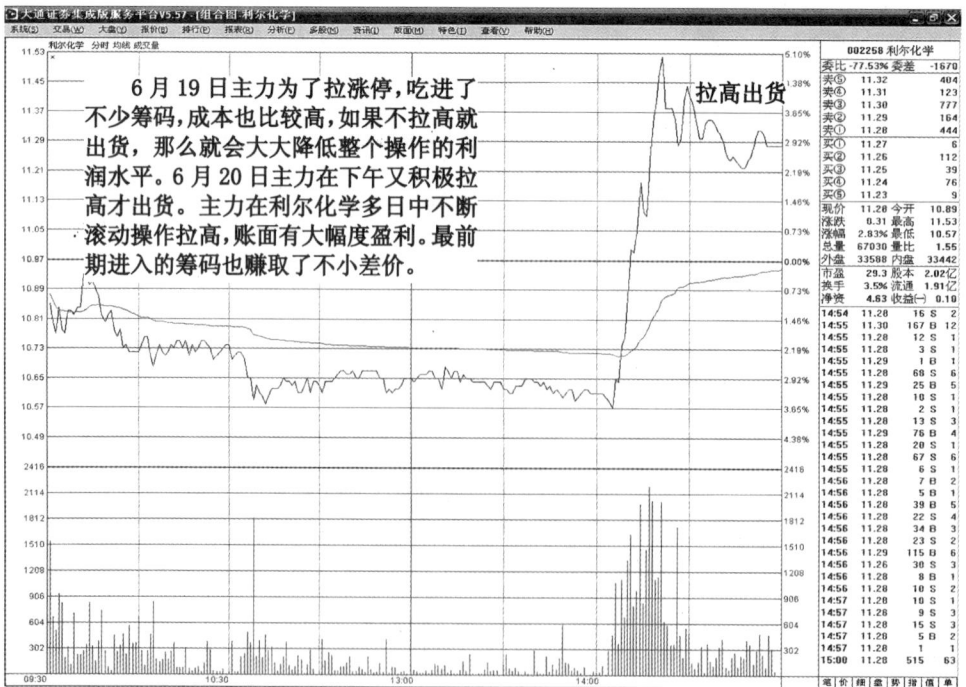

6月19日主力为了拉涨停,吃进了不少筹码,成本也比较高,如果不拉高就出货,那么就会大大降低整个操作的利润水平。6月20日主力在下午又积极拉高才出货。主力在利尔化学多日中不断滚动操作拉高,账面有大幅度盈利。最前期进入的筹码也赚取了不小差价。

这种短线滚动操作,时间一般不会持续太久。人气激活了,到了一定的价位后,主力就会计算已到手的利润有多少,剩余筹码量还有多少,这些剩余筹码账面利润现有多少。确定这些剩余筹码出完还有不错的利润或不亏或只是小亏时，就会大量连续出货，不再护盘也不再拉高，之后可能会出现多根连续下跌阴线。坐庄算的是全盘操作的盈亏情况，主力部分筹码是允许没有利润或者亏损撤退的。

盘口走势结合公开数据判断主力动向

　　个股上升一般受两个重要因素影响：一是大盘走好促使股价上升；二是主力资金介入操纵导致股价上升。而股价暴涨大都往往只有一个核心原因，主力深度介入和拉抬，这是最直观的影响因素。个股基本面优良、高送配、重组等等这些都是表面因素。这些因素是影响或者直接导致大资金介入的原因，但股价的暴涨最终还是因资金的介入而推高。个股没有任何消息的情况下，只要有主力、有大资金看中并介入操纵，股价同样会一飞冲天。

　　技术派分析方法多种多样，大资金或者说大主力的动向是影响股价波动的核心，是所有技术分析中最具价值的。特别是个股，大资金、大主力的进出对个股股价波动影响犹为明显。下面通过实践个案与公开数据结合去剖析主力操纵股价这一无处不在的现象。

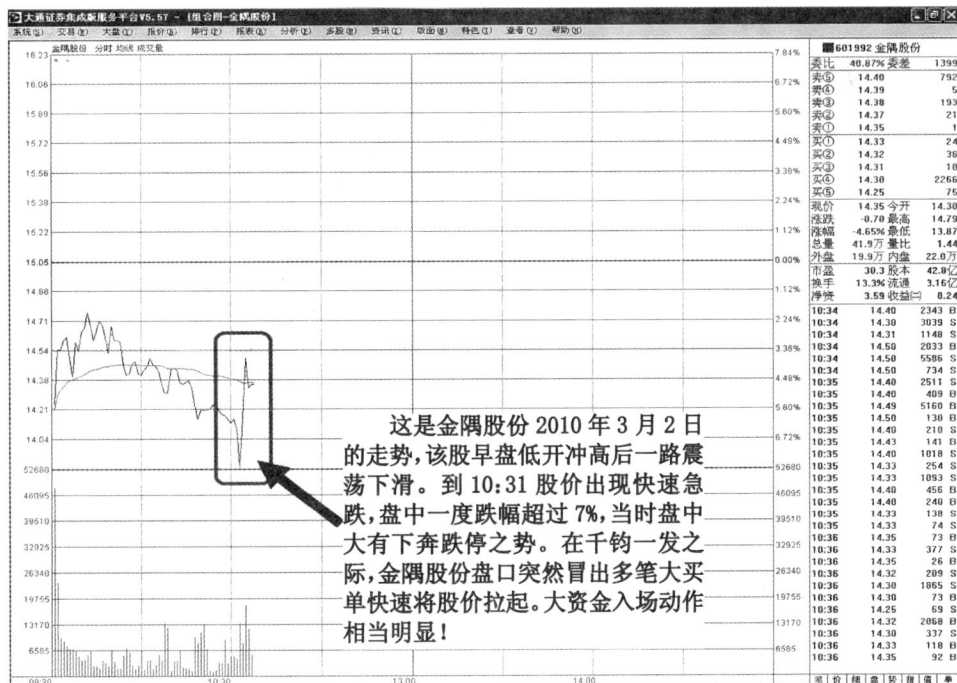

这是金隅股份 2010 年 3 月 2 日的走势，该股早盘低开冲高后一路震荡下滑。到 10:31 股价出现快速急跌，盘中一度跌幅超过 7%，当时盘中大有下奔跌停之势。在千钧一发之际，金隅股份盘口突然冒出多笔大买单快速将股价拉起。大资金入场动作相当明显！

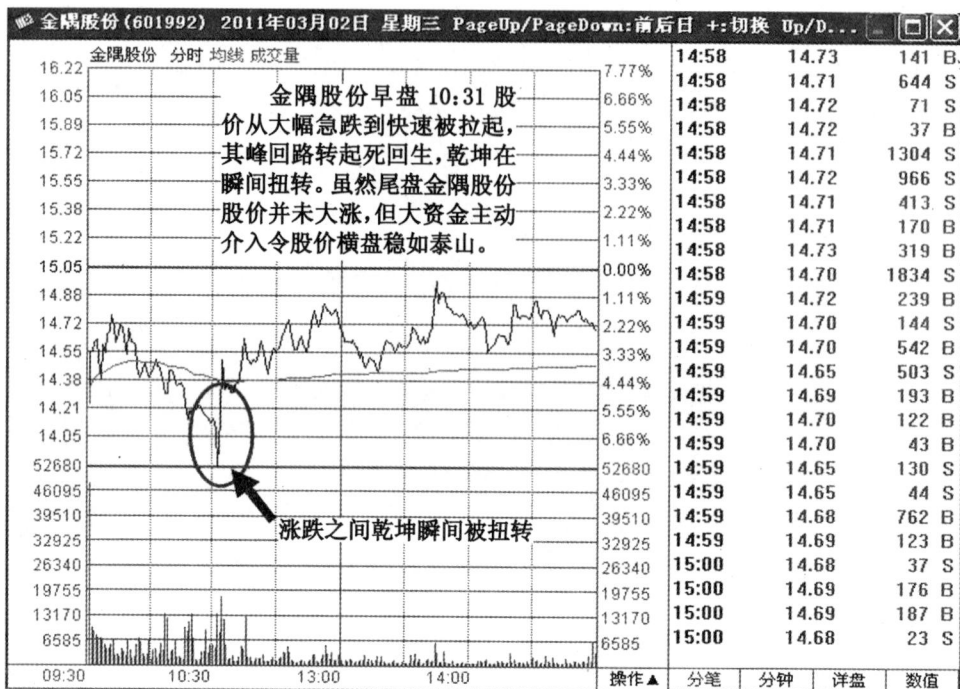

金隔股份早盘 10:31 股价从大幅急跌到快速被拉起，其峰回路转起死回生，乾坤在瞬间扭转。虽然尾盘金隔股份股价并未大涨，但大资金主动介入令股价横盘稳如泰山。

涨跌之间乾坤瞬间被扭转

金隔股份2010年3月2日公开交易数据

证券代码：601992　　　　　　　　　　　证券简称：金隔股份

买入营业部名称	累计买入金额(元)
(1)中信建投证券有限责任公司杭州市解放路证券营业部	73789695.97
(2)中信金通证券有限责任公司金华中山路证券营业部	31589902.96
(3)方正证券股份有限公司杭州延安路证券营业部	22333433.09
(4)中信建投证券有限责任公司武汉市中北路证券营业部	22045712.49
(5)湘财证券有限责任公司岳阳南湖大道证券营业部	17365833.00

卖出营业部名称	累计卖出金额(元)
(1)申银万国证券股份有限公司上海川沙路证券营业部	48902490.64
(2)中信建投证券有限责任公司杭州市解放路证券营业部	47904491.07
(3)申银万国证券股份有限公司上海云台路证券营业部	40516710.63
(4)国泰君安证券股份有限公司成都北一环路证券营业部	33887779.95
(5)机构专用	20322648.82

从金隅股份3月2日当日公开交易数据分析，该股买入量第一名是中信建投证券杭州解放路营业部，买入金额达到7378万元，其他买入前几名金额远远小于该营业部。该营业部主力大手笔出手介入金隅股份，令该股股价在3月2日盘中的大跌瞬间扭转。另外，买入金额第三名的是方正证券杭州延安路营业部，买入金额达到2233万元。此举极有可能与中信建投证券杭州解放路营业部主力是一致行动人，说明白点就是一个主力在不同券商中的分仓。

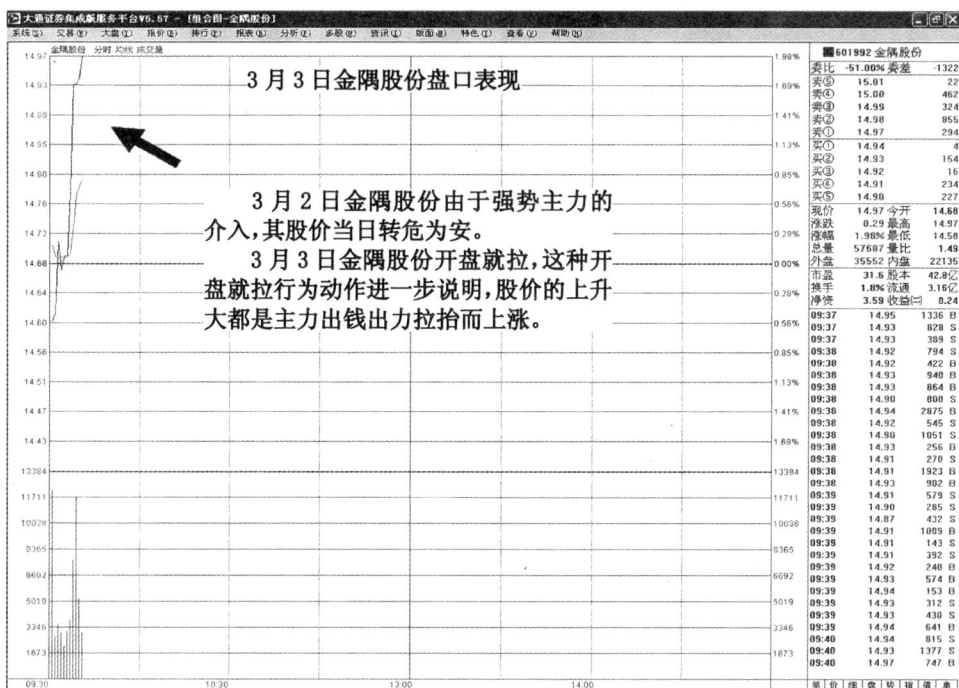

3月3日金隅股份盘口表现

3月2日金隅股份由于强势主力的介入，其股价当日转危为安。

3月3日金隅股份开盘就拉，这种开盘就拉行为动作进一步说明，股价的上升大都是主力出钱出力拉抬而上涨。

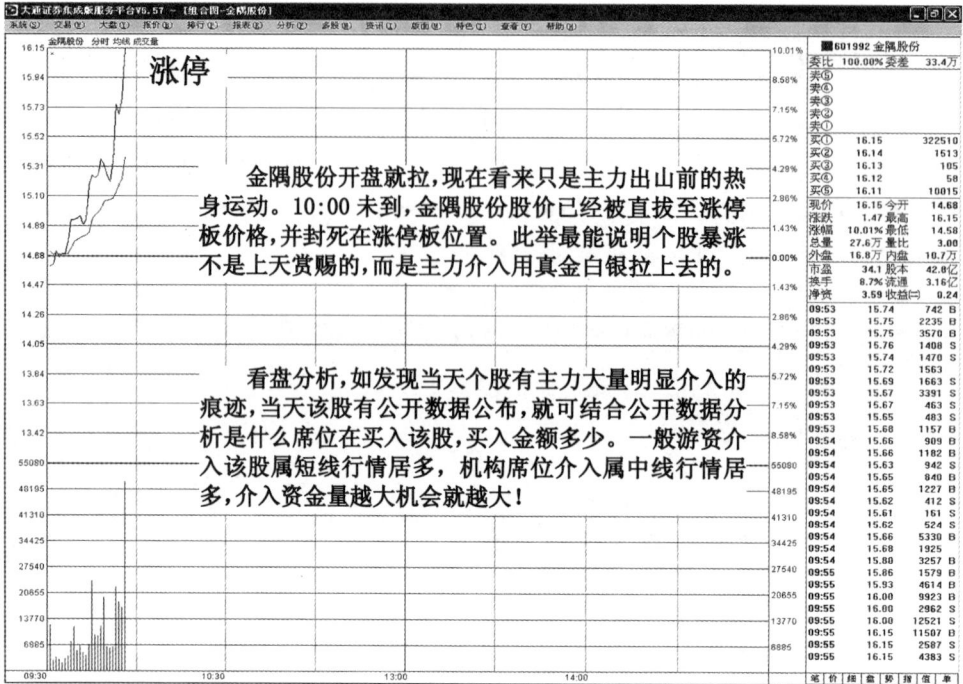

涨停

金隅股份开盘就拉,现在看来只是主力出山前的热身运动。10:00 未到,金隅股份股价已经被直拔至涨停板价格,并封死在涨停板位置。此举最能说明个股暴涨不是上天赏赐的,而是主力介入用真金白银拉上去的。

看盘分析,如发现当天个股有主力大量明显介入的痕迹,当天该股有公开数据公布,就可结合公开数据分析是什么席位在买入该股,买入金额多少。一般游资介入该股属短线行情居多,机构席位介入属中线行情居多,介入资金量越大机会就越大!

第五章　主力多次反复炒作

短线机构坐庄联美控股多步曲——吸筹

机构坐庄吸筹、洗盘、拉高、出货四步曲是常规步骤。实际上坐庄操盘远比这四步复杂多了。主力操盘每实施一个步骤操作都充满艰难和一些难以预料的情况。主力运作个股是如何实施吸筹、洗盘、拉高、出货等环节的？操盘过程中有哪些明显的痕迹可辨？笔者以跟庄操作个案为例介绍一小主力从入场到出货完整操盘历程。

2011年10月份以来运作联美控股的机构从盘面分析应属一小机构，炒作联美控股所投入资金只在千万元这一级别。当然是该机构没有多少钱，还是运作中联美控只是该机构的一个小项目，这个就不得而知了。

从联美控股10月17日盘中主力拉高出货盘口看，该主力是在10月17日之前就已进场了，因为先有筹码才能实施出货。该短线主力坐庄联美控股的详细历程，下面通过图表加文字的方式来介绍。

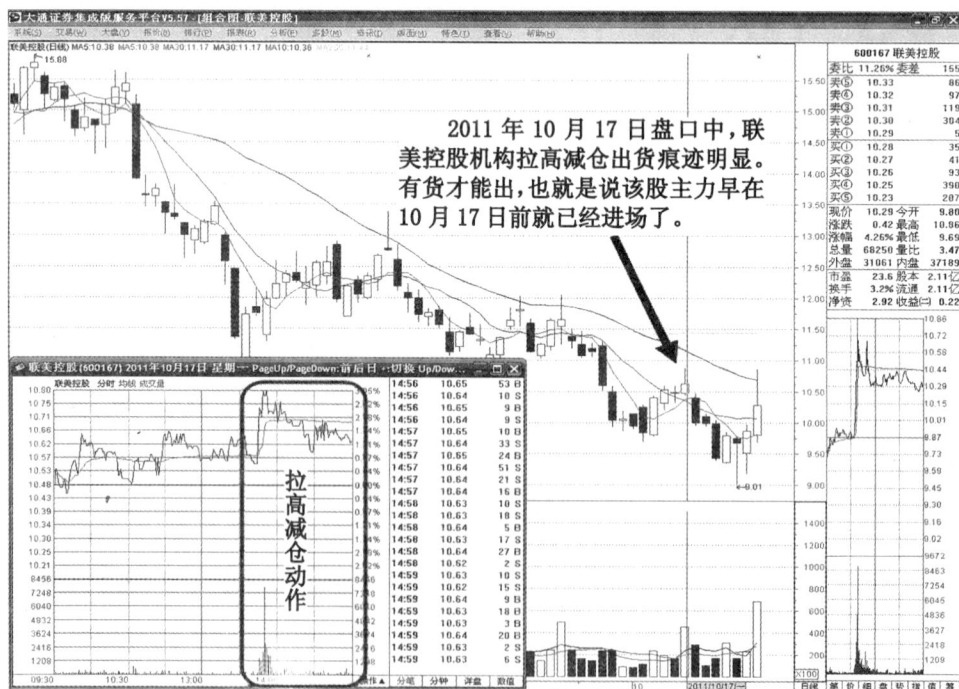

2011年10月17日盘口中，联美控股机构拉高减仓出货痕迹明显。有货才能出，也就是说该股主力早在10月17日前就已经进场了。

联美控股(600167) 2011年10月17日 星期一 PageUp/PageDown:前后日 ←:切换 Up/Down:上下翻

10月17日

13:48	10.80	←	190 B
13:49	10.73	←	4215 S
13:49	10.85	←	589 B
13:49	10.73	←	1126 S
13:51	10.80	←	5 B
13:51	10.76	←	1441 S

10月17日盘口中,联美控股主力下午拉高减仓出货。13:48快速拉高一直到收盘,盘中不断有大卖单低价砸出。主力出货不同一般小机构,一般小机构或大户出货影响股价下跌只是一小段时间。主力持有量大,盘中会反复以低价砸盘出货,持续时间较长。

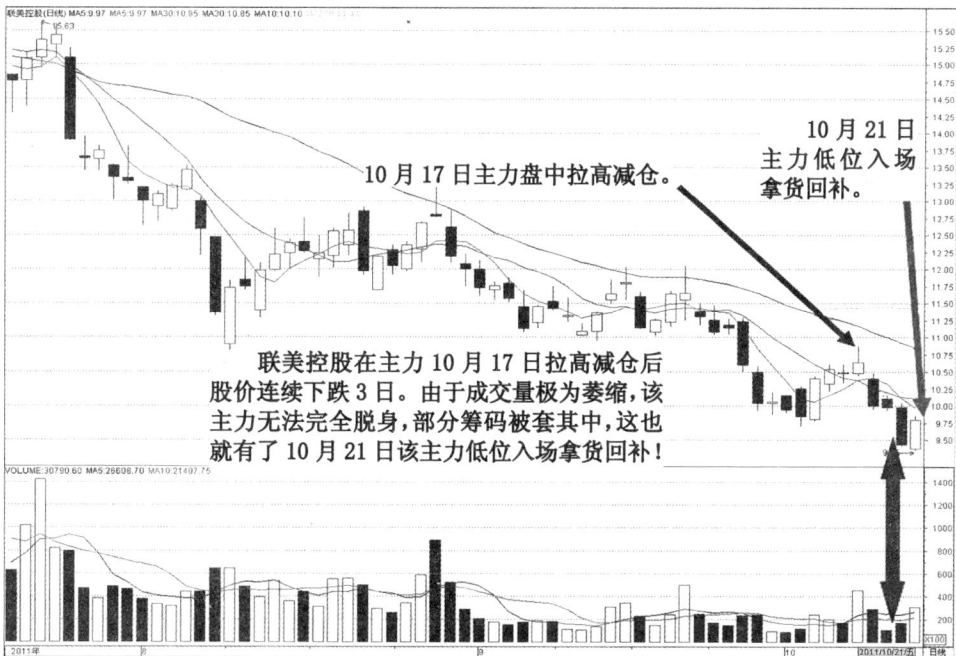

10月17日主力盘中拉高减仓。

10月21日主力低位入场拿货回补。

联美控股在主力10月17日拉高减仓后股价连续下跌3日。由于成交量极为萎缩,该主力无法完全脱身,部分筹码被套其中,这也就有了10月21日该主力低位入场拿货回补!

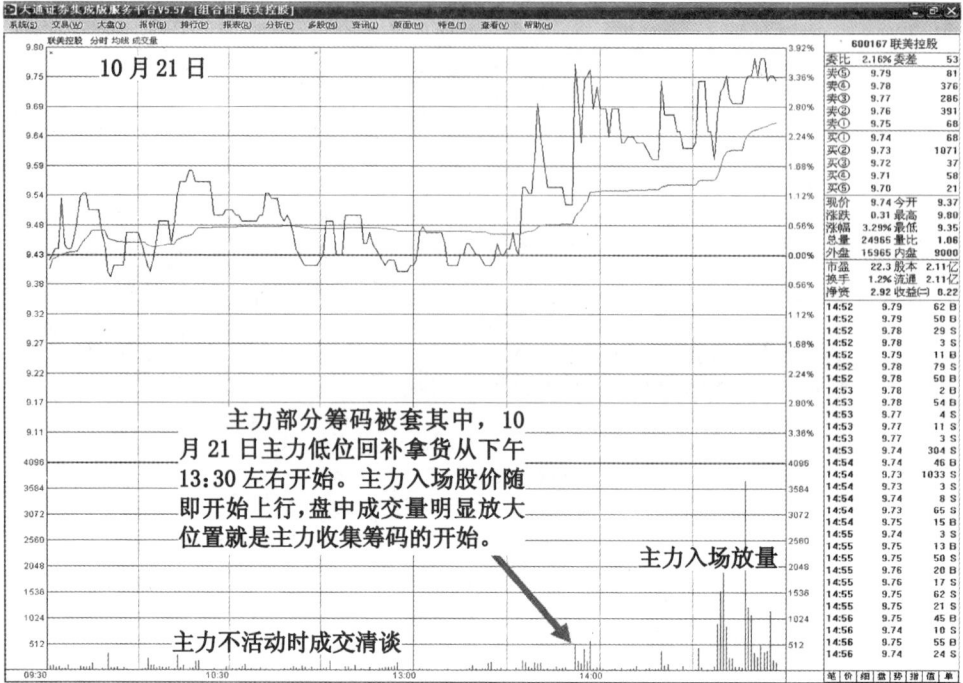

10 月 21 日

主力部分筹码被套其中，10
月 21 日主力低位回补拿货从下午
13：30 左右开始。主力入场股价随
即开始上行，盘中成交量明显放大
位置就是主力收集筹码的开始。

主力入场放量

主力不活动时成交清谈

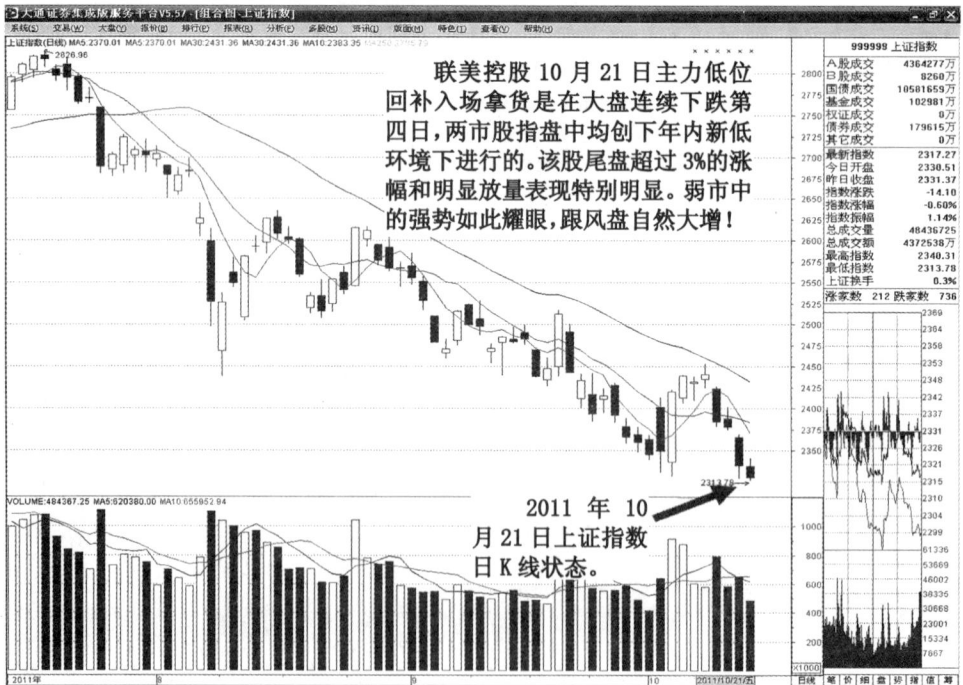

联美控股 10 月 21 日主力低位
回补入场拿货是在大盘连续下跌第
四日，两市股指盘均创下年内新低
环境下进行的。该股尾盘超过 3%的涨
幅和明显放量表现特别明显。弱市中
的强势如此耀眼，跟风盘自然大增！

2011 年 10
月 21 日上证指数
日 K 线状态。

248

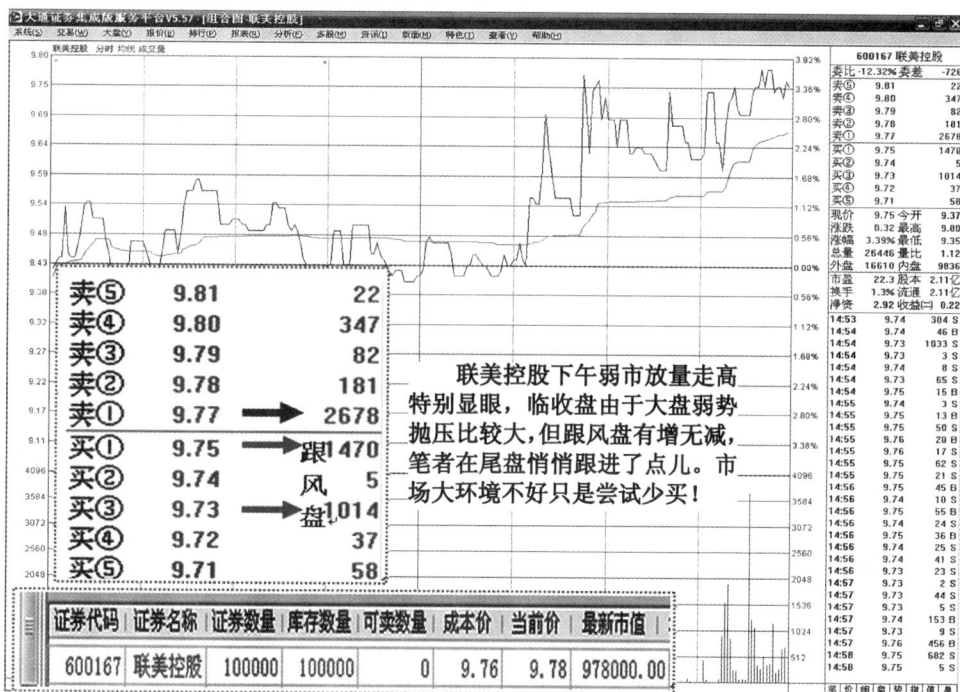

联美控股下午弱市放量走高特别显眼，临收盘由于大盘弱势抛压比较大，但跟风盘有增无减，笔者在尾盘悄悄跟进了点儿。市场大环境不好只是尝试少买！

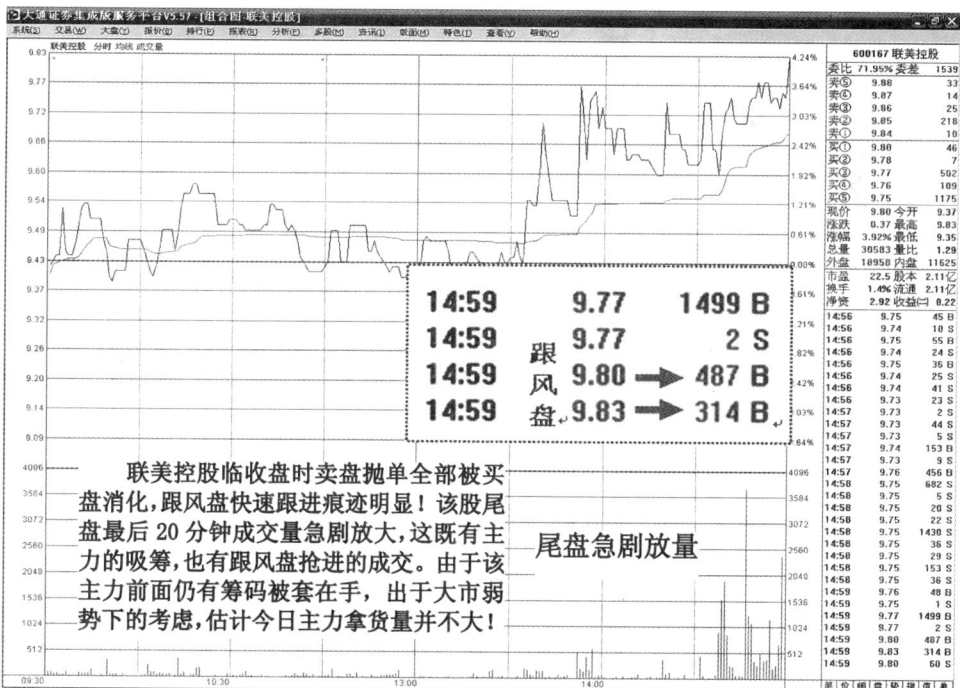

尾盘急剧放量

联美控股临收盘时卖盘抛单全部被买盘消化，跟风盘快速跟进痕迹明显！该股尾盘最后20分钟成交量急剧放大，这既有主力的吸筹，也有跟风盘抢进的成交。由于该主力前面仍有筹码被套在手，出于大市弱势下的考虑，估计今日主力拿货量并不大！

短线机构坐庄联美控股多步曲——洗盘

联美控股10月21日主力在弱市中逆市拉高拿货并引来较多的跟风盘,本篇详细介绍10月24日(周一)主力展开打压洗盘的情况。10月24日开盘主力即展开打压洗盘,由于操盘不当引发大量跟风盘恐慌出逃,结果导致联美控股股价盘中一度失控大跌,后因大盘出现较强反弹才避免股价暴跌危机。

联美控股主力打压洗盘过程和跟风盘恐慌出逃细节通过下面动态盘口一一做详细介绍。

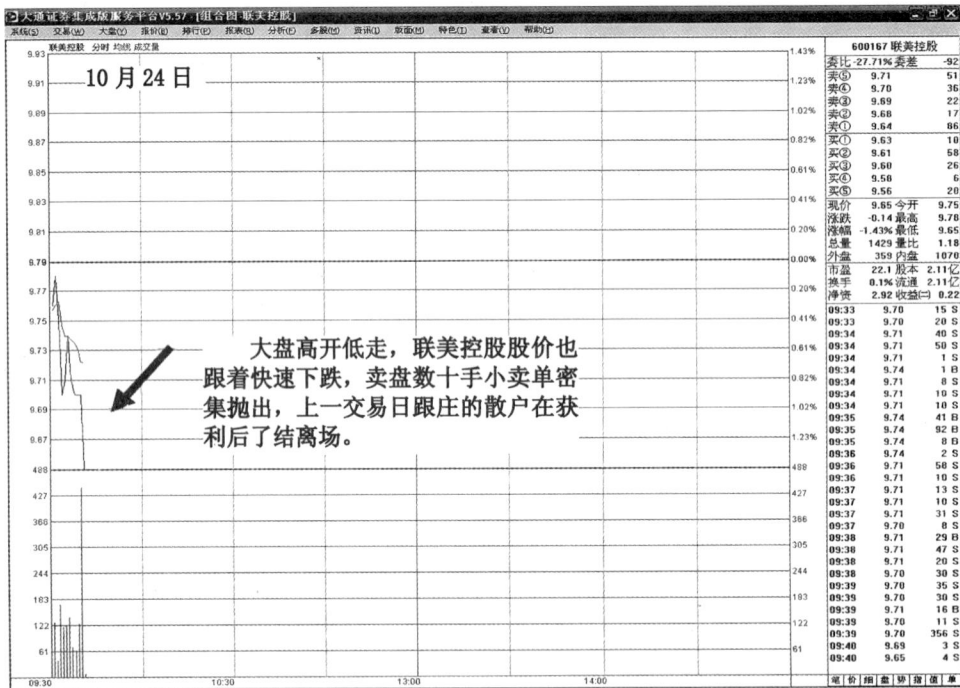

大盘高开低走,联美控股股价也跟着快速下跌,卖盘数十手小卖单密集抛出,上一交易日跟庄的散户在获利后了结离场。

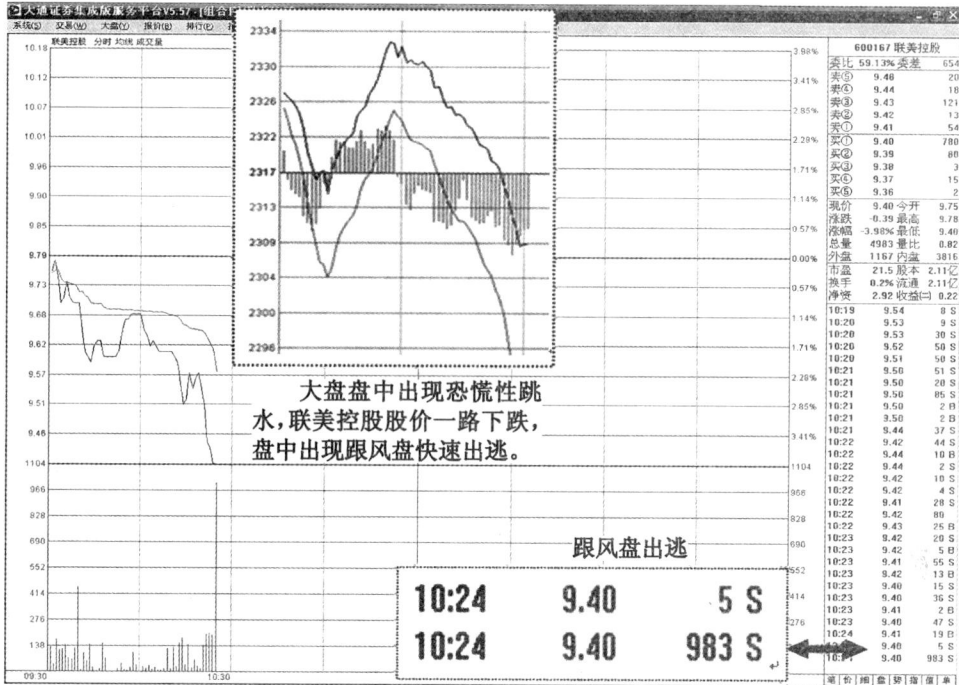

大盘盘中出现恐慌性跳水，联美控股股价一路下跌，盘中出现跟风盘快速出逃。

跟风盘出逃

| 10:24 | 9.40 | 5 S |
| 10:24 | 9.40 | 983 S |

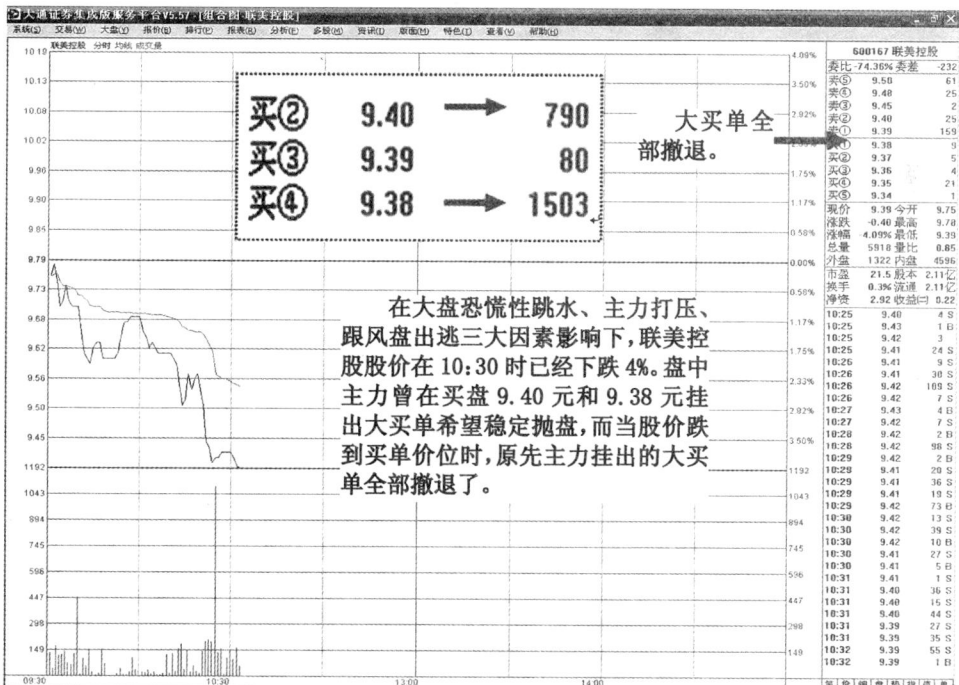

买②	9.40 →	790
买③	9.39	80
买④	9.38 →	1503

大买单全部撤退。

在大盘恐慌性跳水、主力打压、跟风盘出逃三大因素影响下，联美控股股价在10:30时已经下跌4%。盘中主力曾在买盘9.40元和9.38元挂出大买单希望稳定抛盘，而当股价跌到买单价位时，原先主力挂出的大买单全部撤退了。

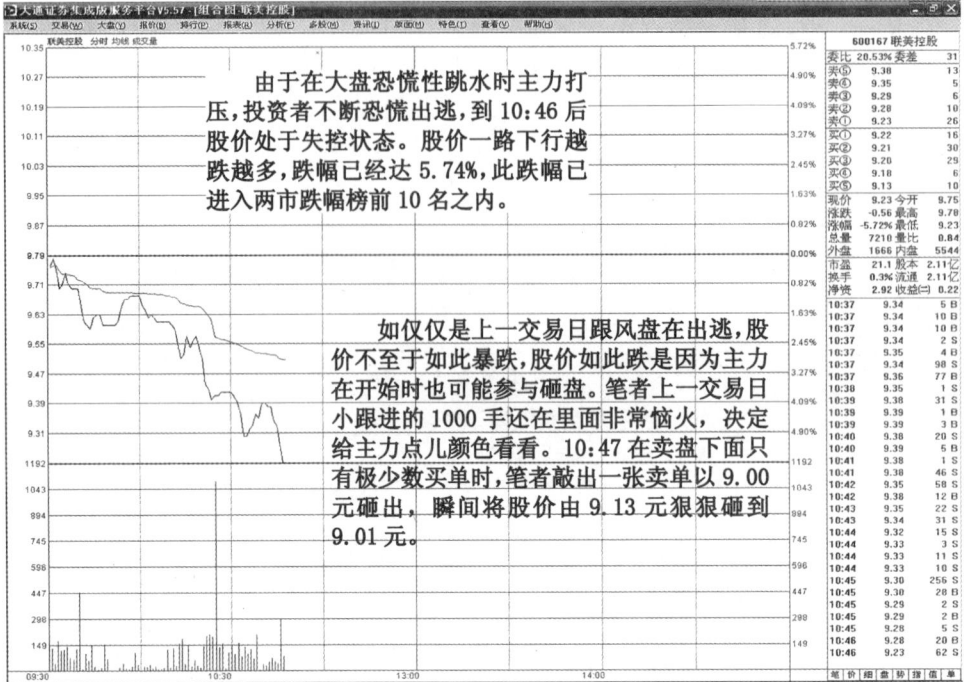

由于在大盘恐慌性跳水时主力打压,投资者不断恐慌出逃,到10:46后股价处于失控状态。股价一路下行越跌越多,跌幅已经达5.74%,此跌幅已进入两市跌幅榜前10名之内。

如仅仅是上一交易日跟风盘在出逃,股价不至于如此暴跌,股价如此跌是因为主力在开始时也可能参与砸盘。笔者上一交易日小跟进的1000手还在里面非常恼火,决定给主力点儿颜色看看。10:47在卖盘下面只有极少数买单时,笔者敲出一张卖单以9.00元砸出, 瞬间将股价由9.13元狠狠砸到9.01元。

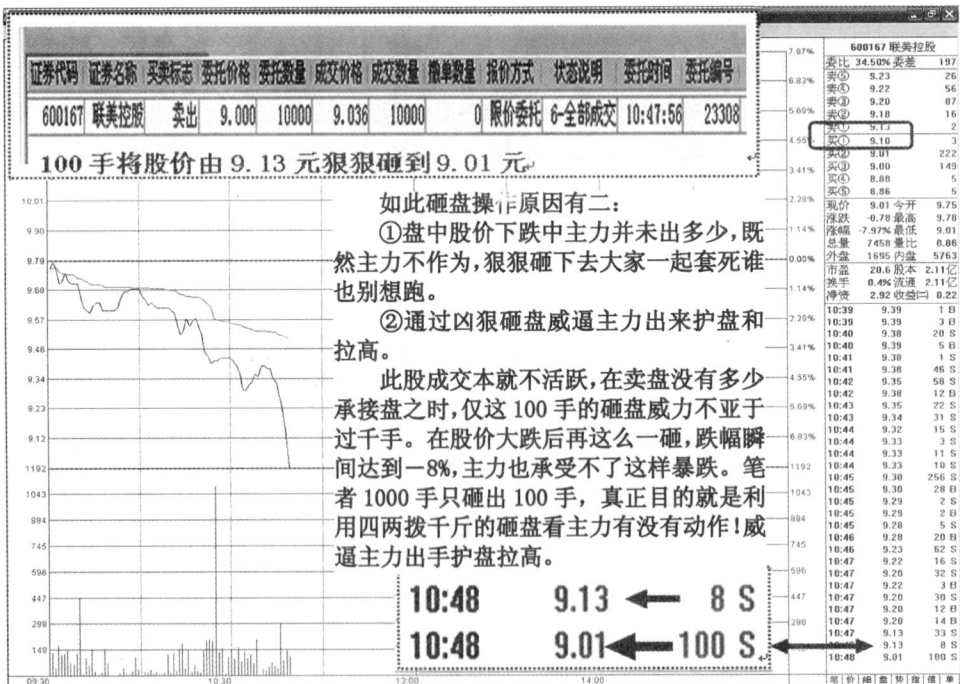

100手将股价由9.13元狠狠砸到9.01元

如此砸盘操作原因有二:

①盘中股价下跌中主力并未出多少,既然主力不作为,狠狠砸下去大家一起套死谁也别想跑。

②通过凶狠砸盘威逼主力出来护盘和拉高。

此股成交本就不活跃,在卖盘没有多少承接盘之时,仅这100手的砸盘威力不亚于过千手。在股价大跌后再这么一砸,跌幅瞬间达到-8%,主力也承受不了这样暴跌。笔者1000手只砸出100手,真正目的就是利用四两拨千斤的砸盘看主力有没有动作!威逼主力出手护盘拉高。

| 10:48 | 9.13 | ← 8 S |
| 10:48 | 9.01 | ← 100 S |

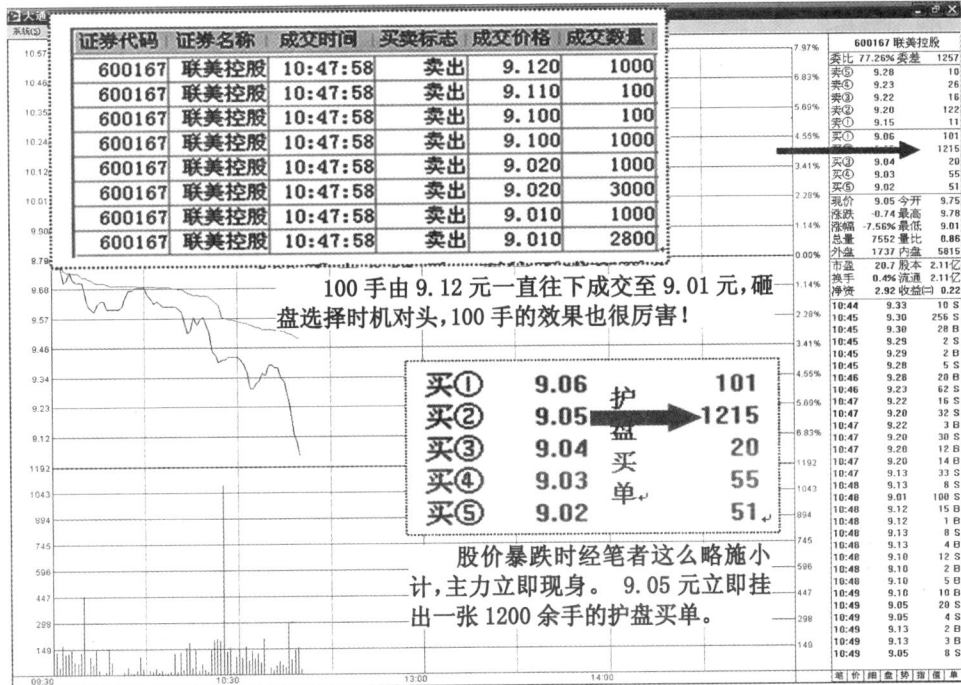

证券代码	证券名称	成交时间	买卖标志	成交价格	成交数量
600167	联美控股	10:47:58	卖出	9.120	1000
600167	联美控股	10:47:58	卖出	9.110	100
600167	联美控股	10:47:58	卖出	9.100	100
600167	联美控股	10:47:58	卖出	9.100	1000
600167	联美控股	10:47:58	卖出	9.020	1000
600167	联美控股	10:47:58	卖出	9.020	3000
600167	联美控股	10:47:58	卖出	9.010	1000
600167	联美控股	10:47:58	卖出	9.010	2800

100手由9.12元一直往下成交至9.01元，砸盘选择时机对头，100手的效果也很厉害！

买①	9.06	101
买②	9.05	护盘买单→	1215
买③	9.04	20
买④	9.03	55
买⑤	9.02	51

股价暴跌时经笔者这么略施小计，主力立即现身。 9.05元立即挂出一张1200余手的护盘买单。

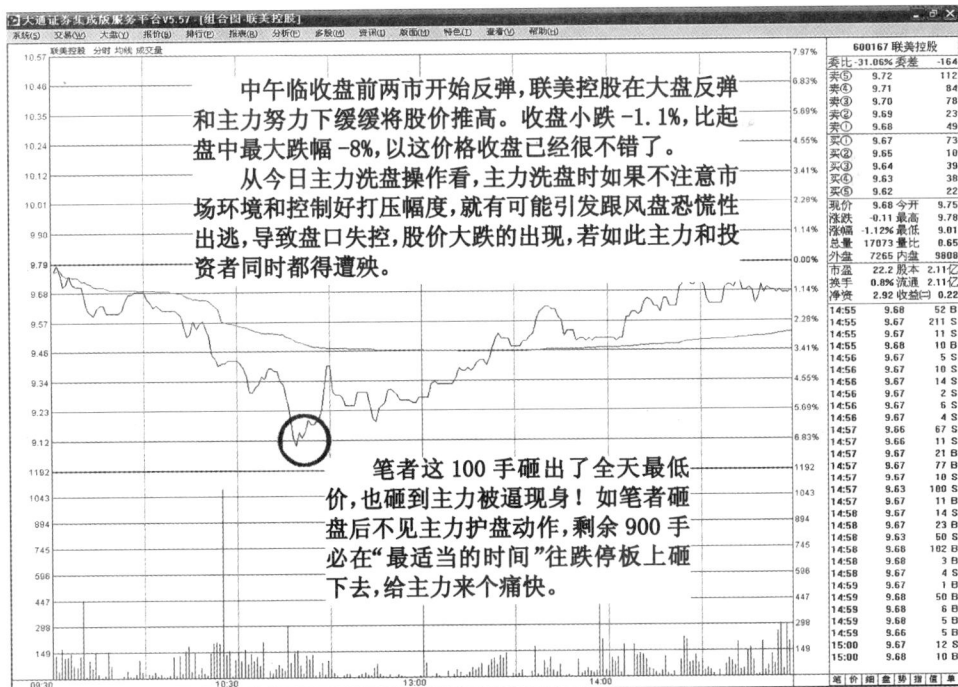

中午临收盘前两市开始反弹，联美控股在大盘反弹和主力努力下缓缓将股价推高。收盘小跌-1.1%，比起盘中最大跌幅-8%，以这价格收盘已经很不错了。
从今日主力洗盘操作看，主力洗盘时如果不注意市场环境和控制好打压幅度，就有可能引发跟风盘恐慌性出逃，导致盘口失控，股价大跌的出现，若如此主力和投资者同时都得遭殃。

笔者这100手砸出了全天最低价，也砸到主力被逼现身！如笔者砸盘后不见主力护盘动作，剩余900手必在"最适当的时间"往跌停板上砸下去，给主力来个痛快。

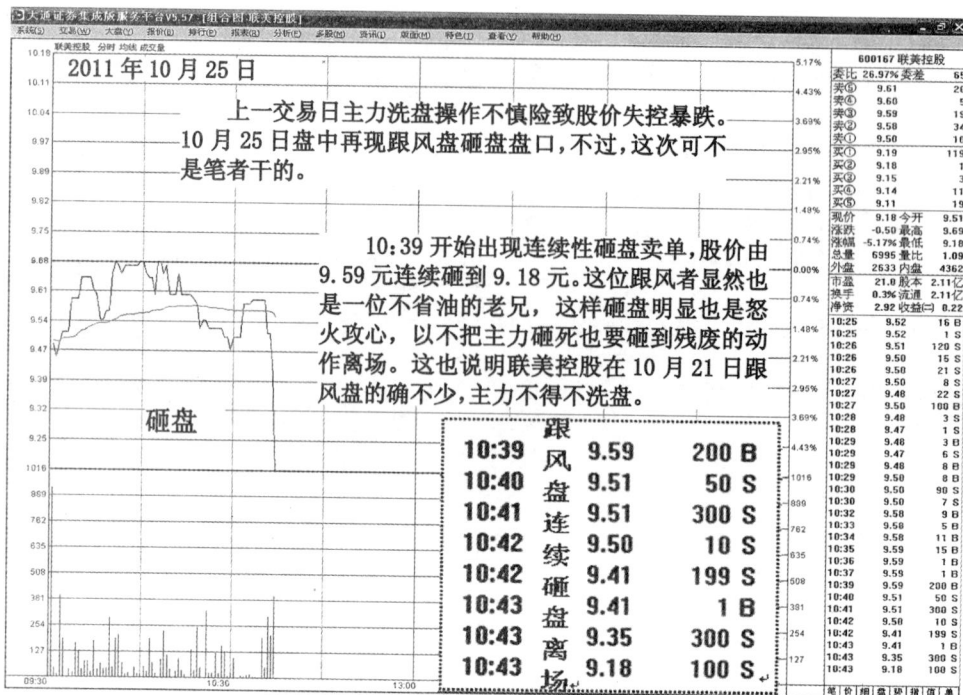

2011年10月25日

上一交易日主力洗盘操作不慎险致股价失控暴跌。10月25日盘中再现跟风盘砸盘盘口,不过,这次可不是笔者干的。

10:39开始出现连续性砸盘卖单,股价由9.59元连续砸到9.18元。这位跟风者显然也是一位不省油的老兄,这样砸盘明显也是怒火攻心,以不把主力砸死也要砸到残废的动作离场。这也说明联美控股在10月21日跟风盘的确不少,主力不得不洗盘。

砸盘

时间		价格	数量	
10:39	跟	9.59	200	B
10:40	风盘	9.51	50	S
10:41	连	9.51	300	S
10:42	续	9.50	10	S
10:42	砸	9.41	199	S
10:43	盘	9.41	1	B
10:43	离	9.35	300	S
10:43	场	9.18	100	S

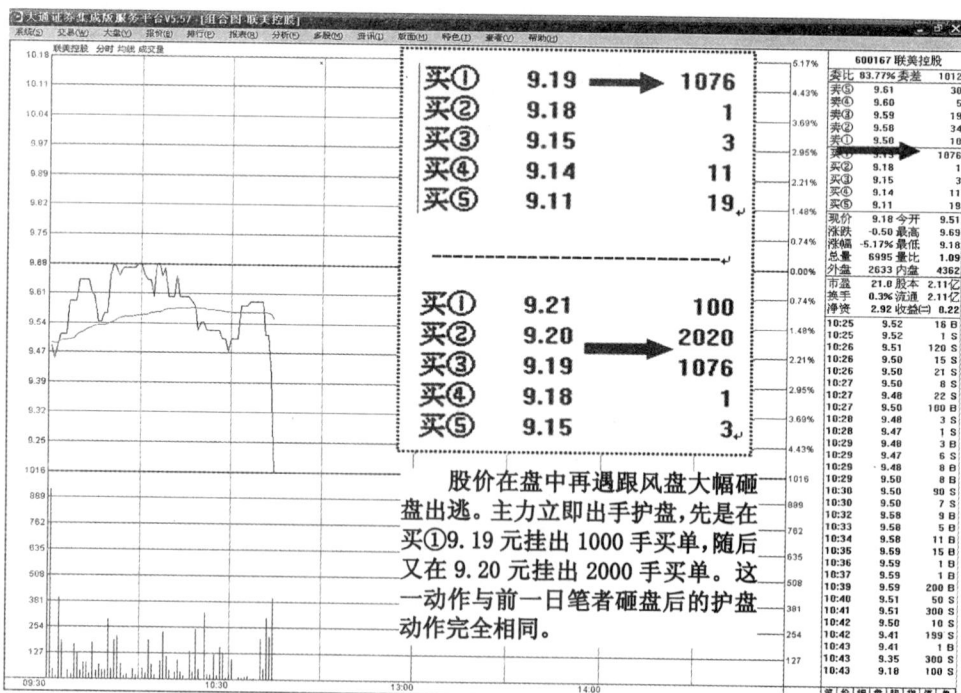

买①	9.19	→	1076
买②	9.18		1
买③	9.15		3
买④	9.14		11
买⑤	9.11		19

买①	9.21		100
买②	9.20	→	2020
买③	9.19		1076
买④	9.18		1
买⑤	9.15		3

股价在盘中再遇跟风盘大幅砸盘出逃。主力立即出手护盘,先是在买①9.19元挂出1000手买单,随后又在9.20元挂出2000手买单。这一动作与前一日笔者砸盘后的护盘动作完全相同。

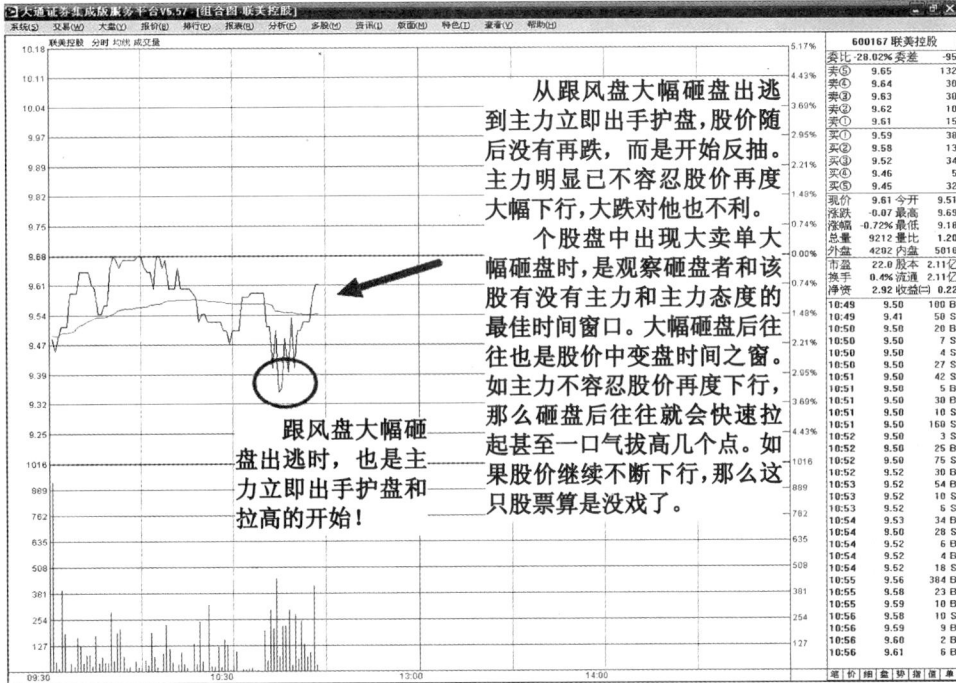

从跟风盘大幅砸盘出逃到主力立即出手护盘,股价随后没有再跌,而是开始反抽。主力明显已不容忍股价再度大幅下行,大跌对他也不利。

个股盘中出现大卖单大幅砸盘时,是观察砸盘者和该股有没有主力和主力态度的最佳时间窗口。大幅砸盘后往往也是股价中变盘时间之窗。如主力不容忍股价再度下行,那么砸盘后往往就会快速拉起甚至一口气拔高几个点。如果股价继续不断下行,那么这只股票算是没戏了。

跟风盘大幅砸盘出逃时,也是主力立即出手护盘和拉高的开始!

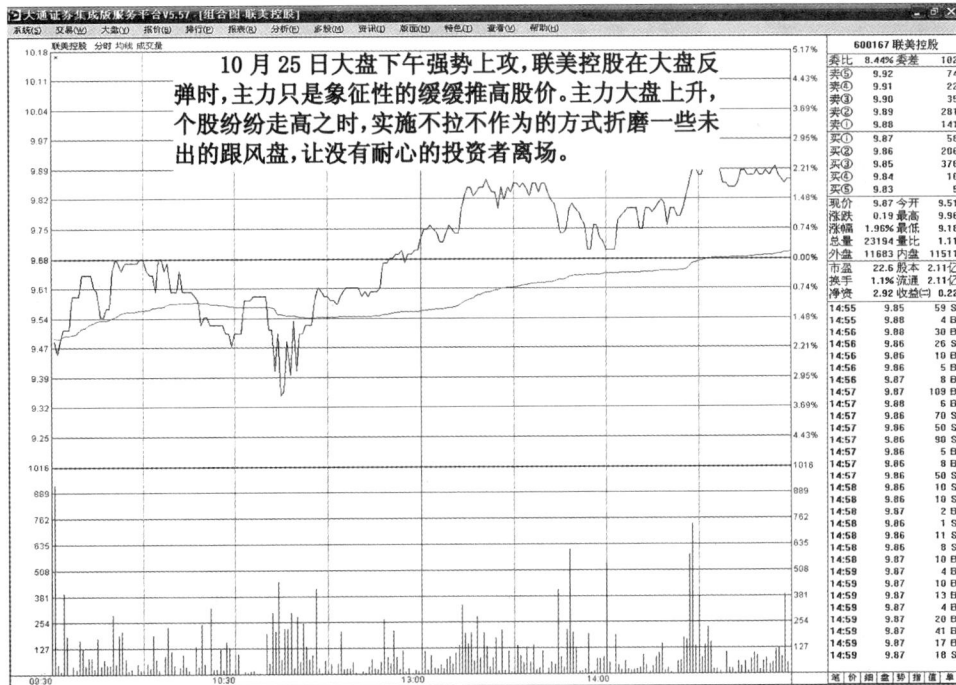

10月25日大盘下午强势上攻,联美控股在大盘反弹时,主力只是象征性的缓缓推高股价。主力大盘上升,个股纷纷走高之时,实施不拉不作为的方式折磨一些未出的跟风盘,让没有耐心的投资者离场。

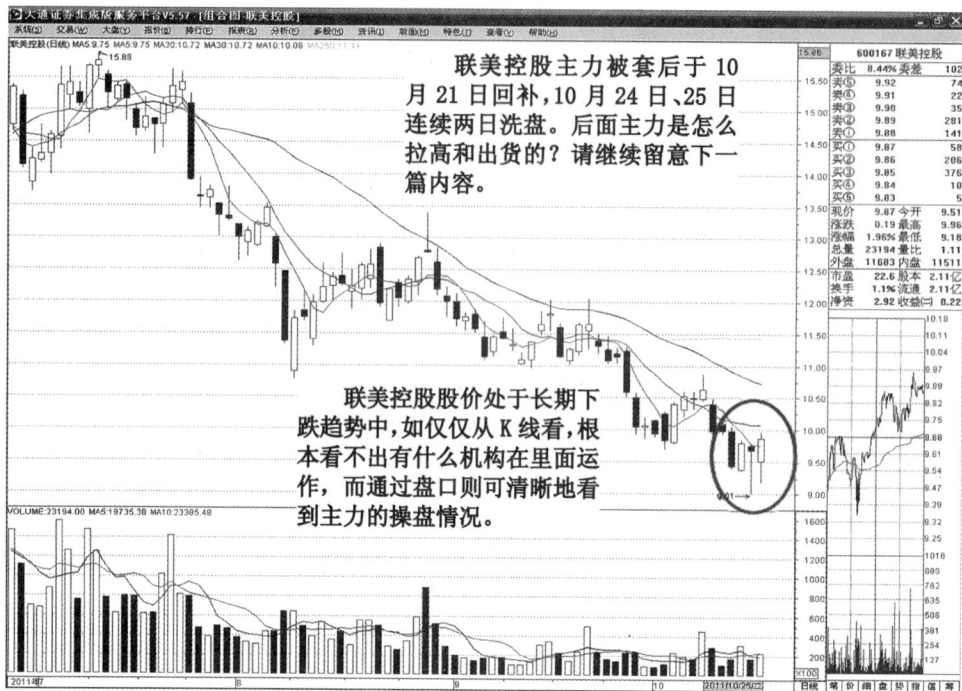

联美控股主力被套后于10月21日回补，10月24日、25日连续两日洗盘。后面主力是怎么拉高和出货的？请继续留意下一篇内容。

联美控股股价处于长期下跌趋势中，如仅仅从K线看，根本看不出有什么机构在里面运作，而通过盘口则可清晰地看到主力的操盘情况。

短线机构坐庄联美控股多步曲——拉高与出货

联美控股主力前期被套后于10月21日进行回补，由于当日跟风盘跟进资金较多，主力不得不在10月24日、25日连续两日进行洗盘。其中，10月25日盘中再次出现跟风盘连续大幅砸盘行为。在跟风盘大幅砸盘出逃时主力立即出手护盘，股价随后止跌开始反抽，主力既在洗盘又不希望股价再度下行的思路非常明显。10月25日下午大盘出现强势反弹，联美控股股价只是象征性的缓缓走高小涨。此时主力还是无心做多，操盘手利用大盘走好不拉升的手法，折磨没耐心的投资者让其自行离场。

连续两日洗盘后10月26日盘中主力随即展开快速拉高然后出货。具体拉高和出货细节下面继续通过动态盘口详细介绍。

联美控股主力前面两日在大盘连续上升市况下展开洗盘，确认洗盘目的达到后于10月26日盘中突然发动行情拉高。短短几分钟内一口气将股价最高拔至涨停价位。这样拉高一是为了快速拉出利润，二是给跟风者一个深刻的教训，洗出了跟风盘就拉涨停给你们看。同时也体现出主力操盘手这样做盘是为了出一口被跟风盘砸盘的恶气。如此拔高当然最核心的目的是主力操盘手利用快速拔高吸引跟风盘入场，从而开始减仓出货。

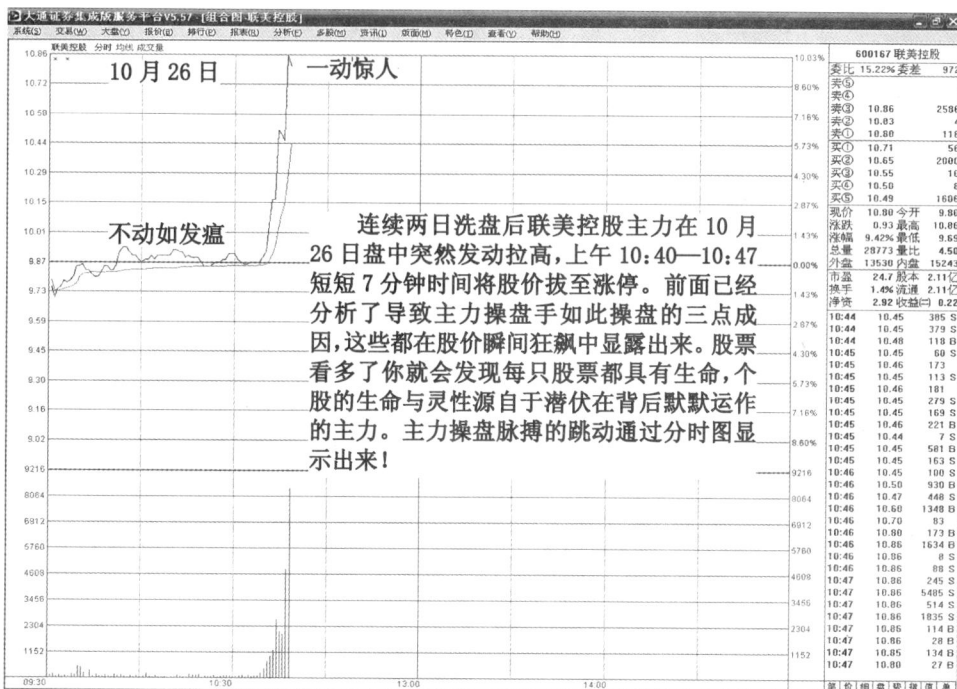

10月26日　一动惊人

不动如发瘟

连续两日洗盘后联美控股主力在10月26日盘中突然发动拉高，上午10:40—10:47短短7分钟时间将股价拔至涨停。前面已经分析了导致主力操盘手如此操盘的三点成因，这些都在股价瞬间狂飙中显露出来。股票看多了你就会发现每只股票都具有生命，个股的生命与灵性源自于潜伏在背后默默运作的主力。主力操盘脉搏的跳动通过分时图显示出来！

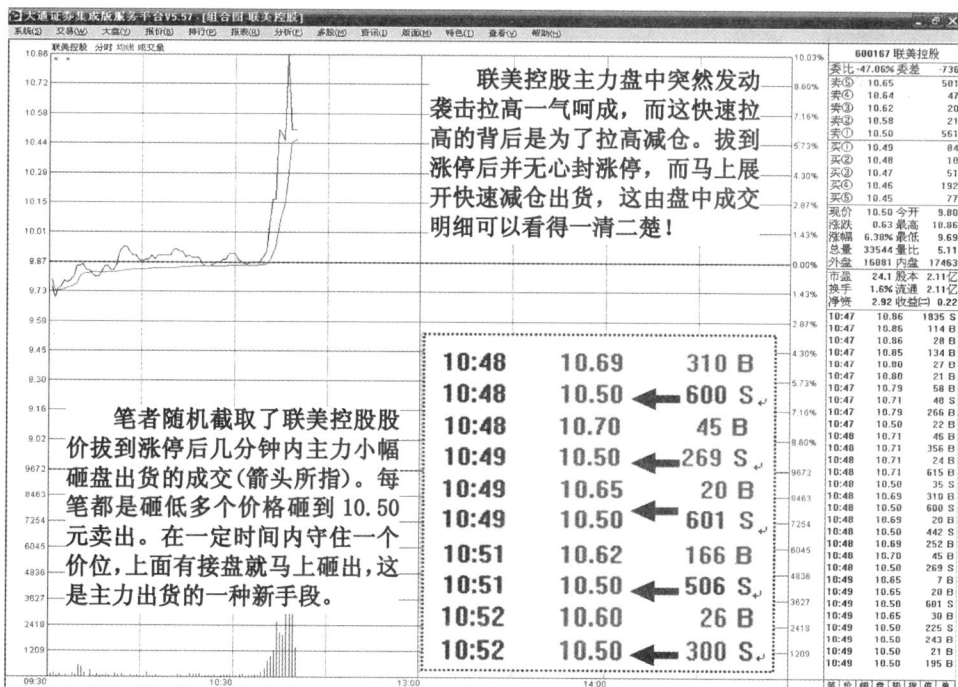

联美控股主力盘中突然发动袭击拉高一气呵成，而这快速拉高的背后是为了拉高减仓。拔到涨停后并无心封涨停，而马上展开快速减仓出货，这由盘中成交明细可以看得一清二楚！

笔者随机截取了联美控股股价拔到涨停后几分钟内主力小幅砸盘出货的成交（箭头所指）。每一笔都是砸低多个价格砸到10.50元卖出。在一定时间内守住一个价位，上面有接盘就马上砸出，这是主力出货的一种新手段。

10:48	10.69	310 B
10:48	10.50	← 600 S
10:48	10.70	45 B
10:49	10.50	← 269 S
10:49	10.65	20 B
10:49	10.50	← 601 S
10:51	10.62	166 B
10:51	10.50	← 506 S
10:52	10.60	26 B
10:52	10.50	← 300 S

257

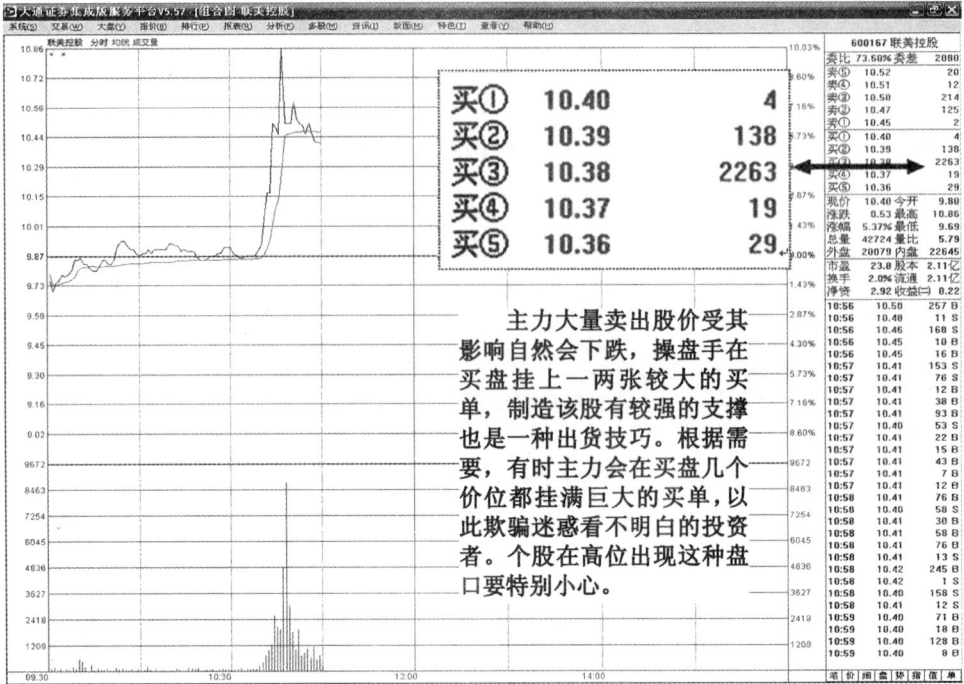

买①	10.40	4
买②	10.39	138
买③	10.38	2263
买④	10.37	19
买⑤	10.36	29

主力大量卖出股价受其影响自然会下跌,操盘手在买盘挂上一两张较大的买单,制造该股有较强的支撑也是一种出货技巧。根据需要,有时主力会在买盘几个价位都挂满巨大的买单,以此欺骗迷惑看不明白的投资者。个股在高位出现这种盘口要特别小心。

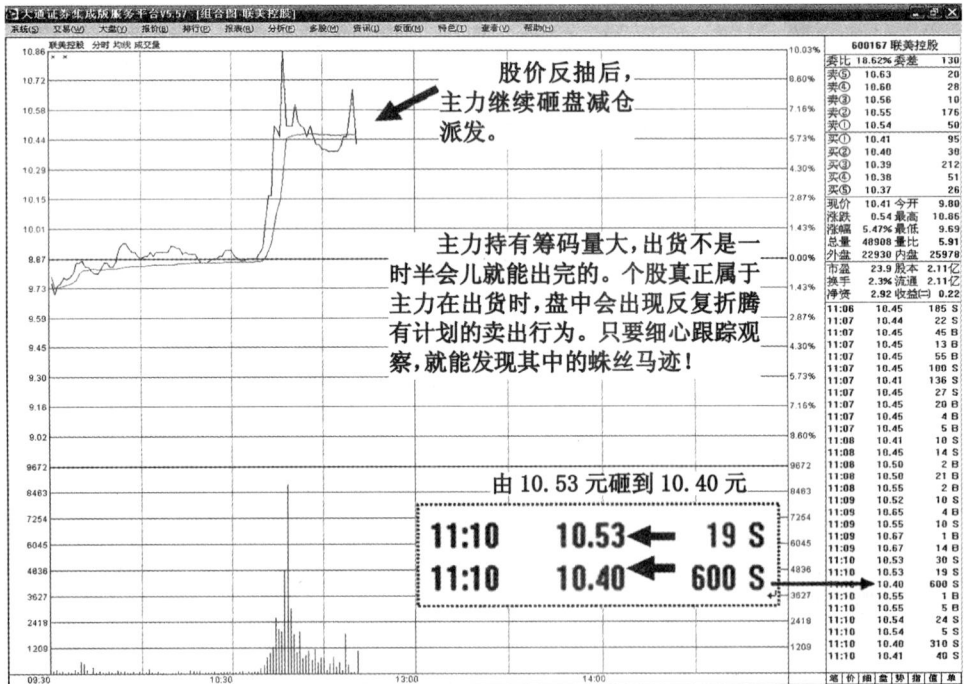

股价反抽后,主力继续砸盘减仓派发。

主力持有筹码量大,出货不是一时半会儿就能出完的。个股真正属于主力在出货时,盘中会出现反复折腾有计划的卖出行为。只要细心跟踪观察,就能发现其中的蛛丝马迹!

由10.53元砸到10.40元

| 11:10 | 10.53 ← | 19 S |
| 11:10 | 10.40 ← | 600 S |

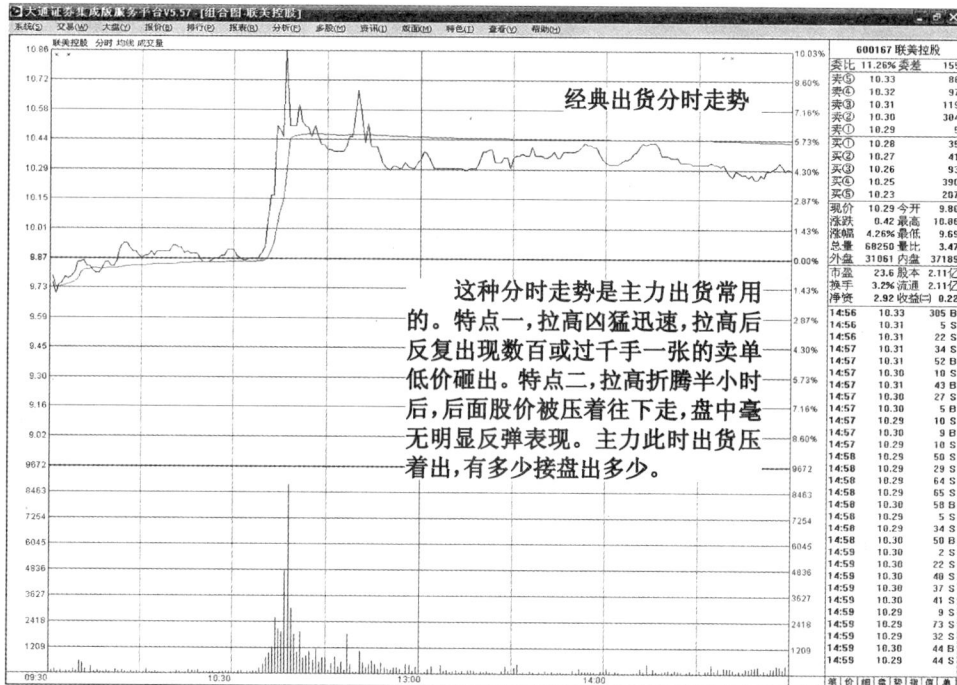

经典出货分时走势

这种分时走势是主力出货常用的。特点一，拉高凶猛迅速，拉高后反复出现数百或过千手一张的卖单低价砸出。特点二，拉高折腾半小时后，后面股价被压着往下走，盘中毫无明显反弹表现。主力此时出货压着出，有多少接盘出多少。

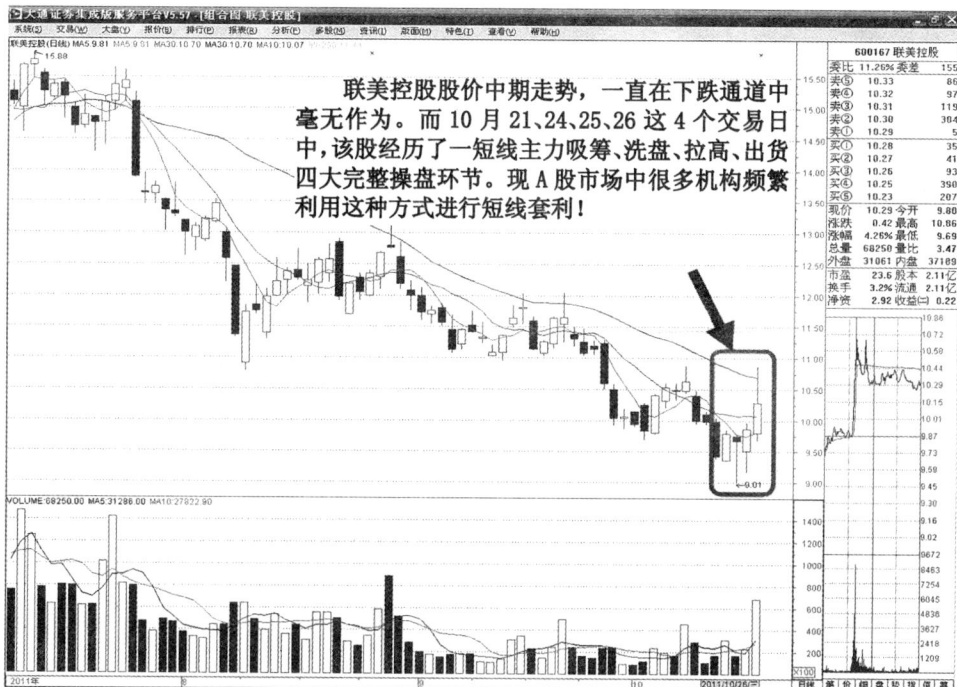

联美控股股价中期走势，一直在下跌通道中毫无作为。而10月21、24、25、26这4个交易日中，该股经历了一短线主力吸筹、洗盘、拉高、出货四大完整操盘环节。现A股市场中很多机构频繁利用这种方式进行短线套利！

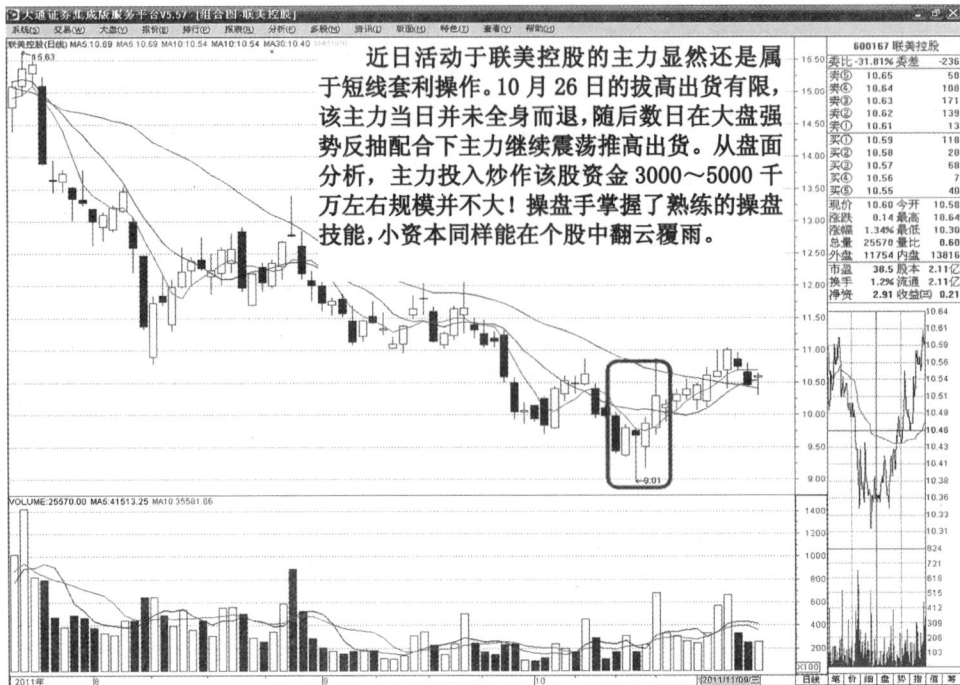

近日活动于联美控股的主力显然还是属于短线套利操作。10月26日的拔高出货有限，该主力当日并未全身而退，随后数日在大盘强势反抽配合下主力继续震荡推高出货。从盘面分析，主力投入炒作该股资金3000～5000千万左右规模并不大！操盘手掌握了熟练的操盘技能，小资本同样能在个股中翻云覆雨。

联美控股老主力巧借国际板概念再掀波澜

　　笔者连续跟踪写作了联美控股主力10月份以来从进场吸筹、洗盘、拉高、出货的操作过程。期间不少读者通过各种方式问及主力操作联美控股的问题，如联美控股主力这么辛苦为什么只拉高这么点就走啊？主力这样操作能盈利吗？主力出货谁去接盘啊？等一系列问题。为了让读者更清楚地认识主力运作思路，笔者再写一总结篇，总结联美控股主力的整体操作思路。

　　对联美控股走势做全面的分析，发现该主力实际上并非是一般短线主力，而是长期盘踞其中而且在反复做差价的中长线主力，操盘手结合大盘的走势反复进行高抛低吸赚取差价。笔者前期文章中简单讲到，联美控股主力在10月21日低位回补当日的成交金额只有不到3000万元，这么小的成交金额主力当日回补能拿到的筹码并不多。那么为什么该主力在当日拿到的筹码不多，后面马上展开洗盘和拉高呢？其原因就是该主力之前还有不少的仓底货在手。10月21日的回补就是大家常挂在嘴边的"高抛低吸"中的"低吸"行为，这种低吸主力一般只拿回前期高位出掉的筹码量就达到目的了。了解到潜伏在联美控股里的主力是一个中长线主力，并且是一个反复来回做差价的中长线主力后，我们就不难理解该股经常出现明显的拉高和打压行情了。其他股票如果潜伏的是反复做差价的中长线主力，走势也同样，如长城电工（600192）、福建南纺（600483）就是这样的主力潜伏在里面。

笔者前面3篇文章介绍了联美控股主力从10月21日起至10月26日其吸筹、洗盘、拉高、出货的一次完整套利操作过程。这只是该主力在联美控股中一次短线高抛低吸套利行为，主力并没有在此次套利中完全撤出联美控股。11月14—17日，联美控股上又上演了一次完整的老庄短线高抛低吸套利行为。这次短线高抛低吸套利行为实施时刚好遇到了"国际板概念"的重燃，因该概念正好与联美控股沾边，概念性利好被反应灵敏的老庄借机利用，做了一次非常漂亮的操作。具体过程请看下面的详细图解。

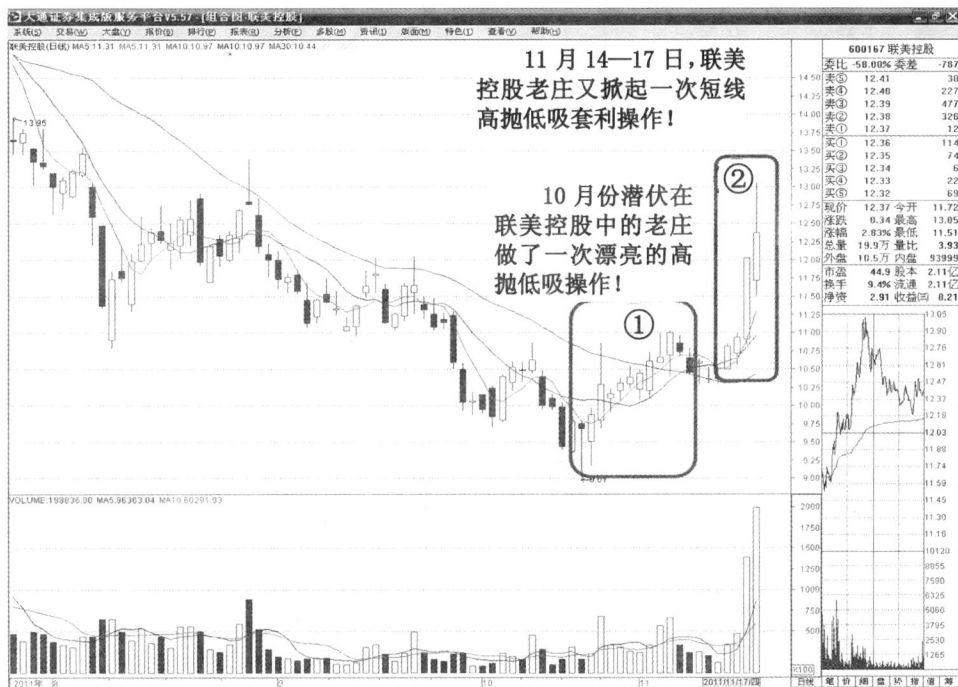

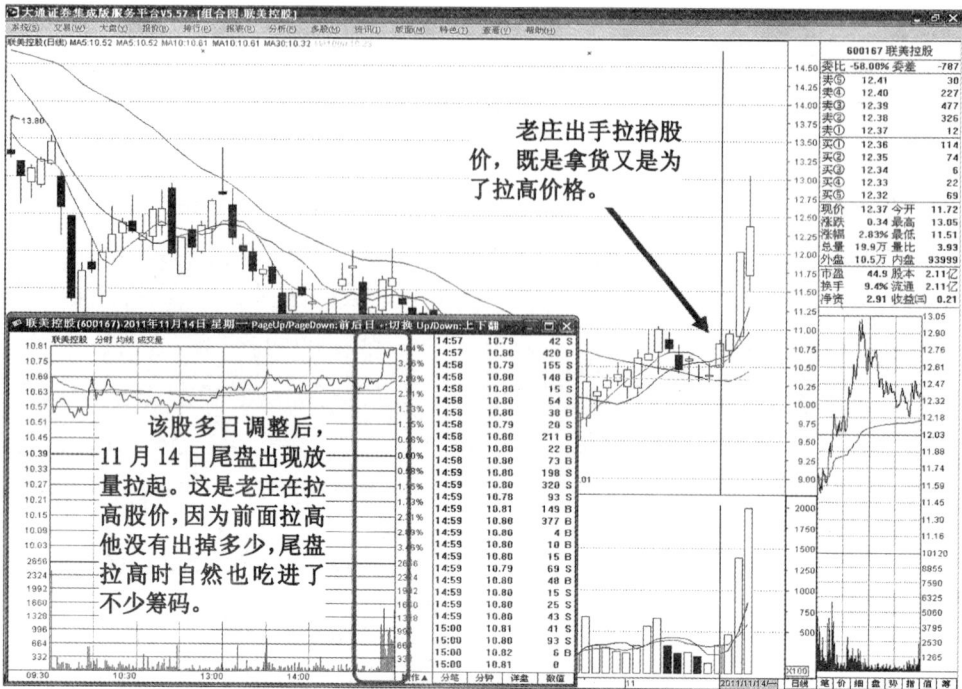

老庄出手拉抬股价,既是拿货又是为了拉高价格。

该股多日调整后,11月14日尾盘出现放量拉起。这是老庄在拉高股价,因为前面拉高他没有出掉多少,尾盘拉高时自然也吃进了不少筹码。

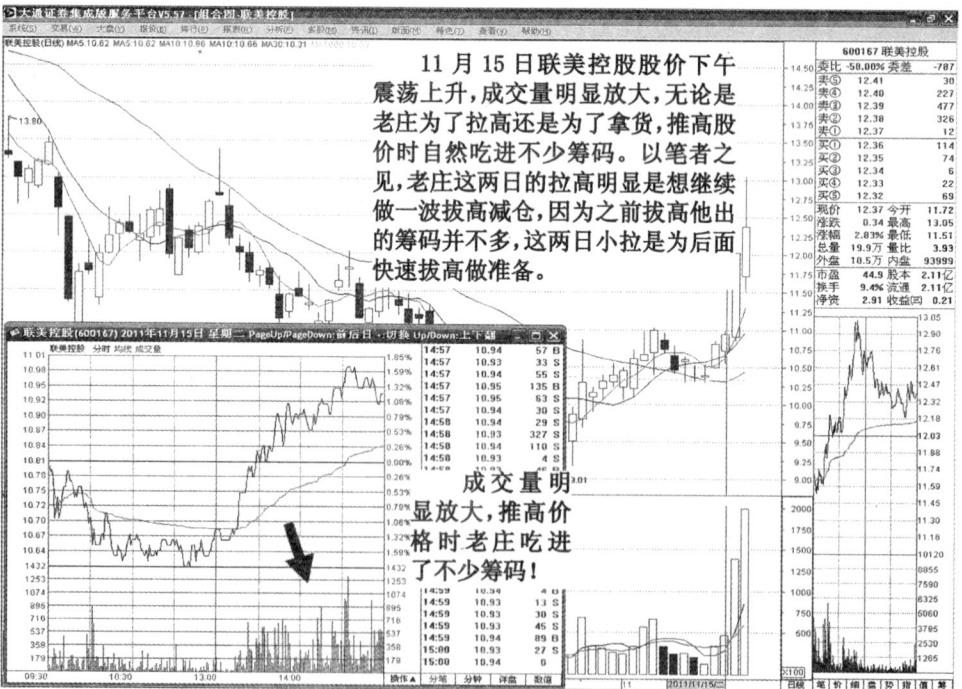

11月15日联美控股股价下午震荡上升,成交量明显放大,无论是老庄为了拉高还是为了拿货,推高股价时自然吃进不少筹码。以笔者之见,老庄这两日的拉高明显是想继续做一波拔高减仓,因为之前拔高他出的筹码并不多,这两日小拉是为后面快速拔高做准备。

成交量明显放大,推高价格时老庄吃进了不少筹码!

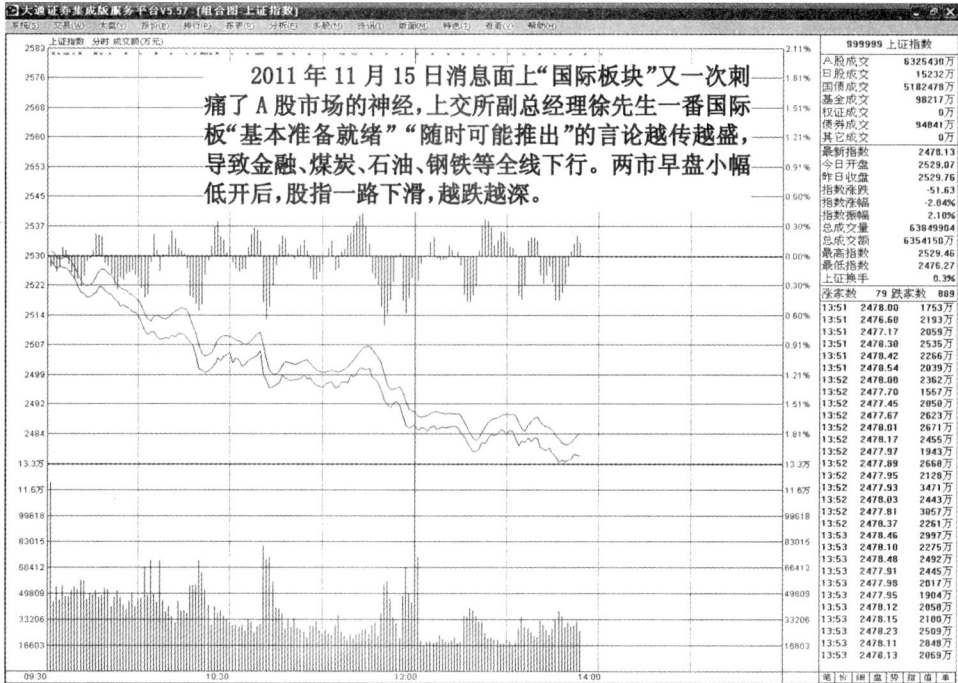

2011 年 11 月 15 日消息面上"国际板块"又一次刺痛了 A 股市场的神经，上交所副总经理徐先生一番国际板"基本准备就绪""随时可能推出"的言论越传越盛，导致金融、煤炭、石油、钢铁等全线下行。两市早盘小幅低开后，股指一路下滑，越跌越深。

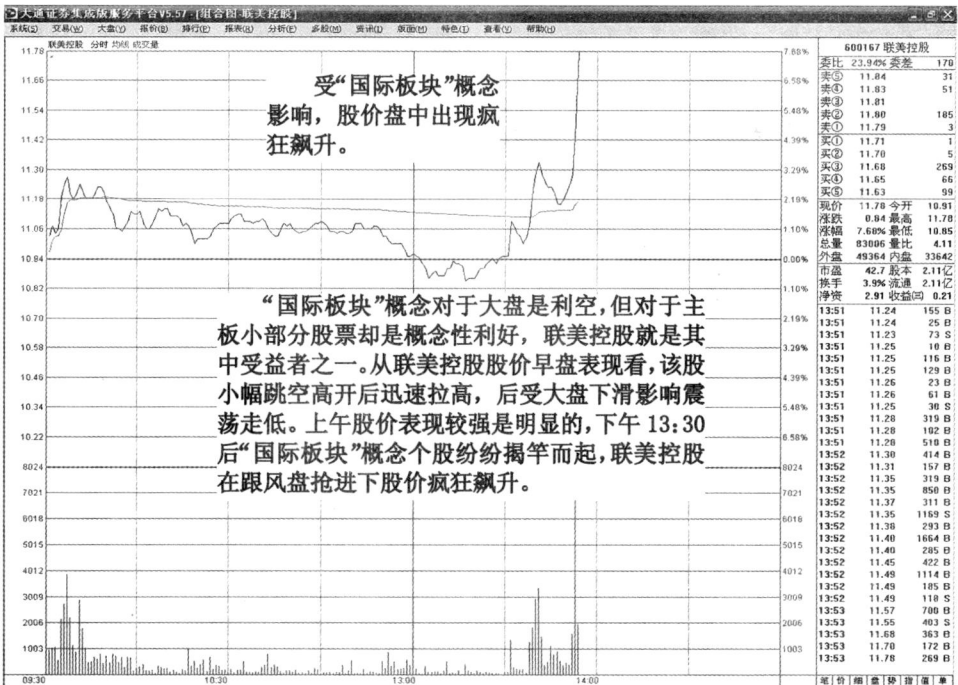

受"国际板块"概念影响，股价盘中出现疯狂飙升。

"国际板块"概念对于大盘是利空，但对于主板小部分股票却是概念性利好，联美控股就是其中受益者之一。从联美控股股价早盘表现看，该股小幅跳空高开后迅速拉高，后受大盘下滑影响震荡走低。上午股价表现较强是明显的，下午 13:30 后"国际板块"概念个股纷纷揭竿而起，联美控股在跟风盘抢进下股价疯狂飙升。

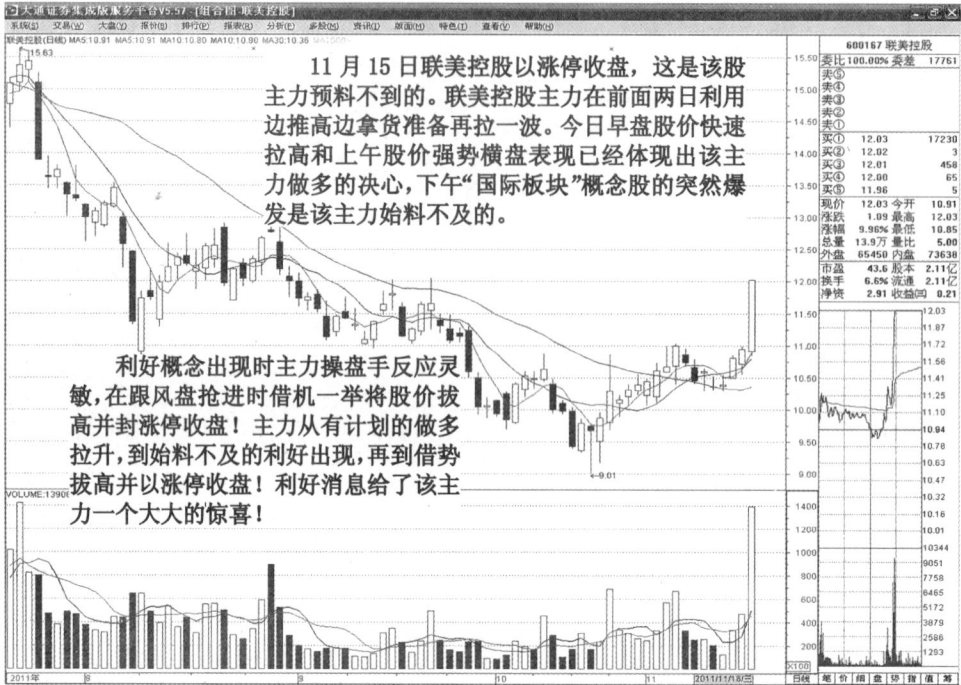

11月15日联美控股以涨停收盘，这是该股主力预料不到的。联美控股主力在前面两日利用边推高边拿货准备再拉一波。今日早盘股价快速拉高和上午股价强势横盘表现已经体现出该主力做多的决心，下午"国际板块"概念股的突然爆发是该主力始料不及的。

利好概念出现时主力操盘手反应灵敏，在跟风盘抢进时借机一举将股价拔高并封涨停收盘！主力从有计划的做多拉升，到始料不及的利好出现，再到借势拔高并以涨停收盘！利好消息给了该主力一个大大的惊喜！

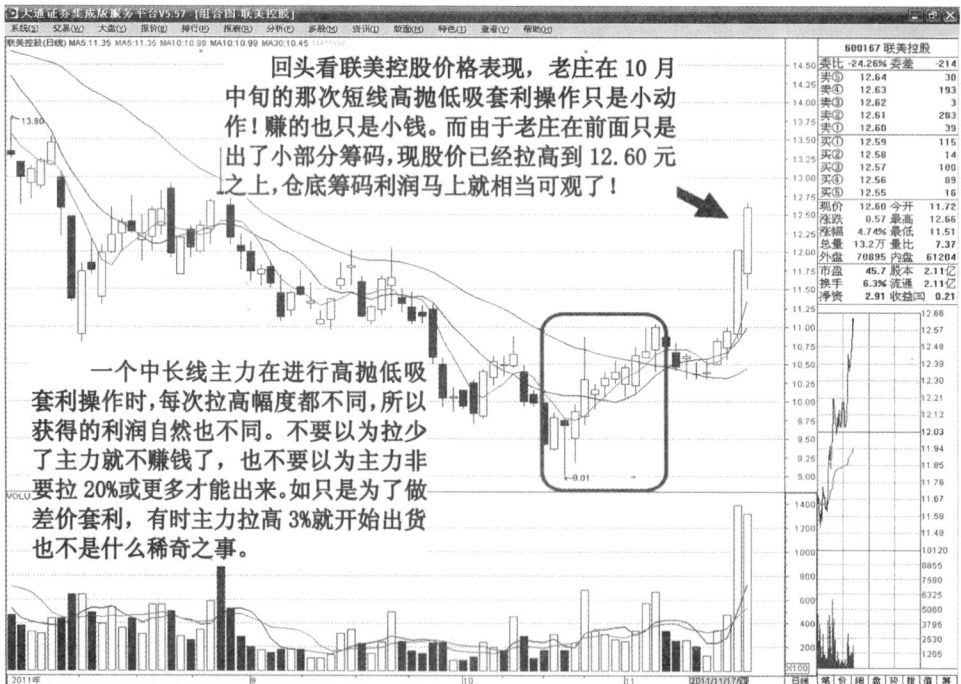

回头看联美控股价格表现，老庄在10月中旬的那次短线高抛低吸套利操作只是小动作！赚的也只是小钱。而由于老庄在前面只是出了小部分筹码，现股价已经拉高到12.60元之上，仓底筹码利润马上就相当可观了！

一个中长线主力在进行高抛低吸套利操作时，每次拉高幅度都不同，所以获得的利润自然也不同。不要以为拉少了主力就不赚钱了，也不要以为主力非要拉20%或更多才能出来。如只是为了做差价套利，有时主力拉高3%就开始出货也不是什么稀奇之事。

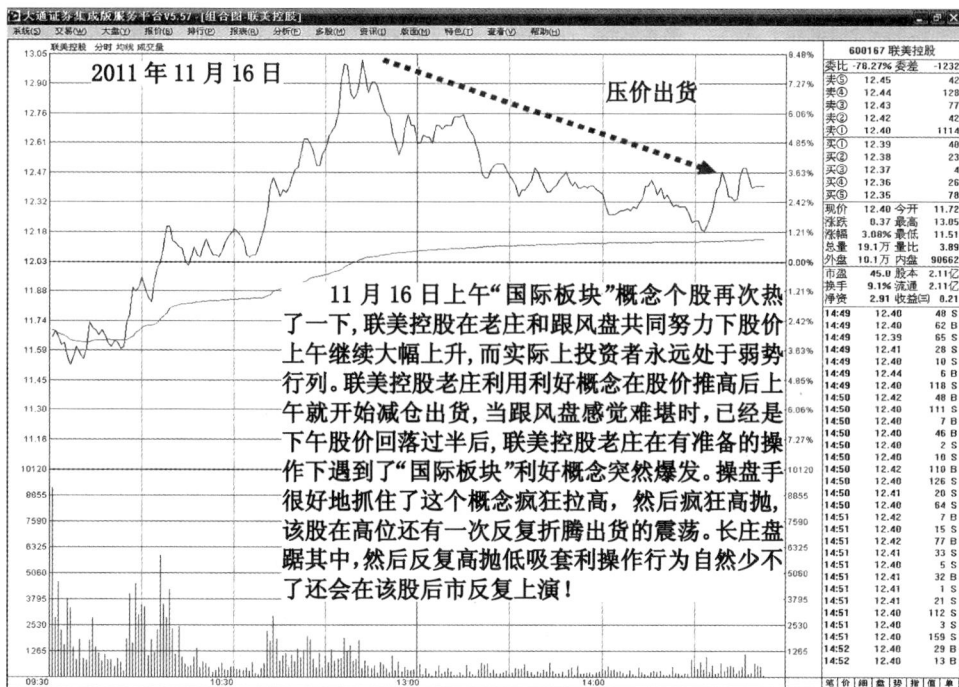

图中文字：

大通证券集成版服务平台V5.57-[组合图 联美控股]

2011 年 11 月 16 日

压价出货

600167 联美控股

11 月 16 日上午"国际板块"概念个股再次热了一下，联美控股在老庄和跟风盘共同努力下股价上午继续大幅上升，而实际上投资者永远处于弱势行列。联美控股老庄利用利好概念在股价推高后上午就开始减仓出货，当跟风盘感觉难堪时，已经是下午股价回落过半后，联美控股老庄在有准备的操作下遇到了"国际板块"利好概念突然爆发。操盘手很好地抓住了这个概念疯狂拉高，然后疯狂高抛，该股在高位还有一次反复折腾出货的震荡。长庄盘踞其中，然后反复高抛低吸套利操作行为自然少不了还会在该股后市反复上演！

柳化股份短线主力操盘套利全过程(一)

俗话说，兵马未动，粮草先行。因运输不便，古代战争展开前，军队得先做各种备战动作，在兵马出征前粮草就得先行动身运往目的地。股票市场也是同样的道理，主力在运作过程中真正展开操盘前每一环节也得做好备战工作。就说主力吸筹后展开拉高这一环节吧，拉高前主力首先得把用于拉高的资金准备安排好。如何震仓洗盘、拔高价格等一系列操作都得有具体的实施计划，然后按操作计划步骤去执行。下面就来看看柳化股份拉升前和拉升时主力的一系列操盘计划和操作特征。

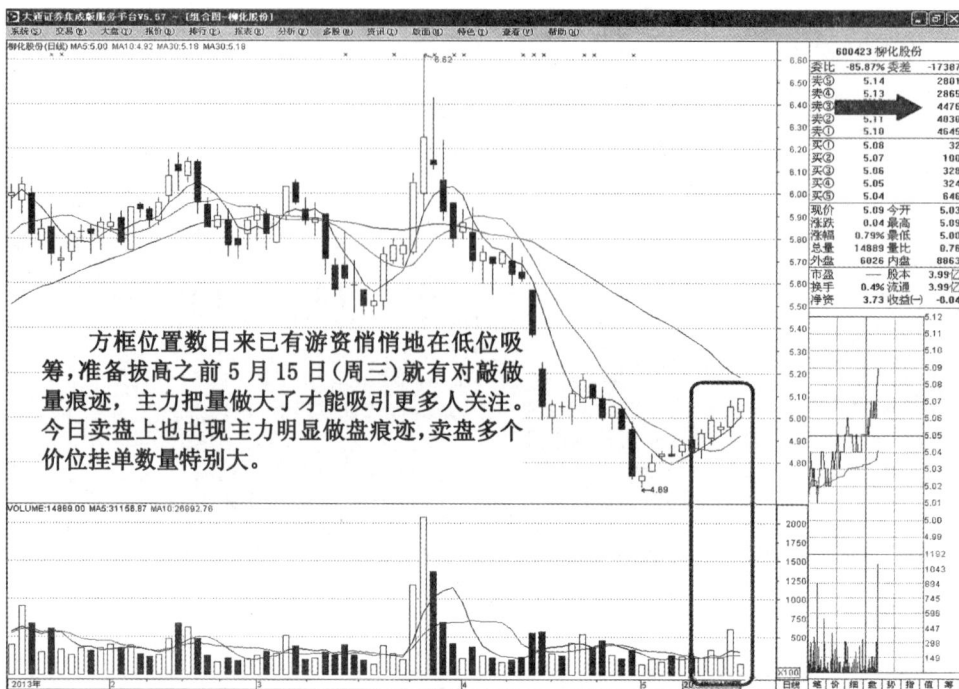

方框位置数日来已有游资悄悄地在低位吸筹，准备拔高之前5月15日(周三)就有对敲做量痕迹，主力把量做大了才能吸引更多人关注。今日卖盘上也出现主力明显做盘痕迹，卖盘多个价位挂单数量特别大。

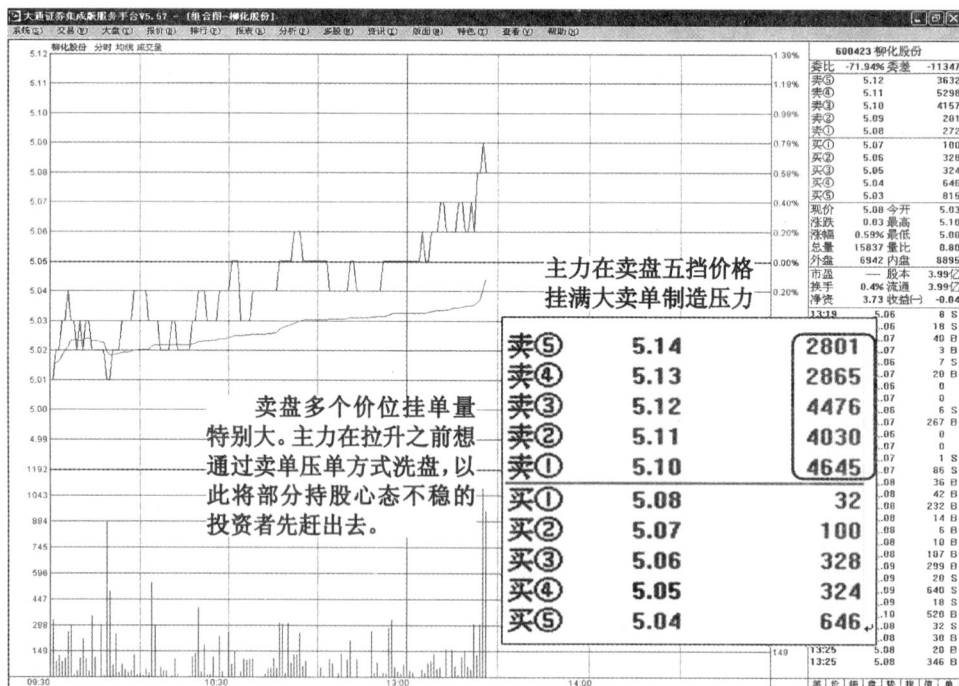

主力在卖盘五挡价格挂满大卖单制造压力

卖⑤	5.14	2801
卖④	5.13	2865
卖③	5.12	4476
卖②	5.11	4030
卖①	5.10	4645
买①	5.08	32
买②	5.07	100
买③	5.06	328
买④	5.05	324
买⑤	5.04	646

卖盘多个价位挂单量特别大。主力在拉升之前想通过卖单压单方式洗盘，以此将部分持股心态不稳的投资者先赶出去。

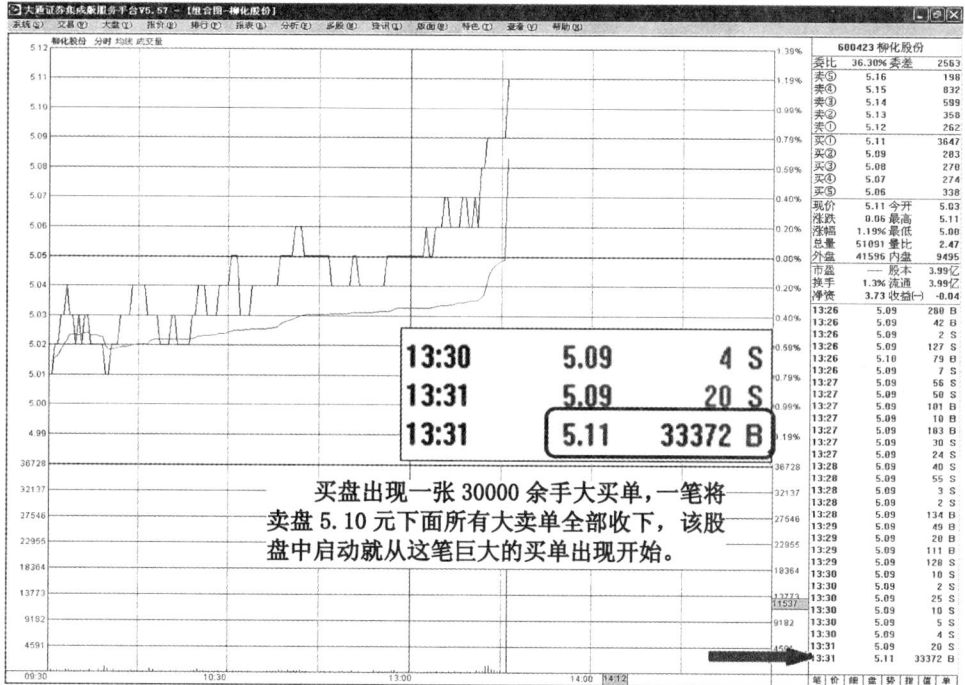

大通证券集成版服务平台V5.57 - [组合图-柳化股份]
柳化股份 分时 均线 成交量

```
13:30    5.09        4 S
13:31    5.09       20 S
13:31    5.11    33372 B
```

买盘出现一张 30000 余手大买单，一笔将
卖盘 5.10 元下面所有大卖单全部收下，该股
盘中启动就从这笔巨大的买单出现开始。

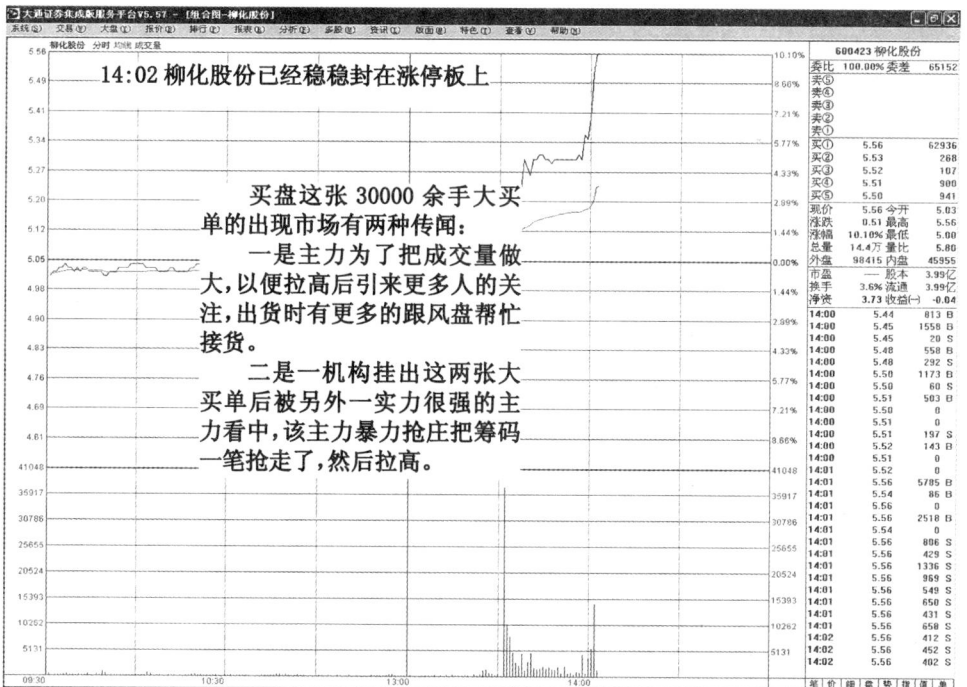

14:02 柳化股份已经稳稳封在涨停板上

买盘这张 30000 余手大买
单的出现市场有两种传闻：
一是主力为了把成交量做
大，以便拉高后引来更多人的关
注，出货时有更多的跟风盘帮忙
接货。
二是一机构挂出这两张大
买单后被另外一实力很强的主
力看中，该主力暴力抢庄把筹码
一笔抢走了，然后拉高。

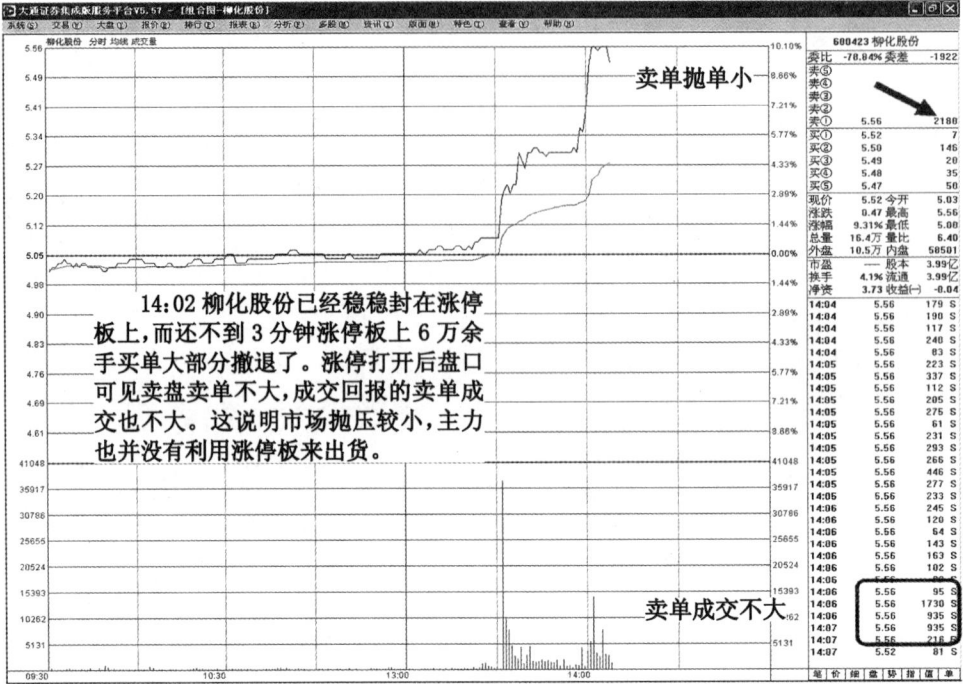

14:02 柳化股份已经稳稳封在涨停板上,而还不到3分钟涨停板上6万余手买单大部分撤退了。涨停打开后盘口可见卖盘卖单不大,成交回报的卖单成交也不大。这说明市场抛压较小,主力也并没有利用涨停板来出货。

卖单抛单小

卖单成交不大

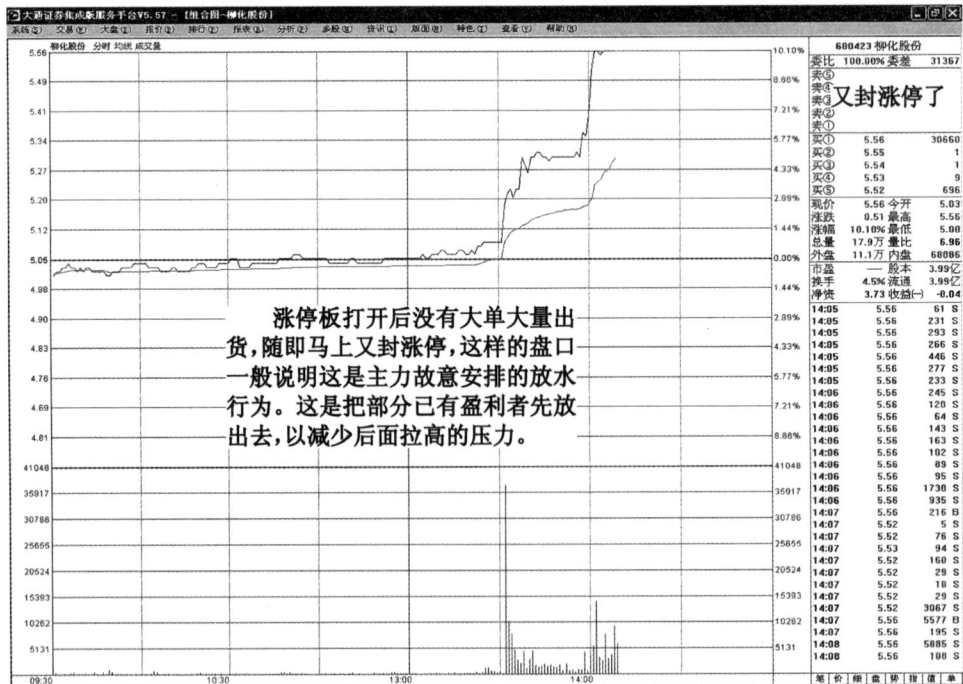

又封涨停了

涨停板打开后没有大单大量出货,随即马上又封涨停,这样的盘口一般说明这是主力故意安排的放水行为。这是把部分已有盈利者先放出去,以减少后面拉高的压力。

上海证券交易所每日交易信息　　　日期：2013年5月16日

证券代码	证券简称	偏离值%	成交量	成交金额（万元）
600423	柳化股份	8.88	19890570	10588.6

买入营业部名称	累计买入金额（元）
(1)光大证券股份有限公司北京天通苑证券营业部	38442270.11
(2)华泰证券股份有限公司北京雍和宫证券营业部	13327347.50
(3)华泰证券股份有限公司长沙劳动西路证券营业部	12207580.76
(4)中国银河证券股份有限公司宁波大庆南路证券营业部	11473803.00
(5)东兴证券股份有限公司三明列东街证券营业部	2635104.24

卖出营业部名称	累计卖出金额（元）
(1)机构专用	5560000.00
(2)中信建投证券股份有限公司深圳深南中路中核大厦证券营业部	4912297.67
(3)长江证券股份有限公司上海宁波路证券营业部	3408714.88
(4)华泰证券股份有限公司长沙劳动西路证券营业部	3385264.61
(5)东北证券股份有限公司福州东街证券营业部	2613488.24

　　从柳化股份5月16日涨停公开数据看，光大证券北京天通苑证券营业部是今天该股上涨主力，其买入金额3844万元，是总成交金额1.06亿元的38.4%。另外买入第二名也是北京的营业部，极有可能是一个主力的分仓，盘中13:31那张3万多手大买单无疑是该主力的买入，有计划的坐庄动作非常明显。

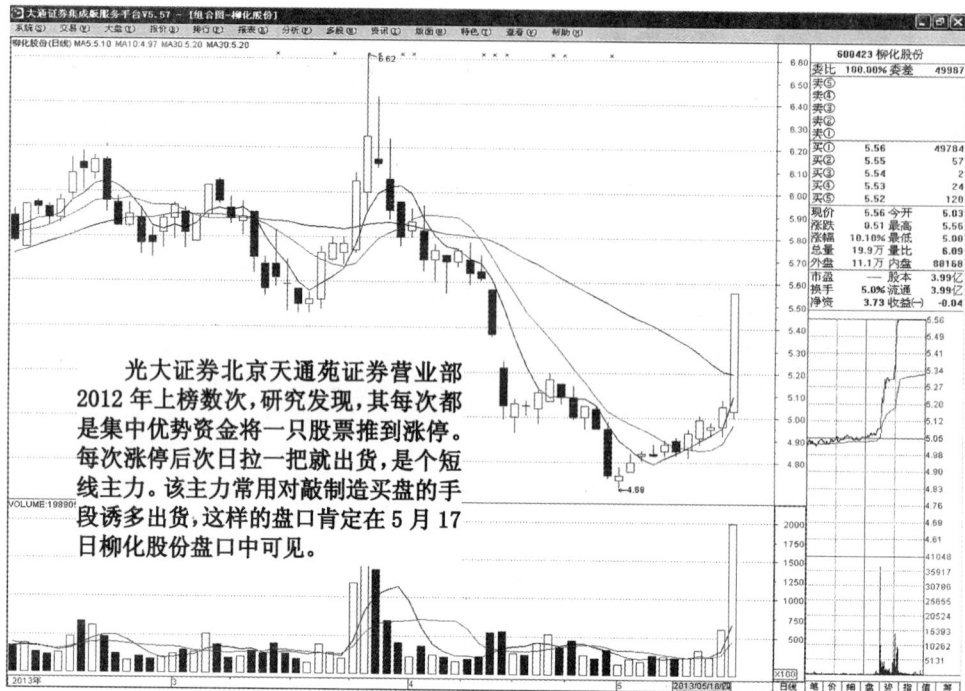

光大证券北京天通苑证券营业部 2012年上榜数次,研究发现,其每次都是集中优势资金将一只股票推到涨停。每次涨停后次日拉一把就出货,是个短线主力。该主力常用对敲制造买盘的手段诱多出货,这样的盘口肯定在5月17日柳化股份盘口中可见。

柳化股份短线主力操盘套利全过程(二)

　　股票市场中存在大量机构操纵个股股价行为。拥有庞大的资金量和掌握一定的交易技巧,选择适当的目标品种,短期内就能操纵或影响该股的涨跌。机构运作一般都有自己的操盘线路图和整体规划,但并非任何事前设定的计划都是一成不变的。机构操盘手临场操作也会根据市场环境的变化,对原计划操作方案做出灵活的调整,甚至做出反方向的操作。对原计划做出的灵活调整和改变,最明显的体现是在个股短线交易的盘面中。

　　之前已讲述了柳化股份在5月16日涨停时北京一主力大量买入。据笔者分析发现,该主力是个专门做短线的短线主力。根据5月16日柳化股份的盘面表现和该主力的操盘习惯,预测5月17日柳化股份盘口将出现明显的主力操纵痕迹。下面就以柳化股份5月17日后数日的盘面走势,剖析该机构操盘手灵活操盘的一些显著特征。

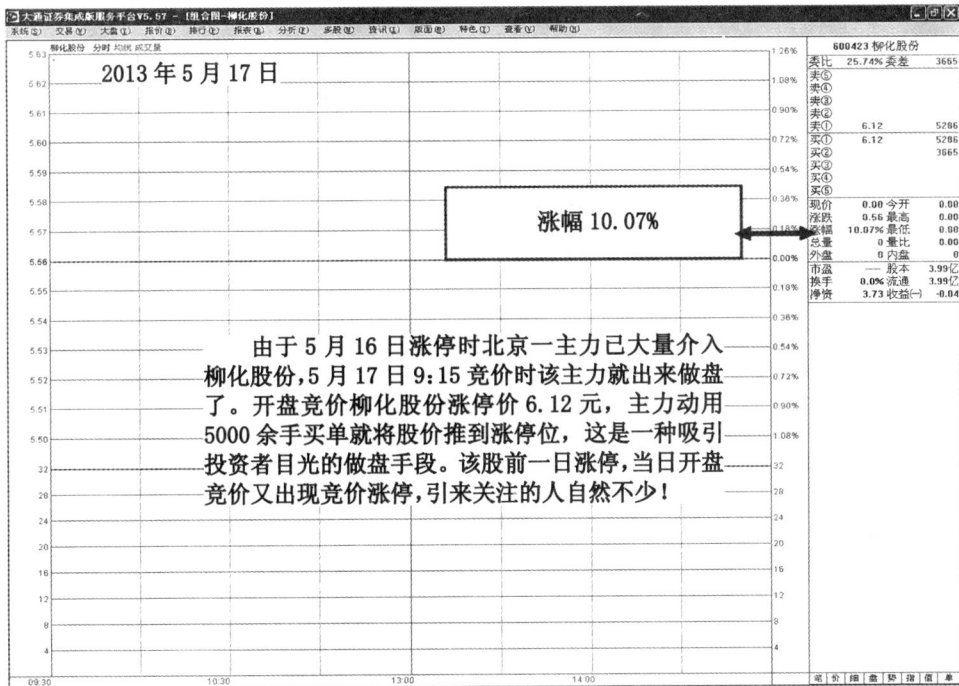

2013 年 5 月 17 日

涨幅 10.07%

　　由于 5 月 16 日涨停时北京一主力已大量介入柳化股份，5 月 17 日 9:15 竞价时该主力就出来做盘了。开盘竞价柳化股份涨停价 6.12 元，主力动用5000 余手买单就将股价推到涨停位，这是一种吸引投资者目光的做盘手段。该股前一日涨停，当日开盘竞价又出现竞价涨停，引来关注的人自然不少！

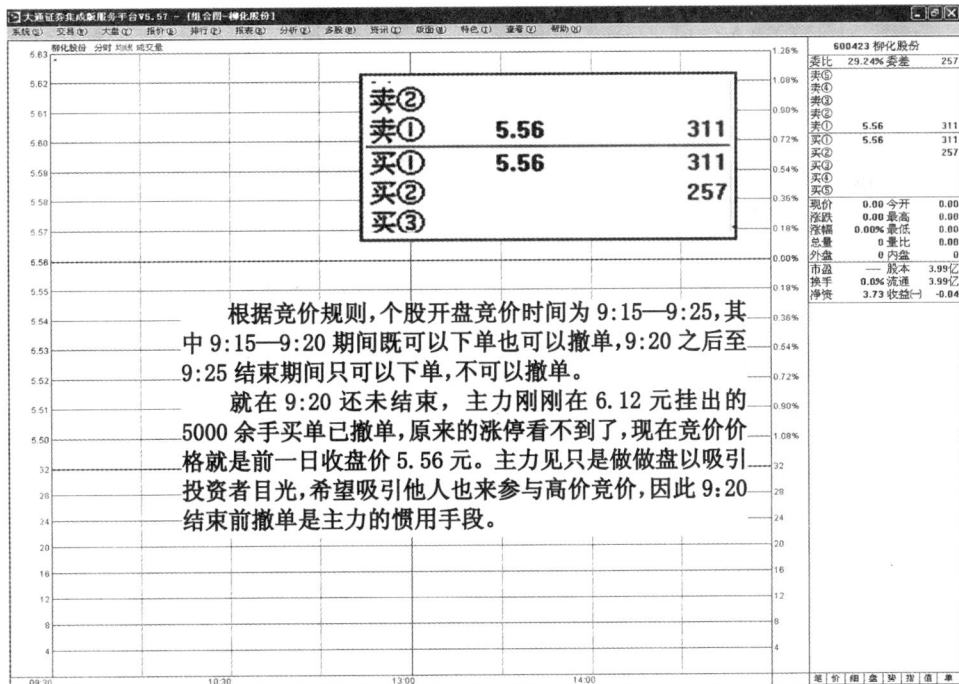

卖②		
卖①	5.56	311
买①	5.56	311
买②		257
买③		

　　根据竞价规则，个股开盘竞价时间为 9:15—9:25，其中 9:15—9:20 期间既可以下单也可以撤单，9:20 之后至9:25 结束期间只可以下单，不可以撤单。
　　就在 9:20 还未结束，主力刚刚在 6.12 元挂出的5000 余手买单已撤单，原来的涨停看不到了，现在竞价价格就是前一日收盘价 5.56 元。主力见只是做做盘以吸引投资者目光，希望吸引他人也来参与高价竞价，因此 9:20结束前撤单是主力的惯用手段。

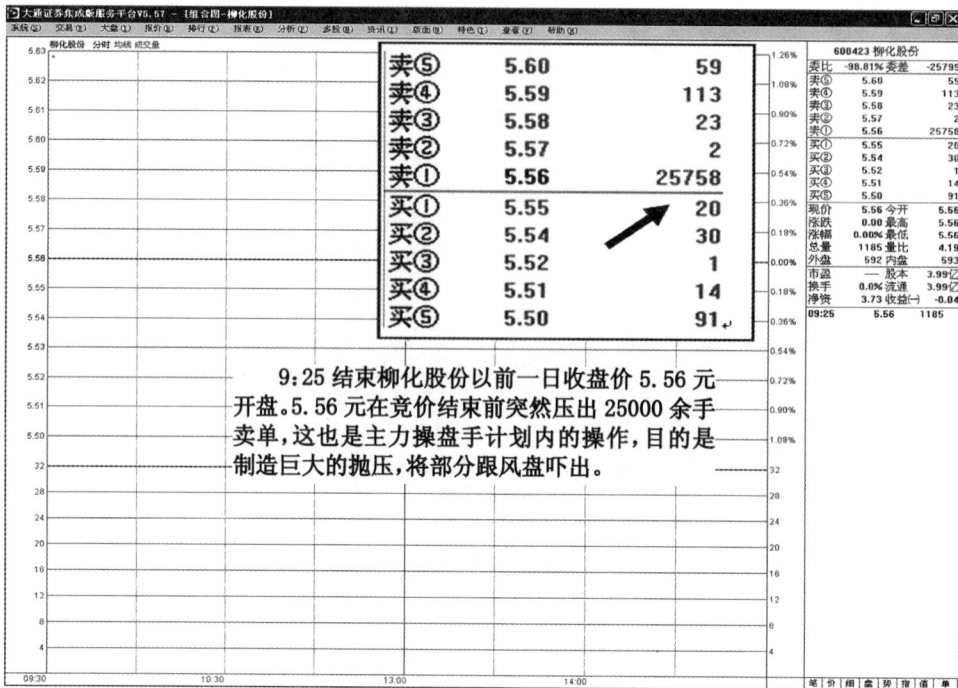

卖⑤	5.60	59
卖④	5.59	113
卖③	5.58	23
卖②	5.57	2
卖①	5.56	25758
买①	5.55	20
买②	5.54	30
买③	5.52	1
买④	5.51	14
买⑤	5.50	91

9:25结束柳化股份以前一日收盘价5.56元开盘。5.56元在竞价结束前突然压出25000余手卖单，这也是主力操盘手计划内的操作，目的是制造巨大的抛压，将部分跟风盘吓出。

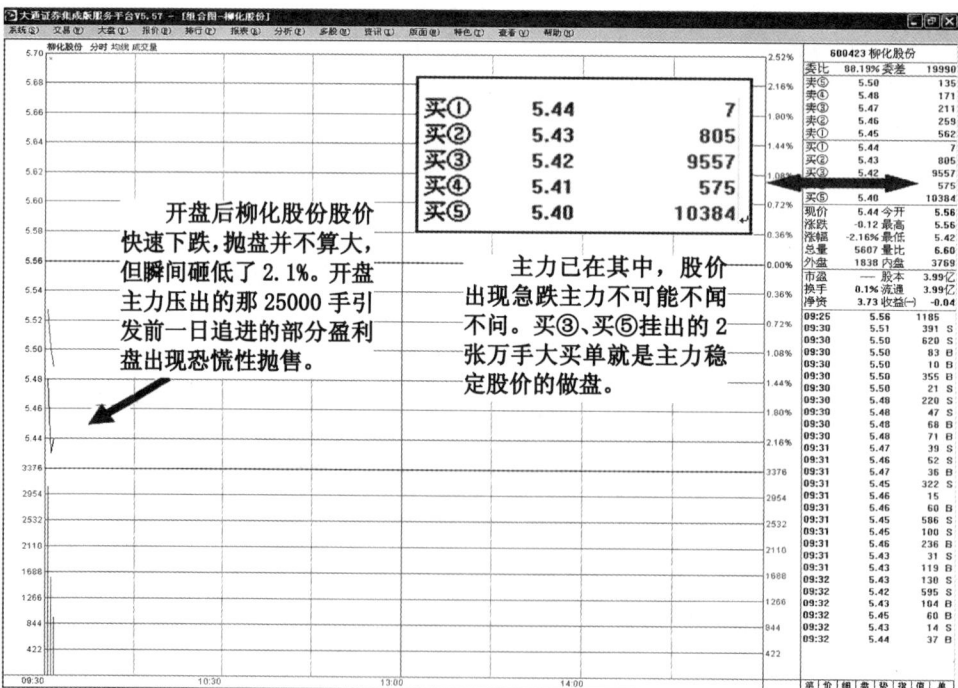

买①	5.44	7
买②	5.43	805
买③	5.42	9557
买④	5.41	575
买⑤	5.40	10384

开盘后柳化股份股价快速下跌，抛盘并不算大，但瞬间砸低了2.1%。开盘主力压出的那25000手引发前一日追进的部分盈利盘出现恐慌性抛售。

主力已在其中，股价出现急跌主力不可能不闻不问。买③、买⑤挂出的2张万手大买单就是主力稳定股价的做盘。

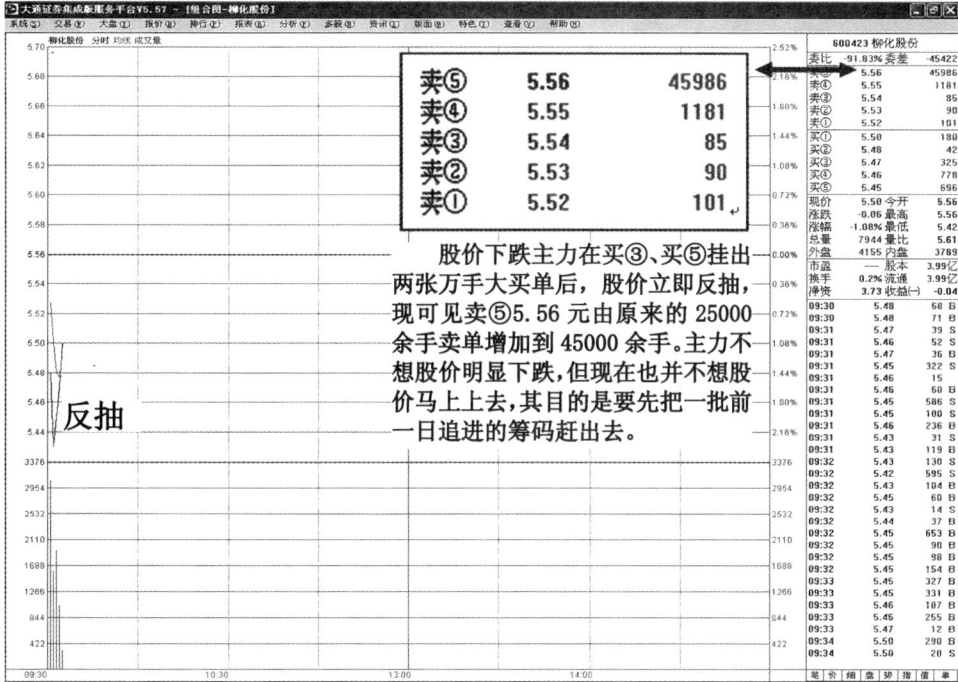

大通证券集成版服务平台V5.57 - [组合图-柳化股份]		

卖⑤	5.56	45986
卖④	5.55	1181
卖③	5.54	85
卖②	5.53	90
卖①	5.52	101

		600423 柳化股份
委比	-91.83% 委差	-45422
卖⑤	5.56	45986
卖④	5.55	1181
卖③	5.54	85
卖②	5.53	90
卖①	5.52	101
买①	5.50	180
买②	5.48	42
买③	5.47	325
买④	5.46	778
买⑤	5.45	696
现价	5.50 今开	5.56
涨跌	-0.06 最高	5.56
涨幅	-1.08% 最低	5.42
总量	7944 量比	5.61
外盘	4155 内盘	3789
市盈	—— 股本	3.99亿
换手	0.2% 流通	3.99亿
净资	3.73 收益(一)	-0.04

反抽

股价下跌主力在买③、买⑤挂出两张万手大买单后，股价立即反抽，现可见卖⑤5.56元由原来的25000余手卖单增加到45000余手。主力不想股价明显下跌，但现在也并不想股价马上上去，其目的是要先把一批前一日追进的筹码赶出去。

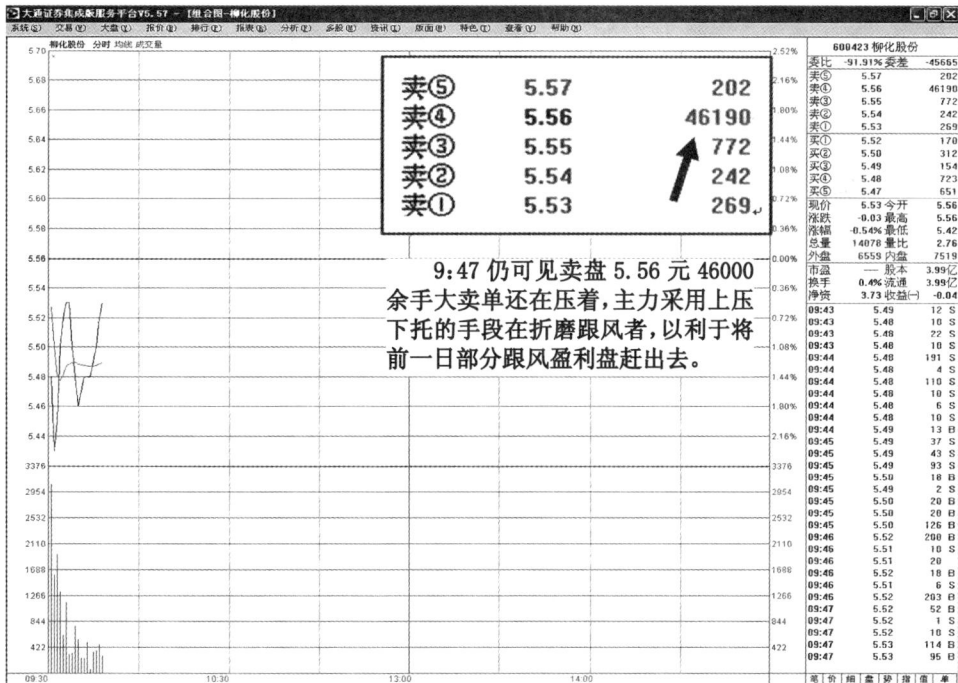

大通证券集成版服务平台V5.57 - [组合图-柳化股份]		

卖⑤	5.57	202
卖④	5.56	46190
卖③	5.55	772
卖②	5.54	242
卖①	5.53	269

		600423 柳化股份
委比	-91.91% 委差	-45665
卖⑤	5.57	202
卖④	5.56	46190
卖③	5.55	772
卖②	5.54	242
卖①	5.53	269
买①	5.52	170
买②	5.50	312
买③	5.49	154
买④	5.48	723
买⑤	5.47	651
现价	5.53 今开	5.56
涨跌	-0.03 最高	5.56
涨幅	-0.54% 最低	5.42
总量	14078 量比	2.76
外盘	6559 内盘	7519
市盈	—— 股本	3.99亿
换手	0.4% 流通	3.99亿
净资	3.73 收益(一)	-0.04

9:47仍可见卖盘5.56元46000余手大卖单还在压着，主力采用上压下托的手段在折磨跟风者，以利于将前一日部分跟风盈利盘赶出去。

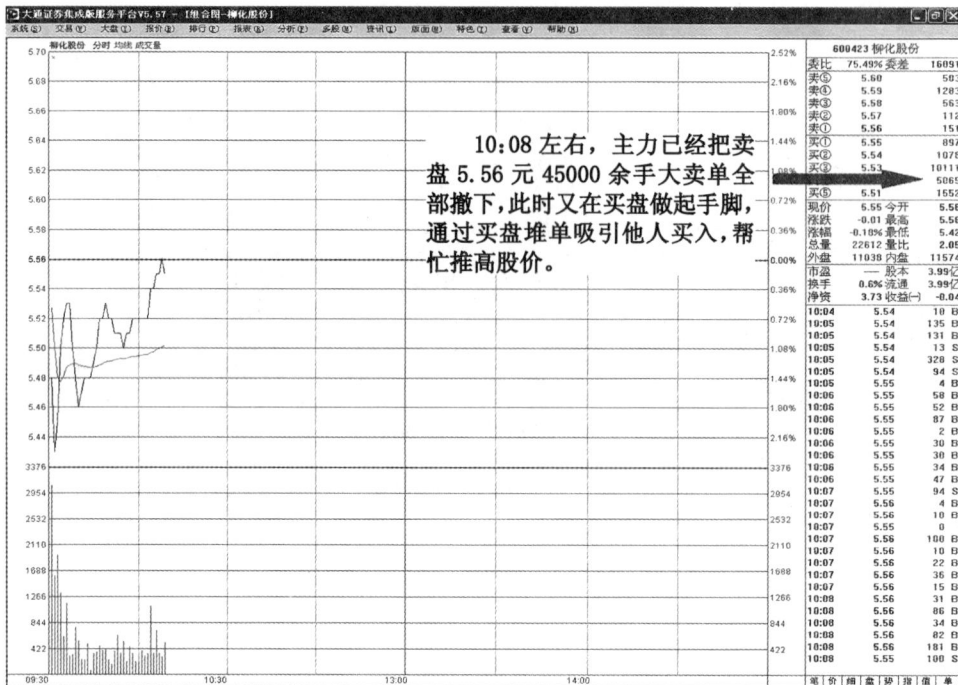

10:08 左右，主力已经把卖盘 5.56 元 45000 余手大卖单全部撤下，此时又在买盘做起手脚，通过买盘堆单吸引他人买入，帮忙推高股价。

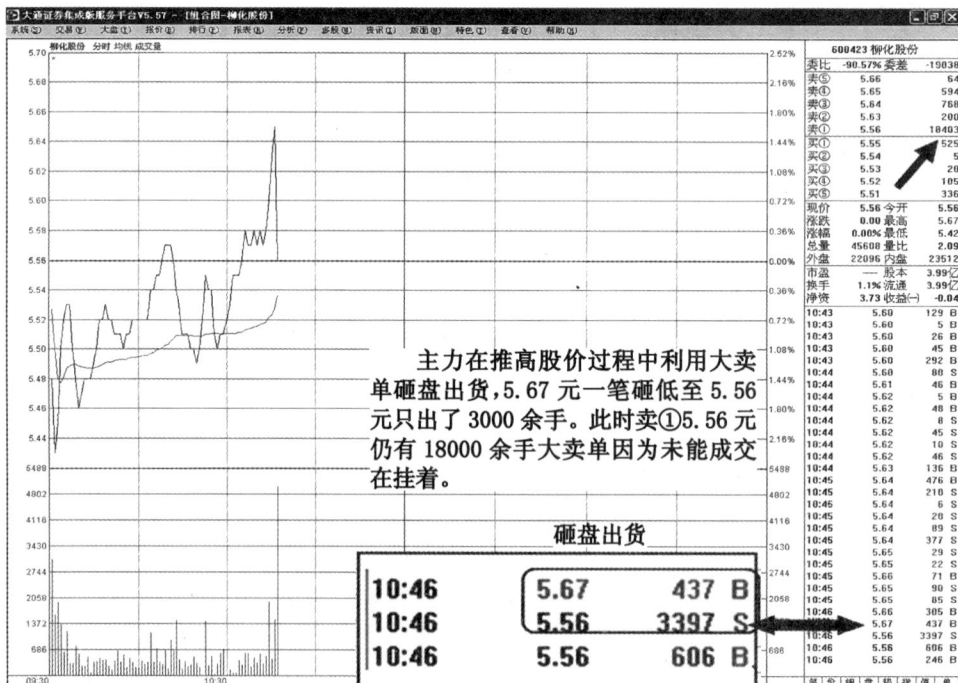

主力在推高股价过程中利用大卖单砸盘出货，5.67 元一笔砸低至 5.56 元只出了 3000 余手。此时卖①5.56 元仍有 18000 余手大卖单因为未能成交在挂着。

砸盘出货

10:46	5.67	437	B
10:46	5.56	3397	S
10:46	5.56	606	B

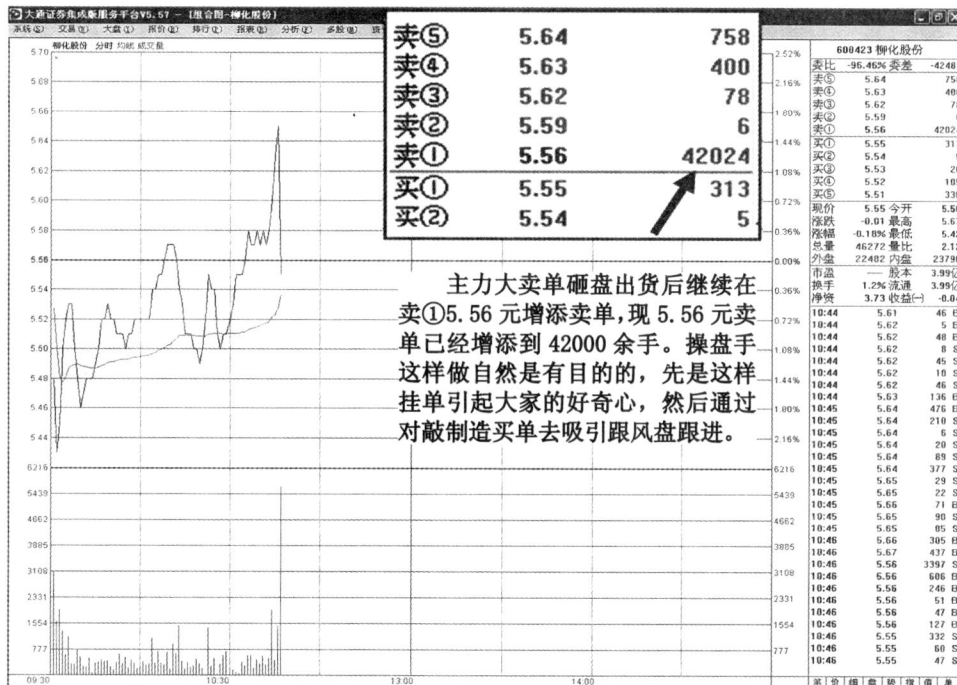

卖⑤	5.64	758
卖④	5.63	400
卖③	5.62	78
卖②	5.59	6
卖①	5.56	42024
买①	5.55	313
买②	5.54	5

主力大卖单砸盘出货后继续在卖①5.56元增添卖单，现5.56元卖单已经增添到42000余手。操盘手这样做自然是有目的的，先是这样挂单引起大家的好奇心，然后通过对敲制造买单去吸引跟风盘跟进。

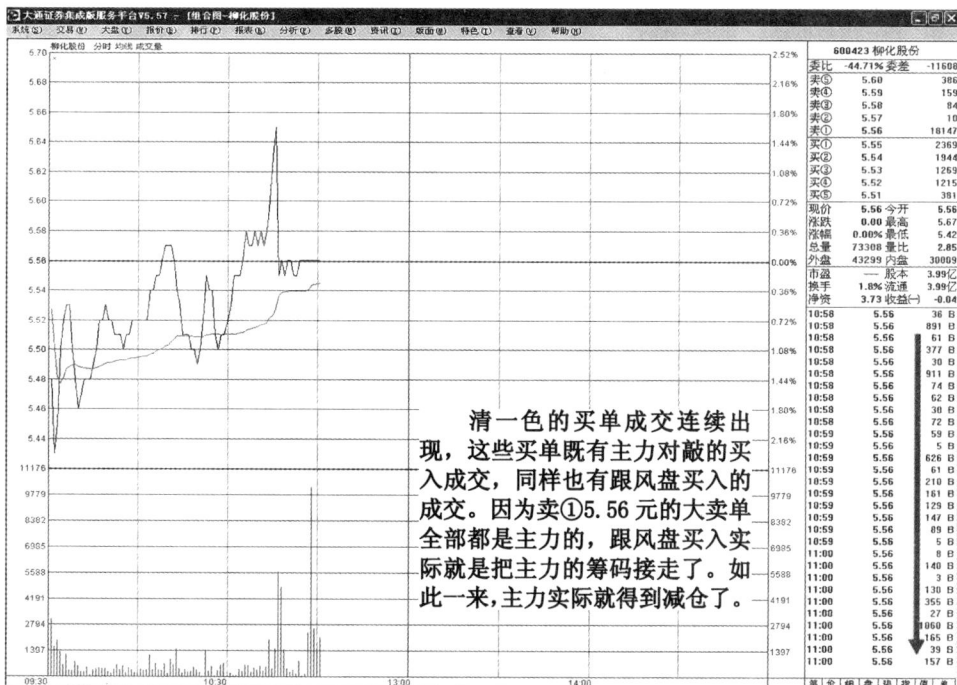

清一色的买单成交连续出现，这些买单既有主力对敲的买入成交，同样也有跟风盘买入的成交。因为卖①5.56元的大卖单全部都是主力的，跟风盘买入实际就是把主力的筹码接走了。如此一来，主力实际就得到减仓了。

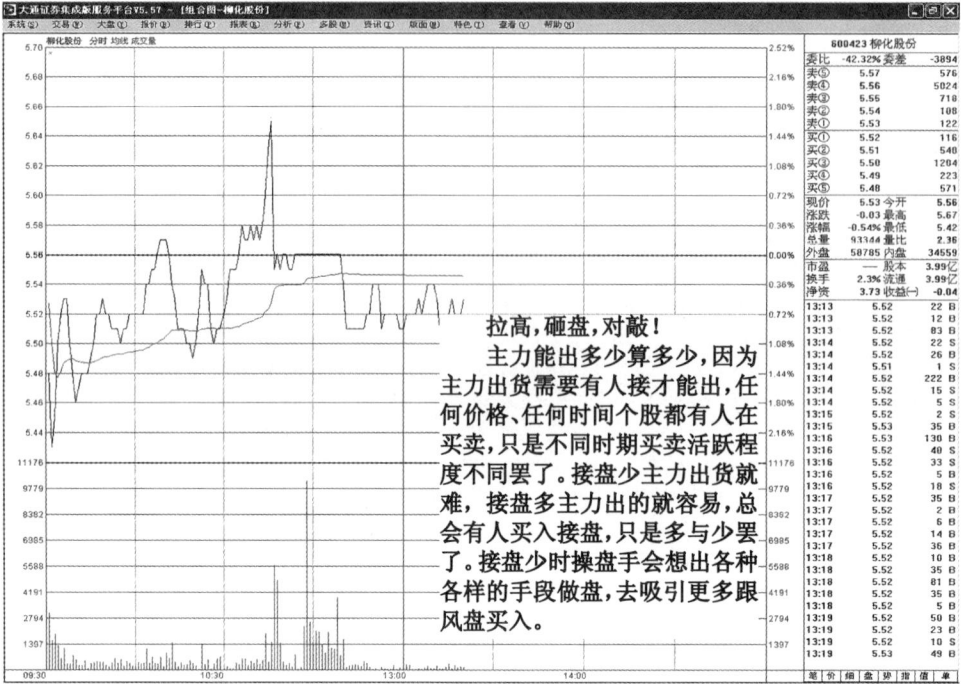

拉高,砸盘,对敲!
　　主力能出多少算多少,因为主力出货需要有人接才能出,任何价格、任何时间个股都有人在买卖,只是不同时期买卖活跃程度不同罢了。接盘少主力出货就难,接盘多主力出的就容易,总会有人买入接盘,只是多与少罢了。接盘少时操盘手会想出各种各样的手段做盘,去吸引更多跟风盘买入。

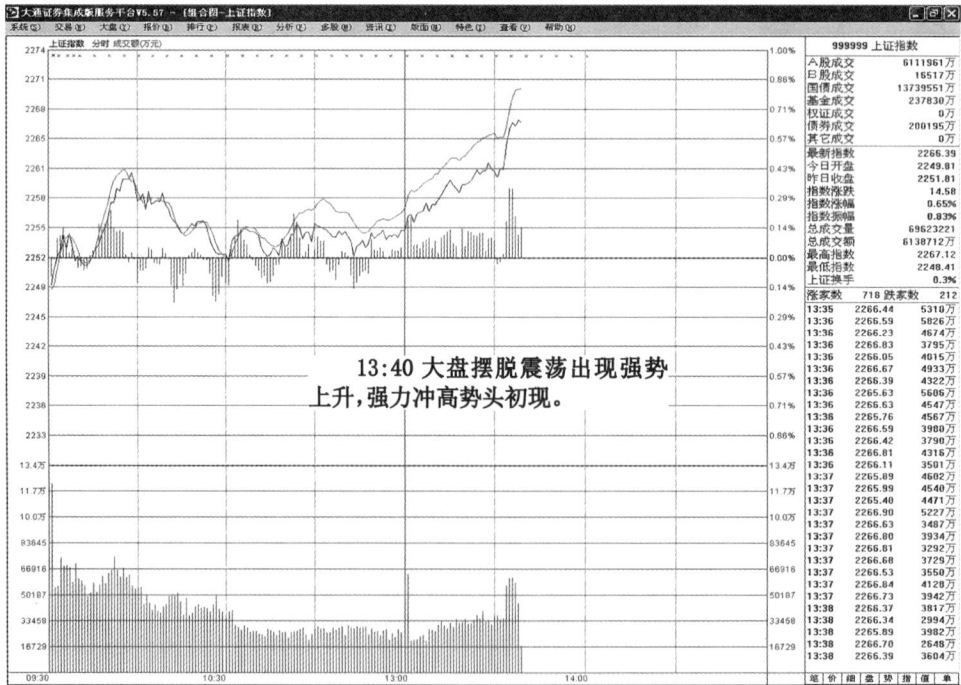

13:40 大盘摆脱震荡出现强势上升,强力冲高势头初现。

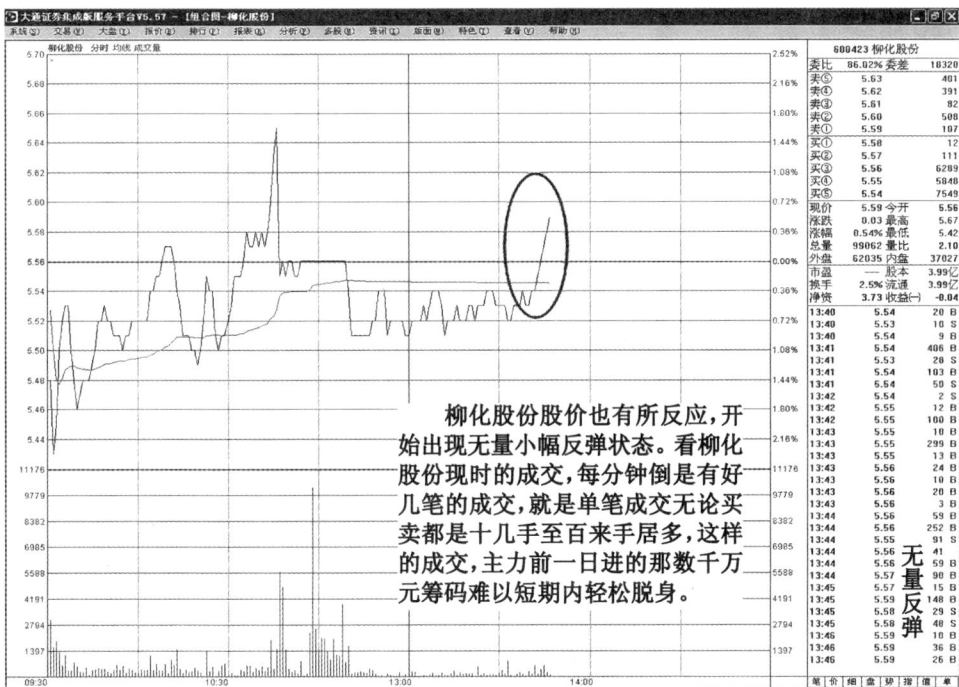

柳化股份股价也有所反应,开始出现无量小幅反弹状态。看柳化股份现时的成交,每分钟倒是有好几笔的成交,就是单笔成交无论买卖都是十几手至百来手居多,这样的成交,主力前一日进的那数千万元筹码难以短期内轻松脱身。

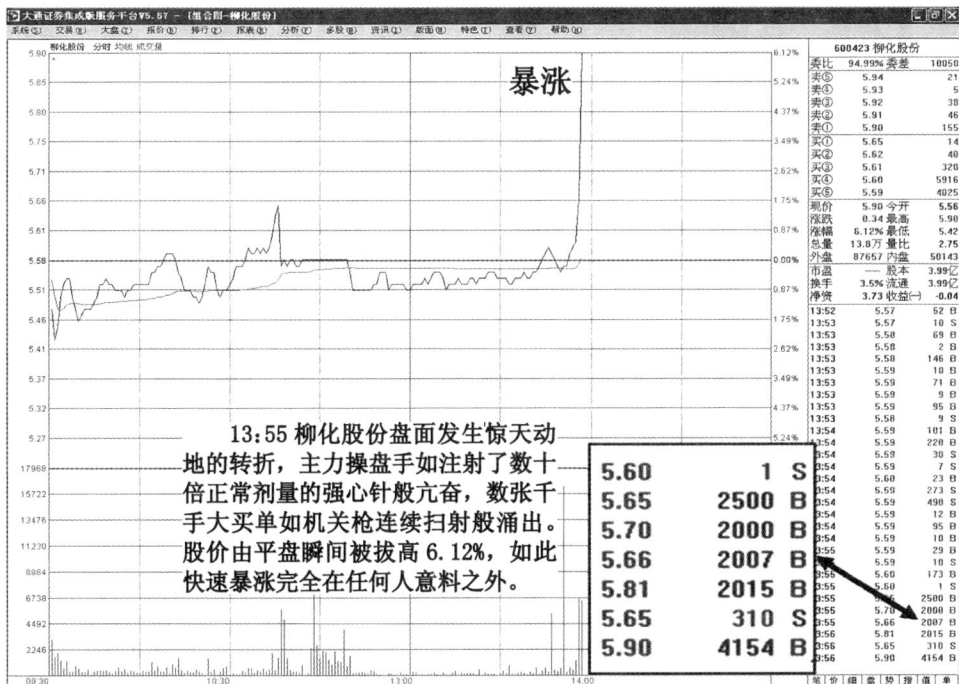

13:55柳化股份盘面发生惊天动地的转折,主力操盘手如注射了数十倍正常剂量的强心针般亢奋,数张千手大买单如机关枪连续扫射般涌出。股价由平盘瞬间被拔高6.12%,如此快速暴涨完全在任何人意料之外。

5.60	1 S
5.65	2500 B
5.70	2000 B
5.66	2007 B
5.81	2015 B
5.65	310 S
5.90	4154 B

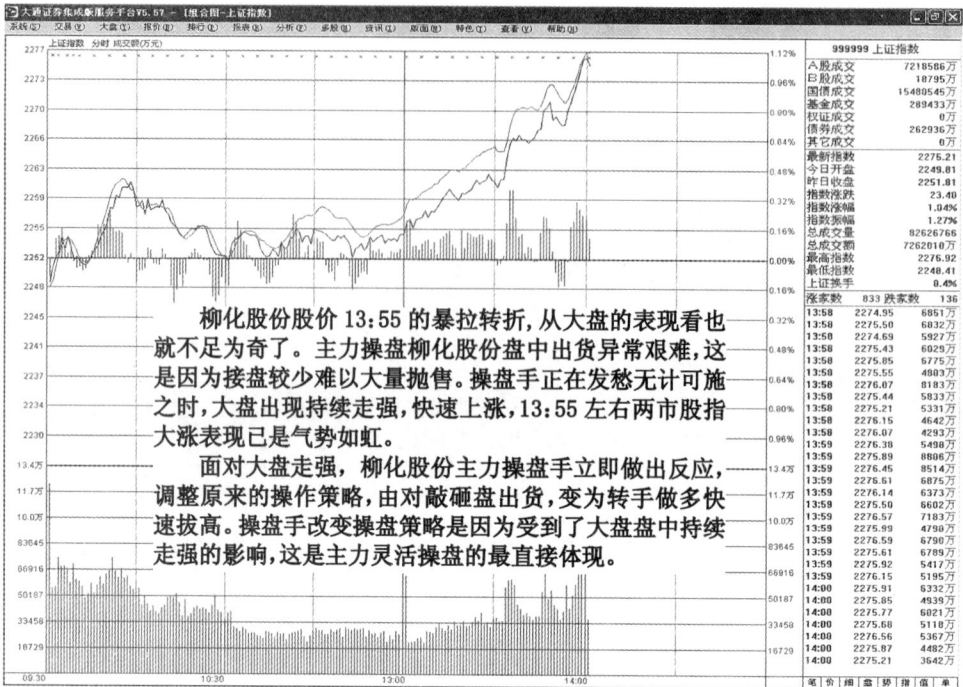

柳化股份股价 13:55 的暴拉转折,从大盘的表现看也就不足为奇了。主力操盘柳化股份盘中出货异常艰难,这是因为接盘较少难以大量抛售。操盘手正在发愁无计可施之时,大盘出现持续走强,快速上涨,13:55 左右两市股指大涨表现已是气势如虹。

面对大盘走强,柳化股份主力操盘手立即做出反应,调整原来的操作策略,由对敲砸盘出货,变为转手做多快速拔高。操盘手改变操盘策略是因为受到了大盘盘中持续走强的影响,这是主力灵活操盘的最直接体现。

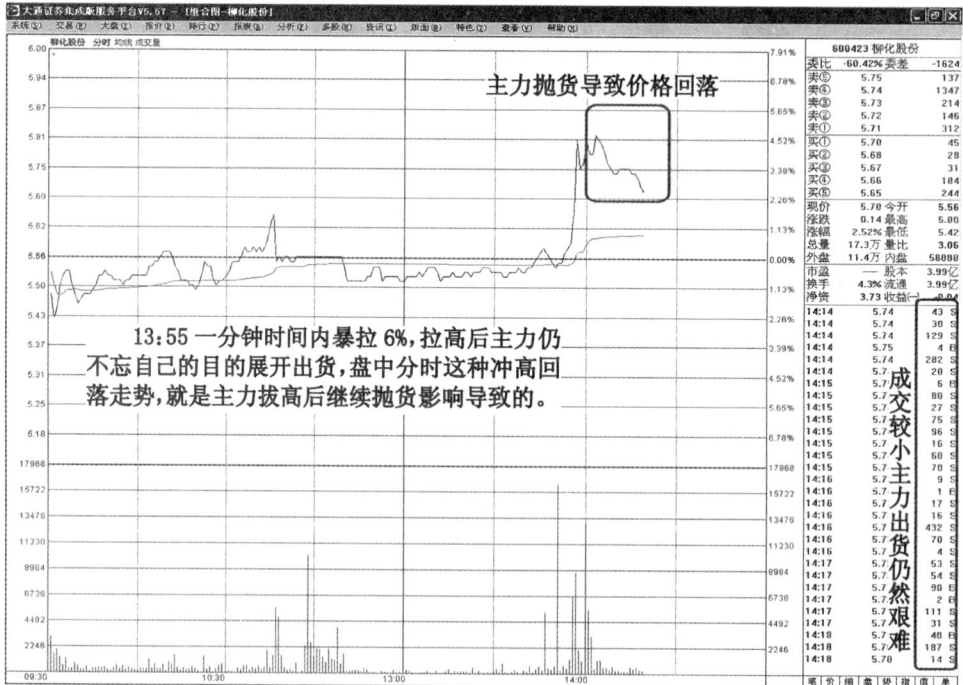

主力抛货导致价格回落

13:55 一分钟时间内暴拉 6%,拉高后主力仍不忘自己的目的展开出货,盘中分时这种冲高回落走势,就是主力拔高后继续抛货影响导致的。

成交较小主力出货仍然艰难

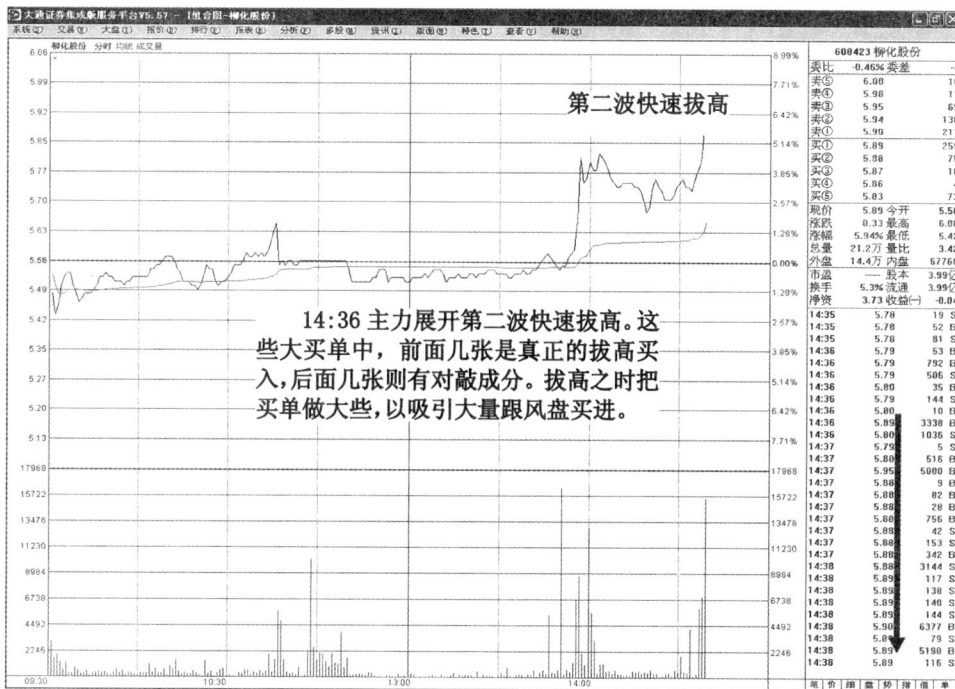

第二波快速拔高

14:36 主力展开第二波快速拔高。这些大买单中，前面几张是真正的拔高买入，后面几张则有对敲成分。拔高之时把买单做大些，以吸引大量跟风盘买进。

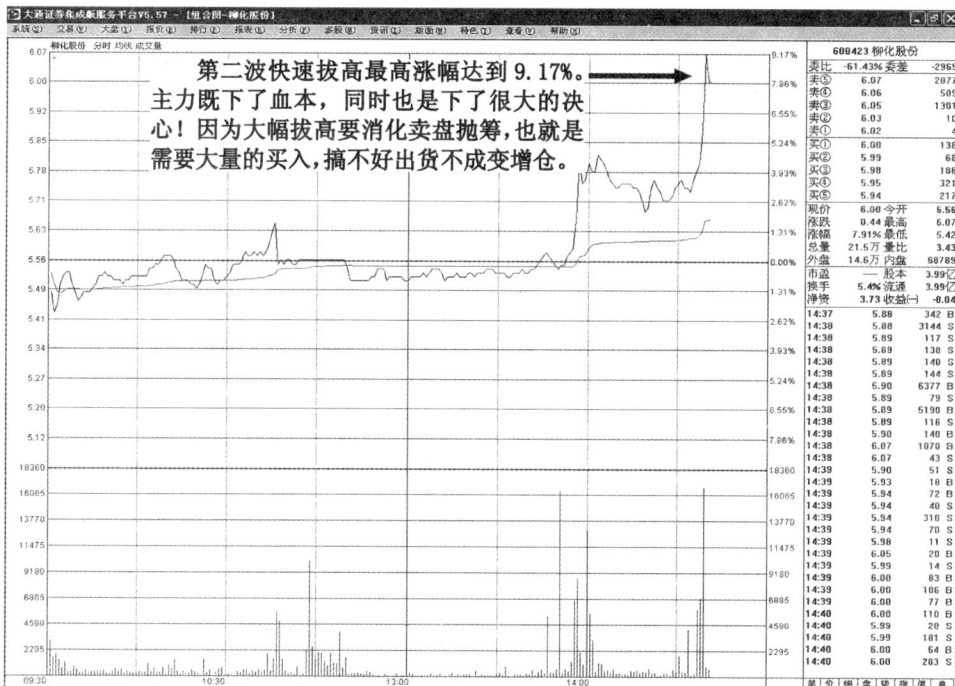

第二波快速拔高最高涨幅达到 9.17%。主力既下了血本，同时也是下了很大的决心！因为大幅拔高要消化卖盘抛筹，也就是需要大量的买入，搞不好出货不成变增仓。

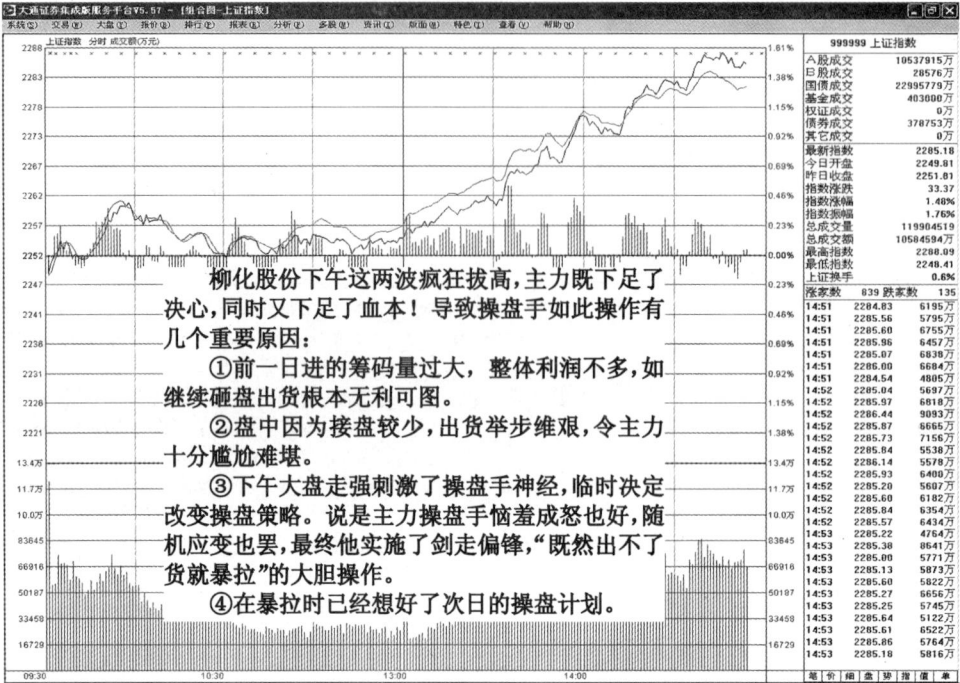

柳化股份下午这两波疯狂拔高,主力既下足了决心,同时又下足了血本!导致操盘手如此操作有几个重要原因:

①前一日进的筹码量过大,整体利润不多,如继续砸盘出货根本无利可图。

②盘中因为接盘较少,出货举步维艰,令主力十分尴尬难堪。

③下午大盘走强刺激了操盘手神经,临时决定改变操盘策略。说是主力操盘手恼羞成怒也好,随机应变也罢,最终他实施了剑走偏锋,"既然出不了货就暴拉"的大胆操作。

④在暴拉时已经想好了次日的操盘计划。

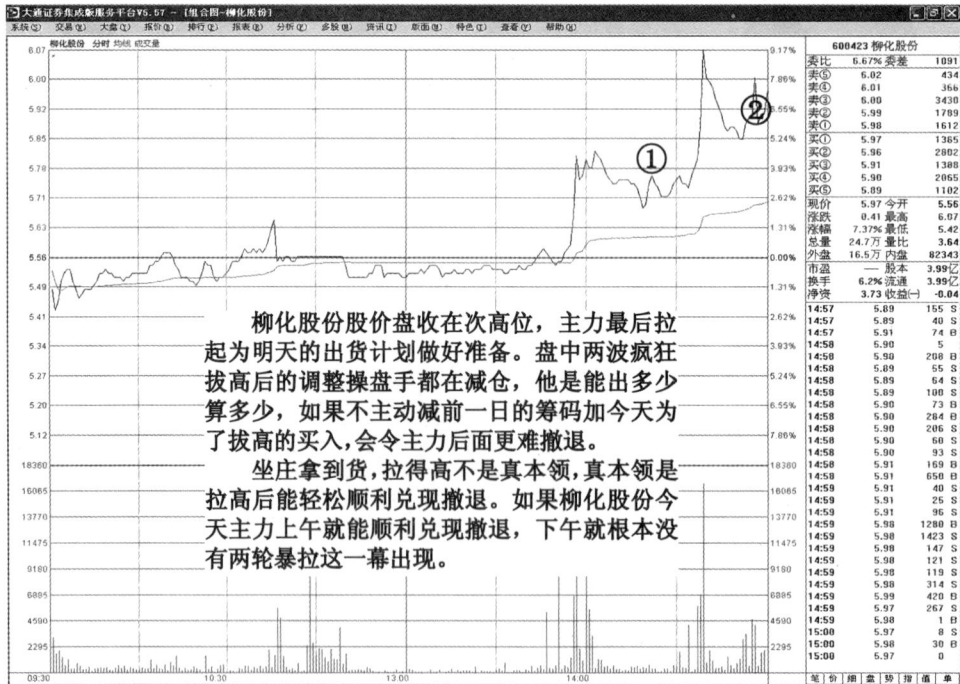

柳化股份股价盘收在次高位,主力最后拉起为明天的出货计划做好准备。盘中两波疯狂拔高后的调整操盘手都在减仓,他是能出多少算多少,如果不主动减前一日的筹码加今天为了拔高的买入,会令主力后面更难撤退。

坐庄拿到货,拉得高不是真本领,真本领是拉高后能轻松顺利兑现撤退。如果柳化股份今天主力上午就能顺利兑现撤退,下午就根本没有两轮暴拉这一幕出现。

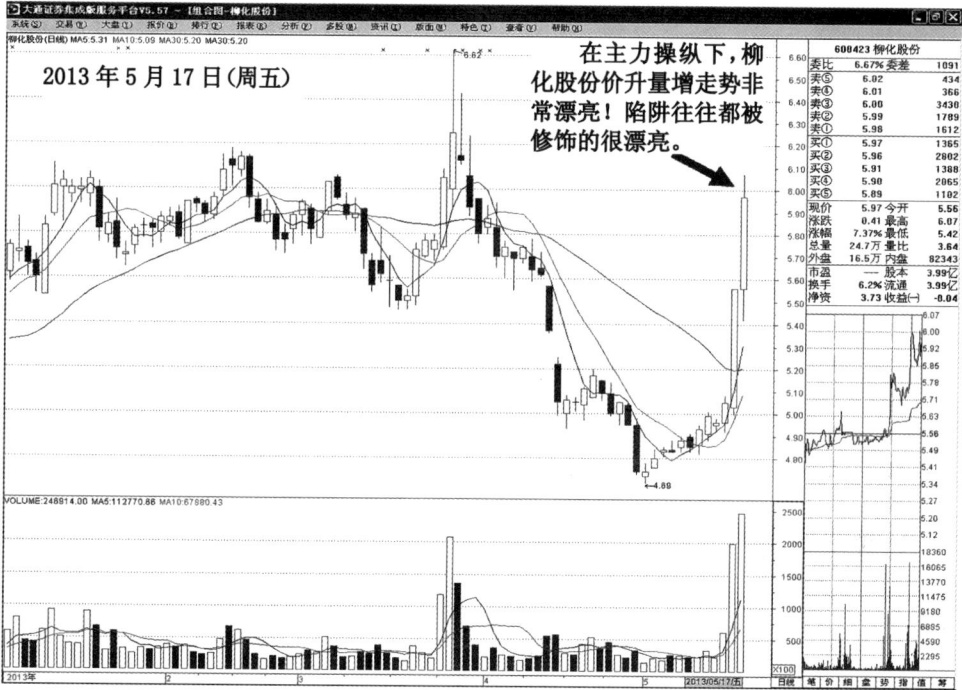

2013 年 5 月 17 日(周五)

在主力操纵下,柳化股份价升量增走势非常漂亮!陷阱往往都被修饰的很漂亮。

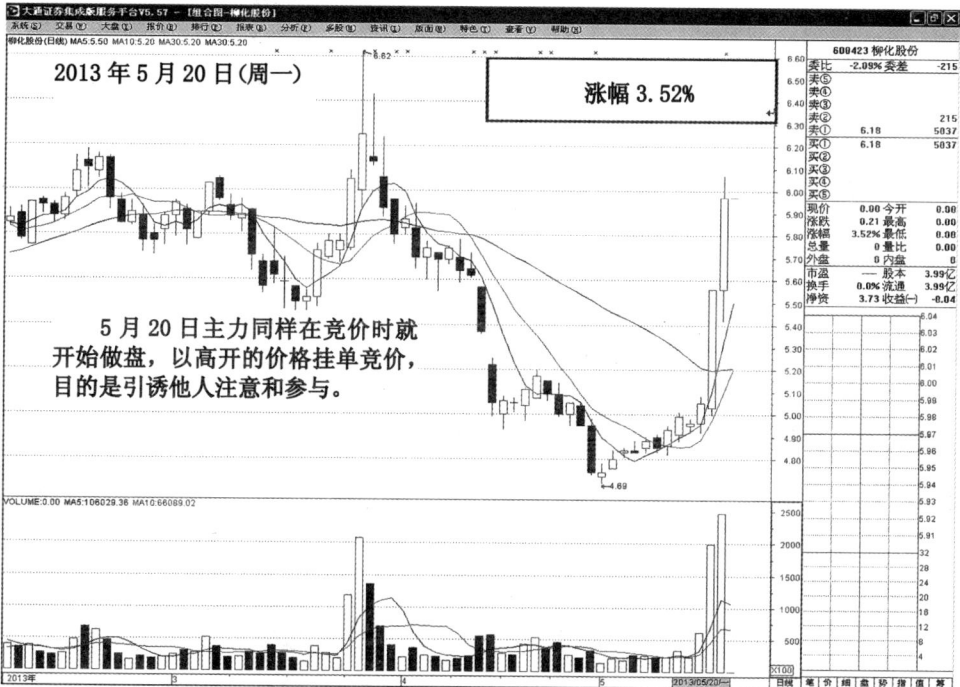

2013 年 5 月 20 日(周一)

涨幅 3.52%

5 月 20 日主力同样在竞价时就开始做盘,以高开的价格挂单竞价,目的是引诱他人注意和参与。

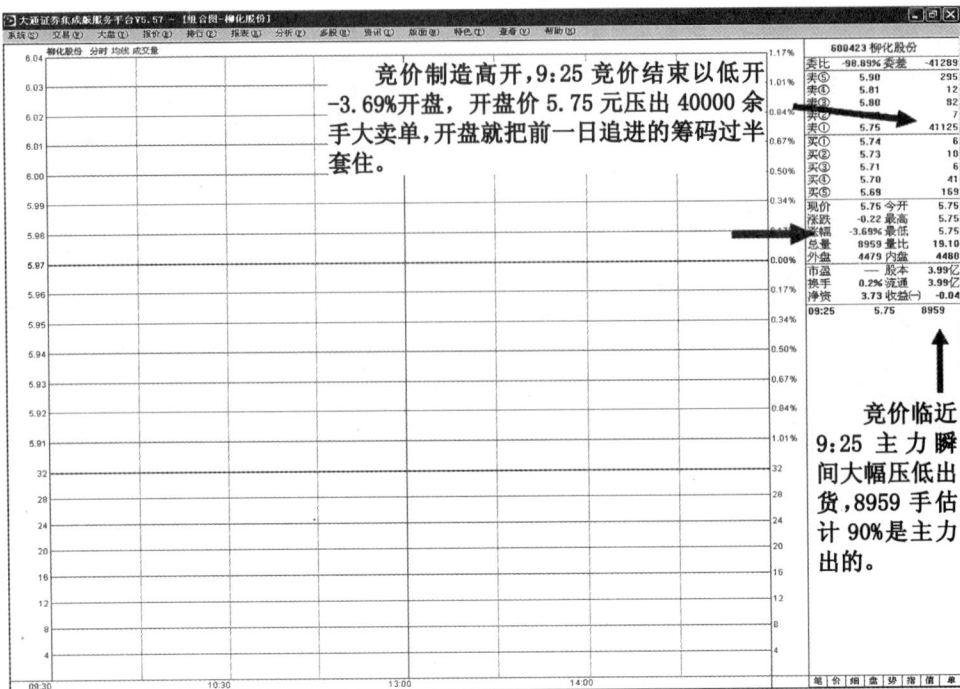

竞价制造高开,9:25 竞价结束以低开 -3.69%开盘,开盘价 5.75 元压出 40000 余手大卖单,开盘就把前一日追进的筹码过半套住。

竞价临近 9:25 主力瞬间大幅压低出货,8959 手估计 90%是主力出的。

　　如果开盘高开或者冲高,短线跟风盘大都见好就收,马上卖出。这种开盘大幅度压低开盘,主力不给短线跟风盘利润先套住他们。低开这么多,想出的筹码大都会选择观望不动,主力操盘手深知短线跟风盘的喜好习惯,所以故意如此做盘,套住了就可避免这些短线跟风盘争着与主力出货。柳化股份上一交易日尾盘拉起收在次高位,实际上这是主力有计划的操作,拉出足够的空间,是为今天低开压价出货做足准备。

　　如果你非要问:"主力平开或开盘拉高就出货,利润不是更多吗?"这问题实际上已经解释了,短线跟风盘最喜欢这些股票高开或开盘就拉高。因为跟风盘前一日追进大部分已有小利润,高开或开盘就拉高正符合他们心意,见好就收,获利卖出。要高开或拉高主力就需要继续买入,拉高后短线跟风盘抢着与主力争着出,主力筹码大多这时是干不过短线跟风盘的。所以,主力不会顺着有利于短线跟风盘方向去操作,而是反向操作,一开盘就跑,套住这些人看你怎么办。

这种挂单叫夹盘对敲盘口,大部分主力常用这样的招数进行对敲诱多出货!

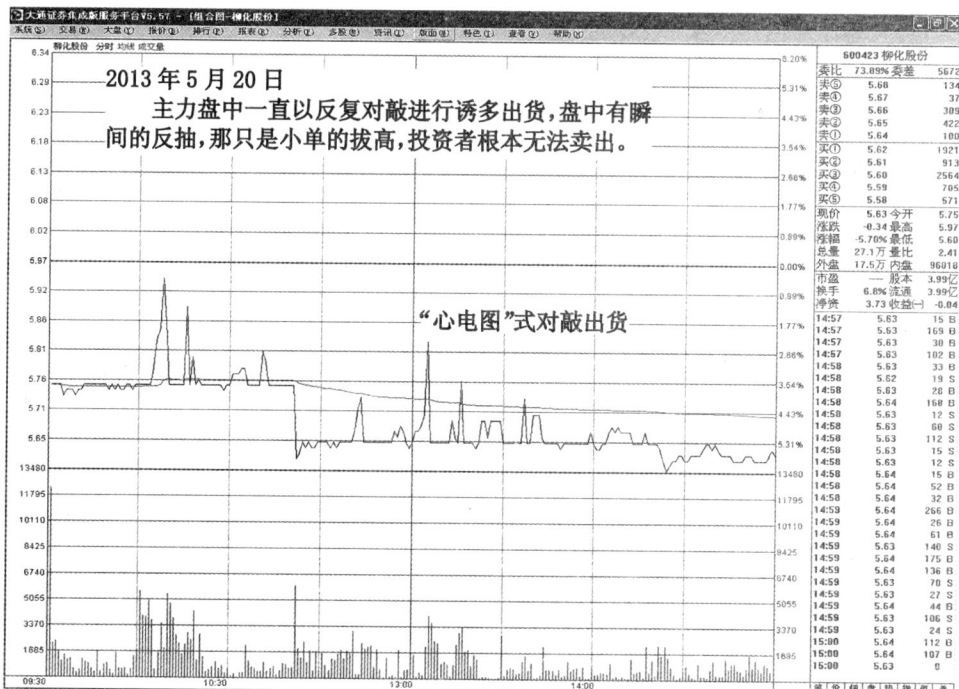

2013年5月20日
　　主力盘中一直以反复对敲进行诱多出货,盘中有瞬间的反抽,那只是小单的拔高,投资者根本无法卖出。

"心电图"式对敲出货

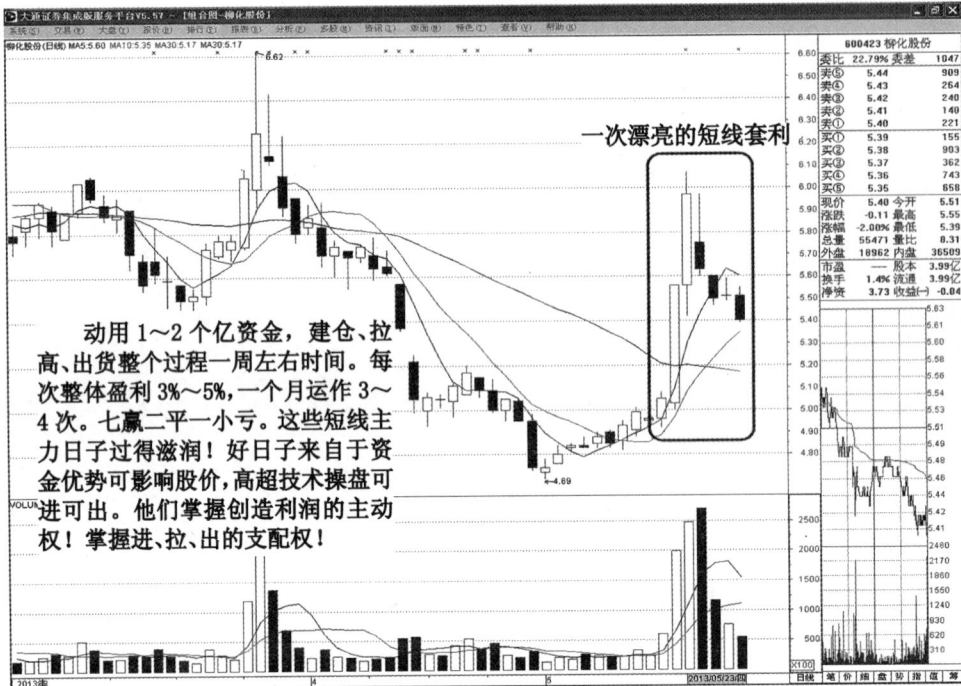

动用1~2个亿资金，建仓、拉高、出货整个过程一周左右时间。每次整体盈利3%~5%，一个月运作3~4次。七赢二平一小亏。这些短线主力日子过得滋润！好日子来自于资金优势可影响股价，高超技术操盘可进可出。他们掌握创造利润的主动权！掌握进、拉、出的支配权！

一次漂亮的短线套利

一个主力疯狂的做盘行为(一)

　　证券法禁止和严厉打击坐庄行为！但在金钱利益面前坐庄行为是禁而不止，操纵股价动作屡见不鲜。掌握消息优势、资金优势的机构操纵股价为自己谋利在个股盘口上清晰展现。下面就以旗滨集团（601636）为例，介绍该品种从3月26日起至后多个交易，股价表现与主力操纵股价操作线路图，结合主力做盘细节，去看看一个主力的疯狂做盘行为。

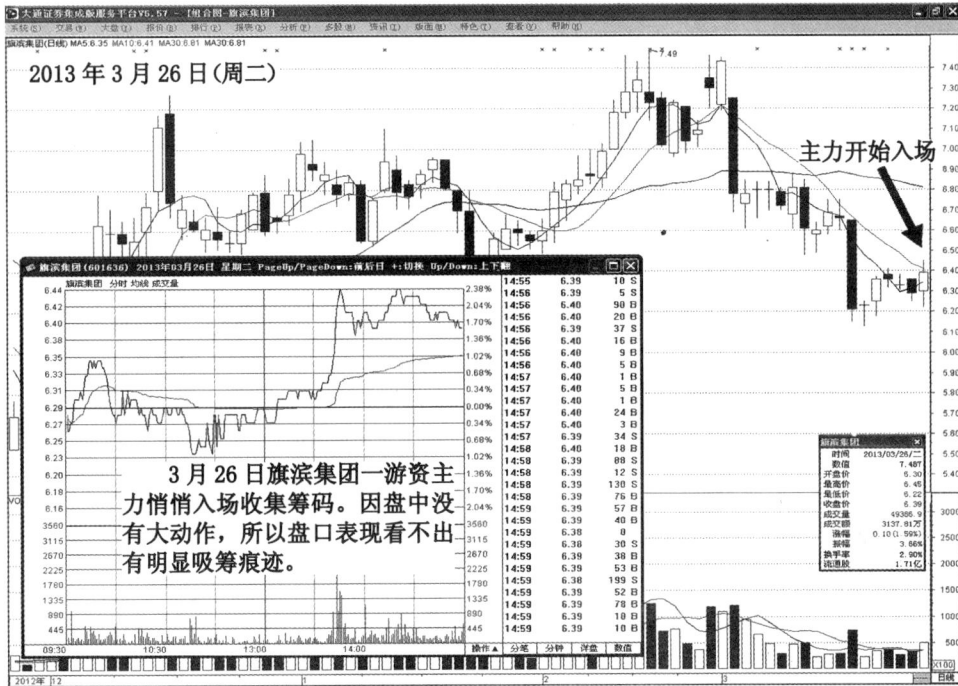

2013 年 3 月 26 日(周二)

主力开始入场

3 月 26 日旗滨集团一游资主力悄悄入场收集筹码。因盘中没有大动作，所以盘口表现看不出有明显吸筹痕迹。

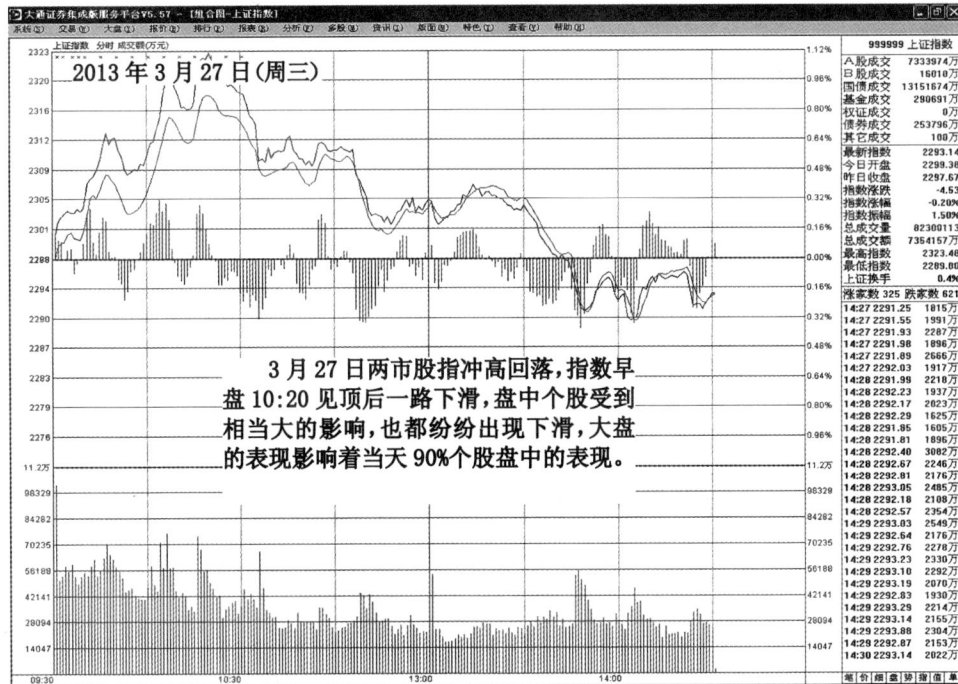

2013 年 3 月 27 日(周三)

3 月 27 日两市股指冲高回落,指数早盘 10:20 见顶后一路下滑,盘中个股受到相当大的影响,也都纷纷出现下滑,大盘的表现影响着当天 90%个股盘中的表现。

285

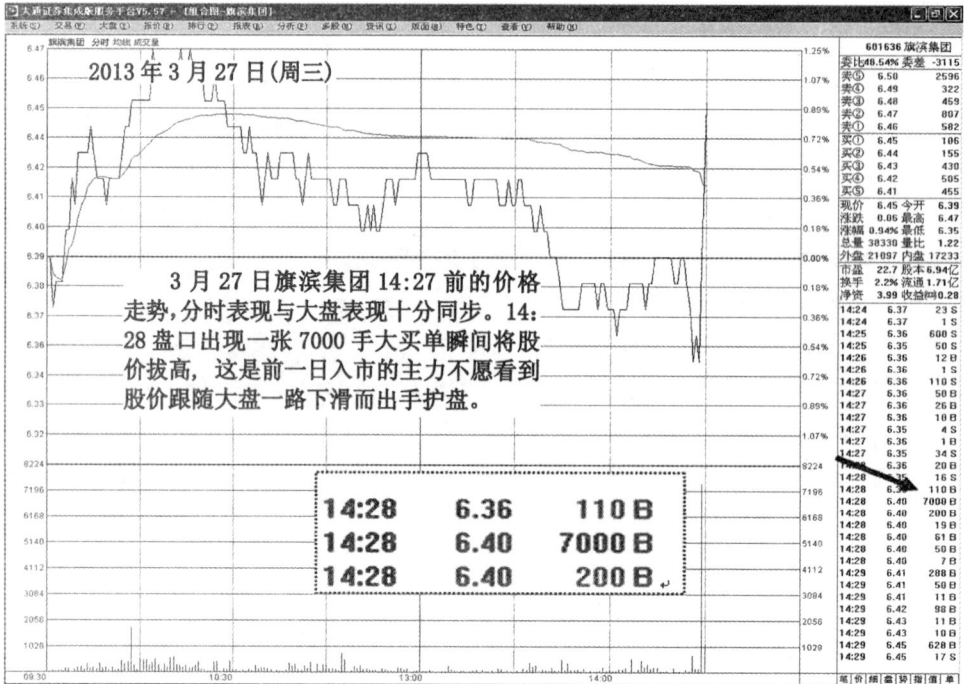

2013 年 3 月 27 日(周三)

3 月 27 日旗滨集团 14:27 前的价格
走势,分时表现与大盘表现十分同步。14:
28 盘口出现一张 7000 手大买单瞬间将股
价拔高,这是前一日入市的主力不愿看到
股价跟随大盘一路下滑而出手护盘。

14:28	6.36	110 B
14:28	6.40	7000 B
14:28	6.40	200 B

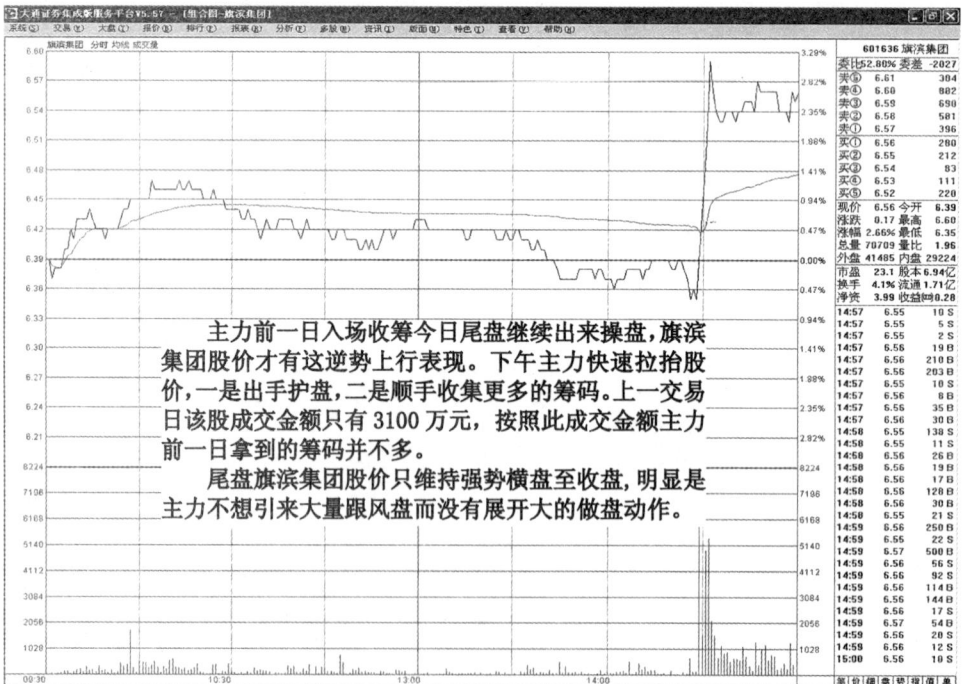

主力前一日入场收筹今日尾盘继续出来操盘,旗滨
集团股价才有这逆势上行表现。下午主力快速拉抬股
价,一是出手护盘,二是顺手收集更多的筹码。上一交易
日该股成交金额只有 3100 万元,按照此成交金额主力
前一日拿到的筹码并不多。
　　尾盘旗滨集团股价只维持强势横盘至收盘,明显是
主力不想引来大量跟风盘而没有展开大的做盘动作。

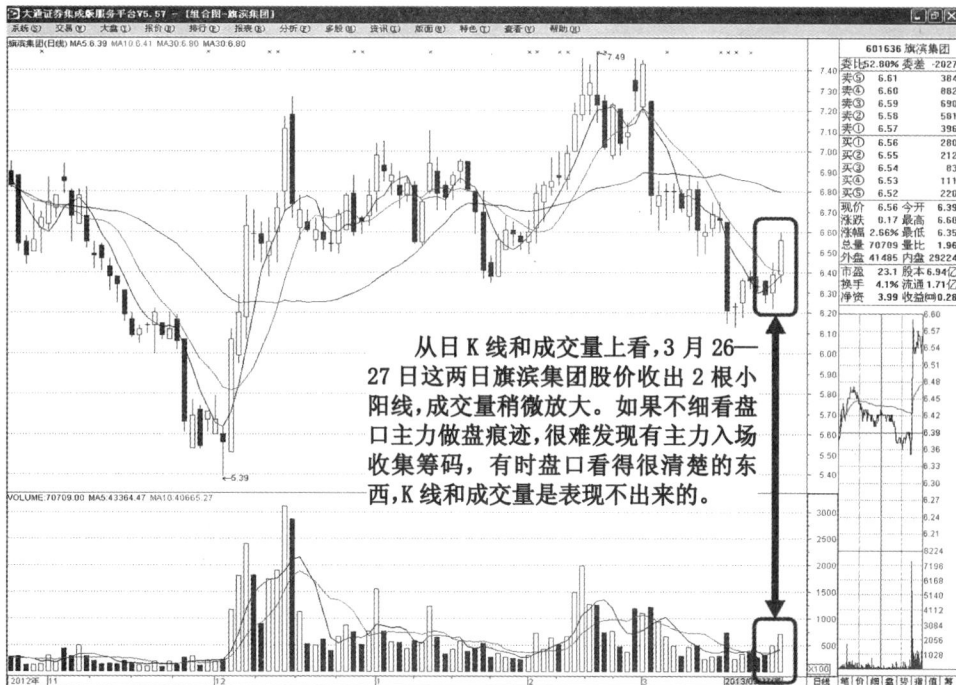

从日K线和成交量上看,3月26—27日这两日旗滨集团股价收出2根小阳线,成交量稍微放大。如果不细看盘口主力做盘痕迹,很难发现有主力入场收集筹码,有时盘口看得很清楚的东西,K线和成交量是表现不出来的。

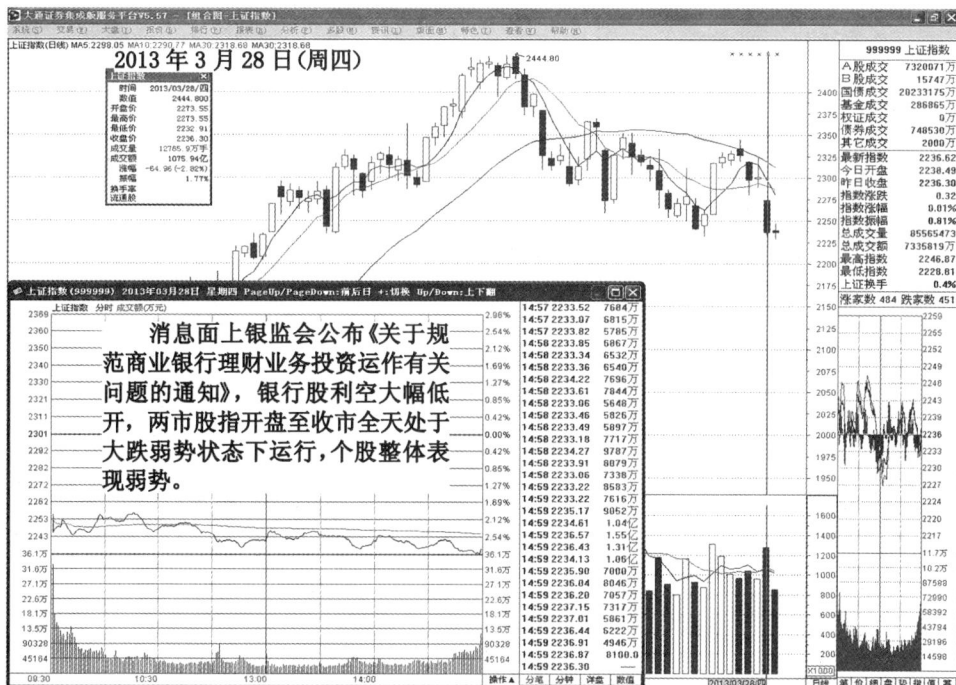

2013年3月28日(周四)

消息面上银监会公布《关于规范商业银行理财业务投资运作有关问题的通知》,银行股利空大幅低开,两市股指开盘至收市全天处于大跌弱势状态下运行,个股整体表现弱势。

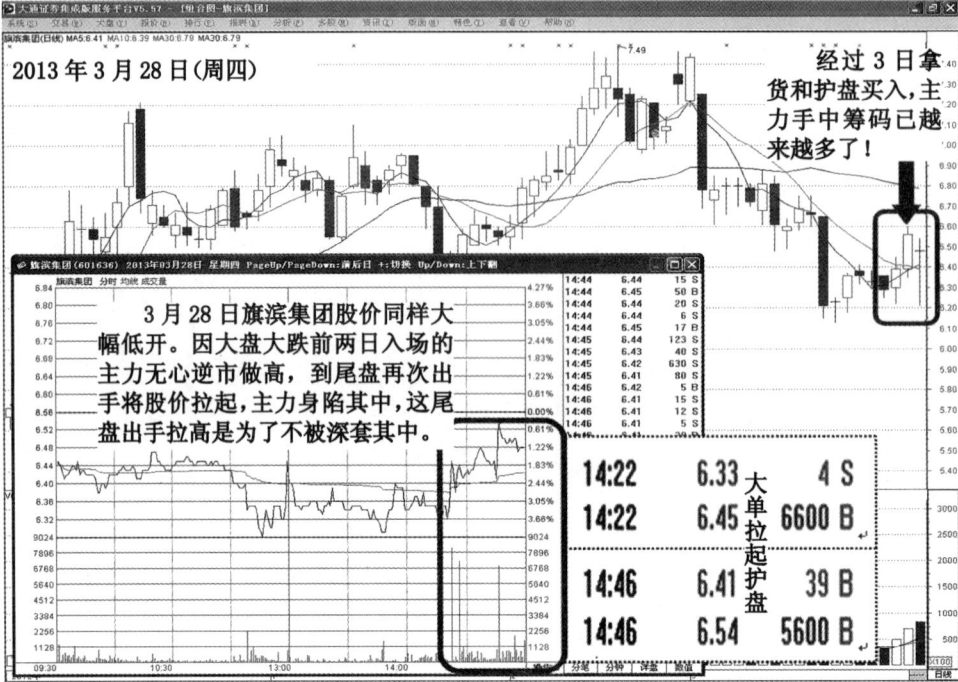

2013年3月28日(周四)

经过3日拿货和护盘买入,主力手中筹码已越来越多了!

3月28日旗滨集团股价同样大幅低开。因大盘大跌前两日入场的主力无心逆市做高,到尾盘再次出手将股价拉起,主力身陷其中,这尾盘出手拉高是为了不被深套其中。

14:22	6.33	4 S
14:22	6.45	6600 B
14:46	6.41	39 B
14:46	6.54	5600 B

大单拉起护盘

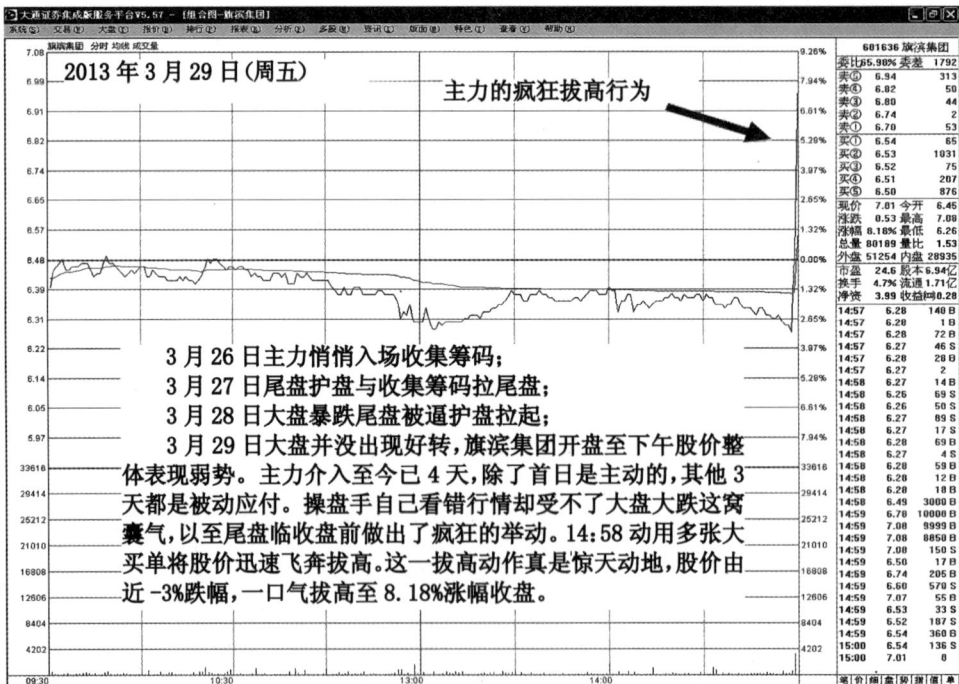

2013年3月29日(周五)

主力的疯狂拔高行为

3月26日主力悄悄入场收集筹码;
3月27日尾盘护盘与收集筹码拉尾盘;
3月28日大盘暴跌尾盘被逼护盘拉起;
3月29日大盘并没出现好转,旗滨集团开盘至下午股价整体表现弱势。主力介入至今已4天,除了首日是主动的,其他3天都是被动应付。操盘手自己看错行情却受不了大盘大跌这窝囊气,以至尾盘临收盘前做出了疯狂的举动。14:58动用多张大买单将股价迅速飞奔拔高。这一拔高动作真是惊天动地,股价由近-3%跌幅,一口气拔高至8.18%涨幅收盘。

288

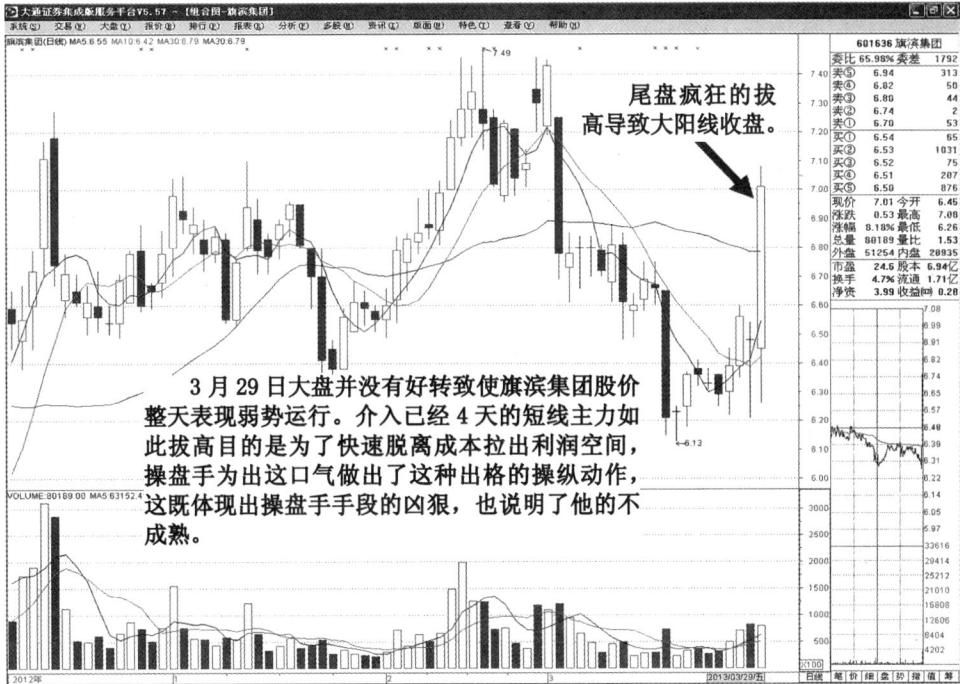

尾盘疯狂的拔高导致大阳线收盘。

3月29日大盘并没有好转致使旗滨集团股价整天表现弱势运行。介入已经4天的短线主力如此拔高目的是为了快速脱离成本拉出利润空间，操盘手为出这口气做出了这种出格的操纵动作，这既体现出操盘手手段的凶狠，也说明了他的不成熟。

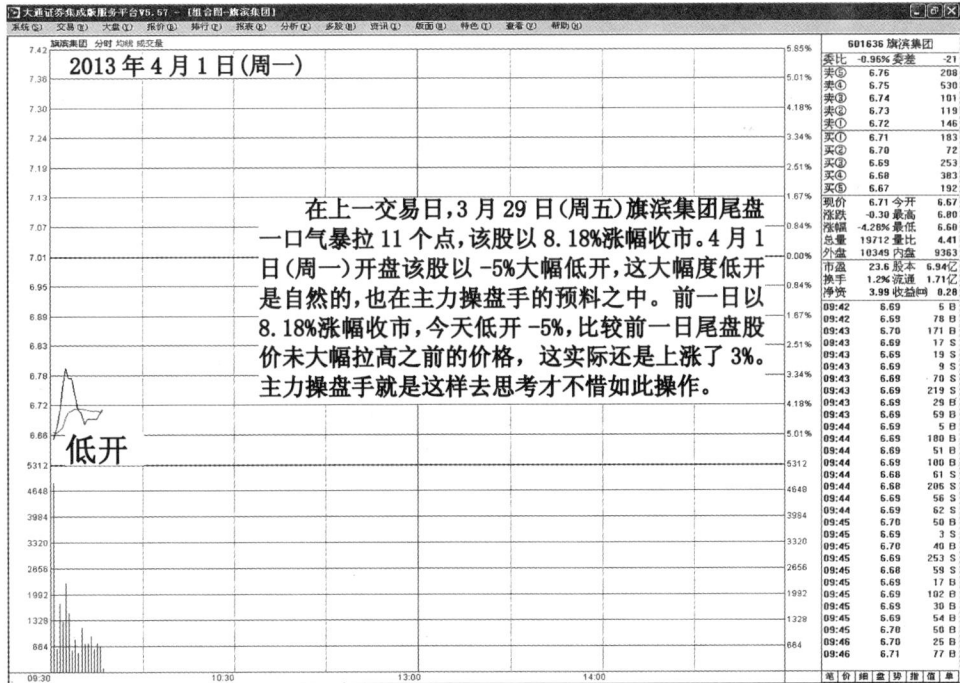

2013年4月1日(周一)

低开

在上一交易日,3月29日(周五)旗滨集团尾盘一口气暴拉11个点,该股以8.18%涨幅收市。4月1日(周一)开盘该股以-5%大幅低开,这大幅度低开是自然的,也在主力操盘手的预料之中。前一日以8.18%涨幅收市,今天低开-5%,比较前一日尾盘股价未大幅拉高之前的价格,这实际还是上涨了3%。主力操盘手就是这样去思考才不惜如此操作。

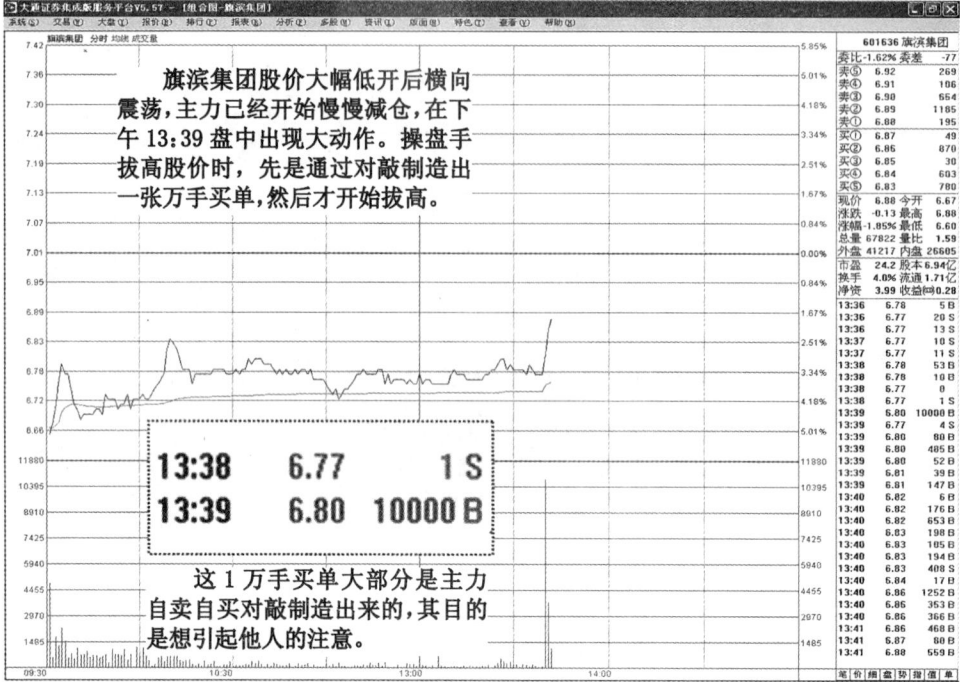

旗滨集团股价大幅低开后横向震荡,主力已经开始慢慢减仓,在下午13:39盘中出现大动作。操盘手拔高股价时,先是通过对敲制造出一张万手买单,然后才开始拔高。

| 13:38 | 6.77 | 1 S |
| 13:39 | 6.80 | 10000 B |

这1万手买单大部分是主力自卖自买对敲制造出来的,其目的是想引起他人的注意。

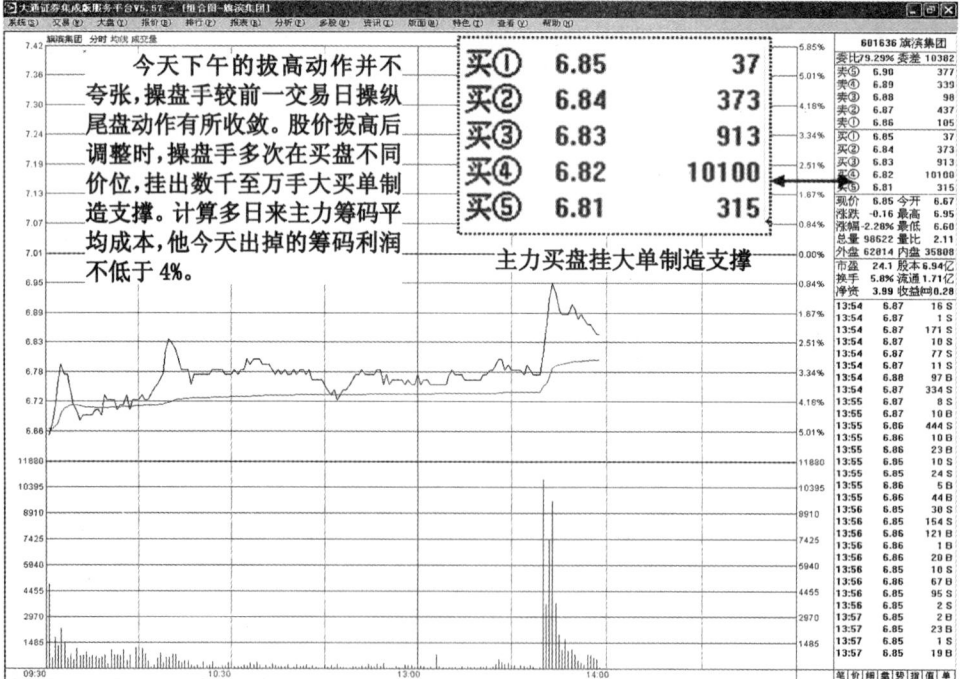

今天下午的拔高动作并不夸张,操盘手较前一交易日操纵尾盘动作有所收敛。股价拔高后调整时,操盘手多次在买盘不同价位,挂出数千至万手大买单制造支撑。计算多日来主力筹码平均成本,他今天出掉的筹码利润不低于4%。

买①	6.85	37
买②	6.84	373
买③	6.83	913
买④	6.82	10100
买⑤	6.81	315

主力买盘挂大单制造支撑

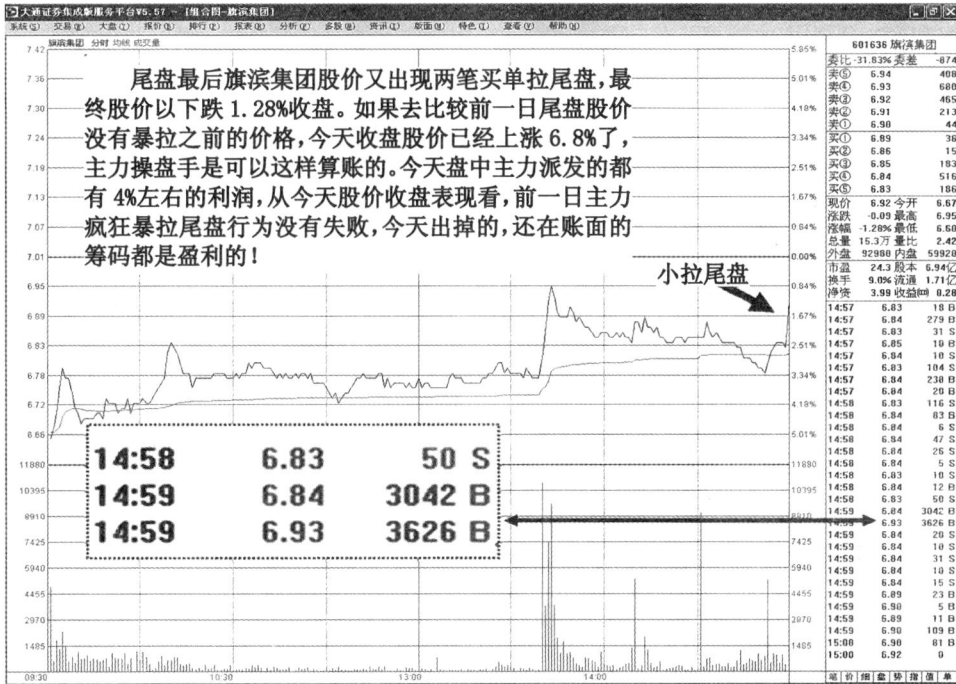

尾盘最后旗滨集团股价又出现两笔买单拉尾盘，最终股价以下跌1.28%收盘。如果去比较前一日尾盘股价没有暴拉之前的价格，今天收盘股价已经上涨6.8%了，主力操盘手是可以这样算账的。今天盘中主力派发的都有4%左右的利润，从今天股价收盘表现看，前一日主力疯狂暴拉尾盘行为没有失败，今天出掉的，还在账面的筹码都是盈利的！

小拉尾盘

14:58	6.83	50 S
14:59	6.84	3042 B
14:59	6.93	3626 B

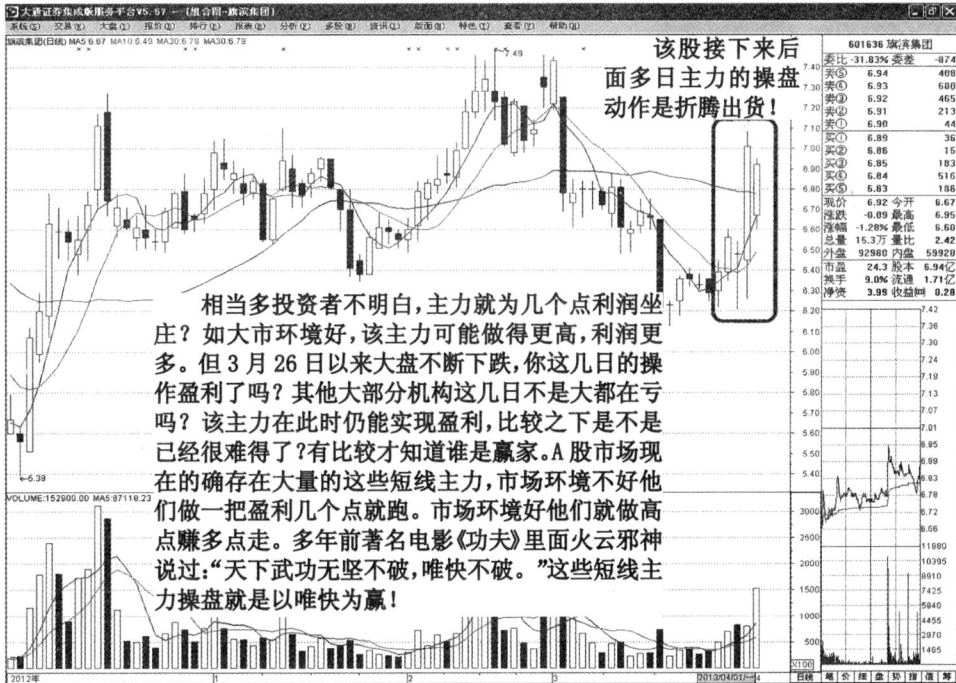

该股接下来后面多日主力的操盘动作是折腾出货！

相当多投资者不明白，主力就为几个点利润坐庄？如大市环境好，该主力可能做得更高，利润更多。但3月26日以来大盘不断下跌，你这几日的操作盈利了吗？其他大部分机构这几日不是大都在亏吗？该主力在此时仍能实现盈利，比较之下是不是已经很难得了？有比较才知道谁是赢家。A股市场现在的确存在大量的这些短线主力，市场环境不好他们做一把盈利几个点就跑。市场环境好他们就做高点赚多点走。多年前著名电影《功夫》里面火云邪神说过："天下武功无坚不破，唯快不破。"这些短线主力操盘就是以唯快为赢！

一个主力疯狂的做盘行为(二)

上文中介绍了旗滨集团从3月26日起至后多个交易日,主力操纵股价部分细节和操盘整体线路图。学习盘口知识了解主力操纵盘口细节,可以预知主力现在做什么,下一步准备做什么。学习了解主力整体运作思路线路图,则可以看清主力运作每一个阶段的情况。历史不会简单重复,但历史在不断重演!学习和研究各种各样的理论知识,目的是用于分析预测再次出现相似的案例时,我们能做到预知主力的运作思路和步骤。对相同手法的了如指掌是为自己的研判分析,掌握更多的操作主动权,获得更高的成功率!

本文继续介绍短线主力运作旗滨集团的操盘思路和线路图,在相同品种上的历史重演!

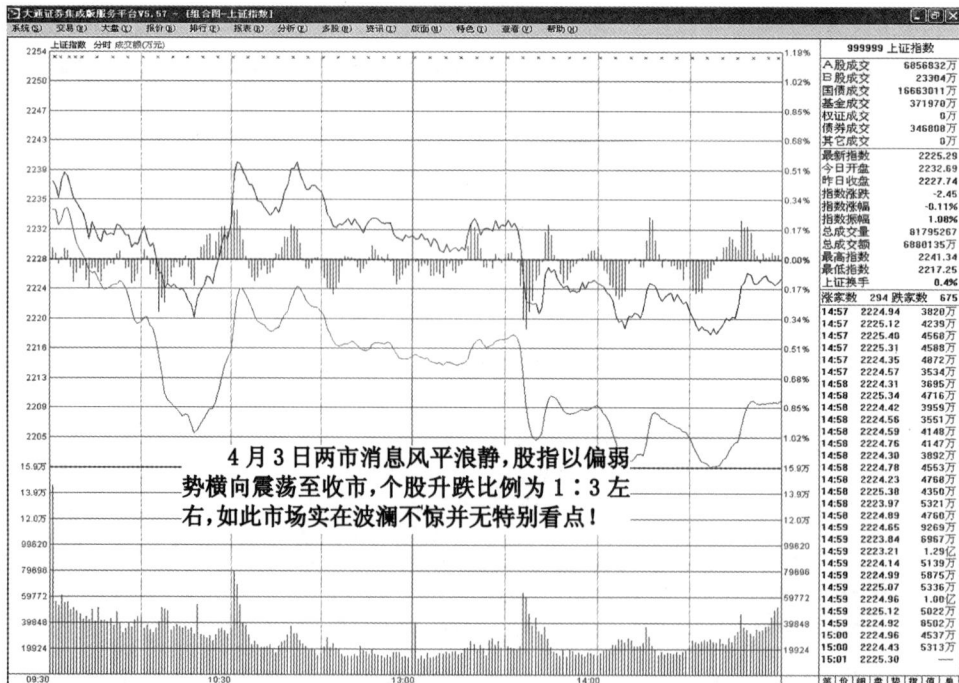

4月3日两市消息风平浪静,股指以偏弱势横向震荡至收市,个股升跌比例为1:3左右,如此市场实在波澜不惊并无特别看点!

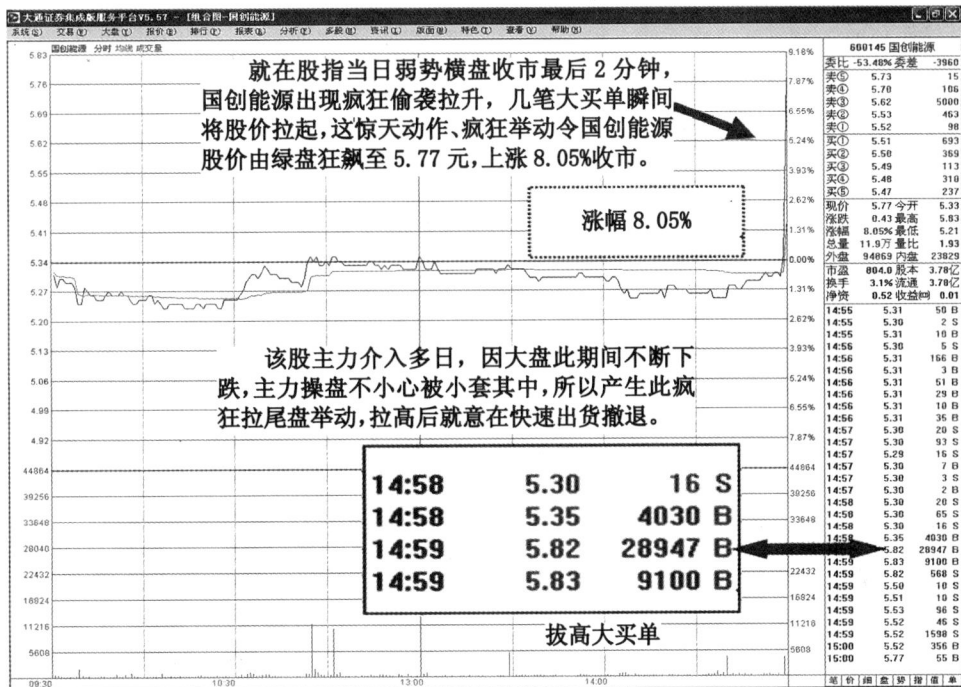

就在股指当日弱势横盘收市最后2分钟，国创能源出现疯狂偷袭拉升，几笔大买单瞬间将股价拉起，这惊天动作、疯狂举动令国创能源股价由绿盘狂飙至5.77元，上涨8.05%收市。

涨幅8.05%

该股主力介入多日，因大盘此期间不断下跌，主力操盘不小心被小套其中，所以产生此疯狂拉尾盘举动，拉高后就意在快速出货撤退。

14:58	5.30	16 S
14:58	5.35	4030 B
14:59	5.82	28947 B
14:59	5.83	9100 B

拔高大买单

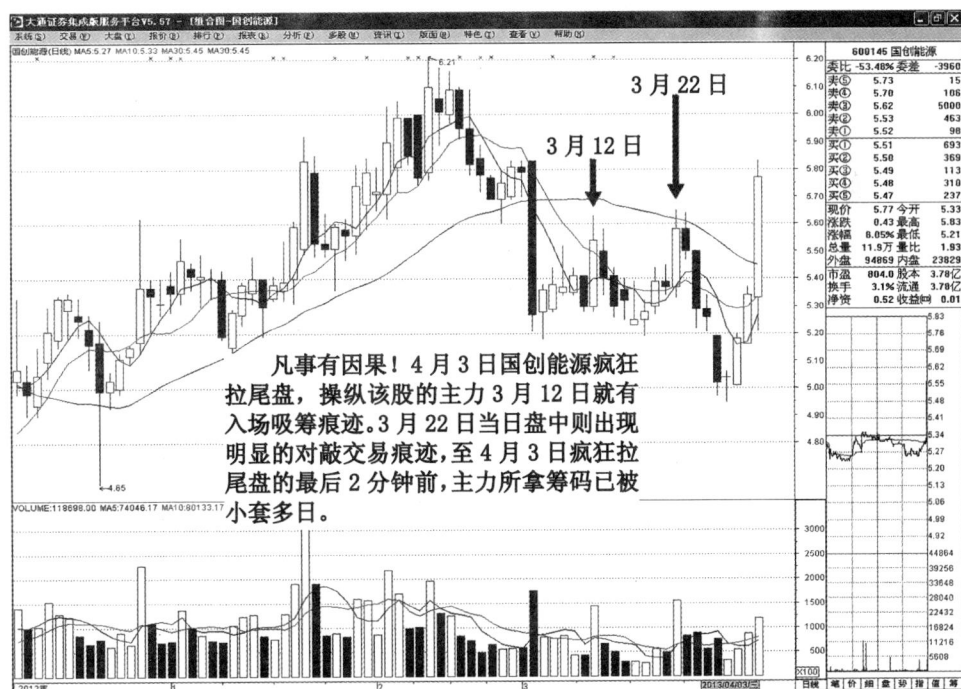

3月22日

3月12日

凡事有因果！4月3日国创能源疯狂拉尾盘，操纵该股的主力3月12日就有入场吸筹痕迹。3月22日当日盘中则出现明显的对敲交易痕迹，至4月3日疯狂拉尾盘的最后2分钟前，主力所拿筹码已被小套多日。

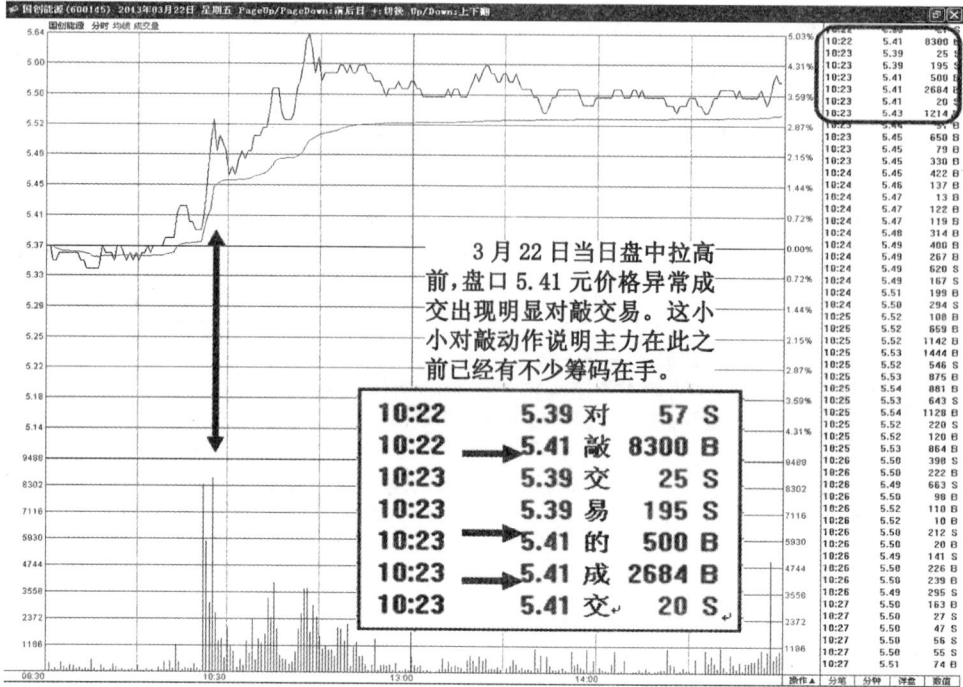

3月22日当日盘中拉高前,盘口5.41元价格异常成交出现明显对敲交易。这小小对敲动作说明主力在此之前已经有不少筹码在手。

10:22	5.39	对	57	S
10:22 →	5.41	敲	8300	B
10:23	5.39	交	25	S
10:23	5.39	易	195	S
10:23 →	5.41	的	500	B
10:23 →	5.41	成	2684	B
10:23	5.41	交	20	S

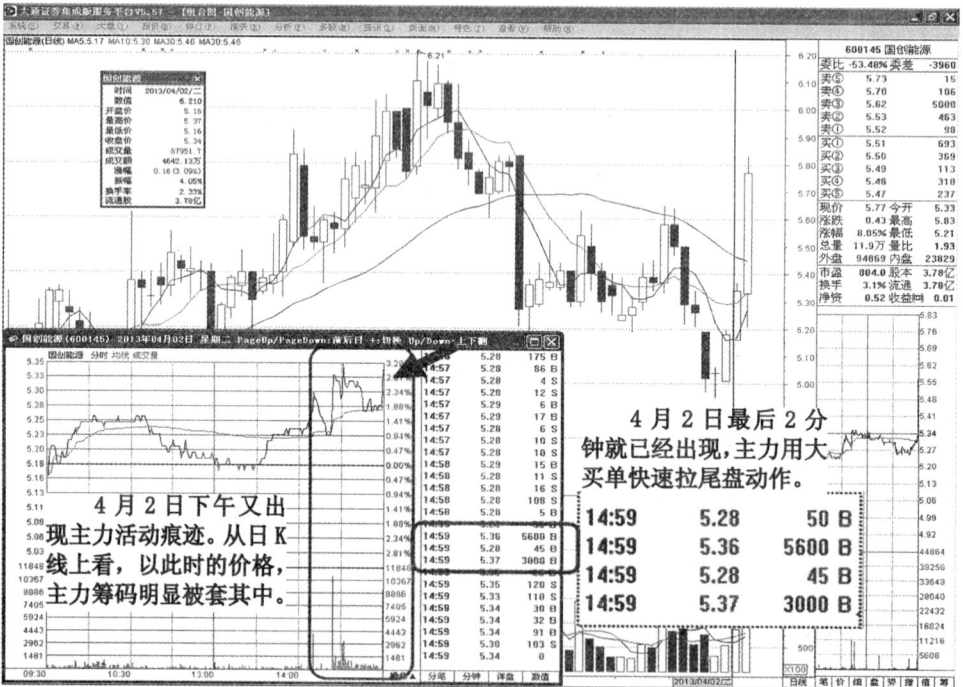

4月2日下午又出现主力活动痕迹。从日K线上看,以此时的价格,主力筹码明显被套其中。

4月2日最后2分钟就已经出现,主力用大买单快速拉尾盘动作。

14:59	5.28	50	B
14:59	5.36	5600	B
14:59	5.28	45	B
14:59	5.37	3000	B

4月8日国创能源股价低开在主力预料中。开盘主力立即毫不犹豫出货,主力此时的思路是有赚最好,平手高兴,小亏也可以接受,能顺利全部撤退就行。

低开当日出的货主力仍保本

暴拉尾盘后,主力不计成本连续砸盘出货,暴拉后快速撤退是他的首要任务。

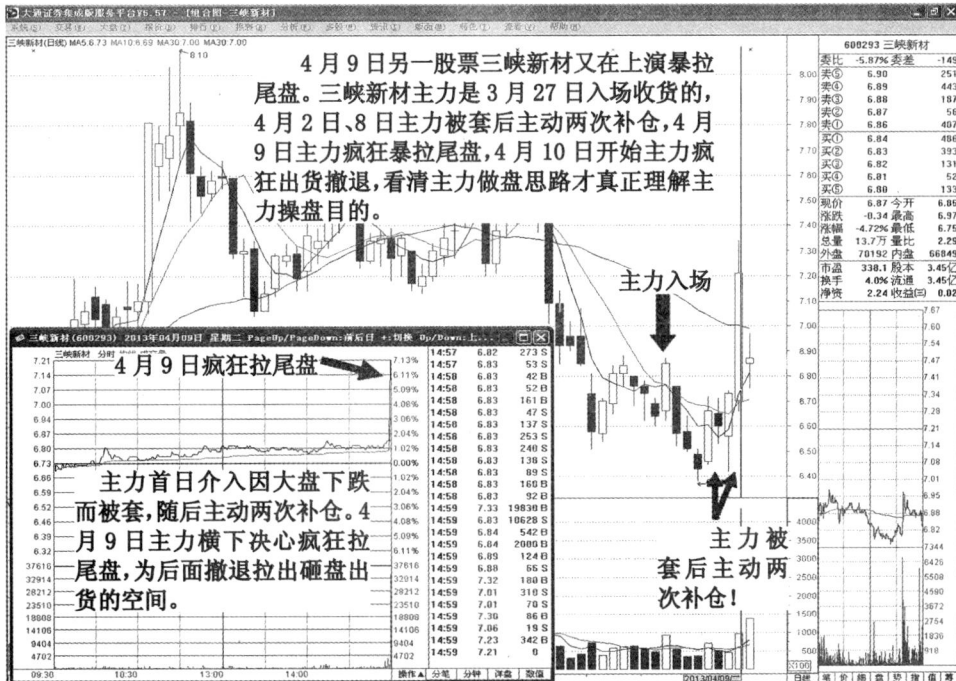

4月9日另一股票三峡新材又在上演暴拉尾盘。三峡新材主力是3月27日入场收货的,4月2日、8日主力被套后主动两次补仓,4月9日主力疯狂暴拉尾盘,4月10日开始主力疯狂出货撤退,看清主力做盘思路才真正理解主力操盘目的。

4月9日疯狂拉尾盘

主力首日介入因大盘下跌而被套,随后主动两次补仓。4月9日主力横下决心疯狂拉尾盘,为后面撤退拉出砸盘出货的空间。

主力入场

主力被套后主动两次补仓!

主力多日做盘招式与思路剖析(一)

　　主力操纵盘口的盘面特征笔者日常文章常有介绍，除了学习了解主力做盘一招半式，点滴技巧，学习认识主力连续多日的运作操盘思路也是相当重要的。要看懂主力连续多日运作操盘思路需要多年实践经验，其就算能看懂，也分为事前看懂、当时看懂和事后看懂。对于分析主力多日运作操盘思路这一行当，非从大机构中出来的操盘人士能通过个股图表走势，在事后看的懂也非一般高手能及。笔者下面以个股K线图表加个股动态盘口数据，谈谈一些主力多日操作路套与细节，与各位分享一下这方面个人心得。

　　除非身在其中，研究分析个股中的主力机构运作情况自然是通过个股的K线走势、盘口数据、成交量等这些东西如实记录着主力做盘的点点滴滴。技术分析是可以看清楚主力某阶段的操盘运作思路的。

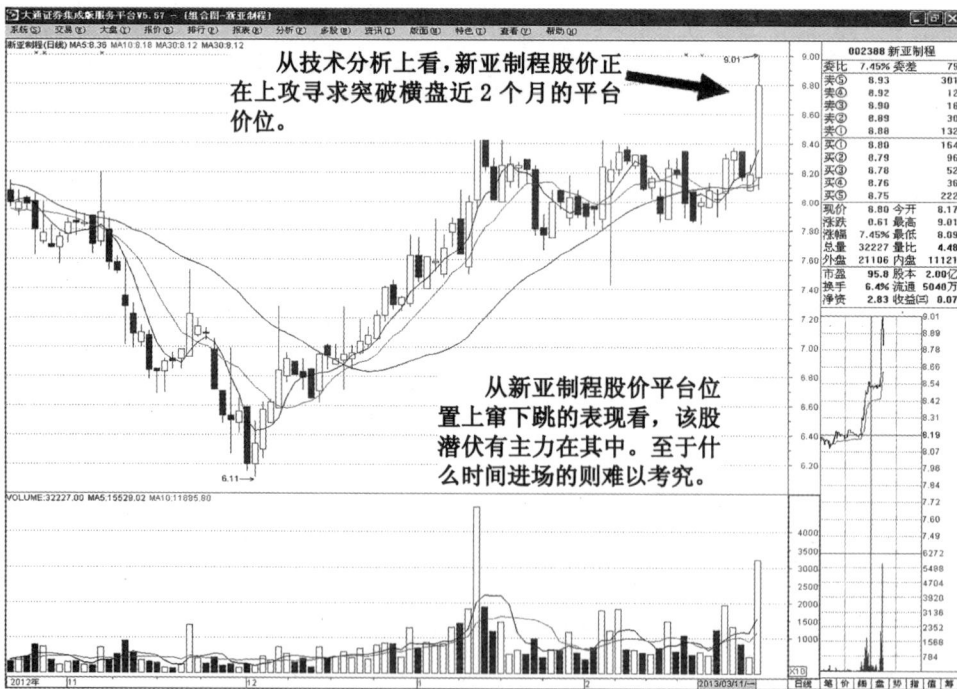

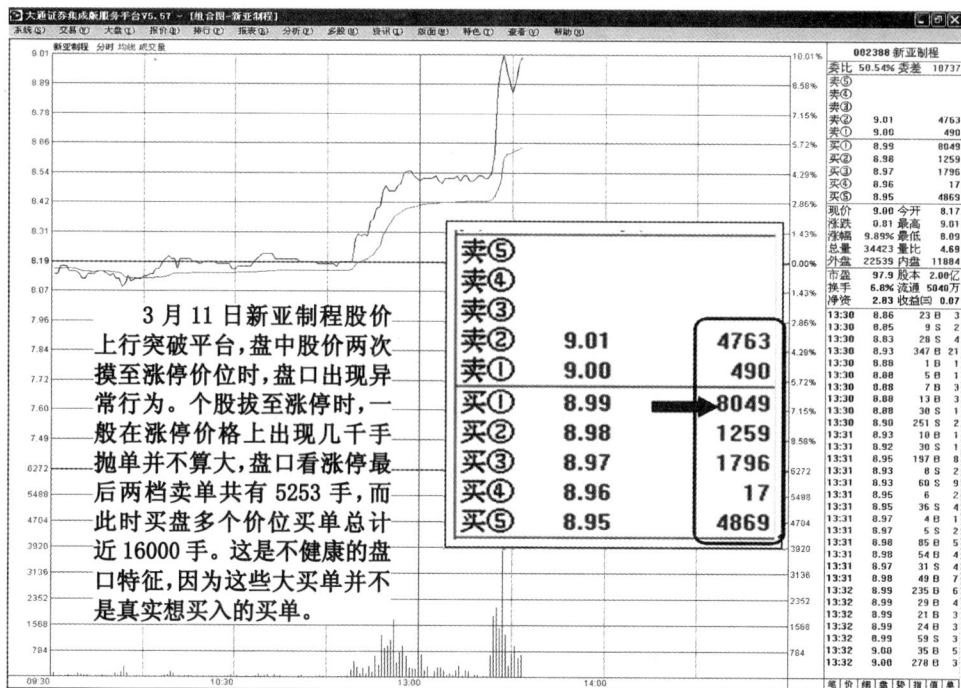

　　3月11日新亚制程股价上行突破平台,盘中股价两次摸至涨停价位时,盘口出现异常行为。个股拔至涨停时,一般在涨停价格上出现几千手抛单并不算大,盘口看涨停最后两档卖单共有5253手,而此时买盘多个价位买单总计近16000手。这是不健康的盘口特征,因为这些大买单并不是真实想买入的买单。

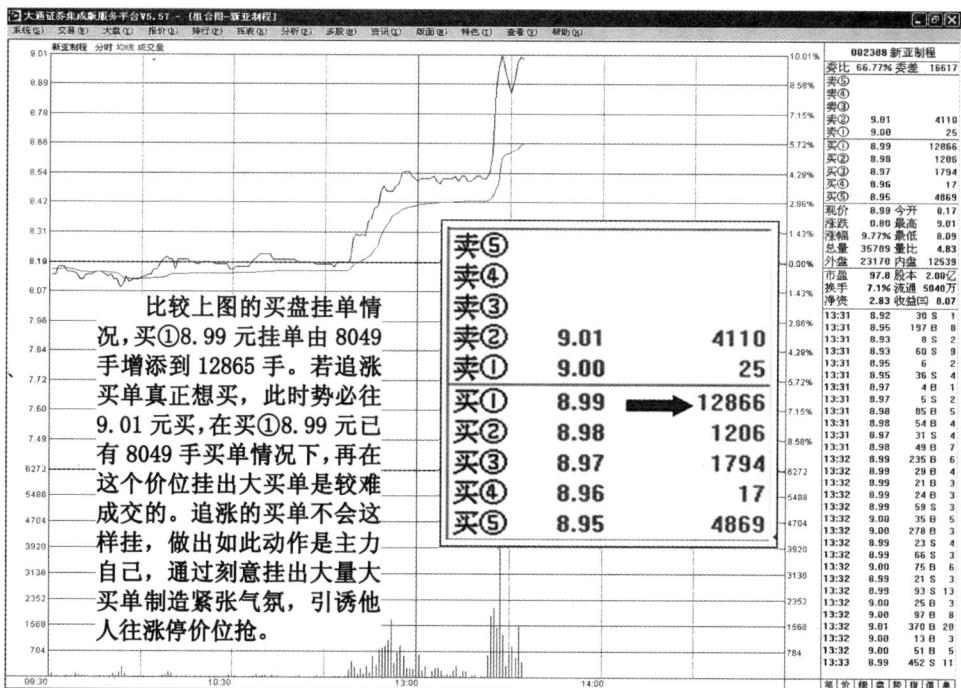

　　比较上图的买盘挂单情况,买①8.99元挂单由8049手增添到12865手。若追涨买单真正想买,此时势必往9.01元买,在买①8.99元已有8049手买单情况下,再在这个价位挂出大买单是较难成交的。追涨的买单不会这样挂,做出如此动作是主力自己,通过刻意挂出大量大买单制造紧张气氛,引诱他人往涨停价位抢。

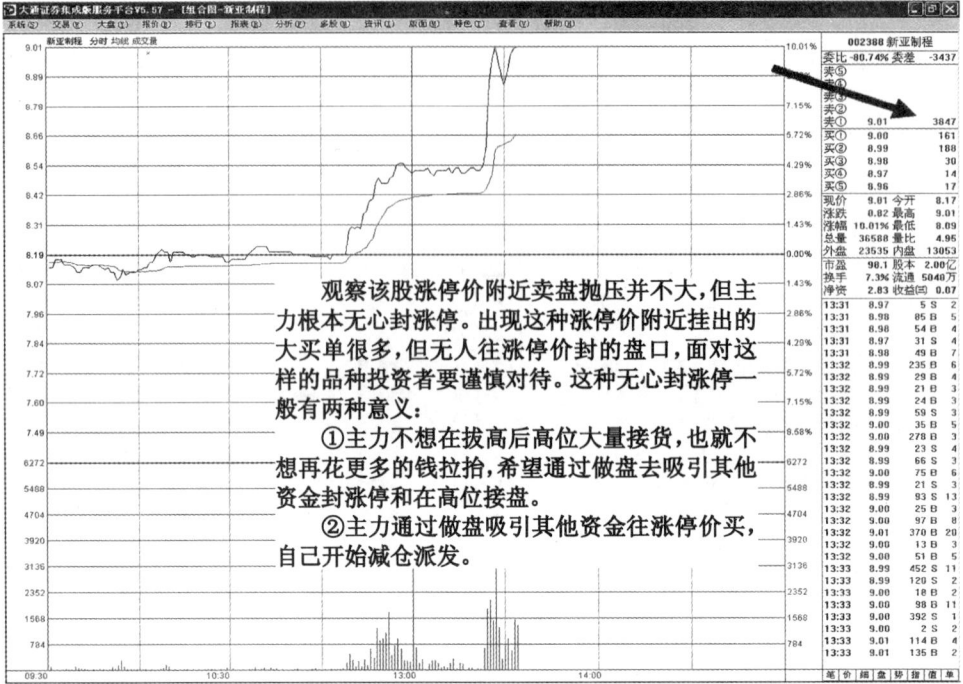

观察该股涨停价附近卖盘抛压并不大,但主力根本无心封涨停。出现这种涨停价附近挂出的大买单很多,但无人往涨停价封的盘口,面对这样的品种投资者要谨慎对待。这种无心封涨停一般有两种意义:

①主力不想在拔高后高位大量接货,也就不想再花更多的钱拉抬,希望通过做盘去吸引其他资金封涨停和在高位接盘。

②主力通过做盘吸引其他资金往涨停价买,自己开始减仓派发。

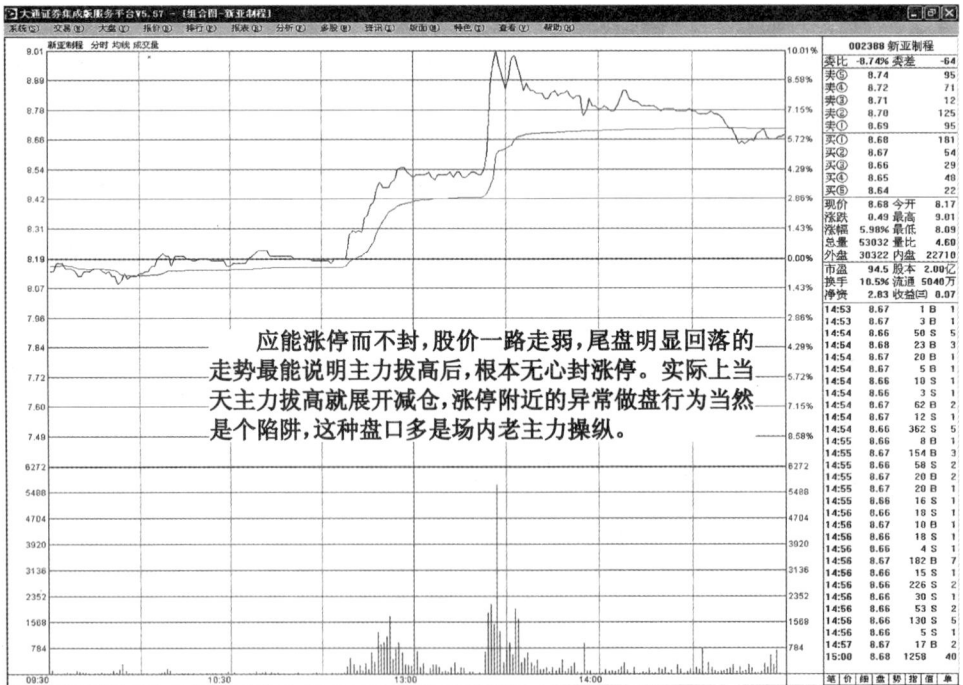

应能涨停而不封,股价一路走弱,尾盘明显回落的走势最能说明主力拔高后,根本无心封涨停。实际上当天主力拔高就展开减仓,涨停附近的异常做盘行为当然是个陷阱,这种盘口多是场内老主力操纵。

成商集团3月14日盘口,主力做盘手法与3月11日新亚制程涨停时的情况如出一辙!成商集团股价盘中拔高至涨停时,主力同样通过在买盘挂出大量大买单做盘,以此吸引其他资金往涨停价买,从而减仓派发。

卖⑤		
卖④		
卖③	5.07	4482
卖②	5.06	2020
卖①	5.05	1599
买①	5.04	3206
买②	5.03	3000
买③	5.02	1
买④	4.99	16
买⑤	4.97	76

主力操纵行为

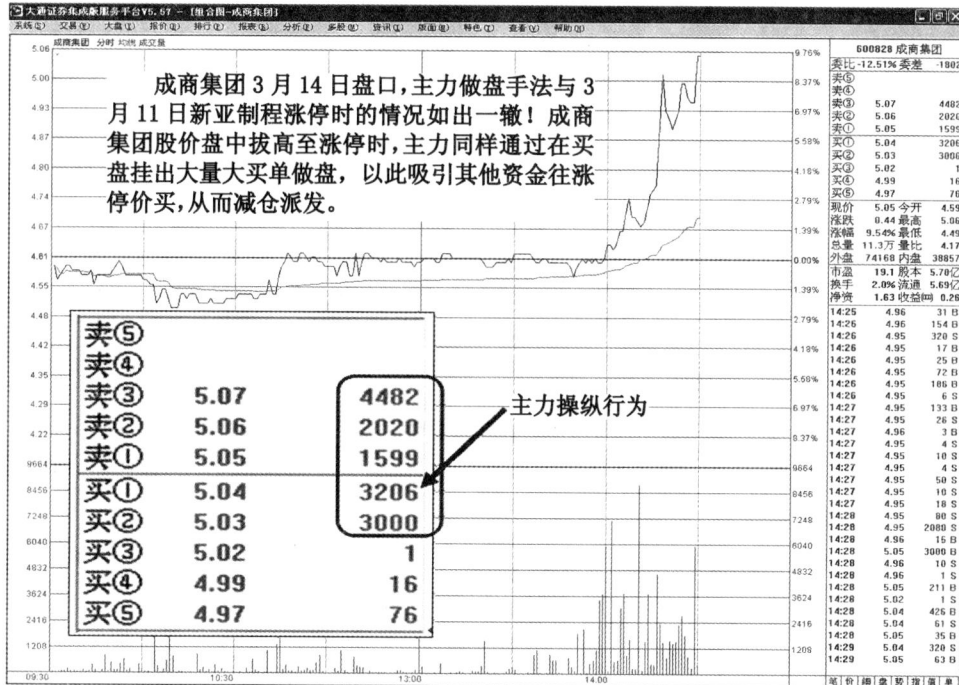

主力多日做盘招式与思路剖析(二)

　　上文中介绍了新亚制程主力操纵盘口的盘面特征细节,本文将介绍该股主力连续多日运作的操盘思路。看其整个出逃时的操作状况,通过个股的K线走势、盘口数据、成交量等去分析,这些东西不但记录着主力做盘的点点滴滴细节,同样记录着主力某阶段的操盘思路。

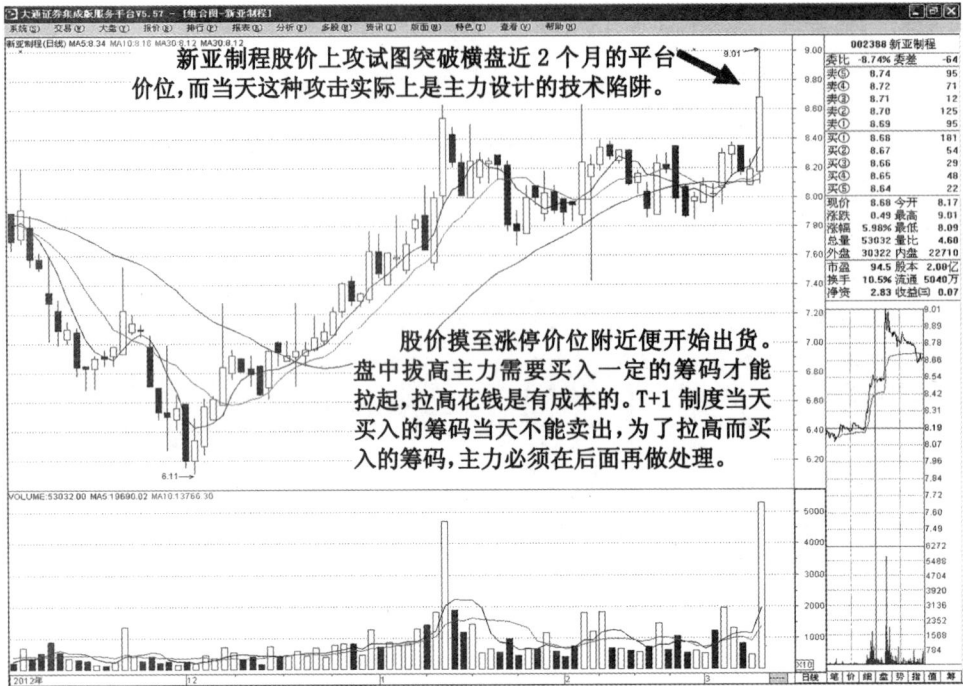

新亚制程股价上攻试图突破横盘近2个月的平台价位,而当天这种攻击实际上是主力设计的技术陷阱。

股价摸至涨停价位附近便开始出货。盘中拔高主力需要买入一定的筹码才能拉起,拉高花钱是有成本的。T+1制度当天买入的筹码当天不能卖出,为了拉高而买入的筹码,主力必须在后面再做处理。

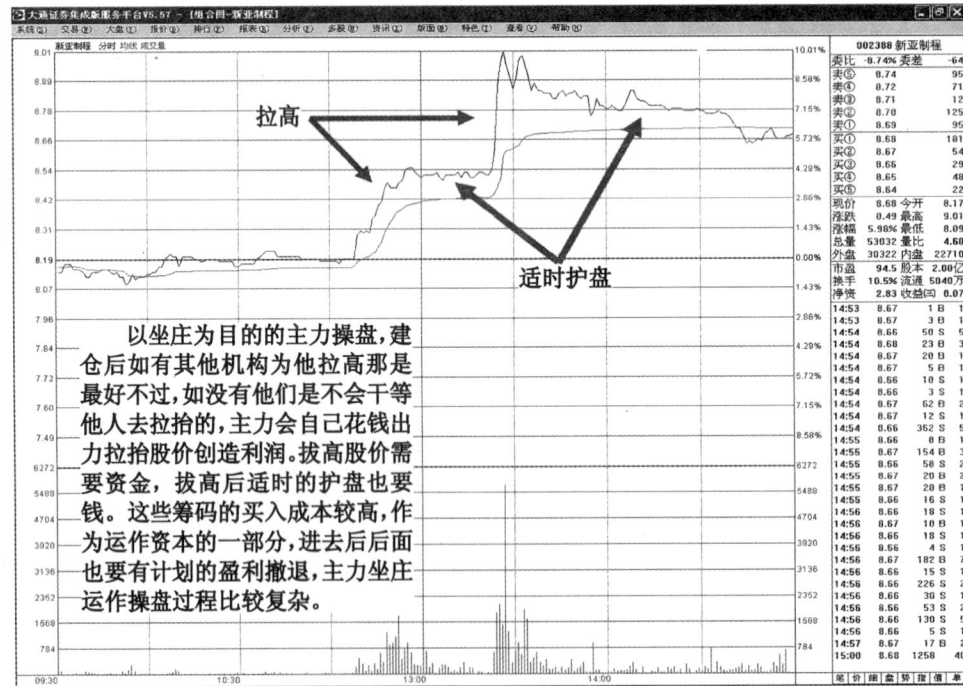

拉高

适时护盘

以坐庄为目的的主力操盘,建仓后如有其他机构为他拉高那是最好不过,如没有他们是不会干等他人去拉抬的,主力会自己花钱出力拉抬股价创造利润。拔高股价需要资金,拔高后适时的护盘也要钱。这些筹码的买入成本较高,作为运作资本的一部分,进去后后面也要有计划的盈利撤退,主力坐庄运作操盘过程比较复杂。

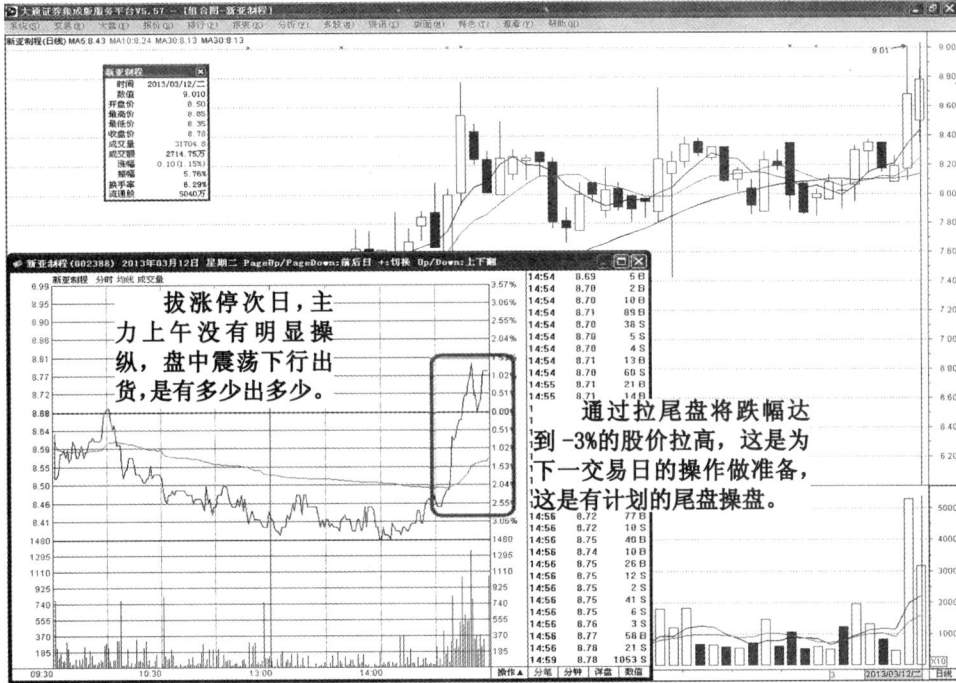

拔涨停次日,主力上午没有明显操纵,盘中震荡下行出货,是有多少出多少。

通过拉尾盘将跌幅达到-3%的股价拉高,这是为下一交易日的操作做准备,这是有计划的尾盘操盘。

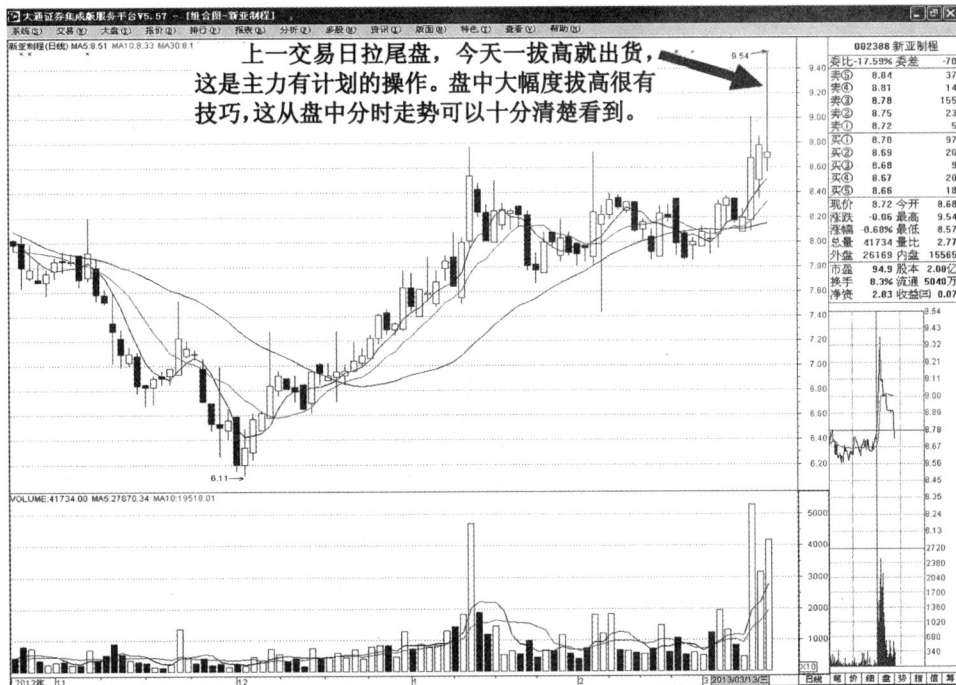

上一交易日拉尾盘,今天一拔高就出货,这是主力有计划的操作。盘中大幅度拔高很有技巧,这从盘中分时走势可以十分清楚看到。

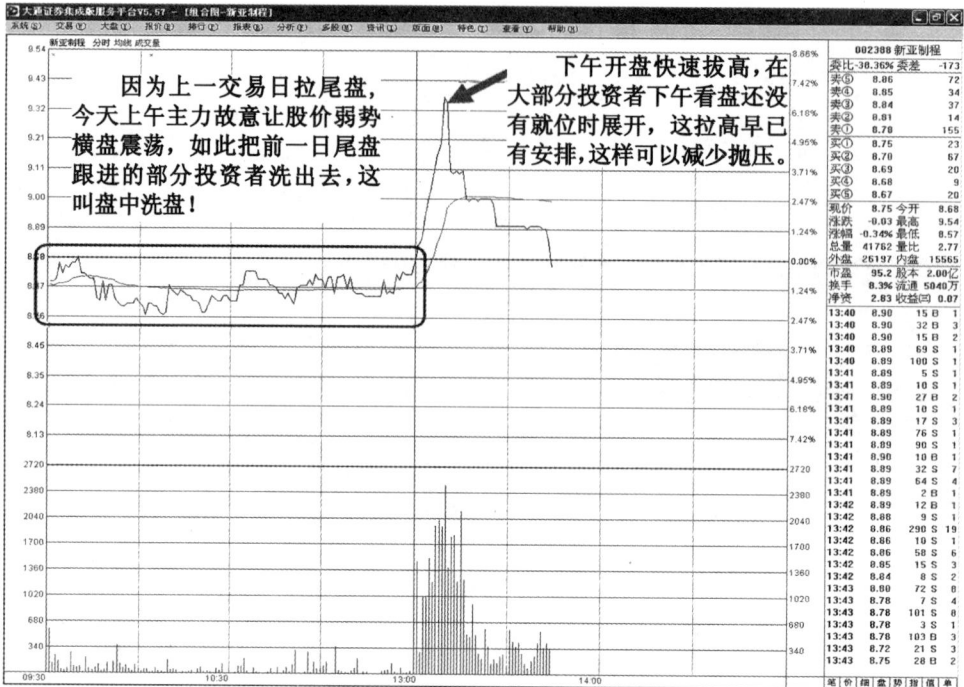

因为上一交易日拉尾盘，今天上午主力故意让股价弱势横盘震荡，如此把前一日尾盘跟进的部分投资者洗出去，这叫盘中洗盘！

下午开盘快速拔高，在大部分投资者下午看盘还没有就位时展开，这拉高早已有安排，这样可以减少抛压。

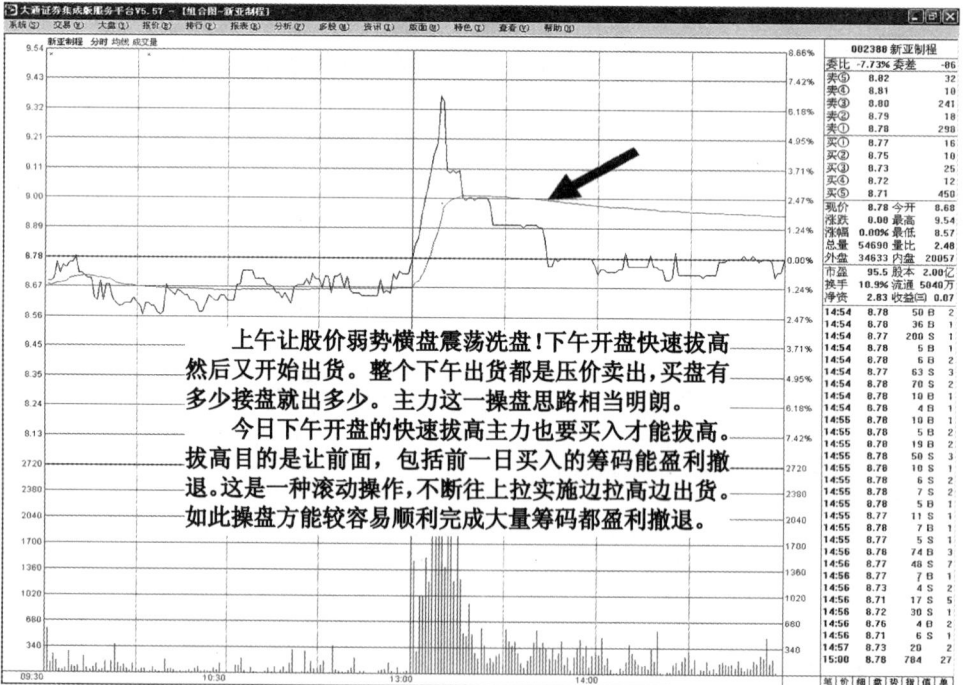

上午让股价弱势横盘震荡洗盘！下午开盘快速拔高然后又开始出货。整个下午出货都是压价卖出，买盘有多少接盘就出多少。主力这一操盘思路相当明朗。

今日下午开盘的快速拔高主力也要买入才能拔高。拔高目的是让前面，包括前一日买入的筹码能盈利撤退。这是一种滚动操作，不断往上拉实施边拉高边出货。如此操盘方能较容易顺利完成大量筹码都盈利撤退。

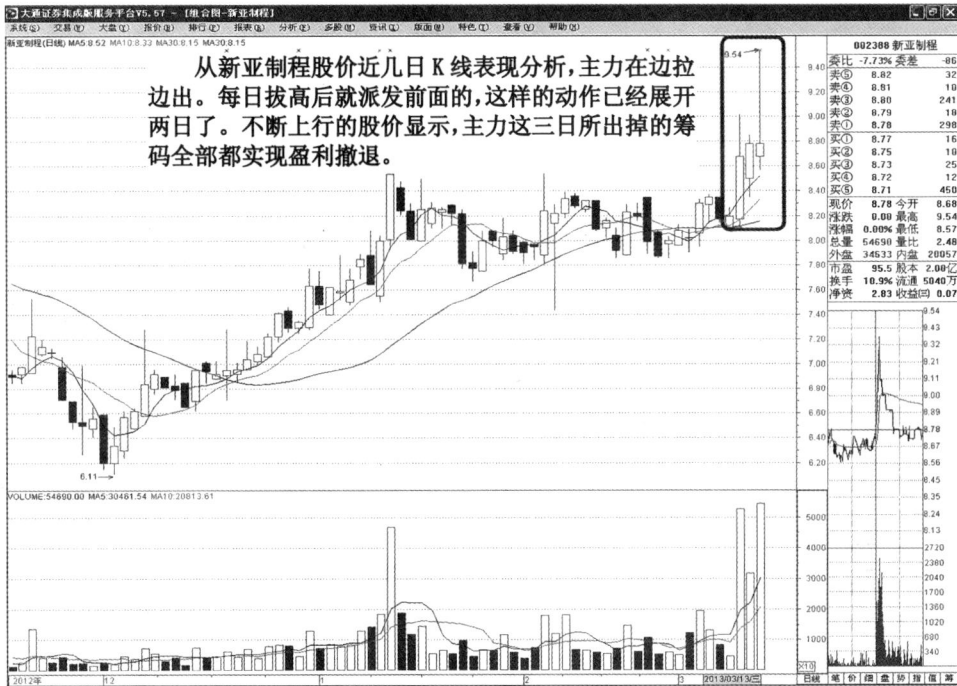

从新亚制程股价近几日K线表现分析,主力在边拉边出。每日拔高后就派发前面的,这样的动作已经展开两日了。不断上行的股价显示,主力这三日所出掉的筹码全部都实现盈利撤退。

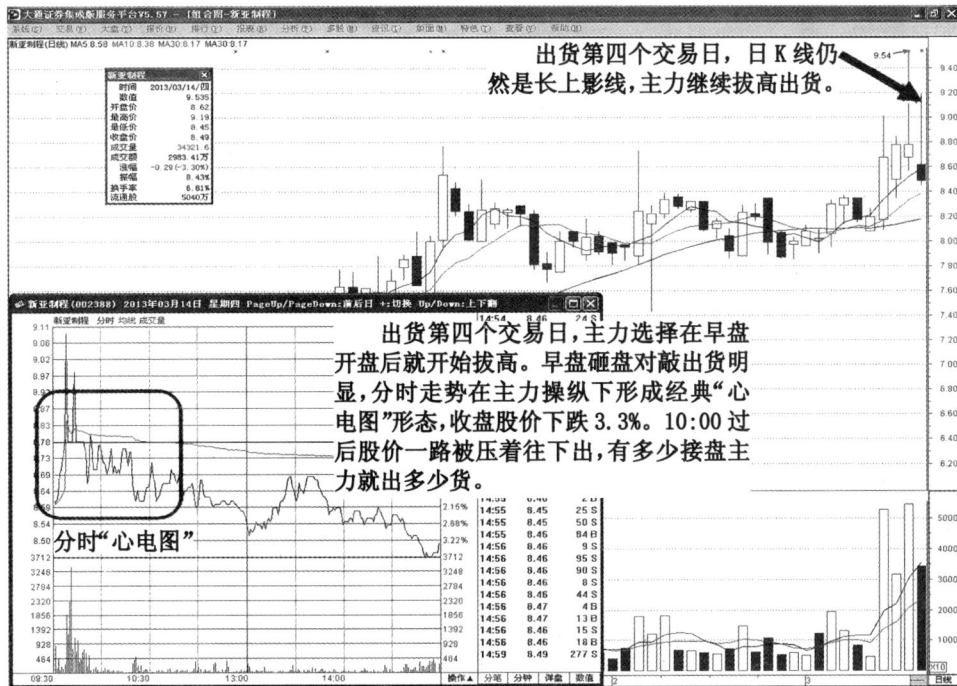

出货第四个交易日,日K线仍然是长上影线,主力继续拔高出货。

出货第四个交易日,主力选择在早盘开盘后就开始拔高。早盘砸盘对敲出货明显,分时走势在主力操纵下形成经典"心电图"形态,收盘股价下跌3.3%。10:00过后股价一路被压着往下出,有多少接盘主力就出多少货。

分时"心电图"

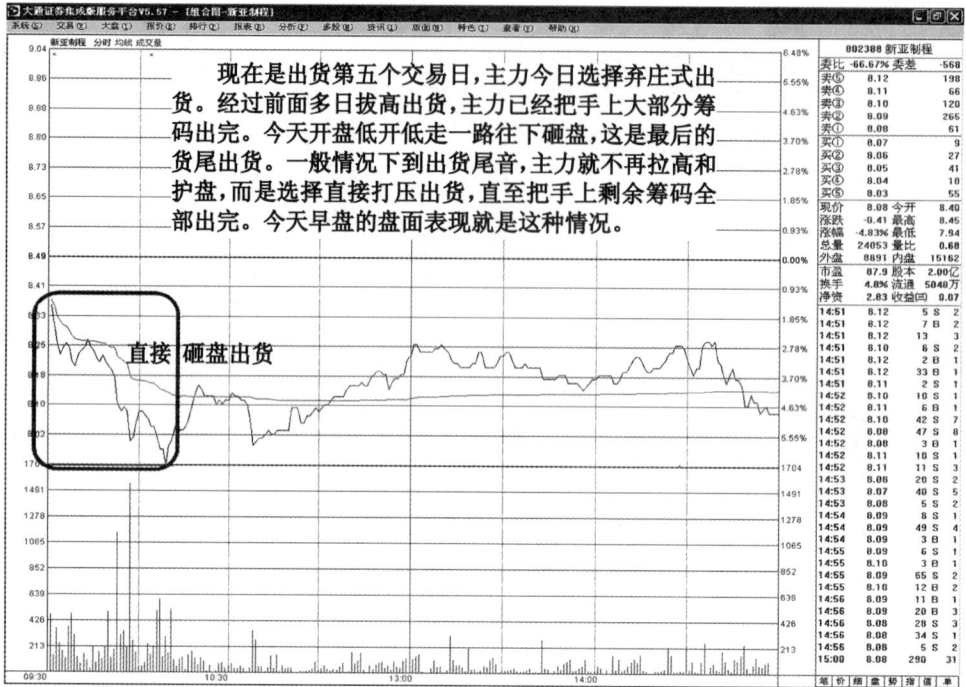

现在是出货第五个交易日,主力今日选择弃庄式出货。经过前面多日拔高出货,主力已经把手上大部分筹码出完。今天开盘低开低走一路往下砸盘,这是最后的货尾出货。一般情况下到出货尾音,主力就不再拉高和护盘,而是选择直接打压出货,直至把手上剩余筹码全部出完。今天早盘的盘面表现就是这种情况。

直接 砸盘出货

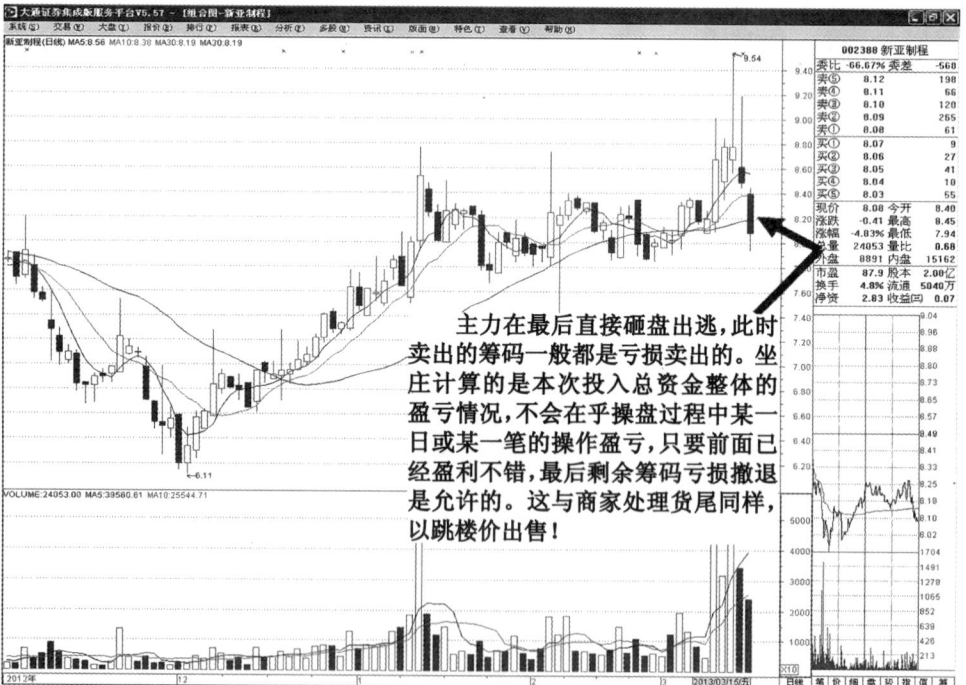

主力在最后直接砸盘出逃,此时卖出的筹码一般都是亏损卖出的。坐庄计算的是本次投入总资金整体的盈亏情况,不会在乎操盘过程中某一日或某一笔的操作盈亏,只要前面已经盈利不错,最后剩余筹码亏损撤退是允许的。这与商家处理货尾同样,以跳楼价出售!

304

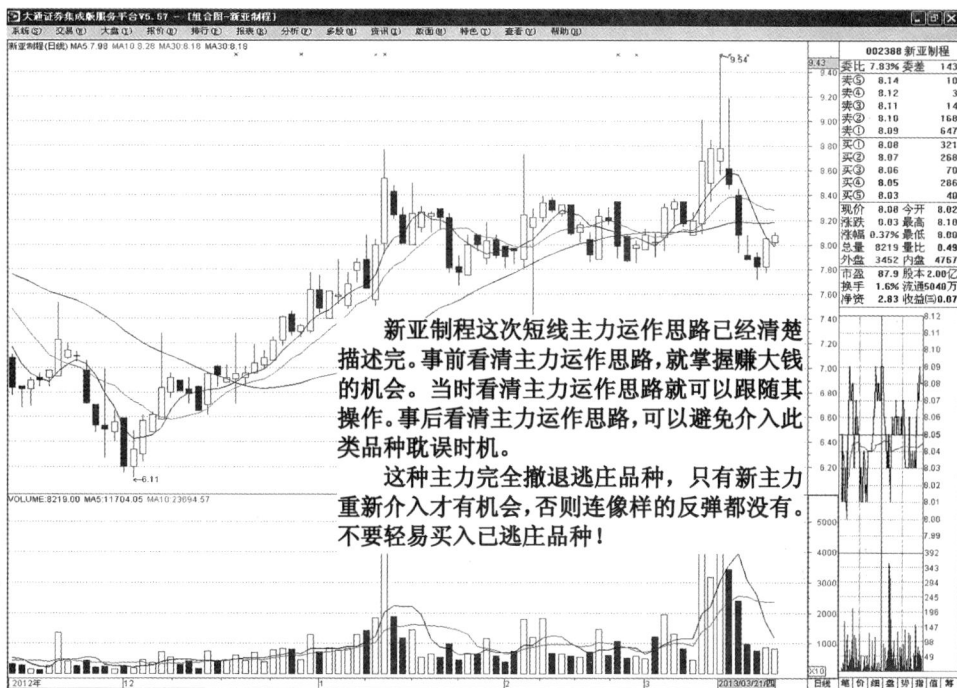

新亚制程这次短线主力运作思路已经清楚描述完。事前看清主力运作思路，就掌握赚大钱的机会。当时看清主力运作思路就可以跟随其操作。事后看清主力运作思路，可以避免介入此类品种耽误时机。

这种主力完全撤退逃庄品种，只有新主力重新介入才有机会，否则连像样的反弹都没有。不要轻易买入已逃庄品种！

短线主力的滚动操盘术

　　主力坐庄运作个股目的自然是为了资产增值创造利润，A股市场近年来出现一群以超短线操作为主的短线主力，这些主力能做到当日下午进场，次日早盘开盘就拉高出货。也有部分短主力的运作时间稍微长点，一日拿货，一日洗盘，一日拉高，拉高就出；进出整个过程在一周内完成。

　　这些短线主力运作拿货是整个环节最容易的一环，出货则成为所有坐庄中最难最耗时的操作环节。部分资金规模不大的短线主力只用一日就可完成拿货，但出货却要用上两三个交易日，甚至更长的时间才能出完。坐庄出货最难、最耗时有两大核心原因：

　　(1)原建仓筹码较难在一两日内轻松全部卖掉。

　　(2)主力获得利润主要靠自己的拉抬！出货时拉高股价盘中还要护盘，这都要继续不断做买入动作。在一天出货中很难把原建仓筹码全部卖掉，出货时为了拉高和护盘买入的筹码当天无法卖出。在出货初期主力为保证整体利润幅度，上一交易日买入的筹码在下一交易日拉高再出，下一交易日为了拉高和护盘的筹码在接着的下一交易日继续拉高再出，反复的买入、拉高、出货滚动操作相当耗时。上述是滚动操作法。一般在出货尾声筹码派发的差不多了，主力往往不再拉高和护盘，而是直接往下砸盘方式出货。个股在主力出货尾声时跌的又多又狠！

这些短线主力除了运用滚动操作法操盘，部分主力在一次性拉高股价后一路往下出货不再入市拉抬，采用这种出货手法必然会令整个运作的整体利润大幅减少。对于一次性拉升幅度特别大的个股，主力就可以一路往下压价快速出货，一般在短线主力介入不深的情况下常用这种手法出货。

对于一次性拉升幅度不大或者介入较深的个股，主力往往运用第一次拉高出前面的，当日拉高出前一日买的，次日拉高出当日买的这样的滚动操作法操盘。因此，有时有些投资者看盘时明明看到某只股票明显出现机构大量出货痕迹，就是不明白为什么该股股价短线仍然在一阴一阳相隔中创出新高。

下面以多个由短线主力运作的个股为例，介绍主力这一滚动操作手法。

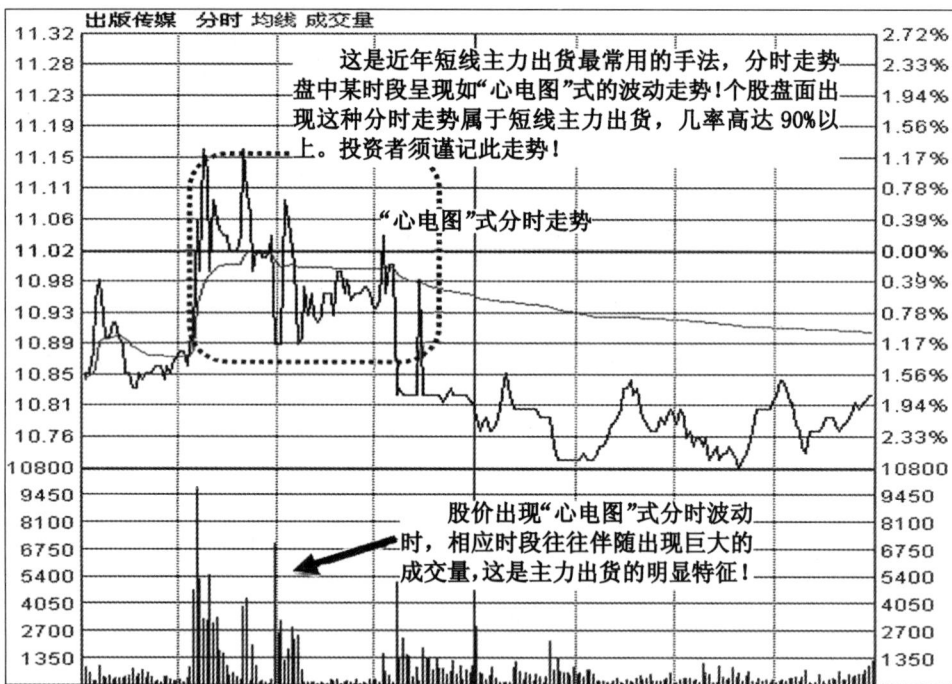

这是近年短线主力出货最常用的手法，分时走势盘中某时段呈现如"心电图"式的波动走势！个股盘面出现这种分时走势属于短线主力出货，几率高达90%以上。投资者须谨记此走势！

"心电图"式分时走势

股价出现"心电图"式分时波动时，相应时段往往伴随出现巨大的成交量，这是主力出货的明显特征！

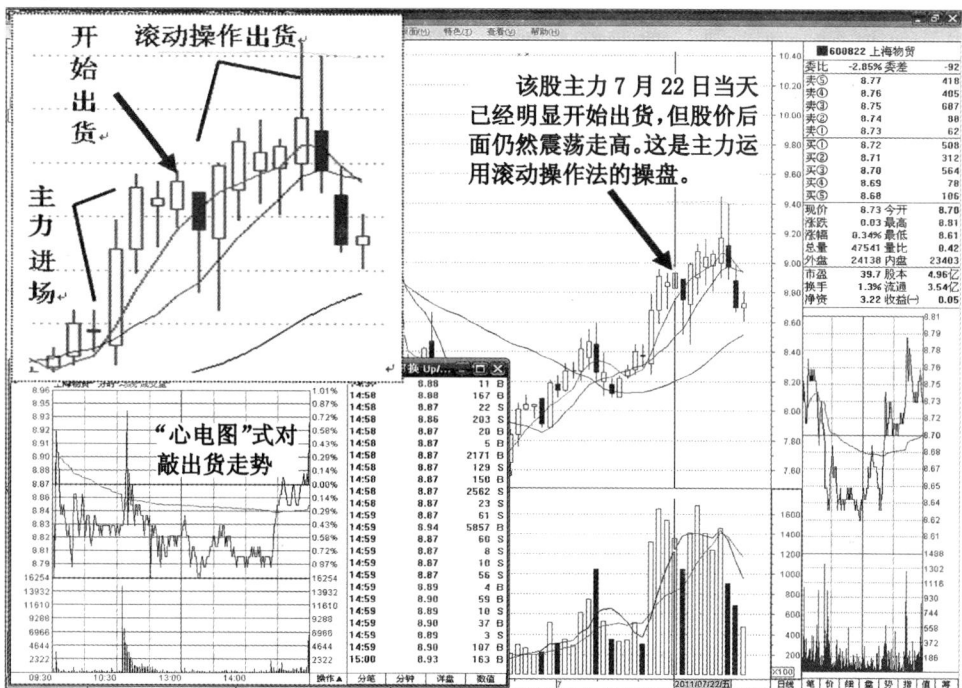

开始出货

滚动操作出货

主力进场

"心电图"式对敲出货走势

该股主力7月22日当天已经明显开始出货，但股价后面仍然震荡走高。这是主力运用滚动操作法的操盘。

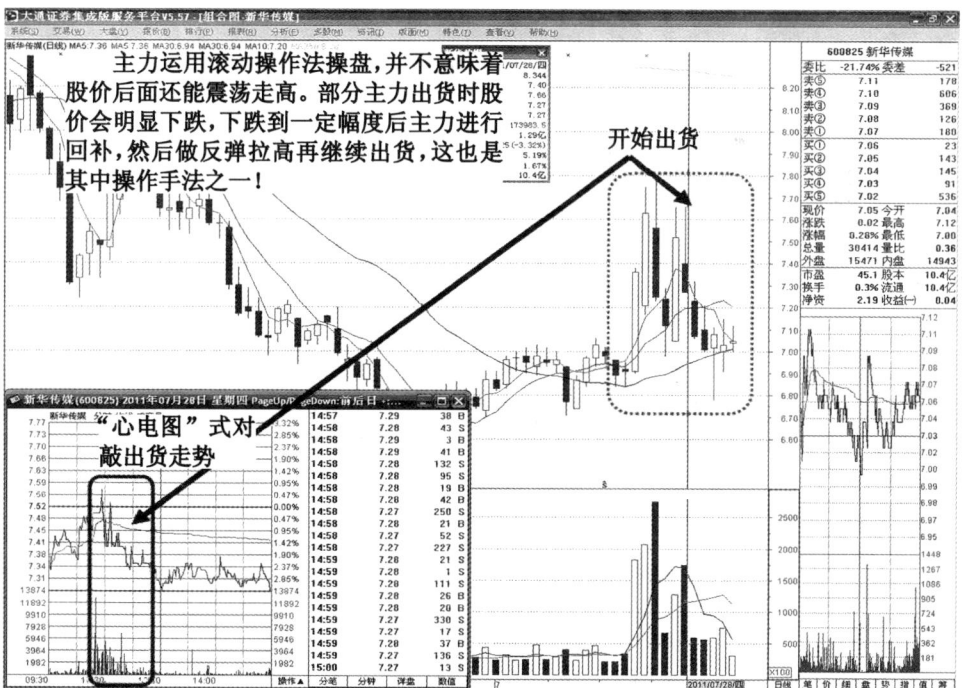

主力运用滚动操作法操盘，并不意味着股价后面还能震荡走高。部分主力出货时股价会明显下跌，下跌到一定幅度后主力进行回补，然后做反弹拉高再继续出货，这也是其中操作手法之一！

开始出货

"心电图"式对敲出货走势

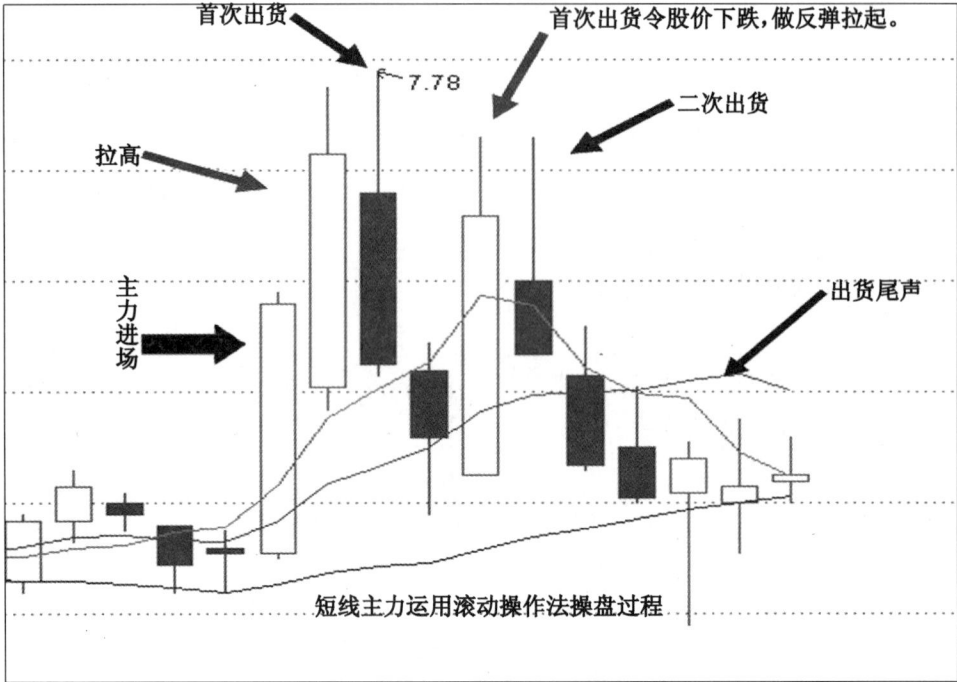

首次出货

首次出货令股价下跌,做反弹拉起。

二次出货

拉高

主力进场

出货尾声

7.78

短线主力运用滚动操作法操盘过程

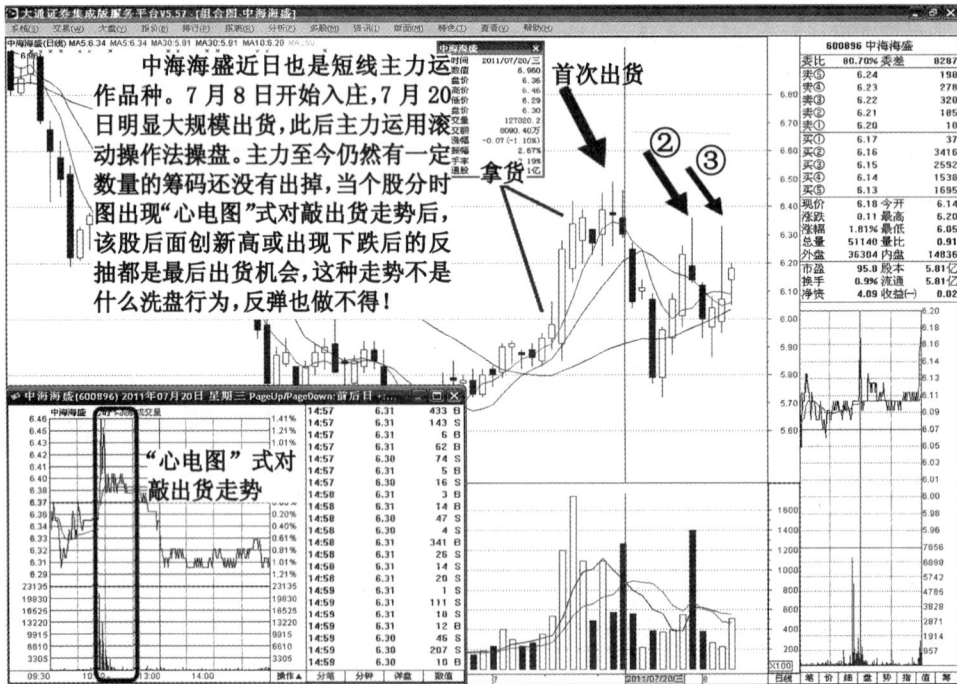

中海海盛近日也是短线主力运作品种。7月8日开始入庄,7月20日明显大规模出货,此后主力运用滚动操作法操盘。主力至今仍然有一定数量的筹码还没有出掉,当个股分时图出现"心电图"式对敲出货走势后,该股后面创新高或出现下跌后的反抽都是最后出货机会,这种走势不是什么洗盘行为,反弹也做不得!

首次出货

②

③

拿货

"心电图"式对敲出货走势

数亿资本盘踞个股滚动式运作案例

大资本投入运作一只股票，盘面避免不了会有各种各样的操盘痕迹。通过观察盘口主力的做盘，在一定程度上也可以了解到主力大概操盘情况。

下面以东方明珠（600832）走势表现为例，讲解主力入庄后长期盘踞其中，反复进行滚动操作，至主升浪出现所留下来的一些明显规律性做盘痕迹。根据跟踪研究发现，运作东方明珠的主力自有资本至少有3亿以上，主力看中并涉足该股是从2012年9月开始的，大规模介入则是从2013年1月开始。

判断一只股票不同时间段走势是不是同一个主力在操盘，可以从该股日常的分时走势和盘口挂单等行为入手。个股如是同一个主力操盘手操盘，分时走势或盘口挂单总会不经意出现十分相似或完全相同的动作，这是由个人的知识水平、技能限制和个人习惯导致的。下面就看同一主力长期操盘东方明珠，盘口挂单留下规律性操纵痕迹的表现。

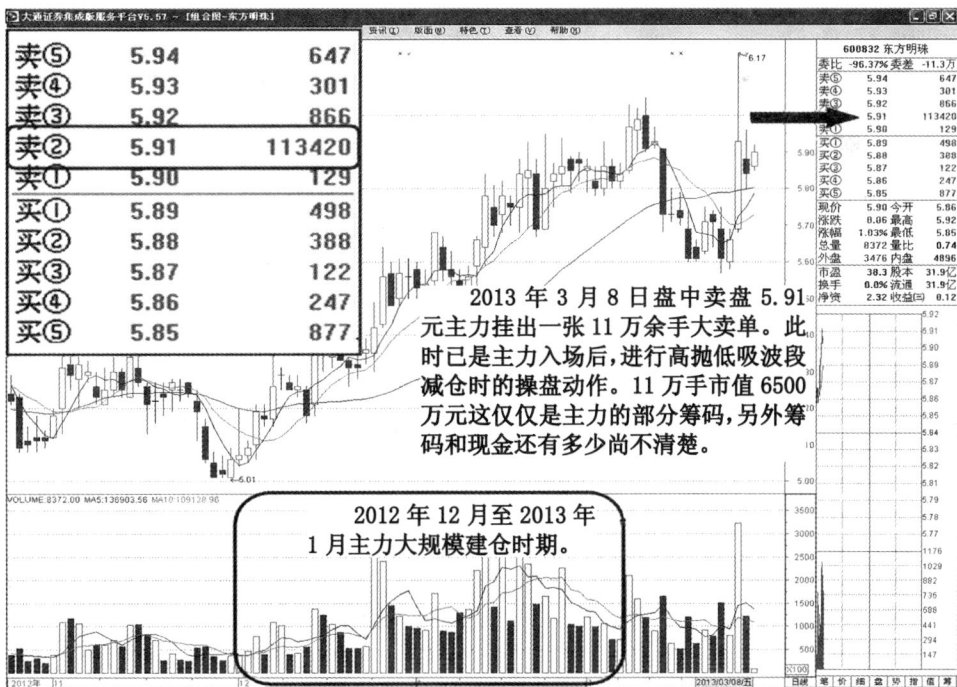

2013年3月8日盘中卖盘5.91元主力挂出一张11万余手大卖单。此时已是主力入场后，进行高抛低吸波段减仓时的操盘动作。11万手市值6500万元这仅仅是主力的部分筹码，另外筹码和现金还有多少尚不清楚。

2012年12月至2013年1月主力大规模建仓时期。

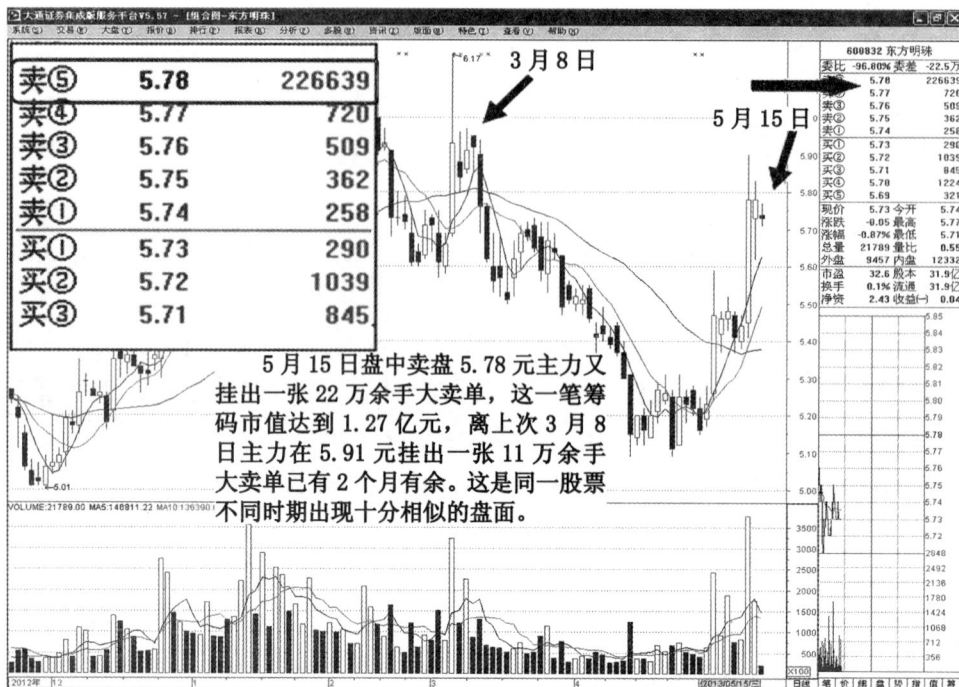

卖⑤	5.78	226639
卖④	5.77	720
卖③	5.76	509
卖②	5.75	362
卖①	5.74	258
买①	5.73	290
买②	5.72	1039
买③	5.71	845

5月15日盘中卖盘5.78元主力又挂出一张22万余手大卖单,这一笔筹码市值达到1.27亿元,离上次3月8日主力在5.91元挂出一张11万余手大卖单已有2个月有余。这是同一股票不同时期出现十分相似的盘面。

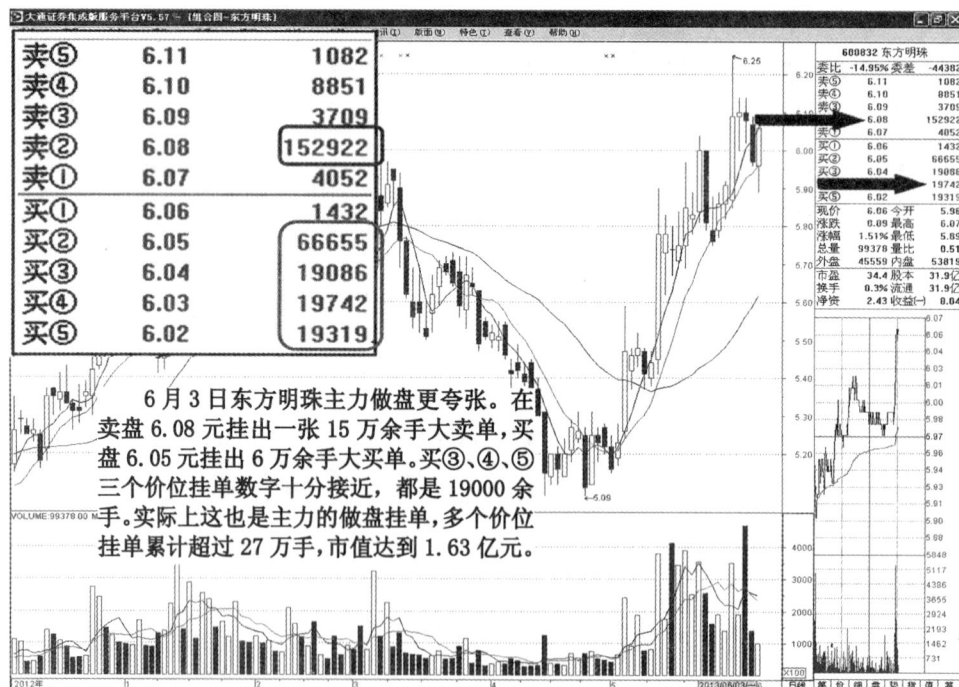

卖⑤	6.11	1082
卖④	6.10	8851
卖③	6.09	3709
卖②	6.08	152922
卖①	6.07	4052
买①	6.06	1432
买②	6.05	66655
买③	6.04	19086
买④	6.03	19742
买⑤	6.02	19319

6月3日东方明珠主力做盘更夸张。在卖盘6.08元挂出一张15万余手大卖单,买盘6.05元挂出6万余手大买单。买③、④、⑤三个价位挂单数字十分接近,都是19000余手。实际上这也是主力的做盘挂单,多个价位挂单累计超过27万手,市值达到1.63亿元。

卖⑤	6.01	2056
卖④	6.00	1639
卖③	5.99	860
卖②	5.98	312
卖①	5.97	111
买①	5.96	50173
买②	5.95	10446
买③	5.94	10183
买④	5.93	171
买⑤	5.92	287

6月5日东方明珠当天交易公开数据显示,该股当日总成交金额1.04亿元,主力通过融资买入金额达到4494万元,差不多占了全天成交金额的一半,而当天该股并没有出色的表现。实际上这是主力故意暴露自己的行踪,制造机构建仓痕迹,以此去引诱跟风盘。

上海证券交易所每日交易信息　　交易日期:2013年6月5日

单只标的证券的当日融资买入数量达到当日该证券总交易量的50%以上。

证券代码	证券简称	成交占比%	成交量	成交金额(万元)
600832	东方明珠	52.69	17463128	10395.16

融资买入会员名称	融资买入金额(元)
(1)光大证券股份有限公司	44942347.31
(2)中信证券(浙江)有限责任公司	3163800.00
(3)中国银河证券股份有限公司	1326847.00
(4)华创证券有限责任公司	1183500.00
(5)上海证券有限责任公司	509491.00

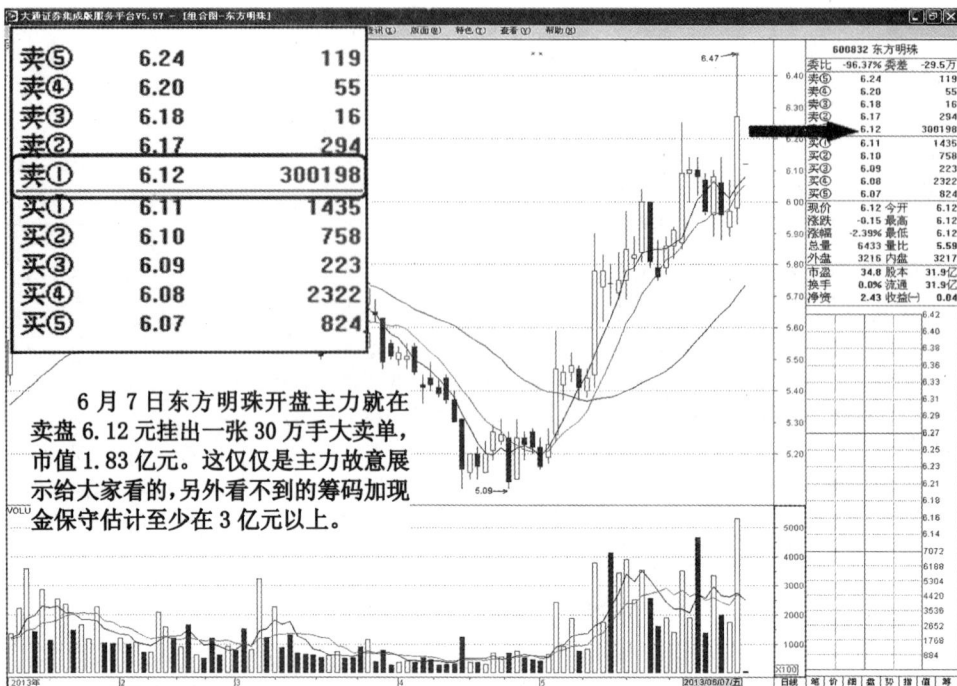

卖⑤	6.24	119
卖④	6.20	55
卖③	6.18	16
卖②	6.17	294
卖①	6.12	300198
买①	6.11	1435
买②	6.10	758
买③	6.09	223
买④	6.08	2322
买⑤	6.07	824

　　6月7日东方明珠开盘主力就在卖盘6.12元挂出一张30万手大卖单，市值1.83亿元。这仅仅是主力故意展示给大家看的，另外看不到的筹码加现金保守估计至少在3亿元以上。

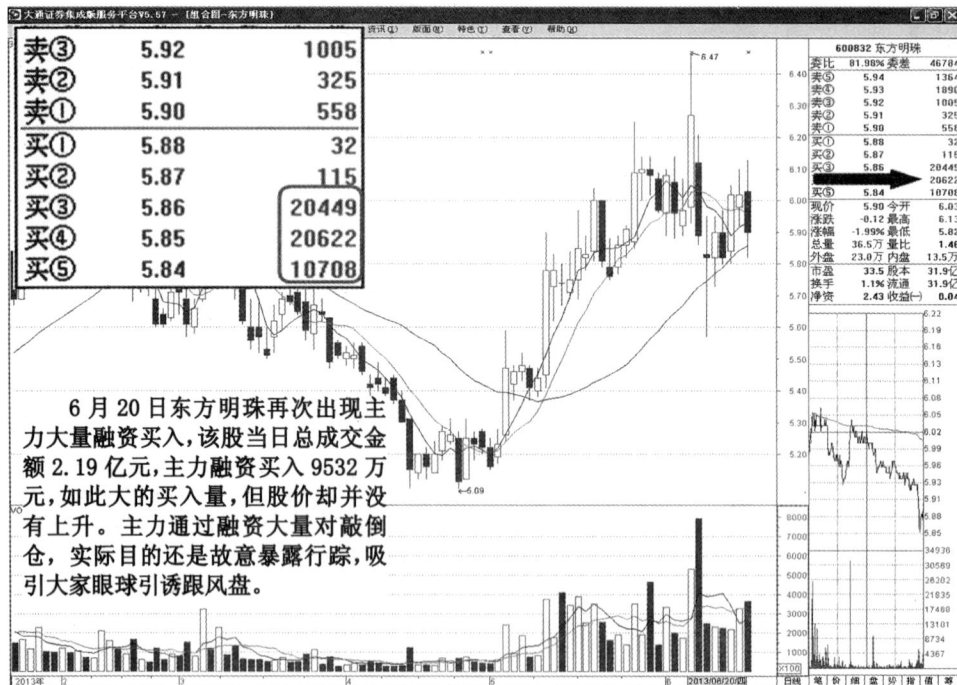

卖③	5.92	1005
卖②	5.91	325
卖①	5.90	558
买①	5.88	32
买②	5.87	115
买③	5.86	20449
买④	5.85	20622
买⑤	5.84	10708

　　6月20日东方明珠再次出现主力大量融资买入，该股当日总成交金额2.19亿元，主力融资买入9532万元，如此大的买入量，但股价却并没有上升。主力通过融资大量对敲倒仓，实际目的还是故意暴露行踪，吸引大家眼球引诱跟风盘。

上海证券交易所每日交易信息　　交易日期：2013年6月20日

单只标的证券的当日融资买入数量达到当日该证券总交易量的50％以上。

证券代码	证券简称	成交占比%	成交量	成交金额(万元)
600832	东方明珠	51.62	36484572	21903.43

融资买入会员名称	融资买入金额(元)
(1)光大证券股份有限公司	95321142.72
(2)国泰君安证券股份有限公司	4305503.00
(3)恒泰证券股份有限公司	2945248.76
(4)申银万国证券股份有限公司	1860035.00
(5)东兴证券股份有限公司	1194300.00

8月9日主力继续在盘口活动。做盘动作没有之前那么疯狂,但操盘方法是基本相同的。这体现出该股2013年1月至8月9日都是同一大主力盘踞在其中。

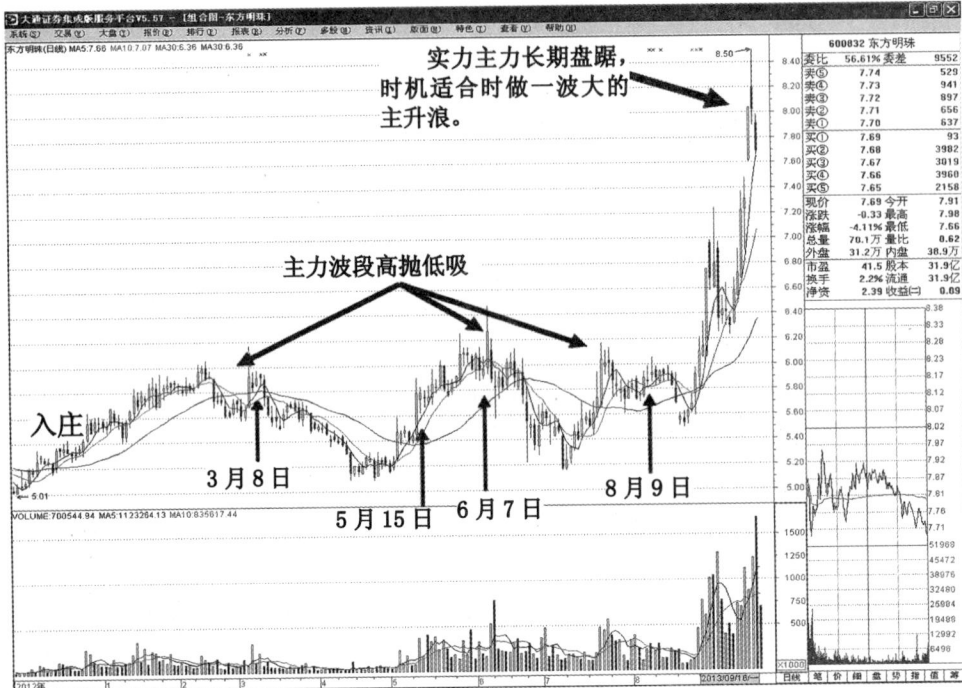

主力笨拙的操盘手段

　　手持数十亿巨资，控盘一只股票50%甚至更高比例流通盘，这样的坐庄行为已甚为少见。手持数亿资本介入中小盘个股，收集筹码量为流通盘的5%～20%，阶段性坐庄行为是现阶段大机构操盘的主流。每一家机构都有一个或多个下单交易员，也叫操盘手。操盘手可以是机构老板或一把手，也可以是一把手之外的职业股票操盘人士。一把手操盘，从整体操作计划制订到盘中具体买卖一手包揽，除非一把手操盘，下单员则按照上头每日交代的计划进行操作，盘中操作时在计划范围之内，下单员也有一定自行把握处理的灵活性。

　　主力操盘除了集中资金优势可以影响股价，高超的做盘技巧能做到神不知鬼不觉，轻松赚钱走人无人知晓。一个优秀操盘手需要多年时间的磨炼才能成才，一个缺乏专业知识的操盘手往往做盘不顺，影响资本运作全局。下面以东力传动(002164)表现为例，认识一下该股主力运作时生疏的操盘手法，由于缺乏专业知识其操盘已导致坐庄出货困难。

　　从盘面上分析估算，东力传动运作主力总资本近亿元，该主力是什么时间潜伏进东力传动的较难判断。

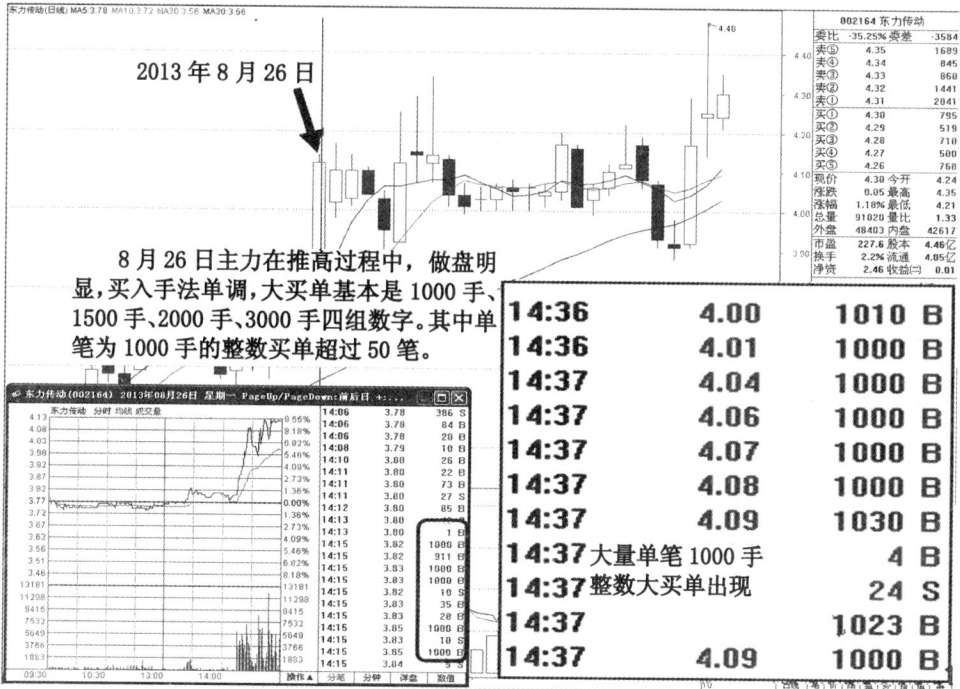

2013 年 8 月 26 日

8 月 26 日主力在推高过程中，做盘明显，买入手法单调，大买单基本是 1000 手、1500 手、2000 手、3000 手四组数字。其中单笔为 1000 手的整数买单超过 50 笔。

时间	价格	数量	
14:36	4.00	1010	B
14:36	4.01	1000	B
14:37	4.04	1000	B
14:37	4.06	1000	B
14:37	4.07	1000	B
14:37	4.08	1000	B
14:37	4.09	1030	B
14:37 大量单笔 1000 手		4	B
14:37 整数大买单出现		24	S
14:37		1023	B
14:37	4.09	1000	B

盘口显示，8 月 26 日该主力明显有大量买入，当日主力做盘差 3 分钱不封涨停，这是有意回避涨停上榜被深交所公开其交易席位，以及其当天较大的买入金额。这一点操盘手很聪明，但盘中操作拿货动作却相当单调、笨拙。盘中拿货大买单 90% 是 1000 手、1500 手、2000 手、3000 手四组数字。其中单笔为 1000 手的整数买单频繁出现超过 50 笔，在随后多日的做盘过程中，东力传动盘面反复出现 1000 手、1500 手的操盘痕迹。下面通过该股多日盘口操纵痕迹来了解这种做盘状况。

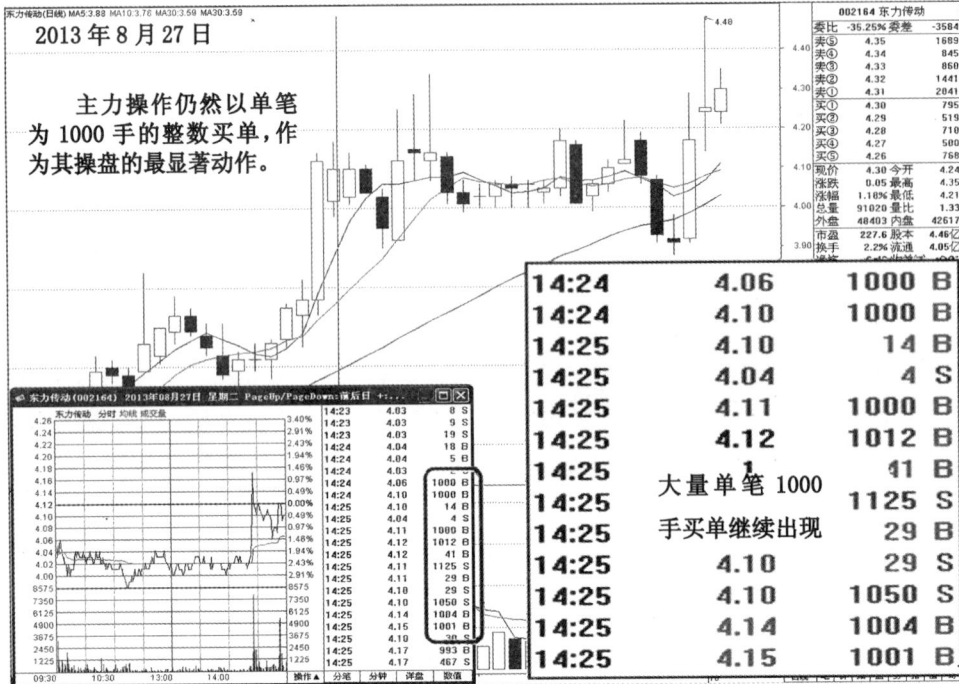

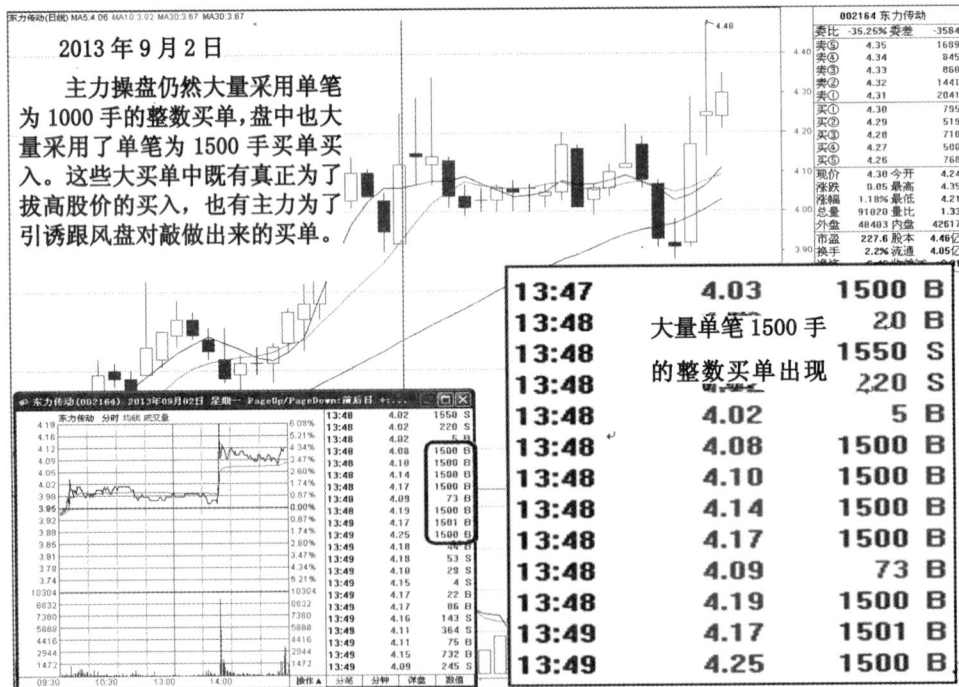

2013 年 8 月 27 日

主力操作仍然以单笔
为 1000 手的整数买单,作
为其操盘的最显著动作。

14:24	4.06	1000	B
14:24	4.10	1000	B
14:25	4.10	14	B
14:25	4.04	4	S
14:25	4.11	1000	B
14:25	4.12	1012	B
14:25 大量单笔 1000		41	B
14:25 手买单继续出现		1125	S
14:25		29	B
14:25	4.10	29	B
14:25	4.10	1050	S
14:25	4.14	1004	B
14:25	4.15	1001	B

2013 年 9 月 2 日

主力操盘仍然大量采用单笔
为 1000 手的整数买单,盘中也大
量采用了单笔为 1500 手买单买
入。这些大买单中既有真正为了
拔高股价的买入,也有主力为了
引诱跟风盘对敲做出来的买单。

13:47	4.03	1500	B
13:48 大量单笔 1500 手		20	B
13:48		1550	S
13:48 的整数买单出现		220	S
13:48	4.02	5	B
13:48	4.08	1500	B
13:48	4.10	1500	B
13:48	4.14	1500	B
13:48	4.17	1500	B
13:48	4.09	73	B
13:48	4.19	1500	B
13:49	4.17	1501	B
13:49	4.25	1500	B

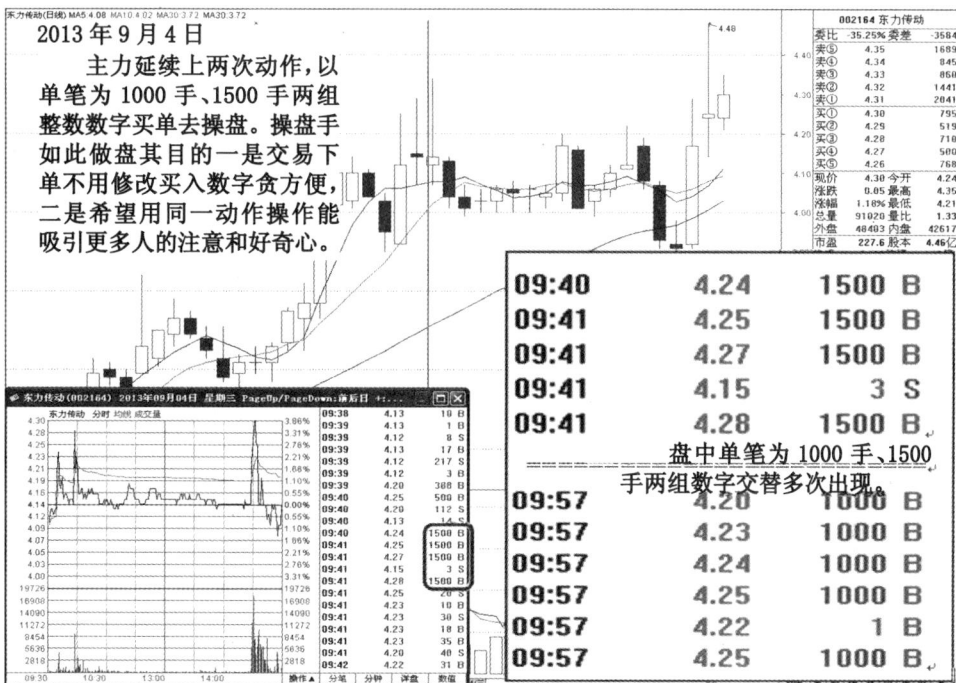

2013年9月4日

主力延续上两次动作，以单笔为1000手、1500手两组整数数字买单去操盘。操盘手如此做盘其目的一是交易下单不用修改买入数字贪方便，二是希望用同一动作操作能吸引更多人的注意和好奇心。

09:40	4.24	1500	B
09:41	4.25	1500	B
09:41	4.27	1500	B
09:41	4.15	3	S
09:41	4.28	1500	B

盘中单笔为1000手、1500手两组数字交替多次出现。

09:57	4.20	1000	B
09:57	4.23	1000	B
09:57	4.24	1000	B
09:57	4.25	1000	B
09:57	4.22	1	B
09:57	4.25	1000	B

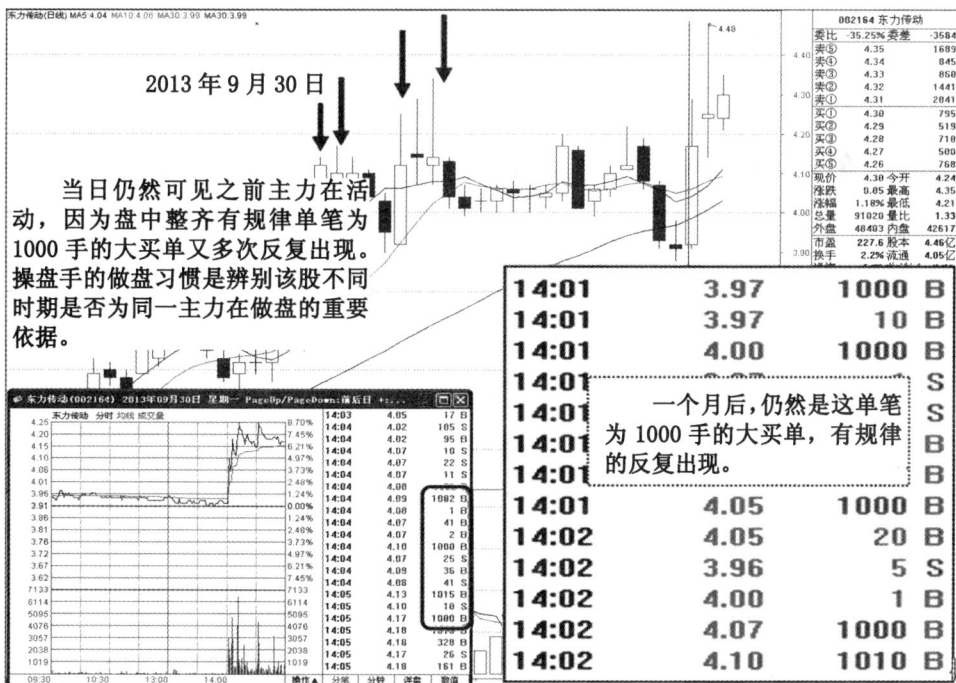

2013年9月30日

当日仍然可见之前主力在活动，因为盘中整齐有规律单笔为1000手的大买单又多次反复出现。操盘手的做盘习惯是辨别该股不同时期是否为同一主力在做盘的重要依据。

14:01	3.97	1000	B
14:01	3.97	10	B
14:01	4.00	1000	B
14:01			S
14:01			S
14:01			B
14:01			B

一个月后，仍然是这单笔为1000手的大买单，有规律的反复出现。

14:01	4.05	1000	B
14:02	4.05	20	B
14:02	3.96	5	S
14:02	4.00	1	B
14:02	4.07	1000	B
14:02	4.10	1010	B

这是东力传动 10 月 8 日的部分交易盘口细节,单笔为 1000 手的大买单仍然多次有规律出现。

13:02	①	4.24	1000 B
13:03		4.25	1000 B
13:03		4.28	1000 B

14:25		4.35	1000 B
14:25		4.39	1000 B
14:25		4.35	1000 B
14:25		4.35	1 B
14:25		4.35	14 S
14:25		4.39	1000 B
14:25	②	4.38	1000 B
14:26		4.35	2 S
14:26		4.41	1000 B

10 月 8 日该股盘中拔高后主力有明显减仓动作,就连在主力减仓操作时,也用上了大量手数相同的卖单。连续多张 200 手、300 手、500 手的卖单盘中多次有规律的出现,其中以 500 手卖单出现最多最明显。这种坐庄结果往往只有一个,即"进的去、出不来,痛苦不堪!"

13:27	③	4.33	501 S
13:27		4.31	500 S
13:27		4.30	590 S
13:27		4.35	4 B
13:27		4.30	500 S

14:46		4.26	500 S
14:46		4.27	5 S
14:46		4.25	500 S
14:46		4.30	40 B
14:46		4.30	37 S
14:46		4.26	500 S
14:47		4.26	500 S
14:47		4.28	5 B
14:47	④	4.26	500 S
14:47		4.26	307 S
14:47		4.26	11 B
14:47		4.25	682 S
14:47		4.25	500 S

第六章　主力与主力间的争斗

机构之间搏斗会晤所用特殊盘口语言

  盘口特殊数字挂单是盘口语言知识范畴中的一个点。什么是特殊数字挂单？如：144、4444、188、888、777……这些数字之所以被认为属于股市特殊盘口语言，是因为这些数字的谐音具有一定的语言表达意义。例如，144的谐音大家通读为"要死死"，444谐音通读为"死死死"。188、888的谐音大众公认通读为"要发发"、"发发发"，777则为"出出出"等。

  主力操盘过程中会遇到对手盘，由于两者之间谁也不知道对方是谁，想直接面对面或通过通讯方式，去警告或联系会晤对方是不可能的，因此在盘口上挂出如888、444……特殊数字去警告或会晤对方。经验丰富的操盘手看到这些特殊数字，再结合自己当时的操盘行为，一般都能明白盘中这些特殊数字的意义，至少知道有对手在发出某种信号，这就是真正的盘口语言。

  以现在的通讯和交易手段，主力操盘无论在多少家证券营业部开户都可以通过网上交易完成，主力无需再用特殊数字去通知自己的操盘手操作。现时个股盘中出现具有真正意义的特殊数字，一般都是发出某种警告信号，或者是有人故意扰乱大众的看盘思维。下面就以中南传媒（601098）盘口，机构间在盘中斗争为例，了解这种特殊盘口存在的情况。

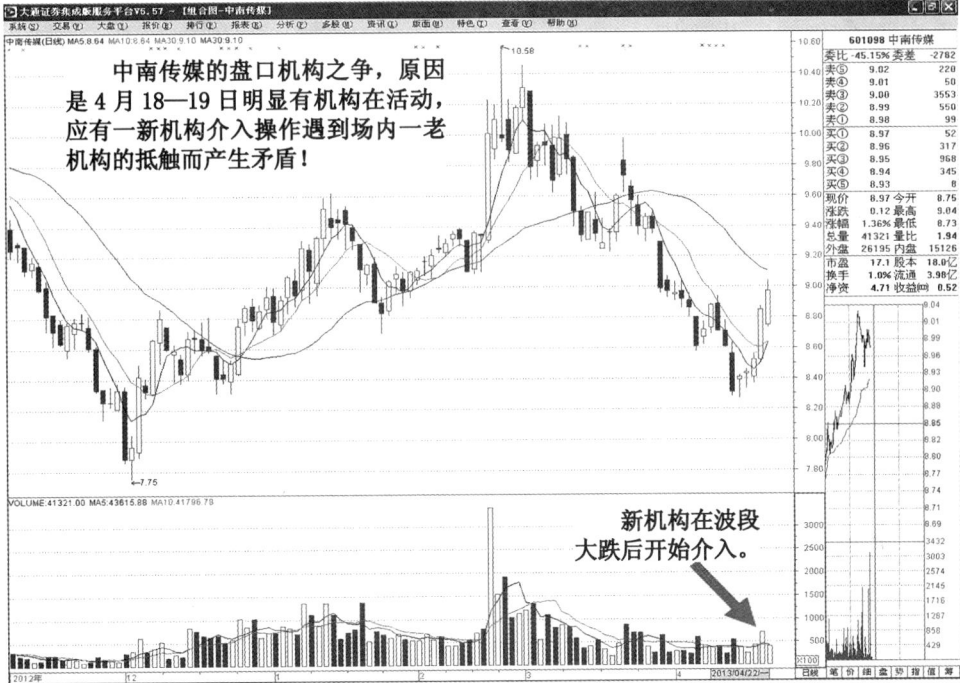

中南传媒的盘口机构之争，原因是4月18—19日明显有机构在活动，应有一新机构介入操作遇到场内一老机构的抵触而产生矛盾！

新机构在波段大跌后开始介入。

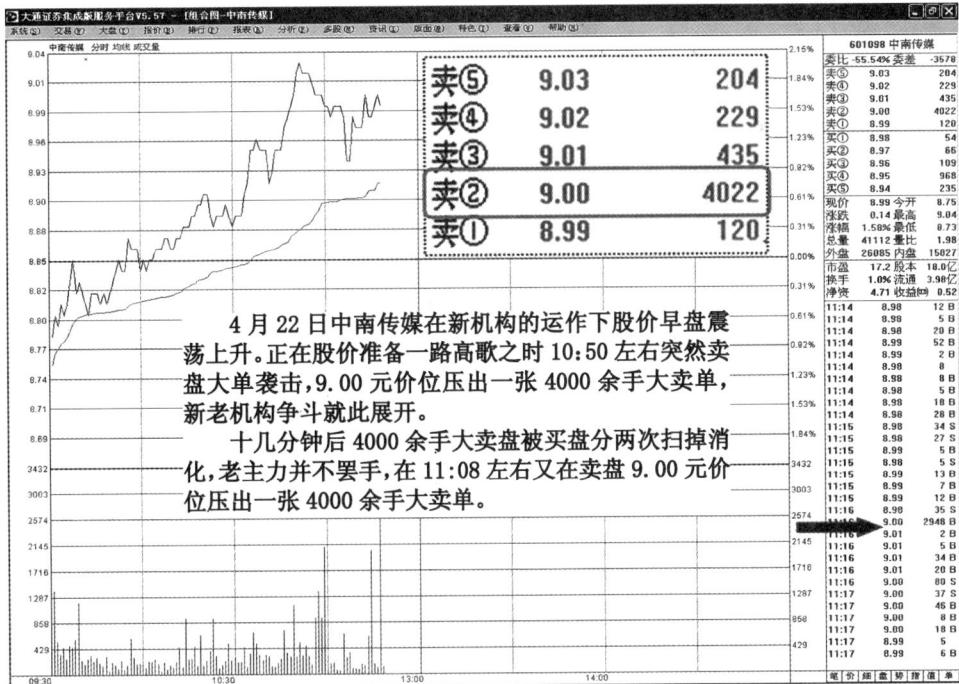

卖⑤	9.03	204
卖④	9.02	229
卖③	9.01	435
卖②	9.00	4022
卖①	8.99	120

　4月22日中南传媒在新机构的运作下股价早盘震荡上升。正在股价准备一路高歌之时10:50左右突然卖盘大单袭击，9.00元价位压出一张4000余手大卖单，新老机构争斗就此展开。

　十几分钟后4000余手大卖盘被买盘分两次扫掉消化，老主力并不罢手，在11:08左右又在卖盘9.00元价位压出一张4000余手大卖单。

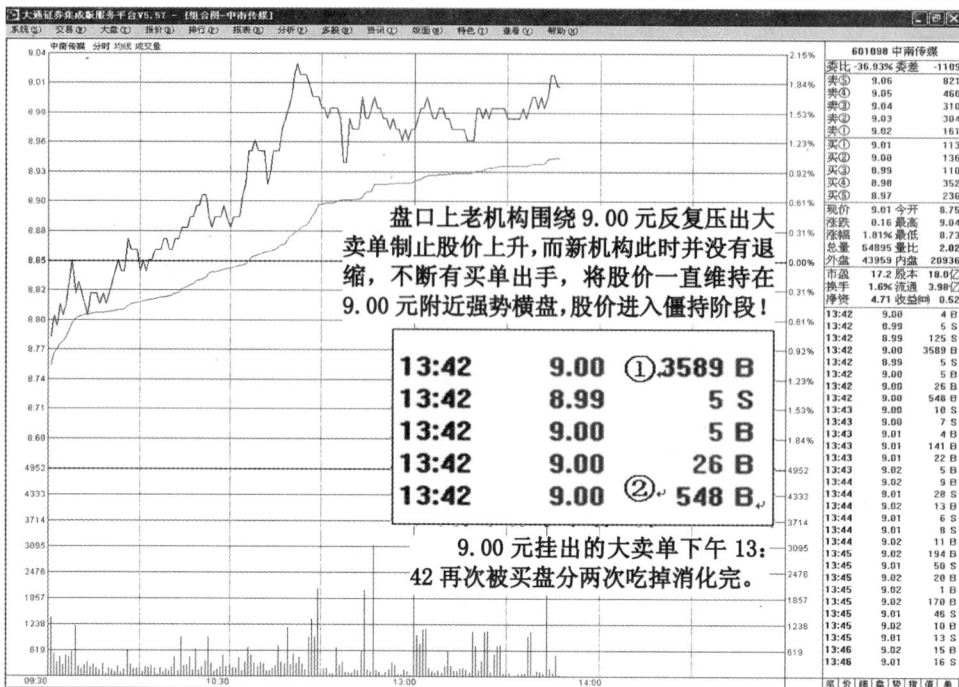

盘口上老机构围绕9.00元反复压出大卖单制止股价上升,而新机构此时并没有退缩,不断有买单出手,将股价一直维持在9.00元附近强势横盘,股价进入僵持阶段!

13:42	9.00	①.3589 B
13:42	8.99	5 S
13:42	9.00	5 B
13:42	9.00	26 B
13:42	9.00	② 548 B

9.00元挂出的大卖单下午13:42再次被买盘分两次吃掉消化完。

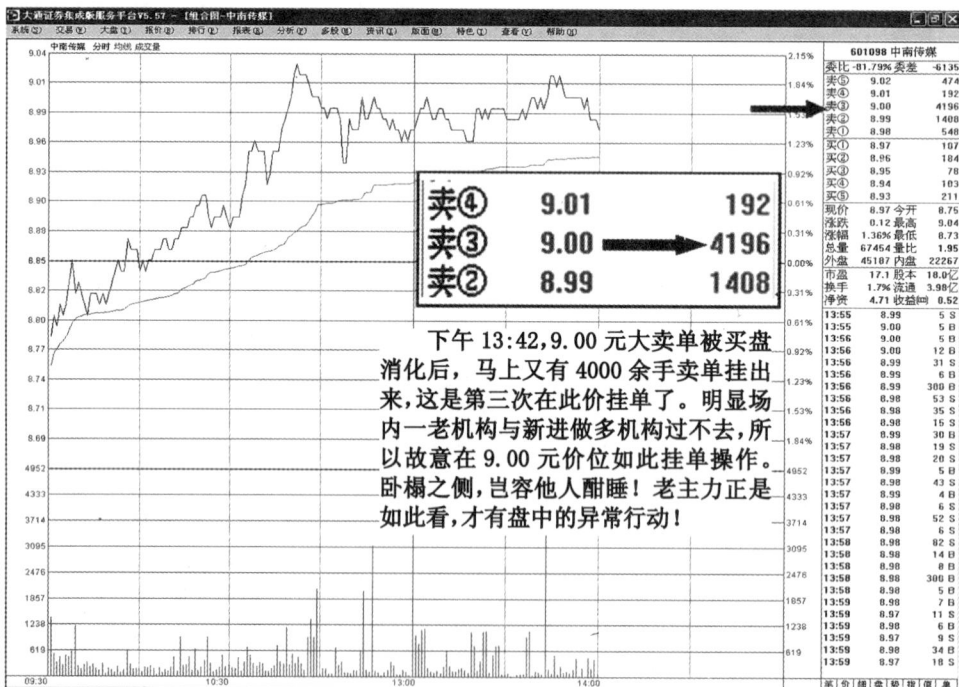

卖④	9.01	192
卖③	9.00 →	4196
卖②	8.99	1408

下午13:42,9.00元大卖单被买盘消化后,马上又有4000余手卖单挂出来,这是第三次在此价挂单了。明显场内一老机构与新进做多机构过不去,所以故意在9.00元价位如此挂单操作。卧榻之侧,岂容他人酣睡!老主力正是如此看,才有盘中的异常行动!

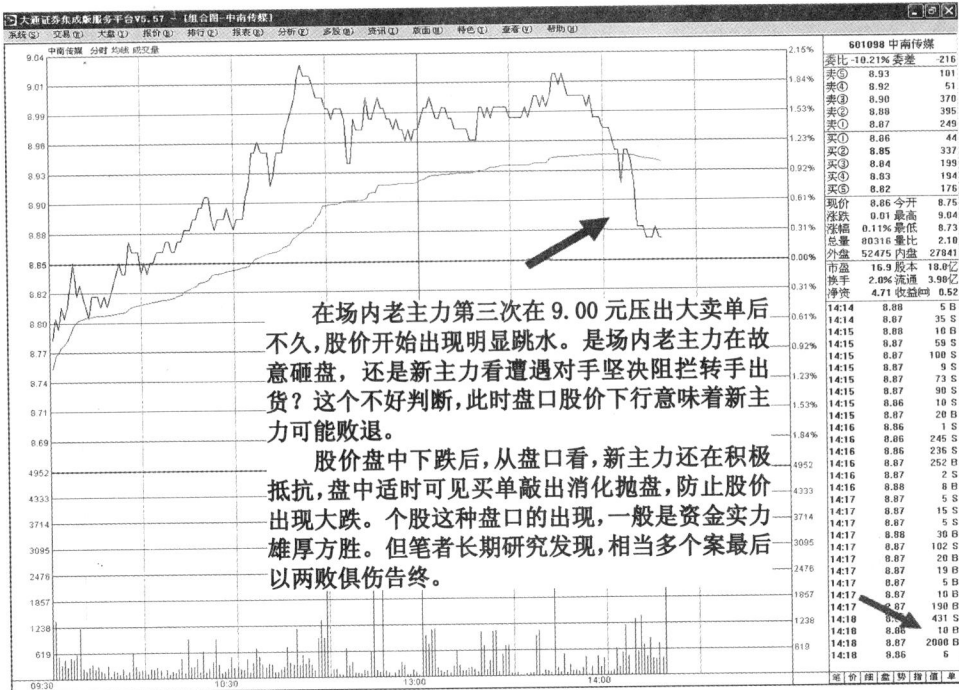

在场内老主力第三次在9.00元压出大卖单后不久，股价开始出现明显跳水。是场内老主力在故意砸盘，还是新主力看遭遇对手坚决阻拦转手出货？这个不好判断，此时盘口股价下行意味着新主力可能败退。

股价盘中下跌后，从盘口看，新主力还在积极抵抗，盘中适时可见买单敲出消化抛盘，防止股价出现大跌。个股这种盘口的出现，一般是资金实力雄厚方胜。但笔者长期研究发现，相当多个案最后以两败俱伤告终。

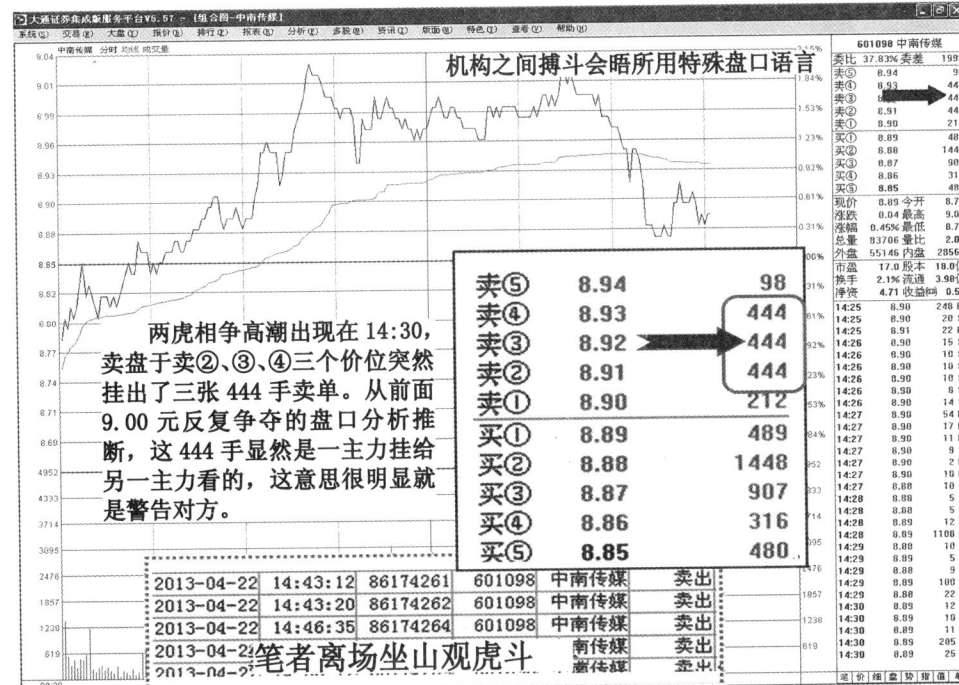

机构之间搏斗会晤所用特殊盘口语言

两虎相争高潮出现在14:30，卖盘于卖②、③、④三个价位突然挂出了三张444手卖单。从前面9.00元反复争夺的盘口分析推断，这444手显然是一主力挂给另一主力看的，这意思很明显就是警告对方。

卖⑤	8.94	98
卖④	8.93	444
卖③	8.92	444
卖②	8.91	444
卖①	8.90	212
买①	8.89	489
买②	8.88	1448
买③	8.87	907
买④	8.86	316
买⑤	8.85	480

2013-04-22	14:43:12	86174261	601098	中南传媒	卖出
2013-04-22	14:43:20	86174262	601098	中南传媒	卖出
2013-04-22	14:46:35	86174264	601098	中南传媒	卖出

笔者离场坐山观虎斗

教你认识机构与机构之间的博弈行为

所谓千股千庄，其意指每一只股票都有机构持有，但机构并不等于主力。只有实力较强并实施有组织、有计划操纵价格的这些机构才是真正的主力。大部分机构只是资金比一般投资者更庞大的独立个体。

每只股票自上市日起都会有机构买入并持有。往后的交易中各类机构和一般投资者同样自由交易和进出，这些机构的进出行为与一般投资者自由买卖进出行为一样，不同的是机构的买卖金额可能比一般投资者更大。大量机构群体之间的交易，和一般投资者之间的交易都属市场自由博弈行为，他们在交易过程中并没有特定针对性和恶意敌对行为。这些交易操作者买的只针对卖的；或卖的只是针对买的。交易时对手盘没有具体鲜明的个体目标，这就是市场大众博弈行为。

另外一种博弈是有针对性的交易行为，这种交易往往是真正的搏斗。

常见的一机构针对另一机构的交易操作中，交易双方之间可能知道对方底细，或者可能不知道，但一方认为另一方就是其交易对手盘，这种交易有具体明确的目标指向性。通常我们把这种动作明显、有具体目标指向性的交易行为称为主力与主力的斗争行为。主力与主力之间恶意敌对交易行为在股票市场中并不少见，大部分交易都是大买方和大卖方的市场大众自由博弈行为。下面案例中金安国纪2014年1月2日盘中表现，则是主力与主力之间有明确目标指向的斗争行为。

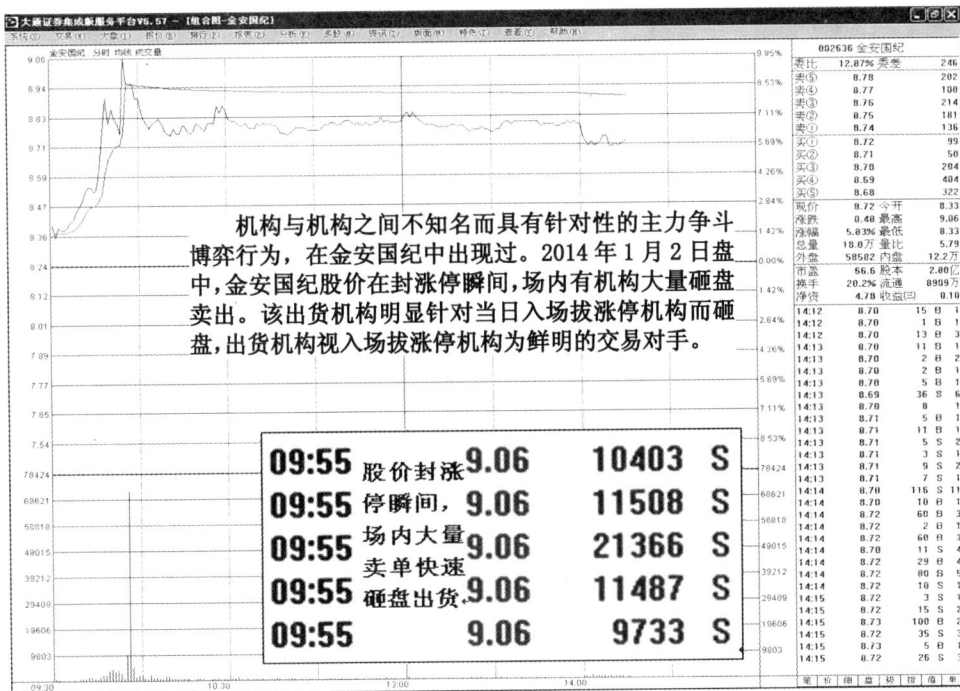

机构与机构之间不知名而具有针对性的主力争斗博弈行为，在金安国纪中出现过。2014 年 1 月 2 日盘中，金安国纪股价在封涨停瞬间，场内有机构大量砸盘卖出。该出货机构明显针对当日入场拔涨停机构而砸盘，出货机构视入场拔涨停机构为鲜明的交易对手。

09:55	股价封涨	9.06	10403	S
09:55	停瞬间，	9.06	11508	S
09:55	场内大量	9.06	21366	S
09:55	卖单快速	9.06	11487	S
09:55	砸盘出货	9.06	9733	S

深圳证券市场中小企业板交易公开信息(2014年1月3日)

金安国纪(002636)　　　　成交量：2076万股　　　　成交金额：18467万元

买入金额最大的前5名营业部	买入金额（元）	卖出金额（元）
国泰君安交易单元(010000)	25740133.28	0.00
兴业证券成都航空路证券营业部	20962113.00	0.00
国泰君安证券上海天山路证券营业部	9058088.00	26505.00
国泰君安证券成都北一环路证券营业部	5962260.00	0.00
中信证券上海淮海中路证券营业部	4170283.00	106435.00

卖出金额最大的前5名营业部	买入金额（元）	卖出金额（元）
华泰证券江阴福泰路证券营业部	0.00	65213257.85
招商证券深圳布吉罗岗路证券营业部	105599.00	3592375.51
中国民族证券深圳高新南一道证券营业部	0.00	2356108.00
广发证券江门新会知政中路证券营业部	584015.00	1959119.00
国联证券深圳海秀路证券营业部	0.00	1925837.70

　　当天公开数据显示，大量卖出方为华泰证券江阴福泰路证券营业部机构。出货量非常大，达到6220万元，占全天总成交金额35.3%。卖出最大第二名营业部

卖出量则不到360万元，往后的就更小了。

买入营业部成交第一名是国泰君安交易单元（010000），买进2574万元。买入第二名是兴业证券成都航空路证券营业部，买进2096万元。这两家营业部都是频频上榜的著名短线机构营业部，二者之间估计并无利益联盟关系。而金安国纪2014年1月2日盘中拉高并封涨停，就是这两家营业部机构不约而同的共同操作所为。二者疯狂抢进金安国纪并在封涨停瞬间，有可能被场内华泰证券江阴福泰路证券营业部机构伏击大量砸盘出货。

经全面分析认为，华泰证券江阴福泰路营业部机构的砸盘出货行为，并不是事前就预测并安排好的。这也并不是场内老机构制止新进机构进入，而是老机构趁新进机构介入并利用巨单封涨停之时，临时做出反应，看到买盘有大量接盘即顺水推舟将手上大量筹码倒给新进机构，趁机离场走人。

金安国纪1月2日股价盘中拉高并封涨停的表现，在同行眼中一看就知道是短线资金的介入和推高。这类短线资金往往是介入当天推高死死封涨停，到次日冲高就出货走人。

已经在场的华泰证券江阴福泰路证券营业部机构操盘手对这种操盘手段了如指掌，知道是同行在操盘。与其次日与新进的机构争着出货，不如趁新进机构利用巨单封涨停，有巨大接盘时可在两三分钟内出货轻松撤退。正常的市场交易状态下买盘接盘较少，若是持股不动到次日再与新进机构争着出货，估计双方都出不了多少，股价就被大幅砸下去了。已在场的华泰证券江阴福泰路营业部机构如此神速出货，实际已经把以上笔者所说的问题看得清清楚楚了。

由此看已在场的华泰证券江阴福泰路营业部机构如此神速砸盘出货，明显是针对新进机构买盘挂单特别大而决定的操作。出货的目的是不想次日与新进机构正面交锋，同时竞争出货。其中非常重要的一点是，如场内老机构正想撤退，新进机构在买盘挂出巨大的买单封板，可引发场内老机构快速轻松完成出货。这对于华泰证券江阴福泰路营业部机构而言属于突发性交易事件！对于新进机构国泰君安交易单元（010000）和兴业证券成都航空路证券营业部机构则是预料之外的被伏击事件！这种盘面的发生本非场内机构的安排导致。经验丰富的机构则会通过各种各样的手段制造涨停，引诱跟风盘封板，然后出货。

对于这些短线机构而言，他们操盘时尽量通过各种办法去避免强大的对手，但在大量操盘过程中遇到这样的事件是避免不了的。出现情况他们自然有他们的应对策略，最坏的情况就是主动亏损走人。大量操盘中，他们盈利多于亏损，如亏损走人，实质上相当于一次操盘失败利润回吐，这并不是什么大不了的事。像这样遇到强大的对手盘伏击整体上是比较少的，他们不会因可能遇到这种事而放弃操盘。正如喝水也可能会噎死，但没有几个人会因为有人喝水被噎死了而不喝水了吧？任何投资都有风险，风险度则有高有低，有的可控，有的不可控！

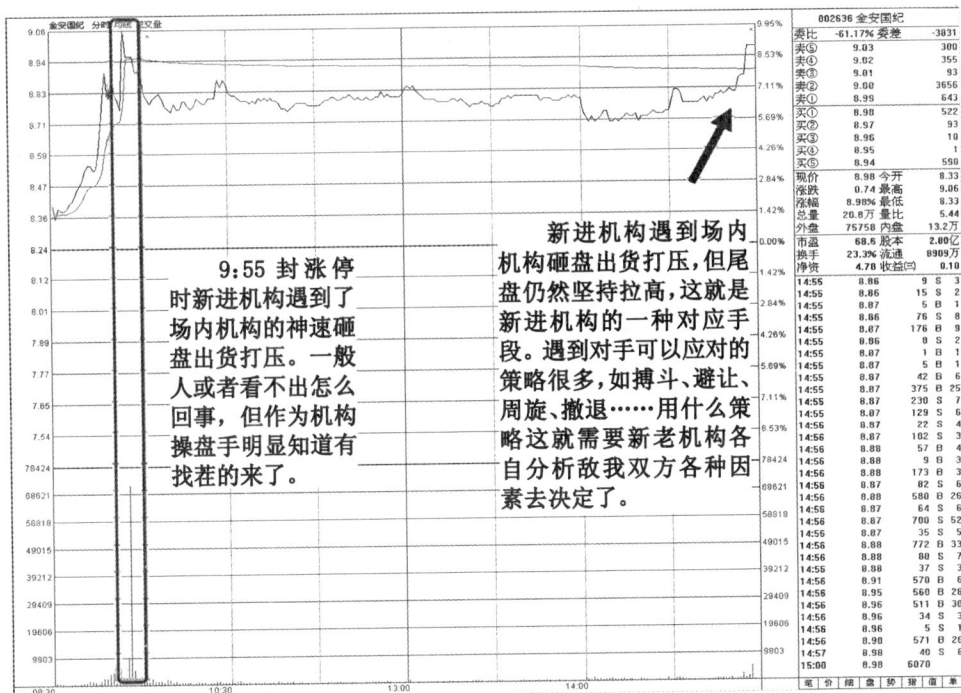

9:55 封涨停时新进机构遇到了场内机构的神速砸盘出货打压。一般人或者看不出怎么回事，但作为机构操盘手明显知道有找茬的来了。

新进机构遇到场内机构砸盘出货打压，但尾盘仍然坚持拉高，这就是新进机构的一种对应手段。遇到对手可以应对的策略很多，如搏斗、避让、周旋、撤退……用什么策略这就需要新老机构各自分析敌我双方各种因素去决定了。

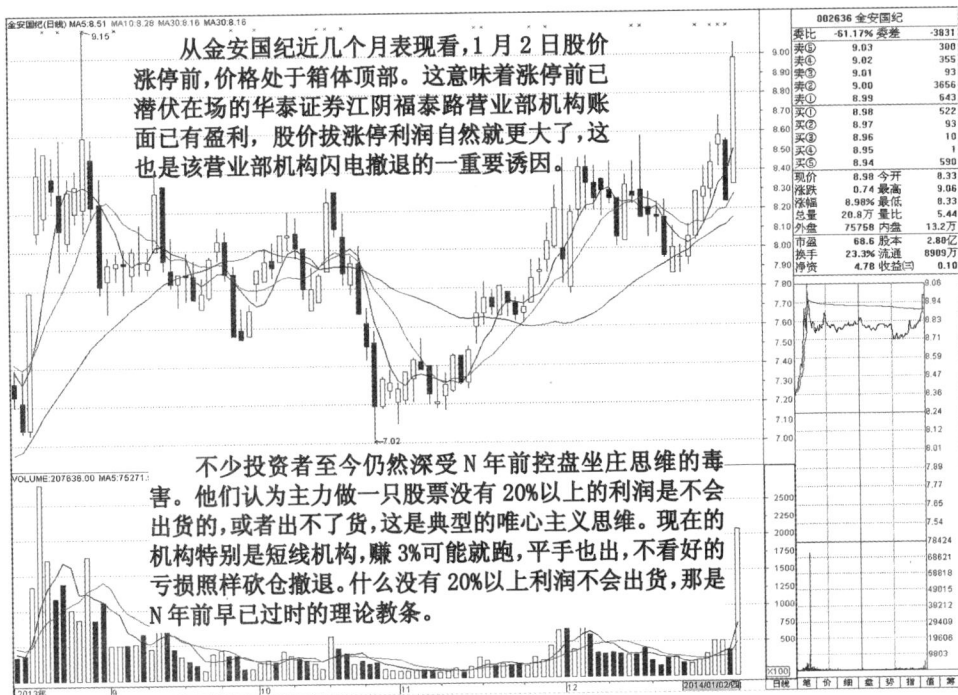

从金安国纪近几个月表现看，1 月 2 日股价涨停前，价格处于箱体顶部。这意味着涨停前已潜伏在场的华泰证券江阴福泰路营业部机构账面已有盈利，股价拔涨停利润自然就更大了，这也是该营业部机构闪电撤退的一重要诱因。

不少投资者至今仍然深受 N 年前控盘坐庄思维的毒害。他们认为主力做一只股票没有 20% 以上的利润是不会出货的，或者出不了货，这是典型的唯心主义思维。现在的机构特别是短线机构，赚 3% 可能就跑，平手也出，不看好的亏损照样砍仓撤退。什么没有 20% 以上利润不会出货，那是 N 年前早已过时的理论教条。

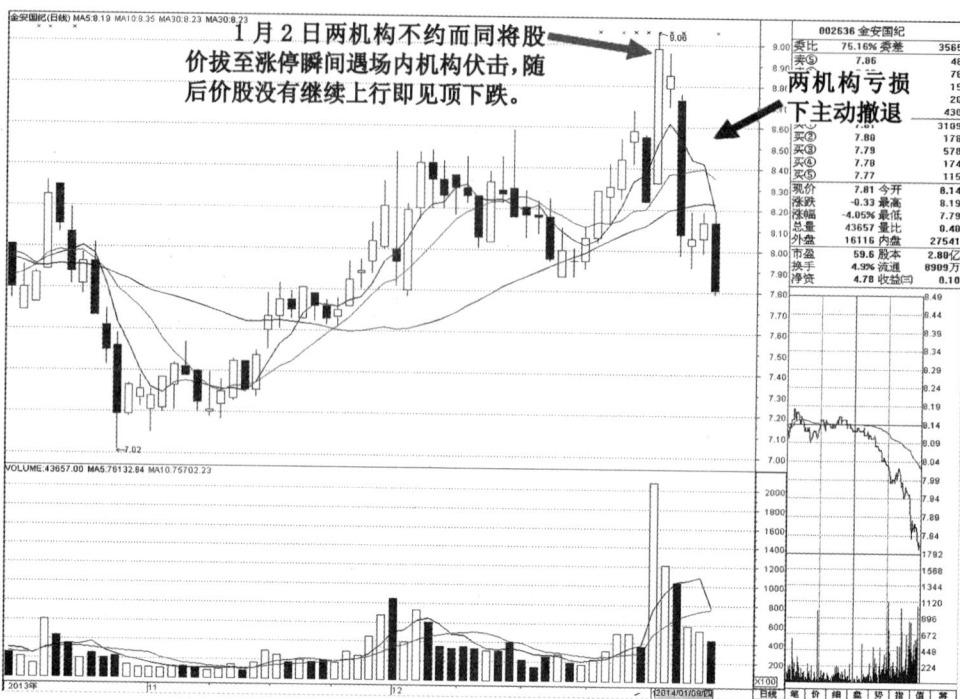

因为1月2日进了两家没有利益联盟关系的新机构，即国泰君安交易单元(010000)和兴业证券成都航空路营业部机构，利益不同盟导致各自不再出钱、出力拉抬。另外，1月2日拔涨停瞬间遇场内机构华泰证券江阴福泰路营业部的伏击两者心有余悸。心有余悸的不是伏击本身，而是谁都不知道华泰证券江阴福泰路营业部机构筹码出完没？还有多少？拔高会不会又出来砸盘？因受多个条件制约，两大新进机构选择放弃继续做多，理性的主动亏损撤退。另外，细看买入第三、四、五名营业部都是上海和成都的，不排除是二者的各自分仓。

新主力与老主力的对决

千股千庄，意思是每只股票中有主力，这话既对也不对，为什么这样说？每只股票中都有大机构公开或隐蔽大量持股这是事实，但根据笔者对"主力"的定义：以投资或投机为目的，买入后持有，既没有操纵股价的准备计划，也没有参与刻意操纵股价的机构，即使持有某股票数量再多也不算是真正的主力。只有有计划、有组织刻意准备或已经展开操纵股价的机构才算得上真正的主力。如此一来，就并不是每只股里面任何时候都潜伏有真正的主力。持有量大而不去操纵影响股价的涨跌，他们也就只能叫一般投资机构罢了。

　　市场上有些短线主力做盘频繁，操盘如抢劫般在个股中快进快出，打一枪就换一个地方。这些主力在介入一只新股票时，会不会出现新主力与老主力或与一般机构之间相互搏斗残杀呢？答案是肯定的，肯定会遇到这样的情况。下面以京能热电短线主力介入与老主力搏斗残杀对决浅谈这一情况。

　　京能热电的新主力与老主力之间相互火拼大体过程是这样的：在8月24日（周三）新短线主力介入建仓京能热电，拿到货后下午临近尾盘快速将股价拔至涨停板。该主力在拉高至涨停期间遭遇前期在场的两大机构大量袭击卖出，险致京能热电股价涨停后无法封死。新主力遭遇场内机构大量袭击卖出后，由于新主力对于场内老主力情况不了解，导致其在下一交易日已不敢继续做多拉高，而是选择股价以低开低走方式撤退离场。具体过程请看下面动态盘口详细介绍。

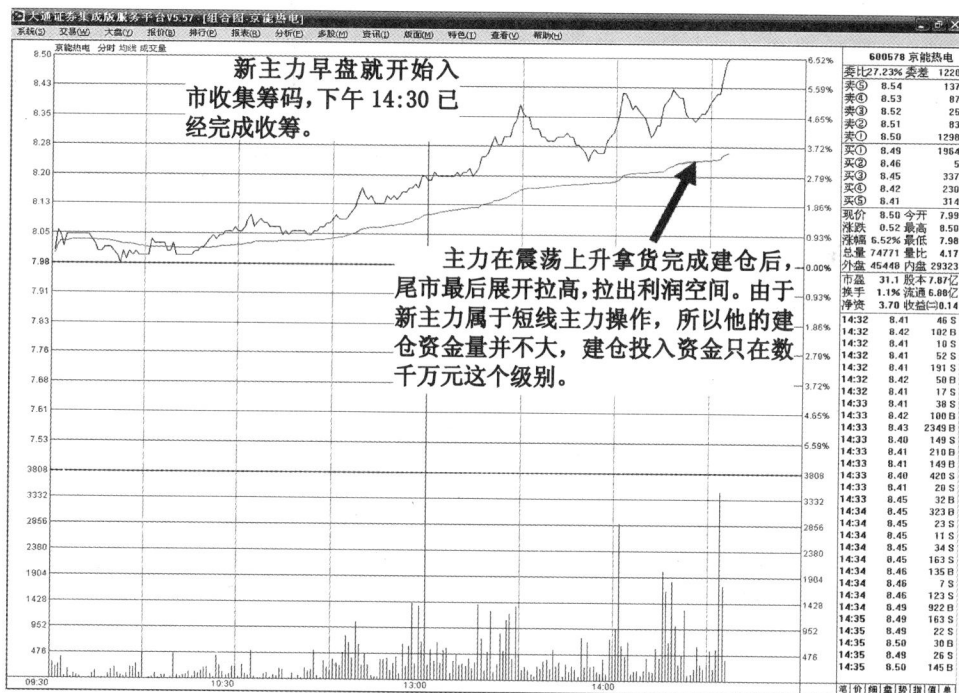

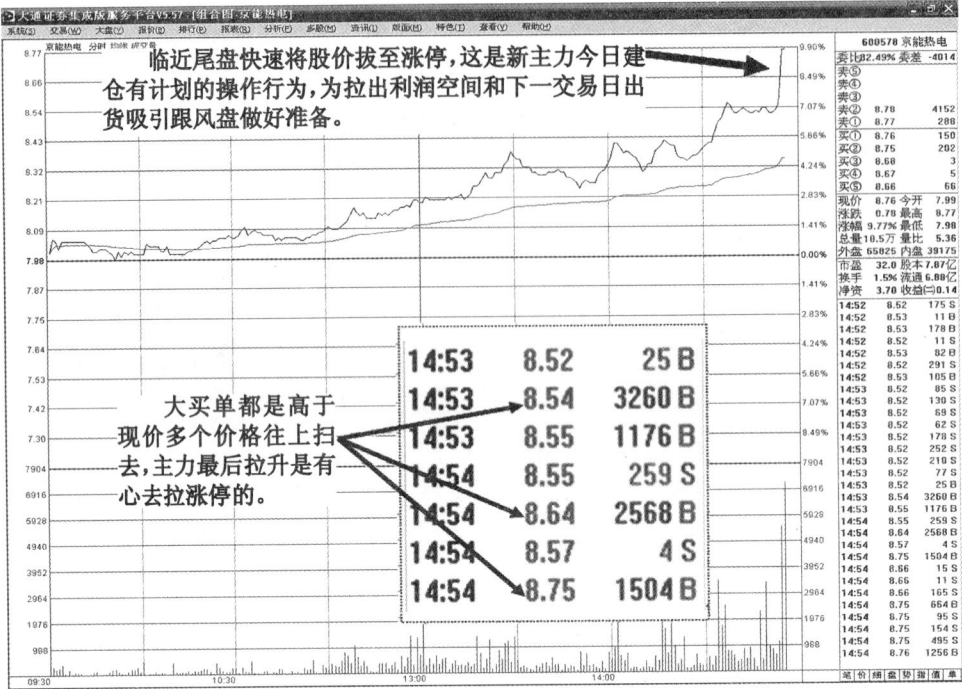

临近尾盘快速将股价拔至涨停,这是新主力今日建仓有计划的操作行为,为拉出利润空间和下一交易日出货吸引跟风盘做好准备。

大买单都是高于现价多个价格往上扫去,主力最后拉升是有心去拉涨停的。

14:53	8.52	25 B
14:53	8.54	3260 B
14:53	8.55	1176 B
14:54	8.55	259 S
14:54	8.64	2568 B
14:54	8.57	4 S
14:54	8.75	1504 B

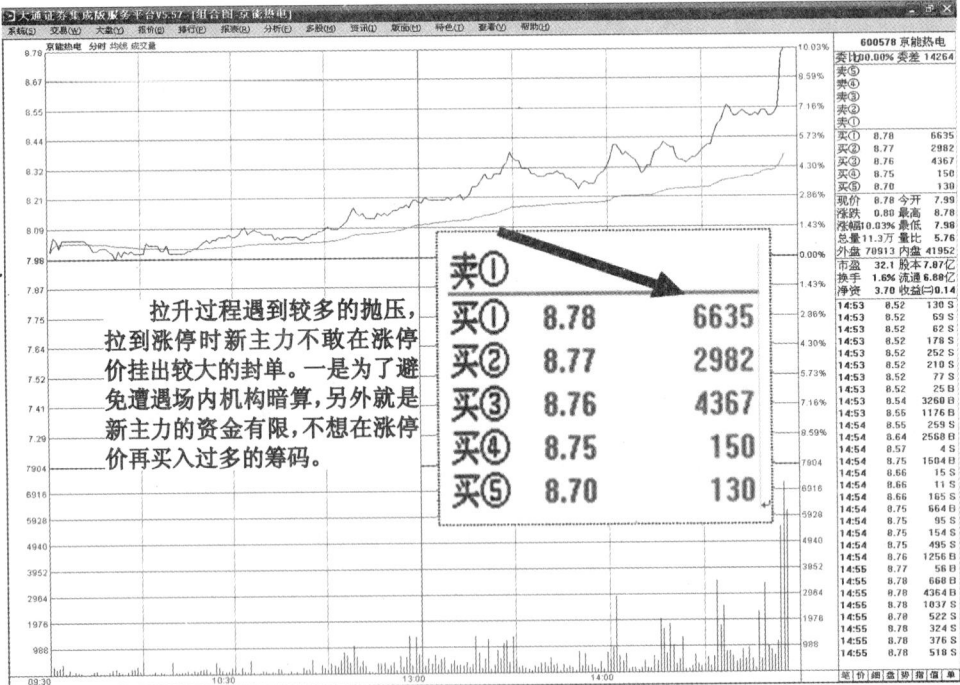

拉升过程遇到较多的抛压,拉到涨停时新主力不敢在涨停价挂出较大的封单。一是为了避免遭遇场内机构暗算,另外就是新主力的资金有限,不想在涨停价再买入过多的筹码。

卖①		
买①	8.78	6635
买②	8.77	2982
买③	8.76	4367
买④	8.75	150
买⑤	8.70	130

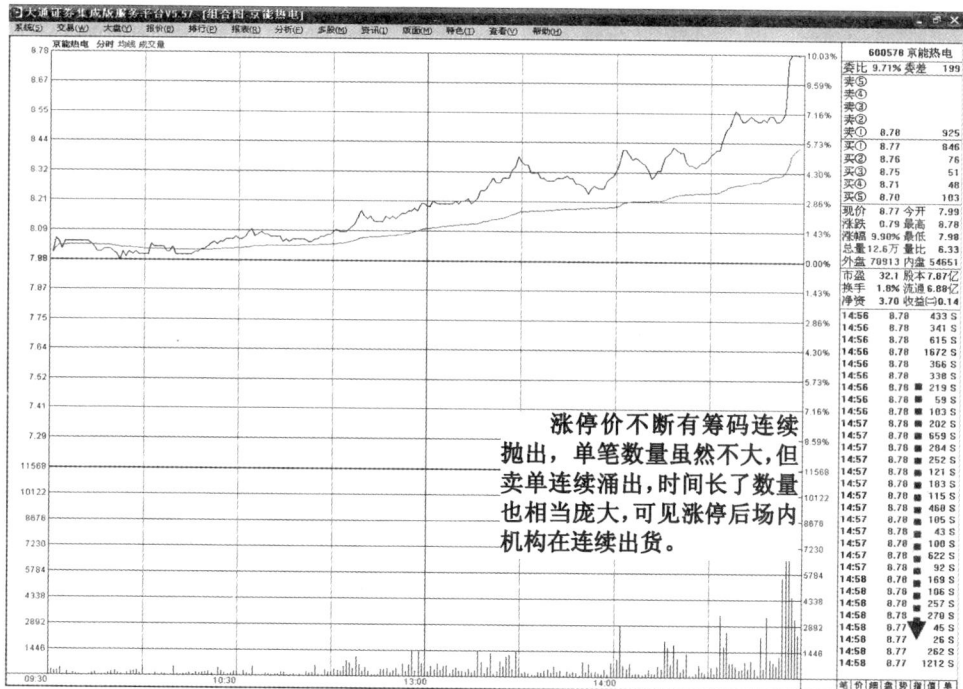

涨停价不断有筹码连续抛出，单笔数量虽然不大，但卖单连续涌出，时间长了数量也相当庞大，可见涨停后场内机构在连续出货。

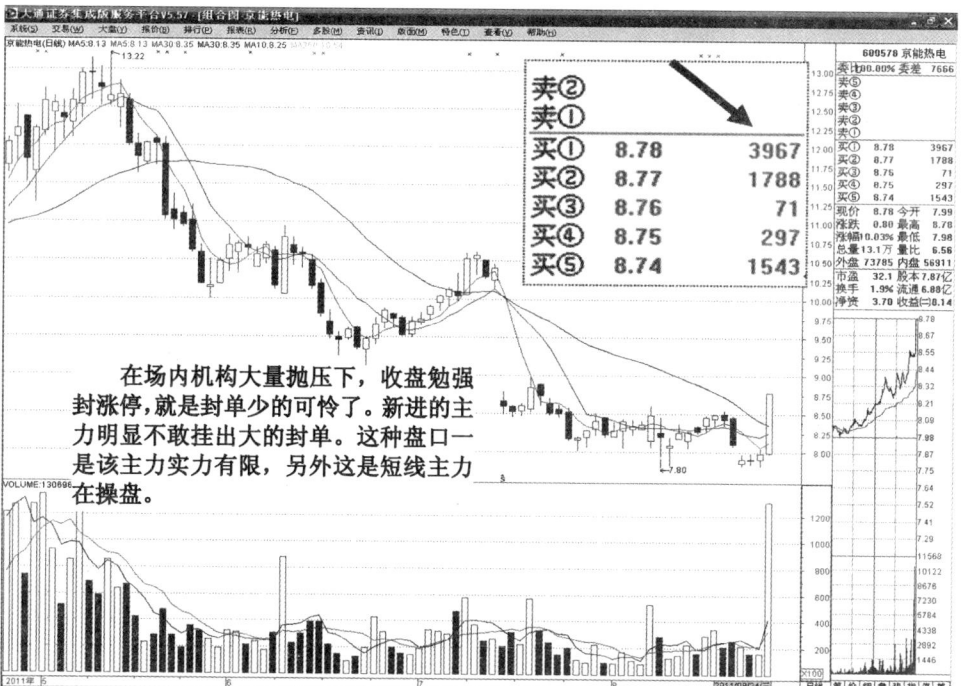

在场内机构大量抛压下，收盘勉强封涨停，就是封单少的可怜了。新进的主力明显不敢挂出大的封单。这种盘口一是该主力实力有限，另外这是短线主力在操盘。

京能热电2011年8月24日的日收盘价格涨幅偏离值达到7%

证券代码	证券简称	偏离值%	成交量	成交金额（万元）
600578	京能热电	10.53	13069639	11022.26

买入营业部名称	累计买入金额（元）
(1)广发证券股份有限公司广州花城大道证券营业部	19999767.42
(2)长城证券有限责任公司深圳福华三路证券营业部	19448092.03
(3)中国银河证券股份有限公司深圳罗湖证券营业部	8288093.79
(4)广发华福证券有限责任公司泉州田安路证券营业部	4820203.80
(5)国泰君安证券股份有限公司北京鲁谷路证券营业部	4058994.00

卖出营业部名称	累计卖出金额（元）
(1)山西证券股份有限公司太原府西街营业部	20266441.84
(2)机构专用	10595826.28
(3)广发证券股份有限公司温州欧洲城证券营业部	1570297.21
(4)机构专用	1420240.58
(5)中国国际金融有限公司上海淮海中路证券营业部	1281000.00

从当天涨停公布的数据看，新进主力分别分仓三家不同的证券营业部进场。当天共计拿货4800余万元，占当天成交金额1.1亿的43%，拿货量相当厉害！而看卖出最多的前两名，一是山西证券股份有限公司太原府西街营业部卖出2000万元，另外就是抛出1000万元。由此可见，新进的主力明显受到老机构阻击。新进的主力看到这数据，当天对手卖出量如此之大，当然大吃一惊。在下一交易日已不敢再继续拉高，而是采用低开低走在低位展开大规模出货撤退。因为新主力不知道潜伏在京能热电里面的老机构还有多少筹码？一旦继续拉高可能会迎来更大的伏击抛压，采用低开低走撤退是最妥当的方法了。这是京能热电新主力与老主力搏杀对决的简单过程。

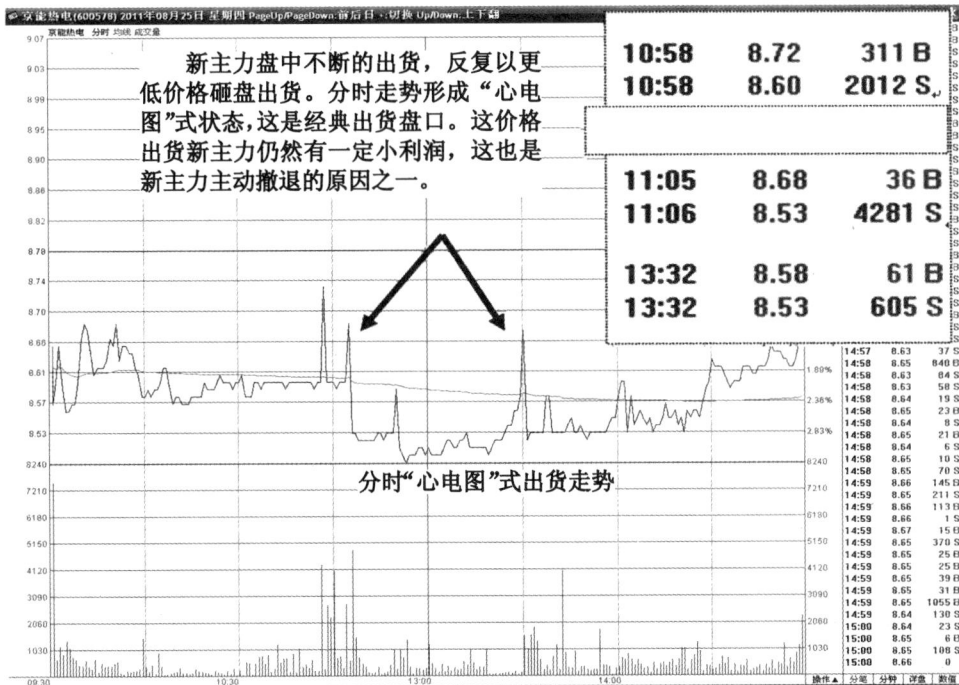

新主力盘中不断的出货，反复以更低价格砸盘出货。分时走势形成"心电图"式状态，这是经典出货盘口。这价格出货新主力仍然有一定小利润，这也是新主力主动撤退的原因之一。

10:58	8.72	311 B
10:58	8.60	2012 S
11:05	8.68	36 B
11:06	8.53	4281 S
13:32	8.58	61 B
13:32	8.53	605 S

分时"心电图"式出货走势

主力遭遇机构伏击应对方法（一）

混庄时代每只股票都有大大小小机构或大户潜伏其中，新主力要找一个完全没有机构大户在内的股票运作套利是不可能的。因此，主力介入任何一只股票都要面临与场内机构大户出现纷争或博弈的情况。当然，并非所有场内机构大户都与新主力形成敌对对象，新主力也会与部分场内机构形成共同战线。新主力的介入建仓和拉高，都对场内机构大户是有利的，此阶段大家的利益和目标是一致的。价格拉高后，自然有部分机构利用这次上升获利了结，趁机退出。机构与机构之间在不同阶段会在利益上形成不同角色间的转换，或盟友，或敌对，或博弈。

在敌对纷争或博弈之间，场内主力伏击新进主力有三种情况：

（1）场内已有实力较强主力长期盘踞在目标股票中，一直独霸该股最大话语权。因此，伏击阻止新主力入场或打乱新主力运作步骤，驱赶其离场，这是敌对行为。

（2）两家或多家新主力几乎同时入场，都想介入目标股票并获得该股最大话语权。因此，出现互斗现象，这属于纷争行为。

(3)已经在场的各种机构大户在新主力介入并拉高股价时，借此机会出货撤退。这是博弈行为。

主力之间为话语权的纷争行为是最危险的。互斗最后大多往往以两败俱伤收场。对于一般投资者而言，出现以上三种情况的个股都应该主动撤退，作壁上观，以免神仙斗法伤及凡人!

下面以中信海直游资主力与机构间的较量为例，看看二者博弈情况和新进主力是如何应对的。

深圳证券市场2012年6月26日主板A股交易公开信息

中信海直(000099)　涨幅偏离值：10.11%　成交量：3427万股　成交金额：30647万元

买入金额最大的前5名营业部	买入金额(元)	卖出金额(元)
海通证券南京广州路证券营业部	16538704.37	51139.00
中国银河证券宁波翠柏路证券营业部	8964894.51	35806.00
广发证券苏州干将东路证券营业部	6982471.17	908.00
江海证券哈尔滨西大直街证券营业部	6302367.12	26453.00
中信证券(浙江)嵊州时代商务广场证券营	4904166.98	0.00

卖出金额最大的前5名营业部	买入金额(元)	卖出金额(元)
机构专用	0.00	11572218.33
机构专用	0.00	4999500.00
机构专用	0.00	4545000.00
第一创业证券深圳深南大道证券营业部	9040.00	4452752.48
兴业证券厦门兴隆路证券营业部	184918.00	3554544.80

以分析官方公开交易数据为基础，在中信海直2012年6月26日涨停买入前几名营业部中，都是近一年多来非常活跃著名的短线主力。当日买入量最大的短线主力是海通证券南京广州路证券营业部，该营业部主力是职业做涨停的短线主力。当日跟风买入量较大的第二至第五名营业部主力，也都是著名短线主力。他们也都是职业做涨停的短线主力。

在中信海直涨停当日卖出量最大的前三名都是机构专用席位，卖出量都比较大。从数据分析上可以看出，短线游资众主力介入做涨停中信海直明显遭遇场内机构的伏击。两虎相遇，斗争情况如何，下面从中信海直6月26日涨停日盘中价格走势表现入手剖析。

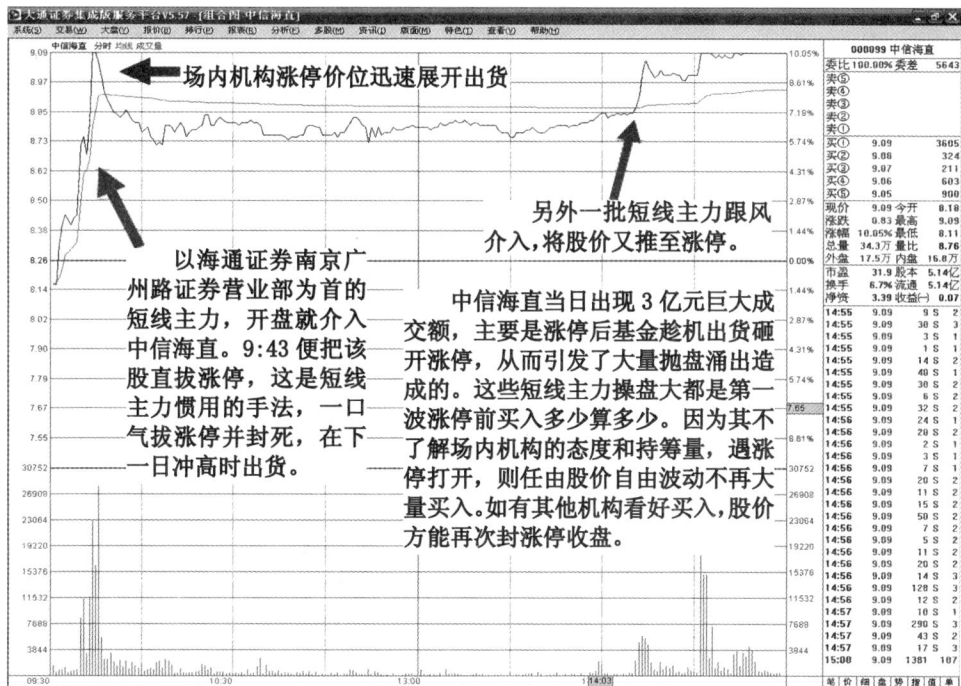

场内机构涨停价位迅速展开出货

另外一批短线主力跟风介入，将股价又推至涨停。

以海通证券南京广州路证券营业部为首的短线主力，开盘就介入中信海直。9:43便把该股直拔涨停，这是短线主力惯用的手法，一口气拔涨停并封死，在下一日冲高时出货。

中信海直当日出现3亿元巨大成交额，主要是涨停后基金趁机出货砸开涨停，从而引发了大量抛盘涌出造成的。这些短线主力操盘大都是第一波涨停前买入多少算多少。因为其不了解场内机构的态度和持筹量，遇涨停打开，则任由股价自由波动不再大量买入。如有其他机构看好买入，股价方能再次封涨停收盘。

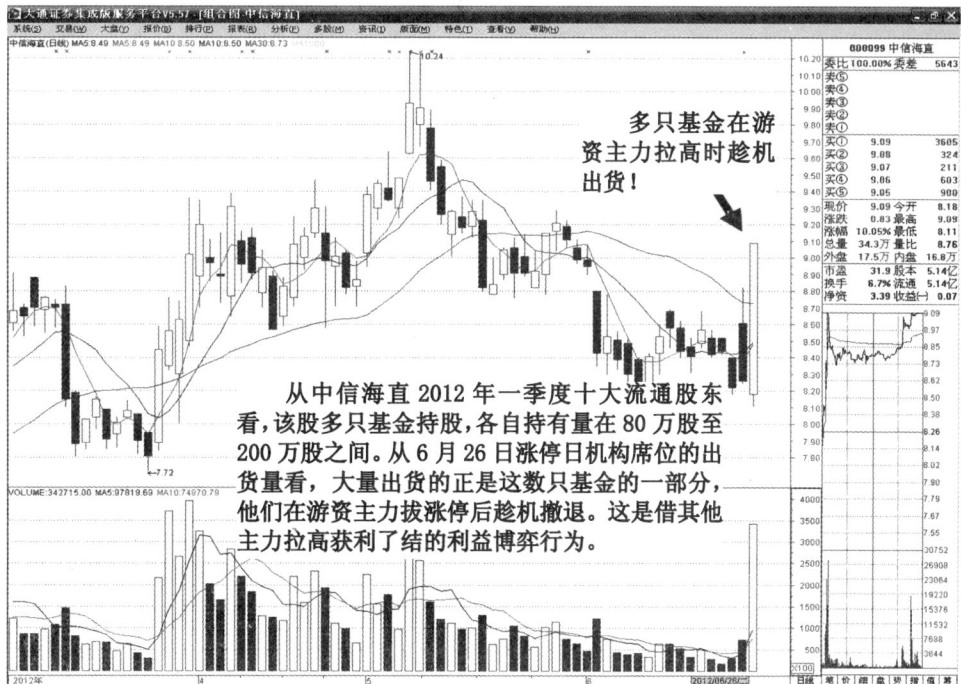

多只基金在游资主力拉高时趁机出货！

从中信海直2012年一季度十大流通股东看，该股多只基金持股，各自持有量在80万股至200万股之间。从6月26日涨停日机构席位的出货量看，大量出货的正是这数只基金的一部分，他们在游资主力拔涨停后趁机撤退。这是借其他主力拉高获利了结的利益博弈行为。

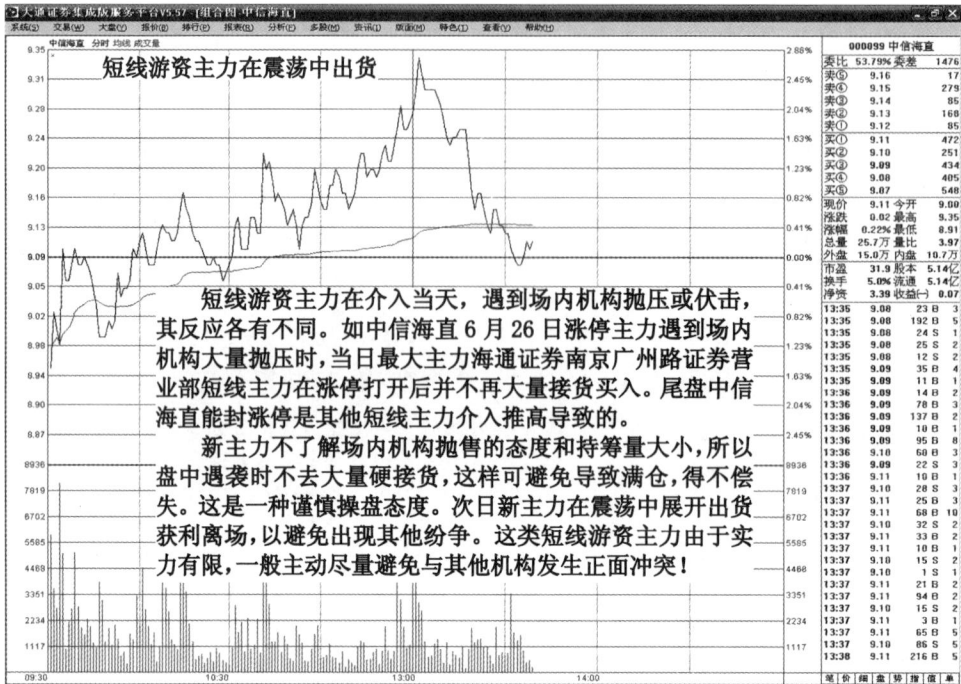

短线游资主力在震荡中出货

短线游资主力在介入当天，遇到场内机构抛压或伏击，其反应各有不同。如中信海直6月26日涨停主力遇到场内机构大量抛压时，当日最大主力海通证券南京广州路证券营业部短线主力在涨停打开后并不再大量接货买入。尾盘中信海直能封涨停是其他短线主力介入推高导致的。

新主力不了解场内机构抛售的态度和持筹量大小，所以盘中遇袭时不去大量硬接货，这样可避免导致满仓，得不偿失。这是一种谨慎操盘态度。次日新主力在震荡中展开出货获利离场，以避免出现其他纷争。这类短线游资主力由于实力有限，一般主动尽量避免与其他机构发生正面冲突！

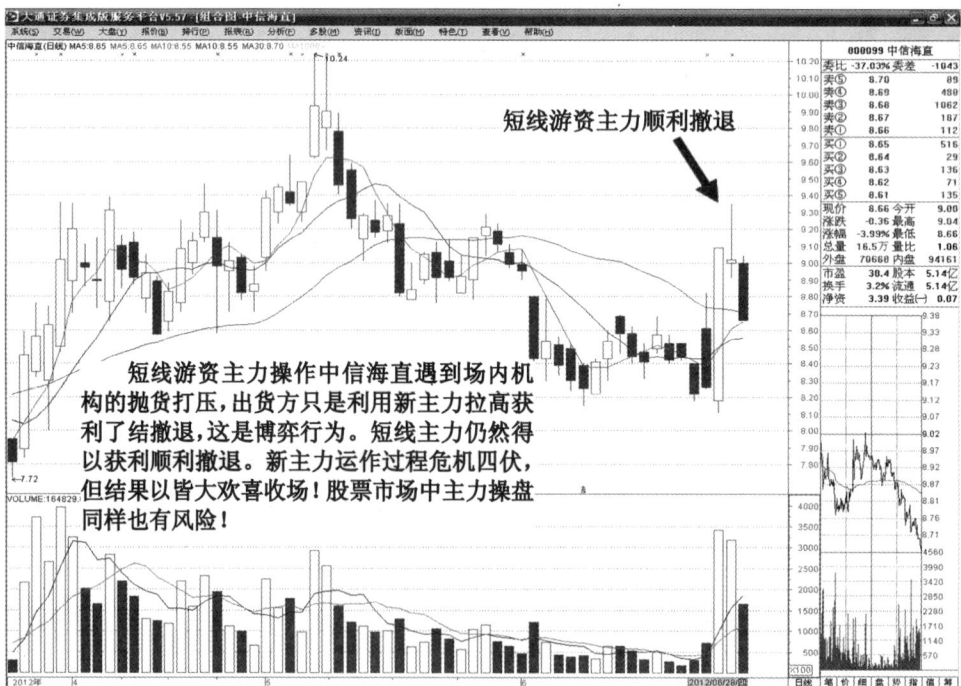

短线游资主力顺利撤退

短线游资主力操作中信海直遇到场内机构的抛货打压，出货方只是利用新主力拉高获利了结撤退，这是博弈行为。短线主力仍然得以获利顺利撤退。新主力运作过程危机四伏，但结果以皆大欢喜收场！股票市场中主力操盘同样也有风险！

主力遭遇机构伏击应对方法(二)

上文中谈及炒作中信海直主力拉高后，场内有机构大量出货的博弈行为。作为利益共同体，个股出现这样的情况是常见的。被袭击的新进主力如何应对，能不能盈利撤退，对于每一个主力都是不同的。被袭后新主力如何操作会根据自身和市场当时环境去决定。

现在多为混庄时代，要找一只完全没有其他机构大户在场的个股不可能，主力介入个股都面临与场内机构大户出现纷争或博弈。成熟的主力对于这些一般是有心理准备和操盘安排的，遇到困难自有解决困难的方法。下面看看铁岭新城主力介入炒作遇袭后的操盘情况。

长江证券佛山普澜二路证券营业部是2012年兴起的著名短线游资营业部。从铁岭新城5月29日涨停当日公开数据看，长江证券佛山普澜二路证券营业部大手笔买入铁岭新城3633万元，占当日该股总成交金额的20%。而卖出方出现一机构专用席位大量卖出2073万元。涨停当日两者相遇并出现明显的正面交锋。也就是说，新进主力遇到场内机构的伏击。

深圳证券市场2012年5月29日主板A股交易公开信息

铁岭新城(000809)　涨幅偏离值：8.49%　成交量：1086万股　成交金额：18166万元

买入金额最大的前5名营业部	买入金额(元)	卖出金额(元)
长江证券佛山普澜二路证券营业部	36336077.92	9951.00
招商证券珠海人民西路证券营业部	9514994.00	0.00
万和证券成都顺城大街证券营业部	5723180.91	33060.00
长城证券北京中关村大街证券营业部	5649388.00	0.00
中信证券(浙江)嵊州时代商务广场证券营	3880861.72	3290.00

卖出金额最大的前5名营业部	买入金额(元)	卖出金额(元)
机构专用	0.00	20735675.52
华泰证券深圳民田路证券营业部	237948.00	6903318.67
东兴证券福州五四路证券营业部	0.00	6572088.81
光大证券上海西藏中路证券营业部	0.00	5649600.00

国都证券北京双峪路证券营业部　　　　　0.00　　　　　5136000.00

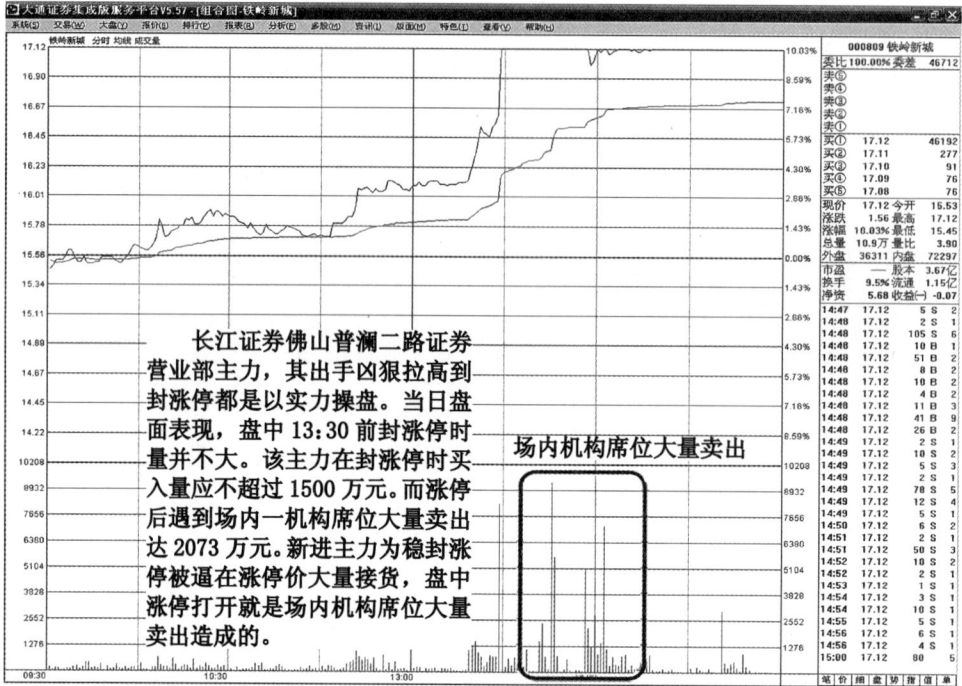

长江证券佛山普澜二路证券营业部主力,其出手凶狠拉高到封涨停都是以实力操盘。当日盘面表现,盘中13:30前封涨停时量并不大。该主力在封涨停时买入量应不超过1500万元。而涨停后遇到场内一机构席位大量卖出达2073万元。新进主力为稳封涨停被逼在涨停价大量接货,盘中涨停打开就是场内机构席位大量卖出造成的。

场内机构席位大量卖出

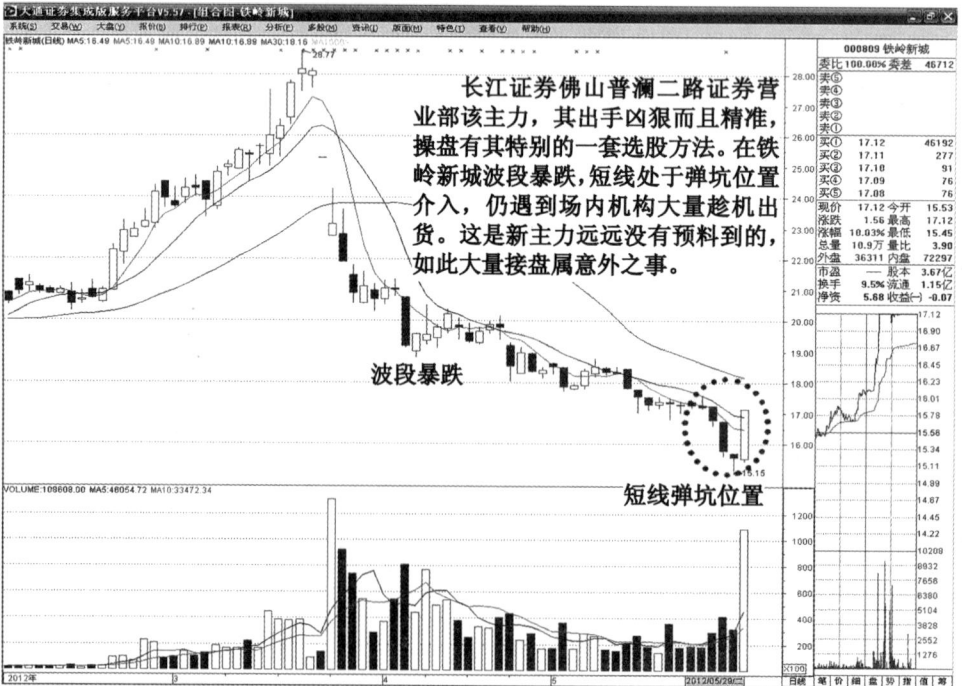

长江证券佛山普澜二路证券营业部该主力,其出手凶狠而且精准,操盘有其特别的一套选股方法。在铁岭新城波段暴跌,短线处于弹坑位置介入,仍遇到场内机构大量趁机出货。这是新主力远远没有预料到的,如此大量接盘属意外之事。

波段暴跌

短线弹坑位置

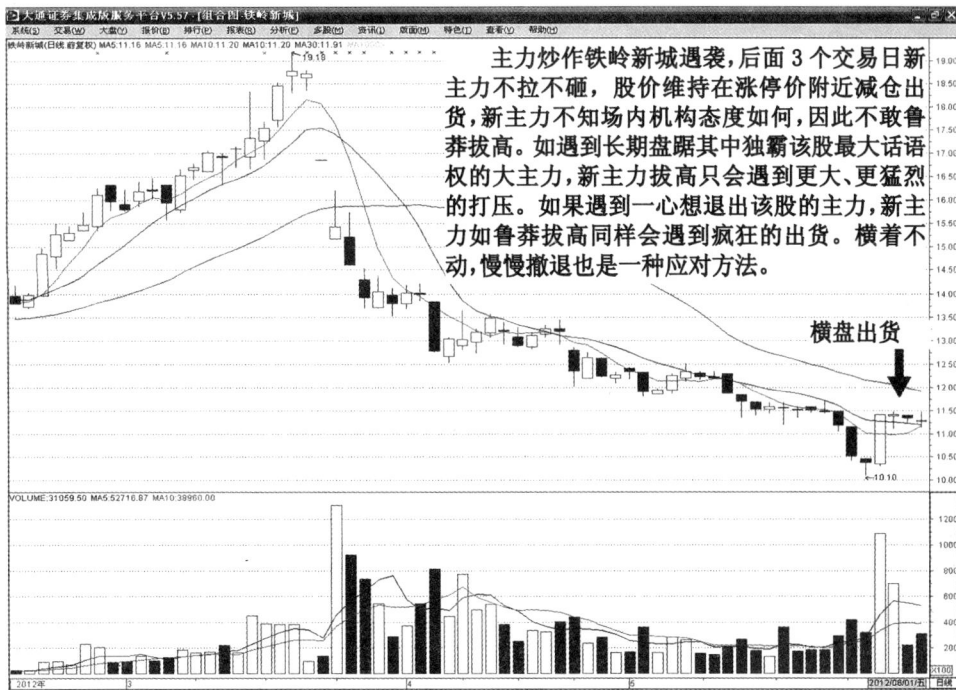

主力炒作铁岭新城遇袭，后面3个交易日新主力不拉不砸，股价维持在涨停价附近减仓出货，新主力不知场内机构态度如何，因此不敢鲁莽拔高。如遇到长期盘踞其中独霸该股最大话语权的大主力，新主力拔高只会遇到更大、更猛烈的打压。如果遇到一心想退出该股的主力，新主力如鲁莽拔高同样会遇到疯狂的出货。横着不动，慢慢撤退也是一种应对方法。

横盘出货

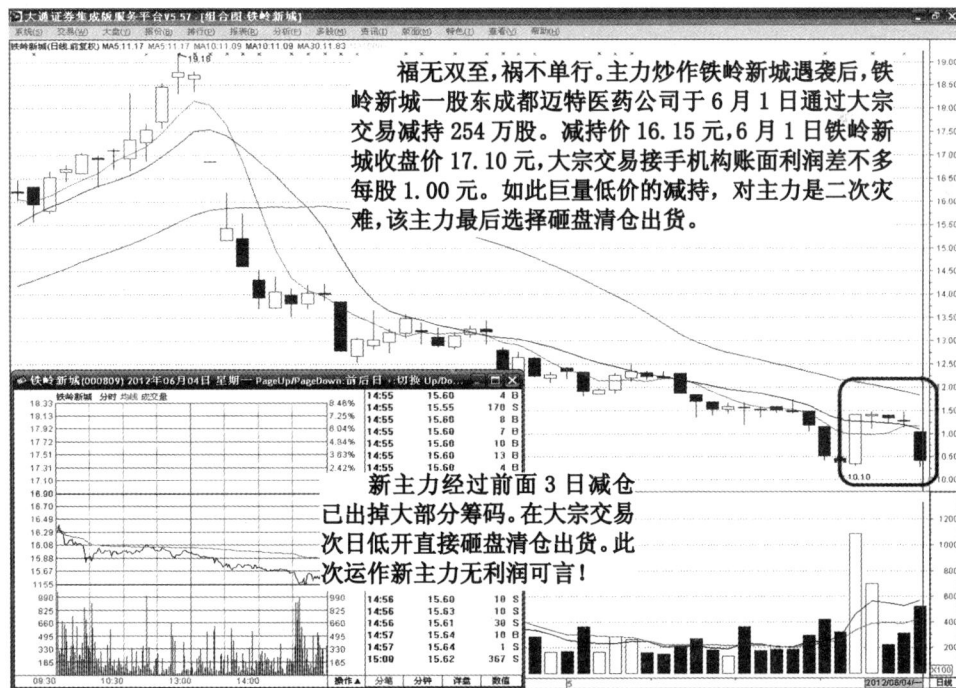

福无双至，祸不单行。主力炒作铁岭新城遇袭后，铁岭新城一股东成都迈特医药公司于6月1日通过大宗交易减持254万股。减持价16.15元，6月1日铁岭新城收盘价17.10元，大宗交易接手机构账面利润差不多每股1.00元。如此巨量低价的减持，对主力是二次灾难，该主力最后选择砸盘清仓出货。

新主力经过前面3日减仓已出掉大部分筹码。在大宗交易次日低开直接砸盘清仓出货。此次运作新主力无利润可言！

大主力活吞小主力当快速建仓

弱肉强食是动物界自然生存法则。股票市场也同样存在这样的情况。主力鱼肉散户，大主力鱼肉小主力。东北制药就上演过大主力生吞小主力的交易。

东北制药大主力生吞小主力的交易大体过程是这样的：2013年12月12日一主力下午开盘就开始入场拿货，由于该小主力当天采用震荡推高方式收货，该股收盘上涨6%，主力介入的筹码均价已有小利润。12月13日主力11:00展开对敲拔高开始减仓派发。从13日进货次日就出货的行为看，明显是一个做短线的机构在套利操作。

12月13日晚东北制药公告，公司控股子公司本溪生物乙型肝炎病毒检测试剂盒及艾滋病病毒检测试剂盒，取得国家食品药品监督管理总局颁发的《医疗器械注册证》利好消息。在利好消息刺激下，12月14日东北制药股价高开高走，开盘后仅4分钟股价便稳封涨停。当天公开交易数据显示，另一实力强劲机构采取往上通吃手段将东北制药直拔至涨停。盘面走势显示该主力往上一路通吃，有多少抛筹就收多少！之前进去的小主力盘中全盘卖出，新进的主力全盘如数接下。实力新主力大胆接盘小主力抛筹实现快速建仓。这种大主力吞小主力行为在股票市场并不少见，其行为与一大公司收购一小公司行为类似。

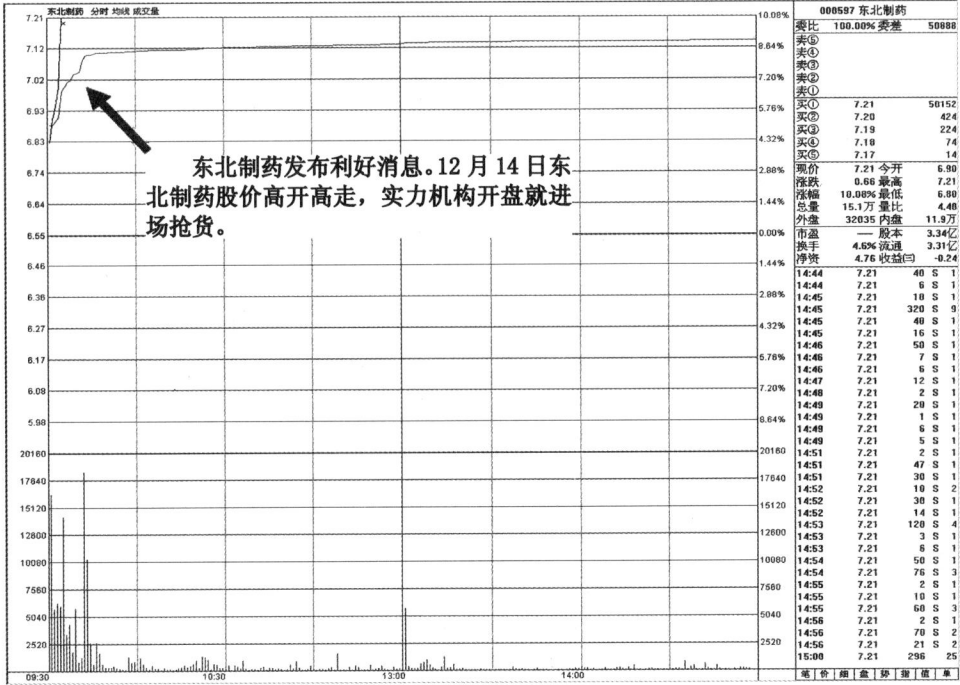

东北制药发布利好消息。12月14日东北制药股价高开高走，实力机构开盘就进场抢货。

东北制药(000597)　涨幅偏离值：11.27%　成交量：1509万股　成交金额：10773万元

买入金额最大的前5名营业部	买入金额(元)	卖出金额(元)
国泰君安交易单元(010000)	25955243.70	0.00
华泰证券股份有限公司深圳益田路荣超商务中心证券营业	14871036.97	1442.00
兴业证券股份有限公司成都航空路证券营业部	13179476.50	0.00
华创证券有限责任公司深圳泰然六路证券营业部	3890983.21	0.00
光大证券股份有限公司宁波彩虹南路证券营业部	2490370.05	0.00

卖出金额最大的前5名营业部	买入金额(元)	卖出金额(元)
华泰证券股份有限公司上海澳门路证券营业部	0.00	9070431.30
招商证券股份有限公司北京光明路证券营业部	25530.00	1883461.09
国信证券股份有限公司杭州萧然东路证券营业部	14420.00	1681179.00

宏源证券股份有限公司大连友好路证券营业部	7920.00	1420658.40
南京证券股份有限公司南京大钟亭证券营业部	34050.00	1373505.00

　　当天公开交易数据显示，买入第一名为国泰君安交易单元(010000)，买入量占当天总成交金额的25%。该机构采取往上通吃手段将东北制药直拔至涨停。卖出第一名为华泰证券上海澳门路证券营业部，卖出907万元。该机构就是前面刚刚进去的小主力，当天利用大机构入场之机全盘倒货抛出。这种行为实际上就是机构与机构之间的博弈。交手后胜负则看其实力和决心！东北制药当日的机构交手情况是：前面的小主力盘中全盘将筹码卖出，新进主力全盘如数接下还嫌少。

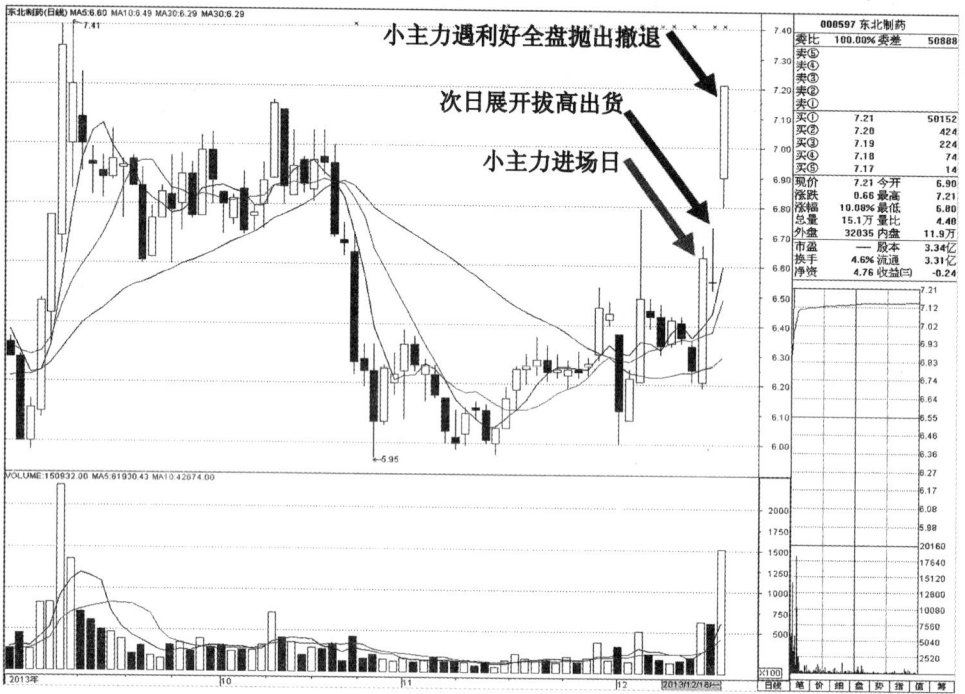

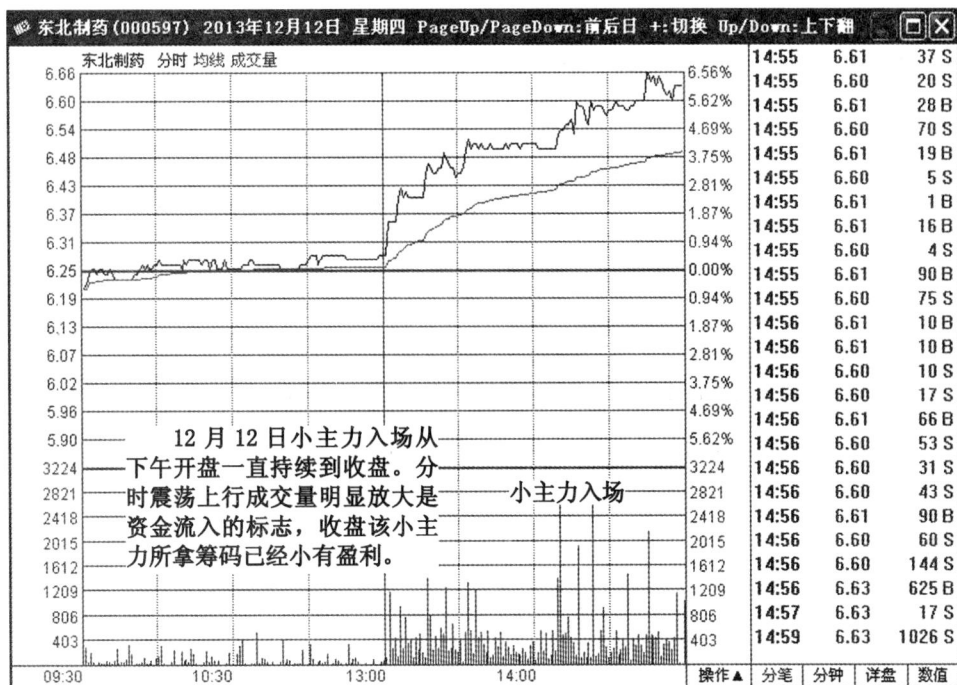

东北制药 (000597) 2013年12月12日 星期四 PageUp/PageDown:前后日 +:切换 Up/Down:上下翻

东北制药 分时 均线 成交量

14:55	6.61	37 S
14:55	6.60	20 S
14:55	6.61	28 B
14:55	6.60	70 S
14:55	6.61	19 B
14:55	6.60	5 S
14:55	6.61	1 B
14:55	6.61	16 B
14:55	6.60	4 S
14:55	6.61	90 B
14:55	6.60	75 S
14:56	6.61	10 B
14:56	6.61	10 B
14:56	6.60	10 S
14:56	6.60	17 S
14:56	6.61	66 B
14:56	6.60	53 S
14:56	6.60	31 S
14:56	6.60	43 S
14:56	6.61	90 B
14:56	6.60	60 S
14:56	6.60	144 S
14:56	6.63	625 B
14:57	6.63	17 S
14:59	6.63	1026 S

12月12日小主力入场从下午开盘一直持续到收盘。分时震荡上行成交量明显放大是资金流入的标志，收盘该小主力所拿筹码已经小有盈利。

小主力入场

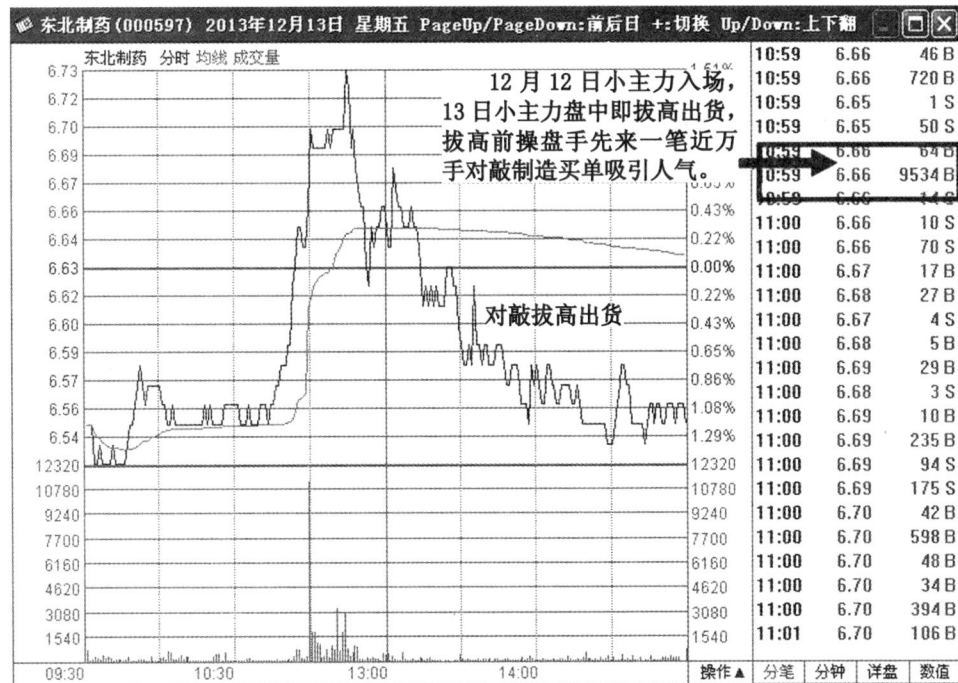

东北制药 (000597) 2013年12月13日 星期五 PageUp/PageDown:前后日 +:切换 Up/Down:上下翻

东北制药 分时 均线 成交量

12月12日小主力入场，13日小主力盘中即拔高出货，拔高前操盘手先来一笔近万手对敲制造买单吸引人气。

10:59	6.66	46 B
10:59	6.66	720 B
10:59	6.65	1 S
10:59	6.65	50 S
10:59	6.66	64 B
10:59	6.66	9534 B
10:59	6.66	14 S
11:00	6.66	10 S
11:00	6.66	70 S
11:00	6.67	17 B
11:00	6.68	27 B
11:00	6.67	4 S
11:00	6.68	5 B
11:00	6.69	29 B
11:00	6.68	3 S
11:00	6.69	10 B
11:00	6.69	235 B
11:00	6.69	94 S
11:00	6.69	175 S
11:00	6.70	42 B
11:00	6.70	598 B
11:00	6.70	48 B
11:00	6.70	34 B
11:00	6.70	394 B
11:01	6.70	106 B

对敲拔高出货

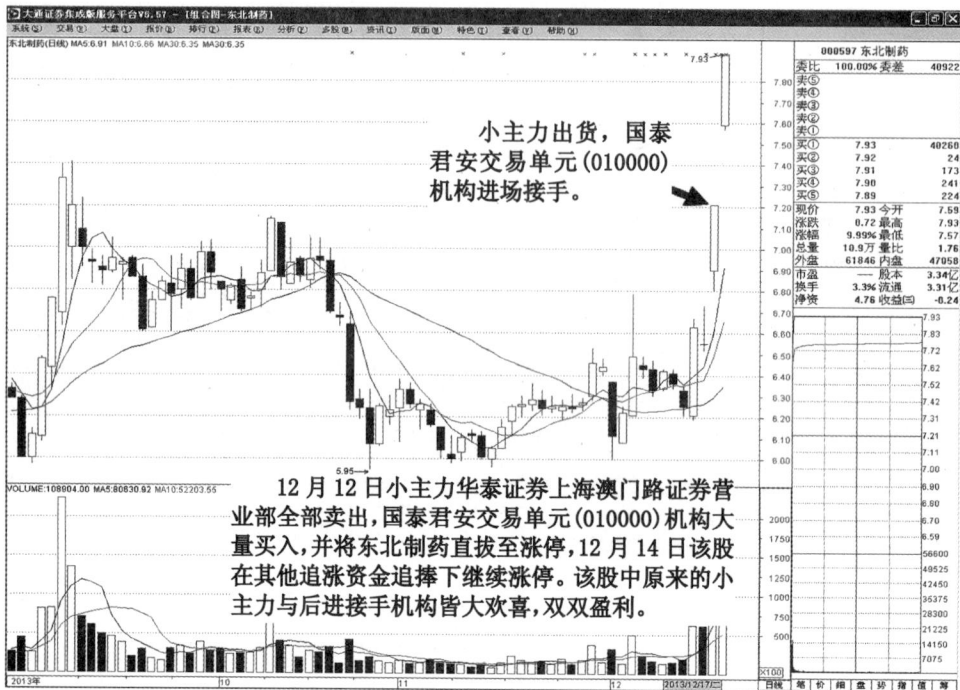

小主力出货，国泰君安交易单元(010000)机构进场接手。

12月12日小主力华泰证券上海澳门路证券营业部全部卖出，国泰君安交易单元(010000)机构大量买入，并将东北制药直拔至涨停，12月14日该股在其他追涨资金追捧下继续涨停。该股中原来的小主力与后进接手机构皆大欢喜，双双盈利。

个股短线热炒暴涨原因之游资接力赛

　　热门股票参与者众多，成交活跃而且成交金额大，所以机构进出这样的品种相对容易。热门股上升出现赚钱效应后大量资金蜂拥而入，股价极容易出现短线一涨再涨形成非理性暴涨。热门股既有利好消息刺激而诞生，也有人刻意炒作从而无意形成。热门股中最疯狂的数连续拉涨停品种，这种股票号召力强，人气最旺盛，为大量短线机构和投资者所爱。而事实上这些连续涨停品种，大部分属于各种不同机构轮番介入炒作造成股价的暴涨。

　　股票市场机构风格多种多样，实力机构可以从一开始直到最后单独一手稳操一只股票令股价暴涨。市场上大部分短线机构不具备这样的能力，他们往往只是一只暴涨个股中某一时段的参与者。热门股因为人气旺、参与者多，持有一定资金量并掌握操盘技巧的主力实施有计划的操盘时，无需特别大的资金就能诱导股价短线大涨。

　　在强势市场中以坐庄为目的的高水平机构参与连续拉涨停品种炒作，部分机构选股有其重要的一条原则：选择前一日进场主力机构，当日有高位必定获利了结出局的品种去操作。场外主力通过分析目标股票涨停日的公开数据，了解目标股票是什么类型机构作为主力拉出涨停，涨停前后买入量多少等去判断能不能接手这只涨停或者已经连续涨停的个股，作为介入目标继续炒高。如确定能接手介入，新主力下一交易日介入操盘一般有两种操盘方式。

(1)场外新主力主动介入拉高让前一主力获利抛售撤退，把其筹码接下。实力足够强的主力机构可如此操盘，这是大家常说的换庄行为中的一种。

(2)场外主力通过观察目标股票盘口表现，确认前一主力盘中已获利撤退抛售差不多了，然后开始介入拿货接手继续做高，这也是一种巧妙的接手行为。

上述两者都是一种接力赛炒作行为。新主力必须充分了解之前进场主力属于什么类型机构、介入量大小、操作风格手法如何等去考虑是否参与接力赛。只有接手这些今天进、明天出赚取差价主力机构做的品种才行，否则在新主力介入当天或后面拉高了会遇到极大的抛压或打压驱赶，致使新主力无利可图，甚至深陷其中。一只连续涨停个股的形成，除了受看得见的客观因素条件影响，也受大众看不见的主力与主力之间的博弈等非客观因素的影响。

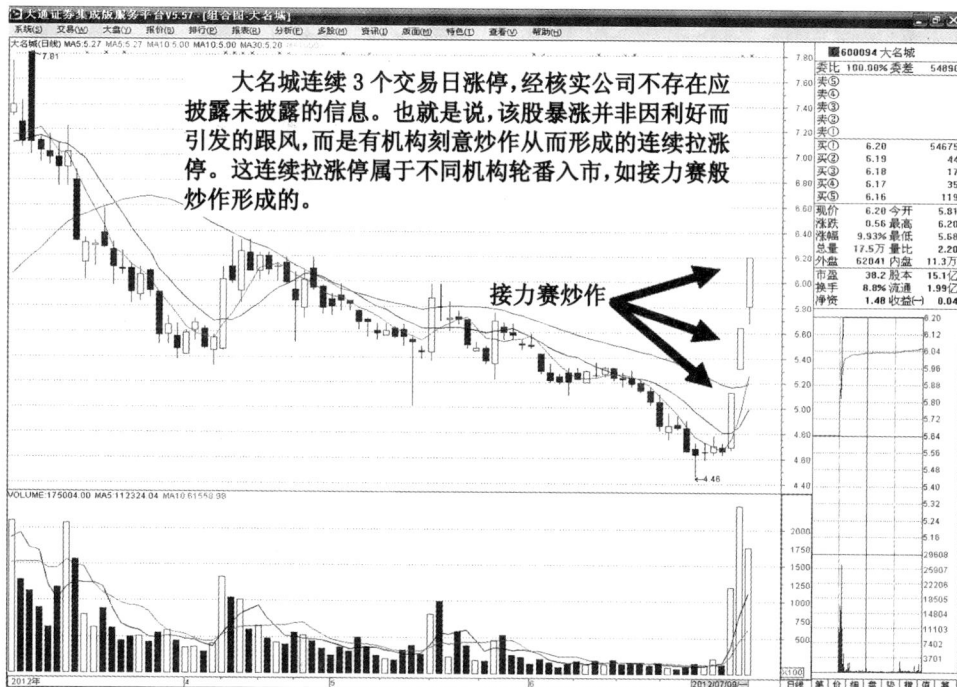

上海证券市场2012年7月5日公开信息

证券代码	证券简称	偏离值%	成交量	成交金额(万元)
600094	大名城	11.25	11948571	6004.71

买入营业部名称	累计买入金额(元)
(1)中国中投证券无锡清扬路证券营业部	4723328.54
(2)东兴证券福清一拂路证券营业部	1832540.89
(3)申银万国证券上海南汇证券营业部	067408.00
(4)齐鲁证券慈溪天九街证券营业部	998811.00
(5)光大证券深圳深南大道证券营业部	734944.00

该股前期成交清淡,7月5日主力机构只进了472万元,买入较小量就拉出涨停板。

卖出营业部名称	累计卖出金额(元)
(1)华泰证券上海天钥桥路证券营业部	2223275.00
(2)中信证券上海巨鹿路证券营业部	1819285.00
(3)东方证券上海光新路证券营业部	1187876.00
(4)申银万国证券上海商城路营业部	1142723.55
(5)海通证券上海江宁路证券营业部	1014100.00

上海证券市场2012年7月6日公开信息

证券代码	证券简称	累计偏离值%	累计成交量	累计成交金额(万元)	异常期间
600094	大名城	+20.18	35221646	18965.61	7月5—6日

买入营业部名称	累计买入金额(元)
(1)西藏同信证券上海东方路证券营业部	8988219.84
(2)中国中投证券深圳龙华和平路证券营业部	6945622.00
(3)东海证券南京长江路证券营业部	5993081.51
(4)中国中投证券无锡清扬路证券营业部	5767394.04
(5)厦门证券上海陆家滨路证券营业部	3159897.00

7月6日场外其他新机构入市接手拉出第二个涨停。

卖出营业部名称	累计卖出金额(元)
(1)招商证券北京东四十条证券营业部	5759699.56
(2)中国中投证券无锡清扬路证券营业部	5212296.24
(3)招商证券北京建国路证券营业部	3723104.78
(4)安信证券大连中山路证券营业部	2786035.00
(5)中信建投证券泸州市滨江路证券营业部	2672422.14

上一交易日拔涨停的主力机构已经获利撤退。

上海证券市场2012年7月9日公开信息

证券代码	证券简称	偏离值%	成交量	成交金额(万元)
600094	大名城	12.30	17500494	10589.72

买入营业部名称	累计买入金额(元)
(1)湘财证券杭州教工路证券营业部	25510050.00
(2)国泰君安证券上海杨树浦路证券营业部	6624880.00
(3)财通证券温岭东辉北路证券营业部	6404973.92
(4)兴业证券武汉青年路证券营业部	5952000.00
(5)中国银河证券绍兴证券营业部	5886280.00

湘财证券杭州教工路主力实力较强，在第二个涨停后入市接手拉出了第三个涨停。

大名城这连续三个涨停是不同机构轮番介入接力赛炒作的结果。

卖出营业部名称	累计卖出金额(元)
(1)西南证券深圳滨河大道证券营业部	4246879.00
(2)东海证券南京长江路证券营业部	2825786.90
(3)东吴证券吴江盛泽镇西环路证券营业部	2114081.98
(4)东方证券上海凤阳路证券营业部	1926000.00
(5)东莞证券东莞石碣证券营业部	1869396.64

四类短线游资经典选股思路

　　坐庄最难的环节是出货这一环。拉高了由于接盘太少出不了货，或赚不到钱坐庄失败案例屡见不鲜。出货需要各种高超操盘手段是毫无疑问的，精明老练的操盘手会综合多种操盘技巧派发兑现，这是操盘层次问题。本文不谈操盘层次问题，先谈谈现在部分短线游资主力。是如何最大程度上在选股时选出确保进的来，能轻松出去的品种操作的。

　　"人气"在百度中第四条的解释，指的是一个人在一个群体中受到的关注度，受欢迎程度。股市具体到个股就是指某只股票受投资者和机构等关注，受欢迎程度。个股人气高涨人气很旺，说明注意和参与该股交易的投资者和机构特别多。这种股成交活跃，成交额大，大机构进出比较容易。这样的品种是短线机构最喜欢的品种，也是部分短线游资主力最喜爱的！

　　"人气"很旺的股票大部分是正被热炒的股票，主力要解决坐庄出货难这一环,首先一开始就要在选股这一步骤上选择好。选择人气高涨、成交活跃的个股作为目标,是保证拉高了可以轻松出货的第一步。在坐庄这一行当中,每个主力都有自己的选股标准和要求。有的主力喜欢选择从低位第一个做起;有的主力喜欢选择经由其他主力炒起来、炒热了在其撤退后,人气还高涨的股票作为自己的炒作目标。从科林环保连续上涨中可看出,不同主力在不同时间、不同位置进出的表现。

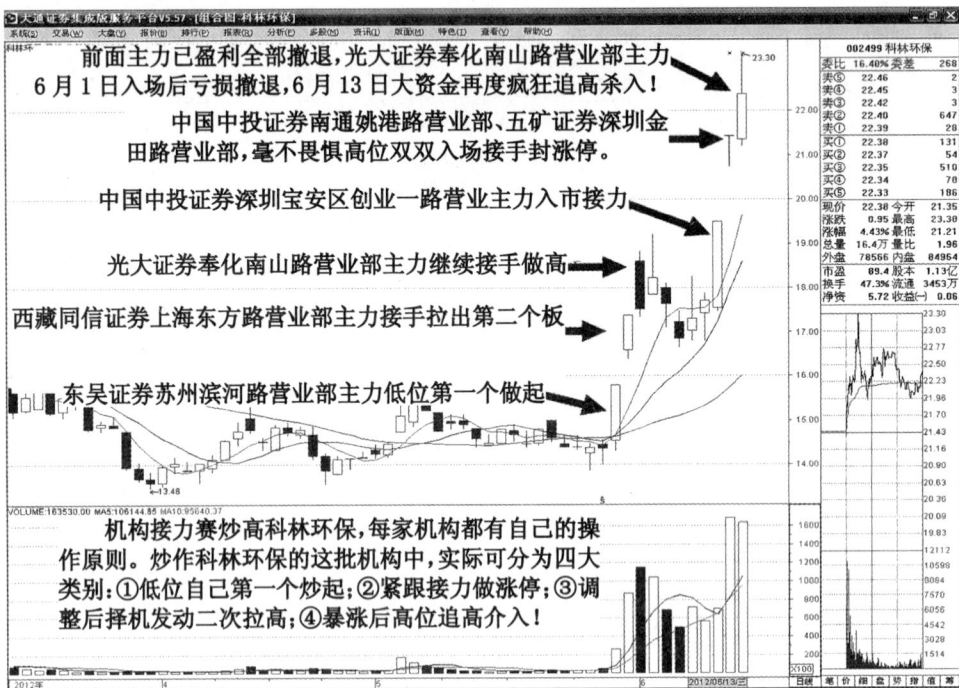

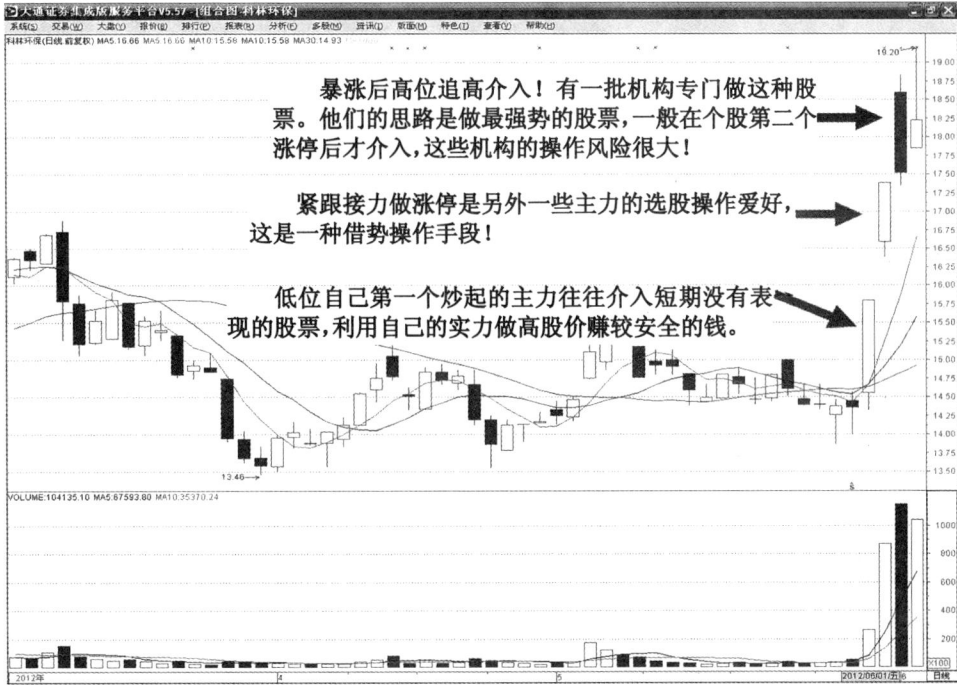

暴涨后高位追高介入！有一批机构专门做这种股票。他们的思路是做最强势的股票，一般在个股第二个涨停后才介入，这些机构的操作风险很大！

紧跟接力做涨停是另外一些主力的选股操作爱好，这是一种借势操作手段！

低位自己第一个炒起的主力往往介入短期没有表现的股票,利用自己的实力做高股价赚较安全的钱。

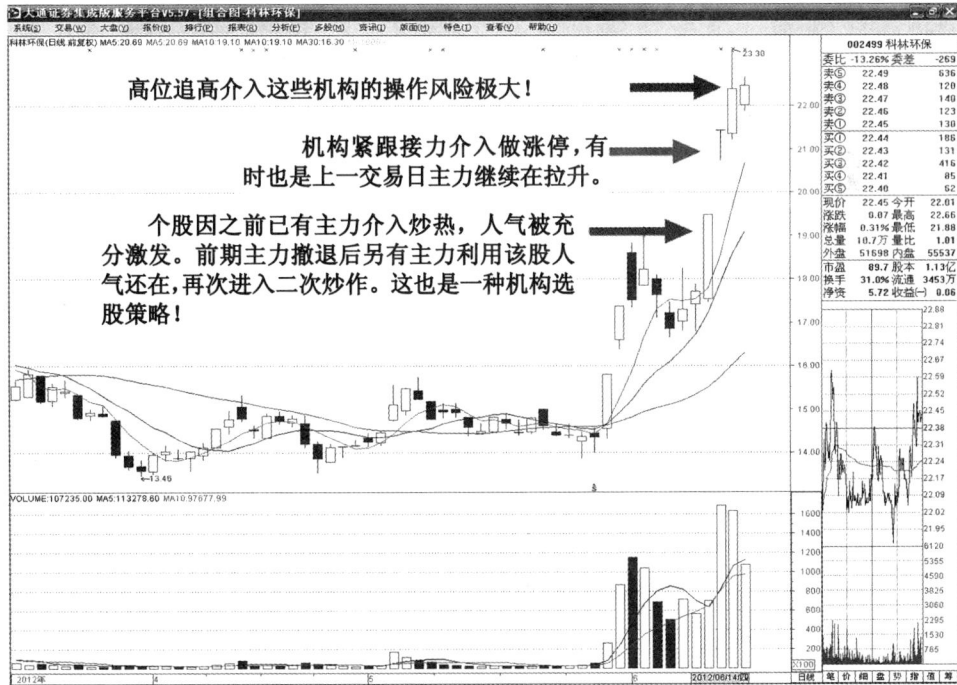

高位追高介入这些机构的操作风险极大！

机构紧跟接力介入做涨停,有时也是上一交易日主力继续在拉升。

个股因之前已有主力介入炒热,人气被充分激发。前期主力撤退后另有主力利用该股人气还在,再次进入二次炒作。这也是一种机构选股策略！

主力煽风点火引发的连续暴涨行为

　　不少短线机构和个体投资者都喜欢追进短线已经大幅上涨或连续涨停个股。这类个股放量大幅上升人气被充分激发,往往能吸引大量资金的注意和介入。强势市场这些品种很容易引发非理性连续暴涨炒作,曾经被热炒的"温州民间金融改革"板块就是如此。连续暴涨的概念股浙江东日(600113)、金丰投资(600606)等,都是大量不同短线机构和投资者追高进出、频繁换手推上去的。

　　无论是机构还是一般投资者,短线追涨都是冲着目标个股人气高涨,容易连续大涨这点而进场。"只要自己接的不是最后一棒,那么赢的机会就非常大。"这些机构和个人投资者都是这样想,所以不断出现疯狂追高炒作的行为。

　　国内A股投资者开户数量差不多8000万人(两市都开户才算一个),常年活跃交易的投资者近3000万左右。人多力量大,群众的力量凝聚在一起不可小视。常年研究涨停板个股公开数据,发现相当多个股出现涨停或连续涨停属于广大个体投资者的力量推高造就的。涨停或连续涨停的另外一种情况是:部分个股先是有一些大机构煽风点火拔高或拉涨停,在该股人气被激发后,引发大量散户跟风追进,造就这些股票出现连续大涨或连续涨停板表现。

　　下面通过经典个案信质电机(002664)的价格表现,结合该股连续多日的公开交易数据分析机构煽风点火,引发大量散户追高,致使信质电机连续大涨的情况。

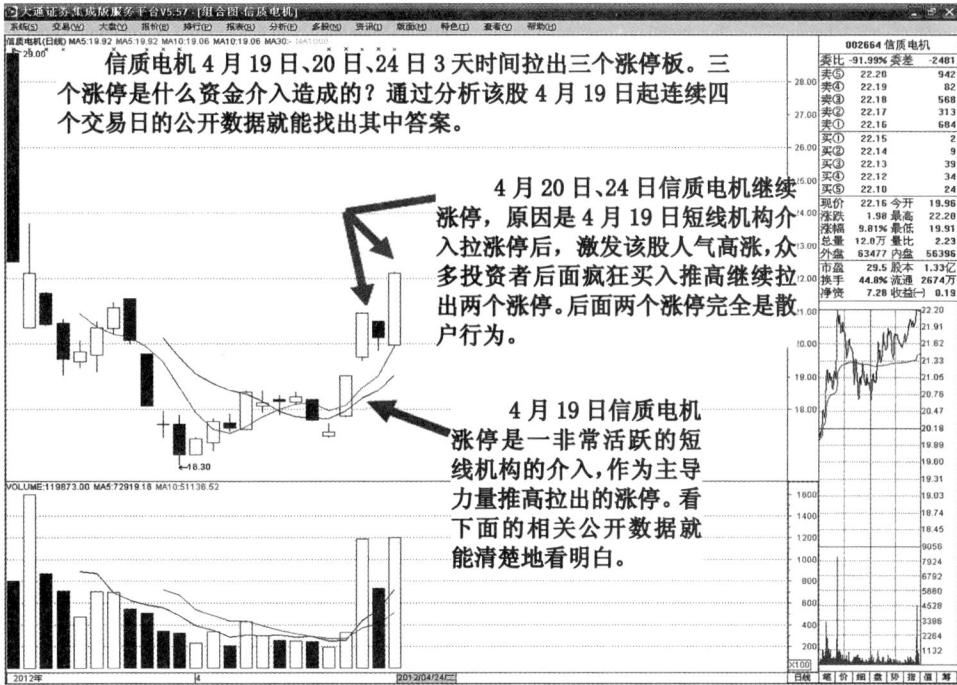

信质电机4月19日、20日、24日3天时间拉出三个涨停板。三个涨停是什么资金介入造成的？通过分析该股4月19日起连续四个交易日的公开数据就能找出其中答案。

4月20日、24日信质电机继续涨停，原因是4月19日短线机构介入拉涨停后，激发该股人气高涨，众多投资者后面疯狂买入推高继续拉出两个涨停。后面两个涨停完全是散户行为。

4月19日信质电机涨停是一非常活跃的短线机构的介入，作为主导力量推高拉出的涨停。看下面的相关公开数据就能清楚地看明白。

深圳证券市场2012年4月19日中小板交易公开信息

信质电机(002664)　涨幅偏离值：10.18%　成交量：332万股　成交金额：　6187万元

买入金额最大的前5名营业部		买入金额(元)	卖出金额(元)
中国银河证券厦门美湖路证券营业部	机构煽风点火	7722374.00	0.00
西藏同信证券成都东大街证券营业部		4685974.00	0.00
华龙证券上海中山北二路证券营业部		2138972.00	0.00
华泰证券无锡解放西路证券营业部		1992441.00	19030.00
安信证券深圳福华一路证券营业部		1937254.00	0.00

卖出金额最大的前5名营业部	买入金额(元)	卖出金额(元)
机构专用	0.00	5703747.72
安信证券北京阜成路证券营业部	0.00	1375869.00
方正证券南昌南京西路证券营业部	803364.81	1275983.00
华泰证券南京六合板门口证券营业部	0.00	1240770.34
申银万国证券上海黄兴路证券营业部	0.00	1221243.92

　　4月19日信质电机拉涨停当日公开数据显示，买入营业部第一名是中国银河证券厦门美湖路证券营业部，买入量772万元，占当天6187万元的12.4%。该营业部是非常活跃的短线营业部，信质电机的第一个涨停是该营业部主力作为主导力量影响的涨停。另外，买入第二名是西藏同信证券成都东大街证券营业部，当天买入468万元，是影响信质电机涨停的另一主力。买入量排在第三名以后的营业部金额都较小，属于典型的跟风盘。4月19日信质电机的涨停完全是中国银河证券厦门美湖路营业部和西藏同信证券成都东大街营业部两大主力煽风点火，大众跟风造就的结果。

深圳证券市场2012年4月20日中小板交易公开信息

信质电机(002664)　　换手率：44.47%　　成交量：1189万股　　成交金额：　23966万元

买入金额最大的前5名营业部		买入金额(元)	卖出金额(元)
国信证券广州东风中路证券营业部	散户推高	2296517.01	220644.80
国信证券南海大沥证券营业部		2286114.40	34922.00
民生证券郑州西太康路证券营业部		2272729.66	1418362.85
中国银河证券广州中山二路证券营业部		2095090.00	2093.00
东方证券上海丰庄路证券营业部		1926203.97	0.00

卖出金额最大的前5名营业部		买入金额(元)	卖出金额(元)
中国银河证券厦门美湖路证券营业部		17806.00	8225333.08
西藏同信证券成都东大街证券营业部	机构出逃	199895.00	4972601.00
方正证券台州解放路证券营业部		193285.00	4075424.25
厦门证券厦门仙岳路证券营业部		201892.00	3518918.05
招商证券福州群众东路证券营业部		6114.00	2318560.40

　　4月20日信质电机拉出第二个涨停，当日公开数据显示，买入营业部中最大的买入量只有200多万，买入前5名营业部一共才成交1700多万元，所占比例不到当天总成交额的7%。显然该股这次涨停是众多小散的奋力追高而推动的涨停。4月19日买入量较大的中国银河证券厦门美湖路证券营业部、西藏同信证券成都东大街证券营业部，4月20日利用散户疯狂抢进推高时全部获利卖出。机构煽风点火，引发大量散户追高，机构利用散户抢进时出货的操盘手法在这表现的淋漓尽致！

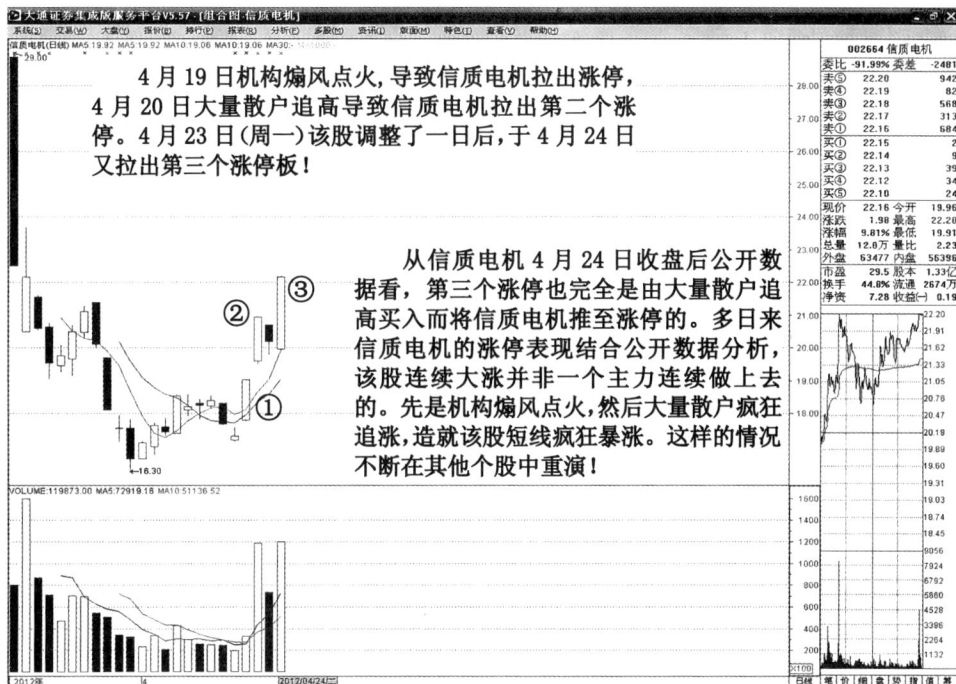

4月19日机构煽风点火,导致信质电机拉出涨停,4月20日大量散户追高导致信质电机拉出第二个涨停。4月23日(周一)该股调整了一日后,于4月24日又拉出第三个涨停板!

从信质电机4月24日收盘后公开数据看,第三个涨停也完全是由大量散户追高买入而将信质电机推至涨停的。多日来信质电机的涨停表现结合公开数据分析,该股连续大涨并非一个主力连续做上去的。先是机构煽风点火,然后大量散户疯狂追涨,造就该股短线疯狂暴涨。这样的情况不断在其他个股中重演!

深圳证券市场2012年4月24日中小板交易公开信息

信质电机(002664)　换手率:44.83%　成交量:1199万股　成交金额:　25700万元

买入金额最大的前5名营业部		买入金额(元)	卖出金额(元)
华福证券龙岩中山路证券营业部		3867866.00	181249.60
中国中投证券无锡清扬路证券营业部	散户行情	3615401.00	28538.00
兴业证券上海梅花路证券营业部		3367640.00	58736.00
国元证券天长园林路证券营业部		3295583.66	4330.00
中信建投证券宁波曙光路证券营业部		2401552.72	2120.00

卖出金额最大的前5名营业部	买入金额(元)	卖出金额(元)
机构专用	0.00	6432967.52
机构专用	0.00	4172027.77
华西证券绵阳安昌路证券营业部	70115.00	3803248.31
华福证券厦门湖滨南路证券营业部	6300.00	2349856.00
东方证券上海丰庄路证券营业部	21050.00	2131817.60

第七章　其　他

个股出现短线热炒暴涨的因素

　　A股市场几乎每日都有被热炒的股票，这种股票每日都有大量不同机构和投资者频繁进出。股价涨了又跌，跌了又涨，在一定时期内不断反复震荡并创出新高。而这个过程中，股价中途出现下跌调整往往是一批不同的机构和投资者获利了结出货砸下去的，并非是什么主力刻意洗盘行为。下跌后股价又能上涨创出新高，这往往又是另外一批不同机构和投资者看好介入推高的，其中也不排除有部分机构一直在其中参与进行高抛低吸操作。一批批不同的机构和投资者在不同的时间段、不同的价位参与炒作导致某只股票不断震荡和上升。大部分短线暴涨的个股并非由一个主力从头到尾炒作导致该股大涨、暴涨。这种情况没有多年实践分析经验，是无法区分和看清一只股票股价暴涨背后，上涨推动的真正主体力量是谁！因此常错误的认为那是一个主力在一直疯狂炒作。

　　下面通过个案的K线走势结合公开数据，剖析个股由大量不同的机构和投资者在不同的时间、不同价位进出，参与炒作导致该股不断创新高的表现。

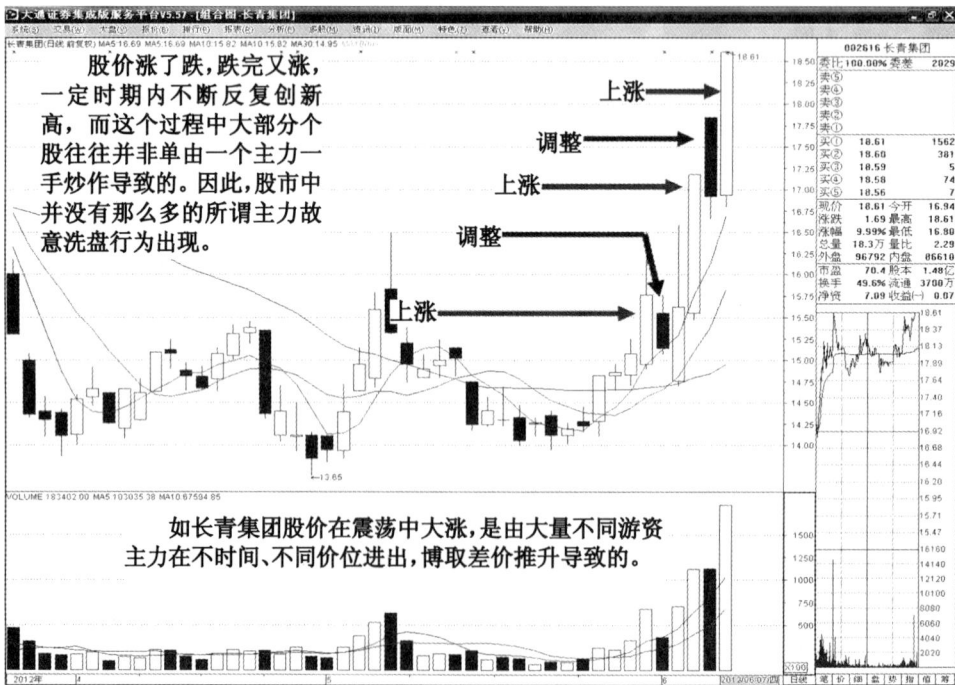

如长青集团股价在震荡中大涨，是由大量不同游资主力在不时间、不同价位进出，博取差价推升导致的。

深圳证券市场2012年6月5日中小板交易公开信息

长青集团(002616)　幅偏离值：10.04%　成交量：1117万股　成交金额：18583万元

买入金额最大的前5名营业部	买入金额(元)	卖出金额(元)
东方证券上海新川路证券营业部	12987754.30	0.00
海通证券南京广州路证券营业部	7753305.94	1124383.50
国泰君安证券南京中央路证券营业部	7316775.65	17000.00
华泰证券成都南一环路证券营业部	6619454.20	8250.00
中国中投证券南京中央路证券营业部	5901712.00	90305.00

卖出金额最大的前5名营业部	买入金额(元)	卖出金额(元)
中航证券天津六纬路证券营业部	0.00	2795695.00
国泰君安证券成都建设路证券营业部	86627.00	2650350.84
广发证券中山小榄营业部	19815.00	2174507.10
金元证券上海东方路证券营业部	0.00	1979920.30
联讯证券北京北辰东路证券营业部	16100.00	1903272.21

公开数据显示，长青集团6月5日涨停日，上海一机构大量买入1298万元，占当日该股总量的7%。其他证券营业部机构买入量在500万元至700万元的有三家在南京，另外一家买入600余万元，机构在成都。该股当日涨停明显是由不同地区的不同机构介入推高影响导致的。

深圳证券市场2012年6月6日中小板交易公开信息

长青集团(002616)　换手率：30.39%　成交量：1124万股　成交金额：19275万元

买入金额最大的前5名营业部	买入金额(元)	卖出金额(元)
海通证券南京广州路证券营业部	5435790.25	30882.00
国信证券深圳红岭中路证券营业部	3548432.00	92432.00
国金证券成都温江区柳城商业新街证券营业	3180163.88	8793.00
东莞证券南京玉兰路证券营业部	3016812.00	0.00
国信证券杭州体育场路证券营业部	2842878.90	467104.88

卖出金额最大的前5名营业部	买入金额(元)	卖出金额(元)
东方证券上海新川路证券营业部	0.00	13097209.75
华泰证券成都南一环路证券营业部	316580.00	6811225.62
中国中投证券南京中央路证券营业部	1722.00	5083167.73
中国中投证券深圳宝安区创业一路证券营业	0.00	4831427.00
国泰君安证券南京中央路证券营业部	2271228.33	3825387.57

　　6月5日涨停，6月6日长青集团股价全天高开低走。当日公开数据显示，在6月5日买入量最大的上海机构已经全部获利了结卖出，成都的一机构也已经全部获利卖出。上一日买入的三家南京机构中，有两家也都全部获利卖出。长青集团6月6日股价高开低走，当日股价的下跌调整就是上述这些机构大量卖出砸低的，这是不同主力的获利了结出货行为，而不是什么洗盘行为。6月6日入场接盘最多的是海通证券南京广州路证券营业部，其他后四名营业部买入量都在300万元左右，数量并不大，当日买方基本属于散户行情。

　　深圳证券市场2012年6月7日中小板交易公开信息

长青集团(002616)　涨幅偏离值：10.55%　成交量：1834万股　成交金额：33196万元

买入金额最大的前5名营业部	买入金额(元)	卖出金额(元)
华林证券深圳振华路证券营业部	15037868.68	163269.00
国信证券深圳红岭中路证券营业部	11781112.71	3779059.67
方正证券绍兴胜利东路证券营业部	9263946.00	41517.00
海通证券南京广州路证券营业部	7471613.20	16225373.63
中信证券(浙江)金华中山路证券营业部	7069307.69	2311080.20

卖出金额最大的前5名营业部	买入金额(元)	卖出金额(元)
海通证券南京广州路证券营业部	7471613.20	16225373.63
东莞证券南京玉兰路证券营业部	0.00	10679490.39
国泰君安证券南京中央路证券营业部	884109.61	10356655.79
申银万国证券上海余姚路证券营业部	181293.00	8396547.42
华泰证券盐城人民中路证券营业部	431038.00	5503164.50

　　长青集团6月6日股价高开低走小跌，6月7日该股再次上升并涨停。当日买入

量第一名华林证券深圳振华路证券营业部，买入金额1503万元，和方正证券绍兴胜利东路证券营业部等都是新介入该股的机构。

国信证券深圳红岭中路证券营业部、海通证券南京广州路证券营业部等机构在6月7日是边拉边出货。明显这些机构都是独立操作行为，他们进出都是根据他们各自的分析判断去操盘。

全面分析长青集团6月5日至6月7日连续三日股价的升跌，再结合该股公开数据看，该股这几日中既存在大量不同的机构在不同时间段、在不同的价位进出，也存在部分机构在里面稍有停留进行差价操作。也就是说，该股近日的大涨明显不是一个主力炒作所为，而是一群不同的机构和投资者频繁进出推高的。因此，该股途中股价的下跌自然也不是什么主力的故意洗盘行为。个股人气被激发后，吸引大量游资机构入场博取差价，有时能制造出轰动市场的暴涨。2012年4月因民间金融改革概念暴涨的浙江东日（600113）、金丰投资（600606）等就是属此性质。

游资暴力煽风点火坐庄操盘法

现活跃在A股市场经常上涨停榜的游资近百家，按照现时如此弱势的市场环境赚钱甚为艰难。以短线套利为主的游资，三两个月长时间持资不动又不是他们的风格。弱势市场入市操作赚钱是相当难的，操作成功赚的是卖白菜的钱，操作不慎亏损的数目将无法想象！为确保入市操作成功，操盘手会绞尽脑汁。

这些活跃的游资当中并不都是简单盲目的跟风，部分利用自己的资金实力和操盘技巧进行有计划的坐庄操盘。这些主力自己选择好目标后第一时间就入场建仓，建仓同时将盘口分时形态做好、上升波形做漂亮。此举目的是在主力当天建仓后，股价推高至3%～6%幅度时，吸引投资者和同行齐齐介入推高甚至将股价推到涨停板。这种操作手法严格上来说还算不上真正的坐庄，只是机构利用有限的资本和技巧阶段性影响股价，吸引买盘推高股价谋利。

游资机构中按其操作手法可分两大类：

（1）以跟风操作为主的游资机构；

（2）以自有资金结合操盘技术，以发动行情为主的游资机构。

以跟风为主的游资机构的操作很简单，追涨杀跌是他们的主要操作方式。后者则是以自己选股为目标，建仓后发动拉高为主的游资机构，这类游资机构才是真正的赢家。这类游资机构80%的操作都是自己选择目标，然后第一时间介入并推高股价。盘中入场建仓初期小心翼翼地拿货，拿到一定的量后盘中展开急拉。他们在入场建仓拿货时，就注意把该股的分时形态做好、上升波形做漂亮，在展开急拉时能引诱不少其他资金追涨共同把股价推高或推到涨停。

由于这类机构总是在个股一开始上升就在介入，所以该主力的平均成本比其他后来者明显更低，后面次日的出货这类机构占尽优势。说明一点，目标股票是因为被这类机构看中并介入建仓股价才慢慢走高，没有他们的选中和介入该股就可能没有当天的上涨，他们永远是这些股票当天上涨的第一个介入者。这些主力在建仓与上涨过程中，有计划地控制建仓的速度和价格上升幅度，控制着分时走势和盘中成交量的大小。操盘手是这一阶段分时走势和盘中成交量的设计者，根据市场环境等各种情况设计出后市能引起大众购买欲望的、吸引大量跟风盘追高的分时形态。

下面介绍一种并不是现在主力才创造出来的，而又十分经典的"暴力煽风点火坐庄操盘法"，这是笔者根据该盘口特征等起的名称。这种盘口暴力表现在股价盘中突然呈接近90°角直线拉升。煽风点火表现在股价上升初期主力故意做盘用巨大买单往上扫高，制造轰动效应引诱跟风盘追进。下面结合廊坊发展在2012年11月6日的动态盘口的具体情况详细剖析。

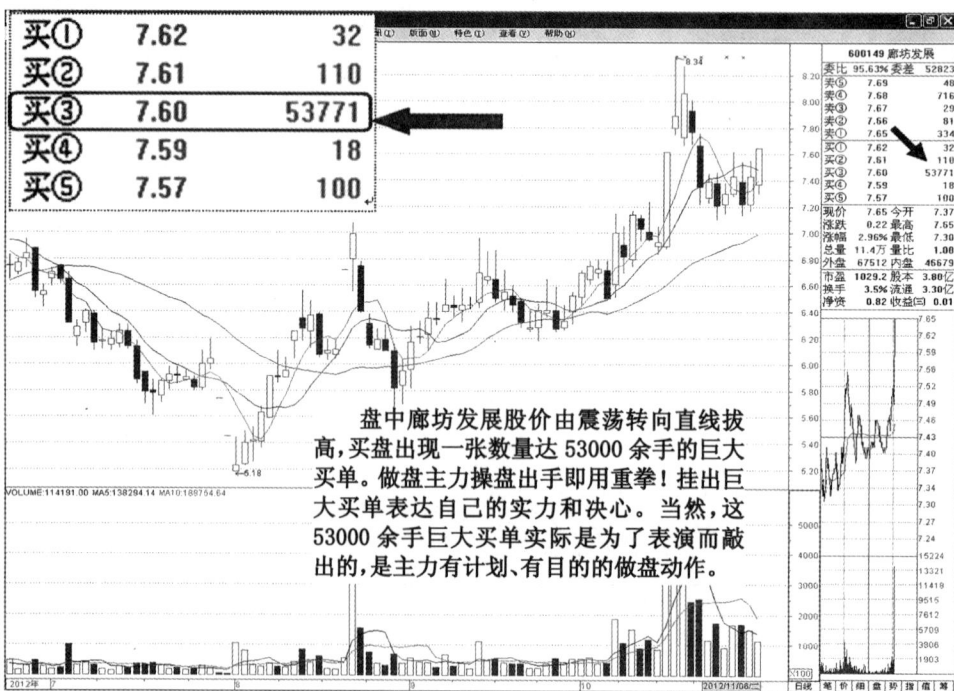

盘中廊坊发展股价由震荡转向直线拔高，买盘出现一张数量达53000余手的巨大买单。做盘主力操盘出手即用重拳！挂出巨大买单表达自己的实力和决心。当然，这53000余手巨大买单实际是为了表演而敲出的，是主力有计划、有目的的做盘动作。

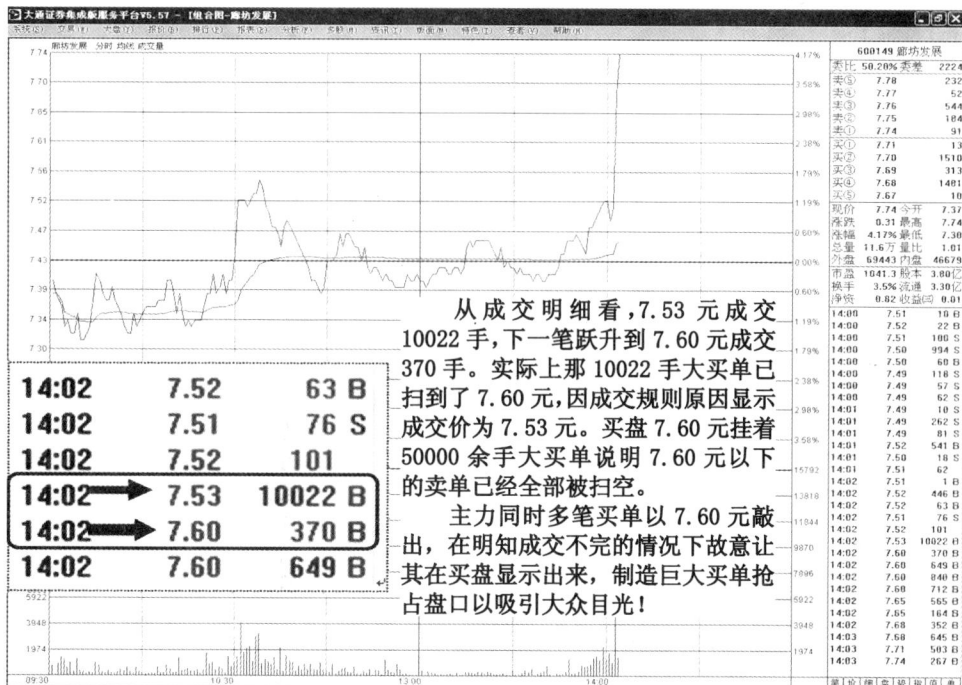

从成交明细看，7.53元成交10022手，下一笔跃升到7.60元成交370手。实际上那10022手大买单已扫到了7.60元，因成交规则原因显示成交价为7.53元。买盘7.60元挂着50000余手大买单说明7.60元以下的卖单已经全部被扫空。

主力同时多笔买单以7.60元敲出，在明知成交不完的情况下故意让其在买盘显示出来，制造巨大买单抢占盘口以吸引大众目光！

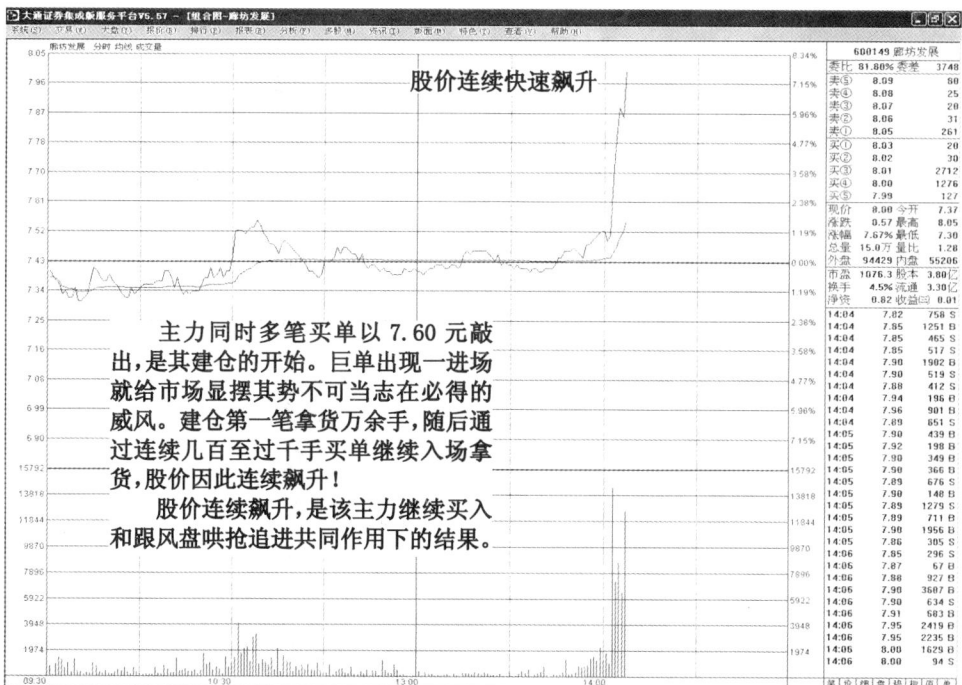

股价连续快速飙升

主力同时多笔买单以7.60元敲出，是其建仓的开始。巨单出现一进场就给市场显摆其势不可当志在必得的威风。建仓第一笔拿货万余手，随后通过连续几百至过千手买单继续入场拿货，股价因此连续飙升！

股价连续飙升，是该主力继续买入和跟风盘哄抢追进共同作用下的结果。

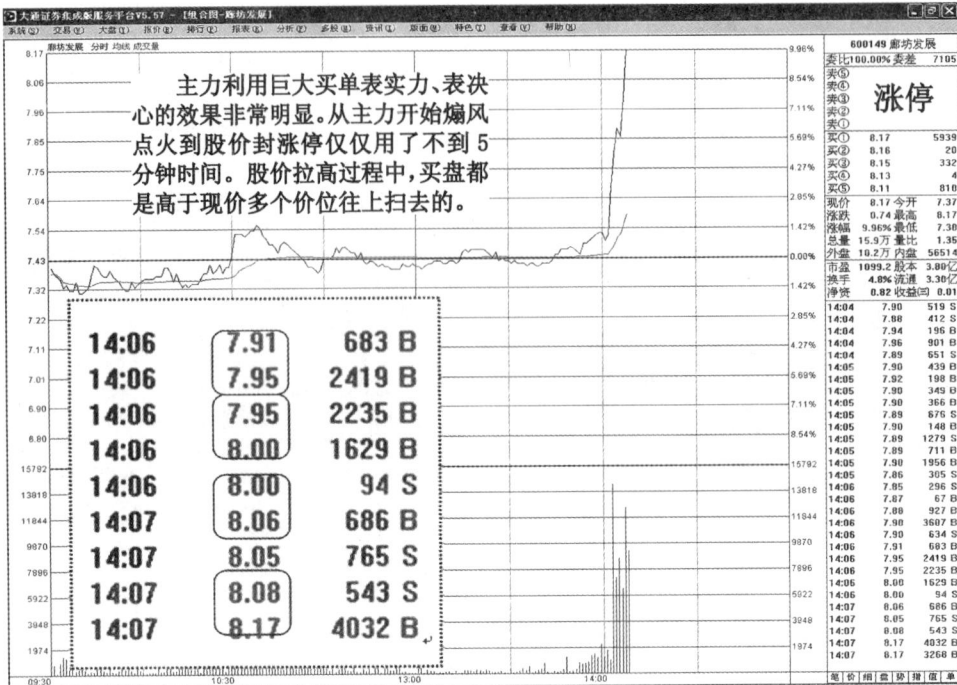

主力利用巨大买单表实力、表决心的效果非常明显。从主力开始煽风点火到股价封涨停仅仅用了不到 5 分钟时间。股价拉高过程中，买盘都是高于现价多个价位往上扫去的。

时间	价格	数量
14:06	7.91	683 B
14:06	7.95	2419 B
14:06	7.95	2235 B
14:06	8.00	1629 B
14:06	8.00	94 S
14:07	8.06	686 B
14:07	8.05	765 S
14:07	8.08	543 S
14:07	8.17	4032 B

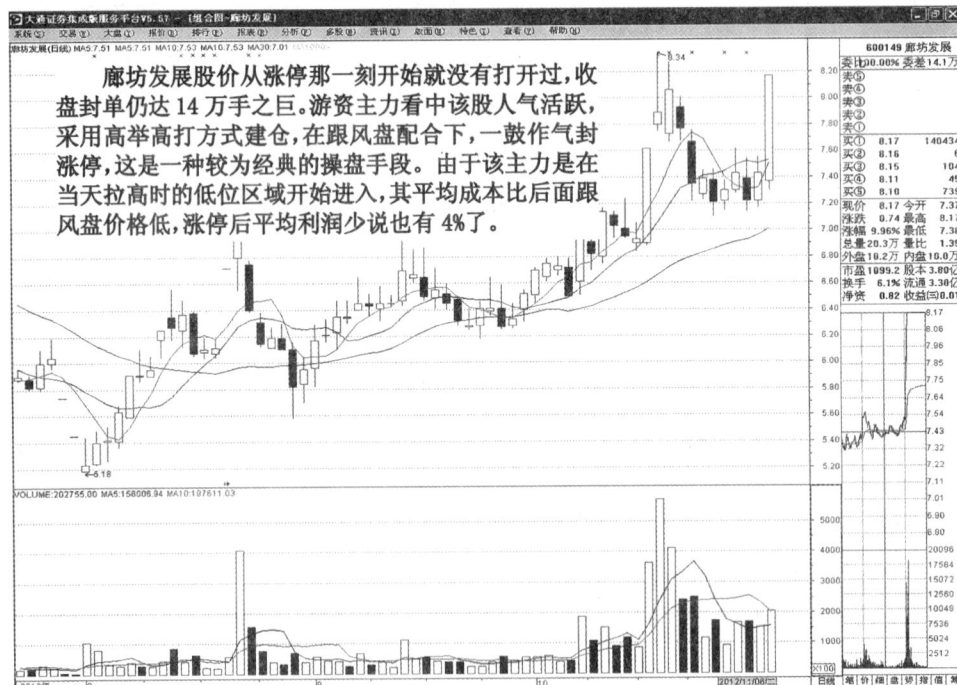

廊坊发展股价从涨停那一刻开始就没有打开过，收盘封单仍达 14 万手之巨。游资主力看中该股人气活跃，采用高举高打方式建仓，在跟风盘配合下，一鼓作气封涨停，这是一种较为经典的操盘手段。由于该主力是在当天拉高时的低位区域开始进入，其平均成本比后面跟风盘价格低，涨停后平均利润少说也有 4%了。

证券代码	证券简称	偏离值%	成交量	成交金额(万元)
600149	廊坊发展	10.34	20275518	15636.28

买入营业部名称	累计买入金额(元)
(1)中国中投证券有限责任公司江门堤东路证券营业部	13401548.32
(2)中国银河证券股份有限公司宁波大庆南路证券营业部	8169183.00
(3)五矿证券有限公司深圳金田路证券营业部	6543370.00
(4)国元证券股份有限公司上海虹桥路证券营业部	6536000.00
(5)光大证券股份有限公司杭州庆春路证券营业部	4888274.40

卖出营业部名称	累计卖出金额(元)
(1)东兴证券股份有限公司龙海公园路证券营业部	4661725.97
(2)申银万国证券股份有限公司天津浦口道证券营业部	2933010.00
(3)国泰君安证券股份有限公司深圳益田路证券营业部	2819339.10
(4)国元证券股份有限公司桐城龙眠中路证券营业部	2339833.86
(5)国泰君安证券股份有限公司北京方庄路证券营业部	2173000.00

　　从廊坊发展11月6日涨停当天公开数据看，买入第一名是中投证券江门堤东路证券营业部。该营业部同样是著名活跃游资营业部，而且该营业部的游资操作大都是笔者所说的，是个利用自己的资金实力和操盘技巧进行有计划坐庄操盘的主力。这个主力操盘大都是自己选择好目标后第一时间就入场建仓然后拉高。廊坊发展11月6日下午突然拔高，和买盘出现的50000余手大买单可以肯定是该游资的操作。该游资建仓第一笔就过万手，市值达到750余万，当天一共买入1340万元，另外的600多万元也可以肯定是在股价涨幅7%以下价格连续买入的。算其平均成本，估计在该股涨幅5%左右，股价涨停当天其账面利润已经有5%。其他机构和投资者大都是在高位追高和涨停价格追进，筹码平均成本远高于主力机构中投证券江门堤东路证券营业部游资主力的平均成本。

　　成本越低其主动权越大。主力机构可以次日开盘就跑，只要廊坊发展次日股价跌幅小于-5%他就可以有钱赚，只是赚得多与少罢了。如果次日廊坊发展早盘明显杀跌跌幅到-3%，其他追进的机构九成已经被套，这就是低成本的优势。当然，主力机构并不一定次日开盘就跑，也不一定开盘压低出货。主力机构在入场建仓时巨大买单显示实力，和随后的连续拔高已经引爆了该股活跃的做多跟风。盘中一气呵成涨停并稳稳封死，次日高开已经成为必然。利用自有资金实力和操盘技巧进行有计划的坐庄操盘，该操盘手利用其掌握的操作技巧起到四两拨千斤的作用！该主力操盘手是位水平较高的人物！

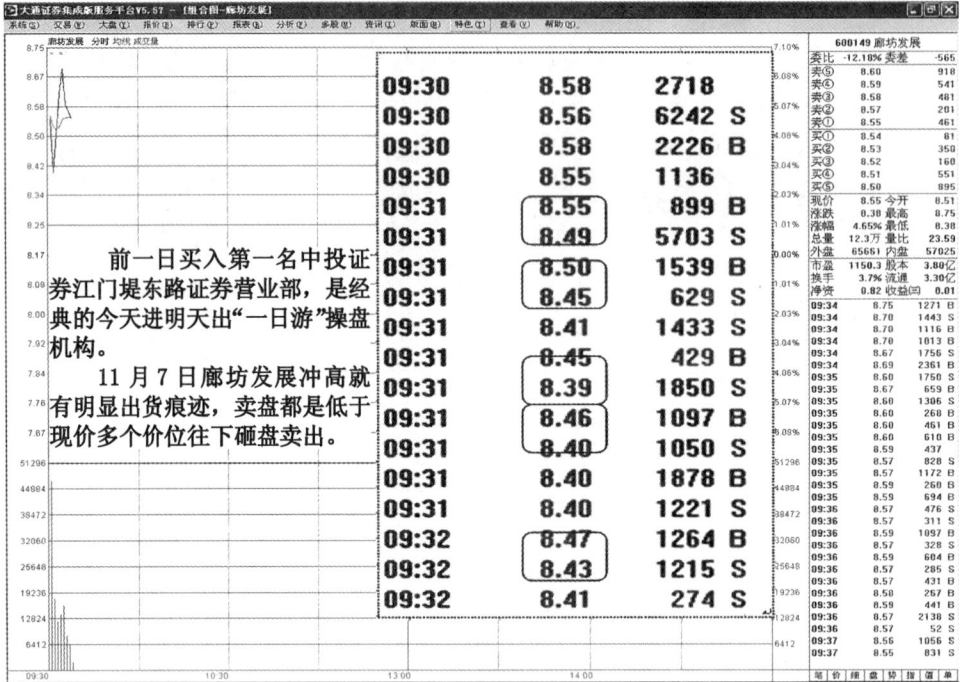

前一日买入第一名中投证券江门堤东路证券营业部，是经典的今天进明天出"一日游"操盘机构。

11月7日廊坊发展冲高就有明显出货痕迹，卖盘都是低于现价多个价位往下砸盘卖出。

时间	价格	成交量	方向
09:30	8.58	2718	
09:30	8.56	6242	S
09:30	8.58	2226	B
09:30	8.55	1136	
09:31	8.55	899	B
09:31	8.49	5703	S
09:31	8.50	1539	B
09:31	8.45	629	B
09:31	8.41	1433	S
09:31	8.45	429	B
09:31	8.39	1850	S
09:31	8.46	1097	B
09:31	8.40	1050	S
09:31	8.40	1878	B
09:31	8.40	1221	S
09:32	8.47	1264	B
09:32	8.43	1215	S
09:32	8.41	274	S

600149 廊坊发展

卖⑤	8.60		918
卖④	8.59		541
卖③	8.58		481
卖②	8.57		201
卖①	8.55		461
买①	8.54		81
买②	8.53		350
买③	8.52		160
买④	8.51		551
买⑤	8.50		895

现价 8.55 今开 8.51
涨跌 0.38 最高 8.75
涨幅 4.65% 最低 8.38
总量 12.3万 量比 23.59
外盘 65661 内盘 57025
市盈 1150.3亿 股本 3.80亿
换手 3.7% 流通 3.30亿
净资 0.82 收益(I) 0.01

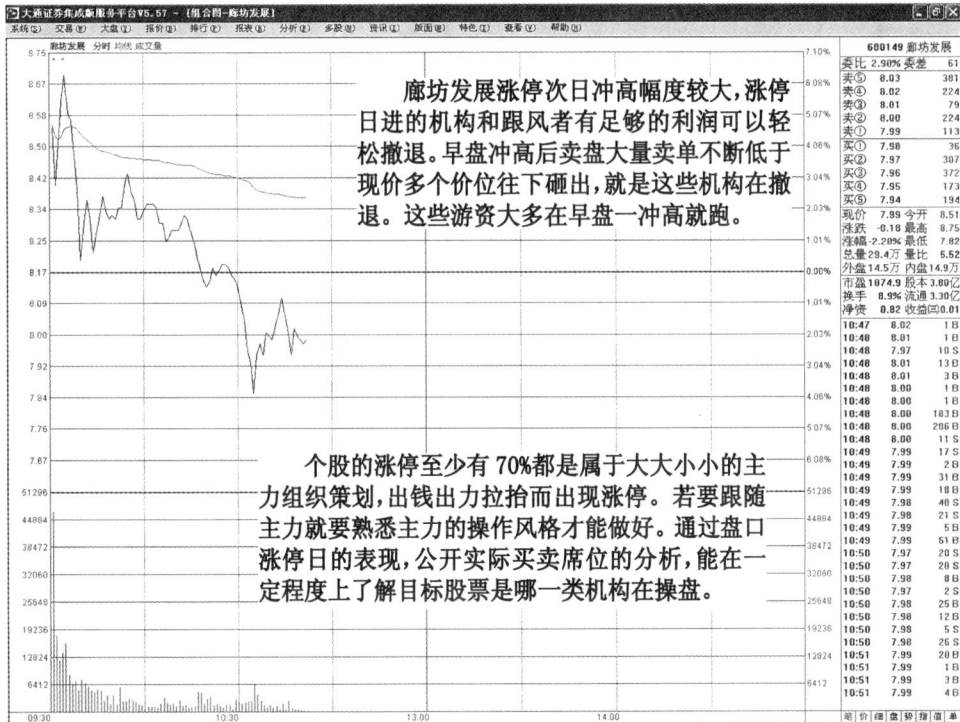

廊坊发展涨停次日冲高幅度较大,涨停日进的机构和跟风者有足够的利润可以轻松撤退。早盘冲高后卖盘大量卖单不断低于现价多个价位往下砸出,就是这些机构在撤退。这些游资大多在早盘一冲高就跑。

个股的涨停至少有 70%都是属于大大小小的主力组织策划,出钱出力拉抬而出现涨停。若要跟随主力就要熟悉主力的操作风格才能做好。通过盘口涨停日的表现,公开实际买卖席位的分析,能在一定程度上了解目标股票是哪一类机构在操盘。

确认个股有主力在活动的依据

　　每只股票都有主力这话严格来说并不准确,真正的主力进入个股后会操纵或干预影响股价走势,而一般机构并无计划也不会去操纵影响股价,只有操纵干预股价的机构才是真正的主力。跟随主力操作必须跟着会操纵影响股价的主力才是真正的跟随主力,因为只有这样的主力才肯出钱出力拉抬股价。

　　每只股票都潜伏有机构这句话是正确的,这些机构当中可能包含有会随时出手操纵干预股价的主力。主力进场后不会时刻都在盘中活动,主力什么时候出来活动做盘则根据他的需要决定。当主力出来活动时自然有活动留下的痕迹,投资者可根据盘面主力操纵痕迹去辨认主力做盘概况。下面就介绍一种根据盘面特殊成交数字的买卖单,辨别主力在盘口活动的方法。

　　交易中大家常看到有些股票盘面连续出现多张数字相同或者相近的买卖单,有时这些数字相同或相近的买卖单是一家机构在不断买或者卖的成交。为什么会出现数字相同或相近的买卖单?原因有二:

(1)机构操盘手在交易软件上填好买卖单后懒得修改买卖单的数量，直接不断点确认下单买卖。主力操盘手活跃做盘时每日都大量的买卖交易，面对电脑反复不断下单交易是件苦差事，所以有时操盘手出于懒惰在几分钟交易中懒得修改买卖单的数量，按第一次输入的数字直接确认买卖，也有时为了做盘痕迹不那么明显只修改一下买卖单尾数。

(2)不少券商交易软件具有半自动下单设置功能，也有商业软件可以进行自动化交易。所以有些股票在一天当中出现几十甚至几百笔数字同样的买卖单，这往往是这些自动化交易软件完成的交易。

不是个股盘口出现连续多张数字相同或相近的买卖单，就一定是主力在活动。个股盘中出现这种连续多张数字相同或相近的买卖单盘面时，这种盘口将成为我们分析有主力在活动的一个有力依据。分析仅仅靠一个依据是不行的，但分析就是把一个个依据要点结合在一起去分析，然后才得出最终结论。多学习、多认识一种看盘技巧，就多掌握一个判断的理由依据，分析结论就会更客观、更有价值。

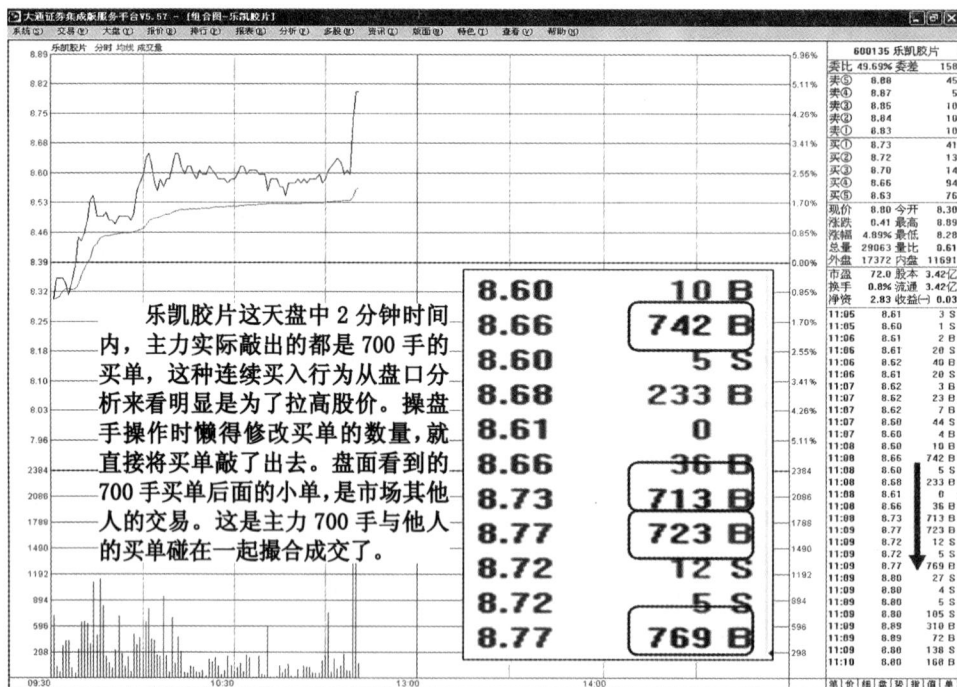

乐凯胶片这天盘中2分钟时间内，主力实际敲出的都是700手的买单，这种连续买入行为从盘口分析来看明显是为了拉高股价。操盘手操作时懒得修改买单的数量，就直接将买单敲了出去。盘面看到的700手买单后面的小单，是市场其他人的交易。这是主力700手与他人的买单碰在一起撮合成交了。

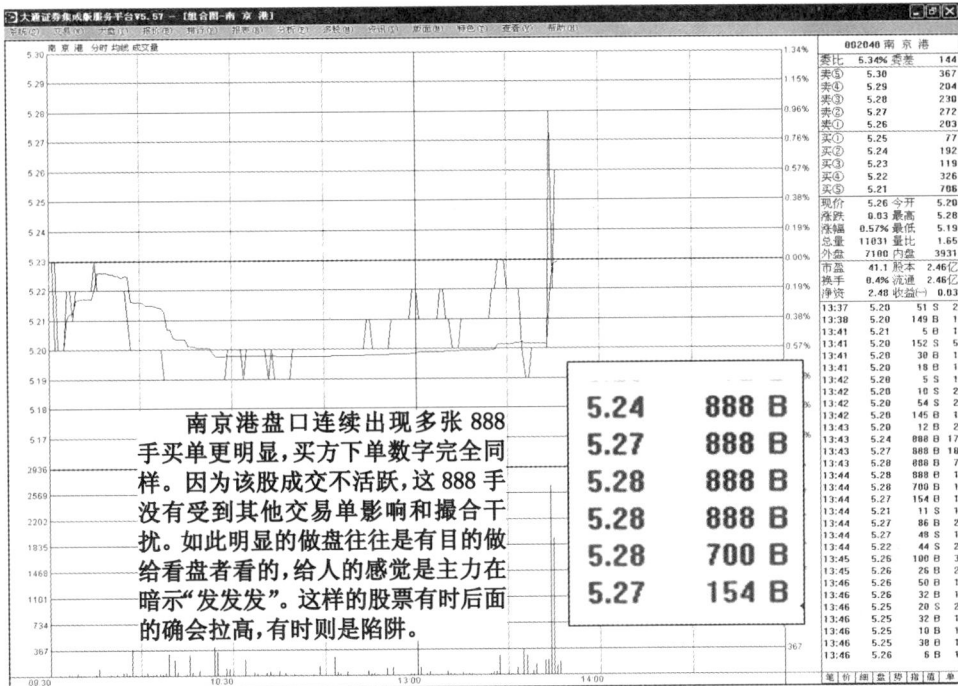

南京港盘口连续出现多张 888 手买单更明显，买方下单数字完全同样。因为该股成交不活跃，这 888 手没有受到其他交易单影响和撮合干扰。如此明显的做盘往往是有目的做给看盘者看的，给人的感觉是主力在暗示"发发发"。这样的股票有时后面的确会拉高，有时则是陷阱。

5.24	888 B
5.27	888 B
5.28	888 B
5.28	888 B
5.28	700 B
5.27	154 B

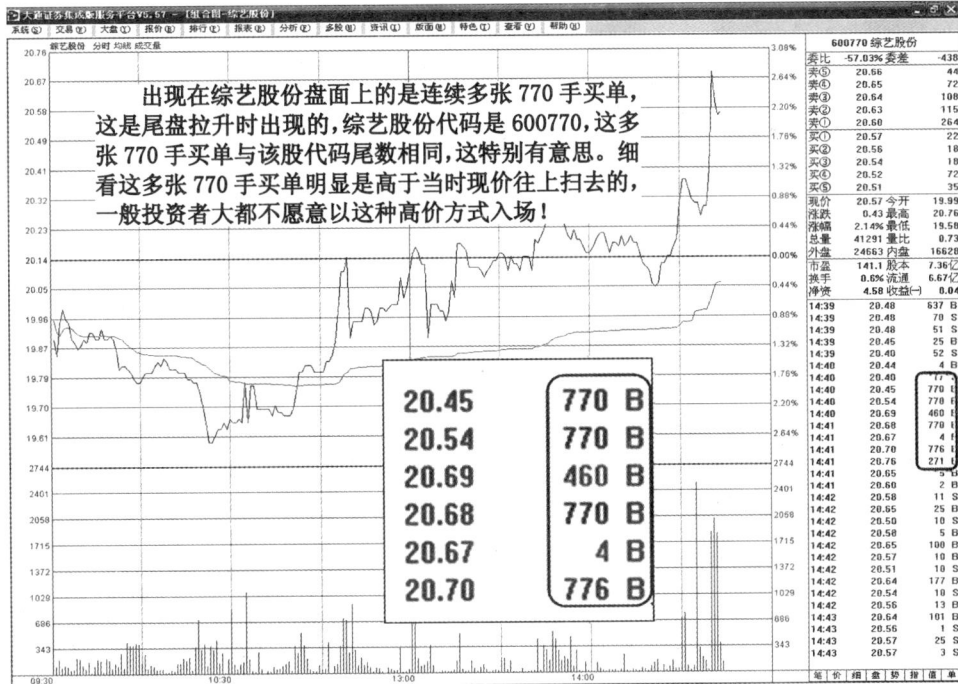

出现在综艺股份盘面上的是连续多张 770 手买单，这是尾盘拉升时出现的，综艺股份代码是 600770，这多张 770 手买单与该股代码尾数相同，这特别有意思。细看这多张 770 手买单明显是高于当时现价往上扫去的，一般投资者大都不愿意以这种高价方式入场！

20.45	770 B
20.54	770 B
20.69	460 B
20.68	770 B
20.67	4 B
20.70	776 B

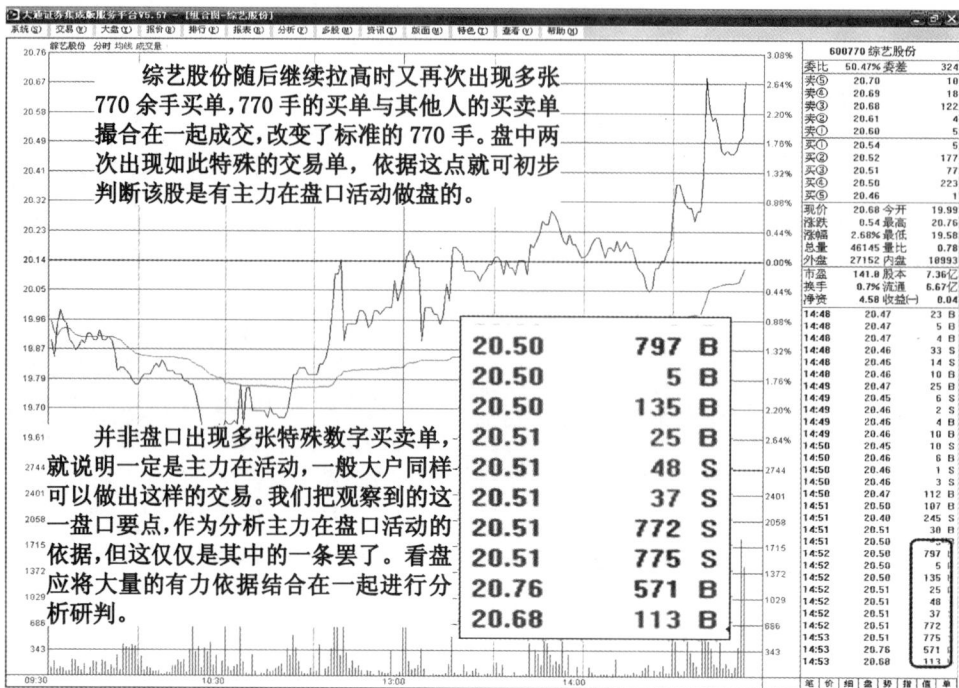

综艺股份随后继续拉高时又再次出现多张770余手买单,770手的买单与其他人的买卖单撮合在一起成交,改变了标准的770手。盘中两次出现如此特殊的交易单,依据这点就可初步判断该股是有主力在盘口活动做盘的。

并非盘口出现多张特殊数字买卖单,就说明一定是主力在活动,一般大户同样可以做出这样的交易。我们把观察到的这一盘口要点,作为分析主力在盘口活动的依据,但这仅仅是其中的一条罢了。看盘应将大量的有力依据结合在一起进行分析研判。

巨单扫货的机会与陷阱识别方法

个股上升从参加者角度分析大体可以划分为几大类别：①纯粹受大盘上升的影响,广大群众参与力量的推高；②群众力量加其他机构力量共同推高；③某一机构有计划的操盘作为主导力量的推高。

从理论上讲,选股就应该选择属于一主力机构作为主导,实施有计划操盘的股票作为目标最理想。原因在于,个股有机构主导做盘,相当一个大家庭有了主心骨,或如一群懒散羔羊有了领头羊,这样的股票做多时往往拉升表现有力,涨幅较大。大盘表现一般或不好时,主力机构仍可以通过自身实力拉抬股价,或通过操盘技巧引导股价上行。市场出现下跌调整时,有主力把持的个股,如主力出手护盘,该股会表现强势,没有主力把持的个股表现大都随波逐流。市场调整结束反弹时,有主力把持的个股往往率先大幅反抽而且力度较强。

选择有主力机构主导,实施有计划操盘的个股作为目标有三种情况：①主力正在建仓的品种；②主力建仓完成潜伏中的品种；③主力正在拉升中的品种。以上是选股的一大参考思路，思路清晰正确是关键。下面通过个案盘口细节分析，讲解识别资金入场的方法，以及回避短线陷阱的一些技巧。

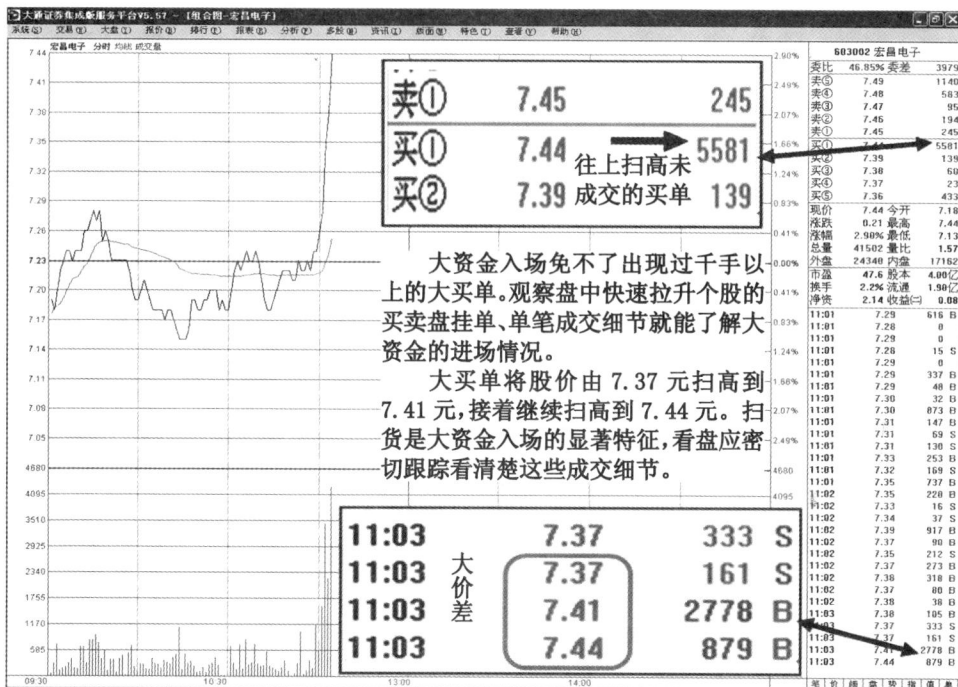

卖① 7.45 245
买① 7.44 往上扫高未 5581
买② 7.39 成交的买单 139

大资金入场免不了出现过千手以上的大买单。观察盘中快速拉升个股的买卖盘挂单、单笔成交细节就能了解大资金的进场情况。

大买单将股价由 7.37 元扫高到 7.41 元，接着继续扫高到 7.44 元。扫货是大资金入场的显著特征，看盘应密切跟踪看清楚这些成交细节。

11:03 大价差 7.37 333 S
11:03 7.37 161 S
11:03 7.41 2778 B
11:03 7.44 879 B

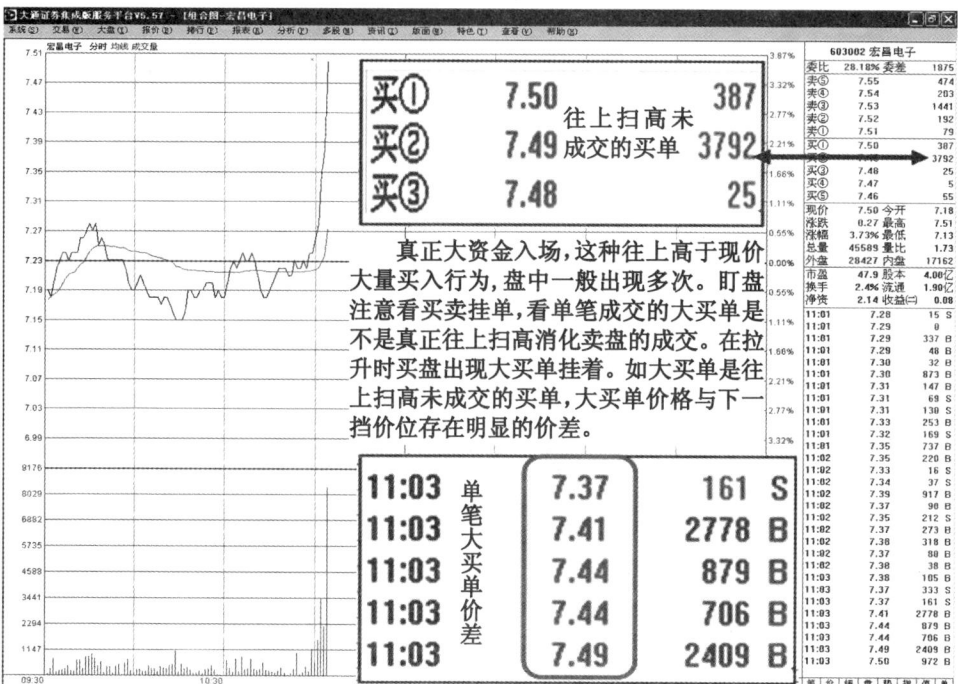

买① 7.50 往上扫高未 387
买② 7.49 成交的买单 3792
买③ 7.48 25

真正大资金入场，这种往上高于现价大量买入行为，盘中一般出现多次。盯盘注意看买卖挂单，看单笔成交的大买单是不是真正往上扫高消化卖盘的成交。在拉升时买盘出现大买单挂着。如大买单是往上扫高未成交的买单，大买单价格与下一挡价位存在明显的价差。

11:03 单笔大买单价差 7.37 161 S
11:03 7.41 2778 B
11:03 7.44 879 B
11:03 7.44 706 B
11:03 7.49 2409 B

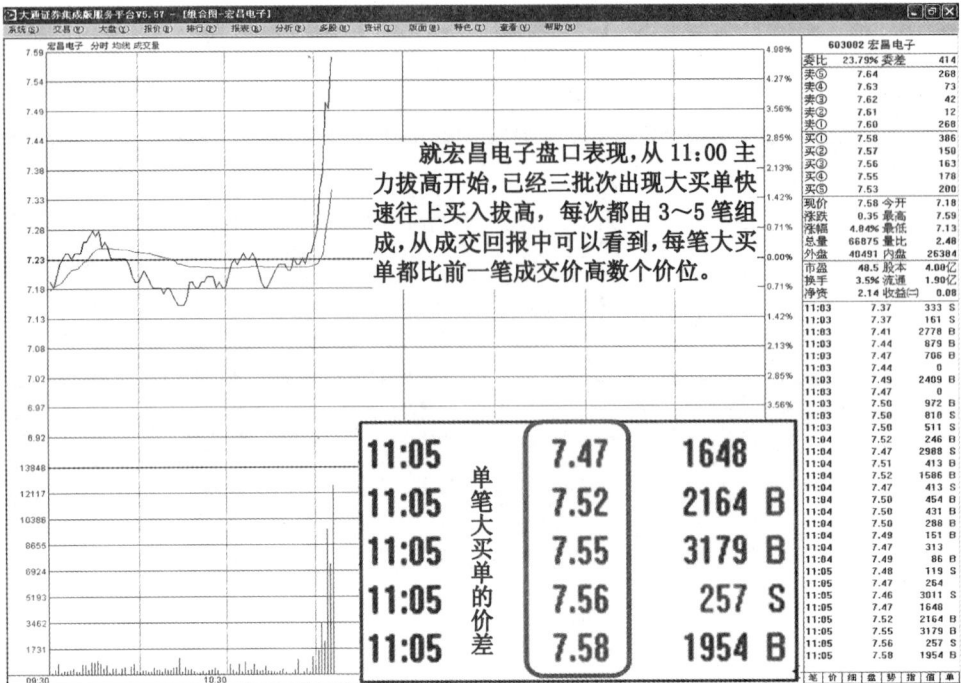

就宏昌电子盘口表现,从11:00主力拔高开始,已经三批次出现大买单快速往上买入拔高,每次都由3～5笔组成,从成交回报中可以看到,每笔大买单都比前一笔成交价高数个价位。

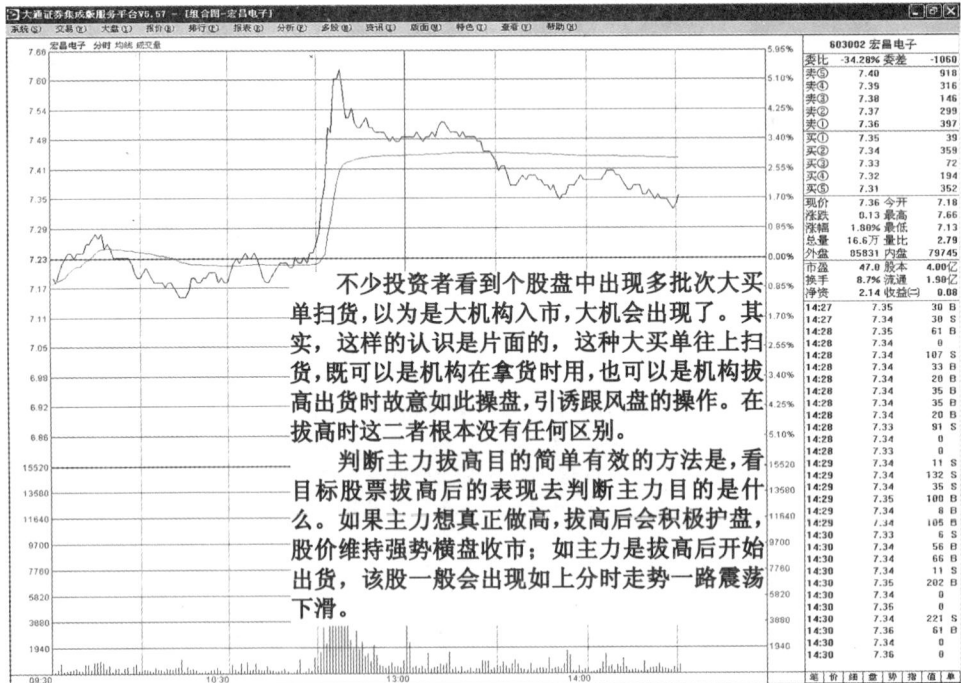

不少投资者看到个股盘中出现多批次大买单扫货,以为是大机构入市,大机会出现了。其实,这样的认识是片面的,这种大买单往上扫货,既可以是机构在拿货时用,也可以是机构拔高出货时故意如此操盘,引诱跟风盘的操作。在拔高时这二者根本没有任何区别。

判断主力拔高目的简单有效的方法是,看目标股票拔高后的表现去判断主力目的是什么。如果主力想真正做高,拔高后会积极护盘,股价维持强势横盘收市;如主力是拔高后开始出货,该股一般会出现如上分时走势一路震荡下滑。

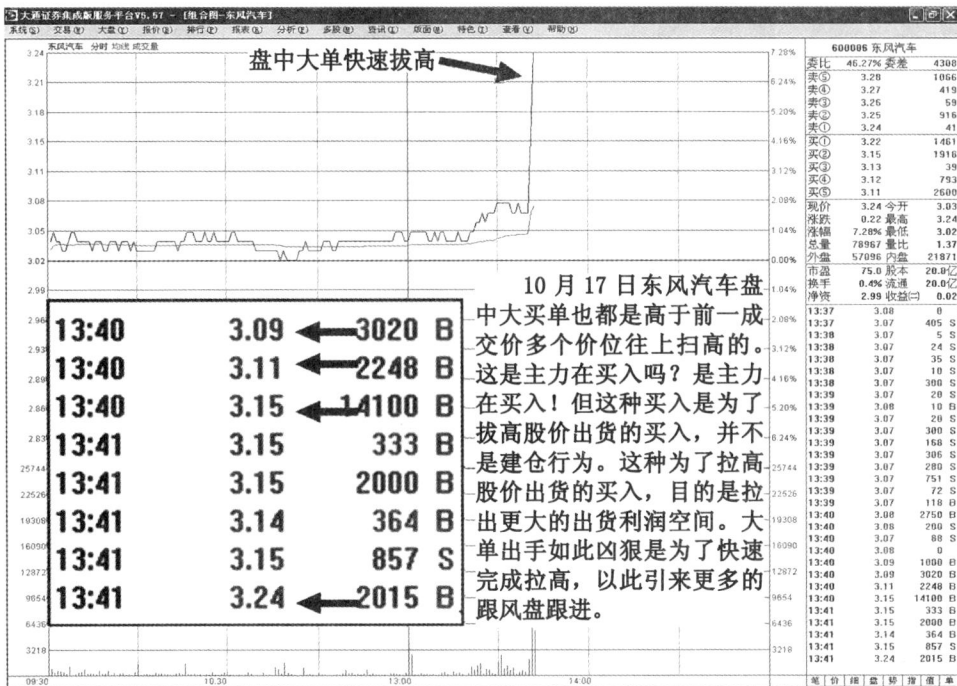

10 月 17 日东风汽车盘中大买单也都是高于前一成交价多个价位往上扫高的。这是主力在买入吗?是主力在买入!但这种买入是为了拔高股价出货的买入,并不是建仓行为。这种为了拉高股价出货的买入,目的是拉出更大的出货利润空间。大单出手如此凶狠是为了快速完成拉高,以此引来更多的跟风盘跟进。

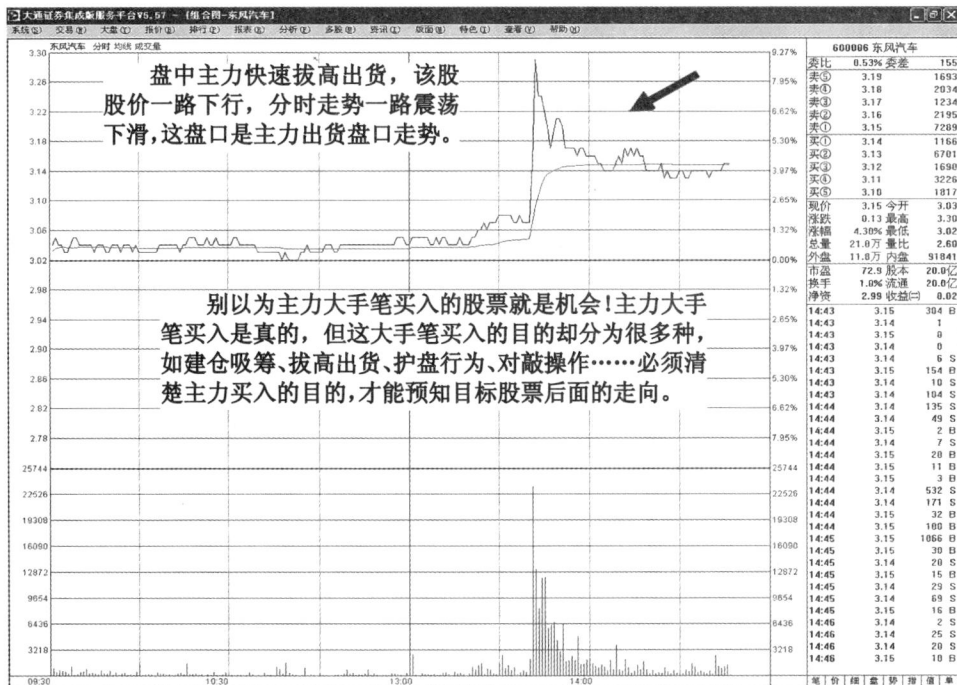

盘中主力快速拔高出货,该股股价一路下行,分时走势一路震荡下滑,这盘口是主力出货盘口走势。

别以为主力大手笔买入的股票就是机会!主力大手笔买入是真的,但这大手笔买入的目的却分为很多种,如建仓吸筹、拔高出货、护盘行为、对敲操作……必须清楚主力买入的目的,才能预知目标股票后面的走向。

大盘暴跌时反抽的选股思路

没有多少人敢否定股价的上升不是主力、大机构的资金介入拉抬而造成的！没有主力参与的个股如死水一潭，大主力介入的个股就是金矿！无论是短线还是中线，掌握大主力坐庄建仓手法是相当重要的。牛市、强势市场、横盘震荡市场、弱势市场，不同的市场环境下，市场中各种机构有自己的选股标准。一般投资者也应该有自己的多套成熟选股方法，无论在什么市场环境，都能以冷静的姿态以自己掌握的方法去选择目标操作。弱势市场暴跌下的市场环境应该怎么选股？下面笔者把多年的实践经验与大家分享。

(1)选择反抽当日龙头板块或热门板块个股作为目标。

(2)选择逆市抗跌或逆市上升的品种作为目标。

(3)选择下跌后提前见底的品种作为目标。

(4)选择长期下跌后已出现明显急跌、大跌品种作为目标。

发现或寻找当天龙头板块方法之一就是看软件的统计功能，大部分券商提供的免费看盘软件都提供这些统计数据。一般行情软件在左上角"报价"或"分析"目录之下，可以找到"热门板块分析"这个统计数据。"热门板块分析"中可以看到当日由最热门到最冷门全部板块排名情况，排在前面的1、2、3就是最热门板块。

热门板块分析-所有板块 今日:2012-12-05,三 点右键操作

	板块名称	均涨幅%↓	权涨幅%	总成交	领涨股票	涨股比	市场比%	换手率%	市盈(动)
1	证券类	6.53	6.03	81.7亿	国海证券	19/19	0.30	1.84	32.09
2	多元金融	6.15	6.19	5.18亿	安信信托	5/5	0.02	2.00	22.33
3	建材	6.05	6.26	64.3亿	福建水泥	69/71	0.23	3.00	26.29
4	保险类	5.58	3.55	32.9亿	新华保险	4/4	0.12	0.42	27.65
5	宁夏板块	5.32	5.05	3.87亿	银星能源	10/12	0.01	1.55	31.64
6	稀土永磁	5.14	4.98	47.3亿	太原刚玉	24/25	0.17	1.12	94.81
7	工程机械	5.10	6.72	34.2亿	山推股份	36/37	0.12	1.56	13.00
8	矿物制品	4.93							.44
9	建筑	4.89							.17
10	稀缺资源	4.79							.48
11	保障房	4.71							.53
12	新疆板块	4.56							.29
13	煤炭	4.55	3.53	48.8亿	贤成矿业	38/39	0.18	0.97	11.27
14	内蒙板块	4.49	4.80	34.6亿	蒙草抗旱	23/23	0.13	1.23	26.64
15	循环经济	4.49	3.89	48.7亿	创元科技	36/37	0.18	1.13	25.01
16	互联网	4.44	4.19	6.87亿	东方财富	12/13	0.03	3.10	47.97
17	活跃股	4.43	4.71	140.2亿	创元科技	99/100	0.51	9.80	52.71
18	深证100	4.40	3.87	186.6亿	山推股份	96/100	0.68	1.11	17.04
19	环境保护	4.38	4.11	10.8亿	蒙草抗旱	19/19	0.04	1.38	31.57
20	有色	4.36	4.24	79.7亿	厦门钨业	68/71	0.29	0.85	49.04

当日从最热门到最冷门往下排名

> 大盘暴跌后反抽当日,绝大多数是由龙头股,或者龙头板块个股启动大涨引领股指上行的。有时在一板块启动后引发其他板块个股也跟着暴涨,经验丰富、反应灵敏的投资者可以快速介入参与这些品种。

	代码	名称	涨幅%	现价	涨跌	买入价	卖出价	总量	现量	涨速%	换手%	今开	最高	金额	量比	细分行业
1	600815	厦工股份	10.09	6.33	0.58	6.33	–	17.9万	10	0.00	2.29	5.74	6.33	.11亿	4.33	工程机械
2	600802	福建水泥	10.07	5.90	0.54	5.90	–	12.4万	18	0.00	3.24	5.36	5.90	127万	4.91	水泥
3	600318	巢东股份	10.06	9.19	0.84	9.19	–	47439	10	0.00	1.96	8.26	9.19	292万	2.82	水泥
4	600668	尖峰集团	10.04	8.99	0.82	8.99	–	22.1万	10	0.00	6.43	8.16	8.99	.95亿	5.03	水泥
5	600720	XR祁连山	10.02	9.00	0.82	9.00	–	26.5万	9	0.00	5.56	8.22	9.00	0万	2.00	水泥
6	600449	宁夏建材	10.01	7.36	0.67	7.36	–	78849	20	0.00	3.14	6.65	7.36	37万	6.40	水泥
7	600549	厦门钨业	10.01	32.31	2.94	32.31	–	11.3万	31	0.03	2.68	29.55	32.31	.76亿	2.62	小金属
8	601336	新华保险	9.99	21.69	1.97	21.69	–	19.0万	4	0.00	11.98	19.57	21.69	0万	2.76	保险类
9	601789	宁波建工	9.98	7.27	0.66	7.27	–	38.1万	20	0.00	30.12	6.45	7.27	70亿	4.60	建筑施工
10	600491	龙元建设	9.98	4.52	0.41	4.52	–	30.7万	20	0.00	3.24	4.11	4.52	21亿	6.21	建筑施工
11	600031	三一重工	9.97	8.60	0.78	8.60	–	57.6万	17	0.00	0.82	7.79	8.60	81亿	2.73	工程机械
12	600816	安信信托	9.97	10.59	0.96	10.59	–	66344	10	0.00	1.44	9.57	10.59	714万	1.99	多元金融
13	601377	兴业证券	9.97	10.37	0.94	10.37	–	43.3万	6	0.00	2.74	9.42	10.37	43亿	2.11	证券类
14	603399	新华龙	9.97	10.15	0.92	10.15	–	65930	5	0.00	8.72	9.25	10.15	600万	2.16	小金属
15	601996	丰林集团	9.96	5.96	0.54	5.96	–	46.0万	1	0.00	23.47	5.36	5.96	63亿	1.21	其他建材
16	600218	全柴动力	9.96	8.72	0.79	8.72	–	26.0万	6	0.00	9.39	7.78	8.72	.72亿	1.28	机械基件
17	600512	腾达建设	9.96	2.87	0.26	2.87	–	15.9万	10	0.00	2.16	2.82	2.87	560万	6.14	建筑施工
18	601992	金隅股份	9.93	6.31	0.57	6.31	–	71.3万	10	0.00	5.63	5.74	11.21	4.47亿	6.02	水泥
19	600271	秦岭水泥	9.90	4.22	0.38	4.22	–	36.8万	15	0.00	5.54	3.84	4.22	1.52亿	2.46	水泥
20	601636	旗滨集团	9.17	5.07											5.65	玻璃
21	600176	中国玻纤	9.05	8.68											5.60	玻璃
22	600381	贤成矿业	8.81	5.19											2.28	煤炭开采
23	600285	羚锐制药	8.72	6.49											1.24	中成药
24	600425	青松建化	8.59	8.98											4.02	水泥
25	600277	亿利能源	8.38	5.43											1.57	化工原料
26	600537	亿晶光电	8.26	7.08											3.21	半导体
27	600291	西水股份	8.17	10.56											2.40	水泥
28	600801	华新水泥	8.11	13.07											2.40	水泥
29	600884	博闻科技	7.99	5.27											3.60	水泥
30	600714	金瑞矿业	7.59	10.49											4.55	煤炭开采
31	600644	乐山电力	7.58	9.51											5.04	水力发电
32	600576	罗顿发展	7.27	6.49											2.10	小金属
33	600111	包钢稀土	7.21	32.72											2.10	小金属
34	600588	用友软件	7.19	24.94											1.48	软件服务
35	600685	广船国际	7.09	11.48											3.11	船舶
36	600020	隧道股份	7.00	7.25											2.72	建筑施工
37	600837	海通证券	6.75	8.70	0.55	8.71	8.72	146万	158	0.00	1.80	8.34	8.72	25.63	12.71亿	3.08	证券类
38	600149	廊坊发展	6.71	8.91	0.56	8.92	8.93	34.4万	7	0.11	10.41	8.30	9.19	1198.71	1亿	1.65	建筑施工
39	600039	四川路桥	6.61	5.48	0.34	5.47	5.48	21.7万	5	-0.18	3.96	5.14	5.03	9.88	1.18亿	1.65	建筑施工
40	600993	马应龙	6.58	13.12	0.81	13.13	13.14	38141	25	0.53	1.15	12.20	13.50	12.08	4881万	2.94	中成药
41	600259	广晟有色	6.56	37.53	2.31	37.52	37.53	51970	2	0.26	2.08	34.87	38.53	34.61	35.22	186.83	1.91亿	1.97	小金属
42	601311	骆驼股份	6.52	7.84	0.48	7.84	7.85	77477	6	0.12	2.59	7.33	7.86	7.27	7.36	12.91	5949万	2.86	电气设备
43	600826	兰生股份	6.51	9.98	0.61	9.98	9.99	23237	59	0.20	0.90	9.34	10.06	9.23	9.37	71.65	2276万	1.83	商贸代理

细分行业
工程机械
水泥
水泥
水泥
水泥
水泥

　　热门板块也可以从软件61和63涨幅榜排行中去寻找,沪深两市各看涨幅榜靠前两板,在这两板个股中看属于同板块的个股哪个板块最多。涨幅榜前两板中占有个数越多的板块,就是当天最热门板块,有时同一日也会出现两个甚至多个热门板块。

　　部分软件个股排列最后位置标志有个股所属行业细分,如有则很容易分析判断哪些是热门板块,如果没有这个功能就靠投资者自己去理解这些股票各自所属行业板块。不清楚的可以看个股F10资料,F10资料有该股的行业划分说明。

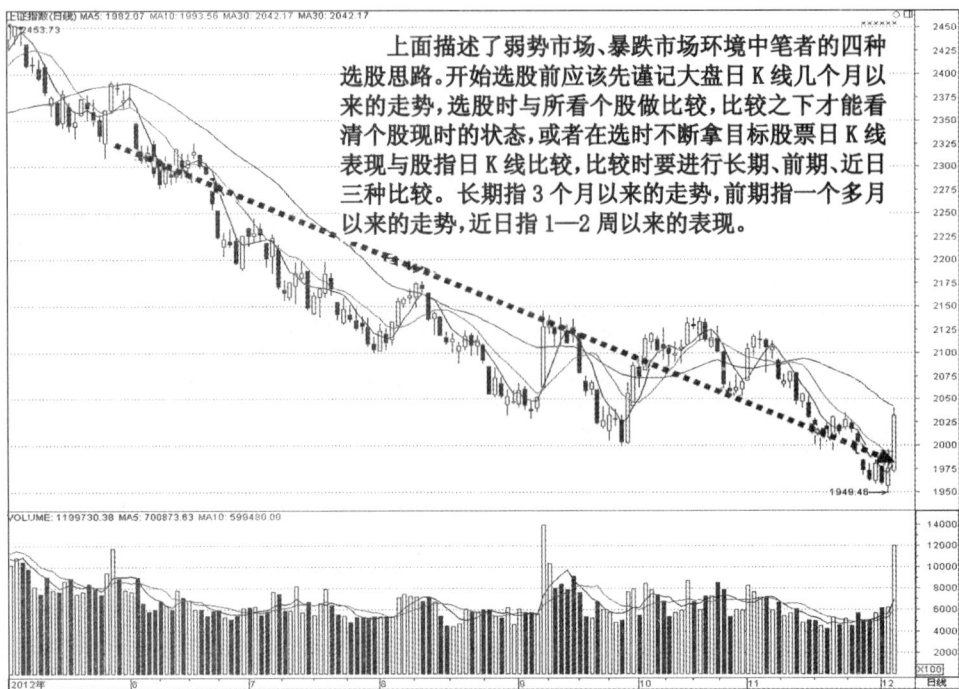

上面描述了弱势市场、暴跌市场环境中笔者的四种选股思路。开始选股前应该先谨记大盘日K线几个月以来的走势,选股时与所看个股做比较,比较之下才能看清个股现时的状态,或者在选时不断拿目标股票日K线表现与股指日K线比较,比较时要进行长期、前期、近日三种比较。长期指3个月以来的走势,前期指一个多月以来的走势,近日指1—2周以来的表现。

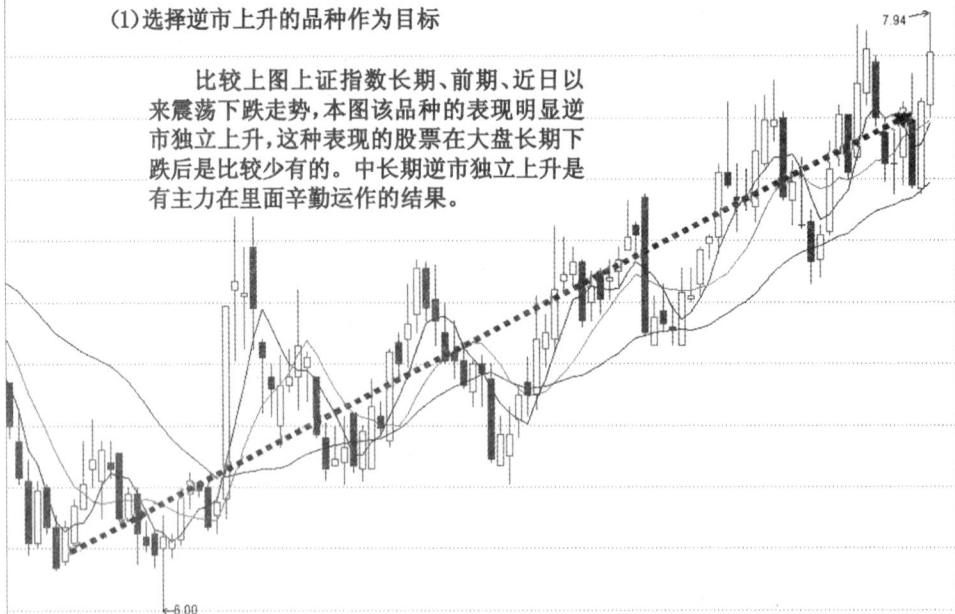

(1)选择逆市上升的品种作为目标

比较上图上证指数长期、前期、近日以来震荡下跌走势,本图该品种的表现明显逆市独立上升,这种表现的股票在大盘长期下跌后是比较少有的。中长期逆市独立上升是有主力在里面辛勤运作的结果。

(2)选择逆市抗跌的品种作为目标

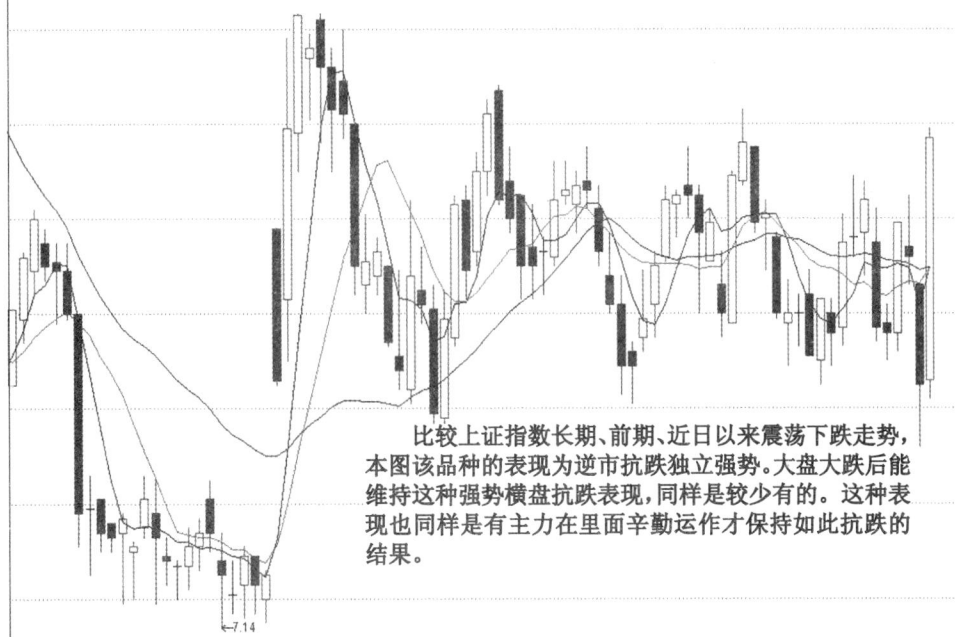

比较上证指数长期、前期、近日以来震荡下跌走势，本图该品种的表现为逆市抗跌独立强势。大盘大跌后能维持这种强势横盘抗跌表现，同样是较少有的。这种表现也同样是有主力在里面辛勤运作才保持如此抗跌的结果。

(3)选择下跌后提前见底的品种作为目标

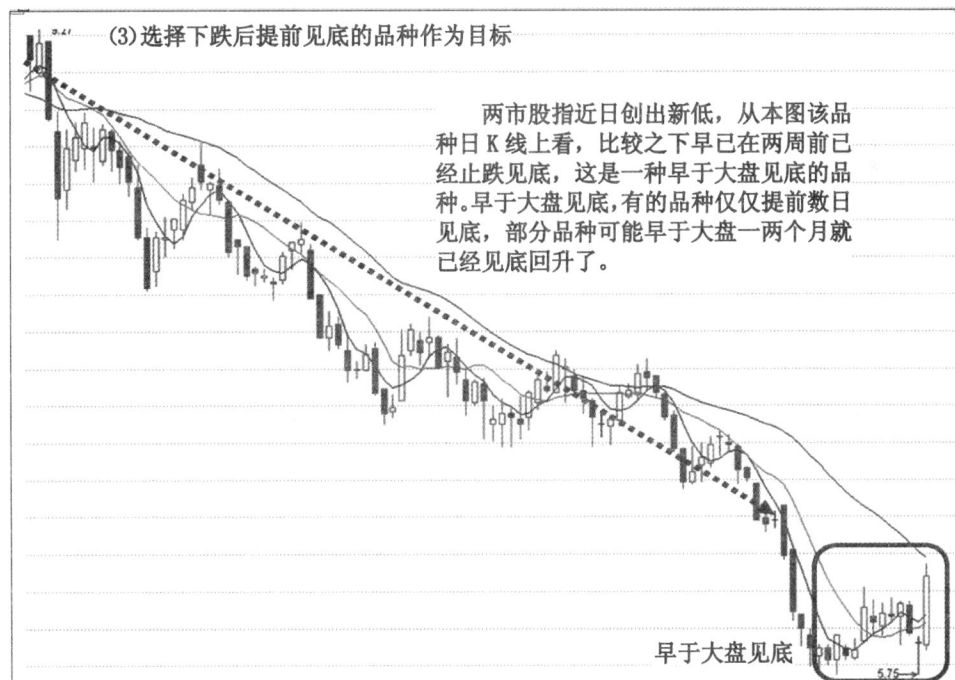

两市股指近日创出新低，从本图该品种日K线上看，比较之下早已在两周前已经止跌见底，这是一种早于大盘见底的品种。早于大盘见底，有的品种仅仅提前数日见底，部分品种可能早于大盘一两个月就已经见底回升了。

早于大盘见底

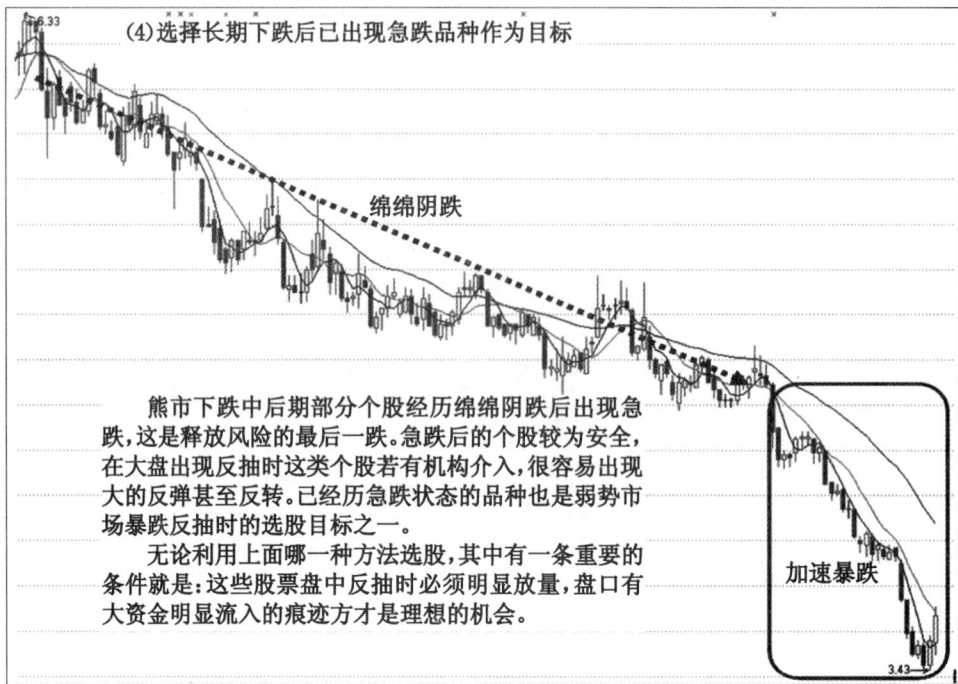

(4)选择长期下跌后已出现急跌品种作为目标

绵绵阴跌

加速暴跌

熊市下跌中后期部分个股经历绵绵阴跌后出现急跌,这是释放风险的最后一跌。急跌后的个股较为安全,在大盘出现反抽时这类个股若有机构介入,很容易出现大的反弹甚至反转。已经历急跌状态的品种也是弱势市场暴跌反抽时的选股目标之一。

无论利用上面哪一种方法选股,其中有一条重要的条件就是:这些股票盘中反抽时必须明显放量,盘口有大资金明显流入的痕迹方才是理想的机会。

识别主力是拉高还是出货的方法

短线操作的投资者都面对一个问题,盘中个股启动拉升或持续拔高时非常看好,但又不敢轻易出手买入。原因是相当多个股盘中快速大幅拔高后主力展开出货,一旦遇到这情况股价盘中拉得再高,涨得再好,到了收盘股价大都被砸了回来,且次日低开低走的几率很大。机会与风险并存,投资者既想把握短炒机会又恐惧害怕风险,以至错失很多短线操作获利机会。

以上问题是属于技术操作层次问题,技术问题终归由技术解决。对于以上问题笔者经多年来的实践总结出一些经验,下面整理列举供各位参考。

(1)盘中股价快速拉升时首先看盘口是否存在明显对敲行为。

(2)看该股日K线分析股价所处位置去判断拉升的阶段以及性质。

(3)看该股日K线数日以来有没有明显放量,是否明显有机构建仓痕迹。

(4)看急拉过后股价是强势横盘还是震荡下跌。

(5)看急拉过后盘口有没有明显大资金出货痕迹等去分析评估风险的大小。

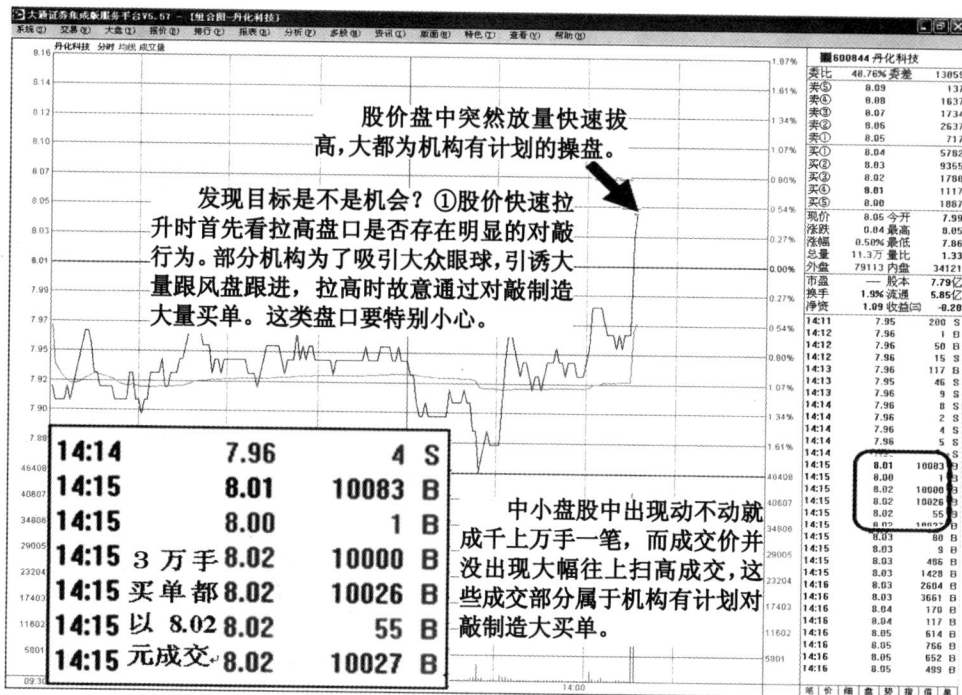

股价盘中突然放量快速拔高，大都为机构有计划的操盘。

发现目标是不是机会？①股价快速拉升时首先看拉高盘口是否存在明显的对敲行为。部分机构为了吸引大众眼球，引诱大量跟风盘跟进，拉高时故意通过对敲制造大量买单。这类盘口要特别小心。

14:14	7.96	4	S
14:15	8.01	10083	B
14:15	8.00	1	B
14:15 3万手	8.02	10000	B
14:15 买单都	8.02	10026	B
14:15 以 8.02	8.02	55	B
14:15 元成交	8.02	10027	B

中小盘股中出现动不动就成千上万手一笔，而成交价并没出现大幅往上扫高成交，这些成交部分属于机构有计划对敲制造大买单。

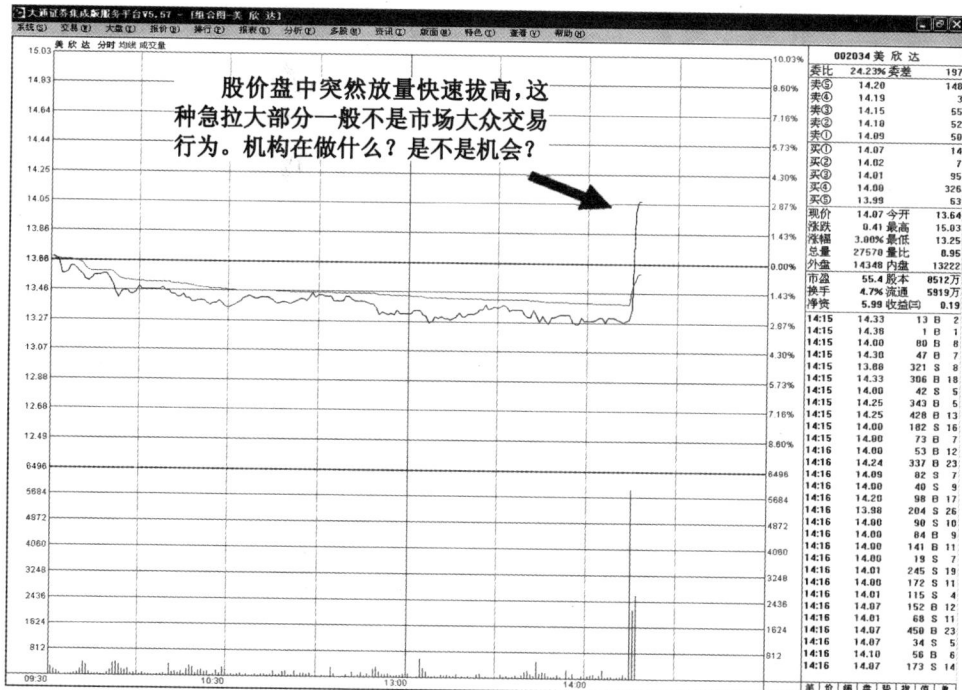

股价盘中突然放量快速拔高，这种急拉大部分一般不是市场大众交易行为。机构在做什么？是不是机会？

377

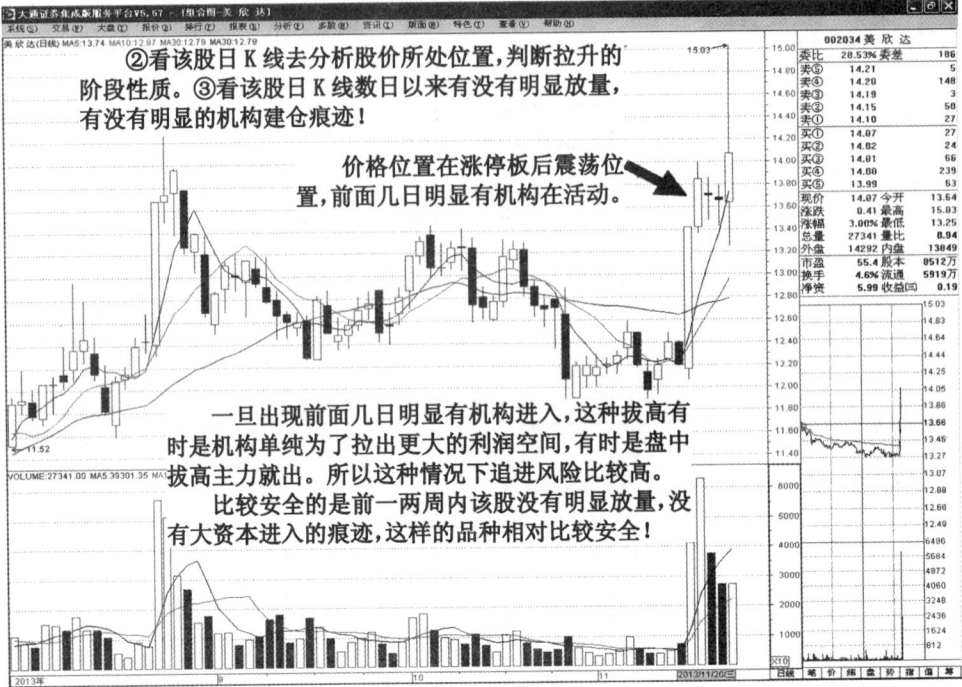

②看该股日K线去分析股价所处位置,判断拉升的阶段性质。③看该股日K线数日以来有没有明显放量,有没有明显的机构建仓痕迹!

价格位置在涨停板后震荡位置,前面几日明显有机构在活动。

一旦出现前面几日明显有机构进入,这种拔高有时是机构单纯为了拉出更大的利润空间,有时是盘中拔高主力就出。所以这种情况下追进风险比较高。比较安全的是前一两周内该股没有明显放量,没有大资本进入的痕迹,这样的品种相对比较安全!

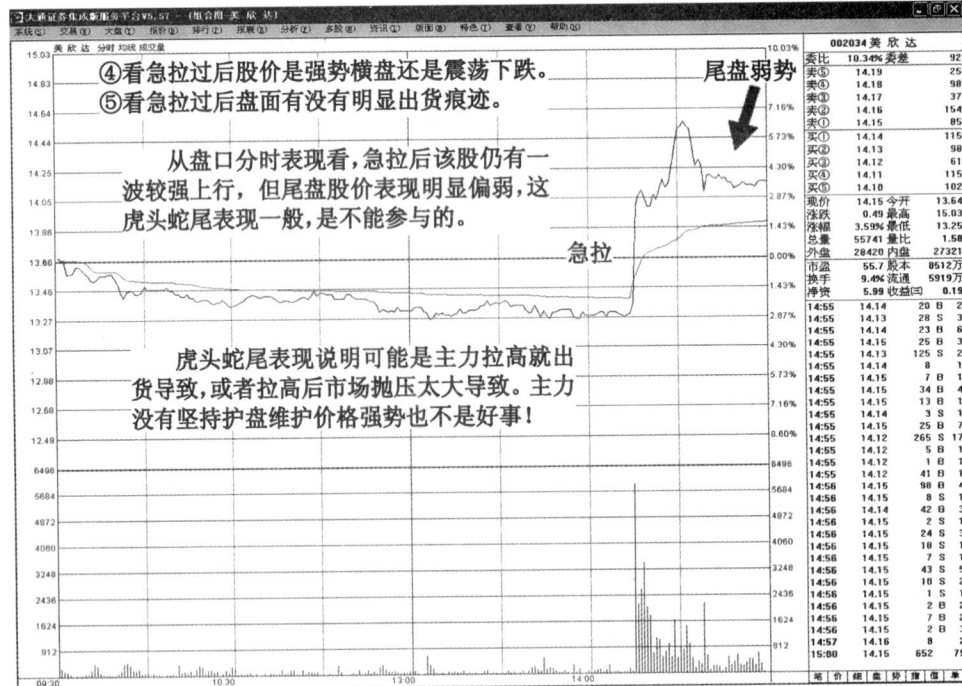

④看急拉过后股价是强势横盘还是震荡下跌。⑤看急拉过后盘面有没有明显出货痕迹。

尾盘弱势

从盘口分时表现看,急拉后该股仍有一波较强上行,但尾盘股价表现明显偏弱,这虎头蛇尾表现一般,是不能参与的。

急拉

虎头蛇尾表现说明可能是主力拉高就出货导致,或者拉高后市场抛压太大导致。主力没有坚持护盘维护价格强势也不是好事!

378

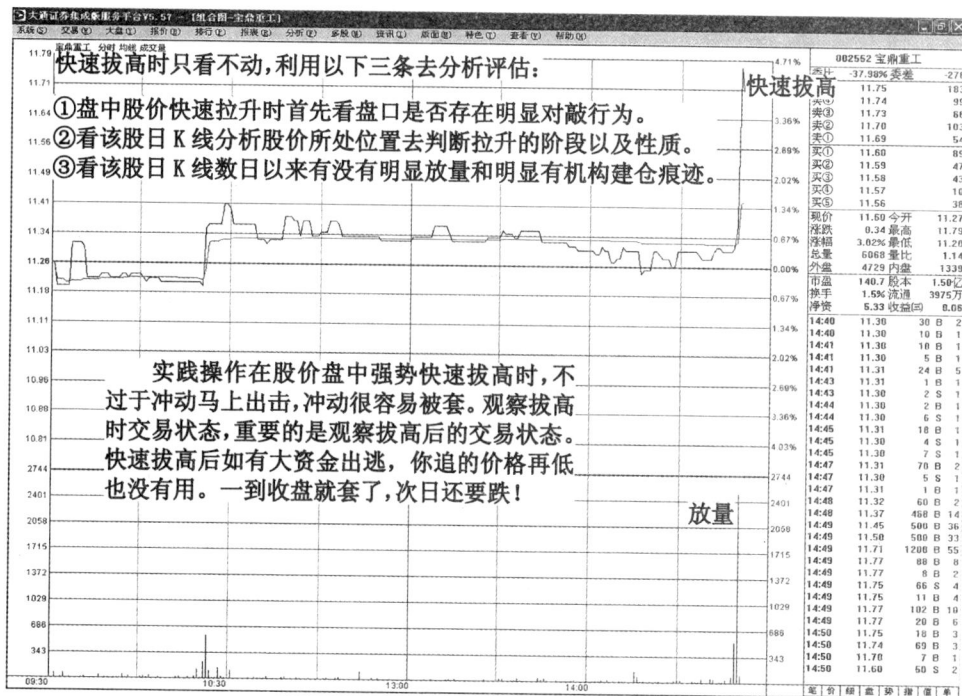

快速拔高时只看不动,利用以下三条去分析评估:

①盘中股价快速拉升时首先看盘口是否存在明显对敲行为。

②看该股日K线分析股价所处位置去判断拉升的阶段以及性质。

③看该股日K线数日以来有没有明显放量和明显有机构建仓痕迹。

实践操作在股价盘中强势快速拔高时,不过于冲动马上出击,冲动很容易被套。观察拔高时交易状态,重要的是观察拔高后的交易状态。快速拔高后如有大资金出逃,你追的价格再低也没有用。一到收盘就套了,次日还要跌!

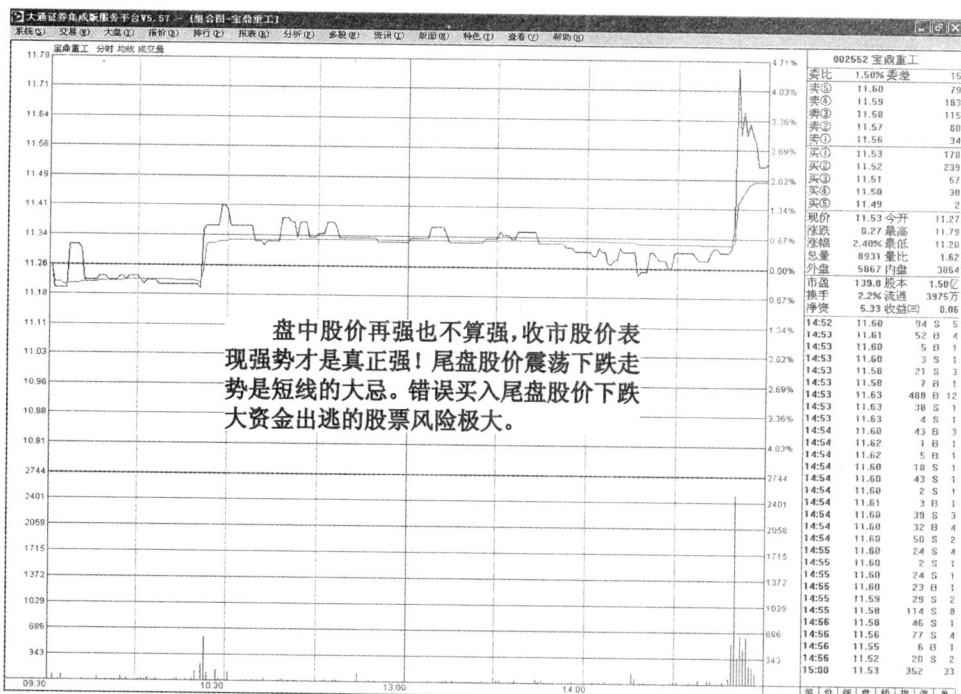

盘中股价再强也不算强,收市股价表现强势才是真正强!尾盘股价震荡下跌走势是短线的大忌。错误买入尾盘股价下跌大资金出逃的股票风险极大。

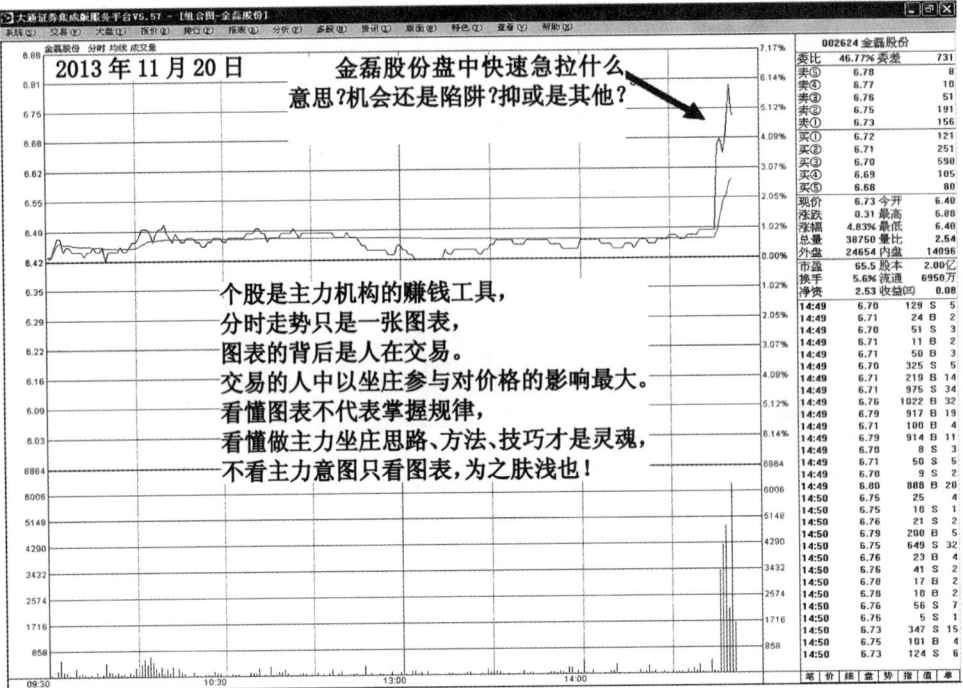

2013 年 11 月 20 日

金磊股份盘中快速急拉什么意思?机会还是陷阱?抑或是其他?

个股是主力机构的赚钱工具,
分时走势只是一张图表,
图表的背后是人在交易。
交易的人中以坐庄参与对价格的影响最大。
看懂图表不代表掌握规律,
看懂做主力坐庄思路、方法、技巧才是灵魂,
不看主力意图只看图表,为之肤浅也!

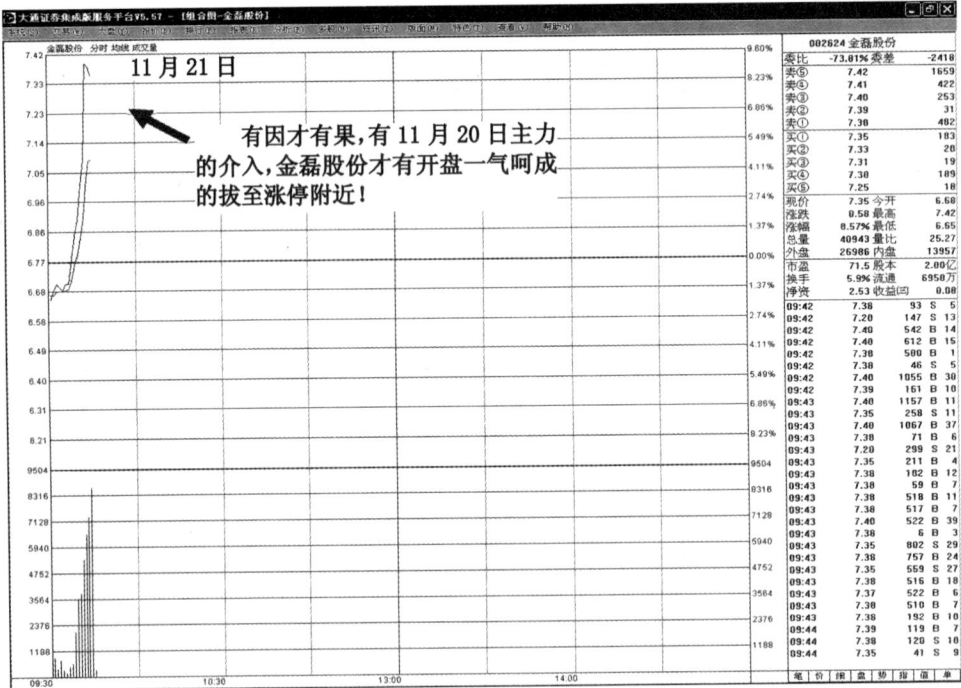

11 月 21 日

有因才有果,有 11 月 20 日主力的介入,金磊股份才有开盘一气呵成的拔至涨停附近!

熊市要特别警惕注意的几类个股

股票市场中投资者操作要面对三种直接风险，一是单纯由大盘指数下跌影响带领个股跟随下跌的风险，二是个股自身独立下跌的风险，三是既有大盘指数下跌的影响，也有个股自身走弱的原因而出现大跌。

操作时经验丰富者都知道，有时自己持有的股票盘中表现还不错，但遇到大盘指数盘中出现大跳水时同样跟着大跌。这种下跌是大盘跳水时恐慌盘出逃将股价砸下去的，部分股票则是本身走势盘中表现一般，遇到大盘大跌跳水跟随出现更明显的杀跌，跌得更狠。另外就是个股自身出现逆市独立下跌，这种下跌一般都是有一家或多家持股量较大的机构在坚决不断出货造成的。无论是哪一种下跌风险投资者都应该警惕注意。下面笔者列举几种较危险的盘口走势给大家参考，出现这些盘口走势目标股票短期股价继续下行的风险较大。

1. 利用大盘反抽时个股趁机砸盘出货走势

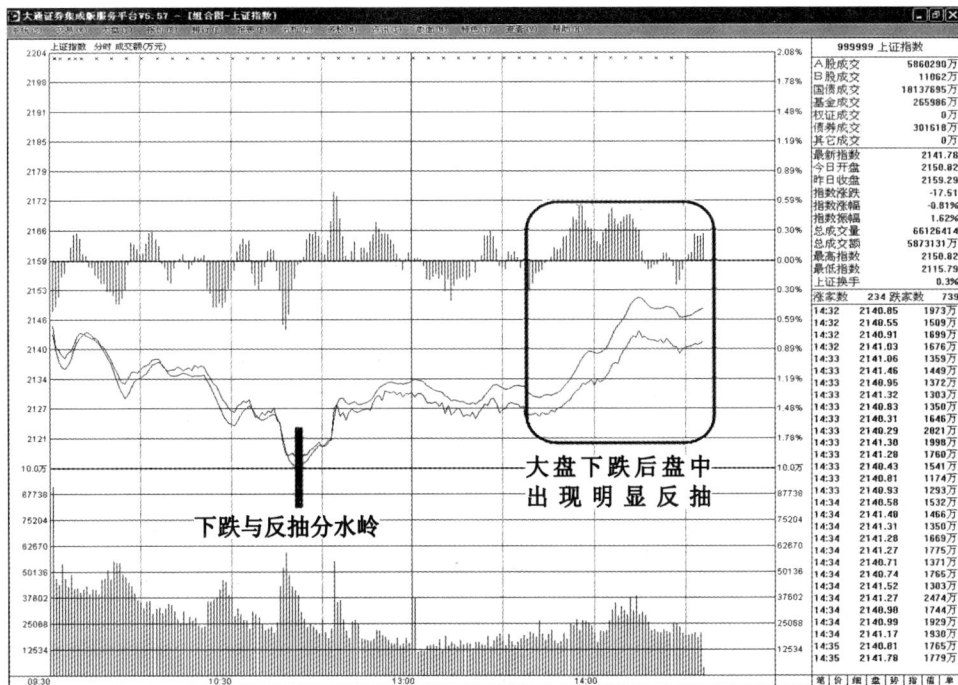

下跌与反抽分水岭

大盘下跌后盘中出现明显反抽

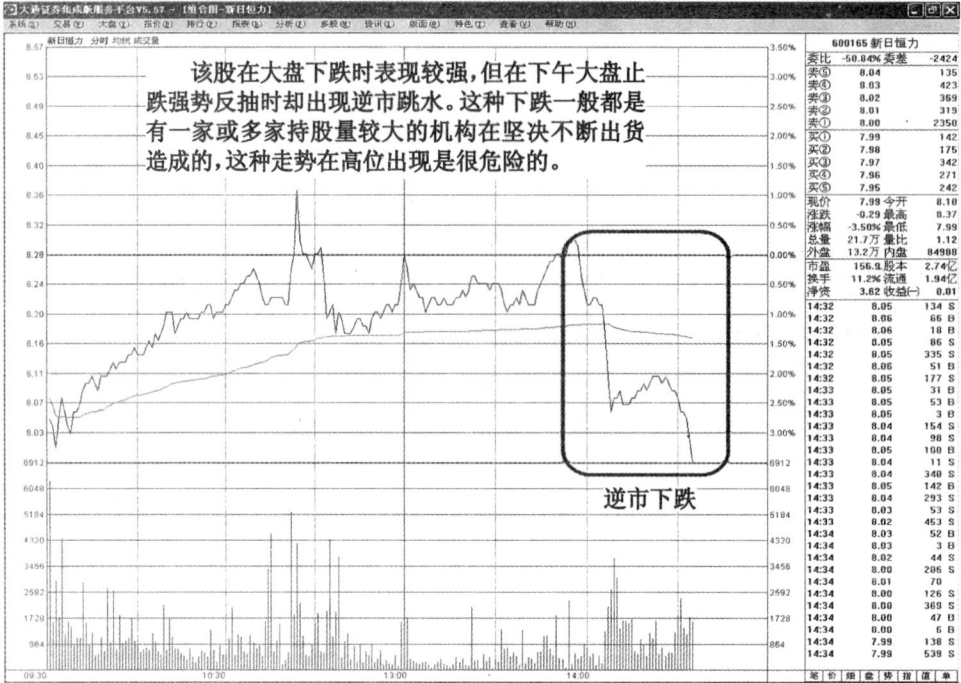

该股在大盘下跌时表现较强,但在下午大盘止跌强势反抽时却出现逆市跳水。这种下跌一般都是有一家或多家持股量较大的机构在坚决不断出货造成的,这种走势在高位出现是很危险的。

逆市下跌

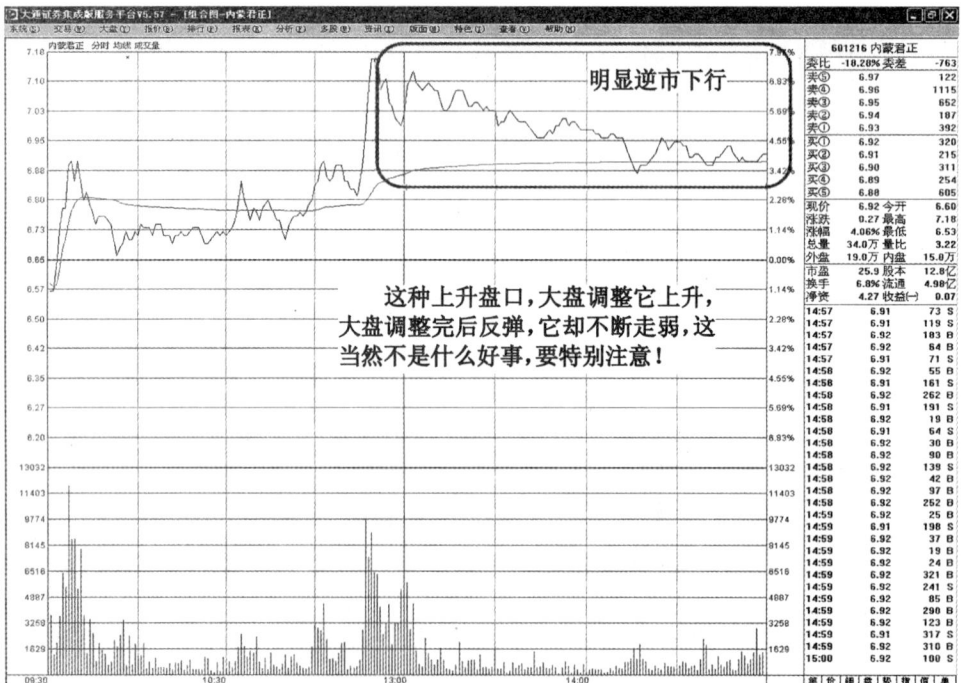

明显逆市下行

这种上升盘口,大盘调整它上升,大盘调整完后反弹,它却不断走弱,这当然不是什么好事,要特别注意!

2. 大盘反抽时个股毫无反弹继续下行走势

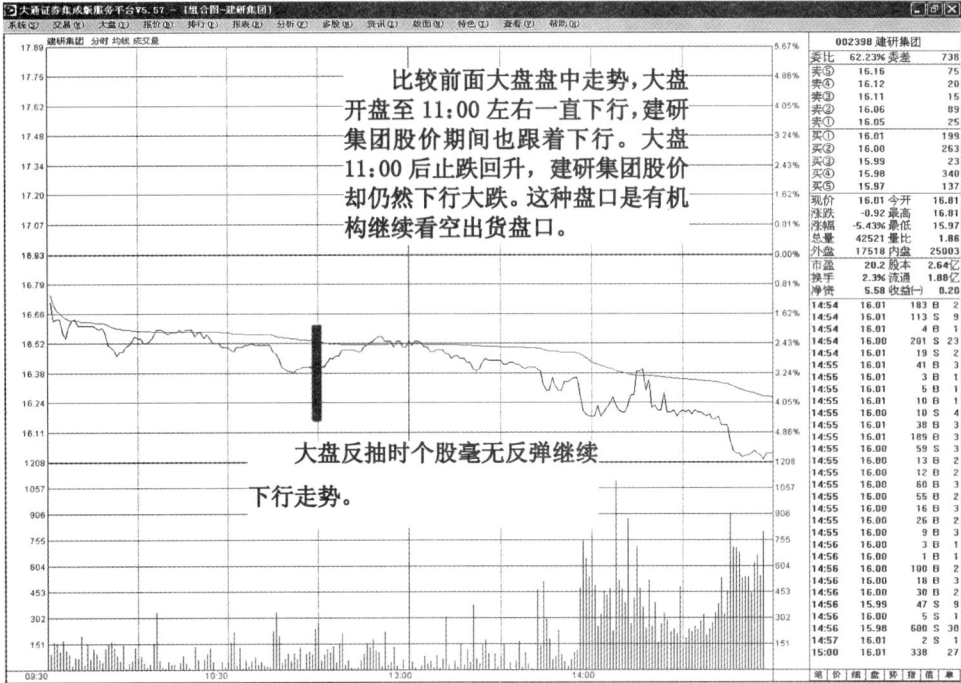

比较前面大盘盘中走势,大盘开盘至11:00左右一直下行,建研集团股价期间也跟着下行。大盘11:00后止跌回升,建研集团股价却仍然下行大跌。这种盘口是有机构继续看空出货盘口。

大盘反抽时个股毫无反弹继续下行走势。

3. 大盘反抽时个股尾盘跳水杀跌下行走势

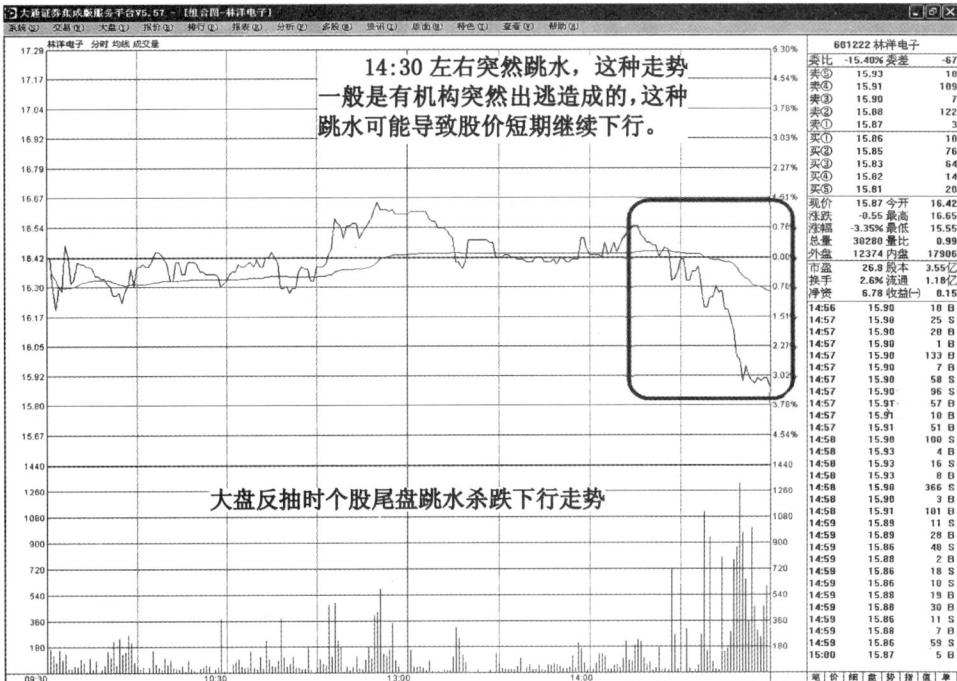

14:30左右突然跳水,这种走势一般是有机构突然出逃造成的,这种跳水可能导致股价短期继续下行。

大盘反抽时个股尾盘跳水杀跌下行走势

主力下午开盘瞬间拔高操盘技巧揭秘

股票市场主力操盘套利实际是一项有计划的项目操作。作为主力操盘手，其掌握的专业知识技能必然比一般投资者更丰富，他们掌握着大量一般投资者难以理解的做盘技巧。了解市场上机构操盘手各种各样的操盘手法，就要先从操盘手的操作思路与最终目标去分析了解。只有了解主力每一种操作技巧的成因与基本原理，才能明白机构操盘手的操作含义。

实盘中经常可见一些股票下午开盘，短短几分钟时间内出现大买单快速往上扫高拉抬股价的现象。一般情况下，个股出现这种走势绝大部分是主力机构刻意有计划的操纵行为。操纵目的有以下三个：

(1)快速拉高股价。

(2)快速拉高股价后派发出货。

(3)快速拉高吸筹。

操盘手的思路其实很简单，下午开盘就快速拉高，利用此时看盘者少或大部分还未进入交易状态，此时拉高能有效避免更多的抛盘，动用更少的资金就能拉高到想要的幅度。开盘快速就拉升，目标股票在行情软件涨速榜上出现，能引来更多关注目光，以吸引更多跟风盘跟进或入场接货。

小部分主力利用下午开盘就快速拉高进行吸筹。股价在快速拔高后成交量开始明显放大，成交活跃便于收集筹码。部分短线主力往往利用下午开盘快速拉高吸筹，利用接近90°角方式拔高，直到目标股票涨停。这是吸筹与拉升相结合的操作方法。

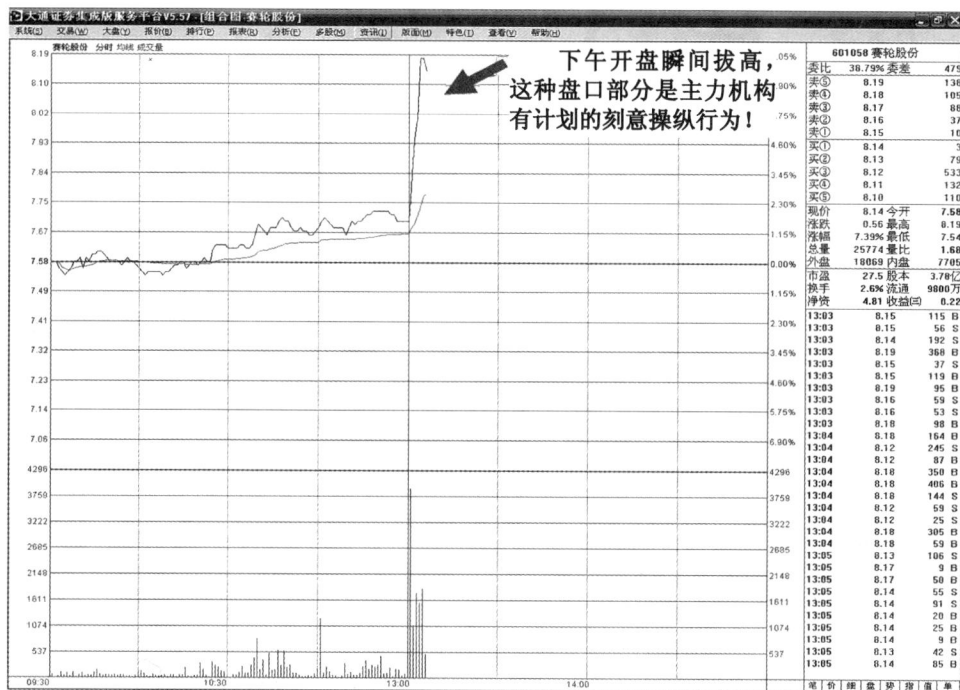

下午开盘瞬间拔高，
这种盘口部分是主力机构
有计划的刻意操纵行为！

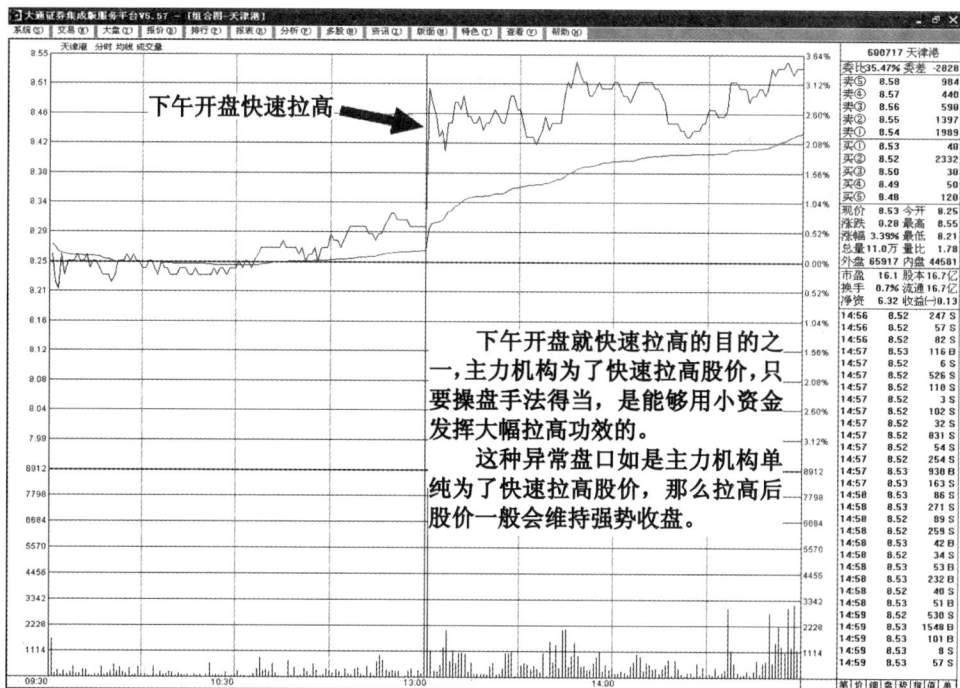

下午开盘快速拉高

下午开盘就快速拉高的目的之
一，主力机构为了快速拉高股价，只
要操盘手法得当，是能够用小资金
发挥大幅拉高功效的。
这种异常盘口如是主力机构单
纯为了快速拉高股价，那么拉高后
股价一般会维持强势收盘。

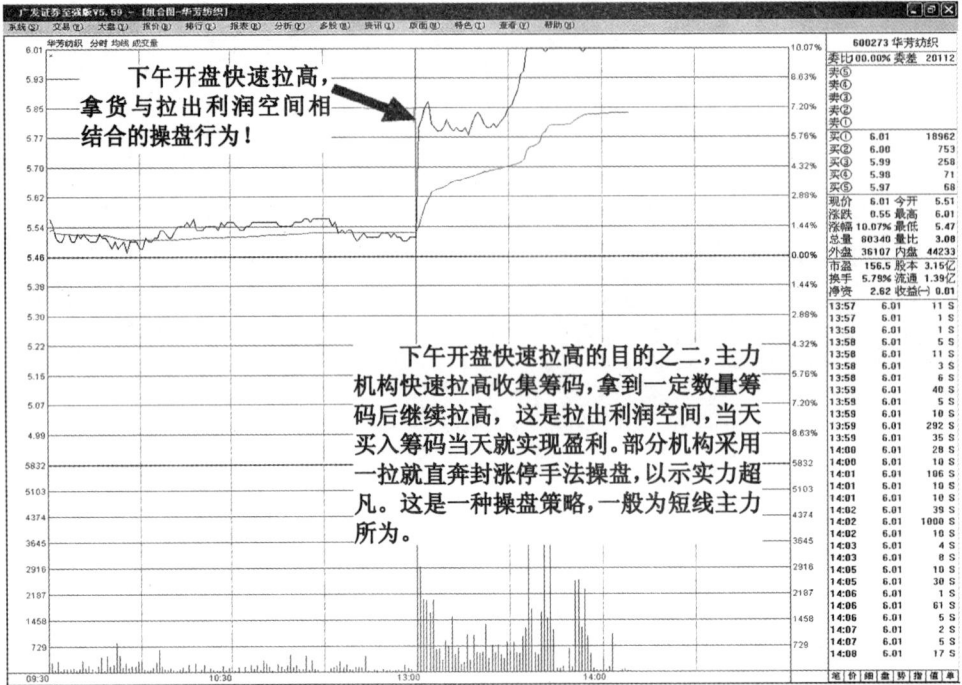

下午开盘快速拉高，拿货与拉出利润空间相结合的操盘行为！

下午开盘快速拉高的目的之二，主力机构快速拉高收集筹码，拿到一定数量筹码后继续拉高，这是拉出利润空间，当天买入筹码当天就实现盈利。部分机构采用一拉就直奔封涨停手法操盘，以示实力超凡。这是一种操盘策略，一般为短线主力所为。

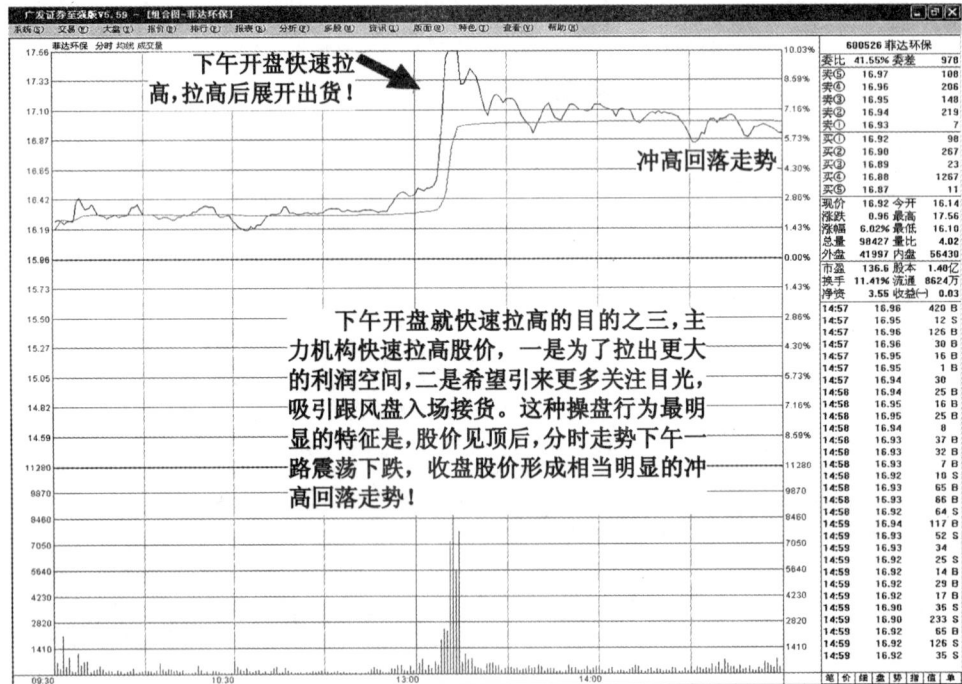

下午开盘快速拉高，拉高后展开出货！

冲高回落走势

下午开盘就快速拉高的目的之三，主力机构快速拉高股价，一是为了拉出更大的利润空间，二是希望引来更多关注目光，吸引跟风盘入场接货。这种操盘行为最明显的特征是，股价见顶后，分时走势下午一路震荡下跌，收盘股价形成相当明显的冲高回落走势！

中午收盘前与下午开盘时主力瞬间拔高行为剖析

上文介绍了一些股票在下午开盘几分钟时间内出现大买单快速将股价往上扫高，主力机构刻意操纵拉抬股价的现象。文中清楚地说明主力如此操纵股价有三个目的：①快速拉高股价；②快速拉高股价后派发出货；③快速拉高吸筹。下面重点讲解主力利用中午收盘前与下午开盘时瞬间拔高操盘出货的特征和要点。

这种中午收盘前或下午开盘时瞬间拔高操盘行为，大都是个股主力有计划的操作。中午收盘前或下午开盘时瞬间拔高能引起大量投资者的注意，在拔高时涨幅大，目标股票会在股票行情软件5分钟涨速榜上出现并停留，这相当于在全国投资者面前做一次免费广告。做股票看盘者，无不看81、83、89中5分钟涨速榜这个窗口的。主力这样操作是为了让更多人看到该股的异动，挑起大家的好奇心，把大家的目光都吸引过来。在主力派货过程中必须要有更多人注意，才有更多人跟风买入接货。

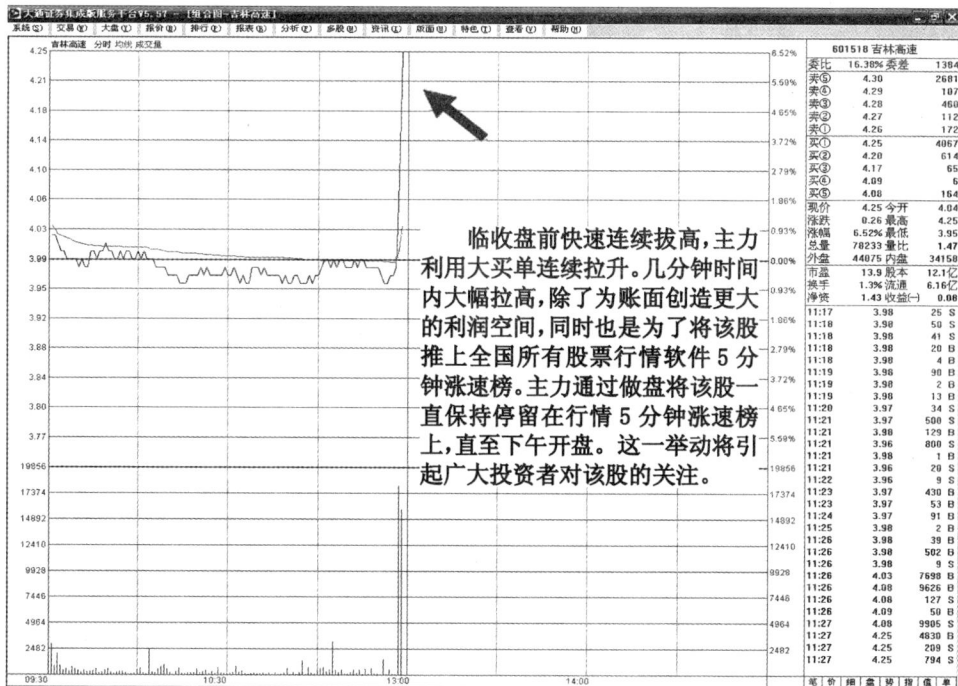

临收盘前快速连续拔高，主力利用大买单连续拉升。几分钟时间内大幅拉高，除了为账面创造更大的利润空间，同时也是为了将该股推上全国所有股票行情软件5分钟涨速榜。主力通过做盘将该股一直保持停留在行情5分钟涨速榜上，直至下午开盘。这一举动将引起广大投资者对该股的关注。

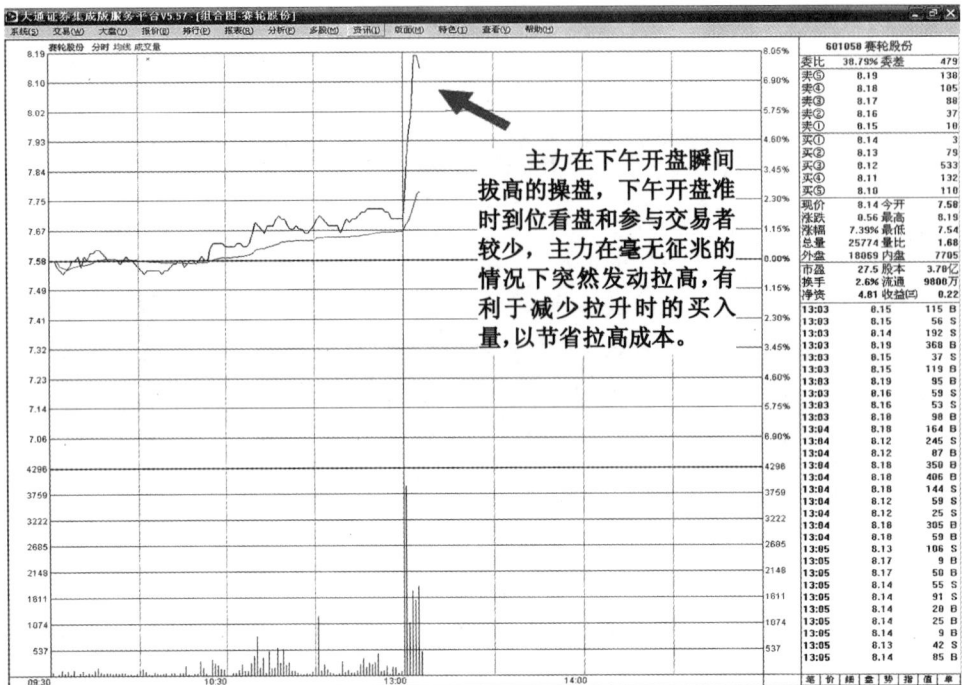

主力在下午开盘瞬间拔高的操盘,下午开盘准时到位看盘和参与交易者较少,主力在毫无征兆的情况下突然发动拉高,有利于减少拉升时的买入量,以节省拉高成本。

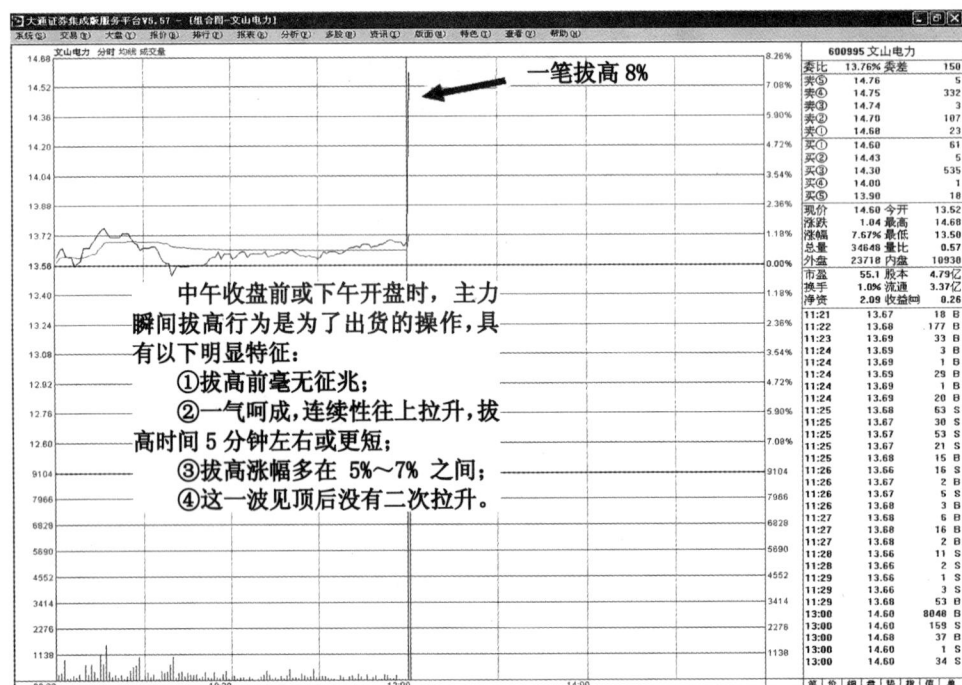

一笔拔高 8%

中午收盘前或下午开盘时,主力瞬间拔高行为是为了出货的操作,具有以下明显特征:
①拔高前毫无征兆;
②一气呵成,连续性往上拉升,拔高时间 5 分钟左右或更短;
③拔高涨幅多在 5%~7% 之间;
④这一波见顶后没有二次拉升。

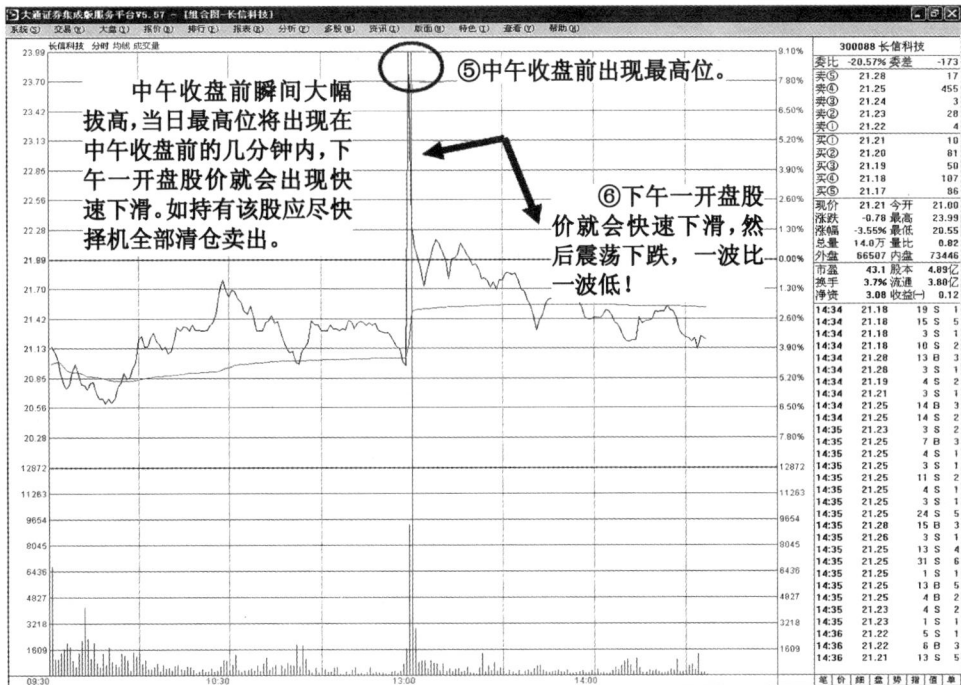

⑤中午收盘前出现最高位。

中午收盘前瞬间大幅拔高,当日最高位将出现在中午收盘前的几分钟内,下午一开盘股价就会出现快速下滑。如持有该股应尽快择机全部清仓卖出。

⑥下午一开盘股价就会快速下滑,然后震荡下跌,一波比一波低!

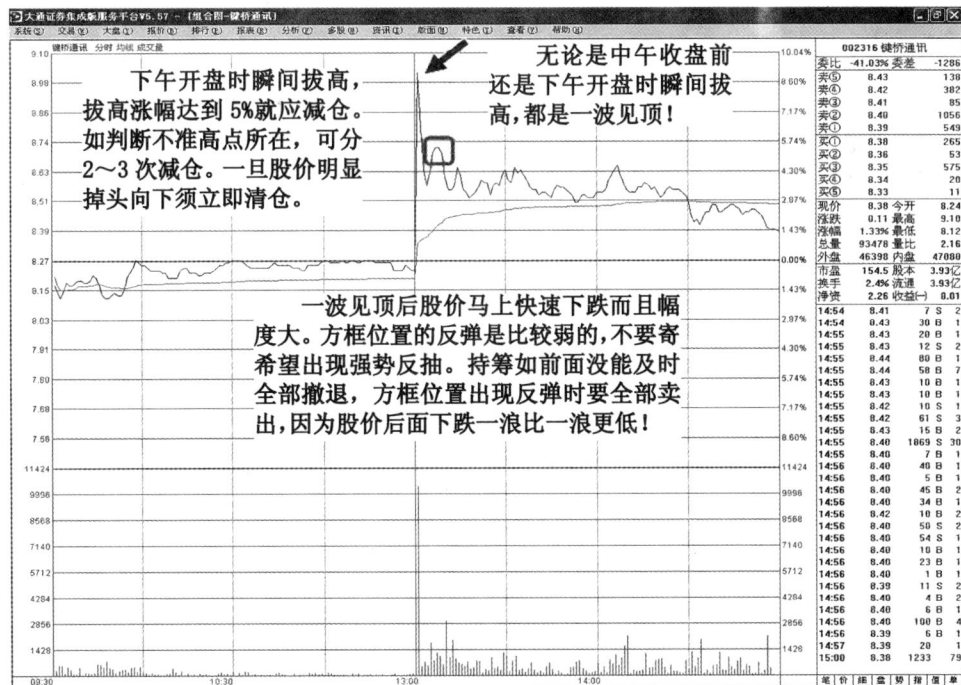

下午开盘时瞬间拔高,拔高涨幅达到5%就应减仓。如判断不准高点所在,可分2~3次减仓。一旦股价明显掉头向下须立即清仓。

无论是中午收盘前还是下午开盘时瞬间拔高,都是一波见顶!

一波见顶后股价马上快速下跌而且幅度大。方框位置的反弹是比较弱的,不要寄希望出现强势反抽。持筹如前面没能及时全部撤退,方框位置出现反弹时要全部卖出,因为股价后面下跌一浪比一浪更低!

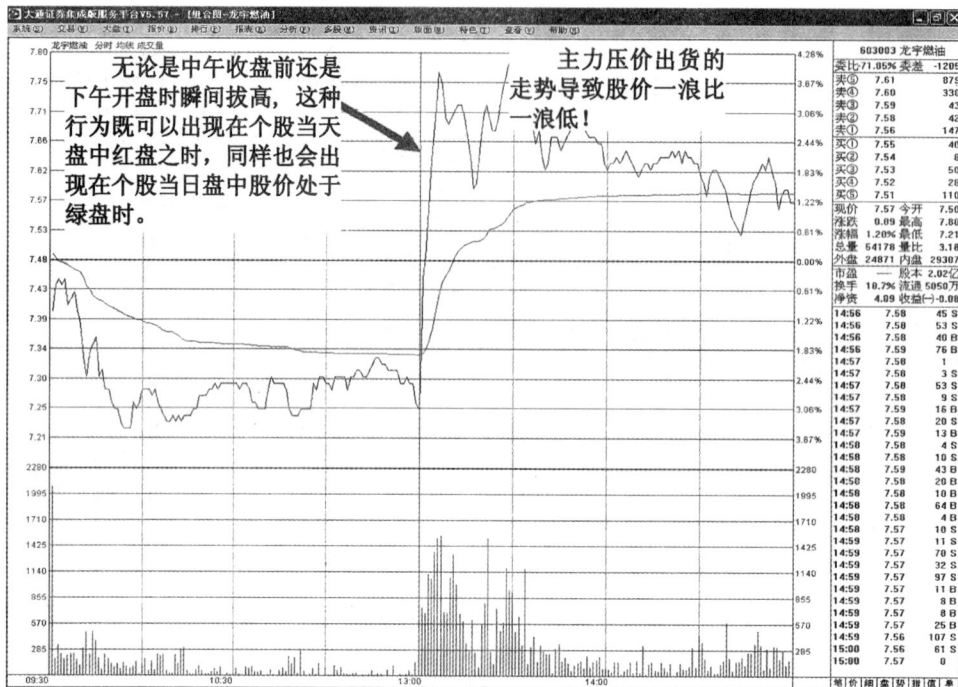

无论是中午收盘前还是下午开盘时瞬间拔高，这种行为既可以出现在个股当天盘中红盘之时，同样也会出现在个股当日盘中股价处于绿盘时。

主力压价出货的走势导致股价一浪比一浪低！

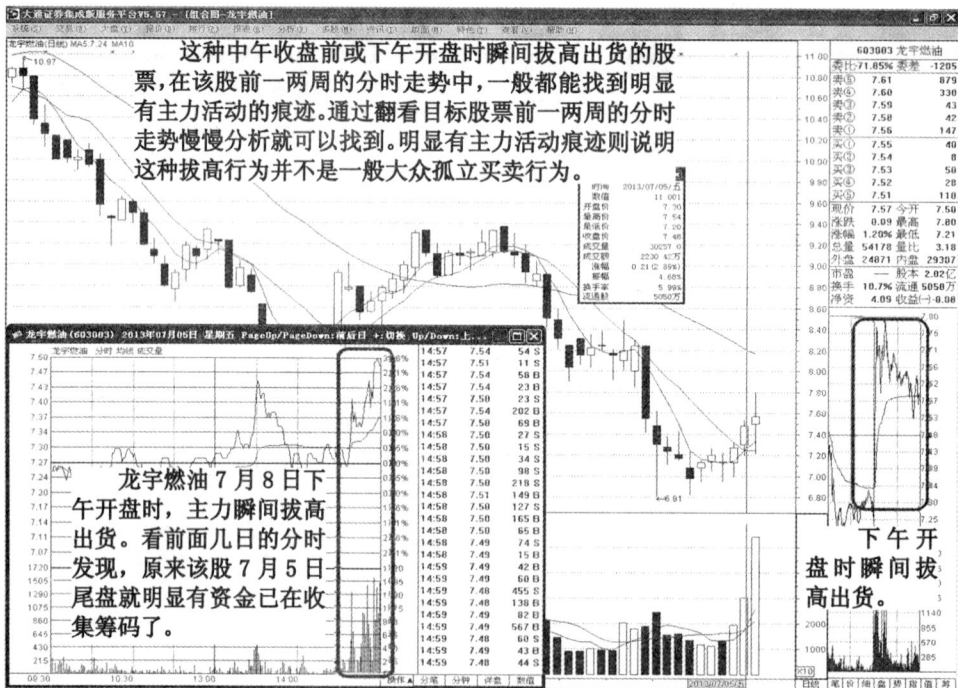

这种中午收盘前或下午开盘时瞬间拔高出货的股票，在该股前一两周的分时走势中，一般都能找到明显有主力活动的痕迹。通过翻看目标股票前一两周的分时走势慢慢分析就可以找到。明显有主力活动痕迹则说明这种拔高行为并不是一般大众孤立买卖行为。

龙宇燃油7月8日下午开盘时，主力瞬间拔高出货。看前面几日的分时发现，原来该股7月5日尾盘就明显有资金已在收集筹码了。

下午开盘时瞬间拔高出货。

390

短线主力建仓后横盘洗盘特征

洗盘是主力拿货完毕后的动作。洗盘的目的是清理市场浮动筹码，抬高市场整体持仓成本，让中途低价买进，意志不坚定的投资者抛出，减轻继续拉高时上档压力。有时主力吸筹时发现有大户或其他机构明显跟进，拉高前要先把他们洗出去。洗盘时大部分主力进行一些高抛低吸操作，从中赚取一定的差价，以此降低坐庄整体平均成本。

洗盘方式有多种，部分主力拿货完毕后通过横盘震荡与投资者比耐心去进行清洗浮筹。洗盘的横盘震荡时间有长有短，中长线主力实施的横盘震荡洗盘时间可以长达一两个月，中线主力实施的横盘震荡洗盘一般在1～6个交易日，短线主力大部分操作都不洗盘，但遇到入场时跟风量过大，或者发现有明显大户或其他机构跟进才会展开洗盘。由于做短线的主力拿货量一般不大，建仓成本也就在拿货完毕价格附近。因为成本因素，如选择往下打压股价洗盘容易造成套牢自己，主力更不想有低位给他人介入，所以洗盘方式大多选择横盘震荡以消磨时间，折磨散户方式洗盘。有时也因为短线主力拿货后，发现大盘环境不行，不敢冒险拉高，所以才选择横盘震荡观察市况的演变再择机拉升。

短线主力横盘震荡洗盘几大明显特征：

(1)调整低位先是出现一两根放量大阳线，大阳线当天明显有机构入场吸筹。

(2)大阳线之后1～4个交易日内，横盘日K线都是小阴、小阳，或者十字星。这些K线当日的振幅都比较小，股价盘中没有明显的大起大落。

(3)收出小阴、小阳或十字星K线当日的成交量，明显比前面放量大阳线当日的成交量缩量。大幅缩量说明在大阳线当日进去的大资金没有出逃。

(4)观察小阴、小阳当日的分时走势，盘中并没有明显的"特别大单成交、对敲、异常盘口挂单"这些异常的交易情况，没有异常盘面情况出现最健康。

(5)洗盘的小阴、小阳横盘一般在1～4个交易日左右，然后出现一根放量大阳往上突破，这是洗盘结束再次启动。

(6)横盘洗盘后再次启动当天，如果盘中出现明显的大资金出货痕迹，那当天往往就是短线主力拉高出货，投资者如当天盘中介入就成了帮主力接货去了。如当天没有明显主力出货痕迹，后市继续看好。

对于短线主力横盘洗盘的品种，跟随主力操作的机会是在横盘洗盘期间择机操作。笔者的经验是：横盘期间成交量一日比一日缩量是最健康的洗盘行为。在成交量萎缩到地量、最小时往往就是该股盘整结束之时。买入操作这类股票必须设置止损位并执行，止损位设置为4%～5%。

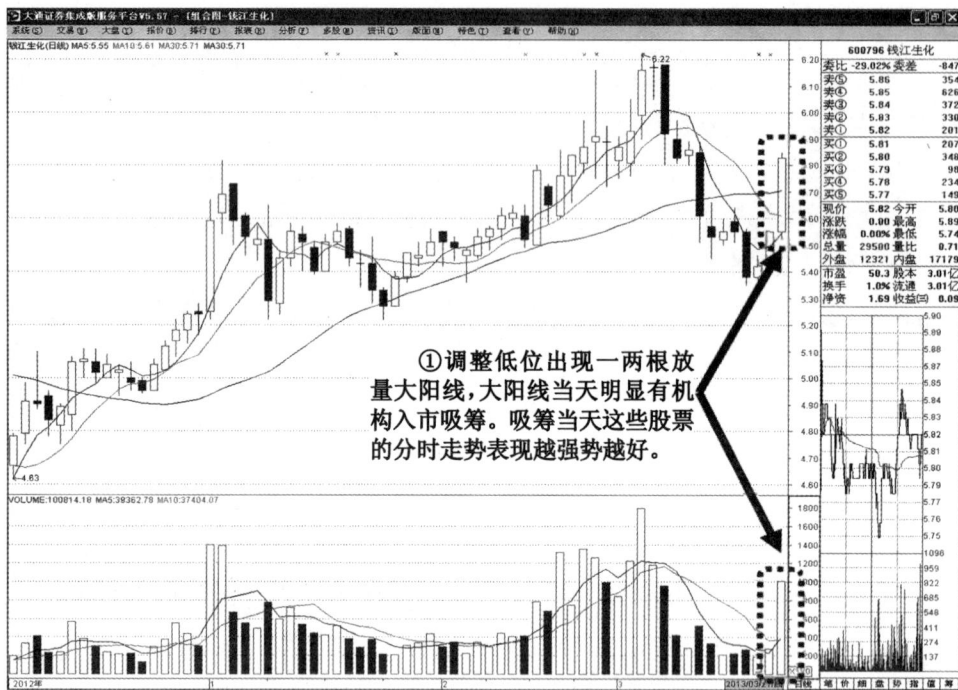

①调整低位出现一两根放量大阳线，大阳线当天明显有机构入市吸筹。吸筹当天这些股票的分时走势表现越强势越好。

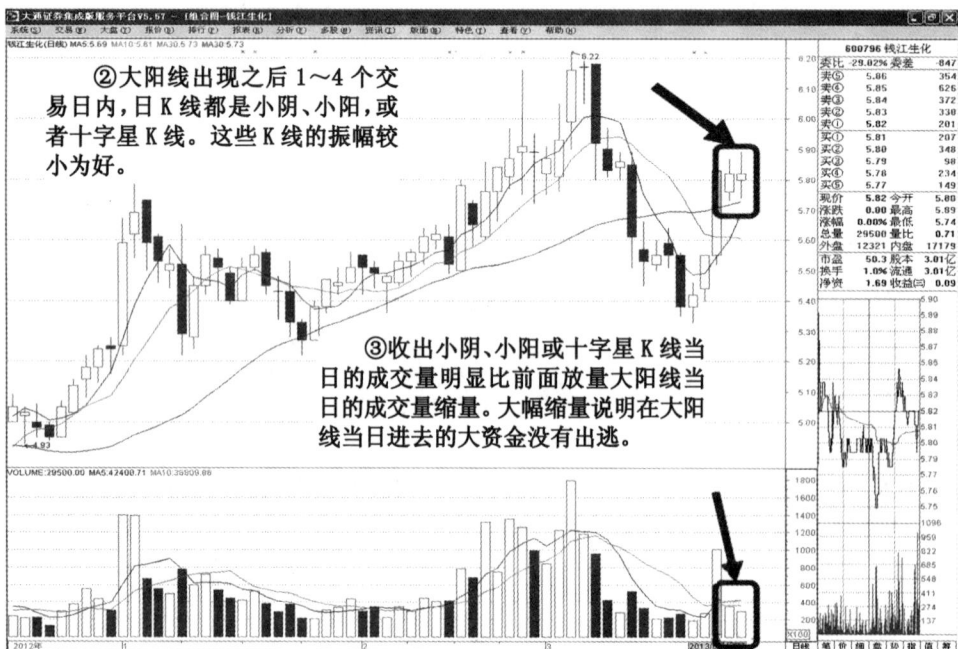

②大阳线出现之后1～4个交易日内，日K线都是小阴、小阳，或者十字星K线。这些K线的振幅较小为好。

③收出小阴、小阳或十字星K线当日的成交量明显比前面放量大阳线当日的成交量缩量。大幅缩量说明在大阳线当日进去的大资金没有出逃。

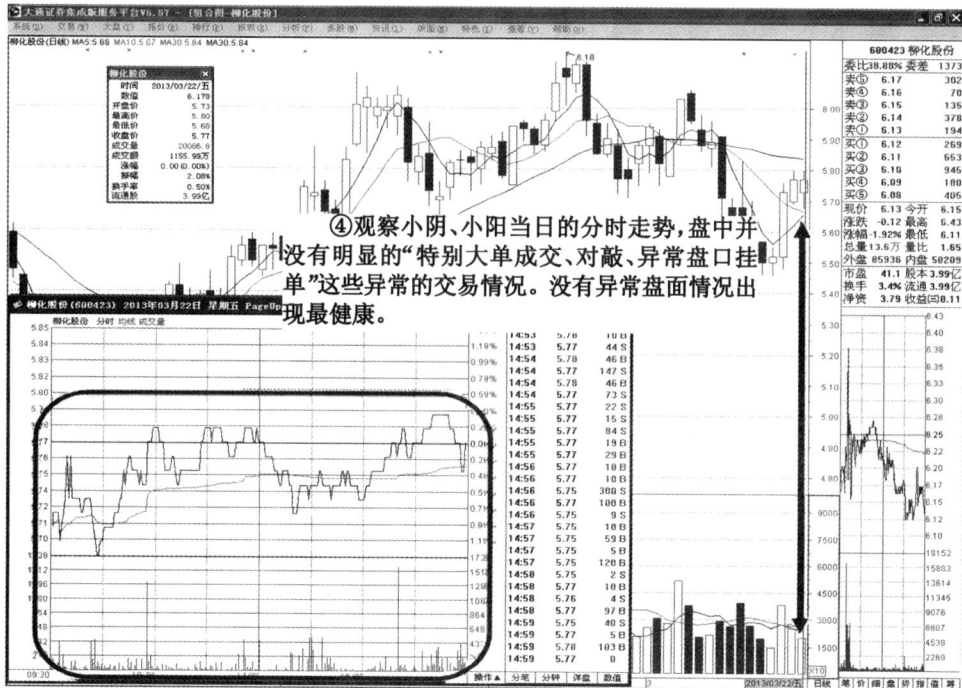

④观察小阴、小阳当日的分时走势,盘中并没有明显的"特别大单成交、对敲、异常盘口挂单"这些异常的交易情况。没有异常盘面情况出现最健康。

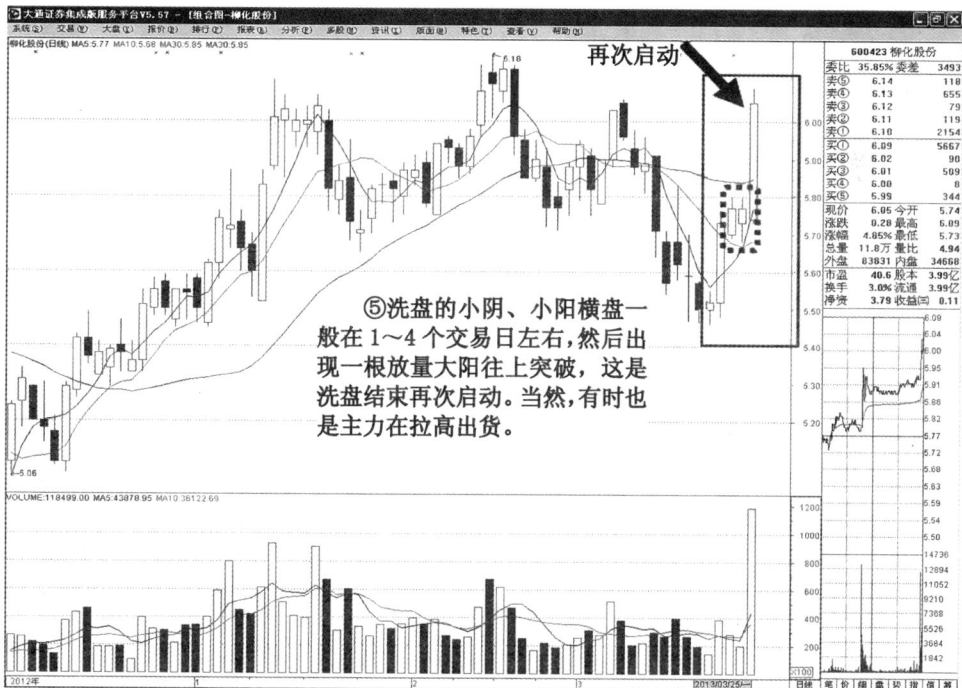

再次启动

⑤洗盘的小阴、小阳横盘一般在1~4个交易日左右,然后出现一根放量大阳往上突破,这是洗盘结束再次启动。当然,有时也是主力在拉高出货。

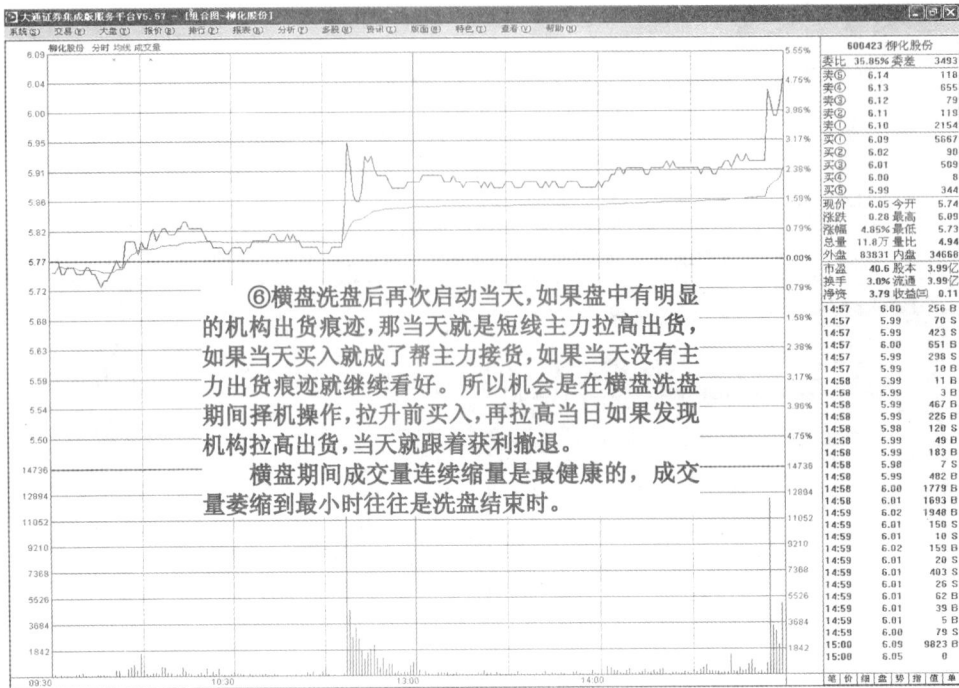

⑥横盘洗盘后再次启动当天,如果盘中有明显的机构出货痕迹,那当天就是短线主力拉高出货,如果当天买入就成了帮主力接货,如果当天没有主力出货痕迹就继续看好。所以机会是在横盘洗盘期间择机操作,拉升前买入,再拉高当日如果发现机构拉高出货,当天就跟着获利撤退。
　　横盘期间成交量连续缩量是最健康的,成交量萎缩到最小时往往是洗盘结束时。

主力单纯拔高与拿货盘口的区别

　　个股盘中出现大买单不断涌入快速拉升,这是机构在吸货还是在做什么?相当多投资者对于这种盘面不时产生疑惑。做分析需掌握大量的专业知识,如只是一知半解那么分析的结论就没有什么参考价值。在这方面笔者整理了一些自己的看盘技巧供各位同人参考。笔者认为,做分析的首要任务是先大量做归纳分类。个股盘中大买单快速拉升,是谁干的?重要的参与者是谁?可以先从这一命题展开分类,大致方向分类为:

　　(1)主力机构一手策划实施的快速拔高。

　　(2)市场大众力量参与导致的快速拔高。

　　(3)众多机构和投资者参与的快速拔高。

　　分类是为了搞清楚目标股票盘中大买单快速拔高是谁作为主导力量,谁干的。如属于机构作为主导力量,那么该机构快速拔高最终的目的是什么?机构利用大单买入快速拔高不就是为了吸筹拿货吗?如果你一直认为就是这样,那么只能说明你的知识面较狭窄,认识较片面。主力机构大买单快速拔高拉升动作中,目的远不止就为拿货那么简单。目的有多少可以细分为以下几大类：

(1)大买单买入是为了快速拔高扫货(建仓吸筹)。

(2)大买单买入是为了快速拔高股价(将股价拉得更高)。

(3)大买单买入是为了快速拔高股价然后出货(盘中出货前的最后拔高)。

(4)大买单买入快速拔高是为了试探盘口(大家说的试盘)。

(5)大买单买入快速拔高是为了吸引人气引起注意(引诱跟风盘)。

(6)大买单买入快速拔高是接走老鼠仓筹码(利益输送)。

(7)大买单买入快速拔高属对敲行为(出货、做量、调仓……)。

(8)其他行为。

也就是说，某股票盘中出现大买单买进快速拔高时，如果是机构一手策划实施的，那么其目的就是上述情况中的一种，或者是其他目的的做盘，而不仅仅是拿货吸筹那么简单。每日盘中出现突然大买单买入快速拉高股价的个股很多。看盘要弄清楚那是谁干的？目的是什么？可以从上述笔者提供的基本思路入手分析。每一种操盘目的的背后，主力的操盘细节都有所不同，掌握丰富的专业盘口知识和技巧，是可以辨别出来的。下面笔者就从盘口出发，抽取盘口主力一些做盘细节，举例讲讲实践盘口如何做分析。

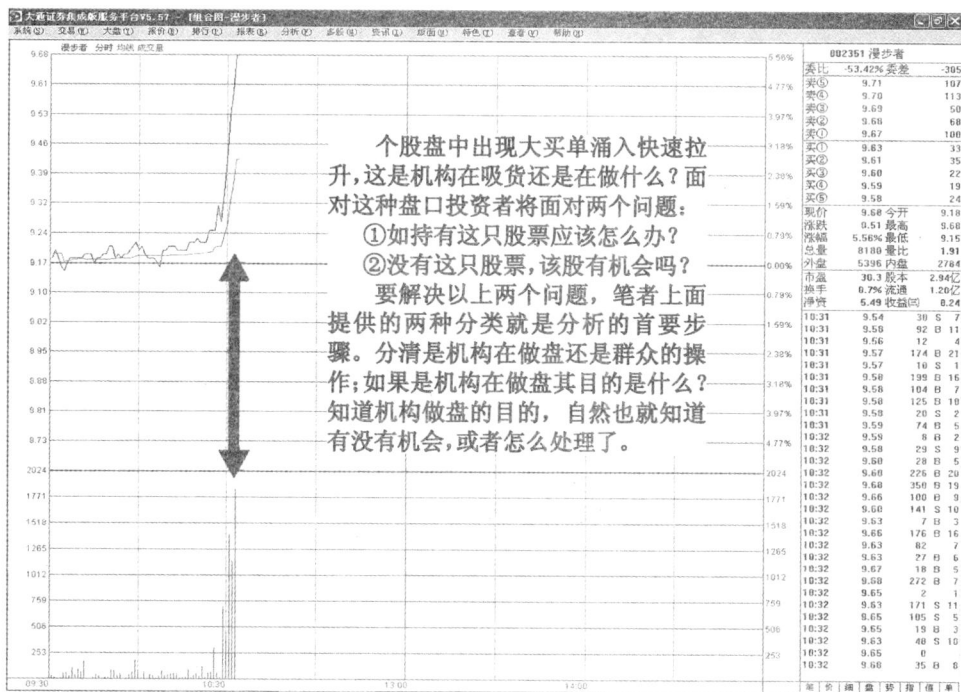

个股盘中出现大买单涌入快速拉升,这是机构在吸货还是在做什么？面对这种盘口投资者将面对两个问题：
①如持有这只股票应该怎么办？
②没有这只股票，该股有机会吗？
要解决以上两个问题，笔者上面提供的两种分类就是分析的首要步骤。分清是机构在做盘还是群众的操作；如果是机构在做盘其目的是什么？知道机构做盘的目的，自然也就知道有没有机会，或者怎么处理了。

先看拉升单笔大买单的数量和市值大小。市值越大就越可能是机构在做盘。241手将股价由9.25元拔高至9.30元，小单而且仅5分钱的价差不算特别大。无论是机构拿货还是单纯的拔高，这单笔和价差都是正常扫高范围之中。

	一般价差	
10:25	9.25	19 S
10:25	9.30	241 B

	巨大价差	
10:27	9.27	5 S
10:28	9.40	630 B

在大买单涌入快速拉升初期，如出现一张或多张大买单，以巨大的价差(单笔拔高超过1%)大幅往上拔高，这种行为一般是机构为了快速拔高股价，特别是出现几张大买单都如此，就更可信！

大幅扫高，主力还没有拿筹码股价已经大涨，除非特殊情况，一般机构不会如此仓促去建仓。通常盘口主力一个不经意，一个微不足道的做盘细节，就会暴露出其做盘目的。盘口语言就是这么神奇！

无论是拿货还是单纯为了拔高，在大买单涌入快速拉升初期，大买单往上扫高的价差一般不会十分巨大。到了中段(升幅在3%～6%)期间，单纯为了拔高价格的，大买单出现非常明显，以高于现价大幅扫上去(单笔拔高超过1%以上)。

09:50	10.90	327 S
09:50	10.98	455 B

11.20元在该股当天对应涨幅为5.5%，属于拉升中段位置。9:54一笔2700余手买单将股价由11.20元拔至11.68元涨停价。从这一笔交易可以看出，操盘机构急于快速大幅拔高，其意并不在拉高收集筹码，如果是收集筹码一般不如此拿货，成本又高而且拿不了多少。

	巨幅价差	
09:54	11.20	984 B
09:54	11.68	2717 B

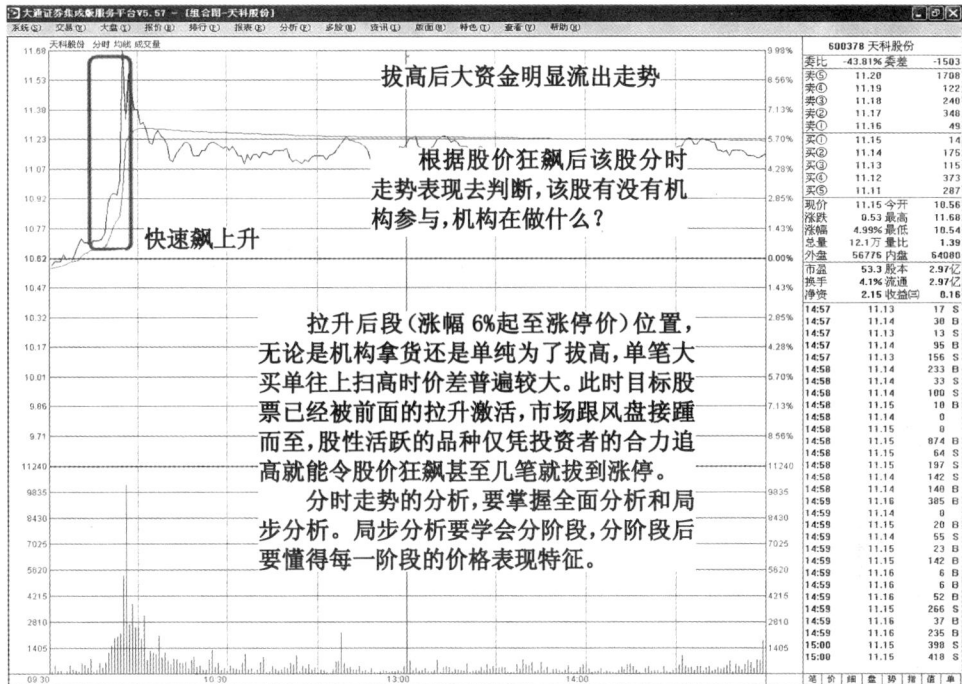

拔高后大资金明显流出走势

根据股价狂飙后该股分时
走势表现去判断,该股有没有机
构参与,机构在做什么?

快速飙上升

拉升后段(涨幅6%起至涨停价)位置,
无论是机构拿货还是单纯为了拔高,单笔大
买单往上扫高时价差普遍较大。此时目标股
票已经被前面的拉升激活,市场跟风盘接踵
而至,股性活跃的品种仅凭投资者的合力追
高就能令股价狂飙甚至几笔就拔到涨停。

分时走势的分析,要掌握全面分析和局
步分析。局步分析要学会分阶段,分阶段后
要懂得每一阶段的价格表现特征。

主力拔高出货与试盘区分技巧

试盘是主力通对个股盘口进行刻意操纵测试,了解目标股票盘中相关信息,为其制定操盘策略收集各种信息数据。在建仓、拉升、出货等各阶段中主力都有可能先试盘再展开大规模的操作。了解主力试盘手段有助于了解把握主力的做盘方向和跟随主力操作。

主力试盘的方法很多,拉升前大单快速拔高试盘盘口就是其中一种,这种盘口是指交易时间在没有任何预兆下出现一张或多张大买单瞬间将股价往上拔高数个百分点的主力操纵行为。实盘中笔者经过长期观察研究发现,这种盘口操纵行为更多的不是真正的主力试盘,而是主力快速拔高然后展开出货的一种操作技巧。下面就以多个实例讲解主力快速拔高出货与试盘的区别。

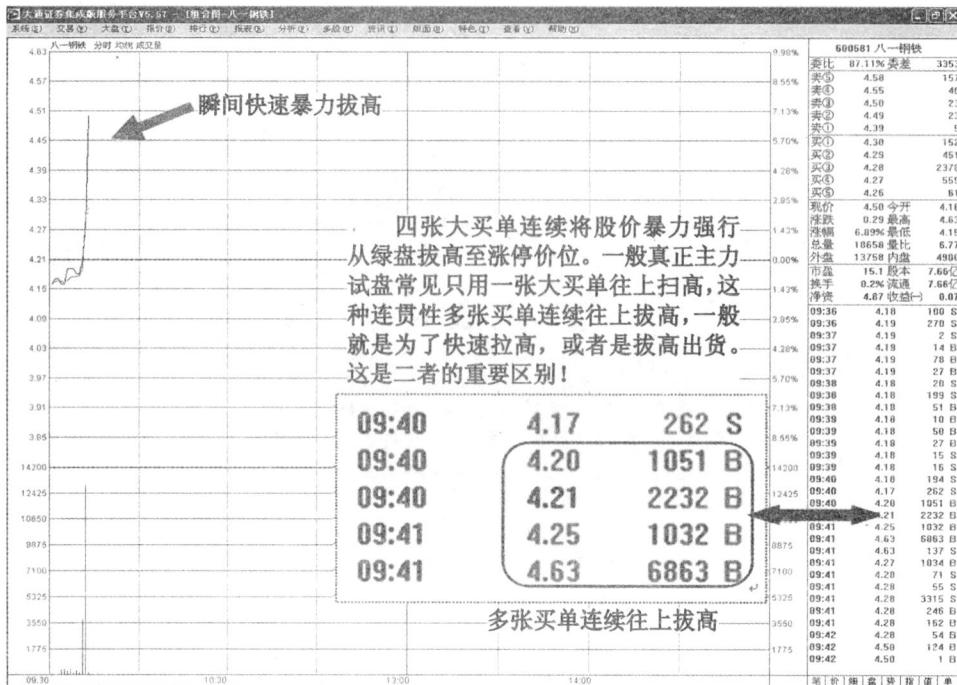

瞬间快速暴力拔高

四张大买单连续将股价暴力强行从绿盘拔高至涨停价位。一般真正主力试盘常见只用一张大买单往上扫高,这种连贯性多张买单连续往上拔高,一般就是为了快速拉高,或者是拔高出货。这是二者的重要区别!

09:40	4.17	262 S
09:40	4.20	1051 B
09:40	4.21	2232 B
09:41	4.25	1032 B
09:41	4.63	6863 B

多张买单连续往上拔高

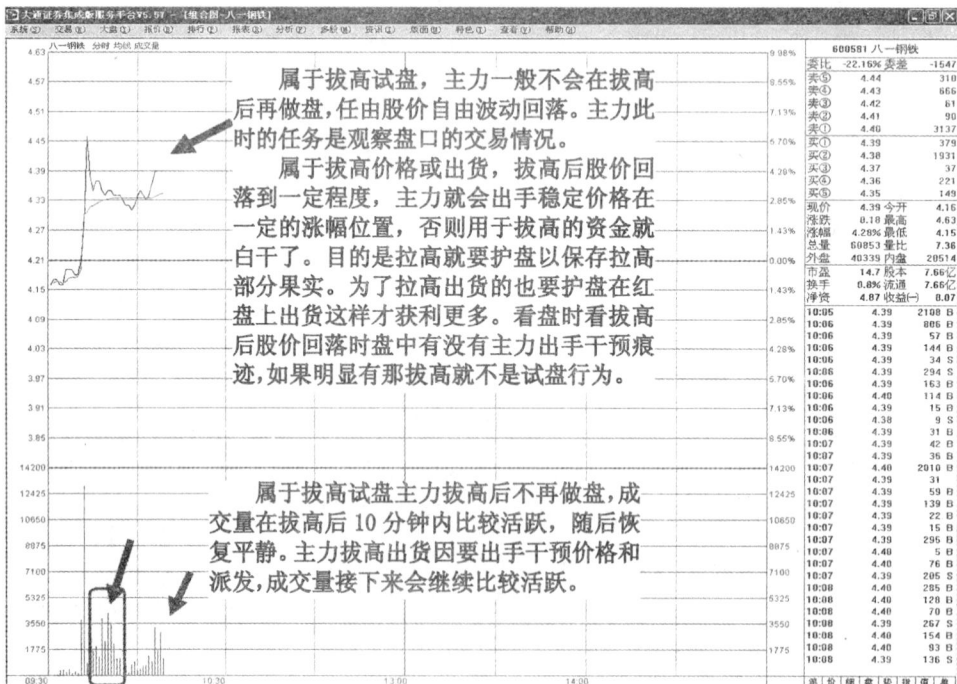

属于拔高试盘,主力一般不会在拔高后再做盘,任由股价自由波动回落。主力此时的任务是观察盘口的交易情况。

属于拔高价格或出货,拔高后股价回落到一定程度,主力就会出手稳定价格在一定的涨幅位置,否则用于拔高的资金就白干了。目的是拉高就要护盘以保存拉高部分果实。为了拉高出货的也要护盘在红盘上出货这样才获利更多。看盘时看拔高后股价回落时盘中有没有主力出手干预痕迹,如果明显有那拔高就不是试盘行为。

属于拔高试盘主力拔高后不再做盘,成交量在拔高后10分钟内比较活跃,随后恢复平静。主力拔高出货因要出手干预价格和派发,成交量接下来会继续比较活跃。

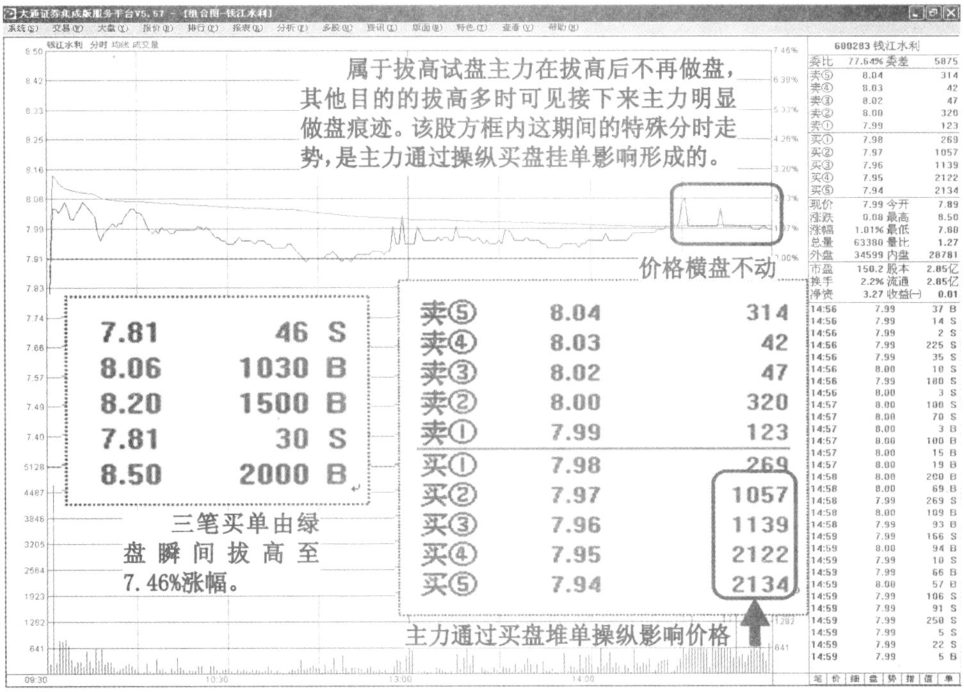
属于拔高试盘主力在拔高后不再做盘，其他目的的拔高多时可见接下来主力明显做盘痕迹。该股方框内这期间的特殊分时走势，是主力通过操纵买盘挂单影响形成的。
价格横盘不动
7.81 46 S
8.06 1030 B
8.20 1500 B
7.81 30 S
8.50 2000 B
三笔买单由绿盘瞬间拔高至7.46%涨幅。
卖⑤ 8.04 314
卖④ 8.03 42
卖③ 8.02 47
卖② 8.00 320
卖① 7.99 123
买① 7.98 269
买② 7.97 1057
买③ 7.96 1139
买④ 7.95 2122
买⑤ 7.94 2134
主力通过买盘堆单操纵影响价格

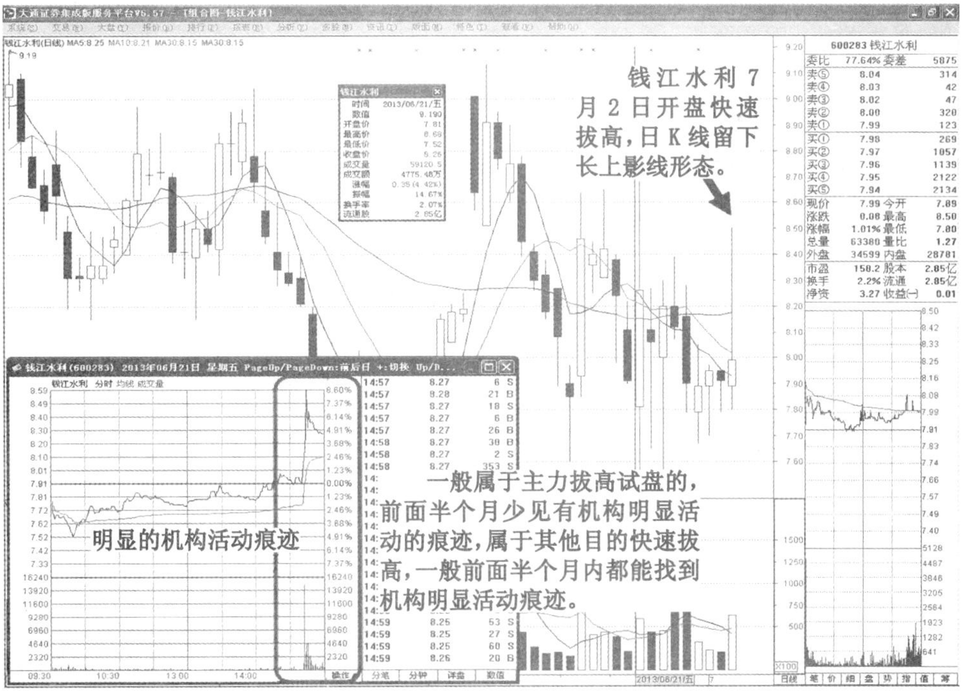
钱江水利7月2日开盘快速拔高，日K线留下长上影线形态。
明显的机构活动痕迹
一般属于主力拔高试盘的，前面半个月少见有机构明显活动的痕迹，属于其他目的快速拔高，一般前面半个月内都能找到机构明显活动痕迹。

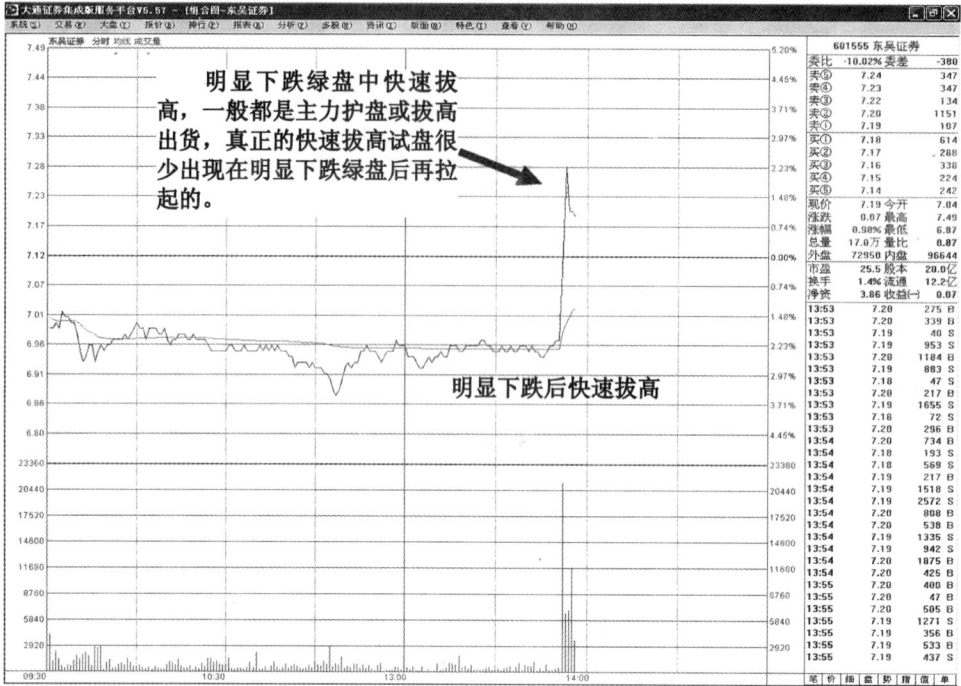

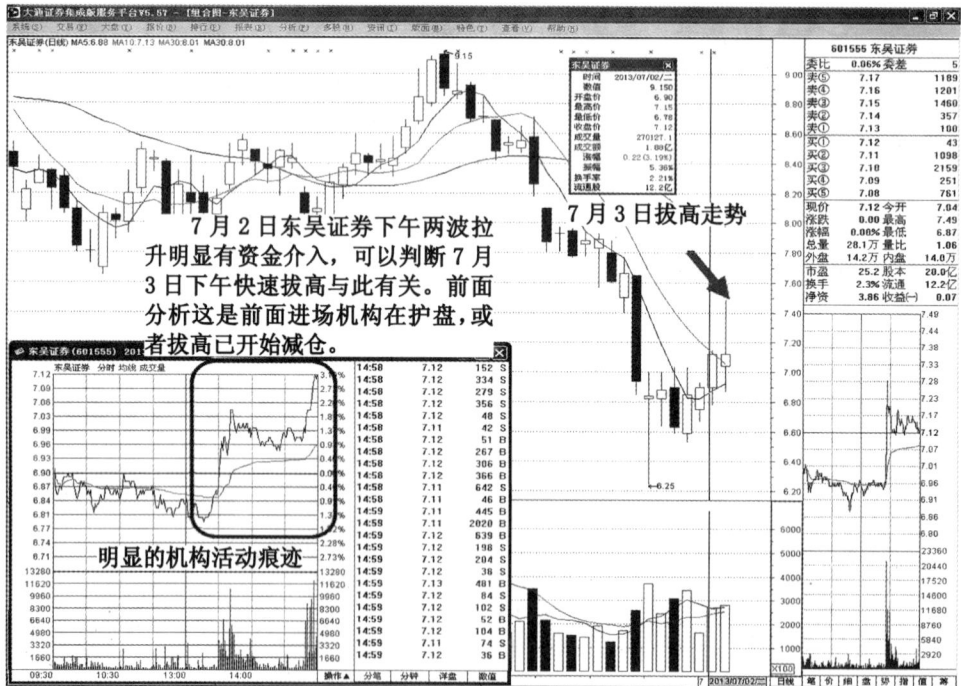

明显下跌绿盘中快速拔高，一般都是主力护盘或拔高出货，真正的快速拔高试盘很少出现在明显下跌绿盘后再拉起的。

明显下跌后快速拔高

7月2日东吴证券下午两波拉升明显有资金介入，可以判断7月3日下午快速拔高与此有关。前面分析这是前面进场机构在护盘，或者拔高已开始减仓。

7月3日拔高走势

明显的机构活动痕迹

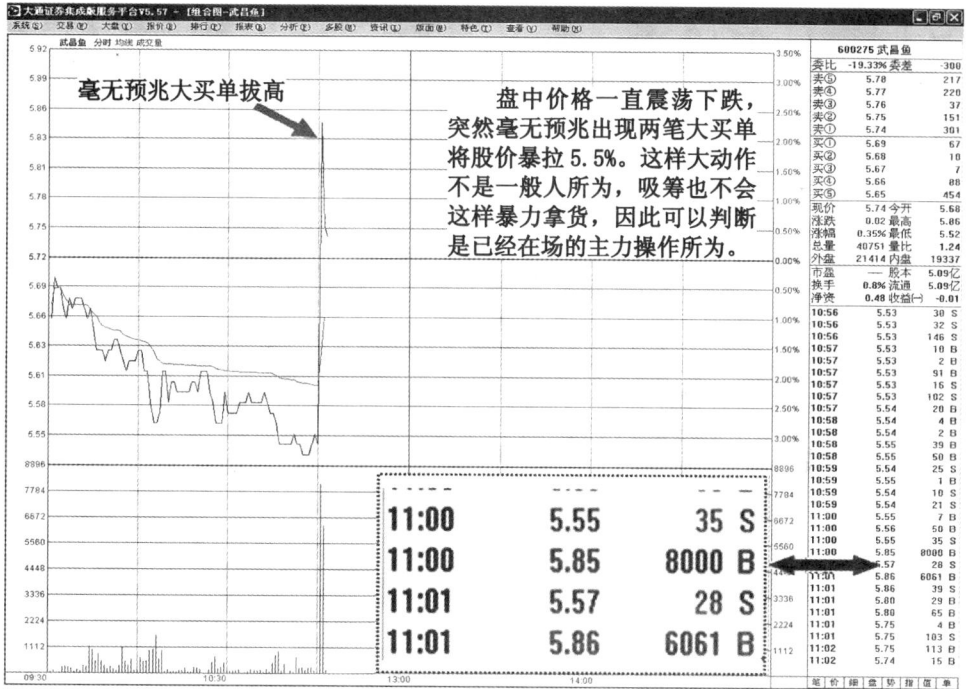

毫无预兆大买单拔高

盘中价格一直震荡下跌，突然毫无预兆出现两笔大买单将股价暴拉5.5%。这样大动作不是一般人所为，吸筹也不会这样暴力拿货，因此可以判断是已经在场的主力操作所为。

11:00	5.55	35	S
11:00	5.85	8000	B
11:01	5.57	28	S
11:01	5.86	6061	B

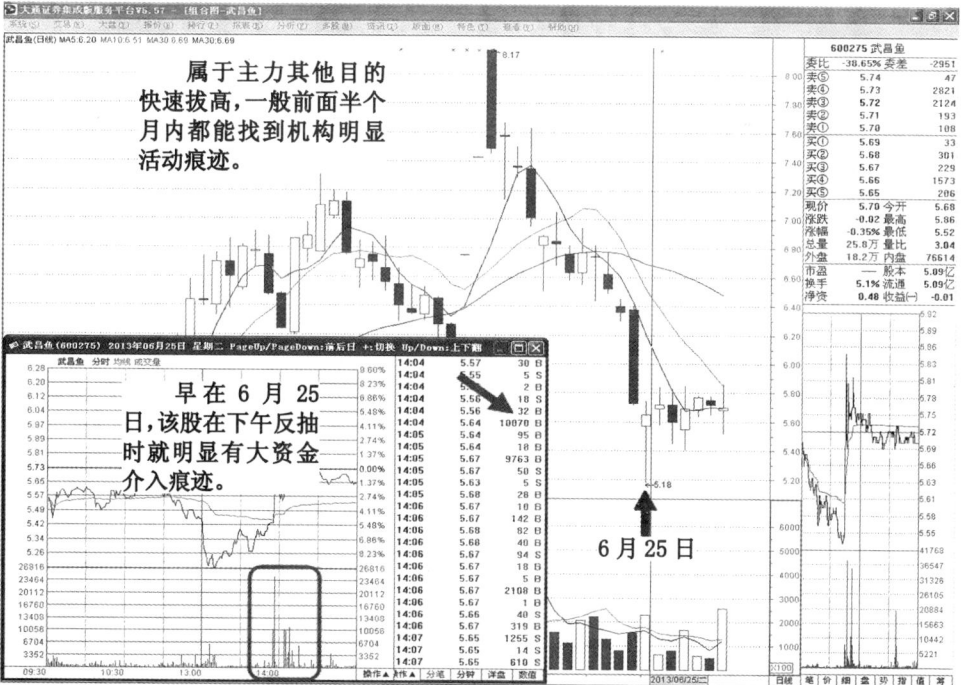

属于主力其他目的快速拔高，一般前面半个月内都能找到机构明显活动痕迹。

早在6月25日，该股在下午反抽时就明显有大资金介入痕迹。

6月25日

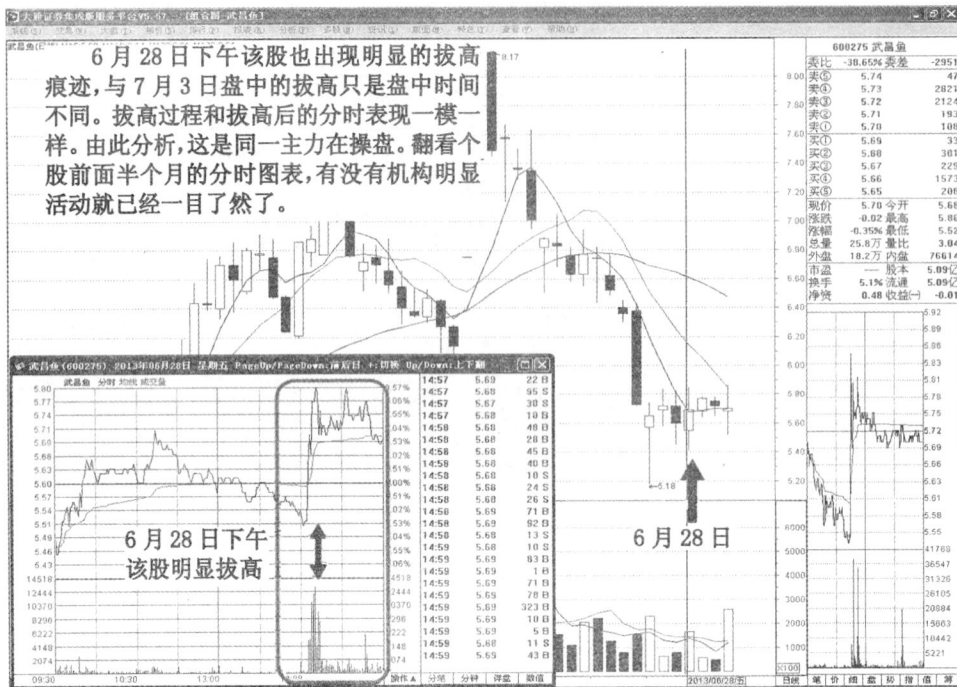

6月28日下午该股也出现明显的拔高痕迹,与7月3日盘中的拔高只是盘中时间不同。拔高过程和拔高后的分时表现一模一样。由此分析,这是同一主力在操盘。翻看个股前面半个月的分时图表,有没有机构明显活动就已经一目了然了。

6月28日下午该股明显拔高

6月28日

主力高超隐蔽经典对敲操盘术

笔者已发表大量主力坐庄对敲交易文章,详细谈到个股主力机构日常运作过程中的对敲目的的分类。事实上,要彻底搞清楚主力对敲各种各样的手法和目的,是一门较为复杂的课程。下面再介绍一种主力操盘非常高超的对敲引诱跟风盘的手法。主力旗下管理的甲乙两个(或是多个)账户之间自买自卖,左手出、右手进,筹码来回倒仓行为就是对敲行为。对敲手法则有高有低,有明显隐蔽。下面通过中发科技介绍主力操盘非常高超的密集型对敲引诱跟风盘手法。

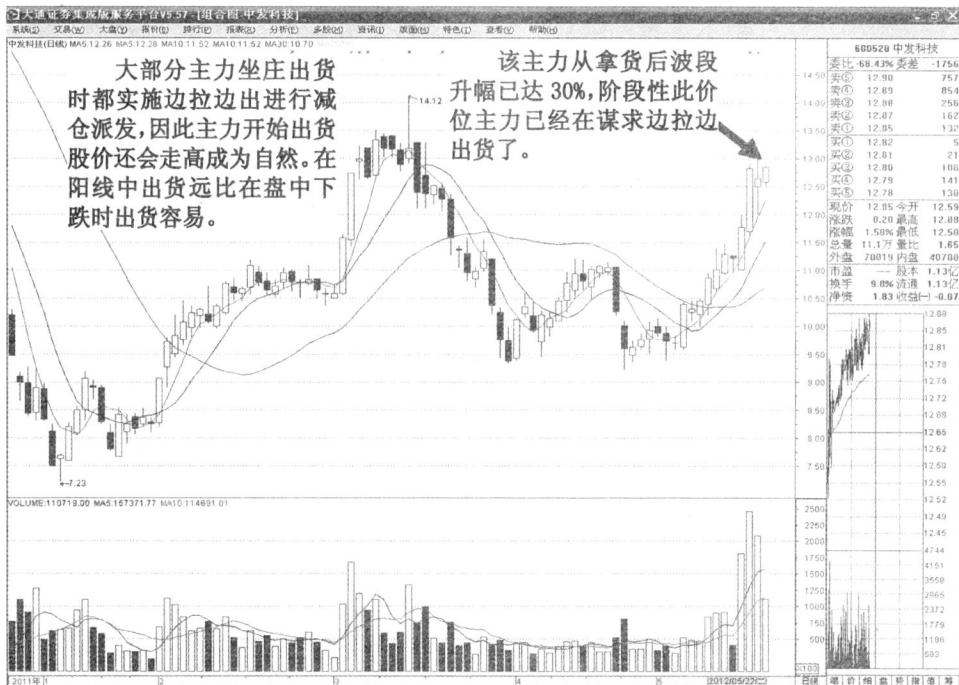

大部分主力坐庄出货时都实施边拉边出进行减仓派发,因此主力开始出货股价还会走高成为自然。在阳线中出货远比在盘中下跌时出货容易。

该主力从拿货后波段升幅已达30%,阶段性此价位主力已经在谋求边拉边出货了。

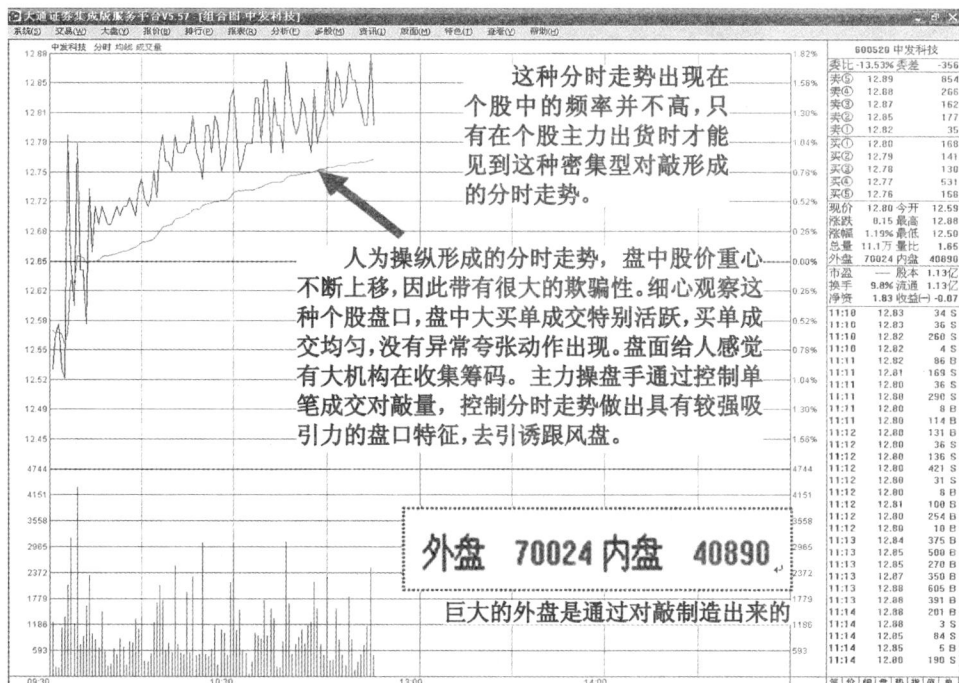

这种分时走势出现在个股中的频率并不高,只有在个股主力出货时才能见到这种密集型对敲形成的分时走势。

人为操纵形成的分时走势,盘中股价重心不断上移,因此带有很大的欺骗性。细心观察这种个股盘口,盘中大买单成交特别活跃,买单成交均匀,没有异常夸张动作出现。盘面给人感觉有大机构在收集筹码。主力操盘手通过控制单笔成交对敲量,控制分时走势做出具有较强吸引力的盘口特征,去引诱跟风盘。

外盘 70024 内盘 40890

巨大的外盘是通过对敲制造出来的

403

盘中大买单频繁出现，而且大部分买单都比前一成交价高。这样的盘口带有极高的欺骗性，一般高手根本无法识别这是主力操盘手制造出来的。

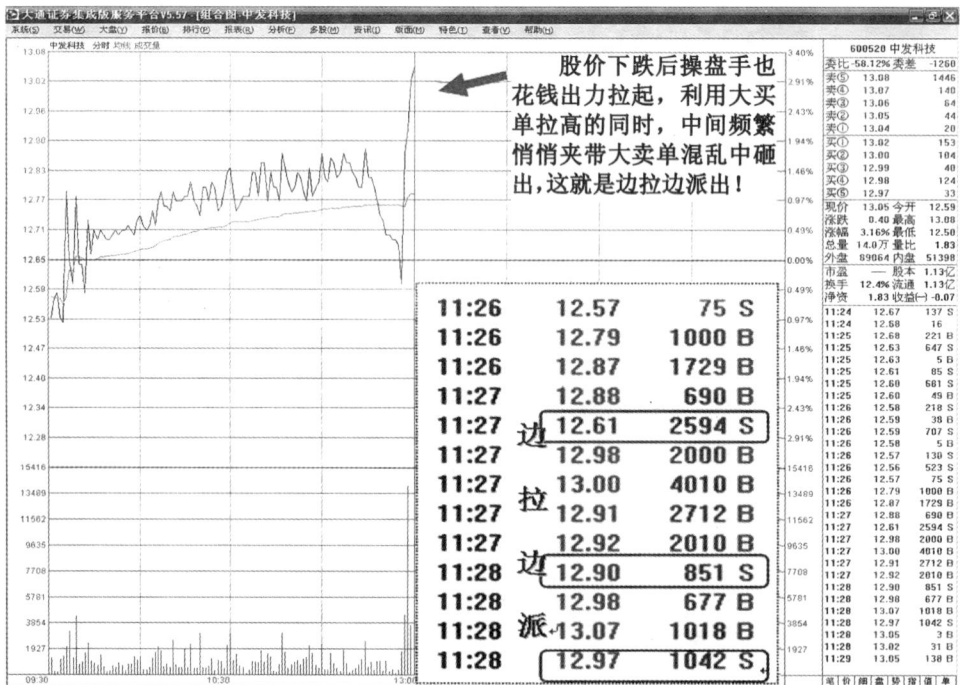

股价下跌后操盘手也花钱出力拉起，利用大买单拉高的同时，中间频繁悄悄夹带大卖单混乱中砸出，这就是边拉边派出！

边
拉
边
派

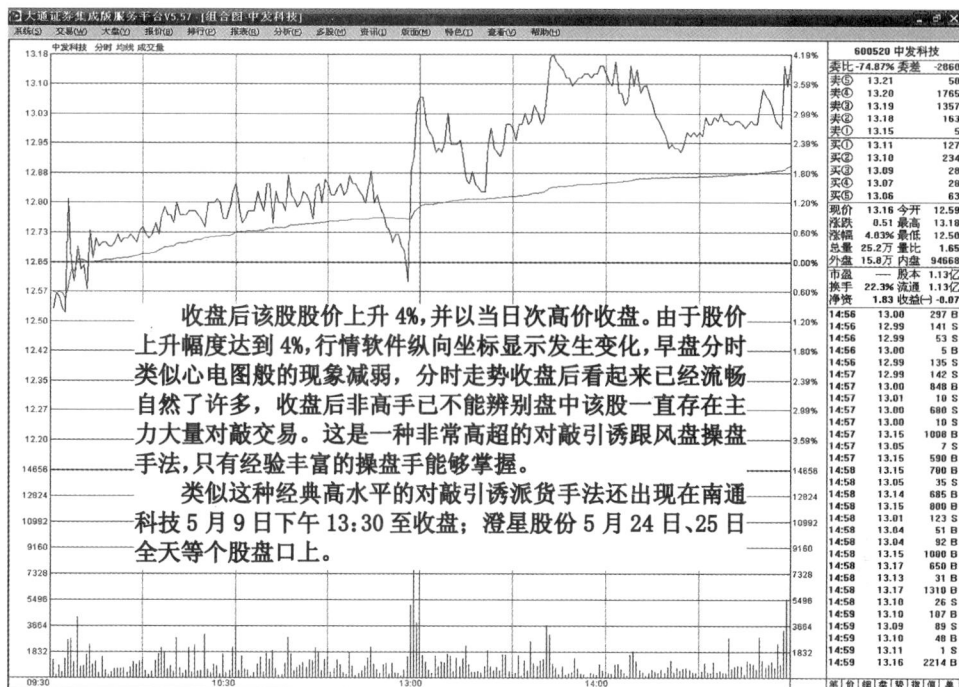

收盘后该股股价上升 4%,并以当日次高价收盘。由于股价上升幅度达到 4%,行情软件纵向坐标显示发生变化,早盘分时类似心电图般的现象减弱,分时走势收盘后看起来已经流畅自然了许多,收盘后非高手已不能辨别盘中该股一直存在主力大量对敲交易。这是一种非常高超的对敲引诱跟风盘操盘手法,只有经验丰富的操盘手能够掌握。

类似这种经典高水平的对敲引诱派货手法还出现在南通科技 5 月 9 日下午 13:30 至收盘;澄星股份 5 月 24 日、25 日全天等个股盘口上。

上海证券市场2012年5月22日公开信息

证券代码：600520　　　　　　　　　　　　　　　证券简称：中发科技

买入营业部名称	累计买入金额(元)
(1)申银万国证券青岛太平路证券营业部	32989626.46
(2)中国民族证券上海南丹东路证券营业部	29441653.30
(3)中信证券上海沪闵路证券营业部	28353144.56
(4)东方证券上海裕通路证券营业部	26804758.11
(5)中国银河证券上海四川北路证券营业部	18573708.71

卖出营业部名称	累计卖出金额(元)
(1)海通证券上海斜土路营业部	28569806.94
(2)东方证券上海裕通路营业部	26862542.00
(3)新时代证券上海延平路证券营业部	20309203.09
(4)中国银河证券上海四川北路证券营业部	17660520.11
(5)中信万通证券青岛大沽路证券营业部	16491012.95

详细分析中发科技5月22日当日公开数据可发现，该股是上海主力在坐庄，而且在上海多家证券营业部有分仓。另一个仓位还分到青岛去了。其中青岛两家证券营业部当天买卖对敲上了榜，一般人想不到这与上海主力的坐庄有关系。

东方证券上海裕通路证券营业部、中国银河证券上海四川北路证券营业部，这两家营业部在当天同时出现大量买卖成交，这是主力在同一营业部仓位的对敲交易。这种操盘行为并不高明，较容易暴露自己的行踪。行内人士一看就知是属同一主力之下明显对敲交易行为。当然，其中也存在为了拉高而买入，拉高后再出货这种非真正意义上的对敲操盘行为。

主力竞价操纵涨停到平开操盘技巧

主力先用大买单以涨停价格挂出参与竞价，在9:24之前不撤单，差不多到9:25 时，主力用与当时竞价差不多的大卖单，往下压到平盘价位附近卖出。涨停价格上的大买单大部分是主力自己挂出的，差不多到9:25时再以数量相当的大卖单压价卖。这一买一卖实际构成一种对敲交易，在竞价期间被涨停引诱下单买入的其他人的买单在9:25竞价完毕时全部被主力的大卖单砸掉。这种竞价砸盘出货操纵手段非常隐蔽。

主力如此操盘需要具备两个条件：

(1)手上有大量的筹码预期当日派不完。

(2)手上要有较多现金，不至于出现竞价买入后手上没有现金继续做盘。

竞价时主力用多大的买单参与竞价才能将股价推高至涨停价位？操盘手操纵手法有两种：①以涨停价一次性挂出数千或过万手买单参与竞价；②分批多次以涨停价挂单买入参与竞价。每次挂出1000~3000手买单，每次挂出后竞价的价格一般会出现不断上移，直到挂单令股价涨停为止。这种以涨停价多次不断增加竞价买单是一种主力常用的做盘方式。

以上盘口多出现在游资操作的个股中，出现这种盘口的个股一般具有以下三个明显特征：

(1)目标股票当天没有什么消息。

(2)目标短线或波段已有明显的涨幅。

(3)大部分此类个股前面数日盘口曾经出现过异常交易，通过翻看该股近日的分时图能看到主力活动留下的明显痕迹。

个股出现这种盘口大部分主力机构操盘目的是在减仓出货。这类个股中有大概20%当天盘中股价仍有一定的冲高，大概80%开盘后就出现明显下跌。

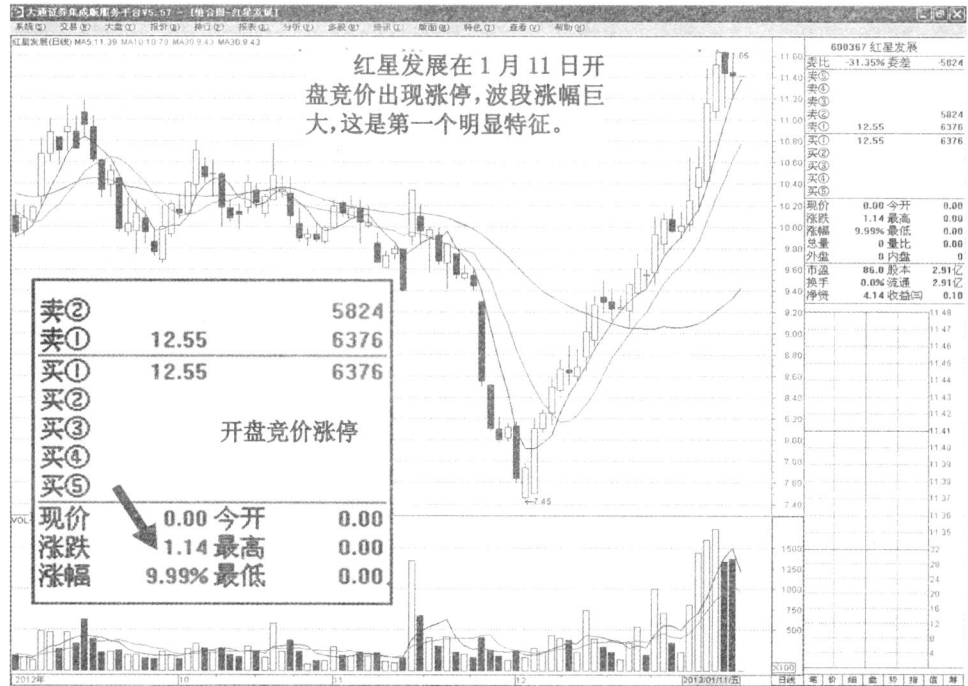

红星发展在1月11日开盘竞价出现涨停，波段涨幅巨大，这是第一个明显特征。

开盘竞价涨停

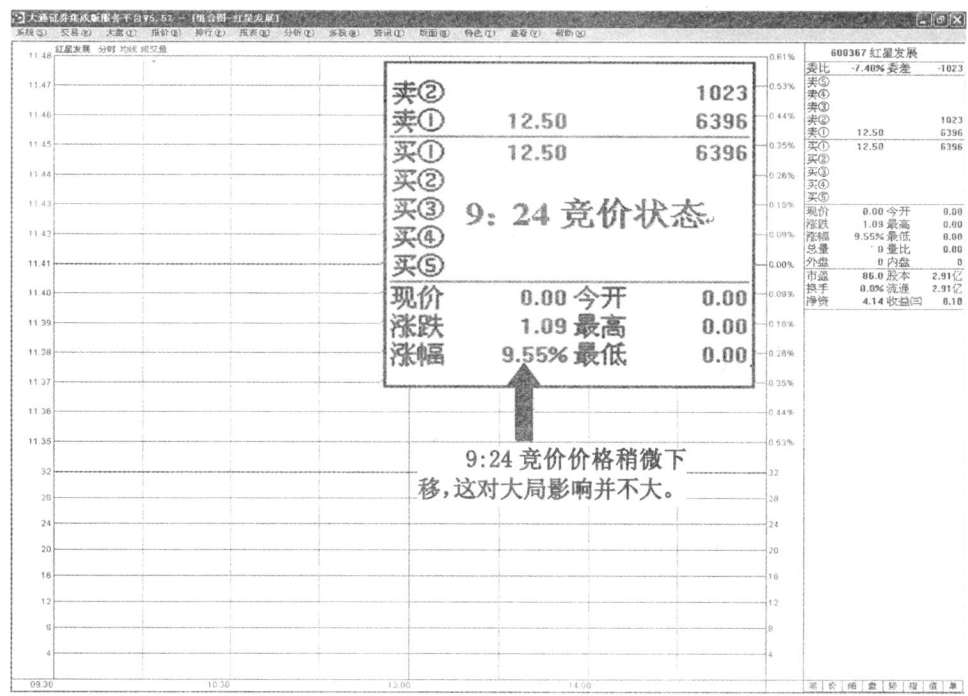

9：24 竞价状态

9：24竞价价格稍微下移，这对大局影响并不大。

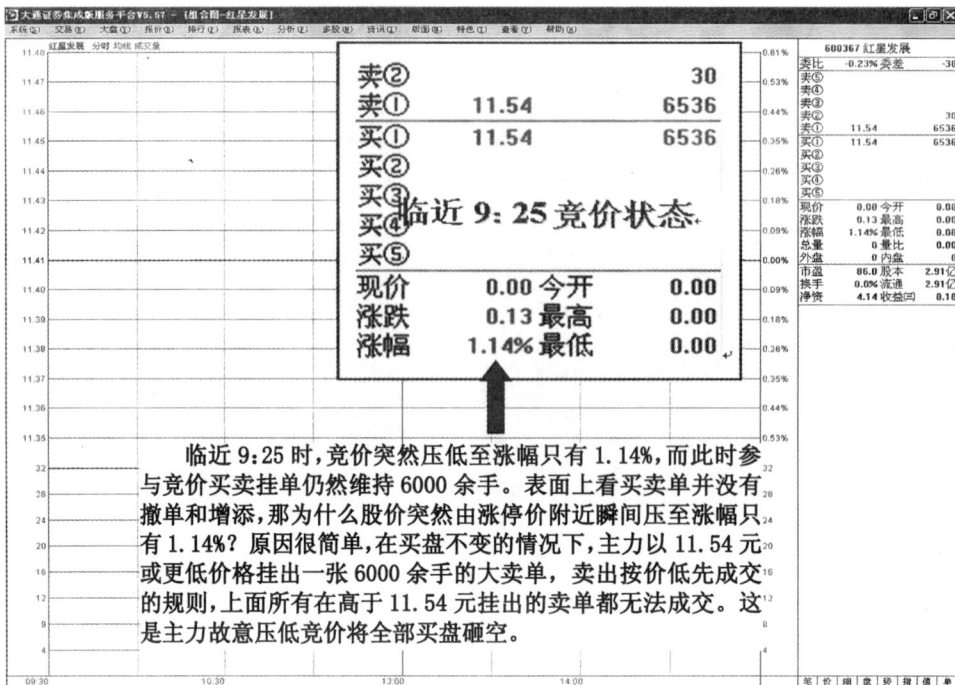

临近 9:25 时，竞价突然压低至涨幅只有 1.14%，而此时参与竞价买卖挂单仍然维持 6000 余手。表面上看买卖单并没有撤单和增添，那为什么股价突然由涨停价附近瞬间压至涨幅只有 1.14%？原因很简单，在买盘不变的情况下，主力以 11.54 元或更低价格挂出一张 6000 余手的大卖单，卖出按价低先成交的规则，上面所有在高于 11.54 元挂出的卖单都无法成交。这是主力故意压低竞价将全部买盘砸空。

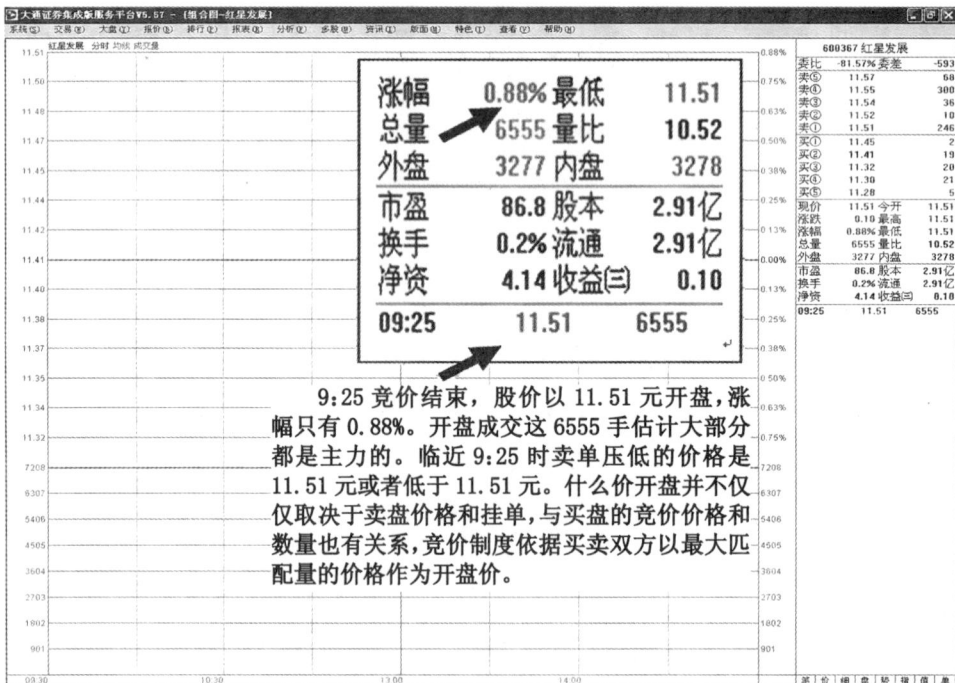

9:25 竞价结束，股价以 11.51 元开盘，涨幅只有 0.88%。开盘成交这 6555 手估计大部分都是主力的。临近 9:25 时卖单压低的价格是 11.51 元或者低于 11.51 元。什么价开盘并不仅仅取决于卖盘价格和挂单，与买盘的竞价价格和数量也有关系，竞价制度依据买卖双方以最大匹配量的价格作为开盘价。

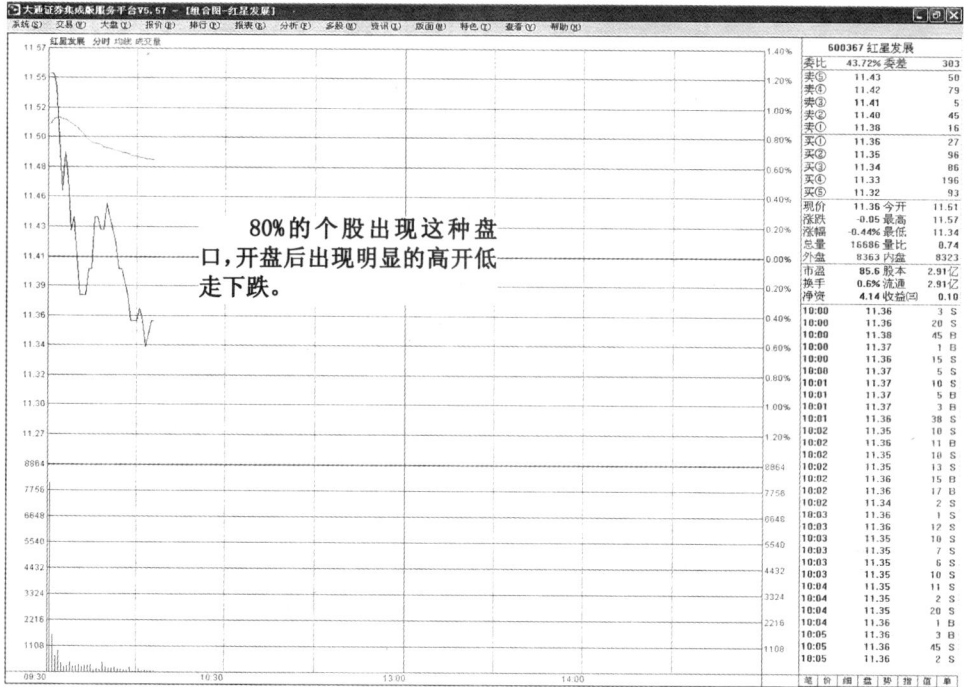

80%的个股出现这种盘口,开盘后出现明显的高开低走下跌。

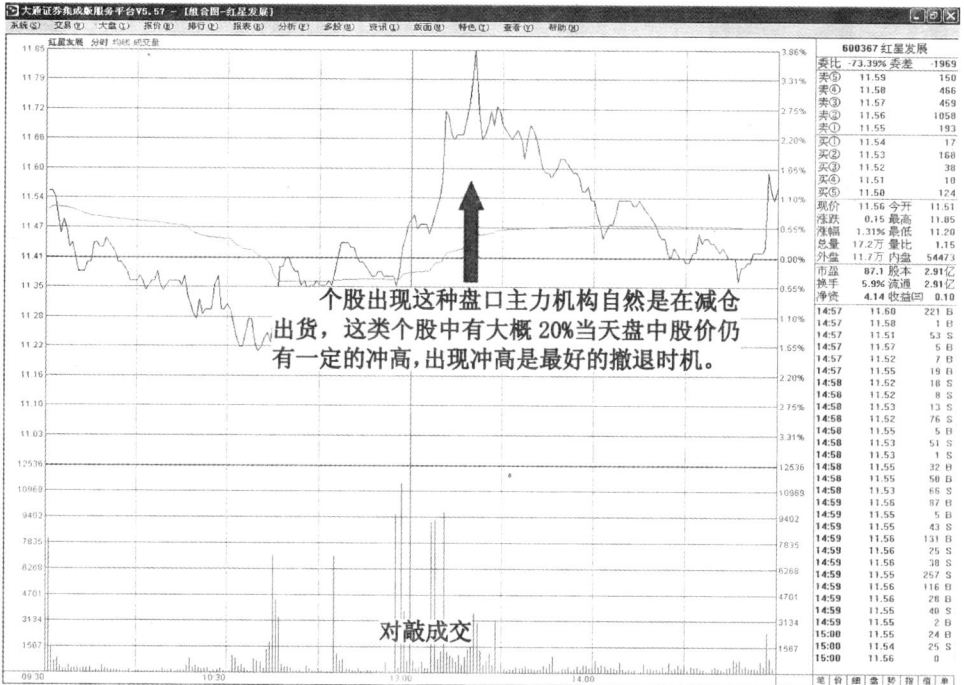

个股出现这种盘口主力机构自然是在减仓出货,这类个股中有大概20%当天盘中股价仍有一定的冲高,出现冲高是最好的撤退时机。

对敲成交

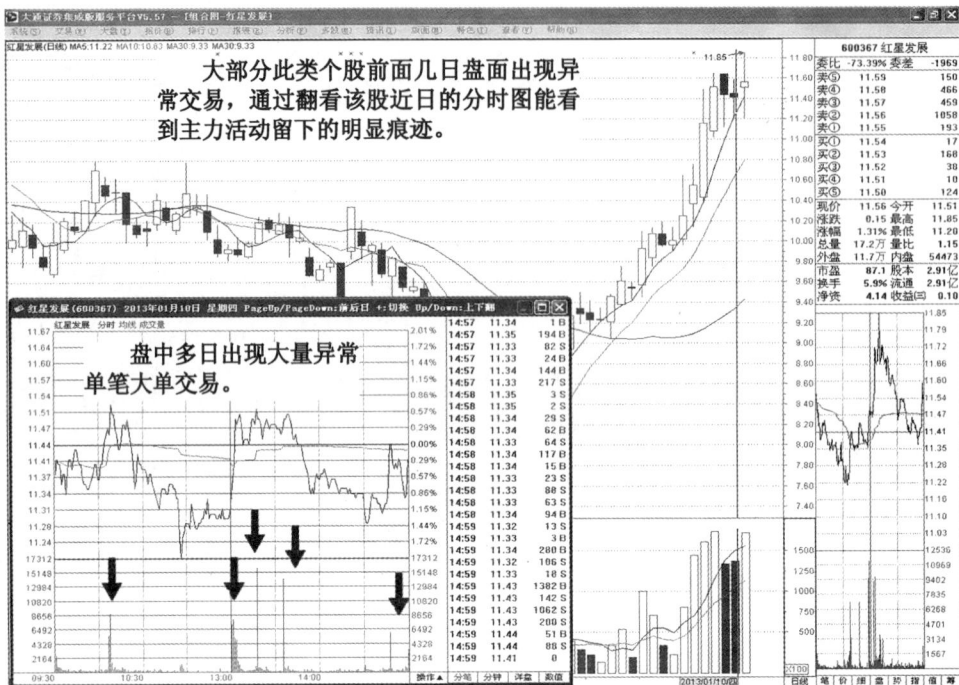

主力盘中大幅打压制造长下影线揭秘

通过盘口分析可以了解场内主力的活动情况。主力做盘也需要广大投资者的关注和参与。主力做盘时往往利用大家熟悉的，能引起大家注意的手段去操纵。大量主力操盘动作表明，主力操纵下形成的盘面大都是与其真正目的相反的。在吸筹时做出大资金出逃的痕迹，减仓时做成大资金入场的盘面，以此引诱和欺骗投资者做出符合主力意愿的交易行为。

在老鼠仓利益输送行为中，盘中利用大卖单大幅砸盘，是历史上老鼠仓利益输送最常见途径之一。广大股票投资者通过看书学习、读报、电视媒体的讲解宣传已熟知这一点。凡被大众所熟悉的技术分析，往往也会被一些主力反向利用，成为主力的坐庄手段。利用盘中卖单大幅砸盘制造老鼠仓利益输送行为，引诱和欺骗投资者跟风买入，助主力推高目标股价的行为这几年层出不穷。下面就以发生的实例讲解主力这一操作手段。

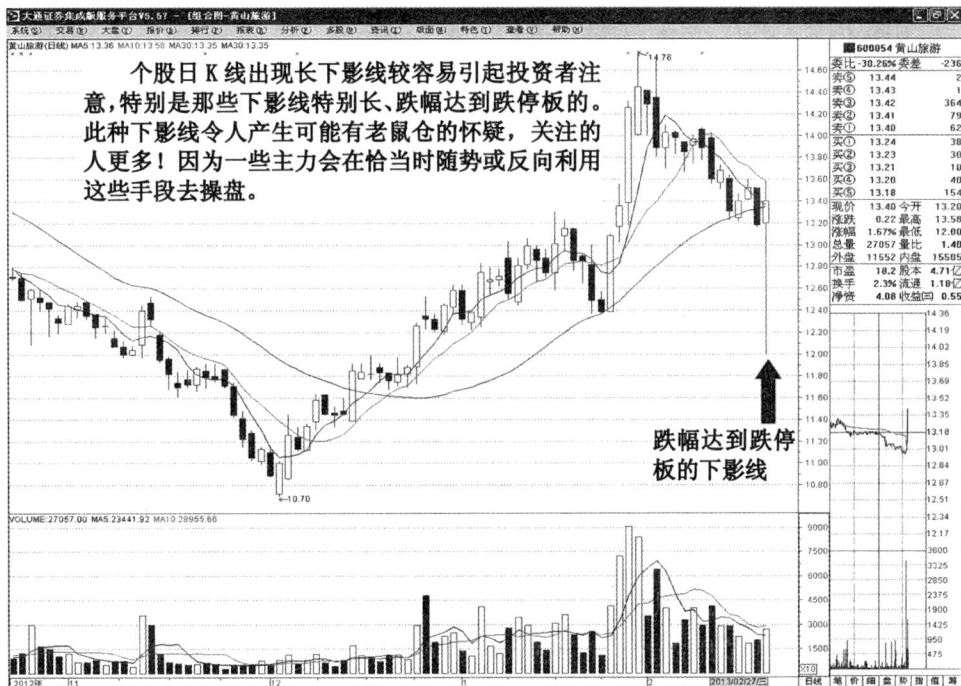

个股日 K 线出现长下影线较容易引起投资者注意，特别是那些下影线特别长、跌幅达到跌停板的。此种下影线令人产生可能有老鼠仓的怀疑，关注的人更多！因为一些主力会在恰当时随势或反向利用这些手段去操盘。

跌幅达到跌停板的下影线

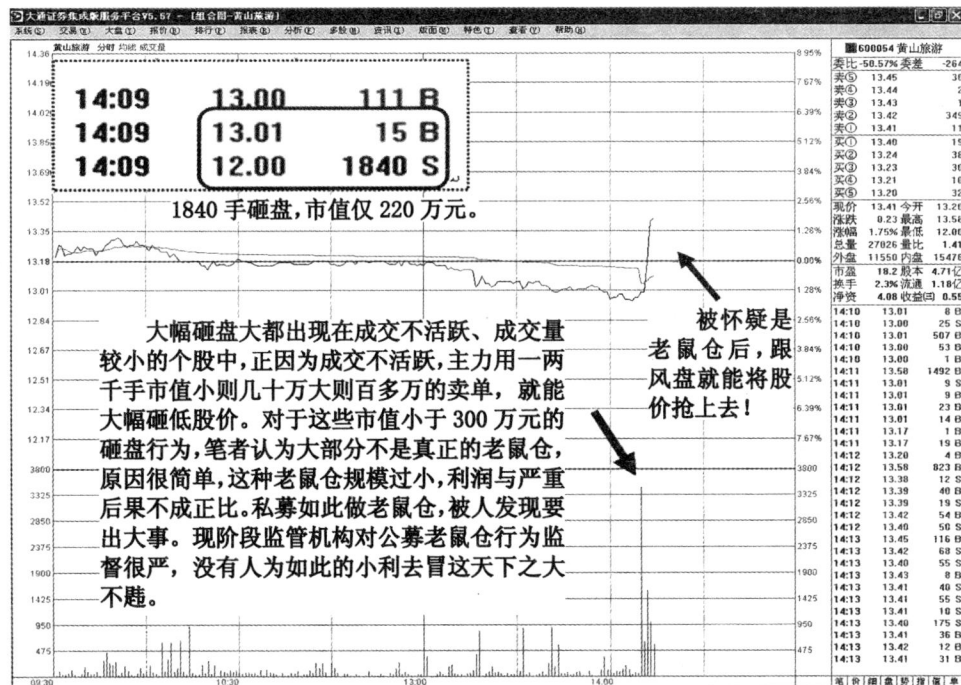

14:09	13.00	111 B
14:09	13.01	15 B
14:09	12.00	1840 S

1840 手砸盘，市值仅 220 万元。

大幅砸盘大都出现在成交不活跃、成交量较小的个股中，正因为成交不活跃，主力用一两千手市值小则几十万大则百多万的卖单，就能大幅砸低股价。对于这些市值小于 300 万元的砸盘行为，笔者认为大部分不是真正的老鼠仓，原因很简单，这种老鼠仓规模过小，利润与严重后果不成正比。私募如此做老鼠仓，被人发现要出大事。现阶段监管机构对公募老鼠仓行为监督很严，没有人为如此的小利去冒这天下之大不韪。

被怀疑是老鼠仓后，跟风盘就能将股价抢上去！

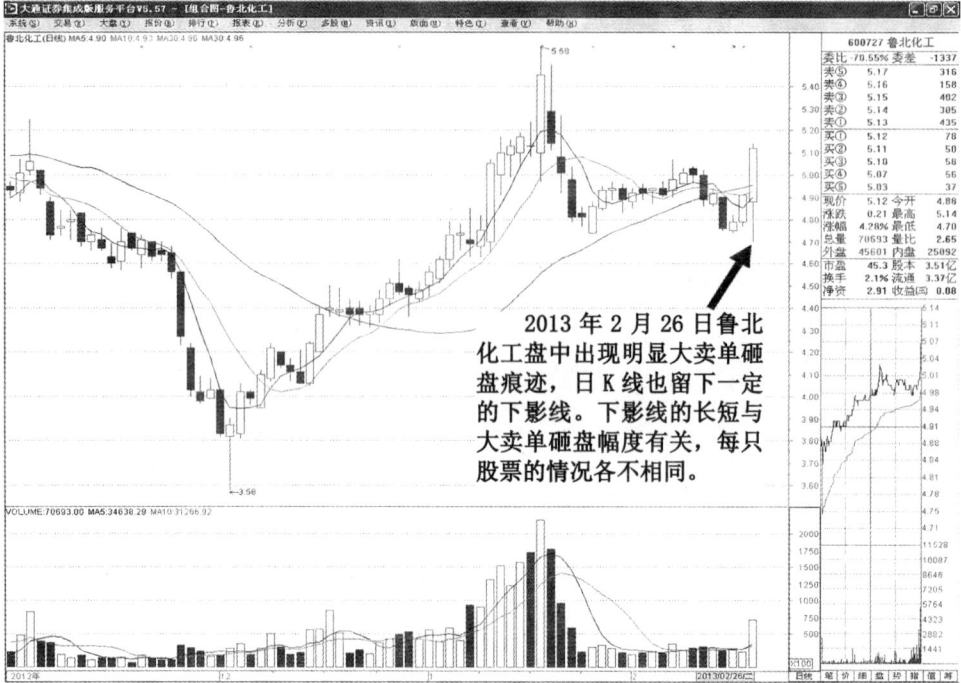

2013年2月26日鲁北化工盘中出现明显大卖单砸盘痕迹，日K线也留下一定的下影线。下影线的长短与大卖单砸盘幅度有关，每只股票的情况各不相同。

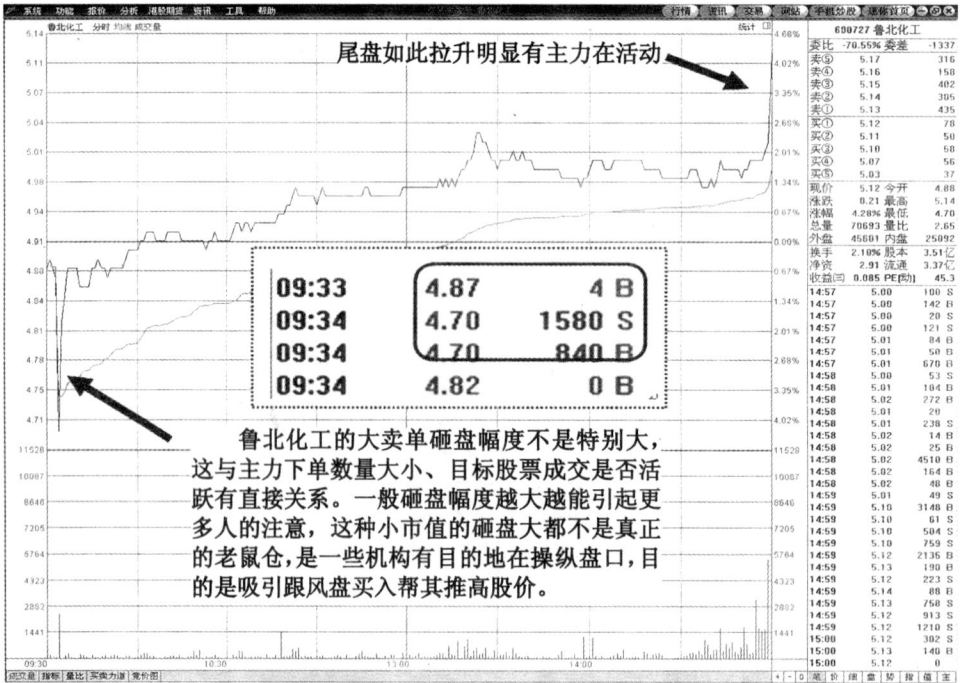

尾盘如此拉升明显有主力在活动

09:33	4.87	4 B
09:34	4.70	1580 S
09:34	4.70	840 B
09:34	4.82	0 B

鲁北化工的大卖单砸盘幅度不是特别大，这与主力下单数量大小、目标股票成交是否活跃有直接关系。一般砸盘幅度越大越能引起更多人的注意，这种小市值的砸盘大都不是真正的老鼠仓，是一些机构有目的地在操纵盘口，目的是吸引跟风盘买入帮其推高股价。

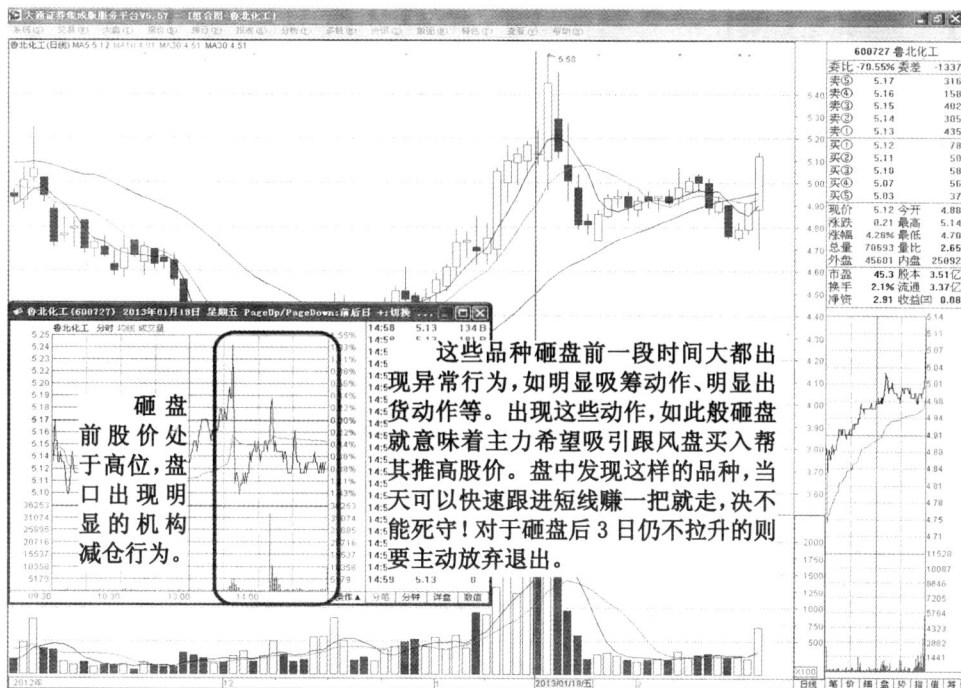

图中文字说明：

砸盘前股价处于高位，盘口出现明显的机构减仓行为。

这些品种砸盘前一段时间大都出现异常行为，如明显吸筹动作、明显出货动作等。出现这些动作，如此般砸盘就意味着主力希望吸引跟风盘买入帮其推高股价。盘中发现这样的品种，当天可以快速跟进短线赚一把就走，决不能死守！对于砸盘后3日仍不拉升的则要主动放弃退出。

主力同一天盘中自买自卖行为揭秘

俗话说，站得高看得远。站在什么位置看什么风景，站在什么角度看什么世界。物以类聚，人以群分。股票市场中和散户在一起就是散户，如果你能和主力站在一起，就算你不是主力也是厉害的"牛人"。股票分析中投资者有很多难以理解的问题，在大资本运作者眼中那是再简单不过的问题。理解和不理解是二者所处的位置不同，操作内容不同。

对敲是坐庄不可缺少的操盘行为，平时看盘时经验丰富的投资者可以发现，不少股票出现主力机构在同一天盘中进行大量自买自卖操作，甚至有主力盘中进行高买低卖的交易。对此一般散户都不明白为什么主力做如此"愚蠢"的操作。在散户看来那是很愚蠢的行为，但在主力的眼中却是非常高明的。为什么如此？这就要从主力的整体运作思路中讲起了。

上海证券交易所每日交易信息　　交易日期：2013年12月5日

证券代码	证券简称	换手率%	成交量	成交金额(万元)
600738	兰州民百	22.89	59998392	41039.25

买入营业部名称	累计买入金额(元)
(1)光大证券苏州苏惠路证券营业部	42694547.41
(2)中信证券广州临江大道证券营业部	37444223.54
(3)德邦证券上海志丹路营业部	36539487.24
(4)中信建投证券潮州市潮枫路证券营业部	29404696.29
(5)国元证券青岛山东路证券营业部	21968466.82

卖出营业部名称	累计卖出金额(元)
(1)中信证券广州临江大道证券营业部	69200248.29
(2)华安证券重庆建新东路证券营业部	30627151.56
(3)海通证券上海斜土路营业部	19679303.50
(4)东吴证券苏州干将东路证券营业部	19143076.75
(5)东方证券上海嘉定区曹安公路证券营业部	9711408.12

　　兰州民百2013年12月5日涨停收盘，先来分析该股涨停日上交所公布的公开数据。从数据中看到，潜伏在中信证券广州临江大道证券营业部中的主力机构，当日参与了兰州民百的交易。买入了3744万元，同时也卖出了6920万元，这就是大家平时看到的主力在盘中既买又卖的真正交易。该主力盘中既买又卖行为是做T+0吗？可以这样理解。但实际上兰州民百12月5日的涨停，是该主力一手策划和引导该股上涨的结果。所谓的T+0也是有计划的操作。

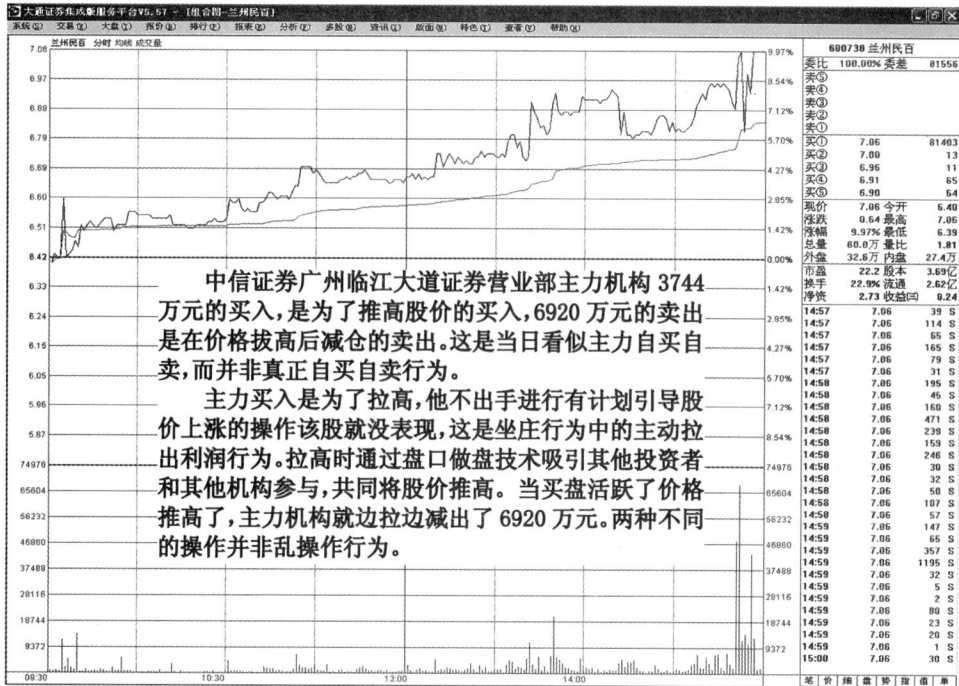

　　中信证券广州临江大道证券营业部主力机构 3744 万元的买入,是为了推高股价的买入,6920 万元的卖出是在价格拔高后减仓的卖出。这是当日看似主力自买自卖,而并非真正自买自卖行为。

　　主力买入是为了拉高,他不出手进行有计划引导股价上涨的操作该股就没表现,这是坐庄行为中的主动拉出利润行为。拉高时通过盘口做盘技术吸引其他投资者和其他机构参与,共同将股价推高。当买盘活跃了价格推高了,主力机构就边拉边减出了 6920 万元。两种不同的操作并非乱操作行为。

上海证券交易所每日交易信息　　交易日期:2013年12月6日

证券代码	证券简称	换手率%	成交量	成交金额(万元)
600738	兰州民百	26.06	68309538	49135.40

买入营业部名称	累计买入金额(元)
(1)中信证券广州临江大道证券营业部	63661649.34
(2)德邦证券上海志丹路营业部	38684450.55
(3)华安证券重庆建新东路证券营业部	28278608.44
(4)国元证券青岛山东路证券营业部	21926440.97
(5)东吴证券苏州干将东路证券营业部	19531780.66

卖出营业部名称	累计卖出金额(元)
(1)光大证券苏州苏惠路证券营业部	45948760.23
(2)德邦证券上海志丹路营业部	38859283.04
(3)中信证券广州临江大道证券营业部	36143572.73
(4)中信建投证券潮州市潮枫路证券营业部	31013367.01
(5)国元证券青岛山东路证券营业部	22143444.06

　　12月6日兰州民百股价继续大涨。从上交所公布当日的公开数据中可看到，中信证券广州临江大道证券营业部主力继续参与了当天交易。该主力12月6日买入兰州民百6366万元，当日同时也卖出了3614万元。这又是机构同一日既买又卖的见证。12月6日该主力买入兰州民百是不是又和上一交易日那样，买入是为了拉高，拉高然后又再卖出呢？是的，但这仅仅对了一半。该主力当天继续买卖兰州民百的行为中，另一部分就是对敲。拉升前该主力实施了大量的对敲操作，才将股价慢慢引导推高。

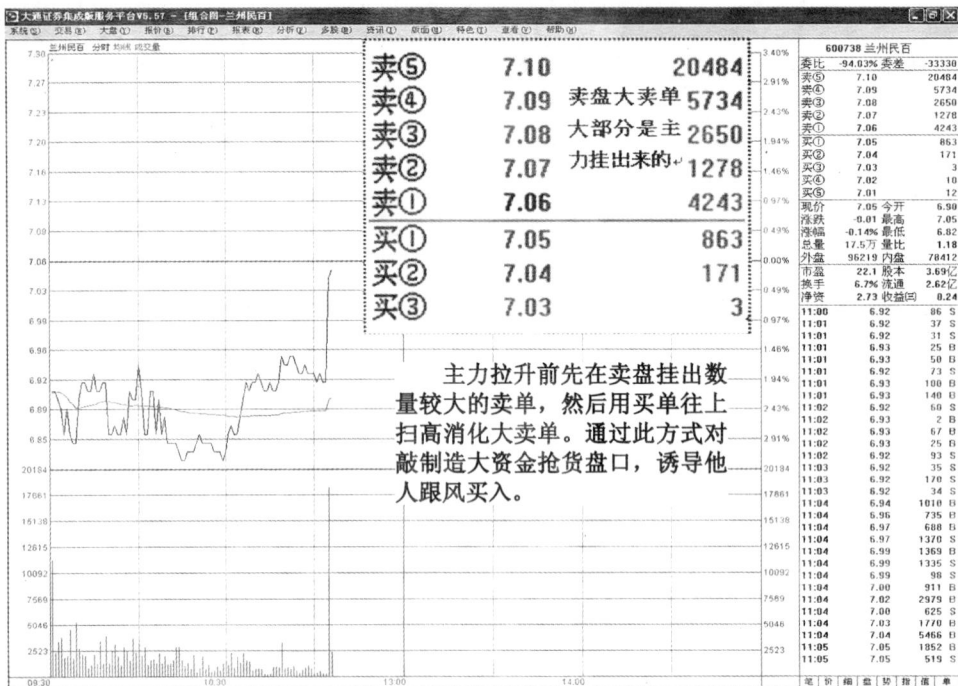

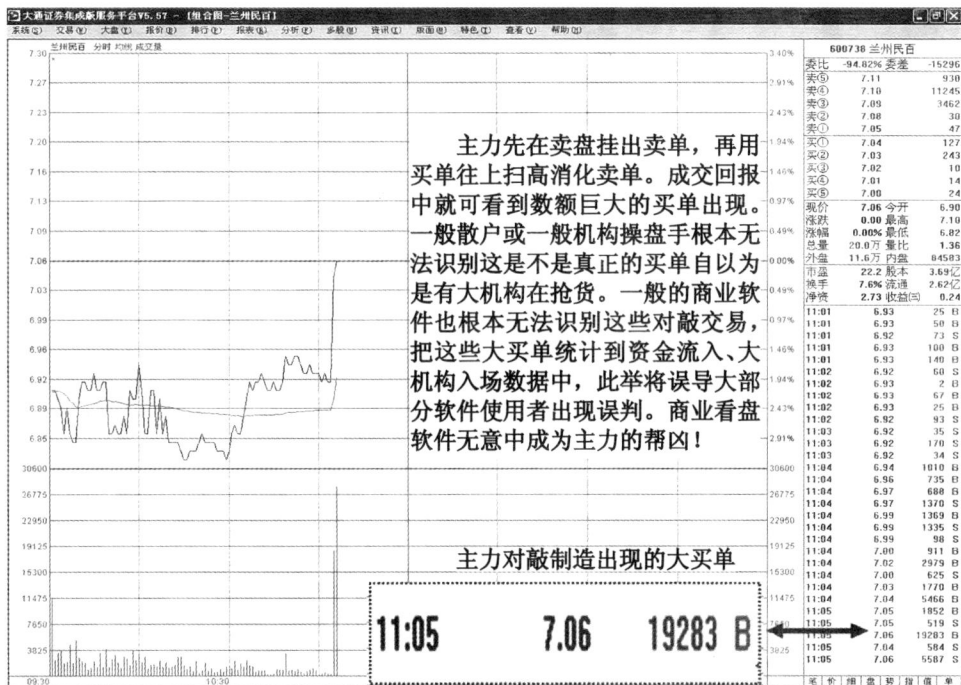

主力先在卖盘挂出卖单，再用
买单往上扫高消化卖单。成交回报
中就可看到数额巨大的买单出现。
一般散户或一般机构操盘手根本无
法识别这是不是真正的买单自以为
是有大机构在抢货。一般的商业软
件也根本无法识别这些对敲交易，
把这些大买单统计到资金流入、大
机构入场数据中，此举将误导大部
分软件使用者出现误判。商业看盘
软件无意中成为主力的帮凶！

主力对敲制造出现的大买单

| 11:05 | 7.06 | 19283 B |

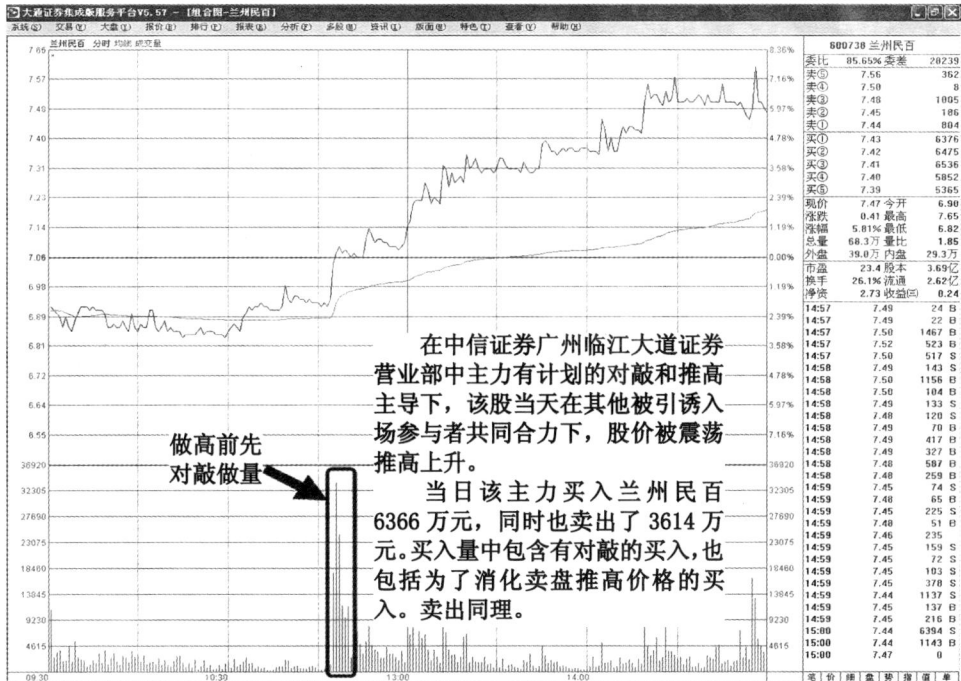

做高前先
对敲做量

在中信证券广州临江大道证券
营业部中主力有计划的对敲和推高
主导下，该股当天在其他被引诱入
场参与者共同合力下，股价被震荡
推高上升。

当日该主力买入兰州民百
6366万元，同时也卖出了3614万
元。买入量中包含有对敲的买入，也
包括为了消化卖盘推高价格的买
入。卖出同理。

417

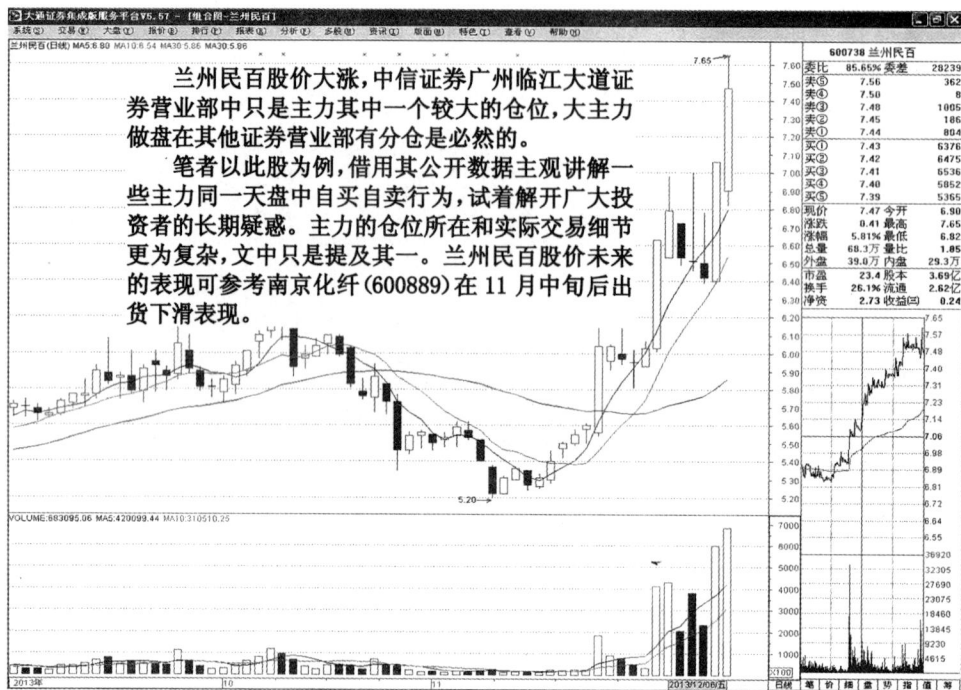

兰州民百股价大涨,中信证券广州临江大道证券营业部中只是主力其中一个较大的仓位,大主力做盘在其他证券营业部有分仓是必然的。
笔者以此股为例,借用其公开数据主观讲解一些主力同一天盘中自买自卖行为,试着解开广大投资者的长期疑惑。主力的仓位所在和实际交易细节更为复杂,文中只是提及其一。兰州民百股价未来的表现可参考南京化纤(600889)在11月中旬后出货下滑表现。

主力操盘造假制造大买单的具体细节

坐庄三大步骤:建仓→拉高→出货!建仓时主力总是静悄悄的,拉高时比较高调,出货时往往大张旗鼓。拉高后出完货能顺利把筹码兑现才算运作成功,出货将筹码兑现是坐庄最难的一环。一般情况下投资者能在盘口清楚看见主力显山露水大规模活动时,此时目标股票大都是主力正在减仓派发。一次运作投入资金过亿甚至数亿的大主力,拉高后出货对于他们是件相当艰难的事。为了顺利派发主力操盘手会使尽各种招数操纵股价吸引投资者接盘,其中通过对敲制造大量买单,制造有大资金大量入场建仓的盘口,引诱投资者跟风是常见的出货招式。

对敲是主力操盘手运作必备的绝招。对敲的方式和细节有多种,本文就通过商业城(600306)11月22日主力操纵股价盘中刻意对敲的盘口细节,介绍主力"先在卖盘挂出大卖单,再用大买单往上扫上去,反复制造大买单入场盘口"这一做盘绝招。

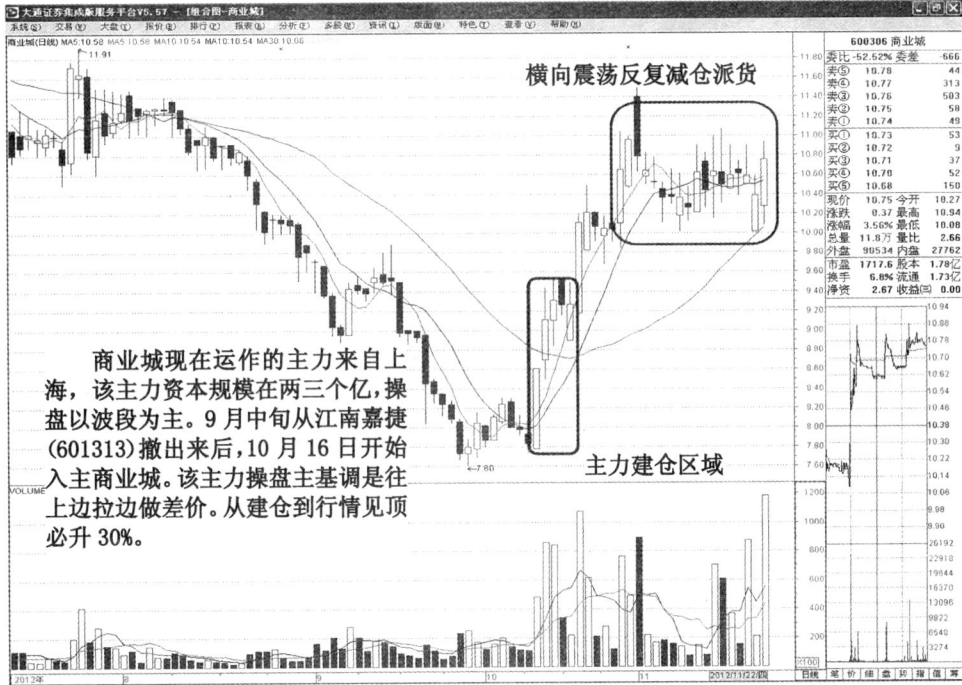

横向震荡反复减仓派货

主力建仓区域

商业城现在运作的主力来自上海，该主力资本规模在两三个亿，操盘以波段为主。9月中旬从江南嘉捷（601313）撤出来后，10月16日开始入主商业城。该主力操盘主基调是往上边拉边做差价。从建仓到行情见顶必升30%。

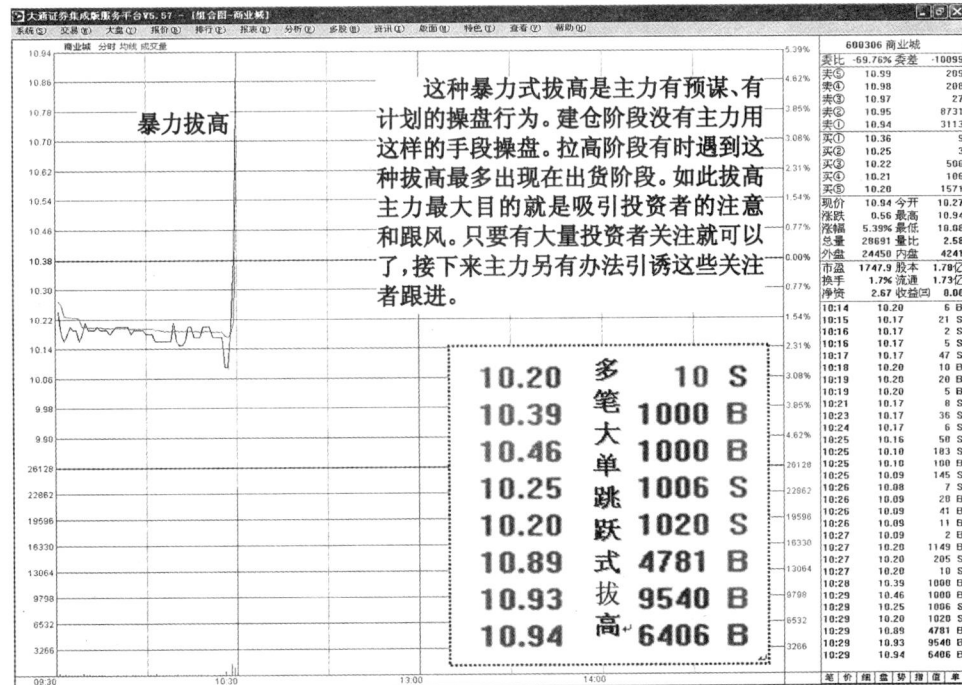

暴力拔高

这种暴力式拔高是主力有预谋、有计划的操盘行为。建仓阶段没有主力用这样的手段操盘。拉高阶段有时遇到这种拔高最多出现在出货阶段。如此拔高主力最大目的就是吸引投资者的注意和跟风。只要有大量投资者关注就可以了，接下来主力另有办法引诱这些关注者跟进。

10.20	多	10	S
10.39	笔	1000	B
10.46	大	1000	B
10.25	单	1006	S
10.20	跳	1020	S
10.89	跃	4781	B
10.93	式	9540	B
10.94	拔高	6406	B

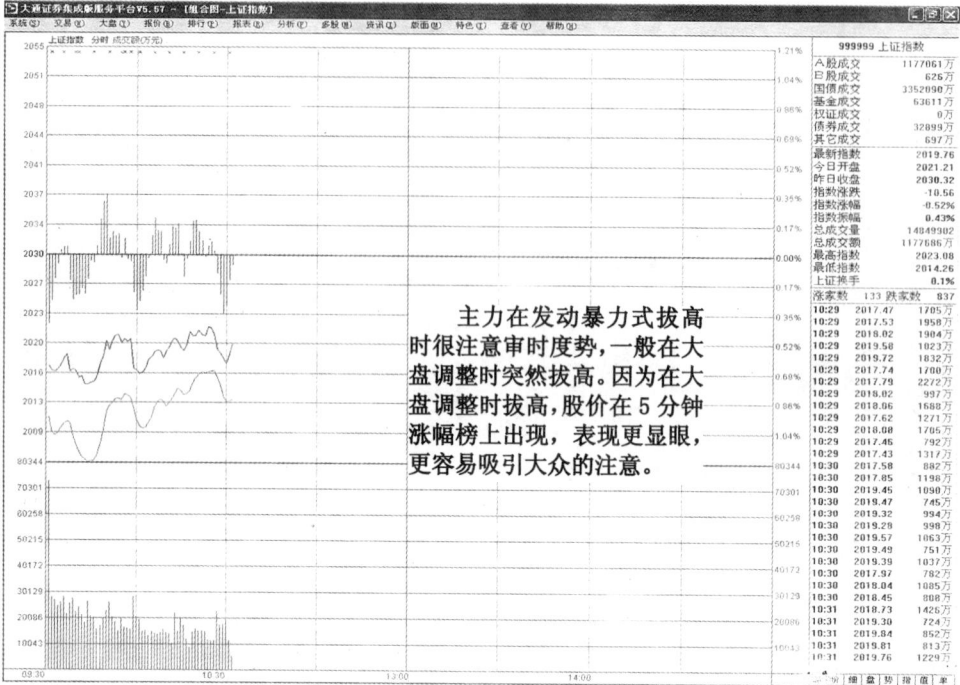

主力在发动暴力式拔高时很注意审时度势,一般在大盘调整时突然拔高。因为在大盘调整时拔高,股价在5分钟涨幅榜上出现,表现更显眼,更容易吸引大众的注意。

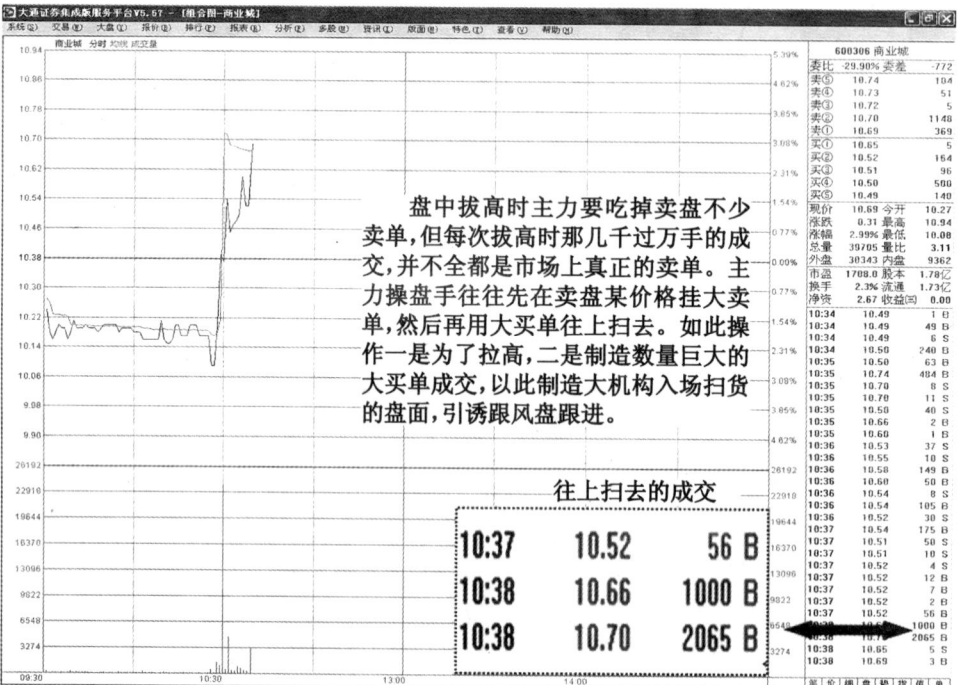

盘中拔高时主力要吃掉卖盘不少卖单,但每次拔高时那几千过万手的成交,并不全都是市场上真正的卖单。主力操盘手往往先在卖盘某价格挂大卖单,然后再用大买单往上扫去。如此操作一是为了拉高,二是制造数量巨大的大买单成交,以此制造大机构入场扫货的盘面,引诱跟风盘跟进。

往上扫去的成交

10:37	10.52	56 B
10:38	10.66	1000 B
10:38	10.70	2065 B

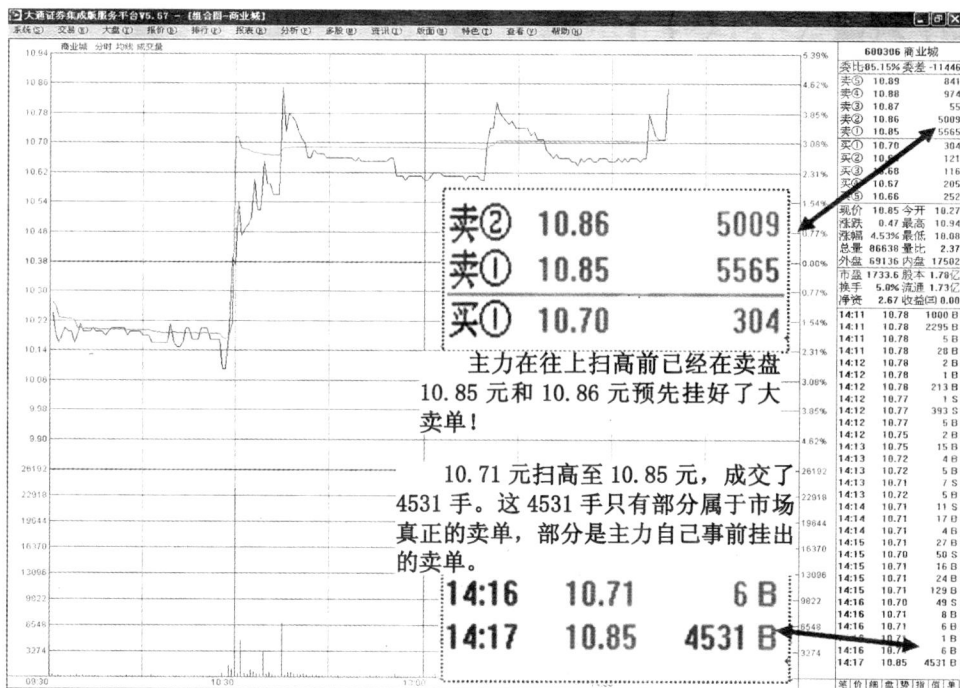

卖②	10.86	5009
卖①	10.85	5565
买①	10.70	304

主力在往上扫高前已经在卖盘10.85元和10.86元预先挂好了大卖单！

10.71元扫高至10.85元，成交了4531手。这4531手只有部分属于市场真正的卖单，部分是主力自己事前挂出的卖单。

| 14:16 | 10.71 | 6 B |
| 14:17 | 10.85 | 4531 B |

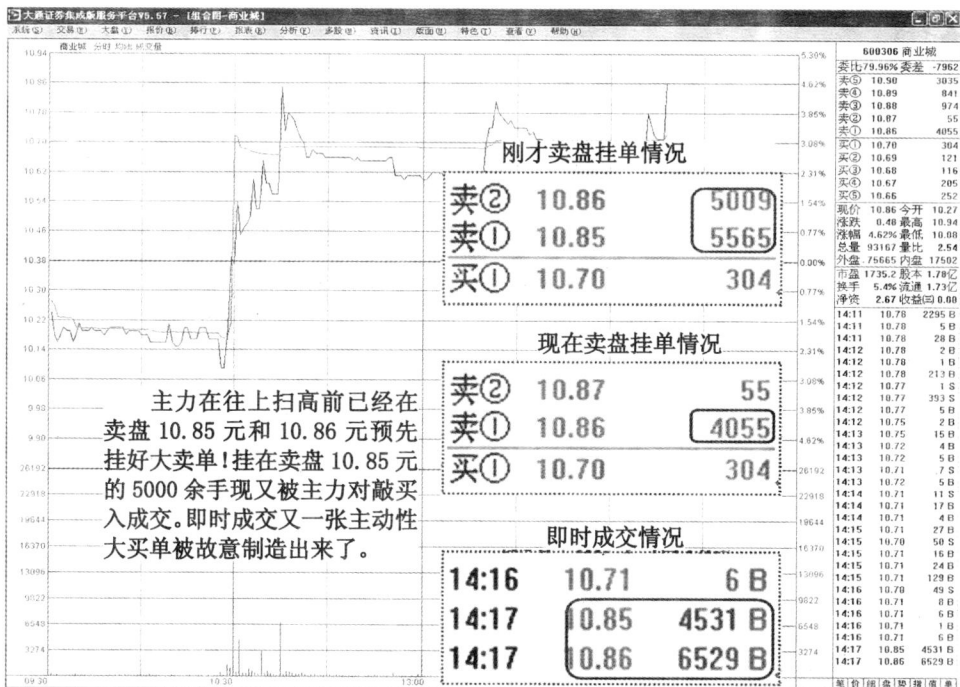

刚才卖盘挂单情况

卖②	10.86	5009
卖①	10.85	5565
买①	10.70	304

现在卖盘挂单情况

卖②	10.87	55
卖①	10.86	4055
买①	10.70	304

主力在往上扫高前已经在卖盘10.85元和10.86元预先挂好大卖单！挂在卖盘10.85元的5000余手现又被主力对敲买入成交。即时成交又一张主动性大买单被故意制造出来了。

即时成交情况

14:16	10.71	6 B
14:17	10.85	4531 B
14:17	10.86	6529 B

421

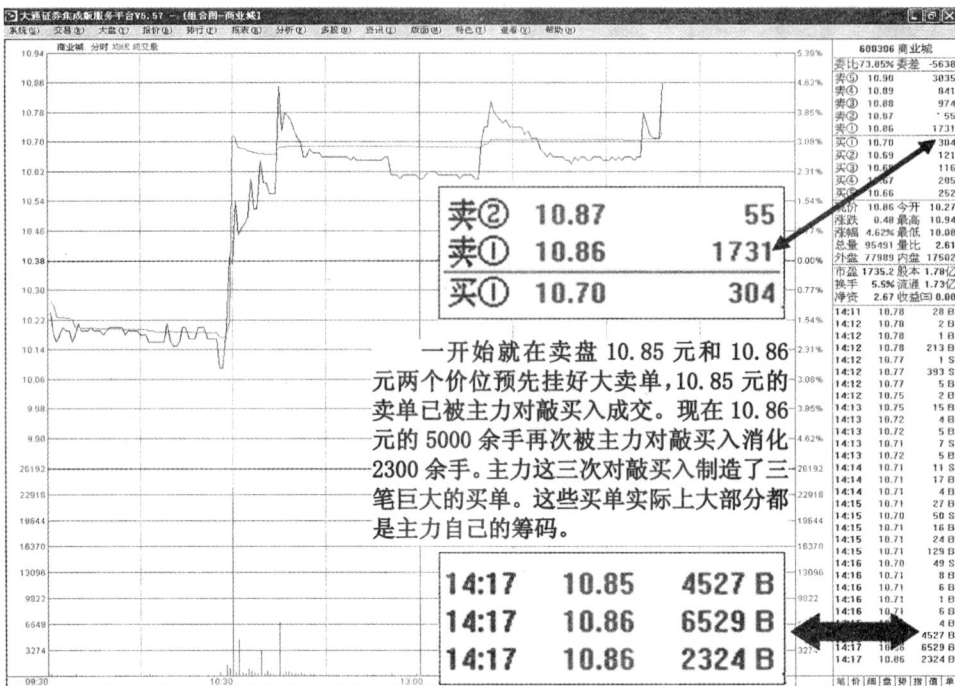

一开始就在卖盘 10.85 元和 10.86 元两个价位预先挂好大卖单，10.85 元的卖单已被主力对敲买入成交。现在 10.86 元的 5000 余手再次被主力对敲买入消化 2300 余手。主力这三次对敲买入制造了三笔巨大的买单。这些买单实际上大部分都是主力自己的筹码。

卖②	10.87	55
卖①	10.86	1731
买①	10.70	304

14:17	10.85	4527 B
14:17	10.86	6529 B
14:17	10.86	2324 B

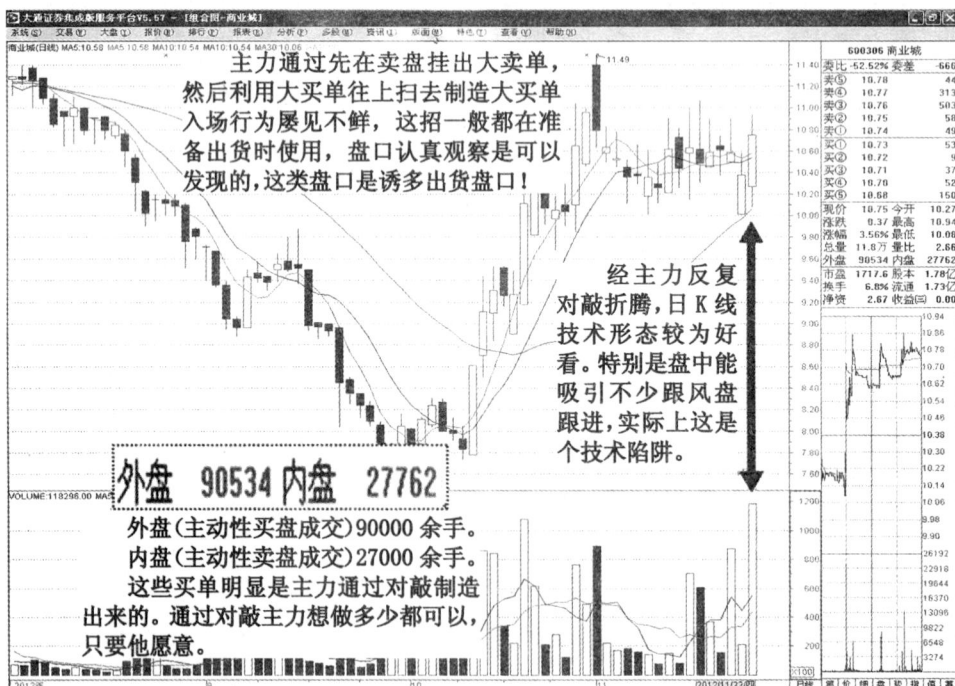

主力通过先在卖盘挂出大卖单，然后利用大买单往上扫去制造大买单入场行为屡见不鲜，这招一般都在准备出货时使用，盘口认真观察是可以发现的，这类盘口是诱多出货盘口！

经主力反复对敲折腾，日 K 线技术形态较为好看。特别是盘中能吸引不少跟风盘跟进，实际上这是个技术陷阱。

外盘 90534 内盘 27762

外盘(主动性买盘成交)90000 余手。
内盘(主动性卖盘成交)27000 余手。
这些买单明显是主力通过对敲制造出来的。通过对敲主力想做多少都可以，只要他愿意。

后　记

笔者有长期写作及分析文章的习惯，因为亲自动手写作对学习进步有极大的帮助。

大概一年左右时间的笔记内容足可装订成书发表。《主力行为盘口解密》一至五全部内容实际都是笔者的历年笔记摘录。呵呵，若为写书而得稿酬何能养家糊口！

捕捉翻倍股甚至连续翻数倍的黑马股是广大投资者在股市中梦寐以求的！牛市中捕捉到一两只翻倍甚至连续翻数番的黑马股并不困难。而以笔者18年A股市场的阅历看，捕捉到一两只翻倍黑马股并不足以让人一辈子生活富足无忧！在股市中生存发展真正需要的是长期稳定的获利。长期稳定的获利需投资者自身掌握好全面的综合知识技能，不断学习提升是必须的。

盘口技术属技术分析范畴中最难、最有价值的知识，没有专业的指导摸着石头过河去尝试学习不容易掌握。现每周笔者都有新文章发表，有兴趣了解学习盘口知识的投资者可以长期跟踪阅读，或许这对提高个人分析能力有所帮助。

联系方式QQ：383810888

邮箱：YWFW888@163.com

金印官网：http://www.jy1008.com